Otmar Emminger

D-Mark, Dollar, Währungskrisen

Otmar Emminger

D-Mark, Dollar, Währungskrisen

Erinnerungen
eines ehemaligen Bundesbankpräsidenten

Deutsche Verlags-Anstalt
Stuttgart

CIP-Kurztitelaufnahme der Deutschen Bibliothek

Emminger, Otmar:
D-Mark, Dollar, Währungskrisen:
Erinnerungen e. ehem. Bundesbankpräsidenten/
Otmar Emminger. –
Stuttgart, Deutsche Verlags-Anstalt, 1986.
ISBN 3-421-06333-8

Typographische Gestaltung: Brigitte Müller
Gesamtherstellung: Clausen & Bosse, Leck
Printed in Germany

Inhaltsverzeichnis

3. Kapitel

Das DM-Dilemma der fünfziger Jahre: Europäische Inflationsdiskrepanzen

4. Kapitel

Die dramatische DM-Aufwertung von 1961 – ein Bann wurde gebrochen

5. Kapitel

Die DM-Krise von 1968/69 trägt zum Sturz der Regierung Kiesinger bei

8. Kapitel

Abbau des Geldüberhangs und erste Erfolge an der Inflationsfront 1973/74

9. Kapitel

Die Entwicklung des Wechselkurses von der »sakrosankten« Parität zum flexiblen Instrument der Währungspolitik

10. Kapitel

Devisen-Interventionen – Erfahrungen eines Praktikers

11. Kapitel

Allgemeine Bemerkungen zum Floaten

12. Kapitel

Die Bundesbank und das Europäische Währungssystem (EWS)

13. Kapitel

Die Dollar-Krise 1977 bis 1979 führt zur Wende in der amerikanischen Geldpolitik

14. Kapitel

Erfahrungen mit der Geldmengensteuerung 1973 bis 1979

15. Kapitel

1979 – nach abgesicherter Dollar-Flanke Geldpolitik wieder auf Stabilitätskurs

Einleitung

Es gibt Schlüsselerlebnisse, die im Gedächtnis bleiben und immer wieder zum Nachdenken anregen. Ich hatte ein solches Erlebnis im Oktober 1975 bei einem Gespräch mit dem damaligen Bundeskanzler Helmut Schmidt. Die Unterredung fand bei einem Abendessen im Kanzlerbungalow in Anwesenheit von zwei Ministern und zwei Staatssekretären statt. Nach Erledigung des offiziellen Teils – Anlaß meines Besuches war die von mir beabsichtigte sofortige Einstellung der massiven Kursstützungskäufe von Regierungsanleihen durch die Bundesbank – kam der Kanzler auf das Verhältnis zwischen Regierung und Bundesbank zu sprechen.

Schmidt: »Während meiner Tätigkeit als Finanzminister von 1972 bis Frühjahr 1974 nahm ich einigemal an den Sitzungen des Zentralbankrats in Frankfurt teil. Das war immer recht interessant. Könnte ich eigentlich auch als Bundeskanzler einmal an einer Sitzung des Zentralbankrats teilnehmen?« Meine Antwort: »Warum nicht? Im Bundesbankgesetz steht, die Mitglieder der Bundesregierung haben das Recht, an den Beratungen des Zentralbankrats teilzunehmen. Sind Sie nicht Mitglied der Bundesregierung?« Darauf Schmidt: »Hat es eigentlich schon einmal einen solchen Kanzlerbesuch im Zentralbankrat gegeben?« Meine Antwort: »Aber ja, im Oktober 1950, als während der Korea-Krise Adenauer in Begleitung von mehreren Bundesministern in den Zentralbankrat kam, um die beabsichtigte Erhöhung des Diskontsatzes von 4 auf 6 Prozent und des Lombardsatzes von 5 auf 7 Prozent zu verhindern.« Schmidt: »Und wie ging die Sache aus?« Darauf ich: »Nachdem Adenauer die Sitzung verlassen hatte, stimmte der Zentralbankrat mit Mehrheit für die Diskonterhöhung.« »Oh«, sagte Schmidt, »dann werde ich mich hüten, jemals als Bundeskanzler zu einer

Zentralbankratssitzung zu kommen; denn ich möchte mir keine solche Abfuhr holen.« Daß er trotzdem drei Jahre später den Zentralbankrat besuchte, allerdings unter großen Vorsichtsmaßnahmen, um nicht das Risiko einer Abfuhr einzugehen, werde ich im 12. Kapitel kurz darstellen.

Die erwähnte Auseinandersetzung zwischen Zentralbankrat und Adenauer im Oktober 1950 war zweifellos ein historischer Markstein in den Beziehungen zwischen Notenbank und Bundesregierung – ein weithin sichtbares Signal der Unabhängigkeit der deutschen Notenbank. Wie aber konnte ein derart herausragendes Ereignis so sehr in Vergessenheit versinken, daß nicht einmal der an solchen Dingen eigentlich besonders interessierte Helmut Schmidt davon noch eine Ahnung hatte?

Diese Frage beschäftigte mich seinerzeit noch länger und weckte bei mir zum ersten Mal den Gedanken: Eigentlich müßte man doch einmal die wichtigsten Stationen unserer Nachkriegswährungsgeschichte darstellen und kommentieren, und zwar aus der Sicht eines Insiders, der von 1949 bis Anfang 1980 aktiv an dieser Politik und diesen Entwicklungen beteiligt war. Eine bis in den Beginn der fünfziger Jahre zurückgehende Darstellung drängte sich mir um so mehr auf, als die in der Zeit von 1948 bis 1969 tätigen Präsidenten der Notenbank, die Herren Vocke, Bernard und Blessing, keine systematischen Aufzeichnungen über die Geld- und Währungspolitik jener Jahre hinterließen. Die Memoiren Vockes enthalten leider sehr wenig über die Währungsgeschichte von 1948 bis 1957, in der er eine so wichtige Rolle spielte. Er widmete dieser Epoche ganze zwanzig Seiten, und das auch noch in einer mehr feuilletonistischen Form. So können nur die zahlreichen Reden Vockes und Blessings als Zeugnisse zur Währungspolitik und Währungsentwicklung der damaligen Zeit herangezogen werden.

Es gab noch manche anderen Erlebnisse, die mir den Gedanken an eine Schilderung der wichtigsten Währungsereignisse der Zeit von 1950 bis 1980 nahelegten. Dazu gehört zum Beispiel die Erfahrung, daß der weltwirtschaftlich so bedeutsame Zusammenbruch des Bretton-Woods-Systems der festen Währungsparitäten im Jahre 1973 schon wenige Jahre danach häufig historisch schief oder sogar falsch dargestellt wurde. Es geht mir dabei nicht nur darum, daß solche Darstellungen berichtigt werden, sondern auch um den

Nachweis der absoluten Zwangsläufigkeit des seinerzeitigen Übergangs zum Floaten gegenüber dem Dollar. Es ist in diesem Fall dem irrigen Eindruck zu begegnen, als könne man die damalige Entscheidung über das Floaten, sobald man nicht mehr damit zufrieden ist, einfach durch den Beschluß einer internationalen Währungskonferenz wieder umkehren oder in eine andere Richtung lenken. Aus meiner Kenntnis der Hintergründe des Übergangs zum Floaten werde ich darzustellen versuchen, daß diese Entscheidung von 1973 durch währungspolitische Entwicklungen erzwungen war, die auch heute noch eine Fortsetzung des Floatens, mindestens gegenüber dem Dollar, unabweisbar machen.

Wie kurzlebig die Erinnerung an wichtige Wirtschafts- und Währungsentwicklungen ist, belegt ein anderer Vorfall. In dem Kommuniqué, das die sogenannte »Fünfer-Gruppe« nach ihrer historischen Tagung im September 1985 in New York veröffentlichte, hieß es: »Die gegenwärtige Wirtschaftsexpansion vollzieht sich im Rahmen einer rückläufigen Inflation, ein Phänomen, das einmalig in den letzten drei Jahrzehnten ist.« Dabei wurde völlig übersehen, daß wir in der Bundesrepublik Deutschland in den Jahren 1976 bis 1978 drei Jahre Wirtschaftswachstum mit einer Durchschnittsrate von 3,5 Prozent bei gleichzeitig sinkenden Teuerungsraten und Zinsen hatten; ähnliches spielte sich bei einer allerdings kleinen Gruppe gleichfalls stabilitätsorientierter Länder ab.

Aber es gibt noch andere Motive für die Abfassung dieses persönlichen Kommentars zur Währungsentwicklung von 1950 bis 1980. Eine glückliche Fügung verschaffte mir das Privileg, den faszinierenden Schicksalsweg der D-Mark und ihren Aufstieg »vom Besatzungskind zum Weltstar« (um den Titel des bekannten Buches von Hans Roeper über die D-Mark zu zitieren) fast von Beginn an aus nächster Nähe verfolgen und dabei immer wieder mitwirken zu können: Ich wurde im Herbst 1950 von meiner damaligen Tätigkeit als Leiter der Wirtschaftsabteilung der deutschen Delegation bei der OEEC in Paris zur deutschen Notenbank, der damaligen Bank deutscher Länder, abberufen. Der Anlaß war die schwere Zahlungsbilanzkrise, von der die Bundesrepublik im Gefolge der Korea-Krise befallen war und die zur Aufnahme eines Sonderkredits bei der Europäischen Zahlungsunion (EZU) zwang.

Wer weiß heute noch, daß die D-Mark, als sie 1950 zum ersten Mal die internationale Währungsbühne betrat, ein europäisches Sorgenkind und die vorübergehend schwächste Währung in der damals soeben in Paris errichteten EZU war? Meine allererste Aufgabe in der deutschen Notenbank bestand darin, diese schwache Währung und das von deutscher Seite vorgelegte Sanierungsprogramm vor dem Direktorium der EZU und in den Ausschüssen der OEEC in Paris zu vertreten sowie zu Hause an der Sanierungspolitik mitzuarbeiten. Am Schluß meiner aktiven Laufbahn Ende 1979 war die D-Mark international eine der führenden Währungen; sie stand – und steht noch immer – als internationale Reserve- und Anlagewährung an zweiter Stelle nach dem Dollar. Freilich hatte sie seit den fünfziger Jahren in ihrer inneren Kaufkraft sehr bedeutsame Einbußen erlitten, aber sie war im Durchschnitt der dreißig Jahre von 1950 bis 1980 immer noch die relativ stabilste Währung der Welt – stabiler selbst als der Schweizer Franken, der immer als Musterknabe der Stabilität galt. Auch wenn wir den Zeitraum bis 1985 verlängern, bleibt die D-Mark die relativ stabilste Währung. Wenn ich das Bild eines Staffellaufs verwenden darf, möchte ich sagen: Im internationalen Vergleich mit anderen Länderstaffeln liegt die deutsche Stabilitätsstaffel vorn, auch wenn die D-Mark in ihrer Relation zum Dollar in den letzten Jahren manche unerwarteten Schwankungen durchzumachen hatte.

Die relative Stabilität und Stärke der deutschen Währung ist zu einer Art Gütezeichen und Aushängeschild der Bundesrepublik geworden. Anläßlich des dreißigsten Jubiläums der D-Mark im Jahre 1978 schrieb die führende französische Zeitung »Le Monde«: »Selbst wenn viele Bürger der Bundesrepublik Deutschland es beklagen mögen, daß die Reputation ihres Landes weniger auf seinen Schriftstellern und Künstlern als auf der Stärke und Solidität ihrer Währung beruht, so ist es doch eine unbestreitbare und wichtige Tatsache, daß diese Währung den Eckpfeiler des Währungssystems der Europäischen Gemeinschaft darstellt« – und das tut sie noch heute in unverminderter Stärke.

Bundeskanzler Schmidt hob 1980 in einem Interview mit der »New York Times« hervor, die Wirtschaftsstärke der Bundesrepublik Deutschland sei ihr wichtigster Hebel in der internationalen Politik, und »seit einigen Jahren ist unsere Wirtschaftspolitik praktisch ein Hauptbestandteil unserer Außenpolitik«. Das Schlagwort der fünfziger und beginnenden sechziger Jahre: »Die Bundesrepublik – ein wirtschaftlicher Riese, aber ein politischer Zwerg« gilt in der Tat nicht mehr, seit sie zum wichtigsten wirtschaftlichen Stützpfeiler Europas geworden ist. Diese Stellung verdankt die Bundesrepublik nicht zuletzt ihrer Währungsstärke. Die gleiche Währungsstärke machte die D-Mark in den siebziger Jahren – unfreiwillig – zum weltwirtschaftlichen Gegenspieler des Dollars. Diese wirtschaftliche und vor allem währungspolitische Stärke macht die Bundesrepublik auch politisch zu einem nicht zu übersehenden Faktor – im Verhältnis zum Westen wie zum Osten.

Ich hatte Gelegenheit, in den siebziger Jahren an drei besonders wichtigen währungspolitischen Entscheidungen, nämlich dem Übergang zum Floaten im Jahre 1973, der Einführung der Geldmengensteuerung Ende 1974 sowie der Errichtung des Europäischen Währungssystems 1978/79 (als Nachfolger der europäischen »Währungsschlange«), aktiv mitwirken zu können. Auch das war mir Anlaß und in gewisser Weise Verpflichtung, meine Erfahrungen aus der Sicht eines unmittelbar Beteiligten niederzuschreiben. Bloße Dokumente und Statistiken reichen oft nicht aus, die geschichtlichen Entwicklungen einwandfrei zu erfassen, besonders bei einer so komplexen Materie wie der Währungspolitik. Hier können die Kommentare eines Mitbeteiligten vielleicht nützlich sein. So glaube ich aus meinen persönlichen Erfahrungen auch etwas beitragen zu können zum besseren Verständnis einiger wichtiger politischer Ereignisse, die in unmittelbarem Zusammenhang mit Währungspolitik und Währungskrisen standen. Ich nenne als Beispiele den Wechsel von der Großen zur sozial-liberalen Koalition im Oktober 1969 oder das Ausscheiden Karl Schillers aus der Politik im Juni 1972.

Schließlich kommt noch ein anderes hinzu. Ich gehöre zu der Generation, die noch die Zeit zwischen den zwei Weltkriegen miterlebt hat. Ich begann mit meiner Doktorarbeit über das Thema: »Diskontpolitik oder gleitende Währung als Mittel des Zahlungsbilanzausgleichs, dargestellt am Beispiel der englischen Währungspolitik« im Jahre 1932. An die schlimmen Krisen der deutschen Währung und des deutschen Bankensystems zu Beginn der dreißiger Jahre samt ihren unheilvollen wirtschaftlichen und politischen Folgen erinnere ich mich sehr genau. Welch ein Kontrast zwischen der damaligen Währungsschwäche und Krisenanfälligkeit und der heutigen relativen Stärke! In den dreißiger Jahren war Deutschland das Hauptschuldnerland der Welt, und seine Banken machten 1931/32 eine bedrohliche Krise durch. Heute dagegen ist es ein starkes Gläubigerland – allerdings gegenwärtig in erheblichem Abstand hinter Japan –, und das westdeutsche Bankensystem gehört mit zu den gesündesten Bereichen der internationalen Finanzwelt. Ich muß es mir versagen, auf die Unterschiede in den Rahmenbedingungen zwischen damals und heute im einzelnen einzugehen. Ich erwähne nur den enormen Gegensatz zwischen den Reparationen nach dem Ersten Weltkrieg und der Marshallplanhilfe nach dem Zweiten Weltkrieg. Wer die schlimmen Wirtschafts- und Währungsereignisse jener Jahre und den Zusammenbruch der Weimarer Republik noch bewußt (und mit einiger Sachkenntnis) miterlebt hat, der weiß erst so richtig zu schätzen, wie sehr unsere relative Geldstabilität und Währungsstärke nach dem Zweiten Weltkrieg gleichzeitig auch ein wichtiger Stützpfeiler der sozialen und politischen Stabilität unseres Landes gewesen ist. Ich habe die Weimarer Republik und ihren Zusammenbruch auch deswegen sehr bewußt miterlebt, weil mein Vater von 1911 bis 1933 Mitglied des Reichstags gewesen war und als Reichsjustizminister 1923/24 an der Sanierung der deutschen Währung nach der Inflationskatastrophe mitgewirkt hatte.

Die deutsche Stabilitätspolitik hat in der Zeit nach dem Zweiten Weltkrieg nicht zuletzt deshalb so große Erfolge im Vergleich zum Ausland erringen können, weil sie stets auf die Unterstützung durch eine große Mehrheit unserer Bevölkerung rechnen konnte. Ihr Stabilitätsbewußtsein ist ein großes Aktivum. Anfang 1982 sagte mir Paul Volcker, der Chef der amerikanischen Notenbank, in einem Gespräch in New York, er beneide Deutschland und die Deutsche Bundesbank vor allem um eines, nämlich um dieses Stabilitätsbewußtsein und das damit einhergehende Vertrauen in die Deutsche Bundesbank. Zu jener Zeit mußte in den Vereinigten Staaten darum noch hart gerungen werden, und Volcker erklärte die damaligen hohen amerikanischen Zinssätze zum Teil mit dem immer noch bestehenden Mangel an Vertrauen in die Stabilitätspolitik. Dies hat sich inzwischen dank der Volckerschen Politik erheblich gebessert.

Man muß freilich immer wieder feststellen, daß die relative Stabilität und Stärke der D-Mark im Vergleich zu anderen Währungen heute von der deutschen Bevölkerung häufig fast als selbstverständlich angesehen wird. Wie alles, an das man sich jahrelang gewöhnt hat, wird diese Stabilität nicht ganz so hoch eingeschätzt, wie sie es verdient.

Ich glaube, es ist der Mühe wert, die wichtigsten Stationen dieses für unser Land so wichtigen Weges der deutschen Währungspolitik aus der Sicht eines Beteiligten ins Gedächtnis zurückzurufen. Nicht im Sinne von Memoiren, in denen sämtliche Entwicklungen der Geld- und Währungspolitik und alle persönlichen Erfahrungen und Begegnungen im einzelnen aneinandergereiht werden. Ich werde vielmehr vornehmlich diejenigen Stationen und Entwicklungen beschreiben, bei denen ich als Beteiligter und Mithandelnder eine nähere Einsicht gewonnen habe. Insofern ist dies unvermeidlich eine persönlich gefärbte Auswahl aus der Fülle der Ereignisse.

Ich möchte aber schon hier eine Grunderfahrung aus meiner langjährigen Tätigkeit festhalten, wie ich sie 1978 anläßlich einer Würdigung der ersten dreißig Jahre der D-Mark formuliert habe: »Die wichtigste Erfahrung aus diesen dreißig Jahren ist, daß die Bewahrung der Geldwertstabilität eine ständige Anstrengung, ja einen ständigen Abwehrkampf gegen Bedrohungen und Gefahren von innen wie von außen erfordert.« Ich hoffe, daß dies durch meine Darstellung der wichtigsten Stationen der deutschen Währungspolitik seit 1950 sichtbar wird.

Ich möchte auch meinen Dank anfügen an die Bundesbank, ihre Führungsgremien und ihre Mitarbeiter, die sich seit Beginn des Wiederaufbaus soviel Mühe gegeben haben, um dem deutschen Volk eine vertrauenswürdige und starke Währung zu schaffen und zu erhalten. Die Stabilität unserer Währung wird hoffentlich auch in Zukunft über allen Kontroversen stehen, das heißt wie in der Vergangenheit so auch in Zukunft eine überparteiliche Konstante der deutschen Politik sein.

1. Kapitel

Überblick über die Entwicklung der D-Mark 1948 bis 1980 »Vom Besatzungskind zum Weltstar«

»Der Zustand des Geldwesens eines Volkes
ist ein Symptom aller seiner Zustände.«

Joseph A. Schumpeter

Wie wurde die D-Mark eine »starke Währung«?

Die D-Mark, die 1948 in eine vom Krieg und seinen Folgen zerrüttete Wirtschaft hineingestellt wurde, ist erstaunlich rasch zu einer »starken Währung« geworden. Schon seit Mitte der fünfziger Jahre wurde sie allenthalben als »stärkste Währung Europas« bezeichnet. Von Ende 1956 an war sie als erste und einzige der wichtigeren Währungen Europas ein potentieller Aufwertungskandidat. Nach der Währungskonferenz vom November 1968 in Bonn schrieb das amerikanische Wochenmagazin »Time«: »Die Deutschen sind nun wieder die wirtschaftlichen Vorreiter Europas und die D-Mark steht unter den Weltwährungen obenan.« Das letztere war freilich eine Übertreibung; denn der Dollar ist – trotz mancher Schwächeperioden – immer die Weltwährung Nummer eins geblieben. Auch der amerikanische Finanzminister John Connally übertrieb, als er im März 1972 vor der Republikanischen Partei erklärte: »Die Bundesrepublik und Japan, die am Ende des Zweiten Weltkriegs besiegt darniederlagen, sind heute die beiden wirklich mächtigsten Wirtschaftsnationen der Welt« – so beeindruckt war er von der Währungskrise des Jahres 1971, die am Ende zu einer Abwertung des Dollars und zu einer Aufwertung der japanischen und deutschen Währung geführt hatte.

In Europa jedoch war die Bundesrepublik Deutschland tatsächlich die wirtschaftlich stärkste Macht geworden, und die D-Mark hat die Stellung als stärkste Währung Europas bis heute gehalten. Zwar verlor sie zu Beginn der achtziger Jahre vorübergehend beträchtlich an Wert gegenüber dem Dollar; jedoch nicht, weil etwa ein Inflationsgefälle zu ungunsten der Bundesrepublik entstanden war – es blieb vielmehr immer noch ein Inflationsgefälle zugunsten der D-Mark –, sondern weil der Dollar durch Kapitalbewegungen unnatürlich hochgetrieben wurde. Aber auch in dieser Zeitspanne blieb die D-Mark mit einer ganz kurzen Unterbrechung die stärkste Währung im europäischen Währungsverbund. Ende 1985 lag ihr Wechselkurs gegenüber den anderen Mitgliedswährungen des Europäischen Währungssystems (EWS) im Durchschnitt um rund 28 Prozent höher als zu Beginn des EWS im März 1979.

Worauf ist nun diese anhaltende Stärke der deutschen Währung zurückzuführen? In erster Linie zweifellos auf den über Jahrzehnte anhaltenden deutschen Stabilitätsvorsprung gegenüber den anderen Industrieländern. Daß dieser Vorsprung sich praktisch über die ganze Nachkriegszeit erstreckte, wurde vor kurzem von dem stellvertretenden Generaldirektor der italienischen Notenbank in einer Rede über das Europäische Währungssystem hervorgehoben: »In erster Linie muß man hier auf den bemerkenswerten Erfolg Deutschlands und der Deutschen Bundesbank hinweisen, daß sie die Geldstabilität über fast 40 Jahre aufrechterhielten, selbst die Zeiten, in denen ein großer Teil der übrigen Welt von schwerer Inflation heimgesucht war ... Dies war nicht nur ein monetärer, sondern auch ein politischer und historischer Erfolg für Nachkriegsdeutschland.«[1] Allerdings war dies nur ein relativer Vorsprung im Verhältnis zu den übrigen Währungen. Was die absolute Kaufkraftentwicklung der D-Mark betrifft, mußte die Bundesrepublik dem inflationistischen Zeitgeist einen hohen Tribut entrichten. In den letzten 35 Jahren verlor die D-Mark über 65 Prozent ihrer Binnenkaufkraft, gemessen an den Verbraucherpreisen. Die Teuerungsrate über diese Zeitspanne betrug im Jahresdurchschnitt rund 3 Prozent. Aber damit hielt die D-Mark die Spitzenstellung in der internationalen Stabilitätsrangordnung, wenn auch nur mit knappem Vorsprung vor dem Schweizer Franken. Wie einmal gesagt wurde: Die D-Mark war der Klassenprimus, aber offensichtlich nur in einer Hilfsschule.

Bei all dem war es für uns als »Hüter der Währung« besonders betrüblich, daß wir uns in den ersten drei Jahrzehnten auch der internationalen Beschleunigung der Inflationsrate beugen mußten. Im Jahresdurchschnitt betrug unsere Inflationsrate in den fünfziger Jahren (ohne das von der Korea-Krise gezeichnete Jahr 1951) rund 1,1 Prozent, in den sechziger Jahren rund 2,5 Prozent, in den siebziger Jahren fast 5 Prozent. In welcher Weise wir in den ansteigenden internationalen Preistrend hineingezogen wurden, wird aus den nachfolgenden Kapiteln ersichtlich. Ein kleiner Trost war es, daß sich die D-Mark ab Mitte 1973, nach dem Übergang zum Floaten gegenüber dem Dollar, stärker als vorher von dem damals sehr hohen internationalen Inflationstrend abkoppeln konnte. In den sechziger Jahren lag die deutsche Teuerungsrate nicht sehr weit unter der Durchschnittsrate der übrigen Industrieländer (2,7 gegen 3,5 Prozent). Dagegen betrug sie von 1973 bis 1982 weniger als die Hälfte der Rate in diesen anderen Ländern. Auch auf dem Höhepunkt der durch den ersten Ölschock hochgejagten Inflationsentwicklung, nämlich 1974, war die deutsche Inflationsrate mit rund 7 Prozent nur halb so hoch wie diejenige der übrigen Industriewelt, obgleich in diesem Jahre die importierte Inflation aus der Zeit vor dem Floaten noch stark bei uns nachwirkte. Seit 1981 hat sich nun der internationale Inflationstrend wieder umgedreht in Richtung auf größere Stabilität. Seitdem kann die D-Mark in vollem Maß Nutzen aus dem internationalen Abflauen der Inflation und aus dem Absinken der Rohstoffpreise, vor allem des Ölpreises, ziehen.

Der lang anhaltende Stabilitätsvorsprung gegenüber dem Ausland hat wesentlich dazu beigetragen, daß die Bundesrepublik Deutschland von 1952 bis 1978 das Land mit den höchsten Leistungsbilanzüberschüssen unter den Industrieländern gewesen ist und lange Zeit als »Überschußland par excellence« galt.[2] Seit einigen Jahren hat hier allerdings Japan – wie an so vielen anderen Stellen – die Führung übernommen. Die fast ständigen Leistungsbilanzüberschüsse ermöglichten der Bundesrepublik auch die Ansammlung erheblicher Währungsreserven und verschafften ihr eine sehr beachtliche Stellung als Kapital-Exportland. Wilhelm Vocke, der erste Präsident des Notenbankdirektoriums, hatte noch 1953 in einer Auseinandersetzung mit mir gemeint, Deutschland werde – wie in der Vorkriegszeit – auch in Zukunft immer ein »kapitalarmes Land« bleiben. In Wirklichkeit war die Bundesrepublik damals schon auf dem Weg zum permanenten Überschußland, zum »Gläubigerland«. So wurde die D-Mark in den siebziger Jahren schließlich auch eine internationale Reserve- und Zufluchtswährung; sie überholte das früher an zweiter Stelle der Reservewährungen liegende englische Pfund im Jahre 1973 und ist seitdem die zweitwichtigste Reservewährung der Welt, freilich in sehr weitem Abstand hinter dem Dollar.

Wenn die relativ starke Stellung der D-Mark in der Hauptsache den anhaltenden Stabilitätsvorsprung der Bundesrepublik widerspiegelt, so wirft dies die Frage auf: Worauf beruht dieser fast ständige Stabilitätsvorsprung?

Zweifellos war schon der Start des neuen Geldes durch einige glückliche Umstände begünstigt. Wahrscheinlich konnte nur eine Besatzungsmacht einen so drastischen Währungsschnitt durchführen, wie ihn die Währungsumstellung von 1948 brachte. Durch diesen harten Eingriff wurde der inflatorische Geldüberhang aus der Kriegs- und Nachkriegszeit mit einem Schlag beseitigt. Daß dies für die Stabilitätspolitik ein guter Ausgangspunkt war, wurde uns in den darauffolgenden Jahren vor Augen geführt, als der Liquiditätsüberhang aus Kriegs- und Nachkriegszeit manchen anderen Währungen noch jahrelang als Klotz am Bein hing. Hier sollte wenigstens in einem Satz des jungen amerikanischen Experten Tenenbaum gedacht werden, der in der amerikanischen Militärregierung das Hauptverdienst an der Vorbereitung der Währungsumstellung hatte, der aber nach seiner Rückkehr in die USA schon bald in Vergessenheit geriet.

Ein besonderer Glücksfall war es, daß mit Ludwig Erhard der richtige Mann zur rechten Zeit an der entscheidenden Stelle stand: Er setzte gegen starken inneren Widerstand fast gleichzeitig mit der Währungsreform den *ersten Sprung in die freie Marktwirtschaft* durch (freilich beileibe nicht sofort für alle Güter). Er sorgte im weiteren Verlauf dafür, daß wir ein freiheitlicheres Wirtschaftssystem bekamen, als Deutschland je zuvor besessen hatte. Ich brauche hier nicht weiter auszuführen, was das für die wirtschaftliche und gesellschaftspolitische Entwicklung unseres Landes bedeutete. Daß Erhard kein Organisationstalent besaß und im Herbst 1966 als Bundeskanzler ohne Rückhalt in seiner eigenen Partei dastand, war seine persönliche Tragik. Aber er hat eine Botschaft der freiheitlichen Marktwirtschaft hinterlassen, die weit über unser Land hinaus strahlte.

Die Rolle der Notenbank

Wenn man sich aber erinnert, wie viele Jahre es dauerte, bis Erhard auch die knappen Grundstoffe, wie Kohle, Stahl, Energie oder manche Nahrungsmittel, von den Fesseln der zentralen Bewirtschaftung befreien konnte, so wird man begreifen, daß die volle Herstellung der freien Marktwirtschaft nur dadurch möglich wurde, daß die deutsche Notenbank in den folgenden Jahren die Knapphaltung des Geldes zum festen Prinzip ihrer Politik erhoben hatte. Als diese erst »halbfreie« Marktwirtschaft noch auf etwas wackligen Beinen stand, brachen die Sonderbelastungen der Korea-Krise von 1950/51 über sie herein. Wie ich im zweiten Kapitel näher darstellen werde, hat das marktwirtschaftliche Prinzip diese Krise nur heil überstanden, weil es durch eine überaus straffe Stabilitätspolitik der Notenbank, der damaligen Bank deutscher Länder, gestützt wurde.
So wirkte es sich sehr positiv für die neue Währung aus, daß die Militärregierung kurz vor der Währungsreform, nämlich im April 1948, ein schlagkräftiges Notenbanksystem in Gestalt der Bank deutscher Länder, der Vorgängerin der Deutschen Bundesbank, errichtet hatte. Die Bank deutscher Länder war schon eineinhalb Jahre in voller Tätigkeit, bevor im September 1949 die erste Bundesregierung in Bonn gebildet wurde, und arbeitete bis 1957 aufgrund des Militärregierungsgesetzes von 1948, bis dieses durch das Gesetz über die Deutsche Bundesbank abgelöst wurde. Von Beginn an hielt sie die Fahne der Unabhängigkeit hoch, obgleich sie bis 1951 formal noch unter einem alliierten Weisungsrecht stand. 1951 wurde durch Änderung des Militärregierungsgesetzes in dieser Hinsicht die Eingliederung in die deutsche Souveränität vollzogen. Schon damals wurde aufgrund einer Vereinbarung zwischen den Alliierten und der Bundesregierung die Unabhängigkeit der Bank deutscher Länder im revidierten BdL-Gesetz verankert (wenn auch nicht so klar wie später im Gesetz über die Deutsche Bundesbank von 1957).
Man muß sich die Entstehungsgeschichte der westdeutschen Notenbank vor Augen halten, wenn man manche Entwicklungen in unserem Land richtig verstehen will. Die Tatsache, daß die Bank deutscher Länder praktisch zusammen mit der Währungsreform

von 1948 und zu deren Durchführung geschaffen wurde, rückte von Anfang an die Erhaltung der Stabilität der neuen Währung in den Mittelpunkt der Notenbankpolitik und der Wirtschaftspolitik überhaupt. In der amtlichen Begründung zum Bundesbankgesetz von 1957 ist von der »moralischen und rechtlichen Notwendigkeit einer Stabilerhaltung der Währung« die Rede. Und es heißt dort weiter, daß »die Sicherheit der Währung die oberste Voraussetzung für die Aufrechterhaltung einer Marktwirtschaft und damit letzten Endes einer freiheitlichen Verfassung der Gesellschaft und des Staates« ist. Dabei wurde unter der »Sicherung der Währung«, wie sie als Aufgabe im Bundesbankgesetz festgelegt ist, von Anfang an ganz überwiegend die Sicherung der inneren Geldwertstabilität verstanden. Diese Geldwertstabilität ist stets auch als ein Element der Ordnungspolitik aufgefaßt worden, so vor allem von Professor Erhard. Sie ist auch allgemein als Element der sozialen Gerechtigkeit anerkannt. In den Vereinigten Staaten wurde in einem Grundgesetz der Wirtschaftspolitik von 1946 nur die Vollbeschäftigung als oberstes Ziel genannt. Die späteren Versuche einiger Währungspolitiker (darunter Arthur Burns), nachträglich auch noch die Währungsstabilität in dem Gesetz zu verankern, schlugen fehl. Es gibt kein anderes größeres Land, in dem die innere Geldwertstabilität, ähnlich wie bei uns, ausdrücklich als vorrangiges Ziel im Notenbankgesetz verankert gewesen wäre. Wir haben uns auch nie jener seit den sechziger Jahren weitverbreiteten Auffassung angeschlossen, wonach die schleichende Inflation eine immanente zwangsläufige Begleiterscheinung der modernen Massendemokratie sei – was W. Röpke 1963 ironisch als »demokratisch-soziale Inflation« bezeichnete. Gewiß ist eine pluralistische Massengesellschaft immer in Versuchung, in eine »Gefälligkeits-Demokratie« abzugleiten. Aber gerade wegen dieser Anfälligkeit braucht man in einem pluralistischen System als Gegenpol eine starke und möglichst unabhängige Notenbank. Wie die Freiburger Schule (Eucken usw.) immer betont hat, funktioniert eine freie Marktwirtschaft nur, wenn das Geldwesen unter straffer Kontrolle steht. Ich habe es immer als große Ironie empfunden, daß ausgerechnet der Vorkämpfer der Marktfreiheit, Fr. A. von Hayek, der sich auf seine alten Tage nach Freiburg i. Br. zurückgezogen hat, für die Aufhebung jeglicher zentralen Geldkontrolle plädiert.

Die Währungsumstellung von 1948 war im Grunde bereits eine »monetaristische« Aktion, nämlich Umstellung auf die richtige Geldmenge. So wuchs die Geldpolitik auf ganz natürliche Weise in eine zentrale Stellung hinein. Da war kein Platz für keynesianische Vorstellungen, die der Fiskalpolitik den Primat und der Geldpolitik oft nur eine Nebenrolle zuweisen wollen. Gewiß hat es auch bei uns in den ersten 20 bis 25 Jahren manche antizyklische Nachfragesteuerung gegeben, mit wechselndem Erfolg. Aber das Grundprinzip war doch von Anfang an, daß die Geldversorgung so gesteuert werden müsse, daß der Geldwert möglichst stabil bleibt. Das hat auch seinen Niederschlag im deutschen Bundesbankgesetz von 1957 gefunden. In der amtlichen Begründung zu diesem Gesetz wird der Bundesbank die Aufgabe zugewiesen, die Währung zu sichern durch »richtige Dosierung der umlaufenden Geldmenge«. Ich erinnere mich noch gut an die Jahrestagung des Internationalen Währungsfonds (IWF) vom September 1953, ein Jahr nach dem Beitritt der Bundesrepublik zum Währungsfonds und zur Weltbank. Am Rande dieser Konferenz veranstaltete der IWF ein Seminar unter dem Titel »Renaissance der Geldpolitik« (*Revival of Monetary Policy*), denn die Geldpolitik war damals in vielen Ländern ungebührlich in den Hintergrund gedrängt worden. Ich konnte bei diesem Seminar berichten, daß bei uns in der Bundesrepublik die Renaissance der Geldpolitik schon mit der Währungsreform von 1948 begonnen hatte, und zwar im Sinne einer bewußten Steuerung der Geldversorgung.

Auf jeden Fall war der Start des neuen Geldes, wenn auch nicht ohne anfängliche Schwierigkeiten, im Endeffekt recht gut. Aber auch im weiteren Verlauf ist unsere Stabilitätspolitik durch einige Besonderheiten der deutschen Situation begünstigt und gefördert worden. Mehr als in den meisten anderen Ländern wird in unserem Land die Geldwertstabilität und eine darauf gerichtete Politik von der großen Mehrheit der Bevölkerung bejaht und unterstützt. Die Deutschen sind hinsichtlich der Inflation gebrannte Kinder – wenngleich die Erinnerung an diese böse Vergangenheit, besonders an die Inflation nach dem Ersten Weltkrieg, heute verblaßt ist. Das Stabilitätsbewußtsein der bundesdeutschen Bevölkerung ist stärker entwickelt als in den meisten anderen Staaten.

Die deutsche Notenbank hat ihrerseits von Anfang an große Anstrengungen unternommen, um das Verständnis und die Unterstützung der Bevölkerung für die Stabilitätspolitik zu fördern. Das war gleichzeitig auch notwendig, um die *Unabhängigkeit der Notenbank* auf eine feste Grundlage zu stellen. Ich brauche hier nicht näher auszuführen, daß die Deutsche Bundesbank unter allen wichtigeren Notenbanken der Welt mit der größten Unabhängigkeit ausgestattet ist. Das gilt selbst im Vergleich mit der amerikanischen Federal Reserve Bank. Diese ist zwar unabhängig von der Regierung, aber viel stärker als die Bundesbank politischem Druck ausgesetzt und außerdem verpflichtet, laufend gegenüber dem Kongreß Rechenschaft abzulegen, während die Bundesbank in ihrer laufenden Politik unabhängig gegenüber Regierung *und* Parlament ist. Die Unabhängigkeit der Bundesbank ist formell nur durch das Bundesbankgesetz, also ein einfaches Gesetz abgesichert, nicht durch die Verfassung. Allerdings hat diese Unabhängigkeit im Laufe der letzten Jahrzehnte durch Gewohnheitsrecht de facto einen quasi-verfassungsrechtlichen Charakter erhalten (wie auch von dem ehemaligen Präsidenten des Bundesverfassungsgerichts Benda einmal anerkannt wurde).[3]

Schon als ich 1950 in die damalige Bank deutscher Länder eintrat, hatte ich über dieses Problem des öfteren mit meinem Freund Eduard Wolf, dem langjährigen Chef-Volkswirt der Notenbank, diskutiert. Wir waren uns einig, daß die Unabhängigkeit der Bundesbank nur gesichert sei, wenn sie sich auf die ganz überwiegende Zustimmung der Bevölkerung stützen könne; nur dann sei sie gegen Eingriffe von politischer Seite gefeit. Außerdem sagten wir: Wenn die Bundesbank schon nicht der Regierung oder dem Parlament verantwortlich ist, so muß sie in einer Demokratie dem Volk gegenüber Rechenschaft ablegen. So beschlossen wir, durch eine rege Publikationstätigkeit um das Verständnis und die Unterstützung für die Maßnahmen der Notenbank zu werben. Wolf hatte schon vorher durch die von ihm betreuten Geschäfts- und Monatsberichte wie auch durch die fortlaufende Veröffentlichung der Presseauszüge der Bundesbank hierfür den Grundstein gelegt. Wir nahmen uns vor, durch fortlaufende Kommentierung der Geld- und Währungspolitik in Reden, Interviews und Aufsätzen das Erforderliche zu tun und uns auch stets den Fragen der Journalisten zu stellen. Ein interessantes – und wichtiges – Zeugnis für den Erfolg dieser Öffentlichkeitsarbeit, aber auch für den Respekt vor dem Stabilitätsbewußtsein der deutschen Bevölkerung, ist ein Satz, der in einer (ursprünglich vertraulichen) Studie des damaligen Bundeskanzlers Helmut Schmidt für die SPD-Spitze vom Mai 1974 enthalten ist: »Im übrigen können wir keinen öffentlichen Konflikt mit der Bundesbank gebrauchen; die öffentliche Meinung würde nicht auf unserer Seite stehen.«[4]

Die Bereitschaft, Fragen der Journalisten zu beantworten, führte später zu den regelmäßigen Pressekonferenzen nach allen wichtigen Beschlüssen, die gegen Ende der sechziger Jahre zu einer festen Routine wurden. Schon 1959 wurde die Deutsche Bundesbank im englischen Radcliffe-Bericht wegen ihrer Publikationstätigkeit und Publizitätsbereitschaft lobend hervorgehoben und der Bank von England als Beispiel hingestellt. Inzwischen haben viele andere Notenbanken die Zweckmäßigkeit, ja Notwendigkeit einer solchen laufenden Informationstätigkeit eingesehen. Dadurch, daß wir alle Notenbankbeschlüsse stets sofort und in allen Einzelheiten erläuterten und begründeten, kamen wir nie in die Situation der amerikanischen Notenbank, die gerichtlich zur Veröffentlichung der Protokolle des *Federal Open Market Committee* gezwungen wurde; es gab bei uns auch nie ein Pendant zu den amerikanischen *Fed Watchers*, die laufend versuchen, die Absichten und Tendenzen der Notenbankpolitik zu »erraten«. Ich kenne aus meiner jahrzehntelangen Tätigkeit die Lage in allen wichtigeren Ländern. Es gibt keines, in dem die Veröffentlichungen und Äußerungen der Notenbank ein so breites Echo finden wie in der Bundesrepublik.

Man kann wohl sagen, daß die deutsche Notenbank, die »Hüterin unserer Währung«, die stabilste und am wenigsten angefochtene Institution unserer Republik ist, einer der tragenden Pfeiler unseres Landes. Sie ist ein ruhender Pol in der Erscheinungen Flucht. Der frühere Bundeswirtschaftsminister Karl Schiller hat einmal zu Beginn der siebziger Jahre im Bundestag gesagt: »Fahr' sicher mit der Bundesbank!« So sehr wurde die Bundesbank damals schon als ein Element der Stetigkeit und Verläßlichkeit empfunden. Die Bundesbank ist aber auch international zu einem ruhenden Pol, zu einem allgemein anerkannten Anker der Stabilität geworden.

Die deutsche Stabilitätspolitik hat sich nicht nur von Anfang an auf die Unterstützung durch die große Mehrheit der Bevölkerung verlassen können. Für den (relativen) Erfolg der deutschen Stabilitätspolitik war auch von Bedeutung, daß in unserem Land bisher ein *sozialer Grundkonsens* aller gesellschaftlichen Gruppen bestand. Der Gedanke eines unvermeidlichen Klassenkampfes fand bei uns in der Nachkriegszeit kaum Anhänger – auch dies ist ein Vorteil gegenüber dem einen oder anderen europäischen Nachbarstaat.

Es gab in den fünfziger Jahren einen weiteren Faktor, der die deutsche Stabilitätspolitik erleichterte und begünstigte. Das war die ungewöhnlich starke Steigerung der Produktivität in unserer Wirtschaft. In den fünfziger Jahren stieg die Produktivität der deutschen Wirtschaft, gemessen am realen Sozialprodukt je Erwerbstätigen, mit jahresdurchschnittlich rund 6 Prozent mehr als doppelt so rasch wie in den Vereinigten Staaten; die deutsche Fortschrittsrate war damals höher als in fast allen anderen größeren Industrieländern und wurde nur von der japanischen etwas übertroffen. In den fünfziger Jahren holte also die deutsche Wirtschaft mit raschen Schritten ihren kriegsbedingten Rückstand auf.

Damals waren die Lohnsteigerungen zwar recht kräftig, blieben aber im Durchschnitt hinter der noch stärkeren Produktivitätssteigerung zurück. Das Ergebnis war: einerseits von den Lohnkosten her kein besonderer Aufwärtsdruck auf die Preise, andererseits die Schaffung von Millionen neuer Arbeitsplätze, im Durchschnitt der fünfziger Jahre ungefähr eine halbe Million jährlich.

Dabei wirkte ein weiterer vorteilhafter Umstand mit, nämlich die damalige Flexibilität der Wirtschaft und Mobilität der Arbeitskräfte. Noch bis in die sechziger Jahre wurde in Berichten der OECD die relativ günstigere Entwicklung in der Bundesrepublik teilweise mit dieser höheren Mobilität und der besseren Anpassung an die sich rasch ändernden Verhältnisse begründet. In den fünfziger und sechziger Jahren spielte dabei sicher mit, daß zunächst der Zugang von 14 Millionen Flüchtlingen und Vertriebenen, später dann der große Zustrom an Gastarbeitern für eine bemerkenswerte Mobilität der Arbeitskräfte sorgten. Man muß sich diese Dinge in Erinnerung rufen, um zu verstehen, warum damals Vollbeschäftigung und Geldwertstabilität zusammen so relativ gut erreicht werden konnten. Denn die Arbeitslosenquote blieb von Anfang der sechziger bis Anfang der siebziger Jahre (die Rezessionsperiode 1967/68 ausgenommen) unter 1 Prozent. 1961 lag sie bei der heute unvorstellbar niedrigen Rate von 0,8 Prozent – aber das spiegelte bereits

eine Überhitzung am Arbeitsmarkt wider und kündigte den Beginn eines großen Lohnkostenschubs an.
Heute ist die Bundesrepublik ein Land mit hoher struktureller Arbeitslosigkeit. Ihre Arbeits- und Sozialordnung gilt als besonders rigide und dringend verbesserungsbedürftig. Ich werde bei der Darstellung der verschiedenen Phasen der Währungsentwicklung und der Währungskrisen leider darauf verweisen müssen, daß auch die Währungspolitik, wenn auch unfreiwillig, zu dieser strukturellen Arbeitslosigkeit beigetragen hat. Das lange Hinausschieben der stabilitätsnotwendigen DM-Aufwertungen hat 1960/61, aber auch vor allem 1969/70 und 1974, lang anhaltende Lohnkostenschübe ausgelöst (vgl. Tabelle S. 165). Dies hat jedesmal zu entsprechender Verstärkung der Preisinflation und/oder zu starken Einbrüchen in der Ertragslage der Unternehmungen geführt. In einer Ansprache von Anfang 1977 aus Anlaß meiner Amtsübernahme als Präsident hielt ich fest, daß 1970 das Jahr der stärksten Lohnexplosion der Nachkriegszeit war und daß dies »eine Erbschaft währungspolitischer Fehlentscheidungen der Jahre 1968/1969 war«. Die Lohnexplosion von Ende 1969 hat vor allem auch dazu geführt, daß die sogenannte Geldillusion völlig verschwand und bei den Lohnauseinandersetzungen auf Jahre hinaus durch ihr Gegenteil, nämlich übertriebene Inflationserwartungen, ersetzt wurde.
Dabei haben wir jedesmal die Erfahrung machen müssen, daß eine Lohnkosteninflation, einmal in Gang gesetzt, erst nach Jahren wieder auf ein moderates Maß zurückgeführt werden kann.

Entstehung der strukturellen Überschußposition – Westdeutschland als »Einzelgänger der Stabilität«

Es bleibt nur noch die Frage: Wie kam es eigentlich zu der offenbar »strukturellen« Überschußposition der Bundesrepublik schon so wenige Jahre nach der Währungsumstellung und bei einer Volkswirtschaft, die wegen der Kriegsfolgen noch in mancher Hinsicht sehr hinter anderen europäischen Wirtschaften zurücklag? Schließlich machte noch 1950 die westdeutsche Ausfuhr nur ungefähr ein Drittel der britischen aus, während die Bundesrepublik an Fläche und Bevölkerung ungefähr mit Großbritannien gleichlag. Tatsächlich waren die Anfänge der Entwicklung zum Überschußland recht dramatisch. Im Jahre 1949 mußte noch etwa die Hälfte der westdeutschen Einfuhr mit Hilfe der Marshallplan-Dollars und anderer Auslandshilfen finanziert werden. (Dies denen ins Stammbuch, die der Modeströmung folgen, wonach die Unterstützung durch den Marshallplan nur eine sekundäre Rolle gespielt habe.) Dann kam mit der Korea-Krise der schwere Einbruch in der deutschen Zahlungsbilanz im Winter 1950/51. Er machte die D-Mark vorübergehend zur schwächsten Währung in der eben neu errichteten Europäischen Zahlungsunion (EZU). Diese DM-Krise dauerte jedoch nur ein Dreivierteljahr. Überraschend schnell kam es zu einem dramatischen Umschwung vom extremen Schuldnerland zum führenden Überschußland in der EZU (siehe 2. Kapitel).

Wir waren von diesem jähen Umschwung selbst etwas überrascht. Zunächst dachten wir – und ich legte dies auch in einigen Schriftstücken nieder –, daß dieser Wandel mindestens teilweise durch die im Februar 1951 verhängte Entliberalisierung der Einfuhr zu erklären und daher vielleicht auch nicht dauerhaft sei. Aber auch nach der Wiederherstellung und Erweiterung der Einfuhrliberalisierung ging die Entwicklung zum Überschußland weiter. Noch zweieinhalb Jahre später, im November 1953, sprach ich in einem Vortrag in Kiel von »Westdeutschland in der ungewohnten Rolle eines Überschußlandes« und nannte die seit 1952 herrschende Kombination von innerer Stabilität und wachsendem Leistungsbilanzüberschuß ein »einmaliges Phänomen in der Wirtschaftsgeschichte der letzten Jahrzehnte«.[5] Ich mahnte zur Vorsicht, diese Wendung schon als dauerhaft anzusehen; aber sie erwies sich tatsächlich als dauerhaft, als fundamentaler Umschwung.

Was bewirkte diesen Umschwung? Die unter dem Druck der Zahlungsbilanzkrise von 1950/1951 durchgeführten drastischen geld- und finanzpolitischen Sanierungsmaßnahmen stellten nicht nur das vorher gestörte innere Gleichgewicht zwischen Angebot und Nachfrage wieder her, sondern gaben vor allem dem Export einen außerordentlichen und langanhaltenden Auftrieb. Die deutsche Wirtschaft wurde »exportlastig«. Dies wurde dadurch stark unterstützt, daß es nach Überwindung der Korea-Inflation zu einer mehrjährigen Periode fast völliger Preisstabilität kam; es war die in drei Jahrzehnten einmalige Zeit der »reinen Mengenkonjunktur«

der Jahre 1953 bis 1955[6]. Da in anderen europäischen Ländern die Inflation munter weiterging, führte das daraus entstehende Stabilitätsgefälle etwa ab 1954/1955 zu einer eindeutigen Unterbewertung der D-Mark. Unterstützt wurde diese Entwicklung durch erhebliche staatliche Überschüsse, die zu dem Schäfferschen »Juliusturm« führten; diese staatlichen Überschüsse trugen zu einer Erhöhung der volkswirtschaftlichen Sparrate und zur Absorption von überschüssiger Liquidität bei, was ebenfalls den Leistungsbilanzüberschuß förderte. Zweifellos ist jedoch der Ausgangspunkt für die jahrzehntelang anhaltende, oft auch »strukturell« genannte Überschußposition Westdeutschlands in der Zahlungsbilanzkrise von 1950/51 und in den von ihr ausgelösten Sanierungsmaßnahmen zu suchen. Die Krise also als produktiver Zustand – vorausgesetzt, man begegnet ihr mit den richtigen Maßnahmen! Da ich im Zuge dieser Krise 1950 zur Notenbank kam, stehen mir die damaligen Ereignisse noch lebhaft vor Augen. Näheres hierüber im zweiten Kapitel.

Einen weiteren Anstoß erhielt die Sonderrolle der Bundesrepublik als »Einzelgänger der Stabilität« durch die Dollar-Krise vom Frühjahr 1973. Sofort nach der Entbindung von der Pflicht zur Dollar-Stützung führten wir ein antiinflationäres Schockprogramm durch (vgl. 8. Kapitel), um den verlorengegangenen Boden wiederzugewinnen. Auf diese Weise begannen wir den Kampf gegen die Inflation der siebziger Jahre früher und auch energischer als die meisten unserer Partnerländer. Damit wurde das DM-Schiff klar und für jedermann sichtbar vom internationalen Inflationskonvoi abgekoppelt. Von Mitte 1973 bis Mitte 1980 stiegen die Verbraucherpreise in der Bundesrepublik bedauerlicherweise noch um 39 Prozent – überwiegend durch die beiden Ölpreisexplosionen, aber auch durch die Hinterlassenschaft der Inflationsperiode bis 1973 bedingt. Aber in den Vereinigten Staaten stiegen sie in der gleichen Zeit um 87 Prozent und in allen OECD-Ländern zusammen (ohne die Bundesrepublik) im Durchschnitt sogar um 113 Prozent. Dieses frappierende Inflationsgefälle war die eigentliche Grundlage für den Aufstieg der D-Mark zu einer internationalen und weltweit begehrten Währung. Bis zum Beginn der siebziger Jahre war die D-Mark zwar eine »harte«, aber essentiell nationale Währung gewesen. Das Abkoppeln vom Inflationszug brachte der Bundesrepublik über-

dies überraschende Erfolge im Außenhandel. Trotz der neuen Ölbelastung erzielte die Bundesrepublik im Jahre 1974 einen unerwartet hohen, allen Voraussagen widersprechenden Handelsbilanzüberschuß. So konnten wir von einem »gesicherten Logenplatz eines Zahlungsbilanzüberschusses« zusehen, wie sich manche anderen Länder mühsam mit der stark erhöhten Ölbelastung herumschlagen mußten.
In einem Expertenbericht an den französischen Wirtschafts- und Sozialrat vom Jahre 1977 unter dem Titel: »Deutschland hat sich überall durchgesetzt« schreiben die französischen Experten die deutschen Stabilitätserfolge in der Hauptsache folgenden Faktoren zu:

- der Existenz einer unabhängigen Notenbank,
- der Allergie der Deutschen gegenüber Preissteigerungen,
- einem breiten sozialen Konsens,
- den DM-Aufwertungen,
- dem harten Wettbewerb in der Bundesrepublik.

Keine schlechte Analyse durch ausländische Experten! Ich würde aber noch die von mir eingangs geschilderten historischen Ereignisse und »Glücksfälle« hinzufügen, welche die deutsche Wirtschaft und Währungen 1948 und erneut 1950/51 dauerhaft auf die richtige Stabilitätsbahn brachten. Aber natürlich ist die relative Stärke unserer Währungen nicht ein bloßer Glücksfall. Sie ist ehrlich verdient und vom ganzen Volk erarbeitet worden. Um noch einmal Joseph Schumpeter zu zitieren: »Nichts sagt so deutlich, aus welchem Holz ein Volk geschnitzt ist wie das, was es währungspolitisch tut.«

Das deutsche Währungsdilemma

Ein fortgesetzter Stabilitätsvorsprung eines Landes in einer inflatorischen Umwelt führt einerseits zu außenwirtschaftlichen Überschüssen und Währungsstärke, wirft andererseits aber auch Probleme im Verhältnis zur übrigen Welt auf. Die DM-Stabilität war nicht nur Stütze und Ansporn, sondern nicht selten auch Herausforderung und Ärgernis für die übrige Welt. 1978 schrieb die »Frankfurter Allgemeine Zeitung« in einem Leitartikel: »Mit unserem Stabilitätsdogma fallen wir den anderen zunehmend auf die Nerven, denn die deutsche Haltung ist für das Ausland schwer verständlich.« Vor allem in einem System fester Wechselkurse gibt es hier unausweichliche Konflikte zwischen der Scylla der inneren Stabilitätspolitik und der Charybdis des Zahlungsbilanzgleichgewichts. Es ist eine der Hauptaufgaben dieses Buches, die wichtigsten dieser Spannungen und Konflikte im Zeitraum 1950 bis 1980 nachzuzeichnen. Ich tue dies nicht nur deswegen, weil ich von Beginn meiner Tätigkeit in der Bank deutscher Länder – also seit Herbst 1950 – auf diesem Gebiet tätig war und weitgehend aus eigenen Erfahrungen und Unterlagen schöpfen kann, sondern auch, weil die Konflikte zwischen innerer Stabilität und äußerem Zahlungsgleichgewicht in einer inflatorischen Umwelt lange Zeit die deutsche Währungsszene und nicht zuletzt auch die Geldpolitik beherrschten. Keine Währung war davon so betroffen wie unsere. Die außenwirtschaftliche Absicherung der Stabilitätspolitik wurde zum Dauerthema unserer Währungspolitik.[7]

Es gab bis zum Übergang zum Floaten im Frühjahr 1973 nur wenige Perioden, in denen die deutsche Geldpolitik nicht von solchen Konflikten und Spannungen behindert wurde. Eine der längsten dieser konfliktfreien Perioden dauerte von Mitte 1964 bis Mitte 1966. In dieser Zeit war die deutsche Zahlungsbilanz zwei Jahre lang defizitär. Gleichzeitig kamen dank des amerikanischen Stabilitätserfolges vom Weltmarkt her keine großen Preissteigerungen auf uns zu. In dieser Zeit war also die Bundesbank frei von außenwirtschaftlichen Beengungen. Anfang 1965 erklärten wir die Periode der importierten Inflation offiziell für beendet.[8] So konnte die Bundesbank damals ihre Geldpolitik vorwiegend an den inländischen Stabilitätsbedürfnissen orientieren. Aber die dabei erzielten Stabilitätserfolge der Jahre 1967 bis 1969 führten sehr bald wieder zu einer Unterbewertung der D-Mark, insbesondere gegenüber dem inflationsgeschüttelten Frankreich, und damit direkt zu den Währungskrisen der Jahre 1968/1969. Hier zeigte sich sehr deutlich das Dilemma der deutschen Stabilitätspolitik: je erfolgreicher die Stabilitätspolitik im Inneren, desto schärfer die Spannungen und Konflikte nach außen. Die deutsche Geldpolitik wurde international zum Gefangenen ihres inneren Stabilitätserfolgs.

Dieses deutsche Währungsdilemma beherrschte auch immer wieder die Diskussionen in den zahlreichen internationalen währungs- und wirtschaftspolitischen Gremien, in denen ich die Bundesbank, oder auch die Bundesrepublik, zu vertreten hatte. Dabei ergab sich schon seit Mitte der fünfziger Jahre immer wieder das gleiche Bild: Von der Gegenseite wurde fast ununterbrochen versucht, Druck auf die Bundesrepublik auszuüben, sie solle eine »expansivere« Wirtschaftspolitik führen; auf gut deutsch: sich der internationalen Inflationsgemeinschaft anpassen. Der frühere amerikanische Notenbankchef Arthur Burns, der von 1981 bis 1985 amerikanischer Botschafter in Bonn war, erzählte in den letzten Jahren in kleineren Kreisen wiederholt, wie er schon Mitte der fünfziger Jahre (als damaliger Vorsitzender der Wirtschaftsberater des amerikanischen Präsidenten) in internationalen Gremien solche Versuche miterlebt habe, Druck auf mich, als den Vertreter der Bundesbank, auszuüben. Er erinnerte sich, daß er manchmal als einziger auf meiner Seite gestanden habe. Tatsächlich hatte der deutsche »Einzelgang in Stabilität« ja schon 1952/53 begonnen. Es gab seitdem kaum eine internationale Währungsspannung, in der nicht der Druck auf eine expansivere deutsche Geld- und Fiskalpolitik als Dauerthema aufgetaucht wäre. Insofern war es ein *understatement*, als kürzlich in einer amerikanischen Zeitung behauptet wurde, der internationale Druck auf die deutsche Wirtschaftspolitik, mehr Gewicht auf Expansion statt auf Preisstabilität zu legen, »hätte sich seit 25 Jahren bemerkenswert wenig geändert«. Es waren mehr als 30 Jahre! Schon 1956 schrieb der Londoner »Economist«: »Die enormen deutschen Zahlungsbilanzüberschüsse stören Europa von Monat zu Monat mehr. Wenn schon eine DM-Aufwertung von den Deutschen abgelehnt wird, warum kann man dann diesen europäischen Midas nicht durch eine Dosis Inflation von seiner Krankheit heilen?«

Wie recht hatte John M. Keynes, als er 1943, also inmitten der Verhandlungen über das Bretton-Woods-System und den IWF, schrieb: »Wahrscheinlich werden einige Länder erfolgreicher in der Aufrechterhaltung der inneren Preis- und Lohnkostenstabilität sein als andere – und diese Erfolgsunterschiede werden einer internationalen Währungsorganisation das größte Kopfzerbrechen verursachen.«

Der deutschen Geld- und Währungspolitik aber verursachte die fast ständige Spannung zwischen innerer Stabilitätspolitik und äußerem Gleichgewicht nicht nur Kopfzerbrechen, sondern oft heftige Konflikte, und zwar innere wie internationale. Die Inflationsdifferenz zum Ausland führte nicht nur zu einem direkten Inflationsimport über den internationalen Preiszusammenhang und den inflatorischen Sog der Auslandsnachfrage; sie verursachte häufig auch unerwünschte Devisenzuflüsse, und zwar teils als Folge hoher Leistungsbilanzüberschüsse, im weiteren Verlauf aber immer mehr auch durch vertrauensbedingte oder rein spekulative Zuflüsse von Auslandsgeld. Versuche der Bundesbank, durch restriktive geldpolitische Maßnahmen die inländische Inflation einzudämmen, führten häufig zu verstärktem Geldzufluß von außen, waren also *self-defeating*. Diese Gefahr war besonders groß in den Perioden, in denen die D-Mark international als Aufwertungskandidat betrachtet wurde. So mußte zur Abwehr von spekulativen Devisenzuflüssen schon 1956 ein Verbot der Verzinsung von ausländischen Guthaben bei deutschen Banken und 1957 eine erhöhte Mindestreservepflicht auf solche Guthaben eingeführt werden – zwei Abwehrmaßnahmen, die sich bis zum Übergang zum Floaten 1973 immer wiederholen sollten.

Von 1951 bis 1973 hatte die Bundesbank insgesamt nicht weniger als 112 Milliarden DM an Devisen (netto) aufzunehmen.[9] Davon strömte der Hauptteil (74 Milliarden) in den Jahren der Dollar-Krisen von 1970 bis 1973 herein. Diese Devisenzuflüsse bedeuteten zwar anfangs eine willkommene Ansammlung von Währungsreserven, aber gleichzeitig auch den Zwang zu einer kaum kontrollierbaren Geldschöpfung. Bis 1973 war der obligatorische Devisenankauf der mit Abstand wichtigste Einzelfaktor für die Geldschöpfung in der Bundesrepublik. Oft genug wurde unsere Geldpolitik durch diese Liquiditätszuflüsse unterlaufen (siehe 7. Kapitel). In Untersuchungen sowohl des Internationalen Währungsfonds als auch der OECD ist verschiedentlich hervorgehoben worden, daß zur Zeit der fixen Wechselkurse die monetären Restriktionen der Bundesbank oft zu 70 bis 80 Prozent durch Kapitalzuflüsse vom Ausland kompensiert wurden; dabei seien diese Kapitalzuflüsse häufig durch die Restriktionen selbst hervorgerufen worden.

Dies war eine außerordentliche Beeinträchtigung der Autonomie der Geldpolitik. In der Zeit der festen Wechselkurse war die vielgerühmte Unabhängigkeit der Bundesbank in Wirklichkeit weitgehend eingeengt durch eine Abhängigkeit vom Wechselkurs und von der Wechselkurspolitik. Letztere aber fiel in die Zuständigkeit der Regierung. Ihren Höhepunkt erreichte diese Abhängigkeit unserer Geldpolitik in der großen Dollar-Krise von Februar/März 1973. Im Februar 1973 entwickelte sich zwischen Bundesbank und Regierung ein tiefgehender Konflikt hinsichtlich der Wechselkurspolitik. Er spitzte sich so weit zu, daß schließlich das Direktorium unter meiner Führung – ich vertrat damals den erkrankten Präsidenten – nahe daran war, geschlossen die Verantwortung für die Weiterführung der Geld- und Währungspolitik abzulehnen. Nur durch eine überraschende Wendung in der amerikanischen Wechselkurspolitik wurde ein offener Konflikt vermieden (siehe 7. Kapitel).

Daß durch die Trennung der Zuständigkeiten für Geldpolitik und Wechselkurspolitik im System der fixen Wechselkurse eine schwere Beeinträchtigung der Unabhängigkeit der Notenbank entstehen kann, wurde damals gelegentlich auch von wissenschaftlicher Seite hervorgehoben. Wenn aber in einer dieser Arbeiten[10] behauptet wurde, die Notenbanken würden solche Beschränkungen ihrer Autonomie wohl niemals offiziell zugeben, so hatte der Autor offenbar die Berichte der Deutschen Bundesbank nicht gelesen. Denn schon 1960/61, vor der verspäteten Aufwertung vom März 1961, hatten wir ganz bewußt in Verlautbarungen und Berichten hervorgehoben, daß wir aus einem außenwirtschaftlichen Zwang heraus gegen unsere binnenwirtschaftlichen Stabilitätsinteressen handeln mußten (vgl. 4. Kapitel). Umgekehrt erklärten wir in unserem Geschäftsbericht 1961, nachdem die importierte Inflation beendet sei, liege es nun wieder in der Kompetenz der deutschen Kreditpolitik, für das innere Gleichgewicht zu sorgen. Deutlicher konnte man die Einschränkung der Autonomie der Notenbank nicht offenlegen. Man kann sich nach all diesen Erfahrungen im System der fixen Wechselkurse vorstellen, mit welcher Erleichterung wir in der Bundesbank im März 1973 die Befreiung von der obligatorischen Dollar-Ankaufspflicht begrüßten.

Das Problem: »Wie können wir unserem Stabilitätsauftrag nachkommen und die daraus entstehenden außenwirtschaftlichen Spannungen und Konflikte überwinden?« stellte sich mir immer wieder

als faszinierende Herausforderung dar. Aber es gab dabei auch manche persönlichen Enttäuschungen. Als das Problem ernst zu werden begann, nämlich in der zweiten Hälfte der fünfziger Jahre, fand ich mich mit meinen Vorstellungen und Vorschlägen zur außenwirtschaftlichen Abschirmung in der Notenbank eine Zeitlang völlig allein und isoliert (siehe 3. Kapitel). Der erste Präsident des Direktoriums unserer Notenbank, Wilhelm Vocke, weigerte sich bis zum Schluß seiner Amtszeit Ende 1957, auch nur die Existenz eines solchen Währungsdilemmas und die Notwendigkeit einer außenwirtschaftlichen Absicherung anzuerkennen. Er versuchte 1956, mir sogar den Gebrauch des Begriffs »importierte Inflation« zu untersagen, vor der ich seinerzeit als einer der ersten öffentlich gewarnt hatte (auf die Möglichkeit einer solchen Gefahr hatte ich schon Ende 1953 in meinem Kieler Vortrag [11] hingewiesen). Vockes Leitsatz, den er selbst in seinen Memoiren als seinen »Schwanengesang« bezeichnete, lautete: »Zwei Dinge werden wir auf keinen Fall machen: Inflation und Aufwertung.« Daß die schleichende Inflation der beginnenden sechziger Jahre sich gerade aus der langen Verzögerung der Aufwertung ergab, wollte er nicht wahrhaben.
Auch sein Nachfolger, Karl Blessing, brachte aus seiner Vorkriegstätigkeit in der Reichsbank noch ideologischen Ballast mit in die Bundesbank. Danach sollten Wechselkursparitäten »sakrosankt« sein, wie er in einer Pressekonferenz erklärte (siehe 4. Kapitel). Auch er sträubte sich einige Jahre lang gegen jede außenwirtschaftliche Absicherung der Stabilitätspolitik. Als er im Frühjahr 1961 nach dramatischen Auseinandersetzungen sich zu einer Mini-Aufwertung von 5 Prozent mehr oder weniger zwingen ließ, gab er unmißverständlich auch nach außen zu erkennen, daß er nur mit großem Widerstreben eingewilligt hatte. Aber er lernte aus den damaligen Erfahrungen. In der Währungskrise von 1968/69 gehörte er zu den Vorkämpfern für eine Aufwertung. Und im Oktober 1969 sagte er in einer Ansprache aus Anlaß der 300. Sitzung des Zentralbankrats: »Ich hoffe, daß man in Zukunft die Wechselkurse nicht mehr wie früher als heilige Kühe behandelt ... Ich bin nach zwölf Jahren zu der Überzeugung gelangt, daß wir, wenn wir im eigenen Haus einigermaßen Stabilität halten wollen, von Zeit zu Zeit die Wechselkurse anpassen müssen, oder wir hängen uns an die übrige Welt an und machen den Inflationsschwindel mit.« Blessing hatte also wirklich eine Lehre aus

den Erfahrungen der sechziger Jahre gezogen. Daß sein Nachfolger Klasen hier weniger flexibel war, möge der Leser aus meinen Ausführungen im 8. Kapitel entnehmen.

Das deutsche Währungsdilemma schien sich durch den Übergang zum Floaten im Frühjahr 1973 aufzulösen. Aber das Floaten brachte in Wirklichkeit nur eine begrenzte Unabhängigkeit der Geldpolitik (siehe 12. Kapitel), und auch der internationale Druck auf die Bundesrepublik, eine expansivere Wirtschaftspolitik zu verfolgen, hörte keineswegs auf. Einen gewissen Höhepunkt erreichte dieser Druck im Sommer 1978, als beim Bonner Wirtschaftsgipfel die Bundesrepublik und Japan dazu verdonnert wurden (oder sich verdonnern ließen), die Vereinigten Staaten in der Lokomotivenfunktion für die Weltwirtschaft abzulösen. Dies hat sich im weiteren Verlauf als nachteilig für die Bundesrepublik erwiesen, was übrigens der damalige Bundeskanzler Schmidt später selbst zugab.[12] Einige Wochen vor der Gipfelkonferenz hatte ich noch versucht, den Bundeskanzler von seiner Nachgiebigkeit abzubringen, und konnte dafür sogar die Mithilfe von Arthur Burns, des damals bereits zurückgetretenen Chefs des *Federal Reserve Board*, gewinnen. Aber es war vergeblich.

Besonders heftig wurde der Druck von außen erneut, als wir nach Beilegung der Dollar-Krise im November 1978 zu der dringend erforderlichen restriktiveren Geldpolitik übergingen. Darüber kam es, wie ich im 15. Kapitel näher schildern werde, im Januar 1979 zu einem Konflikt mit der Bundesregierung, der teilweise auch nach außen drang. Vor allem aber wurde die sich daraus erwachsende Zinssteigerung – die in Wirklichkeit schon im Mai 1978 begonnen hatte – von einigen europäischen Partnerländern in der »Währungsschlange«, besonders aber von den USA heftig kritisiert, unter anderem durch Protestschritte bei der Bonner Regierung. Das hielt uns freilich nicht davon ab, den restriktiven Kurs 1979 weiter zu verfolgen und vor allem die Überliquidität aus dem Krisenjahr 1978 so rasch wie möglich wieder zu absorbieren, was auch weitgehend gelang. Wie einseitig und schief die Amerikaner die deutsche Geldpolitik damals beurteilten, mag folgende Anekdote beleuchten: Im September 1977 schrieb der international bekannte amerikanische Nobelpreisträger Paul A. Samuelson in einer Glosse in der amerikanischen Zeitschrift »Newsweek«[13]: »Dr. Otmar Emminger, der

Chef der Bundesbank, verfolgt eine derart restriktive Geldpolitik, daß ein Arthur Burns dafür in diesem Land (USA) gelyncht würde.« Dabei konnte zu diesem Zeitpunkt von einer wirklich restriktiven deutschen Geldpolitik noch gar keine Rede sein. Sie kam erst ein gutes Jahr später.

Die internationale Bedeutung der deutschen Stabilitätspolitik

Die Bundesrepublik war häufig ein »Einzelgänger der Stabilität«, wenigstens unter den größeren Industriestaaten. In den sechziger Jahren spottete die Londoner »Financial Times« verschiedentlich über den deutschen Alleingang mit dem Bild des »Gefreiten Schmidt, der als einziger aus dem Gleichschritt der Kompanie fällt, aber hartnäckig darauf besteht, sein Tritt sei der richtige«. Welche Genugtuung, daß neuerdings das gleiche Blatt den Anschluß des englischen Pfundes an das Europäische Währungssystem und damit an die D-Mark empfiehlt mit der Begründung: »Wir sollten die Gelegenheit ergreifen, das Pfund Sterling anzubinden an eine relativ nichtinflationäre Währung, nämlich die D-Mark. Die Deutschen haben es fertiggebracht, in sehr pragmatischer Weise und ohne teutonische Gründlichkeit eine nichtinflationäre Politik zu verfolgen.«[14]
Der deutsche »Alleingang in Stabilität« hat international nicht nur Probleme und Schwierigkeiten mit anderen Ländern geschaffen. Der deutsche Stabilitätsvorsprung war auch eine *internationale Inflationsbremse* und ist vor allem im Europäischen Währungsverbund ein *Anker der Stabilität* geblieben. Deutschland hat Stabilität exportiert, allerdings nur zu oft dagegen Inflation importiert. Die OECD sprach nach der DM-Aufwertung vom Herbst 1969 fast mit Bedauern davon, daß dadurch die Wirkung der »deutschen Disziplin« auf die internationalen Märkte etwas schwächer geworden sei. Als im Herbst 1973 der Stab des Internationalen Währungsfonds in seinem Konsultationsbericht über die Bundesrepublik die Befürchtung ausdrückte, die überaus harte deutsche Kreditpolitik nach dem Übergang zum Floaten sei vielleicht überzogen und könnte zu einem *overkill* führen, billigte die Mehrheit des Exekutivrats des IWF ausdrücklich die deutsche Politik. Ein Exekutivdirektor als

Sprecher dieser Mehrheit sagte: »Die Bundesrepublik Deutschland hat eine Schrittmacherrolle im Kampf gegen die Inflation übernommen, für die sie internationale Anerkennung verdient.«
Wie wichtig diese Schrittmacherrolle besonders für Europa und den europäischen Währungsverbund war, ist vielleicht am besten in einem Leitartikel der »Financial Times« vom 3. Juli 1979 ausgedrückt worden: »Was wäre aus der Europäischen Wirtschaftsgemeinschaft nach der Ölpreissteigerung von 1973/74 geworden, hätte nicht Westdeutschland, und zwar praktisch im Alleingang, an seiner inneren Stabilitätspolitik festgehalten, wodurch die Inflation zuerst begrenzt und dann reduziert wurde? ... Hätte Frankreich die straffen Stabilitätsmaßnahmen des Barre-Plans ohne das Beispiel Westdeutschlands – des Rivalen und gleichzeitigen Freundes – überhaupt akzeptiert?« Inzwischen ist häufig dargestellt worden, wie sehr die D-Mark auch nach 1979 ein Anker der Stabilität für das Europäische Währungssystem gewesen ist (vgl. 13. Kapitel).
Aber die disziplinierende Wirkung der DM-Stabilität wird auch weit über Europa hinaus anerkannt. So hat zum Beispiel der damals noch amtierende Chef der amerikanischen Notenbank, Arthur Burns, in einer Ansprache im Mai 1977 an die Adresse der Bundesbank erklärt: »An diesem kritischen Punkt in dem weltweiten Kampf gegen die Inflation ist Ihr Erfolg ein mächtiges Gegengewicht gegen die Stimmung der Resignation und des Defätismus.«
Es ließen sich noch viele derartige Urteile über die weltweite Bedeutung der deutschen Stabilitätspolitik anführen, so etwa das Urteil eines ausländischen Finanzministers auf einer internationalen Währungskonferenz: »Wenn die USA und die Bundesrepublik Deutschland aufhören würden, für die Stabilität einzutreten, so würde die Welt in einem Chaos von Inflation versinken.« Am Schluß dieser Parade bemerkenswerter Urteile über die deutsche Stabilitätspolitik möchte ich noch den Nobelpreisträger Friedrich August von Hayek zitieren (bei dem ich in der London School of Economics 1932/33 an einem Seminar teilgenommen hatte). Er sagte Anfang 1980[15]: »Die Bundesrepublik hat einen ungeheuren Beitrag durch ihre relativ vernünftige Währungspolitik geleistet. Wir wären sonst noch viel schlimmer dran. Ich hoffe, die Bundesrepublik Deutschland wird darin fortfahren.« Ich kann mich dieser Hoffnung nur anschließen.

Die internationale Rolle der D-Mark

Mit dem Stabilitätsvorsprung der D-Mark und den daraus erwachsenden Leistungsbilanzüberschüssen ging eine zunehmende Erhöhung des Wechselkurses der D-Mark Hand in Hand. Von 1960 bis Ende 1985 stieg die D-Mark gegenüber der Weltwährung Dollar um 70 Prozent, gegenüber den Währungen von 14 Industrieländern (einschließlich des Dollars) im gewogenen Durchschnitt um 95 Prozent. Seit Mitte der fünfziger Jahre ist die D-Mark immer wieder ein Aufwertungskandidat gewesen – meist sogar »der« Aufwertungskandidat –, und zwar gegenüber dem Dollar bis 1979, gegenüber den europäischen Währungen bis heute. All dies führte dazu, daß die D-Mark besonders in den siebziger Jahren zeitweise in einem stürmischen Tempo in die Rolle einer internationalen Anlage- und Reservewährung hineinwuchs. Sie nimmt in dieser Hinsicht seit langem die zweite Stellung hinter dem Dollar ein (da der japanische Yen es noch nicht geschafft hat, in die ihm eigentlich zustehende internationale Rolle hineinzuwachsen). Zu Beginn der siebziger Jahre lag der Bestand der auf D-Mark lautenden Devisenreserven von Währungsbehörden noch unter 3 Milliarden DM. Ende 1984 waren es ungefähr 118 Milliarden DM! So war der DM-Anteil an den identifizierbaren Devisenreserven von weniger als 2 auf etwa 12 Prozent gestiegen. Seit 1979 hat sich die Zunahme der ausländischen DM-Anlagen etwas verlangsamt, man könnte sagen »normalisiert«. Denn in den letzten Jahren entsprach die Zunahme dieser ausländischen DM-Anlagen etwas besser der Wachstumsrate der deutschen Handels- und Dienstleistungsbilanz. 12 Prozent entspricht ungefähr dem Anteil der Bundesrepublik am Welthandel und kann daher als »normal« gelten. Die DM-Anlagen des Auslands in der Bundesrepublik insgesamt, einschließlich der nichtoffiziellen, waren bis Ende 1984 auf über 400 Milliarden DM gestiegen.

In den siebziger Jahren wuchsen auch die deutschen Banken in eine wichtige Rolle auf den internationalen Finanzmärkten hinein. So war längere Zeit die D-Mark auch zweitwichtigste Währung auf dem Eurobondmarkt und auf den Eurogeldmärkten.

Die D-Mark avancierte auch zur Interventionswährung, wenn auch bei weitem nicht so universell wie der Dollar. Aber sie ist immerhin die wichtigste Interventionswährung im Europäischen Währungssystem. Außerdem war sie bis vor einigen Jahren die fast einzige Interventionswährung des wichtigsten Landes der Weltwirtschaft, der Vereinigten Staaten.

Ob wir wollten oder nicht, das Verhältnis zwischen Dollar und D-Mark entwickelte sich immer mehr zur Schlüsselrelation der Weltwirtschaft (bis es in dieser Rolle durch das Verhältnis Dollar/Yen abgelöst wurde). Die gewichtige internationale Rolle der D-Mark brachte gelegentlich für die deutsche Währungspolitik manche Schwierigkeiten und Sorgen mit sich. Es war in mancher Hinsicht ein Danaergeschenk, das wir aber nicht ohne weiteres abweisen konnten. Die rapide angewachsenen ausländischen DM-Anlagen waren ein Element der Instabilität, besonders die kurzfristigen. Als unfreiwilliger Gegenspieler des Dollars wurde die D-Mark vom Beginn der siebziger bis zum Beginn der achtziger Jahre erheblich von dem ständigen Auf und Ab des internationalen Vertrauens in den Dollar betroffen. In den Jahren 1978 und 1979 kam es oft innerhalb weniger Monate zu abwechselnden Zu- und Abflüssen in der Größenordnung von 20 Milliarden D-Mark und mehr, was ich als »Liquiditäts-Wechselbäder« bezeichnete. Außerdem versuchte man, der D-Mark besonders in den Perioden ihrer Stärke und unter Berufung auf diese Stärke international oft mehr an Verantwortung aufzubürden, als mit unserem Stabilitätsziel vereinbar war. Ich erwähne nur die Forderungen, im Rahmen internationaler Organisationen deutsche Notenbankkredite und deutsche Währungsreserven in größerem Umfang bereitzustellen oder bei unserer Wechselkurs- und Zinspolitik weniger auf eigene Interessen als auf diejenigen der übrigen Länder Rücksicht zu nehmen, und – nicht zuletzt – in Notfällen gar eine Art Mitverantwortung für die Schlüsselwährung der Weltwirtschaft, den Dollar, zu übernehmen. Eine starke Währung wie die D-Mark steht zweifellos unter einer besonderen internationalen Verantwortung. Stärke verpflichtet. Wir können auch nicht ständig von den Amerikanern verlangen, daß sie in ihrer Wirtschafts- und Finanzpolitik auf die übrige Welt mehr Rücksicht nehmen, wenn wir unseren Teil der internationalen Verantwortung ablehnen. Aber gelegentlich mußten wir doch manchen dieser Forderungen widerstehen, um nicht unsere eigene Stabilitätsaufgabe zu sehr zu belasten. Wir haben insbesondere in

den Jahren 1978 / 1979 das von den Amerikanern an uns herangetragene Verlangen nach einer Art Mitverantwortung für den Dollar-Kurs ablehnen müssen (vgl. 11. Kapitel).
Ein besonderes Wort ist hier noch zu der Rolle der *D-Mark als Reservewährung* zu sagen. In der Zeit der Vertrauenskrisen um den Dollar von 1977 bis 1979 haben wir unmißverständlich kundgetan, daß wir der Rolle der D-Mark als Ausweich-Reservewährung mit großer Zurückhaltung gegenüberstanden. Daraus entstand damals das Schlagwort von der »D-Mark als Reservewährung wider Willen«.
Ende 1979 sagte ich dazu in einer Rede[16]: »Wir haben uns dem Hineinwachsen der D-Mark in die Rolle einer Reservewährung nicht widersetzt, trotz der damit verbundenen geldpolitischen Belastungen und Wechselkursrisiken – wir hätten uns auch gar nicht widersetzen können, weil wir ja die Freiheit des Kapitalverkehrs aufrechterhalten wollen. Wir haben die Bewegung aber etwas gebremst, indem wir nicht immer diejenigen Geldinstrumente zur Verfügung stellten, die das Ausland gerne gehabt hätte. Der Dollar ist weder als Reservewährung noch als Zahlungswährung zu ersetzen – noch immer werden rund 60 Prozent des Welthandels in Dollar abgewickelt gegen 14 Prozent in D-Mark. Die D-Mark mit ihrer im Vergleich zum Dollar schmalen Wirtschaftsbasis kann hier nur in begrenztem Rahmen einspringen.«
Es waren vor allem vier Gründe, die uns zu der Zurückhaltung gegenüber dieser Reserve-Rolle bewogen:

1. Solange die D-Mark als Ausweichwährung zum Dollar galt, führten alle Schwierigkeiten und Vertrauensstörungen im Dollar-Bereich in besonderem Maße zu entsprechenden störenden Reflexen im DM-Bereich. Die D-Mark wurde zum Spielball der internationalen Unruhe um den Dollar.

2. Das Nebeneinander des Dollars und einer akzeptierten Ausweichwährung war geeignet, die internationale Währungsunstabilität durch große Reserveverlagerungen von einer Reservewährung zur anderen noch zu vergrößern.

3. In der Zeit unserer Überschußposition wurden unsere Devisenüberschüsse durch die Diversifizierung der Währungsreserven in die D-Mark noch verstärkt. Das erhöhte den Druck auf Überbewertung der D-Mark beziehungsweise Unterbewertung des Dollars und zwang uns zu verstärkter Dollar-Anhäufung mit

unfreiwilliger Geldausweitung im Inneren. Bei einer Umkehrung der Tendenz in Richtung auf Rückflüsse in den Dollar bestand das Risiko einer umgekehrten Verzerrung.

4. Schließlich ist auch die Kapazität unserer Geld- und Kapitalmärkte im Vergleich zu den USA nur begrenzt. Diese Märkte wurden zum Beispiel durch die starken Fluktuationen von Auslandsgeld in der Periode von Mitte 1978 bis Frühjahr 1980 ziemlich strapaziert.

Daß wir in den Jahren bis 1979 der Diversifizierung in die D-Mark mit Zurückhaltung begegneten, erwies sich als sehr nützlich, als die Bundesrepublik in den Jahren 1980 und 1981 vorübergehend große Leistungsbilanzdefizite hatte. Diese wurden zum Teil dadurch überbrückt, daß der Bund in erheblichem Umfang bei arabischen Ölstaaten Kredite gegen DM-Schuldscheine aufnahm. Die Tatsache, daß durch unsere vorherige Zurückhaltung der DM-Bedarf einiger arabischer Länder noch nicht voll gedeckt war, erleichterte damals die Kreditaufnahme zum Zwecke der Zahlungsbilanzfinanzierung.

Im übrigen erklärte ich schon im Oktober 1980 in einem Vortrag in Wien[17] ausdrücklich, daß mit dem Wandel der Bundesrepublik zum Defizitland das hauptsächliche Bedenken gegen eine starke Reserverolle der D-Mark, nämlich die Verschärfung unseres Überschußproblems und des Drucks auf den Dollar, gegenstandslos geworden sei. Die Bundesrepublik habe nun sogar ein aktives Interesse am Zufluß von Auslandskapital zur Überbrückung ihrer Leistungsbilanzdefizite.[18] Im übrigen ist das ganze Problem der Diversifizierung der Währungsreserven und des Übergangs zu einem multiplen Reservesystem auch durch die wiedergewonnene Stärke des Dollars *bis auf weiteres* inaktuell geworden. Die mit diesem Problem zusammenhängenden Bemühungen um die Einrichtung eines sogenannten Substitutionskontos im Internationalen Währungsfonds konnten im Jahre 1980 von dessen Interim-Ausschuß zu den Akten gelegt werden. Sollte es aber zu einer erneuten Schwäche des Dollars kommen – was angesichts der riesigen Handelsbilanzdefizite der USA nicht ausgeschlossen werden kann –, so könnten die früheren Probleme wieder aktuell werden.

2. Kapitel

Vom extremen Defizitland zum permanenten Überschußland (1950–1957)

Meine Tätigkeit bei der OEEC und EZU in Paris

Wer weiß heute noch, daß die später so herausragend starke D-Mark ihren ersten Auftritt auf der internationalen Währungsbühne als ausgesprochen schwache Währung hatte! Tatsächlich war die Bundesrepublik das erste Land, das 1950 einen Sonderkredit in der soeben gegründeten Europäischen Zahlungsunion (EZU) benötigte. Damit war die D-Mark damals, wenn auch nur vorübergehend, die schwächste unter allen Mitgliedswährungen. Die deutsche Situation wurde überaus ernst eingeschätzt: Als der Ministerrat der OEEC über die deutsche Zahlungskrise beriet, glaubte der holländische Vorsitzende feststellen zu müssen, Europa sähe sich »dem Bankrott Westdeutschlands« gegenüber. Allerdings kam schon ein halbes Jahr später der Umschwung, und die Bundesrepublik schaffte die Wende vom Defizitland zum Überschußland Europas in einem geradezu atemberaubenden Tempo.

Ich hatte das Privileg, sowohl die Krise als auch den Umschwung an einer entscheidenden Stelle mitzuerleben und dabei auch mitzuhandeln. Denn die schwere Zahlungsbilanzkrise vom Herbst 1950 war der Anlaß, der mich in die deutsche Notenbank führte – sie hieß damals noch »Bank deutscher Länder« (BdL). Ich war seit Frühjahr 1949 Leiter der Wirtschaftsabteilung der deutschen Delegation bei der Pariser »Organisation für Europäische Wirtschaftliche Zusammenarbeit« (OEEC). Diese war 1948 im Gefolge des Marshallplans ins Leben gerufen worden. Sie sollte einerseits mithelfen, die Marshallplan-Mittel richtig zu verteilen, andererseits die Durchführung des »Europäischen Wiederaufbauprogramms« (ERP) und die Sanierungspläne einzelner Länder laufend überwachen. Ich gehörte zu den ersten drei Deutschen, die nach dem Weltkrieg in offizieller Funktion ins Ausland entsandt worden waren. Als ich nach Paris ging, gab es noch keine Bundesregierung in Bonn (diese gab es erst seit September 1949). Unsere Delegation in Paris vertrat die amerikanische und britische Besatzungszone, trug zunächst noch einen englischen Namen (*Bizonal Delegation to the OECD*) und stand bis September 1949 unter amerikanisch-britischer Oberleitung.

Die Teilnahme Westdeutschlands am Marshallplan brachte nicht nur eine zusätzliche Devisenhilfe in einer kritischen Periode für den deutschen Wiederaufbau. Im Gefolge und zur Durchführung des Marshallplans entstand die OEEC in Paris. Dies war die erste internationale Organisation, in die Westdeutschland nach dem Krieg als vollberechtigtes Mitglied aufgenommen wurde. Selbst wenn die Vertretung Westdeutschlands in der OEEC anfangs noch (pro forma) unter alliierter Oberleitung stand, so war diese deutsche Mitgliedschaft doch der erste Schritt in Richtung auf Wiedergewinnung der Eigenstaatlichkeit, das heißt der Mitgliedschaft im internationalen Staatengefüge. Niemand wird es mir verdenken, wenn ich erwähne, daß wir uns dieser Pionierstellung mit einigem Stolz bewußt waren.

Ich hatte in Paris in dem Ausschuß mitgewirkt, der die EZU vorbereitete. Als nun im Herbst 1950 die kärglichen deutschen Währungsreserven und Kreditmöglichkeiten nahezu erschöpft waren und zur Abwendung des Zahlungsbankrotts ein Sonderkredit der EZU zur Debatte stand, wurde ich als einer der wenigen Sachkenner auf diesem Gebiet eingeladen, in die Bank deutscher Länder einzutreten.

Die Europäische Zahlungsunion war 1950 von der OEEC errichtet worden, um den Handels- und Zahlungsverkehr wenigstens innerhalb Europas von bilateralen Schranken zu befreien und den Abbau der Einfuhrkontingentierungen voranzutreiben. Zuvor war der Zahlungsverkehr zwischen den europäischen Ländern bilateral abgerechnet worden – es gab ja noch keine konvertiblen Währungen. Nun wurde er jeden Monat multilateral abgerechnet, und zwar über Abrechnungskonten bei der Bank für Internationalen Zahlungsausgleich (BIZ) in Basel. Der monatliche Zahlungssaldo gegenüber allen übrigen Mitgliedsländern mußte anfangs zu einem

Drittel in Gold oder Dollar ausgeglichen werden. Später, mit zunehmender »Härtung« der EZU, stieg der in »harter« Währung auszugleichende Anteil bis auf drei Viertel. Der Rest wurde durch Ziehung auf die jedem Mitglied zugeteilten Kreditquoten beglichen. Das Gegenstück dazu waren die Kredite, welche die Überschußländer in entsprechendem Umfang an das System zu geben hatten.

Ausbruch der deutschen Devisenkrise im Herbst 1950

Die Weltwirtschaft stand damals unter dem Einfluß des im Juni 1950 ausgebrochenen Korea-Krieges. Dicser hatte eine weltweite Preisinflation und Warenverknappung ausgelöst. Die Bundesrepublik Deutschland war besonders davon betroffen, und zwar aus einer Reihe von Gründen: Die deutsche Wirtschaft lag hinsichtlich der Erholung von den Kriegsschäden noch weit hinter den meisten anderen europäischen Ländern zurück. Im Herbst 1950 befand sie sich in einem starken Auftrieb, der kurz vor Ausbruch der Korea-Krise durch besondere Kredithilfen der Bank deutscher Länder für ein Arbeitsbeschaffungsprogramm noch angefeuert wurde. Es gab überall Knappheiten, vor allem bei Roh- und Grundstoffen. Kohle, Stahl und elektrische Energie waren noch rationiert. Die Währungsreserven der Notenbank waren äußerst gering. Die Dollar-Hilfen des Marshallplans (und andere amerikanische Hilfen, wie GARIOA), die anfangs noch über die Hälfte der Gesamteinfuhr finanziert hatten, waren stark rückläufig und sollten 1952 auslaufen; das führte dazu, daß die Einfuhr immer stärker auf den Nichtdollarraum verlagert wurde. Schließlich hatte die Bundesrepublik, unter dem Einfluß von Bundeswirtschaftsminister Erhard, bei der innereuropäischen Einfuhrliberalisierung eine Art Vorreiterrolle gespielt und die Einfuhr aus dem EZU-Raum gleich im ersten Anlauf zu fast 75 Prozent liberalisiert. So kam es zu hohen und gefährlich wachsenden Außenhandelsdefiziten. Diese konzentrierten sich – schon wegen der Einfuhrliberalisierung gegenüber Europa – immer stärker auf den EZU-Raum.

Die EZU war im Juni 1950 ins Leben getreten. In den ersten vier Monaten seit Errichtung der EZU hatte die Bundesrepublik durch ihre Devisendefizite in den monatlichen EZU-Abrechnungen bereits drei Viertel des ihr mit der EZU-Quote zugewiesenen Kreditspielraums ausgenutzt. Mit der drohenden Erschöpfung der EZU-Kreditlinie sah man im Oktober 1950 das Gespenst der Zahlungsunfähigkeit gegenüber dem Ausland vor der Türe stehen. Denn für eine volle Abdeckung der EZU-Defizite in Dollar reichten die kärglichen Dollar-Reserven der Bank deutscher Länder nicht aus. Die bereits ergriffenen oder in Vorbereitung befindlichen Sanierungsmaßnahmen konnten nicht von heute auf morgen wirken, zumal ein Run auf die knappen Einfuhrwaren eingesetzt hatte. So stand man vor der Wahl: entweder sich bei der EZU, das heißt bei den übrigen Mitgliedsstaaten, um einen zusätzlichen Überbrückungskredit zu bemühen oder die soeben eingeführte teilweise Liberalisierung der Einfuhr aus den EZU-Ländern wieder aufzugeben und durch bilaterale Einfuhrkontingente zu ersetzen. Die Einfuhr aus dem Dollar-Raum, das heißt aus allen nicht der EZU angeschlossenen Ländern, war sowieso durch Einfuhrkontingente gedrosselt, da sie überwiegend nur mit Hilfe der Dollar-Zuweisungen aus der amerikanischen Devisenhilfe finanziert werden konnte.

Die deutsche Zahlungskrise schien nicht nur die Bundesrepublik, sondern auch die EZU, noch ehe sich diese voll hatte bewähren können, sofort in eine schwere Krise zu stürzen, zumindest aber vor eine ernste Bewährungsprobe zu stellen. Sie bedrohte aber auch den Fortbestand der Marktwirtschaft in der Bundesrepublik und die politische Stellung Ludwig Erhards.

In dieser kritischen Lage beschloß das Direktorium der EZU, das im ersten Jahr unter dem Vorsitz von Guido Carli, dem späteren Gouverneur der Bank von Italien, stand, im Oktober 1950 zwei international anerkannte Wirtschaftsexperten in die Bundesrepublik zu entsenden. Sie sollten ein Gutachten über die deutsche Zahlungsbilanzlage erstatten und Vorschläge für die Behandlung des deutschen Krisenfalles durch die EZU und OEEC machen, insbesondere zu der Frage: Sonderkredit der EZU oder Suspendierung der Einfuhrliberalisierung. Der eine der beiden Experten war Per Jacobsson, damals volkswirtschaftlicher Berater der BIZ in Basel, später von 1957 bis 1963 hochangesehener Geschäftsführender Direktor des Internationalen Währungsfonds. Der andere war der damalige Chefökonom der OEEC, der Engländer Alec Cairncross.

Sie besuchten Ende Oktober 1950 die deutsche Notenbank in Frankfurt und die Bonner Regierung.

Die Bundesregierung hatte mich ersucht, die beiden von der EZU entsandten hohen Experten als eine Art »Betreuer« nach Frankfurt und Bonn zu begleiten. Das führte mich zu meinem ersten offiziellen Kontakt mit der deutschen Notenbank. Ich hatte allerdings schon seit Errichtung der Bank deutscher Länder im April 1948 öfters inoffizielle Kontakte mit einigen ihrer leitenden Herren gehabt, insbesondere mit Eduard Wolf, ihrem Chefökonomen, mit dem ich vor dem Krieg eine Zeitlang im Berliner Institut für Konjunkturforschung zusammengearbeitet hatte. Wenige Tage nach meinem offiziellen Besuch mit den EZU-Experten in der Bank deutscher Länder erreichte mich die Bitte, in die Dienste der Notenbank einzutreten. Mein erster Auftrag nach dem Amtsantritt war, mich vor allem den Verhandlungen über die deutsche Devisenkrise mit der EZU und OEEC zu widmen. Diese Aufgabe war mir aufgrund meiner vorherigen Tätigkeit in Paris sozusagen auf den Leib geschneidert. Außerdem waren Währungspolitik und Zahlungsbilanzkrisen schon seit meiner Doktorarbeit mein Spezialgebiet. Aus dem ersten Sonderauftrag in der damaligen Zahlungsbilanzkrise entwickelte sich innerhalb kurzer Zeit eine allgemeine Zuständigkeit für internationale Währungsfragen und -verhandlungen. Ab Frühjahr 1951 übernahm ich außerdem die Leitung der Hauptabteilung Volkswirtschaft und Statistik, ehe ich dann im März 1953 als Mitglied in das Direktorium der Bank deutscher Länder gewählt wurde.

Der EZU-Sonderkredit

Zurück zu den Verhandlungen im Oktober/November 1950. In der Bank deutscher Länder waren die Meinungen über die Frage: Aufhebung der Liberalisierung oder Sonderkredit? zunächst geteilt. Der Präsident des Direktoriums, Wilhelm Vocke, neigte zunächst eher zu einer sofortigen Entliberalisierung. Dies hatte nicht nur mit seiner langjährigen Mitarbeit an den Schachtschen Handels- und Zahlungsbeschränkungen in den dreißiger Jahren zu tun, sondern wohl auch damit, daß er Ludwig Erhard persönlich und besonders dessen Liberalisierungsbemühungen stets skeptisch gegenüber-

stand. Der Entscheidungsprozeß spiegelt sich in einem Schreiben von Per Jacobsson an den Generaldirektor der BIZ, Auboin, in dem es hieß: »Die Amerikaner haben Vocke mitgeteilt, daß nach ihrer Meinung die Einfuhrliberalisierung in Deutschland aufgehoben werden sollte. Auch Vocke war heute morgen dieser Ansicht. Ich kann Vocke verstehen, der ein ehrlicher Bankmann sein möchte und keine Waren hereinlassen möchte, für die er nicht zahlen kann. Aber die Aufhebung der Liberalisierung wäre eine so ernste Sache, daß man sie nicht ohne Überlegung akzeptieren sollte. Ich riet Vocke, die Entscheidung über die Entliberalisierung zurückzustellen, bis zur Fertigstellung unseres Expertengutachtens an die EZU. Er akzeptierte dies und dem schlossen sich auch zwei Bonner Minister an.«
Den Ausschlag zugunsten des Versuchs, mit Hilfe eines Überbrükkungskredits die Einfuhrliberalisierung zu retten, gab also Per Jacobsson. Dieser, aus Schweden stammend und schon in den dreißiger Jahren beim Völkerbund in Genf und dann bei der BIZ als volkswirtschaftlicher Experte tätig, war ein ungemein intelligenter Mann; wegen seiner Vielseitigkeit und gelegentlichen Sprunghaftigkeit wurde er von vielen als »barocker Mensch« bezeichnet. Er trat mit Vehemenz und Eloquenz für die Aufrechterhaltung eines möglichst freien Handels ein. Er brachte auch den weniger liberal gesinnten Alexander Cairncross auf seine Linie. Das Gutachten der beiden Experten an das EZU-Direktorium schilderte die deutsche Devisenkrise zwar als schwierig, aber als relativ rasch lösbar, vorausgesetzt, daß von deutscher Seite entsprechende Sanierungsmaßnahmen durchgeführt würden.

Das deutsche Sanierungsprogramm

Zur Ausarbeitung eines Sanierungsprogramms wurde auf deutscher Seite ein Expertenausschuß eingesetzt. Seine Mitglieder waren Albrecht (Bundesministerium für den Marshallplan), Keiser (Bundesministerium für Wirtschaft), Oeftering (Bundesministerium der Finanzen, später Bundesbahnpräsident), sowie Wolf und ich für die Bank deutscher Länder. Wir arbeiteten unter großem Zeitdruck in oft mehrtägigen Konklave-Sitzungen ein umfassendes Programm für die Wirtschafts-, Finanz- und Geldpolitik aus. Die beiden EZU-Experten entnahmen daraus die ihnen am wichtigsten erscheinenden Vorschläge und legten diese Auswahl dem EZU-Direktorium mit ihrem Plazet vor. Dabei erwies sich Per Jacobsson als der gewichtigere der beiden Experten. Wolf und ich hatten mit ihm von Beginn bis zum Ende der Zahlungsbilanzkrise häufige und sehr nützliche Kontakte – woraus sich für mich eine enge und vertrauensvolle Freundschaft mit Per Jacobsson entwickelte, die trotz späterer Meinungsverschiedenheiten in der Frage der DM-Aufwertung 1960/61 bis zum Tod Jacobssons im Jahre 1963 anhielt. Da ich von 1953 bis 1959 nebenbei den Posten des deutschen Exekutivdirektors im Internationalen Währungsfonds innehatte, arbeitete ich auch dort mit Jacobsson eng zusammen, als er 1956 Geschäftsführender Direktor des Währungsfonds wurde.

Das deutsche Sanierungsprogramm ähnelte in seinem Aufbau und Inhalt in verblüffender Weise den Sanierungsprogrammen, die in der internationalen Schuldenkrise der achtziger Jahre seitens der Defizitländer dem IWF zur Erlangung von Sonderkrediten vorgelegt werden müssen. Es sah im wesentlichen vor:[1]

– eine strikte Fortführung der von der BdL bereits ergriffenen und noch vorgesehenen restriktiven Kreditmaßnahmen, um ein »organisches« Gleichgewicht zwischen der Nachfrage und dem von der Einfuhr her begrenzten Warenangebot herzustellen;

– steuerliche Maßnahmen, vor allem zur Eindämmung der Verbrauchernachfrage (Erhöhung der Umsatzsteuer, Beseitigung von Steuervergünstigungen) sowie zur Herstellung eines besseren Haushaltsgleichgewichts. Dabei wurde von den Experten ausdrücklich vermerkt: Vermeidung jeglicher Politik des *deficit financing* (so hieß es in ihrem Memorandum anstelle des gebräuchlicheren Keynesschen Ausdrucks *deficit spending*);

– Exportförderung durch steuerliche und kreditpolitische Maßnahmen, gegebenenfalls auch durch bevorzugte Rohstoffzuteilung;

– Herstellung von realistischen Zinssätzen zur Förderung der Kapitalbildung;

– Maßnahmen zur besseren Kontrolle der Devisenbewegungen und zur Verhinderung von rein spekulativen Anträgen auf Einfuhrlizenzen.

Schließlich enthielt das vom EZU-Direktorium akzeptierte Programm eine Absage an eine etwaige DM-Abwertung sowie den Hinweis, die deutsche Seite solle die Vollmachten der deutschen Notenbankleitung zur raschen und wirksamen Durchführung der beschlossenen kreditpolitischen Maßnahmen verstärken.

Im Gegenzug war die EZU bereit, der Bundesrepublik einen Sonderkredit von 120 Millionen Dollar für die monatlichen Zahlungsabrechnungen bereitzustellen, das heißt eine Zusatzquote von 180 Millionen Dollar, bei deren Benützung aber jeweils ein Drittel in effektiven Dollars zu zahlen war. Es war nur eine sehr kurzfristige Überbrückungshilfe ins Auge gefaßt; die Rückzahlung des in Anspruch genommenen Sonderkredits sollte bereits im Mai 1951 in monatlichen Raten beginnen.

Außerdem wurde den übrigen Mitgliedern empfohlen, bei der Aufstellung ihrer Einfuhrlisten – ein beträchtlicher Teil der Einfuhren war ja nach wie vor kontingentiert – deutsche Exportwaren bevorzugt zu berücksichtigen. Den Amerikanern wurde empfohlen, der Bundesrepublik aus einem Dollar-Sonderfonds zusätzliche Dollar-Beträge verfügbar zu machen (was nicht geschah).

Viel strenger als bei den heutigen Sanierungsprogrammen überschuldeter Länder im Rahmen des IWF war die Überwachung geregelt. Die deutsche Seite hatte fortlaufend, und zwar alle paar Wochen, über die getroffenen Maßnahmen zu berichten, insbesondere auch über die neuvergebenen und ausstehenden Einfuhrlizenzen sowie über die von deutscher Seite getroffenen Maßnahmen zur Eindämmung der Einfuhr und Förderung der Ausfuhr. Jedes der anderen EZU-Mitglieder konnte jederzeit eine Beratung über die deutschen Maßnahmen verlangen. Das hatte zur Folge, daß ich während der Krisenzeit praktisch in jeder Sitzung des EZU-Direktoriums die deutschen Maßnahmen zu vertreten hatte, und dazu noch in dem einen oder anderen Sonderausschuß der OEEC.

Scharfe Kreditrestriktionen – der Zusammenstoß mit Adenauer

Die Bank deutscher Länder hatte, da sie die Devisenabrechnungen gegenüber der EZU sozusagen von Tag zu Tag verfolgen konnte, schon frühzeitig die sich anbahnende Devisenkrise erkannt. So hatte sie teilweise schon vor dem Gutachten der EZU-Experten eine Reihe von restriktiven Maßnahmen ergriffen. Diese können im einzelnen in den einschlägigen Veröffentlichungen, insbesondere den Monats- und Jahresberichten der Bank deutscher Länder, nachgelesen werden. Hier möchte ich nur drei besonders bemerkenswerte Maßnahmen hervorheben:

– Im Oktober 1950 wurde im Einvernehmen mit der Regierung beschlossen, von den Importeuren beim Antrag auf eine Einfuhrlizenz die Hinterlegung eines zinslosen Bardepots bei den Landeszentralbanken in Höhe von 50 Prozent des beantragten Einfuhrwerts zu verlangen (später auf 25 Prozent herabgesetzt).

– Am 26.10.1950 wurde in einer dramatischen Sitzung des Zentralbankrats im Kanzleramt in Bonn der Diskontsatz von 4 auf 6 Prozent, der Lombardsatz von 5 auf 7 Prozent heraufgesetzt.

– Schließlich wurde im Februar 1951, als auf dem Höhepunkt der Krise die Einfuhrliberalisierung doch noch suspendiert werden mußte, den Geschäftsbanken eine Rückführung des Volumens ihrer kurzfristigen Bankenkredite um 1 Milliarde DM innerhalb weniger Monate auferlegt.

Die historische Sitzung des Zentralbankrats am 26. Oktober 1950 im Kanzleramt fand kurz vor meinem Eintritt in die Bank deutscher Länder statt. Doch schlugen die davon ausgehenden Wellen in der Notenbank immer noch hoch, als ich eintrat. Die Erhöhung des Diskonts und Lombards um 2 Prozentpunkte war im Zentralbankrat selbst eine Zeitlang umstritten. Sie war jedoch angesichts der von der Korea-Krise ausgehenden Inflationswelle und der in der Bundesrepublik bestehenden Übernachfrage unerläßlich geworden, wenn man die Teilliberalisierung der Einfuhr überhaupt noch retten wollte. Per Jacobsson, der kurz vor der Bonner ZBR-Sitzung mit leitenden Herren der Bank deutscher Länder zusammenkam, setzte sich daher sehr energisch für die Diskonterhöhung ein. Hierbei fand er Unterstützung bei Vocke, während der damalige Präsident des Zentralbankrats, Karl Bernard, zunächst etwas zögerte. Cairncross, als typischer englischer Nationalökonom gelegentlich von Deflationsfurcht geplagt, war wohl eine Zeitlang schwankend.[2]

Man hatte die ZBR-Sitzung vom 26. Oktober 1950 nach Bonn verlegt – und zwar in das Museum König, das damals vorübergehend als Kanzleramt diente –, um dem Bundeskanzler und anderen Regierungsmitgliedern die von diesen erbetene Teilnahme zu erleichtern. In seinen Memoiren (S. 155) passierte Vocke die erstaunliche Fehlleistung, daß er behauptete, Adenauer habe den Vorsitz in der Bonner Sitzung des Zentralbankrats geführt. Der Vorsitzende war jedoch Karl Bernard, der Präsident des Zentralbankrats. Adenauer und die übrigen Regierungsmitglieder waren im Protokoll ausdrücklich als »Gäste« aufgeführt.

An der Bonner Sitzung nahmen außer Kanzler Adenauer auch die Minister für Wirtschaft, Finanzen und Ernährung teil. Sie sprachen sich – mit Ausnahme von Erhard – sehr nachdrücklich gegen die geplante Zinserhöhung aus: Nach ihrer Meinung würde diese zu Preis- und Lohnsteigerungen und zu allgemeiner politischer Beunruhigung führen. Wenn die Befürworter einer Diskont- und Lombarderhöhung »in doktrinärer Weise« davon ausgingen, daß eine scharfe Zinserhöhung die Konjunktur dämpfen würde, so erfülle gerade dies die Regierung mit Sorge wegen der dadurch wieder steigenden Arbeitslosigkeit. Der Bundesfinanzminister war auch besorgt wegen der Erhöhung der Zinslast auf die Staatsschulden und der voraussichtlichen Erschwerung der bevorstehenden Bundesanleihen.

Die Einwendungen und Bedenken Adenauers stammten sehr wahrscheinlich von seinem ständigen Berater in solchen Fragen, dem Bankier Pferdmenges, der als »graue Eminenz« im Hintergrund wirkte. Nach Mitteilung eines Teilnehmers an der Sitzung war Adenauers abschließendes Argument: »Im übrigen ist Herr Pferdmenges als Sachkenner absolut gleicher Meinung.« Nur Bundeswirtschaftsminister Erhard sprach sich für die Zinserhöhung aus, weil man nur so hoffen könne, daß sich die Zahlungsbilanz wieder verbessere und die Aufhebung der Liberalisierung vermieden werden könne. Adenauer soll dies mit den unwirschen Worten abgetan haben: »Ach, hören Sie nicht auf den!«

Die Mehrheit des Zentralbankrats ließ sich von den vor allem von Adenauer sehr nachdrücklich vorgebrachten Einwendungen nicht beeindrucken, sondern stimmte – nachdem die Mitglieder der Bundesregierung abgezogen waren – der Diskont- und Lombardsatzerhöhung zu. Dies war der erste Zusammenstoß zwischen dem Regierungschef und der autonomen Notenbank, aber nicht der letzte. Interessant ist, daß Adenauer damals von seinem Zorn über die Abfuhr durch den Zentralbankrat nicht viel in der Öffentlichkeit verlauten ließ, während er später anläßlich einer viel geringeren Meinungsverschiedenheit recht kräftig bei einer offiziellen Gelegenheit auf die Notenbank schimpfte (»Fallbeil-Rede« im Kölner Gürzenich Juni 1956!).

Die Zinserhöhung und sonstigen Krediteinschränkungen wirkten aber nicht rasch genug. Dies hatte verschiedene Gründe: Einmal war die Notenbank vor der Krise, und zwar noch bis in das Frühjahr 1950 hinein, im Interesse von Beschäftigungsmaßnahmen Refinanzierungsverpflichtungen eingegangen, die eingelöst werden mußten und expansiv wirkten. Außerdem erreichte die durch die Korea-Krise ausgelöste weltweite Inflations- und Spekulationswelle um die Jahreswende 1950 auf 1951 mit dem Kriegseintritt Chinas ihren Höhepunkt, so daß höhere Zinsen allein nicht sehr abschreckend wirkten. Wie stark die Inflationswelle war, läßt sich daraus ersehen, daß die deutsche Inflationsrate im Juli 1951 mit über 12 Prozent gegenüber dem Vorjahr den höchsten Stand der ganzen Nachkriegszeit erreichte. Außerdem gab es Warenverknappungen. Einige wichtige Rohstoffe wie Kohle und Stahl waren in der Bundesrepublik noch rationiert. Andere konnten nur mit Hilfe der raren Dollars auf den Weltrohstoffmärkten erworben werden und waren auch dort teilweise verknappt. Die Furcht vor bevorstehenden Einfuhrsperren ging um. Das führte zu einer sprunghaften Erhöhung der beantragten Einfuhrlizenzen sowie zu Hortungskäufen und einem Prozeß der Entsparung, was Hand in Hand mit erheblicher Beschleunigung der Geldumlaufgeschwindigkeit ging.

Die Bank deutscher Länder zog die Konsequenzen, indem sie Ende Januar 1951 nicht nur einen Kreditstopp verhängte, sondern auch eine Rückführung des Volumens der kurzfristigen Bankkredite um 1 Milliarde DM innerhalb weniger Monate verfügte. Diese *mengenmäßige Kreditrückführung* stellt eine einmalige Maßnahme in der Nachkriegsgeschichte der Notenbankpolitik dar.[3] Nie vorher oder nachher wurde so massiv und direkt in das Kreditgeschäft der Banken eingegriffen. Normalerweise versucht die Notenbank, die Kreditentwicklung indirekt, durch Refinanzierungs- und Liquiditätsmaßnahmen oder durch Zinspolitik, zu steuern. Die direkte Kreditrückführung wurde freilich nicht schematisch und einheitlich für alle Banken durchgeführt, sondern nach Maßgabe der vorangegangenen Kreditaufblähung. Außerdem wurden bestimmte Kredite – für Export, Landwirtschaft usw. – ausgenommen. Eine solche selektive Kreditrückführung, deren Durchführung den einzelnen Landeszentralbanken übertragen war, warf schwierige administrative Probleme auf. Insbesondere traten – je nach dem Vorgehen der verschiedenen Landeszentralbanken – regionale Ungleichheiten auf. Im Endeffekt war es zwar ein überaus wirksamer Eingriff, doch erinnere ich mich noch gut, daß wir damals in der Bank deutscher Länder sagten: »Hoffentlich sind wir nie gezwungen, eine solche Maßnahme zu wiederholen.«

Vorübergehende Aufhebung der Einfuhrliberalisierung

Tatsächlich aber kamen diese massiven Kreditrestriktionen zu spät. Denn bereits im Februar 1951, noch ehe die Kreditrückführung überhaupt wirksam werden konnte, spitzte sich die Devisenkrise scharf zu. Der Außenhandelssaldo verschlechterte sich erneut. Bis Ende Februar 1951 waren von der Sonderkreditlinie der EZU von 120 Millionen Dollar bereits über 91 Millionen Dollar verbraucht. So war bereits im Laufe des Februar abzusehen, daß die Bank deutscher Länder in Kürze die ausgegebenen Devisenlizenzen nicht mehr honorieren könnte. Infolgedessen beschloß der Zentralbankrat Mitte Februar 1951, der Bundesregierung die vorübergehende Aufhebung der Einfuhrliberalisierung gegenüber dem EZU-Raum anzuraten, da »die Möglichkeit einer Zahlungsunfähigkeit in greifbare Nähe gerückt« sei. Der Zentralbankrat beschloß weiter, daß mit Rücksicht auf die kritische Lage die kürzlich beschlossenen Kreditrestriktionen mit aller Schärfe durchgeführt werden sollten. Gleichzeitig wurde die Bundesregierung aufgefordert, auch ihrerseits, wie der OEEC versprochen, so rasch wie möglich Sanierungsmaßnahmen durchzuführen, vor allem die Erhöhung der Umsatzsteuern und eine wirkungsvolle steuerliche Förderung des Exports.

Angesichts der drohenden Zahlungsunfähigkeit blieb der Bundesregierung gar nichts anderes übrig, als unter Berufung auf § 3 des Liberalisierungskodex bei der OEEC die Aussetzung der Einfuhrliberalisierung anzukündigen. Aus den darauf folgenden wochenlangen Verhandlungen in der EZU und in der OEEC verdient folgendes festgehalten zu werden: Die Bundesregierung mußte die beabsichtigte Handhabung der Einfuhrlizenzen für Waren aus dem EZU-Raum bis in die letzten Einzelheiten, nach Ländern und Waren aufgegliedert, einem eigens eingesetzten »Vermittlungsausschuß« der OEEC zur Billigung vorlegen. Auf der anderen Seite versprachen die übrigen EZU-Länder als Gegenleistung, ihrerseits die Einfuhrliberalisierung für deutsche Waren aufrechtzuerhalten, ja, es wurde sogar erneut die Empfehlung gegeben, gegenüber der Bundesrepublik großzügig Einfuhrlizenzen zu erteilen. Von beiden Seiten wurde nachdrücklich betont, daß dies nur ein vorübergehender Notstand sein dürfe und man so bald wie möglich wieder zur vollen Einfuhrliberalisierung zurückkehren wolle.

Internationale Kritik am föderalistischen Notenbanksystem

Die ausländischen Beobachter schlossen – irrigerweise! – aus der weiteren Zuspitzung der Devisenkrise im Februar 1951, daß die Durchführung der deutschen Restriktionsmaßnahmen zu schlaff sei und legten dies vor allem dem föderalistischen Aufbau des deutschen Notenbanksystems zur Last. Das EZU-Direktorium wiederholte im März 1951 seine Mahnung, daß die Autorität der Notenbankzentrale unverzüglich verstärkt werden müsse. Noch schärfer wurde eine solche Mahnung von Jean Cattier, dem Chef der Marshallplan-Verwaltung für Deutschland (*Chief ECA Special Mission to Germany*) in einem Schreiben vom 13. April 1951 an die Bank deutscher Länder ausgesprochen. Es hieß dort: »In diesem Zusammenhang bin ich besonders besorgt über die augenscheinliche Unfähigkeit des Zentralbanksystems, einmal beschlossene Kreditrestriktionen auch durchzusetzen. Sicher haben Sie sich selbst intensiv mit diesem Problem beschäftigt. Darf ich Sie bitten, mir mitzuteilen, ob Sie darüber schon zu Schlußfolgerungen gekommen sind oder nicht.«

Diese scharfe Fassung wurde freilich nach einigen Tagen zurückgezogen und durch die folgende, etwas mäßigere ersetzt: »In diesem Zusammenhang wäre ich dankbar für Ihre Ansichten über die Wirksamkeit *[effectiveness]* der gegenwärtigen Organisation des

Zentralbanksystems in der Durchführung von deflationären Kreditmaßnahmen und über etwaige Änderungen in der Bankenstruktur, welche Sie als zweckmäßig ansehen.«

Es ist also nicht richtig – wie des öfteren in der Presse und zum Beispiel auch in dem sonst recht guten Buch von Henry Wallich über »Triebkräfte des deutschen Wiederaufstiegs«[4] behauptet wurde –, daß die Amerikaner damals für eine allgemeine Lockerung und stärkere geldpolitische Expansion eintraten und daß sie dabei auf den Widerstand von Vocke stießen. Vielmehr wollten die Amerikaner eine selektive Kreditrestriktion, wobei die Investitionen, vor allem für den deutschen Verteidigungsbeitrag, sowie der Export kreditmäßig bevorzugt werden sollten, während zum Ausgleich bei den übrigen Krediten noch schärfer gedrosselt werden sollte. Dies stand im Einklang mit ihrer allgemeinen Einstellung zur damaligen deutschen Wirtschaftspolitik. Sie forderten selektive Zuteilung von knappen Rohstoffen – eine richtiggehende Rohstoffbewirtschaftung! – zugunsten des Exports und bestimmter Investitionen, und dies unter Androhung der Kürzung der Dollar-Hilfe.[5]

Auf das Mahnschreiben Jean Cattiers erwiderte dann Karl Bernard, der Präsident des Zentralbankrats, in seiner Antwort vom 27. April 1951:

»Ferner darf ich darauf aufmerksam machen, daß eine Ausdehnung des Zentralbankkredits für Zwecke der Investitionsfinanzierung die allgemeine Kreditrestriktion, die auch von Ihnen als notwendig anerkannt wird, zweifellos erschweren würde, da sie dahin tendiert, die Geschäftsbanken vom Zentralbanksystem unabhängiger zu machen. Der Zentralbankrat glaubt daher auch nicht, daß Ihre Empfehlung durchführbar wäre, die Expansion des Zentralbankkredits gegebenenfalls durch eine verschärfte Restriktion des Geschäftsbankkredits zu kompensieren, sondern befürchtet, daß damit einer Fortsetzung der Restriktionspolitik generell der Boden entzogen würde. ... Sie fragen schließlich, sehr verehrter Herr Cattier, inwieweit etwa das Zentralbanksystem in seiner heutigen Form in der Lage sei, Restriktionsmaßnahmen in die Tat umzusetzen. Wie ich im Namen des Zentralbankrats mit Nachdruck feststellen darf, ist nicht zu befürchten, daß die Besonderheiten des organisatorischen Aufbaus des Notenbankwesens die

Durchführung der Kreditpolitik beeinträchtigen werden. ... Es besteht kein Grund zu der Annahme, die Notenbank könnte in ihrer heutigen Gestalt in der Zukunft solchen Prüfungen nicht gewachsen sein.«

War es nur eine Scheinkrise?

In Wirklichkeit waren diese Auseinandersetzungen mit der amerikanischen Militärregierung vom April 1951 nur noch Nachhutgefechte. Denn zu diesem Zeitpunkt war die deutsche Zahlungsbilanzkrise bereits im Abklingen. Schon im März gab es einen ersten kleinen Überschuß in der monatlichen EZU-Abrechnung. In einem internen Memorandum an die Leitung der Bundesbank schrieb ich schon am 19. April 1951:

»Die Empfehlungen des EZU-Direktoriums und der darauf aufgebaute Ratsbeschluß vom 7. April (C[51]112) gehen von der Zahlungssituation von Anfang März aus, als Deutschland am Rande seiner Zahlungsmöglichkeiten stand und den Bestand der EZU zu gefährden schien. Die extreme Schuldnerlage Deutschlands bildete (neben der Anrufung von Art. 3 des Liberalisierungskodex und der Verletzung der bilateralen Handelsverträge) den hauptsächlichen Rechtfertigungsgrund für die empfindlichen Eingriffe in die deutsche Handlungsfreiheit.
Die akute Krise ist nun aber bereits jetzt, Mitte April, mit Sicherheit überwunden. ... Es hat sich gezeigt, daß in den Ende Februar ausstehenden Lizenzen erheblich mehr ›Luft‹ war, als geschätzt worden war; umgekehrt sind die Deviseneingänge aus dem Export um monatlich 30 bis 35 Millionen Dollar höher als angenommen. ... Es wäre völlig unsinnig, in dieser Lage extreme Krisenmaßnahmen, die sowohl unsere Versorgung wie die Ausfuhr unserer Handelspartner übermäßig drosseln, länger als unbedingt nötig aufrechtzuerhalten. ... Es sollte daher bei der nächsten EZU-Sitzung vom 23. April die gegenwärtige Devisenlage erläutert und ein Vorschlag zur Wiederherstellung normaler handelspolitischer und Ausschreibungsverhältnisse gemacht werden.« (Einen Entwurf für die Erklärung vor dem EZU-Direktorium fügte ich bei.)
Noch konnte freilich niemand genau wissen, wie weit dieses Abklingen der akuten Devisenkrise auf einer echten »organischen«

Verbesserung des inneren Gleichgewichts oder einfach auf der schlagartigen Wirkung der Aufhebung der Einfuhrliberalisierung beruhte. Erst als in den darauffolgenden Monaten weitere größere Überschüsse in den EZU-Abrechnungen anfielen, erklärte die Bank deutscher Länder Mitte 1951 öffentlich, daß nun die Gefahr einer Zahlungskrise endgültig beseitigt sei. Der Sonderkredit der EZU konnte aus den nun anfallenden Überschüssen im monatlichen Abrechnungsverkehr vorzeitig zurückgezahlt werden.

Auch von der EZU und OEEC wurde die Zahlungsbilanzkrise im Juli / August 1951 offiziell als überwunden erklärt. In einem Bericht des EZU-Direktoriums an den OEEC-Ministerrat von Ende Juli 1951, worin die Sonderkreditlinie als erledigt deklariert wurde, schlug das EZU-Direktorium vor, der Ministerrat möge den westdeutschen Behörden ausdrücklich Dank aussprechen für die durchweg gute Zusammenarbeit mit der OEEC. Etwas später schrieb das EZU-Direktorium in seinem ersten Jahresbericht: »Die Wiederherstellung der deutschen Zahlungsposition gibt der OEEC Anlaß zur Befriedigung. Große Geduld und Zurückhaltung haben alle Mitgliedstaaten gezeigt, nicht zuletzt Deutschland. Das Direktorium möchte den bundesdeutschen Behörden ausdrücklich Dank sagen für die Hilfe und Mitarbeit, die sie während dieser schwierigen Zeit geleistet haben. Sie waren zu jeder Zeit bereit, jede nur gewünschte Information zu geben und Vertreter zum EZU-Direktorium für die Diskussion der Probleme zu entsenden.«

Diesen letzten Satz konnte ich auch auf mein Konto buchen, da ich ständig vor dem EZU-Direktorium zur Erörterung der deutschen Situation aufzutreten hatte. Bei dieser Tätigkeit war es ein besonderes Erlebnis für mich, daß ich zunächst monatelang unsere deutschen Maßnahmen als Defizitland zu vertreten und dann, kaum ein Jahr später, unsere Maßnahmen als »guter Gläubiger« zu rechtfertigen hatte. Wie sehr die deutsche Seite das Vertrauen ihrer EZU-Partner wiedergewonnen hatte, zeigte sich auch darin, daß kurz darauf als Nachfolger für den bisherigen Vorsitzenden des EZU-Direktoriums Carli ein Deutscher, nämlich Herr von Mangoldt, zum Vorsitzenden gewählt wurde. Er behielt den Vorsitz bis zur Auflösung der EZU Ende 1958.

Die Einfuhrliberalisierung wurde ab Januar 1952 wieder schrittweise in Kraft gesetzt, im April 1952 auf 77 Prozent der Einfuhr erweitert und damit die Verpflichtung im Rahmen des OEEC-Kodex voll erfüllt. Es dauerte nicht sehr lange, bis die Bundesrepublik zum führenden Überschußland in der EZU wurde, und zwar permanent bis zu deren Selbstauflösung mit dem Übergang zur Dollar-Konvertibilität Ende 1958. Diese schlagartige Verbesserung führte natürlich sehr bald zu einer vollen Einfuhrliberalisierung gegenüber den europäischen Ländern und 1956 zu einer freiwilligen und einseitigen Zollherabsetzung im Rahmen der jetzt von der Bundesrepublik geforderten »Politik des guten Gläubigers« (*good creditor policy*).

Angesichts des erstaunlich raschen Umschwungs der deutschen Zahlungsbilanz im Jahre 1951 ist nachträglich manchmal die Frage aufgeworfen worden: Waren die damaligen Notmaßnahmen, vor allem die Suspendierung der Liberalisierung, überhaupt notwendig? War es vielleicht nur eine »Scheinkrise«? Ich glaube das nicht. Natürlich, wenn man in der Lage gewesen wäre, die Auswirkung der ergriffenen Sanierungsmaßnahmen abzuwarten und die Entliberalisierung ein paar Monate hinauszuschieben, so hätte man beinahe sicher »die Kurve nocht rechtzeitig gekriegt«. Aber die deutsche Notenbank hatte damals eben keine ausreichenden Währungsreserven und Kreditlinien für eine zeitliche Überbrückung der »Durststrecke« zur Verfügung. Das EZU-Direktorium hatte eine nochmalige Aufstockung des Sonderkredits ausdrücklich abgelehnt. So blieb im Februar 1951 keine andere Wahl. Zur raschen Umkehr der deutschen Devisenposition hat natürlich auch die im Frühjahr 1951 beginnende weltwirtschaftliche Entspannung auf Rohstoffmärkten und bei Rohstoffpreisen beigetragen. Aber dies war nicht der entscheidende Faktor. Denn das Abebben der Korea-Inflation kam auch anderen europäischen Ländern zugute. Trotzdem entwickelten sich genau in der Zeit, in der die Bundesrepublik zum Überschußland der EZU aufstieg, die vorherigen Überschußländer Frankreich und England zu Defizitländern, und zwar sehr rasch und nachhaltig. Zugunsten der Bundesrepublik muß also etwas anderes den Ausschlag gegeben haben, und das war die Rückkehr zu einem inneren Gleichgewicht zwischen Angebot und Nachfrage und zu einer jahrelang anhaltenden Preisstabilität.

Entscheidender Beitrag der Kreditpolitik

In der Rückschau läßt sich relativ leicht erkennen, daß der überraschende Umschwung der Devisenlage im Frühjahr 1951 nicht nur den dirigistischen Einfuhrdrosselungen zuzuschreiben war, sondern noch mehr auf der Rückkehr zu einem echten organischen Gleichgewicht beruhte, hauptsächlich bewirkt durch die drastischen Kreditmaßnahmen.

Wie wirksam die Kreditmaßnahmen der Bank deutscher Länder waren, läßt sich unter anderem aus folgendem Vorfall ersehen: Nur wenige Wochen nachdem sowohl seitens des EZU-Direktoriums als auch seitens der amerikanischen ECA-Vertretung Klage über mangelnde Wirksamkeit der Kreditrestriktionen geführt worden war, kam es zu heftigen Protesten gegen die drastische Kreditrückführung von den hauptsächlich Betroffenen, nämlich den Geschäftsbanken. In einem Schreiben des Bundesverbandes des privaten Bankgewerbes an die Bank deutscher Länder vom Juni 1951 (unterzeichnet von Pferdmenges als Präsident des Bankenverbandes) wurde Klage geführt über die angeblich zu schematische und scharfe Anwendung der Kreditrückführung sowie über eine allgemeine »Kreditnot«. Unter Hinweis auf die inzwischen eingetretene Besserung der Handels- und Zahlungsbilanz wurde eine baldige Lockerung gefordert. In seiner Antwort führte der Präsident des Direktoriums der Bank deutscher Länder aus, daß der Zentralbankrat noch keinen Anlaß zur Lockerung der Kreditpolitik sehe. Die Kreditrückführung sei »keineswegs allein mit den damaligen Devisenschwierigkeiten, sondern schlechthin mit der Notwendigkeit, Angebot und Nachfrage wieder ins Gleichgewicht zu bringen, begründet worden«. Dieses Ziel sei aber noch nicht erreicht. Die Preisauftriebstendenz dauere noch an. Auch in der Handelsbilanz sei noch kein »organischer« Ausgleich erzielt, da die Besserung zu einem erheblichen Teil auf die zwangswirtschaftliche Reduzierung der Einfuhr zurückzuführen sei. Der Präsident bezog sich darauf, daß auch die Bundesregierung in ihrem Memorandum an die OEEC vom 31. Mai 1951 ausdrücklich erklärt hatte, die »streng restriktive Kreditpolitik, deren Erfolge sich bereits deutlich abzeichnen, solle auch in Zukunft solange wie erforderlich durchgehalten werden«. Diese Unterstützung der festen Notenbankpolitik kam natürlich aus dem Hause Erhard.

Tatsächlich wurden die kreditpolitischen Zügel erst ab Anfang 1952 wieder gelockert, als die Anzeichen einer inneren Stabilisierung deutlicher sichtbar wurden. Rückschauend läßt sich feststellen, daß die Korea-Krise nicht nur für Erhards Politik der freien Marktwirtschaft, sondern auch für die Kreditpolitik der deutschen Notenbank eine schwere Herausforderung darstellte. Die feste Haltung der Kreditpolitik war von ausschlaggebender Bedeutung sowohl für die Wiedergewinnung der inneren Stabilität als auch für den Umschwung von der Defizit- zur Überschußposition im Handels- und Zahlungsverkehr mit der EZU. Damit half sie entscheidend mit, die Grundlagen für die Weiterführung und Erweiterung der Marktwirtschaft zu legen bis hin zur vollen Währungskonvertibilität im Jahre 1958.

Daß Wirtschaftsminister Erhard diese Politik der Notenbank laufend unterstützte, ist beinahe selbstverständlich, verdient aber ausdrücklich erwähnt zu werden. Für ihn stand die Bewährung der freien Marktwirtschaft auf dem Spiel – und damit auch seine eigene politische Stellung und Autorität. Denn die scharfe Devisenkrise und die Aufhebung der Einfuhrliberalisierung hatten sein politisches Ansehen selbst bei einem Teil seiner eigenen Parteifreunde beschädigt. Er schien damals vielen als der große Verlierer, dessen hochgelobte »freie Marktwirtschaft« den Herausforderungen einer ernsten Krise nicht gewachsen war. Auf dem Höhepunkt der Krise wurde von manchen Seiten Erhards Rücktritt gefordert. So bezeichnete Erhard später mit Recht die Korea-Krise als eine Phase der »Bewährung und Bewahrung des marktwirtschaftlichen Systems«.

Korea-Krise als Bewährungsprobe der Europäischen Zahlungsunion und der europäischen Zusammenarbeit

Die Korea-Krise war eine Bewährungsprobe nicht nur für die Marktwirtschafts- und die Geldpolitik der Bundesrepublik, sondern auch für die EZU und die OEEC. Denn diese deutsche Krise schien die eben erst ins Leben getretene EZU selbst zu gefährden;

sie drohte, die von ihr verfolgten Ziele der Multilateralisierung des Abrechnungsverkehrs und der Einfuhrliberalisierung als bloße »Schönwetterziele« erscheinen zu lassen. In einem Großteil der europäischen Presse wurde Anfang 1951 nur noch von der Krise der EZU als Folge der deutschen Devisenkrise gesprochen. Die englische Wochenzeitschrift »The Economist« schrieb noch am 17. März 1951 unter der Überschrift »Die EZU in Gefahr«: »Die deutsche Position in der EZU entwickelt sich immer schlechter. Das deutsche kumulative Defizit seit 1. Juli 1950 hat nun 457 Millionen Dollar erreicht. Der Sonderkredit wird wahrscheinlich noch in diesem Monat erschöpft sein. ... Auf der anderen Seite steigt der britische Überschuß in der EZU ständig weiter, was nichts anderes bedeutet, als daß gegenwärtig Großbritannien der Bundesrepublik Deutschland mit einem erheblichen Kapitalexport zu Hilfe kommt.«

Tatsächlich hat die EZU und mit ihr die OEEC die Bewährungsprobe glänzend bestanden – eben dank dem verblüffend raschen Umschwung der deutschen Zahlungsposition. Nicht nur, daß die deutsche Krise rasch und ohne nachhaltigen Schaden überwunden wurde: Die Art ihrer Überwindung stellte einen sehr positiven Präzedenzfall für die Zukunft dar. Dies gilt nicht zuletzt für die überraschend große Solidarität, mit der die übrigen Mitgliedsländer dem notleidenden deutschen Partner aus der Krise halfen – nicht nur durch den EZU-Sonderkredit, sondern auch durch einseitiges Offenhalten ihrer Märkte für die deutsche Ausfuhr. Es gilt auch für die Art, in der sowohl seitens der EZU als auch seitens der Bundesrepublik das Sanierungsprogramm behandelt wurde. Ich schrieb damals in einem Grundsatzartikel über »Die Etappen der Währungsneuordnung«[6]: »Daß die EZU neuerdings dazu übergegangen ist, bei Gleichgewichtsstörungen die erforderliche wirtschaftspolitische Aktivität auf der Gläubiger- wie auf der Schuldnerseite durch sehr präzise Forderungen umd Empfehlungen zu fördern, ist als Symptom von besonderer Bedeutung. Hier wächst tatsächlich die EZU über ihren ursprünglichen Charakter als verbessertes Abrechnungssystem weit hinaus. Sie wird hierdurch erst zu einem wirklichen internationalen Währungsorganismus.«

Jedenfalls stellt die Behandlung des deutschen Falles während der Korea-Krise für die EZU und OEEC, ja für die ganze westliche Welt, einen wichtigen Modellfall dar. Selbst Wilhelm Roepke, der

der EZU von Anfang an sehr skeptisch gegenüberstand – die EZU sei »eine Art Glasglocke über Westeuropa«, die überflüssig sei, wenn die Mitglieder die richtige Wirtschaftspolitik verfolgten, und unwirksam, wenn sie dies nicht täten –, gibt zu, daß hier ein glücklicher Präzedenzfall geschaffen wurde: »Man kann sagen, daß es ein Glück gewesen ist, daß gerade Deutschland der Pariser Union dieses erste Experiment abgegeben hat: weil es sich vor allem um eine Nation handelt, deren Wirtschaft einen liberalen und nichtinflationistischen Weg eingeschlagen hat und daher keine ideologischen Schwierigkeiten empfindet, eine Gleichgewichtsstörung durch eine Kursänderung zu korrigieren. ... So ist zu erhoffen, daß es der Bonner Regierung unter der Leitung ihres Wirtschaftsministers Erhard und mit der Unterstützung der Bank deutscher Länder ... gelingen möge, wieder den Weg der Liberalisierung und der allmählichen Einordnung Westdeutschlands in die internationale Wirtschaft einzuschlagen.«[7]

Diskussion um die DM-Abwertung

Es bleibt noch die Frage offen, warum in der damaligen Zahlungsbilanzkrise nicht an eine Abwertung der D-Mark als Heilmittel gedacht wurde. Schließlich war das Ungleichgewicht in den Augen vieler Betrachter mindestens teilweise ein strukturelles oder fundamentales. Ein fundamentales Ungleichgewicht aber hätte nach den Statuten des Internationalen Währungsfonds eine Wechselkursanpassung gerechtfertigt.

Erhard sprach damals in zwei Reden davon, daß die D-Mark »eindeutig überbewertet« sei. Auch der Wissenschaftliche Beirat beim Bundeswirtschaftsministerium sprach in seinem Gutachten vom 5. November 1950 davon, daß das »Ungleichgewicht der deutschen Zahlungsbilanz zum Teil strukturellen Charakter« habe. Deshalb sei »eine Anpassung des deutschen Devisenkurses an die strukturelle Lage Deutschlands innerhalb der Weltwirtschaft herbeizuführen«. Ähnlich sprach er sich noch in seinem Gutachten vom 25. Februar 1951 aus (wobei er aber auch eine »Ersatz-Abwertung« durch eine generelle Lizenzabgabe auf Importe in Erwägung zog). Mit der Umkehr der deutschen Zahlungsbilanzposition hörte die Abwertungsdiskussion freilich schlagartig auf. Auch der Wissenschaftliche

Beirat vollzog ein halbes Jahr später eine Wendung und lehnte – *post festum!* – die »traditionellen Mittel« sowohl der Devaluation als auch der Deflation als ungeeignet ab.
Die vom EZU-Direktorium im Oktober 1950 in die Bundesrepublik entsandten Sachverständigen Jacobsson und Cairncross hatten hingegen schon in ihrem Bericht an die EZU vom November klar gegen eine Wechselkursänderung Stellung genommen. Sowohl das EZU-Direktorium als auch Bundesregierung und Bank deutscher Länder zweifelten diese Empfehlung in keiner Phase an. Die spätere Entwicklung der deutschen Zahlungsbilanz hat die dieser Empfehlung zugrunde liegende Analyse voll bestätigt. Es genügte, die Übernachfrage im Inneren auszumerzen und die Exportanstrengungen noch zusätzlich durch fiskalische und geldpolitische Maßnahmen zu unterstützen, um schon ab Frühsommer 1951 einen Umschwung im Außenhandel herbeizuführen.
Die damalige Diskussion über eine eventuelle Abwertung der D-Mark wirft auch ein interessantes Schlaglicht auf spätere Diskussionen über die DM-Parität. Als im Laufe der fünfziger und sechziger Jahre die D-Mark zu einer unterbewerteten Währung mit der Gefahr einer importierten Inflation wurde, gab es vereinzelte Stimmen, die den Urgrund dieser Schwierigkeiten bereits in der Festsetzung der DM-Parität im September 1949 (das heißt in der damaligen Abwertung um 20,6 Prozent gegenüber dem Dollar anläßlich der gleichzeitigen Pfund-Abwertung um 30,5 Prozent) sahen.[8] Nun, wenn die DM-Parität 1949 höher festgesetzt worden wäre, so wären die Zahlungsbilanzschwierigkeiten während der Korea-Krise höchstwahrscheinlich entsprechend größer gewesen. Dann wäre es vermutlich um diese Zeit zu einer Abwertung der D-Mark gekommen.[9] In Wirklichkeit entstand die spätere Unterbewertung der D-Mark erwiesenermaßen hauptsächlich durch die deutsche Stabilitätspolitik seit 1951, die ungleich erfolgreicher war als die der meisten anderen europäischen Länder. Teilweise war es vielleicht auch ein Aufholprozeß der deutschen Wirtschaft nach den Kriegs- und Nachkriegsverwüstungen, der unserem Land eine Zeitlang besonders hohe Produktivitätszunahmen bescherte. All dies hätte jedoch nicht eine höhere DM-Parität im Jahre 1949 gerechtfertigt, vielmehr nur eine raschere Anpassung nach oben in der zweiten Hälfte der fünfziger Jahre.

Die geistige Bewältigung des plötzlichen Umschwungs

Der atemberaubende Übergang vom Defizit- zum Überschußland konnte von manchen geistig nicht sofort bewältigt werden. Um das zu verstehen, muß man sich die Lage der Bundesrepublik von 1950/51 und ihre seinerzeitige Beurteilung durch fast alle Experten vor Augen halten. Noch im April 1951 führte der Vizekanzler und Minister für den Marshallplan, Blücher, in einer »Zwischenbilanz«[10] aus: »Ich habe darauf hingewiesen, daß die Bundesrepublik von Natur aus nicht lebensfähig und auf längere Zeit auf Auslandshilfe in der einen oder anderen Form angewiesen ist.« Etwas positiver war die Grundeinstellung eines vielbeachteten Gutachtens mehrerer wissenschaftlicher Forschungsinstitute über die wirtschaftliche Lebensfähigkeit Westdeutschlands.[11] Die zentrale Fragestellung dieses Gutachtens lautete: Kann das verstümmelte, vom Krieg und seinen Folgen so hart getroffene westdeutsche Gebiet in absehbarer Zeit zu einem Ausgleich seiner Bilanz mit der übrigen Welt aus eigener Kraft gelangen, und zwar ohne Arbeitslosigkeit und bei einem normalen, friedensmäßigen Lebensstandard? Es gehörte in der damaligen Situation sehr viel Optimismus und Mut dazu, diese Frage zu bejahen. Die Verfasser des Gutachtens bejahten sie, und zwar ganz eindeutig. Aber das Gutachten vom Frühjahr 1950 kam zu dem Schluß, daß es unrealistisch wäre, zu glauben, daß der Umbau und Neuaufbau der deutschen Wirtschaft schon bis zum Ablauf des Marshallplans im Jahre 1952 erreichbar sei. »Eine Durchführung im Laufe von etwa fünf Jahren wäre bereits eine gewaltige Leistung«; und außerdem würde hierzu erheblich mehr an Auslandshilfe benötigt als damals im Marshallplan vorgesehen. Tatsächlich aber hat Westdeutschland statt der geschätzten fünf Jahre nur zweieinhalb Jahre gebraucht, um außenwirtschaftlich wieder auf eigenen Füßen zu stehen, und zwar mit weniger Auslandshilfe als ursprünglich vorgesehen war. Und statt unter ständigen Devisenengpässen zu leiden, ist die Bundesrepublik in beispiellosem Tempo in die vorderste Reihe der zahlungsbilanzstarken Länder aufgerückt.

Die laufende Zahlungsbilanz der Waren- und Dienstleistungen, die in den ersten Aufbaujahren nach dem Krieg von überaus großen und nur mit Auslandshilfe zu finanzierenden Defiziten gekenn-

zeichnet war, wies noch 1950 einen Defizitsaldo von mehr als 2,5 Milliarden DM auf. Zwei Jahre später war sie bereits mit 2,3 Milliarden DM, 1953 sogar mit 4,1 Milliarden DM aktiv.
Im November 1953 versuchte ich diese für viele noch kaum faßbare Wandlung in einem Vortrag vor dem Kieler Institut für Weltwirtschaft über »Deutschlands Stellung in der Weltwirtschaft«[12] in ihren Ursachen und ihrer Bedeutung klarzustellen. Ich sagte damals: »Kein Wunder, daß das öffentliche Bewußtsein und die Wirtschaftspolitik bis jetzt mit diesem neuartigen Phänomen noch nicht fertig geworden sind.« Einer, der große Schwierigkeiten mit dieser überraschenden Wende hatte, war der damalige Präsident der Bank deutscher Länder, Wilhelm Vocke. Im Gegensatz zur späteren Regelung im deutschen Bundesbankgesetz von 1957, das die Mitglieder des Direktoriums zu vollberechtigten und unabhängigen Mitgliedern des Zentralbankrats machte, war nach dem BdL-Gesetz der Präsident gegenüber den Mitgliedern des Direktoriums weisungsberechtigt. Wichtige Vorträge oder Artikel von Direktoriumsmitgliedern mußten vor ihrer Veröffentlichung vom Präsidenten gutgeheißen und abgezeichnet werden. So hatte ich Vocke meinen Kieler Vortrag vor der Veröffentlichung vorzulegen. Das führte zu meiner ersten ernsthaften Auseinandersetzung mit ihm (weitere, viel ernstere, sollten später folgen). Ich hatte in meinem Text im Anschluß an die Schilderung der erstaunlichen und anhaltenden deutschen Überschußposition die Frage aufgeworfen: »Ist Westdeutschland heute nicht bereits ein Kapitalüberschußland?« Zwar hatte ich es offengelassen, ob man bereits von strukturellen Leistungsbilanz- und damit Kapitalüberschüssen sprechen könne, hatte dies aber nicht ausgeschlossen. Angesichts der permanenten Überschußposition wandte ich mich gegen die Hereinnahme größerer Devisenkredite aus dem Ausland und meinte, wir sollten lieber unseren inneren Kapitalmarkt besser in Ordnung bringen, um die gegenüber dem Ausland überhöhten Zinsen zu reduzieren, so daß wir zu einem normalen Netto-Kapitalexport fähig würden – denn die bloße weitere Ansammlung von Währungsreserven aus unseren Überschüssen sei auf die Dauer nicht sinnvoll und könne zu Inflation führen. Diese Betrachtungsweise brachte Vocke beinahe in Rage: »Westdeutschland wird immer ein kapitalarmes Land bleiben, genauso wie Deutschland vor dem Krieg immer unter Kapital-

armut litt. Und wir werden immer einen höheren Zinssatz haben als die Engländer.« Diese und ähnliche Äußerungen Vockes blieben mir unvergeßlich im Gedächtnis. Ich mußte auf seinen Wunsch meinen Kieler Redetext in einigen Formulierungen etwas abschwächen.
Mit meiner Feststellung, man müsse angesichts unserer ständigen Überschußposition auch das Problem der Devisenkredite aus dem Ausland völlig neu durchdenken, hatte ich bei Vocke noch einen anderen heiklen Punkt berührt. Als wir im August 1952 in den Internationalen Währungsfonds und die Weltbank eintraten, fing Vocke an, sich um einen Weltbankkredit an die Bundesrepublik zu bemühen. Ich hielt dies schon damals angesichts unserer ständigen Devisenüberschüsse nicht nur für unnötig, sondern sogar für kontra-indiziert. Vocke meinte immer wieder, durch einen solchen Kredit der Weltbank würde erst die Kreditfähigkeit unseres Landes in der Welt wieder hergestellt. Ich tat alles, um dieses Vorhaben zu Fall zu bringen. Dies gelang auch, indem immer neue technische Schwierigkeiten vorgeschoben wurden, bis auch Vocke angesichts unserer permanenten Überschußposition und des auch ohne Weltbankkredit steigenden Ansehens der D-Mark in der Welt sein Vorhaben aufgab. Aber zur Zeit meines Kieler Vortrags wollte er noch eine Weltbankanleihe. Ab 1956 wurde die deutsche Notenbank dann Kreditgeber der Weltbank und war von 1958 bis 1971 der größte Einzelgläubiger der Weltbank. Man wird mir nachfühlen können, welche Befriedigung es mir bereitete, als ich 1956 für die Bundesbank den ersten Kreditvertrag mit Mr. Rist, dem Vizepräsidenten der Weltbank, aushandeln konnte. Selbstverständlich handelte es sich dabei um kurzfristige, sehr liquide Anlagen, wie es sich für die Anlage von Währungsreserven der Notenbank gehörte.
Ein ähnliches Nachhinken Vockes hinter der tatsächlichen Entwicklung, das auf seinem Vorkriegstrauma der ständigen Devisennot Deutschlands beruhte, gab es, als er noch im April 1953 die Ansicht vertrat, die Bundesrepublik würde Schwierigkeiten haben, das Londoner Schuldenabkommen vom Februar 1953 devisenmäßig zu erfüllen, und einen entsprechenden Brief an Hermann Abs schrieb. Dies war – soweit ich mich erinnere – nicht die Mehrheitsmeinung des Zentralbankrats.

Sanierungspolitik 1951 – Ausgangspunkt der permanenten deutschen Überschußposition

Der Umschwung im Jahre 1951 brachte aber nicht nur eine Wiederherstellung des inneren und äußeren Gleichgewichts. Er war vielmehr ein historischer *Wendepunkt in der deutschen und europäischen Wirtschaftsgeschichte* der Nachkriegszeit: nämlich der Beginn einer strukturellen Entwicklung der deutschen Wirtschaft zu einer sehr lange anhaltenden Überschußposition gegenüber dem Ausland mit der Folge einer zunehmenden Währungsstärke. Die Überschußposition entstand zunächst gegenüber dem EZU-Raum – der damals ganz Europa umfaßte einschließlich der bei einzelnen Ländern noch verbliebenen Kolonialräume –, wurde aber mit der Zeit ein weltweites Phänomen. Das führte schon ab Mitte der fünfziger Jahre zu einer neuen Polarisierung: Deutschland als permanentes Überschußland stand einer Gruppe von (fast) permanenten europäischen Defizitländern gegenüber. Diese Polarität beherrschte lange Zeit die internationale Diskussion über die Koordinierung der Währungs- und Wirtschaftspolitik.

Bereits das Jahr 1951 war, trotz der Defizite in den ersten Monaten, das erste Jahr seit Kriegsende, in dem es der Bundesrepublik gelang, Einfuhr und Ausfuhr annähernd auszugleichen und in der Waren- und Dienstleistungsbilanz sogar einen leichten Überschuß zu erzielen. Als die EZU Ende 1958 aufgelöst wurde, vereinigte die Bundesrepublik nicht weniger als 1027 Millionen Dollar oder 70 Prozent der gesamten kumulativen Netto-Überschußpositionen in der EZU auf sich. Davon wurden bei der Abwicklung der EZU nur 155 Millionen Dollar bar abgedeckt. Einen restlichen deutschen Kreditsaldo von 872 Millionen Dollar, verteilt auf zwölf Schuldnerländer, mußten wir durch bilaterale Schuldenabkommen konsolidieren, das heißt die Rückzahlung teilweise über eine Reihe von Jahren erstrecken. Einige meiner Kollegen im Direktorium waren skeptisch, ob dies in allen Fällen gelingen würde, zum Beispiel gegenüber der Türkei. Aber es gelang, so daß die EZU selbst noch bei ihrer Abwicklung (bei der mir mein damaliger Assistent Günther Schleiminger[13] hilfreich zur Hand ging) einen positiven Eindruck hinterließ.

Die Bundesrepublik konnte, anstatt noch längere Zeit auf Auslandshilfe angewiesen zu sein, wie die Wirtschaftsforschungsinstitute 1950 meinten, innerhalb weniger Jahre ihre vorher so dürftigen Währungsreserven zu den höchsten in Europa aufbauen. Außerdem ging eine meiner Voraussagen von 1953 in Erfüllung, nämlich die allmähliche Wandlung zu einem Kapitalexportland (was ich damals nur unter Vorbehalt prophezeit hatte). Nimmt man alle Formen des Kapitaltransfers zusammen, so konnte die Bundesrepublik in den 15 Jahren von 1951 bis Ende 1966 nicht weniger als 81 Mrd. DM an langfristigen Kapitalleistungen für das Ausland aufbringen (Auslandsinvestitionen der Wirtschaft, Wiedergutmachungsleistungen, einige andere unentgeltliche Leistungen, darunter auch an Entwicklungsländer, sowie Schuldenrückzahlungen im Rahmen des Londoner Schuldenabkommens).

Wo lagen die Ursachen für diesen recht dauerhaften Strukturwandel der bundesdeutschen Wirtschaft? Sie sind überwiegend in dem Sanierungsprogramm zu suchen, das während der Korea-Krise zur Überwindung des Zahlungsbilanzdefizits und zur Erlangung des Sonderkredits der EZU erforderlich war.

– Das gilt vor allem für die *Kreditpolitik*, die 1950/51 durch Kreditverteuerung und drastische Kreditrestriktionen sehr rasch das innere Gleichgewicht unter Abbau der dirigistischen Einfuhrdrosselung wiederherstellte und auf lange Zeit aufrechterhielt.

– Das gilt auch für die *Finanzpolitik*, die dank der 1951 eingeleiteten Maßnahmen, nämlich Erhöhung der Umsatzsteuer, Abbau von Steuervergünstigungen usw., den Bundeshaushalt schon bald nicht nur ins Gleichgewicht brachte, sondern von 1952 bis 1956 zur Ansammlung von erheblichen Kassenüberschüssen führte, zum sogenannten »Juliusturm«.[14]

– Es gilt schließlich auch für die *Exportorientierung* der deutschen Wirtschaft, die durch Maßnahmen während der Korea-Krise – steuerliche und kreditmäßige Vergünstigungen, Begünstigungen bei Rohstoffzuteilungen etc. – und im weiteren Verlauf vor allem durch den *Stabilitätsvorsprung* der Bundesrepublik einen mächtigen Auftrieb erhielt.

All dies, zusammen mit einer damals noch ungebrochenen Flexibilität der Wirtschaft und insbesondere des Arbeitsmarktes, führte in den vier Jahren von 1952 bis 1956 zu einer in der deutschen Nachkriegs-Wirtschaftsgeschichte einmaligen Erfolgsserie: Nach Überwindung der Korea-Inflation von 1951 herrschte fast vier Jahre lang praktisch Preisstabilität. In den Jahren 1952 und 1953 gingen die Preise sogar absolut etwas zurück (freilich begünstigt durch rückläufige Weltmarktpreise), und trotz eines leichten Wiederanstiegs im Jahr 1955 waren die Lebenshaltungskosten Ende 1955 kaum höher als Ende 1951. Ebenso blieben die Lohnstückkosten in der Industrie von Ende 1951 bis Mitte 1955 fast unverändert, trotz erheblicher Zunahme der Reallöhne. Die Arbeitslosigkeit ging stark zurück. Die Arbeitslosenquote lag 1950 noch über 10 Prozent, sie ging bis 1956 schon auf 4,0 Prozent, bis 1961 sogar auf 0,8 Prozent zurück. Gleichzeitig wuchs das Sozialprodukt in den vier Jahren von 1952 bis 1956 mit einer heute fast unvorstellbaren jahresdurchschnittlichen Rate von rund 8,5 Prozent real. Also der Idealzustand von hohem Wachstum bei Preisstabilität! Der Überschuß des Außenhandels vervierfachte sich von 1952 bis 1956, und der Überschuß der Leistungsbilanz stieg von 2,5 Milliarden DM im Jahre 1952 auf 4,4 Milliarden DM im Jahre 1956, was eine Aufstockung der Währungsreserven um insgesamt 11,3 Milliarden DM in diesem Vierjahreszeitraum ermöglichte.

Diese Bilanz konnte sich sehen lassen – eine fast vollkommene Verwirklichung des »magischen Vierecks« von Wachstum, zunehmender Beschäftigung, Preisstabilität und außenwirtschaftlichem Gleichgewicht – nur daß das außenwirtschaftliche Defizit sehr rasch in das extreme Gegenteil umschlug, nämlich in ein Ungleichgewicht nach der anderen Seite. Daß ein wesentlicher Ausgangspunkt für diese Entwicklung ausgerechnet das Sanierungsprogramm während der Korea-Krise war, unterstreicht deutlich die Richtigkeit des Ausspruchs: Krise kann ein produktiver Zustand sein, man muß ihr nur mit den richtigen Methoden zu Leibe gehen.

3. Kapitel

Das DM-Dilemma der fünfziger Jahre: Europäische Inflationsdiskrepanzen

Erste Etappe: 1952 bis 1955

Die eindrucksvolle Erfolgsbilanz der Zeit nach dem Krisenjahr 1951 hatte auch ihre Kehrseite: Sie führte die Bundesrepublik bald in ein schwieriges Währungsdilemma. Je erfolgreicher die Nachfrage war und die Preise im Inneren stabilisiert wurden, um so größer wurde der Abstand zum Ausland, und um so stärker wurde auch der Nachfragesog aus dem Ausland sowie die Liquidisierung des deutschen Kreditsystems durch die Devisenüberschüsse. Je mehr die Notenbank versuchte, diesen potentiellen Inflationseinflüssen durch restriktive Maßnahmen entgegenzuwirken, um so größer wurde die Gefahr, daß durch einen erhöhten Zinsabstand gegenüber dem Ausland noch zusätzlich ausländisches Geld ins Inland hereingezogen wurde. Es gab also eine mehrfache Gefährdung des binnenwirtschaftlichen Gleichgewichts: durch den Nachfragesog und die überhöhten Preise des Auslands einerseits, durch die übermäßige Liquidisierung des Kreditsystems andererseits. Und es gab das oft unlösbare Dilemma, daß eine Geldpolitik, die sich auf die Bewahrung der inneren Stabilität konzentrierte, dadurch das äußere Ungleichgewicht noch verschärfte, und damit auch die Gefahr, von außen unterlaufen zu werden.
Dieses Währungsdilemma konzentrierte sich in den fünfziger Jahren auf das Verhältnis zu einigen europäischen Ländern, vor allem Frankreich und England. Wie aus der Tabelle (S. 75) zu ersehen ist, gingen diese Länder aus der Korea-Krise mit einem beträchtlichen Inflationsüberhang hervor, dessen sie auch in den nachfolgenden Jahren nicht mehr Herr wurden. Zu dem Preisgefälle trat noch ein erhebliches Nachfragegefälle. Mitte der fünfziger Jahre zeichnete es

sich bereits ab, daß bei Festhalten an den bisherigen Wechselkursparitäten die Bundesrepublik einer importierten Inflation nicht mehr sehr lange ausweichen konnte. Auf der anderen Seite gerieten die Inflationsländer in immer tiefere Zahlungsbilanzschwierigkeiten. Diese zwangen zum Beispiel Frankreich vorübergehend zu einer völligen und England zu einer teilweisen Aufhebung der Einfuhrliberalisierung. Der französische Franc galt schon ab 1954 als »abwertungsverdächtig«.

Europäische Inflationsdifferenzen
(Entwicklung der Verbraucherpreise in Landeswährung)

	1950 = 100				1960 = 100			
	1952	1954	1956	1960	1962	1966	1968	1970
Bundesrepublik Deutschland	110	108	113	122	105	119	122	130
Frankreich	131	129	133	172	109	125	135	151
Großbritannien	119	125	137	149	108	124	132	149
Zum Vergleich: USA	110	112	113	127	102	109	117	131

So hatten sich die Dinge also umgedreht: Während der Korea-Krise mußte sich die Bundesrepublik als extremes Defizitland vor den Gremien der EZU und OEEC verantworten. Schon wenige Jahre später saß sie in den internationalen Gremien als extremes Überschußland auf der Anklagebank. Die Diskussion darüber, ob der Ausgleich der Ungleichgewichte allein durch die Defizitländer oder aber auch durch eine »Politik des guten Gläubigers«, des Überschußlandes Deutschland, erfolgen müsse, und wie diese Politik beschaffen sein sollte, wurde über viele Jahre zu einem Dauerthema der internationalen Wirtschafts- und Währungsdiskussion.
Bereits in dem oben erwähnten Kieler Vortrag von Ende 1953 hatte ich auf die Gefahr hingewiesen, daß »die Ansammlung von Währungsreserven in Überschußländern zu einer unangenehmen Störung des inneren Gleichgewichts führen kann, wenn nämlich hierdurch inflationistische Tendenzen ausgelöst werden«.[1] Das war ein erster Hinweis auf die Gefahr der importierten Inflation. Allerdings

hatte ich auch hinzugefügt, daß dies zur damaligen Zeit noch keine akute Gefahr war. Aber schon ab 1955 begann der Kessel zu kochen, nicht zuletzt wegen der permanenten Zunahme der Auslandsnachfrage und der expansiv wirkenden Devisenüberschüsse. Wir versuchten, mit kreditpolitischen Mitteln »der für die Aufrechterhaltung der Währungsstabilität gefährlichen Übersteigerung der Konjunktur entgegenzuwirken«.[2] Diese Übersteigerung wurde um so gefährlicher, als sie ab etwa 1955 auch zu einer Überbeschäftigung am Arbeitsmarkt führte, mit all ihren problematischen Folgen. Eine davon war, daß damals systematisch damit begonnen wurde, Gastarbeiter von draußen zu holen.

Die Geldpolitik der deutschen Notenbank stand in den fünfziger Jahren sehr stark unter dem Einfluß der außenwirtschaftlichen Entwicklung. Ich werde dies der Kürze halber durch das Auf und Ab der Diskontpolitik illustrieren, obgleich neben Diskontveränderungen in erheblichem Umfang auch Maßnahmen zur Beeinflussung der Liquiditätslage der Kreditinstitute – Änderung der Mindestreservesätze, der Rediskontkontingente, Offenmarktpolitik – eingesetzt wurden. Ihrer Tendenz nach gingen diese liquiditätspolitischen Maßnahmen aber in der Regel – wenn auch nicht immer – in die gleiche Richtung wie die Diskontpolitik. Freilich gab es manchmal eine zwiespältige Geldpolitik: Durch restriktive Maßnahmen bei Mindestreserven, Refinanzierungskontingenten usw. suchte man überschüssige Liquidität zu absorbieren; gleichzeitig hielt man die Zinsen niedrig, um nicht noch mehr Auslandsgeld hereinzuziehen. Bei der Diskontpolitik können wir drei Etappen unterscheiden: Vom Frühjahr 1952 bis Sommer 1954 lockerte die Bank deutscher Länder die scharfen Restriktionen aus der Zeit der Korea-Krise wieder. Der Diskontsatz wurde von 6 Prozent schrittweise bis auf 3 Prozent im Mai 1954 herabgesetzt. Die Kreditpolitik wurde sehr stark dadurch entlastet, daß in dieser Zeit im Bundeshaushalt erhebliche Kassenüberschüsse anfielen, hauptsächlich wegen der Verzögerung der geplanten Verteidigungsausgaben (Schäffers »Juliusturm«). Auf diese Weise wurde ein erheblicher Teil der Liquiditätszuflüsse aus den Devisenüberschüssen stillgelegt. Der Fiskus übernahm unbeabsichtigt einen Teil der Notenbankaufgabe. Außerdem wurde ein beträchtlicher Teil der Liquiditätszuflüsse dadurch absorbiert und unschädlich gemacht, daß die durch die Währungsreform scharf beschnittene Liquiditätsausstattung der Volkswirtschaft wieder auf einen normaleren Stand gebracht wurde. Die Relation Geldvolumen (M 1) zu Volkseinkommen stieg zwischen 1951 und 1954 von 9 auf 19 Prozent! Sie lag damit freilich immer noch etwas unter dem Normalstand (1984: rund 23 Prozent).

Zweite Etappe: 1955/56 – Adenauers »Fallbeil-Rede«

Die nächste Etappe, eine Phase der Zinsanhebung, begann im Sommer 1955, als die Überhitzung im Inland und vor allem die Spannungen auf dem Arbeitsmarkt immer bedrohlicher wurden, so daß die Notenbank sich trotz weiterer Kassenüberschüsse des Bundesfinanzministers zum Einschreiten gezwungen sah. In drei Schritten, beginnend im August 1955, wurde der Diskont von 3 auf 5 ½ Prozent erhöht. Anläßlich der Diskonterhöhung von 4 ½ auf 5 ½ Prozent im Mai 1956 kam es erneut zu einem scharfen Konflikt zwischen der Notenbank und Bundeskanzler Adenauer. Die Diskonterhöhung auf 5 ½ Prozent war im Beisein und mit Billigung der Bundesminister Erhard und Schäffer beschlossen worden, ohne daß diese sich vorher mit Adenauer abgestimmt hatten. Adenauer war so wütend (»Ich werde Erhard und Schäffer zur Rechenschaft ziehen!«), daß es intern fast zu einer Kabinettskrise kam. Adenauer übte kurz darauf scharfe öffentliche Kritik, und zwar in einer Rede vor dem Bundesverband der Industrie im Gürzenich in Köln, die als sogenannte »Fallbeil-Rede« in die Notenbankgeschichte eingegangen ist.[3] Er sagte unter anderem: »Es ist der deutschen Konjunktur ein schwerer Schlag versetzt worden; und auf der Strecke bleiben werden die Kleinen; und zwar gilt das sowohl für die kleineren Industrien wie für die kleineren Landwirte, wie für die kleineren Handwerker. Kurz und gut, das Fallbeil trifft die kleinen Leute und deswegen bin ich sehr betrübt.« Er distanzierte sich vom Zentralbankrat der Bank deutscher Länder, wobei er mit nicht zu überhörender Kritik feststellte, daß dieser von der Bundesregierung unabhängig sei (was ihm sehr gegen den Strich ging).

Die Diskonterhöhung vom Mai 1956 wurde durch eine mäßige Liquiditätseinschränkung mit Hilfe einer Verringerung der Rediskontkontingente der Banken unterstützt. Ein wichtiges Motiv für die Diskonterhöhung um einen vollen Prozentpunkt lag auch darin, daß schon absehbar war, daß in Kürze die Geldstillegung durch Kassenüberschüsse des Bundeshaushalts zu Ende gehen werde und die im »Juliusturm« angesammelten Mittel wieder in die Wirtschaft abströmen würden. In der Tat erklärte Bundesfinanzminister Schäffer schon in der Sitzung des Zentralbankrats vom Mai 1956, daß er keinerlei Möglichkeit sehe, durch weitere Kassenüberschüsse die Vorsorgepolitik für spätere Verteidigungsausgaben fortzusetzen. Die übervollen öffentlichen Kassen hatten inzwischen die Begehrlichkeit der Politiker geweckt. Seit Anfang 1956 war ein Parlamentsausschuß am Werk, um neue Ausgaben zu beschließen und soziale Wohltaten auszuteilen. Man nannte diesen Ausschuß allgemein den »Kuchenausschuß«, weil er den von Schäffer angesammelten »Kuchen« aufschneiden und verteilen wollte. Bei der Diskussion im Zentralbankrat war Schäffer hinsichtlich der weiteren Haushaltsentwicklung sehr pessimistisch, insbesondere wenn die seit langem erwarteten höheren Verteidigungsausgaben effektiv zum Zuge kommen würden. Tatsächlich erreichten die angesammelten Kassenreserven des Bundes ihren Höhepunkt im September 1956 mit rund 7 ½ Mrd. DM; von da an ging es wieder steil bergab. So trat nun an die Stelle des vorherigen Kaufkraftentzugs eine Kaufkraftexpansion durch öffentliche Kassendefizite, die nicht mit Krediten, sondern aus vorher stillgelegten Kassenreserven finanziert wurden.

Erster Vorstoß in der Aufwertungsfrage Ende 1956

Trotzdem vollzog die Geldpolitik unter dem Druck der außenwirtschaftlichen Überschußposition schon Ende 1956 eine erneute Wendung zu billigeren Zinsen. Diese dritte Etappe sollte dann im weiteren Verlauf bis Mitte 1959 zu den niedrigsten Zinssätzen der Nachkriegszeit führen. Bevor ich diese dritte Phase der Geldpolitik in der Periode des europäischen Währungsdilemmas näher beschreibe, muß ich kurz auf die Aufwertungsdebatte der Jahre 1956 und 1957 sowie die Währungskrisen von 1957 eingehen.

Es war unvermeidlich, daß im Laufe des Jahres 1956 eine lebhafte Diskussion über das Für und Wider einer DM-Aufwertung entbrannte. Allerdings konnten sich leitende Angehörige der Notenbank nicht in der Öffentlichkeit daran beteiligen; denn das hätte die Währungsspekulation im Ausland noch mehr angeheizt und erst recht zum Hereinfließen von destabilisierenden Auslandsgeldern geführt.[4] Immerhin sprach ich im Juni 1956 auf einer Generalversammlung des Münchner Ifo-Instituts mit großer Sorge und ohne alle Umschweife davon, daß wir »mit den Export- und Devisenüberschüssen *die Inflation des Auslands importieren*«. Diese Formel ging sehr bald in den allgemeinen Sprachgebrauch ein. Ich empfahl in dieser Rede allerdings nicht offen eine Aufwertung, sondern beschränkte mich darauf, als Abwehrmöglichkeiten auf die Förderung des Kapitalexports, vorzeitige Schuldenrückzahlung, Verringerung der Exportförderung usw. zu verweisen. Mit diesem Vortrag eckte ich wiederum bei Vocke an. Er nahm Anstoß an der Formulierung »importierte Inflation« und ersuchte mich, diese »drastische« Formulierung in der Druckfassung zu mildern. Dies tat ich auch. Immerhin brachte die Süddeutsche Zeitung vom 7.6.1956 einen Bericht über meinen Vortrag unter der Überschrift »Wir importieren die Inflation des Auslandes«. Meistens wird in der Literatur die Einführung des Begriffs »Importierte Inflation« Wilhelm Röpke, und zwar ab Ende 1956, zugeschrieben.

Ungefähr ein Jahr später setzte sich Vocke in einem Vortrag öffentlich mit dem Begriff »importierte Inflation« auseinander, der ihm so sehr mißfiel: Man könne doch einen Liquidisierungsprozeß infolge überhöhter Ausfuhr nicht als »importierte Inflation« bezeichnen, sonst würde man ihn ja der eigentlichen Inflation gleichsetzen, wie sie durch zu hohe Staatsdefizite mit der Folge erhöhter Einfuhren entstehen könne. Überhohe Ausfuhrüberschüsse brächten »zwar auch Geldvermehrung; aber dies sei nur ein durch Gold gedecktes konvertibles Geld«, während im anderen Fall Geldschöpfung auf Defiziten und Schulden aufbaue. Diese beiden so verschiedenen Dinge könne man doch nicht in einem Atem als »Inflation« bezeichnen.[5]

Obwohl ich mich 1956 in der zweiten Jahreshälfte nach außen einer direkten Aufwertungsempfehlung enthielt, versuchte ich im November wenigstens eine fundierte Diskussion über unser Währungsdilemma innerhalb des Direktoriums herbeizuführen. Ich legte Vocke ein elf Seiten langes vertrauliches Memorandum über »Überschußposition und Wechselkurspolitik« vor. Darin setzte ich mich mit der ganzen Problematik auseinander, auch mit der Frage, was gegen eine DM-Aufwertung spreche und wieweit sie in der damaligen Lage überhaupt Abhilfe gegen die Gefährdung der Stabilität schaffen könne. Ich kam zu folgenden Ergebnissen:

1. Im Interesse der inneren Währungsstabilität wird es über kurz oder lang unausweichlich werden, eine Aufwertung der D-Mark in Betracht zu ziehen.

2. Ist dies der Fall, so sprechen schwerwiegende Gründe dafür, die Wechselkursänderung möglichst sofort vorzunehmen, ehe weiterer Schaden angerichtet wird.

3. Es spricht in der gegenwärtigen Lage vieles dafür, eine solche Wechselkursänderung nicht durch eine definitive Änderung der Parität, sondern bis zu einer besseren Klärung der Lage in einer bewußt vorläufigen Art, zum Beispiel durch eine starke Erweiterung der Schwankungsmarge – unter möglichst sofortiger Heraufsetzung des DM-Kurses in die Nähe der oberen Grenze dieser Bandbreite –, vorzunehmen. (Für die Bandbreite schlug ich einen Rahmen von ± 6 bis 8 Prozent vor.)

Mit diesem Memorandum stieß ich in ein Wespennest. Ich hatte im Begleitschreiben ausdrücklich um die Besprechung meiner Vorlage im Direktorium gebeten und in diesem Zusammenhang ausgeführt: »Ich gestatte mir anzuregen, daß die in dem anliegenden Vermerk aufgeworfenen Probleme im Direktorium oder wenigstens in einem engeren Kreis von besonders an diesen Fragen interessierten Mitgliedern des Direktoriums zur Diskussion gestellt werden. Selbst wenn die von mir vorgeschlagene Linie abgelehnt werden sollte, erscheint es mir unerläßlich, daß wenigstens völlige Klarheit und Einheitlichkeit hinsichtlich der Begründung für die Einstellung der BdL zu dieser wichtigen Frage geschaffen wird.« Vocke jedoch steckte das ihm höchst gefährlich erscheinende Schriftstück in seinen Geheimschrank. Als ich ihn nochmal ersuchte, meine Überlegungen im Direktorium zur Diskussion zu stellen, weigerte er sich zunächst mit der Begründung, das sei zu riskant. Ich mußte ihn zu einer Diskussion zwingen, indem ich drohte, daß ich andernfalls das Problem am Direktorium vorbei in einer Sitzung des Zentralbankrats vortragen würde. Darauf lenkte Vocke widerwillig ein, und es kam zu einer Geheimsitzung (!) des Direktoriums am 12. Dezember 1956.[6]

Wie zu erwarten, wurde jeder Gedanke an eine DM-Aufwertung abgeschmettert. Ich stand völlig allein. Die Hauptargumente der Gegner waren:

1. Aus meinen Ausführungen könne man herauslesen, daß ich selbst das Problem als ein nur temporäres ansehe; das zeige auch mein Vorschlag, nicht eine feste Paritätsänderung vorzunehmen, sondern nur ein breites Schwankungsband festzulegen.

2. Die Bundesbank könne bei einer Wechselkursänderung nicht isoliert vorgehen, sondern müsse dies vorher mit den anderen Ländern abstimmen. Es sei ja sehr entscheidend, was die anderen Länder, insbesondere die Hauptdefizitländer, mit ihren Wechselkursen vorhätten.

3. Außerdem könne man annehmen, daß die Hauptdefizitländer England und Frankreich unter dem Druck ihrer Defizite Anpassungsmaßnahmen vornehmen würden, sei es in ihrer inneren Wirtschaftspolitik, sei es in den Wechselkursen; es wäre nicht gut, wenn durch eine deutsche Aufwertung der heilsame Druck auf diese Länder gemildert würde.

4. Schließlich sei die Währungsparität ein festes Fundament, an dem man nicht rütteln dürfe; man solle eher an sonstige Ausgleichsmaßnahmen denken, wie weitere Einfuhrförderung, Beseitigung von Exportbegünstigungen, Kapitalexporte.

Ich erkannte die ersten drei Argumente an, insbesondere daß wir nach Möglichkeit eine mit den Defizitländern abgestimmte allgemeine Wechselkursbereinigung, ein *alignment* anstreben sollten, und zwar mit dem Schwergewicht auf Abwertungen der Defizitländer.[7]

Das vierte Argument, wonach der Wechselkurs unantastbar sein solle, wies ich zurück. Ich hielt daran fest, daß wir die Gefährdung unserer inneren Stabilität und die Überhitzung am Arbeitsmarkt nicht mehr sehr lange tatenlos hinnehmen könnten. Aber ich war schon befriedigt, daß es endlich zu einer gründlichen Diskussion im Direktorium gekommen war, und versprach, mich nach außen mit meinen »ketzerischen« Ansichten zur Aufwertung zurückzuhalten, um nicht die Währungsspekulation anzuheizen. Etwas ironisch fügte ich noch hinzu: »Meine Herren, wenn Sie schon keine Wechselkurskorrektur vornehmen wollen, dann müssen Sie *nolens volens* eine zahlungsbilanzkonforme Geldpolitik und insbesondere Zinspolitik betreiben.« Zu meiner Überraschung schwenkten Vocke und einige andere Direktoriumsmitglieder sofort darauf ein; sie versprachen, für eine baldige weitere Diskontsenkung im Zentralbankrat einzutreten. Tatsächlich wurde der Diskont bereits am 10. Januar 1957 von 5 auf 4½ Prozent gesenkt, zur nicht geringen Überraschung der Außenwelt, die dies in der damaligen Lage keineswegs erwartet hatte. Erhard und Müller-Armack kritisierten die Diskontsenkung als »verfrüht«. Eduard Wolf begründete diese Diskontsenkung im Monatsbericht der Bank deutscher Länder für Januar 1957 ausführlich, wobei der Kernsatz lautete: »Ausschlaggebend für die Senkung war die Überzeugung, daß die Aufrechterhaltung des bisherigen Diskontsatzes binnenwirtschaftlich unter den gegebenen Umständen nicht unbedingt erforderlich war, während die außenwirtschaftliche Lage eine Verminderung des Zinsgefälles gegenüber dem Ausland nur erwünscht erscheinen ließ.«

Tatsächlich behielten zunächst diejenigen recht, die eine Abschwächung unserer extremen Überschußposition erwartet hatten. Dazu trugen vor allem zwei Entwicklungen bei: Erstens bahnte sich im Laufe des Jahres 1957 eine Abkühlung der Weltwirtschaft an, ausgehend von einer Konjunkturflaute in den Vereinigten Staaten (die dort dann 1958 zu einer wenn auch milden Rezession führen sollte). Dies drückte die Rohstoffpreise nach unten und verminderte den Ausfuhrsog auf die deutsche Wirtschaft. Eine zweite Entspannung gab es in Europa durch eine *de facto*-Abwertung des französischen Franc im August 1957 um 16¾ Prozent. Kurz darauf entspannte sich auch die englische Situation, allerdings nicht durch eine Abwertung des Pfundes, sondern durch eine interne Schocktherapie. So trat unser Währungsdilemma, der Konflikt zwischen den Zielen der inneren Stabilität und des äußeren Gleichgewichts, für eine geraume Zeit etwas in den Hintergrund. Erst als im Sommer 1959 die amerikanische Wirtschaft und mit ihr die ganze Weltwirtschaft in eine neue Expansionsphase eintrat, stand das außenwirtschaftliche Überschußproblem wieder bedrohlich vor der Tür.

Aber trotzdem hatte die Verzögerung einer ordnungsgemäßen Anpassung bereits begonnen, erhebliche Schäden anzurichten: Überhitzung am Arbeitsmarkt mit ihren langanhaltenden schädlichen Folgen[8]; einseitige Ausrichtung auf eine exportlastige Industriestruktur; ständige Auseinandersetzungen mit unseren europäischen

Partnern; protektionistische Abwehrmaßnahmen der Defizitländer; übertriebene Vorstellungen der Außenwelt von unserem wiedergewonnenen »Reichtum« und entsprechende Forderungen bei Besatzungskosten, Auslandshilfe usw.; und nicht zuletzt auch eine beginnende Preisinflation. Von Ende 1956 bis Ende 1957 erreichte die Teuerungsrate immerhin bereits 3 Prozent; und das nach einer mehrjährigen Stabilitätsperiode, in der schon eine Jahresteuerung von 2 Prozent allseits – und nicht zuletzt von Vocke – als Beginn einer schleichenden Inflation in Grund und Boden verdammt worden war.

Die Sorge vor einer Verstärkung der Teuerungstendenzen ließ auch Bundeswirtschaftsminister Erhard keine Ruhe. Anfang April 1957 ließ er mich durch Alfred Müller-Armack (damals noch Ministerialdirektor, später Staatssekretär) zu einer vertraulichen Besprechung nach Bonn bitten. Er hatte offenbar gehört, daß ich in der Notenbank der Vorkämpfer für eine baldige Wechselkurskorrektur war. An der Unterredung nahm außer Müller-Armack auch Staatssekretär Westrick teil. Erhard fürchtete eine weitere Beschleunigung des Preisanstiegs bis zum Herbst – und für den September 1957 stand schließlich eine Bundestagswahl bevor. Ich machte Erhard begreiflich, daß keine Aussicht bestünde, ein positives Votum im Direktorium und Zentralbankrat der Bank deutscher Länder zu erreichen, wenn man nicht Präsident Vocke selbst umstimmen könne. Daraufhin fuhr Erhard, wie ich durch Zufall erfuhr, am darauffolgenden Samstagvormittag nach Frankfurt und besuchte Vocke in dessen Privatwohnung zu einer vor der Außenwelt völlig geheimgehaltenen Unterredung. Wie zu erwarten, holte er sich eine Abfuhr.

Vocke aber sandte kurz darauf an die Mitglieder des Zentralbankrats die Abschrift eines Briefes, »den ich aus bestimmtem Anlaß an die Herren Bundesminister Erhard und Schäffer gerichtet habe« (wobei er diesen »bestimmten Anlaß« stets geheimhielt). In diesem Brief legte er im einzelnen die Gründe dar, warum er »nach wie vor entschiedener Gegner einer Aufwertung der D-Mark sei.

An erster Stelle stand dabei ein Argument, das in der Diskussion immer wiederkehren sollte, nämlich: es bestehe zwar vielleicht ein Mißverhältnis zwischen D-Mark und französischem Franc, aber die Relation zum Dollar und den meisten anderen Währungen sei unverändert »richtig«. Eine Aufwertung der D-Mark würde auch gegenüber dem Dollar wirken und zu neuer Unordnung führen. Es sei Sache der Defizitländer, ihre Lage in Ordnung zu bringen. Was mich an Vockes Erklärungen aber sehr befremdete, war seine Behauptung, der Schwerpunkt der deutschen Preisentwicklung liege stets in der Binnenwirtschaft und könne nur wenig vom Wechselkurs beeinflußt werden. Er stellte resigniert fest, daß »die im Inneren wirkenden Preisauftriebskräfte [trotz einer Aufwertung] mehr oder weniger ungebrochen weiterwirken würden«, nämlich die inflationistische Ausweitung des Geldvolumens (!), die künstliche Einkommensaufblähung durch die Sozialreform, den »Grünen Plan« (Landwirtschaft) sowie durch Lohn- und Gehaltserhöhungen. Er wies auch auf die preissteigernde Wirkung durch den Abbau des »Juliusturms« hin und resümierte: »Die Veränderung des Wechselkurses pflegt die Preise und Löhne immer nur vorübergehend zu beeinflussen.«

Bei dieser Argumentation bäumte sich etwas in mir auf. Denn Vocke ließ dabei unsere Erfahrung der letzten Jahre völlig außer acht, die lehrte, daß wir eben gerade wegen des außenwirtschaftlichen Ungleichgewichts immer wieder gehemmt waren, die Überliquidität und die »inflationistische Ausweitung des Geldvolumens« unter Kontrolle zu halten und daß eine Aufwertung uns diese Kontrolle sehr erleichtern könnte. Jedenfalls bekam man den Eindruck, als ob Vocke auf einen Ausgleich der Zahlungsbilanz durch eine unvermeidlich gewordene Anpassungsinflation setzte. Allerdings betonte er in einem kurz darauf gehaltenen Vortrag: »Aber zwei Dinge wollen wir nicht, nämlich: Wir wollen keine Aufwertung der D-Mark, und wir wollen kein Einschwenken in die inflationistische Linie mancher Länder«.[9] In seinen Memoiren zitierte Vocke eine ähnliche Formulierung aus einer späteren Rede: »Zwei Dinge dürfen wir auf keinen Fall machen: Inflation und Aufwertung«, als seinen »Schwanengesang«.[10] Er fügte hinzu: »In beiden kardinalen Punkten ist es nach meiner von der Regierung verfügten Abberufung zu dem gekommen, was ich unter allen Umständen verhüten wollte: zur Inflation und zur Aufwertung.« Daß es gerade *wegen* der jahrelangen Verzögerung der Aufwertung zur Inflation kam, werde ich später darlegen.

Per Jacobssons unverständliche Rolle

Eine besondere Note erhielt das Rundschreiben Vockes an die Mitglieder des Zentralbankrats durch einen in Abschrift beigelegten Brief von Per Jacobsson, der 1956 Geschäftsführender Direktor des Internationalen Währungsfonds geworden war. In diesem Brief Jacobssons an Vocke hieß es unter anderem: »Ich selbst bin der Ansicht, daß eine Aufwertung nicht die richtige Lösung wäre, da sie ein Element der Unsicherheit in das Währungssystem bringen würde, welches sich bald als schädlich nicht nur für Deutschland, sondern für ganz Europa herausstellen würde ... Überdies würde es mich wundern, wenn wir angesichts der bevorstehenden Veränderungen in den deutschen öffentlichen Haushalten und in der deutschen Nachfragekapazität nicht schon bald eine Umkehr des deutschen Zahlungsbilanz-Trends sehen würden.« Dann empfahl er gewisse Aushilfsmaßnahmen, wie vorzeitige Schuldenrückzahlungen ans Ausland und dergleichen. Hier bezog Per Jacobsson zum ersten Mal eine klar gegen die DM-Aufwertung gerichtete Linie. Er hielt diese Linie bis 1961 durch, obgleich sich inzwischen die Umstände veränderten, und trug dadurch zur Verzögerung der spätestens Anfang 1960 fälligen DM-Aufwertung bei. Welch eine Wandlung des Internationalen Währungsfonds von der damaligen Unbeweglichkeit in der Wechselkursfrage zu seiner heutigen Einstellung, die ihn immer wieder veranlaßt, die Notwendigkeit rechtzeitiger Wechselkursanpassungen zu betonen!

Daß Per Jacobsson hauptsächlich auf eine Korrektur des Ungleichgewichts durch eine expansive deutsche Politik setzte, geht aus einer Rede hervor, die er Ende 1957 in Philadelphia hielt:[11]

»In Deutschland hat eine beachtliche Ausdehnung des Geldvolumens stattgefunden (vielleicht um 15 Prozent in einem Jahr), worin sich in großem Maße die höheren Löhne und die erhöhten sozialen Vergünstigungen widerspiegeln. Überdies vermehren die öffentlichen Stellen nicht mehr länger ihre Kassenreserven, sondern ziehen ihre Guthaben bereits ab, um ihr Budgetdefizit zu finanzieren. Die Bundesbank hat keineswegs den expansiven Effekt des Budgetdefizits und des Devisenüberschusses völlig neutralisiert. Diese Faktoren dürften helfen, den laufenden deutschen Überschuß der Zahlungsbilanz herabzusetzen.«

Jacobsson ging mit seinen Empfehlungen dann sogar noch weiter: Da es sein könne, daß Deutschland weiterhin erhebliche, wenn auch verringerte, Devisenüberschüsse erzielen werde, »haben die deutschen Behörden allen Anlaß zu überlegen, welche Kreditmaßnahmen sie ergreifen oder welche anderen Fazilitäten sie gewähren können, um den Druck auf andere Länder so weit als möglich zu mildern«. Die Abneigung Jacobssons gegen jegliche Wechselkurskorrektur ging also so weit, daß er der Bundesrepublik mit Rücksicht auf die Defizitländer ziemlich unverblümt eine zahlungsbilanzkonforme Anpassungsinflation nahelegte.[12] In einem internen Vermerk der mir unterstehenden Hauptabteilung der Bundesbank wurde dies als erstaunliche Abweichung von der sonstigen Haltung Jacobssons registriert, »der in der ganzen Welt als kompromißloser Streiter gegen jede Art Inflation bekannt ist«. Auch die deutsche Wirtschaftspresse nahm zum Teil kritisch dazu Stellung.[13]

In der Bundesrepublik entfaltete sich im ersten Halbjahr 1957 eine sehr rege Diskussion über das Für und Wider einer DM-Aufwertung. Dabei wurden von den Gegnern einer Aufwertung immer wieder folgende Argumente vorgebracht:

1. Nicht den Gesunden, sondern den Kranken müsse man heilen – so ein auch von Vocke vorgetragenes Schlagwort.

2. Eine isolierte Aufwertung der D-Mark würde auch das Verhältnis zum Dollar verändern, und diesem gegenüber bestehe gar kein fundamentales Ungleichgewicht.

3. Die störende deutsche Überschußposition sei höchstwahrscheinlich doch nur eine vorübergehende Erscheinung.

Das zweite Argument, das regionale Verhältnis zum Dollar-Raum betreffend, war natürlich höchstens so lange sinnvoll, wie die D-Mark noch nicht die Dollar-Konvertibilität erreicht hatte. Diese wurde formell zwar erst Ende 1958 hergestellt, da gewartet werden mußte, bis auch die übrigen EZU-Länder dazu bereit waren. Aber *de facto* hatte die D-Mark schon vorher eine sehr weitgehende Konvertibilität erreicht. Und vor allem waren die deutschen Überschüsse in der EZU zu einem erheblichen Teil in Dollar oder Gold konvertibel, da im Gefolge der »Härtung« der EZU die Überschüsse in der monatlichen EZU-Abrechnung seit dem Jahr 1955 zu 75 Prozent in Dollar oder Gold auszugleichen und nur zu einem Viertel als Kredit zu gewähren waren. Tatsächlich waren ja schon seit mehreren Jahren nicht nur die kumulative EZU-Position, sondern auch die Gold- und Dollar-Reserven der Bundesrepublik fast ständig gestiegen, so daß kein Grund mehr bestand, die deutsche Zahlungsbilanzposition gegenüber dem Dollar-Raum isoliert zu betrachten.

Auch im Zentralbankrat der Bank deutscher Länder gab es in den ersten Monaten des Jahres 1957 eine Diskussion über das Für und Wider der DM-Aufwertung – eine Diskussion, die wenige Monate vorher von Vocke noch so gefürchtet worden war. Als sich aber herausgestellt hatte, daß das Direktorium fast geschlossen dagegen war und auch im Zentralbankrat höchstens zwei bis drei Stimmen dafür waren, wehrte sich Vocke nicht mehr gegen eine solche Diskussion; sie wurde vom Vorsitzenden des Zentralbankrats, Präsident Bernard, angesichts des bereits bekannten Mehrheitsverhältnisses von vornherein als »rein formale Angelegenheit« deklariert.

Auch Erhard trug den bestehenden Mehrheitsverhältnissen Rechnung und vollzog eine Schwenkung. Er wußte, daß er bei einem Widerstand der Notenbank nicht die geringste Chance für eine Aufwertung im Bundeskabinett hatte, denn Bundeskanzler Adenauer und Vizekanzler Blücher waren unter dem Einfluß ihrer Ratgeber eisern dagegen. Erhard sah ein, daß eine lang hingezogene Wechselkursdiskussion ohne Aussicht auf baldige Entscheidung die Dinge nur verschlimmern würde. Zwar war er noch im Mai 1957 in einem Artikel in der »Financial Times« grundsätzlich für eine Wechselkursanpassung eingetreten. Aber schon im Juni 1957 bezog er eine vorsichtigere Position. In einer Rede in München führte er aus: »Jede Spekulation auf eine Aufwertung der D-Mark jedoch würde die europäische Krankheit nur noch schwerer werden lassen. Ein solcher Schritt wäre daher nicht zu verantworten, ganz gleich unter welchem Gesichtspunkt das Problem betrachtet wird. Nur ein gemeinsames Handeln und der Übergang zur freien Konvertierbarkeit der Währungen kann zu einem guten Ende führen.«[14]

Die Bank deutscher Länder zog sofort nach und veröffentlichte am 10. Juli eine Pressenotiz folgenden Inhalts:

»Der Zentralbankrat der Bank deutscher Länder hat sich in seiner Sitzung vom 10. Juli 1957 unter anderem mit den in der Öffentlichkeit umlaufenden Gerüchten über eine DM-Aufwertung befaßt und erklärt in Übereinstimmung mit der kürzlichen Stellungnahme des Bundesministers für Wirtschaft solche Gerüchte für gegenstandslos.«

Europäische Währungsspannungen 1957

Im August 1957 gab Frankreich dem Druck seines Devisendefizits und der internationalen Spekulation nach und wertete den Franc *de facto* um 16⅔ Prozent ab.[15] Das brachte freilich nur eine teilweise Entspannung, weil die Abwertung nicht sofort von ausreichenden inneren Maßnahmen begleitet war; Ende 1957 mußte Frankreich ein erneutes Anpassungsprogramm durchführen. Aber es genügte immerhin, um den Druck der internationalen Währungsdiskussion und Währungsspekulation mehr auf die andere »schwache« Währung abzulenken, nämlich das Pfund Sterling. Das Pfund war gegenüber Vertrauensstörungen besonders verwundbar. Es war ja zu jener Zeit immer noch eine wichtige Welthandelswährung und Reservewährung für den gesamten Sterling-Raum. Die kurzfristigen Sterling-Verbindlichkeiten Großbritanniens gegenüber dem Ausland (hauptsächlich im Sterling-Raum) waren infolgedessen um das Vielfache höher als seine verfügbaren Währungsreserven in Gold und Dollar. Um den fortdauernden Währungsgerüchten entgegenzutreten, veröffentlichte die Bundesregierung am 20. August 1957 ein Kommuniqué folgenden Inhalts:

»Unter Vorsitz von Bundeskanzler Adenauer und in Anwesenheit der leitenden Mitglieder der Deutschen Bundesbank befaßte sich die Bundesregierung ausführlich mit der internationalen Währungslage. Im Mittelpunkt der Erörterungen stand dabei das ständig starke Anwachsen der deutschen Zahlungsbilanzüberschüsse.
Dazu stellte das Bundeskabinett in einem formellen Beschluß fest: Der Außenwert der D-Mark ist bekanntlich ebenso wie der der meisten anderen Währungen durch das Verhältnis zum US-Dollar bestimmt. Das Verhältnis der D-Mark zum US-Dollar bedarf auf Grund aller wirtschaftlichen Tatbestände keiner Änderung. Alle Gerüchte über eine beabsichtigte Aufwertung der D-Mark sind gegenstandslos. Bundesregierung und Bundesbank werden die im In-

und Ausland so hoch eingeschätzte Stabilität der deutschen Währung weiterhin wahren.«

Der Angriff auf das Pfund konnte aber erst durch zwei weitere Maßnahmen abgewehrt werden: Erstens durch eine britische Schocktherapie, indem der englische Diskontsatz im August 1957 schlagartig von 5 auf 7 Prozent erhöht wurde, das heißt auf den höchsten Satz seit 1920 (was waren das noch für Zeiten, als 6 oder 7 Prozent Rekord-Zinssätze waren!). Außerdem wurden die englischen Staatsfinanzen durch Beschneidung der Investitionsausgaben saniert. Die zweite Maßnahme war eine international koordinierte Aktion: Wir senkten unseren Diskont von 4½ auf 3 Prozent, und auf der kurz darauf stattfindenden Jahrestagung des Internationalen Währungsfonds in Washington gaben die Sprecher der englischen und deutschen Delegation aufeinander abgestimmte Erklärungen ab, wonach von beiden Seiten jeglicher Gedanke an eine Wechselkurskorrektur abgelehnt wurde. Zusätzlich wurden noch einige internationale Sonderkredite für Großbritannien bereitgestellt. All dies bewirkte, daß die Spekulation gegen das Pfund sofort zum Stillstand kam und die englische Devisenposition in der EZU, aber auch darüber hinaus, sich wieder normalisierte.

Die Pfund-Krise vom Sommer und Herbst 1957 hatte – trotz ihrer relativ raschen und eleganten Lösung – eine weit über den Augenblick hinausreichende Bedeutung. Denn eine internationale Reservewährung kann sich derartige Vertrauensstörungen und Schwächeanfälle nicht allzuoft leisten, ohne daß sie ihr *standing* als Reservewährung allmählich einbüßt. Beim Pfund ging dies über eine Reihe von weiteren Etappen vor sich: Pfund-Schwäche nach der DM-Aufwertung vom März 1961, Pfund-Abwertung im September 1967, isoliertes Floaten des Pfundes im Juni 1972 wegen eines Schwächeanfalles, sowie schließlich offizielle Liquidierung der noch im Sterling-Block verbliebenen Sterling-Reserven Ende 1976/ Anfang 1977. Dieser schrittweise Abbau der britischen Position im Weltwährungsgefüge war ein Prozeß von historischer Bedeutung. Schließlich war Großbritannien im 19. Jahrhundert und mindestens noch bis zum Ersten Weltkrieg die eindeutig führende Währungsmacht – es gab damals weltwirtschaftlich gesehen eine *Pax Britannica*. Die vorherrschende Stellung des Pfundes erlitt bereits in den zwanziger und dreißiger Jahren manche Einbußen –

erinnert sei nur an die verfehlte Pfund-Aufwertung von 1925 und an das Abgehen des Pfundes von der Goldparität, verbunden mit dem Übergang zum Floaten im Jahre 1931. Aber unmittelbar nach dem Zweiten Weltkrieg stand die Rolle des Pfundes als internationale Reservewährung quantitativ nicht weit hinter derjenigen des Dollars zurück. Allerdings war das Pfund qualitativ bereits weit zurückgefallen, denn im Rahmen des Bretton-Woods-Abkommens konnte nur der Dollar durch die von den Vereinigten Staaten freiwillig übernommene Einlösbarkeit in Gold die Verbindung zwischen Weltwährungssystem und Gold herstellen, während das Pfund auf hohe Stützungskredite aus den Vereinigten Staaten angewiesen war und immer neue Rückfälle erlitt. Damals entstand das Schlagwort von der »englischen Krankheit«.
Der Abbau der Vorrangstellung des Pfundes als internationale Reservewährung wäre nach dem Zweiten Weltkrieg wohl ohnehin nur eine Frage der Zeit gewesen. Aber es bleibt eine bemerkenswerte Tatsache, daß dieser historische Prozeß in der Nachkriegszeit durch die beiden Pfund-Krisen der Jahre 1957 und 1961 eingeleitet wurde, bei denen der Kontrast zwischen der englischen Währungsschwäche und der deutschen Währungsstärke eine Schlüsselrolle spielte.

Vockes geldpolitische Grundsätze

Der Übergang von der Bank deutscher Länder zur Deutschen Bundesbank, das heißt vom Militärregierungsgesetz von 1948 zum Deutschen Bundesbankgesetz fand am 1. August 1957 statt. Er führte zum Ausscheiden der beiden bisherigen Präsidenten der Bank deutscher Länder, nämlich des Präsidenten des Zentralbankrats Karl Bernard und des Präsidenten des Direktoriums Wilhelm Vocke. Beide schieden allerdings erst Ende 1957 endgültig aus ihren Ämtern, da der von der Bundesregierung vorgesehene Nachfolger Karl Blessing – als einziger Präsident – diese Stellung erst ab Januar 1958 übernehmen konnte.[16] Tatsächlich begann Vocke sich aber in der zweiten Hälfte 1957 bereits langsam aus seinen Funktionen zurückzuziehen. So nahm er zum Beispiel nicht mehr an der Jahrestagung des Internationalen Währungsfonds und der Weltbank im September 1957 teil. Die deutsche Stellungnahme zu den aktuellen

Währungsproblemen, insbesondere zum Pfund-Problem, wurde damals vom stellvertretenden deutschen Gouverneur, Hans Karl von Mangoldt-Reiboldt, vorgetragen. Die damaligen Verhandlungen mit den Engländern hatte weitgehend ich selbst zu führen, und zwar nicht nur wegen meiner Stellung in der Bundesbank, sondern auch weil ich damals nebenbei noch deutscher Exekutivdirektor im Internationalen Währungsfonds war (von 1953 bis 1959).

Zwischen von Mangoldt-Reiboldt und mir gab es keinerlei Meinungsverschiedenheiten. Leider kann ich das gleiche nicht von meinem Verhältnis zu Vocke sagen. Wir hatten grundverschiedene Vorstellungen von der zweckmäßigsten Behandlung des Konflikts zwischen äußerem Ungleichgewicht und innerer Stabilität. Bis zum Schluß – und noch 1973 in seinen Memoiren – leugnete Vocke die Existenz eines deutschen Währungsdilemmas, eines Konflikts zwischen innerer Stabilität und äußerem Gleichgewicht.

Vockes Einstellung zu den damaligen inneren Währungsproblemen hatte ich nach zahlreichen Diskussionen im Direktorium und Zentralbankrat in meinen persönlichen Notizen von 1957 einmal wie folgt zusammengefaßt:

Vockes geldpolitische Grundphilosophie:

1. Auf drei Entwicklungen hat die Notenbank keinen Einfluß:
– auf den Staatsaufwand, und insbesondere den Aufwand für Rüstung (von dem er nur hoffte, daß er sich weiter hinauszögern werde);
– auf die Sozialausgaben, die immer weiter steigen (besonders auch durch die Einführung von Adenauers dynamischer Rente (1956/57);
– auf die Lohnentwicklung (!).

2. Je nachdem, ob diese von der Notenbank unabhängigen Faktoren sich maßvoll entwickeln oder uns überrollen, werden wir mit Preissteigerungen von 1 bis 2 Prozent auskommen oder mit wesentlich mehr rechnen müssen (es wurden von Ende 1956 bis Ende 1957 an die 3 Prozent).

3. Wir hängen auch von den Weltmarktpreisen ab, was wir jedoch hinnehmen müssen(!).

4. »Letzten Endes, so wichtig auch die Kreditpolitik ist, hängen wir von politischen Faktoren, zum Beispiel dem Parlament, ab« (wörtliches Zitat).

Vocke war lange Zeit wütend, als er Mitte 1957 erfuhr, und zwar aus der Presse, daß er nach Inkrafttreten des neuen Bundesbankgesetzes von seinem Posten als Präsident des Direktoriums der Bank deutscher Länder abberufen werden sollte. Er fühlte sich als Opfer seiner Ablehnung einer DM-Aufwertung. In seinen Memoiren schreibt er darüber: »Erhard war sich bewußt, daß dieser glänzende Aufstieg nur auf der Grundlage einer festen stabilen Währung möglich war. Das hat ihn aber nicht abgehalten, meine Abberufung vom Amt des Bundesbankpräsidenten zu betreiben, als ich mich seiner Absicht der Aufwertung der D-Mark widersetzte.« [17]

Für jeden, der die damaligen Ereignisse aus der Nähe beobachten konnte, ist dies nichts anderes als eine zum eigenen Trost geschneiderte Legende. Denn erstens wußte jeder, daß die Ablösung Vockes in erster Linie Adenauers Werk war. Der Kanzler aber wollte Vocke mit Sicherheit nicht wegen der Aufwertungsfrage loswerden, da er damals die DM-Aufwertung ja selbst ebenso scharf ablehnte wie Vocke. Jedermann war bekannt, daß das Verhältnis zwischen Adenauer und Vocke schon seit Jahren aus ganz anderen Gründen ein denkbar schlechtes war.[18] Zweitens war der Nachfolger Karl Blessing damals ebenso eindeutig gegen eine Aufwertung wie Vocke, was schon vor seinem Amtseintritt bekannt war und was er in seiner Antrittsrede im Januar 1958 vor versammeltem Zentralbankrat und in Gegenwart Erhards ausdrücklich bestätigte.[19] Drittens hatte niemand, wirklich niemand – außer Vocke – erwartet, daß bei der im neuen Gesetz vorgesehenen Zusammenlegung der beiden Präsidentenposten das neue Amt durch den fast 72jährigen Vocke besetzt und der um 4 Jahre jüngere Präsident des Zentralbankrats, der ein besseres Verhältnis zu Adenauer hatte, übergangen würde. Wir hatten im Direktorium Mitte 1957 (in Beratungen ohne Vocke) ein ganz anderes Problem mit Adenauers Regelung der Präsidentennachfolge, nämlich die Herabstufung des bisherigen Vizepräsidenten Könnecker zum einfachen Mitglied, um Platz zu machen für Adenauers Kompromißkandidaten Troeger (SPD).[20]

Es gibt viele Belege – Besuche Erhards in der Bundesbank, Erfahrungen Vockes bei wichtigen Besprechungen oder Kabinettssitzungen mit Adenauer –, die dafür sprechen, daß Vocke mit Erhard trotz der Meinungsverschiedenheit über die Aufwertung immer noch ein besseres Verhältnis hatte als mit Adenauer. Für meine Kollegen und mich war es aber doch sehr überraschend, als Erhard bei der Verabschiedung Vockes vor dem versammelten Zentralbankrat im Januar 1958 völliges Einvernehmen mit Vocke in den zurückliegenden Jahren behauptete: »Aus dieser Zeit [unmittelbar nach der Währungsreform] rekrutierte sich unsere Verbindung und Freundschaft, Herr Geheimrat Vocke ... Rückblickend kann ich jedenfalls mit großer Befriedigung feststellen, daß in diesen vergangenen 9½ Jahren kaum jemals eine Frage aufgetaucht ist, in der zwischen der Bundesregierung im allgemeinen – aber ich spreche für mich im besonderen – und dem Präsidenten des Zentralbankrats oder dem Präsidenten des Direktoriums der Bank deutscher Länder irgendeine nennenswerte Meinungsverschiedenheit oder auch nur eine unterschiedliche Beurteilung der Tatbestände zutage getreten war.«[21] Und dies angesichts der ständigen Gegensätze zwischen Erhard und Vocke in der Aufwertungsfrage!

Meine andere Erfahrungswelt

Ich muß vielleicht an dieser Stelle erklären, warum ich mich so frühzeitig, und anfangs im Direktorium völlig isoliert, für die DM-Aufwertung oder mindestens für eine ernsthafte Diskussion der damit zusammenhängenden Probleme einsetzte. Ich kam aus einer völlig anderen Erfahrungswelt, und zwar in zweierlei Hinsicht:

Einmal hatte ich mich schon in der Vorkriegszeit mehrfach intensiv mit Wechselkursfragen befaßt, und zwar das erste Mal anläßlich meiner Dissertation. Ihr Thema hatte ich Ende 1931 selbst formuliert: »Diskontpolitik oder gleitende Währung als Mittel des Zahlungsbilanzausgleichs, dargestellt am Beispiel der englischen Währungspolitik nach dem Weltkrieg«. Der äußere Anlaß war das Abgehen Großbritanniens von der Goldparität im September 1931. In den Jahren 1932/33 sammelte ich Material und Ideen hierzu in Großbritannien und lieferte die Doktorarbeit Ende 1933 ab.[22]

Ein zweites Mal befaßte ich mich intensiv mit Wechselkursfragen, als ich 1936 von der Leitung des Berliner Instituts für Konjunkturforschung gebeten wurde, ein internes vertrauliches Gutachten darüber auszuarbeiten, wie man die verheerende Vielfalt von Wechselkursen der Reichsmark, einschließlich der mannigfachen bilateralen Verrechnungskurse, durch eine einmalige Abwertung der offiziellen Parität beseitigen könnte.[23] Jedenfalls war für mich die Währungsparität und der Wechselkurs nicht ein *noli me tangere* oder Tabu wie für Vocke und manche anderen in den ersten Nachkriegsjahren. Für mich war der Wechselkurs von Anfang an ein anpassungsfähiges und erforderlichenfalls sogar flexibles Instrument der Währungspolitik. Schon 1938 hatte ich im »Weltwirtschaftlichen Archiv« (Mai 1938, Seite 199) in einer Besprechung eines Buches von O. Pfleiderer geschrieben: »Die Veränderung des Außenwerts einer Währung wird, gerade in kritischen Situationen, für alle Zukunft zu den unentbehrlichen Waffen der modernen Konjunkturpolitik gehören.« (Heute würde ich sagen: »der inneren und äußeren Währungspolitik gehören«.)

Zum anderen war ich durch meine intensive Tätigkeit in den internationalen Währungs- und Wirtschaftsinstitutionen seit 1949 stärker als alle meine Kollegen im Direktorium mit den internationalen Auswirkungen von Wechselkursen vertraut. Gerade in den fünfziger Jahren bewegte ich mich als Vertreter der Notenbank (und gelegentlich der Bundesrepublik) in den wichtigsten OEEC-Ausschüssen und vor dem EZU-Direktorium, aber auch als langjähriger deutscher Exekutivdirektor des Internationalen Währungsfonds im Zentrum der Diskussionen über die Zahlungsbilanz- und Währungsungleichgewichte der Welt. Ich erlebte in allen Schattierungen und Phasen, wie auf die Bundesrepublik wegen ihrer permanenten Überschußposition vom Ausland Druck ausgeübt wurde, eine Politik des »guten Gläubigers« zu verfolgen. Ich erlebte auch unmittelbarer als die meisten anderen die negativen Auswirkungen dieser Ungleichgewichte auf die ganze Weltwirtschaft. Mein gelegentliches Vorpreschen in Sachen DM-Aufwertung hatte aber nichts, absolut nichts damit zu tun, daß ich mich etwa durch meine Tätigkeit zu sehr unter dem Druck der übrigen Länder fühlte. Ich führte vielmehr in den internationalen Gremien mit Engagement den Abwehrkampf gegen die vielfachen direkten oder indirekten Bemühungen der Defizitländer, die Bundesrepublik zu einer expansiveren – lies: inflationistischen – Wirtschaftspolitik oder zu einer einseitigen DM-Aufwertung zu bewegen. Ich hatte in den internationalen Gremien auch stets mit Nachdruck die Meinung vertreten, daß die Verpflichtung zu einer besseren Anpassungspolitik primär bei den Defizitländern liege, weil es bei ihnen am inneren Gleichgewicht mangele. Ich habe diese Ansicht auch in den internationalen Kapiteln der Geschäftsberichte der Notenbank (die ich von 1954 bis 1977 auszuarbeiten hatte) sehr dezidiert niedergelegt. Auch Anträge auf Sonderkredite, zum Beispiel bei der EZU, habe ich stets zurückgewiesen, wenn sie nicht von wirksamen inneren Sanierungsmaßnahmen begleitet waren, und konnte dabei auf unser eigenes deutsches Beispiel von 1950/51 verweisen.

Ab 1953 hatte ich mich auch stets sehr stark für die »Härtung« der EZU eingesetzt. Ich hatte das schon damals als eine der wesentlichen Vorbereitungen für den angestrebten späteren Übergang zur Konvertierbarkeit gegenüber dem Dollar angesehen. Bei diesen Bemühungen konnte ich mich auf die ausgezeichnete Zusammenarbeit mit dem langjährigen deutschen Vorsitzenden des EZU-Direktoriums (1952 bis 1958), von Mangoldt-Reiboldt, verlassen. Über den Übergang zur Konvertierbarkeit gab es schon seit 1954 ständige Verhandlungen in internationalen Gremien oder auch bilateral mit den Engländern. Aber es dauerte sehr lange, bis die anderen maßgebenden Länder, insbesondere Frankreich und Großbritannien, sich dazu in der Lage sahen.

Bei der »Härtung« der EZU hatte die Bank deutscher Länder bzw. die Deutsche Bundesbank insofern eine ausschlaggebende Position, als wir schon seit 1953 der mit Abstand größte Kreditgeber dieser Institution waren und auch bei jeder Sonderaktion nichts ohne die Bundesbank geschehen konnte. Diese Sonderstellung nützten von Mangoldt-Reiboldt und ich immer wieder aus, um die »Härtung« voranzutreiben. Die »Härtung« der EZU hat im übrigen sehr erheblich zum Aufbau des Goldbestandes der deutschen Notenbank beigetragen. Die »Härtung« bedeutete ja, daß ein wachsender Teil der Zahlungssalden *nach Wahl der Schuldner* entweder in Gold oder in Dollar ausgeglichen werden mußte, wobei das Gold zur offiziellen Dollar-Parität umgerechnet wurde. Zu unserem Vorteil fügte es sich, daß damals häufig der Londoner Goldpreis etwas unter der rechnerischen Parität zum Dollar lag, so daß die Schuldnerstaaten ein Interesse daran hatten, ihr EZU-Defizit statt in Dollar durch Übertragung von (in London gekauftem) Gold abzudecken. Zu Beginn der EZU im Juli 1950 war nur ein Viertel der Abrechnungssalden in harter Währung oder Gold auszugleichen, ab 1954 wurde dies auf 50 und ab 1955 auf 75 Prozent erhöht. Daraus ergab sich der Aufbau einer beachtlichen Goldreserve bei uns, die Ende 1958 bei Auflösung der EZU nicht weniger als 12 Mrd. DM betrug und damit den Hauptteil der heutigen Goldreserve der Bundesbank ausmachte.

Zu meinem Bedauern komme ich nicht um die Feststellung herum, daß Vocke den damaligen Abrechnungsmechanismus der EZU nicht völlig begriffen hatte (obgleich ich ihm mehrfach Vermerke darüber vorgelegt hatte). In seinen Memoiren beschreibt er den damaligen Aufbau unseres Goldvorrats auf geradezu abwegige Weise wie folgt: »Die BIZ in Basel trat an mich heran mit dem Wunsch, ihr einen gewissen Goldbetrag abzunehmen. Wir konnten nicht gut nein sagen. Der Bann war gebrochen. Bei meinem Ausscheiden hinterließ ich einen Goldvorrat von über 10 Mrd. DM«.[24] Er hatte also nicht die geringste Ahnung davon, daß das Gold uns in Wirklichkeit von den EZU-Schuldnerländern zur teilweisen Abdeckung ihrer Minus-Salden nach deren Ermessen angedient wurde, wenn dies für sie günstiger als die Abdeckung durch Dollar war. Er war auch bis zum Schluß nicht von der Idee losgekommen, daß der Sonderkredit, den wir zur Überwindung unserer Devisenkrise Ende 1950 von der EZU erhalten hatten, uns von der BIZ gegeben worden war.[25] Noch in einem Vortrag nach seinem Ausscheiden gedachte er mit Anerkennung der nach seiner Meinung von der BIZ damals gegebenen Devisenhilfe.[26] In Wirklichkeit kam von dem Sonderkredit von 1950 kein Pfennig von der BIZ. Vielmehr wurde bei der monatlichen Saldenabrechnung für die Defizitländer der Kreditanteil dadurch finanziert, daß die Überschußländer ihrerseits mit dem entsprechenden Kreditanteil stillhalten mußten. Dazu gab es noch ein bescheidenes, von den Amerikanern bereitgestelltes Anfangskapital der EZU als Liquiditätsreserve.

Nach außen habe ich in der Aufwertungsfrage wie überhaupt im ganzen Problembereich der damaligen Währungsungleichgewichte die offizielle Linie der Notenbank vertreten. Dies hatten wir in internen Besprechungen immer wieder ausdrücklich vereinbart, um nicht schädlichen Währungsgerüchten und Währungsspekulationen Auftrieb zu geben. Übrigens wurde damals auch im Zentralbankrat verbindlich abgesprochen, daß in diesen wichtigen Fragen alle Mitglieder, auch wenn sie in internen Debatten anderer Meinung waren oder gegen Mehrheitsbeschlüsse gestimmt hatten, nach außen die Mehrheitsmeinung des Zentralbankrats zu vertreten hätten.

Ich konnte es aber nicht hinnehmen, daß Vocke die eingehende offene Diskussion einer für unsere Stabilität so wichtigen Frage nicht einmal intern und im engsten Kreis dulden wollte. Deshalb erzwang ich die Diskussion über mein Memorandum vom November 1956 im Direktorium, obgleich ich das negative Ergebnis voraussehen konnte.

Wegen der vielen Meinungsverschiedenheiten mit Vocke, die bereits ab Ende 1953 zutage traten und sich seit Ende 1956 erheblich zuspitzten, hatte ich bei seinem Ausscheiden Ende 1957 kein besonders gutes persönliches Verhältnis zu ihm. Er trug mir unsere damaligen Differenzen bis an sein Lebensende nach. Dies tat mir oft leid, zumal ich ihm meinen relativ frühen Eintritt in das Direktorium der Bank deutscher Länder verdankte. Er hatte mich Anfang 1953 persönlich – über den Kopf meines damaligen Vorgesetzten Wolf hinweg – dem Zentralbankrat zur Wahl ins Direktorium vorgeschlagen.

4. Kapitel

Die dramatische DM-Aufwertung von 1961 – ein Bann wurde gebrochen

Die Aufwertung von 5 Prozent erscheint geringfügig, war aber ein wichtiger Durchbruch

Im März 1961 wurde die D-Mark um 5 Prozent aufgewertet, und zwar generell, auch gegenüber dem Dollar. Die Parität gegenüber dem Dollar wurde von 4,20 auf 4,00 DM gesenkt. Heute, da wir im Zeichen des »Floatens« gewohnt sind, daß der Wert der D-Mark gegenüber dem Dollar innerhalb von wenigen Monaten um 10 Prozent oder mehr nach oben und unten schwankt, können wir über eine so bescheidene Änderung der Währungsparität nur lächeln. Übrigens waren sich schon damals die Befürworter einer Aufwertung darüber einig, daß diese Aufwertung um 5 Prozent vom März 1961 »zu wenig und zu spät« (*too little and too late*) war. Ich selbst hatte schon Ende 1959 durch eine Vorlage an das Direktorium der Bundesbank die DM-Aufwertung erneut zur Diskussion gestellt . Dabei hatte ich eine Reduzierung der Parität gegenüber dem Dollar von 4,20 DM auf 3,90 DM, das heißt eine Aufwertung der D-Mark um 7,7 Prozent vorgeschlagen. Aber bei Zahlenvergleichen mit heute muß man auch berücksichtigen, daß die geringen Aufwertungsraten der sechziger Jahre – 5 Prozent im März 1961, 9 Prozent im Oktober 1969 – nicht nur gegenüber dem Dollar, sondern gegenüber allen Währungen wirksam wurden. Wir müssen diese Raten also mit den jüngstvergangenen Schwankungen gegenüber allen wichtigeren Währungen vergleichen. In den drei Jahren 1983–1985 zum Beispiel bewegte sich die D-Mark gegenüber 14 anderen Industrieländern im gewogenen Durchschnitt und gemessen an den Monatsdurchschnitten nur innerhalb einer Kursspanne von rund 6 Prozent zwischen dem höchsten und niedrigsten Durchschnittskurs.

Wir können uns heute kaum noch richtig vorstellen, was für eine entscheidende Wende in der äußeren und inneren Währungspolitik die bescheidene Paritätsänderung vom März 1961 darstellte und welche leidenschaftlichen, manchmal fast ideologischen Kämpfe ihr vorangingen. Ein neues Kapitel der Währungsentwicklung der Nachkriegszeit stellt diese DM-Aufwertung auch insofern dar, als sie eine erste Station in jener (unfreiwilligen) Konfrontation zwischen D-Mark und Dollar war, die sich in verschiedenen Stufen und Formen bis zum Beginn der achtziger Jahre hinziehen sollte.

Das Ausnahmejahr 1958: Außenwirtschaftliches Gleichgewicht und magisches Dreieck sind erreicht

Zunächst ging freilich dem erneuten außenwirtschaftlichen Dilemma eine kurze Periode voraus, in der die innere und äußere Währungspolitik sich scheinbar mühelos auf einen Nenner bringen ließen. Die Ende 1956 eingeschlagene Geldpolitik der Notenbank hatte im Januar 1959 zu einer Diskontsenkung von 3 auf 2¾ Prozent geführt. Damit wurde eine »Diskont-Schallmauer« durchbrochen. Denn das war der niedrigste Satz in der deutschen Notenbankgeschichte. Der Reichsbankdiskont war in den neunziger Jahren und zu Beginn dieses Jahrhunderts – international eine Epoche billigen Geldes – zwar wiederholt auf 3 Prozent, aber niemals darunter gesenkt worden. In der Zeit der Bank deutscher Länder stellte der Stand von 3 Prozent – von Mai 1954 bis August 1955 – ebenfalls das Minimum dar. Die historisch einmalige Diskontsenkung von Januar 1959 wurde ausdrücklich mit Rücksicht auf die Überschußposition in der laufenden Zahlungsbilanz und die hohen Devisenzuflüsse beschlossen; um die Devisenzuflüsse und die damit einhergehende unerwünschte Liquidisierung zu verringern, war nach überwiegender Ansicht eine Förderung des Geld- und Kapitalexports durch Zinssenkung unumgänglich. Aber auch die seit 1957 ziemlich flaue Binnenkonjunktur schien diesen niedrigen Zins zu rechtfertigen. Er erschien in dieser Lage für die innere Preisstabilität unschädlich, und man glaubte auch, nur mit einem Konjunkturaufschwung könne man die Außenhandelsüberschüsse reduzieren. Die Senkung des Diskontsatzes auf 2¾ Prozent im

Januar 1959 wurde denn auch vom Zentralbankrat erstaunlich einmütig gebilligt.
Allgemein bestand der Eindruck, daß der Konflikt zwischen den Erfordernissen des inneren und des äußeren Gleichgewichts aufgehoben sei. Von historischem Interesse ist, was in unserem Monatsbericht vom Januar 1959 hierüber festgehalten wurde (ich war an diesen Formulierungen nicht beteiligt, da ich meine Zweifel am erreichten außenwirtschaftlichen Gleichgewicht nicht ganz aufgab):

»In den letzten Jahren hat sich manches ereignet, was in der deutschen Geld- und Währungsgeschichte ohne Präzedenzfall ist. Das gilt vor allem für die hohen Aktivsalden der Zahlungsbilanz, die die Bundesrepublik seit nunmehr acht Jahren aufweist; die Währungsreserven der Notenbank haben unter ihrem Einfluß eine Höhe erklommen, wie sie in Deutschland weder im Verhältnis zu seinem Außenhandel noch im Verhältnis zu wichtigen anderen Ländern jemals zu beobachten war. Ohne Vorbild in Friedenszeiten ist auch der Verflüssigungsgrad, den der Bankenapparat und der Geldmarkt erreicht haben. Die Banken benötigen trotz einer ständigen Ausdehnung ihres Kreditvolumens die Refinanzierungshilfe der Notenbank nur noch in ganz minimalem Umfang, ja die Notenbank mußte ihnen, um geordnete Verhältnisse am Geldmarkt aufrechtzuerhalten, in Milliardenhöhe ad hoc geschaffene Offenmarktpapiere zur Verfügung stellen und damit einen Weg beschreiten, der in der deutschen Notenbankgeschichte ebenfalls ohne Beispiel war. Mit den anhaltend hohen Devisenüberschüssen und der damit verbundenen Liquidisierung hängen die Diskontsenkungen der letzten zwei Jahre jedoch aufs engste zusammen …
Ohne eine Ermäßigung des Zinsniveaus der Bundesrepublik wäre kaum an eine allmähliche Verstopfung der in den Zahlungsbilanzüberschüssen liegenden Liquidisierungsquelle durch eine kompensierende Kapitalausfuhr zu denken gewesen …
Im Verlauf der Jahre hat die außenwirtschaftliche Problematik mit all ihren Konsequenzen ein Gewicht bekommen, das es nahelegt, den mit den Devisenüberschüssen verbundenen Zinssenkungstendenzen so weit Raum zu geben, daß der oben geschilderte Ausgleichsmechanismus allmählich in Kraft tritt, zumal die übrigen währungspolitischen Gesichtspunkte dem in keiner Weise entgegenstehen … Ein Teil der hohen Überschüsse des Waren- und

Dienstleistungsverkehrs mit dem Ausland kann auch kaum mehr als temporär betrachtet werden ... Die Überschüsse haben damit, güterwirtschaftlich betrachtet, zumindest vorläufig den Charakter eines echten, nicht durch ausländische Übernachfrage erzwungenen Kapitalexports angenommen ... Es ist deshalb an der Zeit, daß sich die finanziellen Beziehungen der Bundesrepublik zum Ausland allmählich an die auf der Güterseite schon seit geraumer Zeit unverkennbare Position eines internationalen Gläubigerlandes anpassen, oder, mit anderen Worten, die Überschüsse der Warenhandels- und Dienstleistungsbilanz in wachsendem Maße durch entsprechende Geld- und Kapitalexporte ausgeglichen werden ... Um auch einen finanziellen Kapitalexport auf breiterer, kommerzieller Basis zustandekommen zu lassen, war das deutsche Kapitalzinsniveau bisher aber zu hoch ...
Was die konjunkturellen Aspekte der Diskontsenkung anlangt, so gaben sie auch vom währungspolitischen Standpunkt aus keinen Anlaß zu Bedenken gegen diesen Schritt ... Seit Anfang 1958 hat sich aus der immanenten Entwicklung des Marktes heraus eine Stabilisierung, ja sogar ein schwacher Rückgang des Preisniveaus ergeben, wie die Bank dies schon vor zwei Jahren erwartet und vorausgesagt hatte. Die Auslandsnachfrage ist gegenwärtig weit weniger drängend als früher. Seit dem vergangenen Jahr sind die Preise auch im Ausland in der Regel nicht mehr gestiegen, sondern, soweit es sich um Rohstoffe und Grundstoffe handelt , sogar beträchtlich gesunken. Die Gefahr, daß ›Inflation importiert‹ werden müßte, besteht zur Zeit also kaum.«

Zunächst ging auch alles nach Wunsch. Nicht nur die kurzfristigen, sondern auch die langfristigen Zinsen sanken auf einen Rekordtiefstand. Der deutsche Kapitalmarkt nahm ab Ende 1957 einen Aufschwung, wie ihn noch ein oder zwei Jahre vorher kaum jemand für möglich gehalten hätte. Mitte 1957 hatte der langfristige Zinsfuß selbst für erste Adressen noch über 8 Prozent betragen. Anfang 1959 herrschte dagegen bereits der fünfprozentige Wertpapiertyp vor. Im April 1959 wurde der in der Nachkriegsgeschichte einmalige Tiefpunkt der Zinsentwicklung am Rentenmarkt mit einer Rendite von 5,2 Prozent für erste Adressen erreicht. Ähnlich sanken die übrigen Darlehenszinsen. Die Wirkung auf die Geld- und Kapitalbewegungen gegenüber dem Ausland blieb nicht aus. Die Kapitalbilanz der Bundesrepublik schloß 1959 mit einer Netto-Kapitalausfuhr von über 6 Mrd. DM, gegenüber 2,3 Mrd. DM im Jahr zuvor. Dies führte dazu, daß im Jahr 1959 zum ersten Mal seit vielen Jahren die gesamte Devisenbilanz der Bundesbank mit 1,7 Mrd. DM ein größeres Defizit aufwies. Dies wurde mit Erleichterung aufgenommen. Etwas optimistisch stellten wir in unserem Geschäftsbericht für 1958, veröffentlicht im Mai 1959, fest, daß die Wende in der Devisenbilanz die »Aussicht auf eine sowohl für die Bundesrepublik als auch für die Weltwirtschaft befriedigende Lösung des deutschen Zahlungsbilanzproblems« eröffnete.

Das Jahr 1958 bekam aber ein noch viel wertvolleres Attribut zugesprochen. In unserem Geschäftsbericht registrierten wir »mit einer gewissen Befriedigung«, daß in diesem Jahr »die Wirtschaft dem berühmten magischen Dreieck der währungs- und wirtschaftspolitischen Zielsetzung – optimale Beschäftigung, Preisstabilität und Gleichgewicht der Zahlungsbilanz – näher war als in jedem der vorangegangenen Jahre«. Nur für die Jahre der Mengenkonjunktur 1952 bis 1954 könnte ein ähnliches Urteil gefällt werden – aber es gab damals hohe außenwirtschaftliche Überschüsse, und die Arbeitslosenrate war noch nicht so stark gesunken wie in den Jahren 1958 bis 1961.

In diese Zeit, in der unser Währungsdilemma zu verschwinden schien, fiel auch der Übergang zur offiziellen *Konvertibilität der D-Mark* (im Sinn von Artikel VIII des IWF), zusammen mit einer Reihe anderer europäischer Währungen. Gleichzeitig wurde Ende 1958 die Europäische Zahlungsunion aufgelöst und damit die bisherige regionale Differenzierung zwischen Dollar-Raum und EZU-Raum im Zahlungsverkehr beseitigt. Die Bundesrepublik hatte freilich schon in den vorangegangenen Jahren die meisten Zahlungsbeschränkungen aufgehoben (bis auf Beschränkungen der Kapitaleinfuhr), so daß die Erklärung der Konvertibilität nur eine formelle Bestätigung eines bereits vorher praktisch erreichten Zustandes war. Tatsächlich hatten wir schon 1953 angefangen, mit den anderen Mitgliedern der EZU über den Übergang zur Konvertibilität zu verhandeln, teils in eigens dafür gebildeten Ausschüssen, teils auch bilateral, besonders mit Großbritannien. Aber erst als im Jahre 1958 die europäische Zahlungsbilanz insgesamt erhebliche

Überschüsse gegenüber dem Dollar-Raum aufwies, so daß nicht nur der Bundesrepublik, sondern auch den übrigen EZU-Mitgliedern erhebliche Dollar-Reserven zuflossen[1], konnten die übrigen EZU-Mitglieder zu diesem wichtigen gemeinsamen Schritt und zur Selbstauflösung der EZU bewogen werden. Die Europäische Zahlungsunion war eine der erfolgreichsten internationalen Institutionen der Nachkriegszeit. Sie erreichte ihre beiden Ziele: weitgehende Handelsliberalisierung innerhalb Europas, Herstellung der Konvertierbarkeit mit dem Dollar – und löste sich dann selbst auf.

Nur wenige der EZU-Länder gingen freilich in der Befreiung von Devisenkontrollen so weit wie die Bundesrepublik, die nicht nur – gemäß Artikel VIII des IWF-Statuts – die laufenden Transaktionen, sondern auch die gesamte Kapitalausfuhr ins Ausland von Devisenschranken befreite. Großbritannien zum Beispiel vollzog diesen letzten Schritt erst 1979, als die Regierung Thatcher ans Ruder kam. Frankreich und Italien halten auch heute noch manche Devisenkontrollen im Kapitalbereich aufrecht. Aber mit der Auflösung der EZU und dem Übergang zur Konvertierbarkeit gegenüber dem Dollar für die laufenden Transaktionen fielen wenigstens die Devisenbeschränkungen für den Waren- und Dienstleistungsverkehr sowie die unterschiedliche Behandlung von Dollar- und EZU-Raum im Zahlungsverkehr weg.

Es lohnt nicht, heute noch die jahrelangen Vorarbeiten zu diesem Schritt der Konvertibilität zu schildern, der eine neue Phase im internationalen Zahlungsverkehr einleitete. Für Westdeutschland war dies die endgültige Abkehr von einem Devisendirigismus, der seit 1931 bestanden hatte. Es lohnt heute auch nicht mehr, auf das »Europäische Währungsabkommen« (EWA) einzugehen, das bereits 1955 für den Zeitpunkt des Übergangs zur Konvertibilität vereinbart worden war[2] und das als eine Art Stützungs- und Notstandsabkommen den furchtsamen unter den Mitgliedsländern diesen Schritt erleichtern sollte. Es genügt, wenn ich aus meinen persönlichen Erfahrungen aus dieser Zeit festhalte, daß alle diese Fortschritte in Richtung auf größere Freiheit in der Weltwirtschaft, die uns heute so selbstverständlich erscheinen, jahrelang eine unendliche Kleinarbeit erforderten.

Nicht unerwähnt möchte ich aber die Illusion lassen, die sich damals viele hinsichtlich der Auswirkungen der Konvertierbarkeit machten. Sie meinten nämlich , die Konvertibilität der Währungen würde quasi-automatisch jene innere Währungsdisziplin und Konvergenz der Wirtschaftspolitik herstellen, wie sie angeblich unter dem Automatismus des Goldstandards vor dem Ersten Weltkrieg geherrscht haben soll. Diese Illusion kann durch nichts besser belegt werden, als durch eine Aussage Erhards in einem AP-Interview vom August 1957[3]: »Der Verzicht auf konvertierbare Währungen ist zugleich der Grund dafür, daß sich die einzelnen Nationalstaaten in der Gestaltung ihrer Wirtschafts- und Finanzpolitik von übernationalen Bindungen frei glaubten ... Der heute allerorts gebräuchliche Begriff ›Gewerkschaftswährung‹, der den Zustand einer fortdauernden Aufweichung der Währungen charakterisieren soll, hätte im Zeichen frei konvertierbarer Währungen niemals aufkommen können.« Nun, Erhard sollte es noch erleben, daß selbst eine so frei konvertierbare Währung wie der Dollar durchaus von der Krankheit der »schleichenden«, ja sogar der offenen Inflation befallen werden konnte und daß dadurch andere konvertierbare Währungen in unerträgliche Zwangslagen gerieten. Er mußte auch mit ansehen, daß andere Währungen sich der erhofften Disziplin der Konvertierbarkeit durch alle möglichen Schleichwege oder durch Wechselkursänderungen entzogen.

Erneuter Vorstoß in der Aufwertungsfrage Ende 1959

Der Optimismus, der in der oben zitierten Begründung der denkwürdigen Diskontsenkung auf den Rekordtiefstand von 2¾ Prozent zum Ausdruck kam, sollte schon bald enttäuscht werden. Die »Harmonie des binnen- und außenwirtschaftlichen Gleichgewichts« ging schon im Laufe des Jahres 1959 wieder verloren. Schon vom Frühjahr 1959 an setzte mit Macht ein neuer Konjunkturaufschwung ein. Er ging im Inland zunächst von der Bauwirtschaft aus, wurde aber zunehmend von der immer stärker wachsenden Auslandsnachfrage vorangetrieben. Die Vollbeschäftigung rückte in die Nähe einer Überbeschäftigung. Im Juni 1959 war die Zahl der registrierten Arbeitslosen um fast ein Drittel niedriger als die Zahl der angebotenen offenen Stellen. Immer mehr ausländische Gastarbeiter wurden ins Land geholt. Das reale Sozialprodukt wuchs 1959 mit 7,3 Prozent doppelt so stark wie im Jahr zuvor. Die Lebenshaltungskosten, die im ersten Halbjahr 1959 – zum Teil dank sinkender Auslandspreise – kaum höher gelegen hatten als im Vorjahr, schnellten im 4. Vierteljahr 1959 um 3,7 Prozent über den entsprechenden Vorjahresstand hinauf. Aber trotz zunehmender Erhitzung auf dem Preis- und Lohngebiet war von einer nennenswerten Verringerung der Handelsbilanzüberschüsse nichts zu spüren. Und der Kapitalexport, auf den man bei den Zinssenkungen so große Hoffnungen gesetzt hatte? Nun, tatsächlich nahm er so zu, daß wenigstens in den ersten acht Monaten des Jahres 1959 sogar vorübergehend Devisendefizite entstanden. Aber seit dem Herbst 1959 war es damit wieder vorbei, und es flossen wieder Devisenüberschüsse herein.

Noch versuchte die Bundesbank, die Anwendung von restriktiven Kreditmaßnahmen hinauszuschieben, indem sie dringend an die öffentliche Hand appellierte[4], bei den öffentlichen Baumaßnahmen eine »antizyklische Zurückhaltung« zu üben. Hier war zum ersten Mal von der zeitlichen Streckung der öffentlichen Bauaufträge die Rede, eine Aufforderung, die in späteren Überhitzungsperioden immer wieder auftauchen sollte. Aber dies nützte nichts. Angesichts der sich immer deutlicher abzeichnenden Überhitzung und der Gefahr einer Lohn-Preis-Spirale mußte die Bundesbank das kreditpolitische Steuer doch herumwerfen. Ab September 1959 wurde der Diskontsatz in zwei Schüben vom Rekordtiefstand von 2¾ auf 4 Prozent angehoben. Damit hatte der deutsche Diskontsatz wieder mit dem amerikanischen gleichgezogen. Um die Zinsdifferenz zum Ausland nicht zu sehr zu erhöhen, wurde aber das Schwergewicht der Restriktionspolitik auf liquiditätspolitische Maßnahmen, das heißt Erhöhung der Mindestreserven und Herabsetzung der Rediskontkontingente der Banken, gelegt.

Damit standen wir wieder vor unserem leidigen Währungsdilemma: dem paradoxen Phänomen, daß selbst in einer Periode der inneren Übernachfrage der Ausfuhrüberschuß nicht sank, sondern sogar wieder anstieg. In den Jahren 1957/58 war der Konflikt zwischen innerem und äußerem Gleichgewicht vorübergehend durch die Abkühlung der Weltkonjunktur und durch Preisrückgänge auf den Weltmärkten verdeckt worden. Jetzt aber waren meine letzten

Zweifel daran beseitigt, daß eine dauerhafte außenwirtschaftliche Anpassung über den Wechselkurs unumgänglich sei, wenn wir die innere Preisstabilität erhalten wollten.

So unternahm ich einen neuen Vorstoß und legte im Dezember 1959 dem Präsidenten Karl Blessing ein vertrauliches Memorandum vor, in dem ich diesen Standpunkt im einzelnen darlegte. In der Einleitung führte ich aus:

»Eine weitere Fortdauer der Übernachfrage in der Wirtschaft, der Anspannung auf dem Arbeitsmarkt und des auf ›schleichende Inflation‹ eingestellten Preisklimas wird je länger, je unerträglicher. Sie bedroht uns nicht nur mit der Gefahr übermäßiger Lohnerhöhungen und der Ingangsetzung einer Lohn-Preis-Spirale. Weitaus gefährlicher können die *Dauerschäden sein, die sich aus der Fortdauer des gegenwärtigen Zustandes für die Arbeits-Moral* (vor allem der heranwachsenden Generation), für das *Vertrauen in die Geldstabilität und für die Spar-Moral* ergeben können.«

Mit dem Hinweis auf die *Dauerschäden* für die Arbeits-Moral berührte ich ein Thema, das mir besonders am Herzen lag. Schon seit mehreren Jahren, auch schon zur Zeit Vockes, hatte ich auf diesen Punkt immer wieder hingewiesen. Ich sah überall um mich herum, nicht zuletzt auch in den Freundeskreisen meiner heranwachsenden Söhne, wie das überhitzte Klima auf dem Arbeitsmarkt das Denken insbesondere der jüngeren Generation veränderte und wie sich ein früher unbekanntes Anspruchsdenken breitmachte. Ich hatte auch schon relativ früh auf die Probleme aus dem großen Zustrom von Gastarbeitern hingewiesen. Die Arbeitslosenrate war 1960 auf rund 1 Prozent gesunken. Sie blieb von 1961 bis 1971 (mit Ausnahme der Rezessionsperiode von 1967 und Anfang 1968) unter 1 Prozent – also fast ein ganzes Jahrzehnt der Überbeschäftigung und der unbesonnenen Hereinnahme von Gastarbeitern!

Meine Vorlage von Dezember 1959 erweiterte ich im Januar 1960 zu einem noch ausführlicheren Vermerk und legte im weiteren Fortgang der Diskussion noch Sondergutachten über Einzelfragen – feste Paritätsänderung oder schwankender Wechselkurs, Verhältnis zum Internationalen Währungsfonds, Auswirkungen einer Paritätsänderung auf die Bilanz der Bundesbank – vor. Die wichtigsten Punkte meiner beiden Hauptmemoranden waren folgende:

1. Die Beseitigung des gegenwärtigen ungesunden Zustands

werde in erster Linie von der Währungspolitik erwartet (um so mehr, als sich die öffentlichen Haushalte als ziemlich unfähig zu einer flexibleren Politik erwiesen hätten).

2. Eine Dämpfung der Inlandskonjunktur durch restriktive Maßnahmen der Geldpolitik würde aller Voraussicht nach überwiegend nur ein Ausweichen auf den Export zur Folge haben, zumal ein ausgesprochener Ausfuhrsog bestehe und sich ein großes Polster an Auslandsaufträgen angesammelt hätte. Das Überschußproblem in der deutschen Devisenbilanz würde sich durch eine solche Politik nur weiter verschärfen (*self-defeating*).

3. Im Gegensatz zu 1956/57 könnten wir diesmal nicht auf ein bloßes »Inflationsgefälle« in Europa als Hauptursache des Ungleichgewichts hinweisen. Das Gegenstück zum deutschen Überschuß dürfte vielmehr überwiegend das Defizit der Vereinigten Staaten sein. Das frühere Argument: »Wenn schon, so soll der Kranke seine Währung anpassen«, ließe sich jedoch auf den Dollar aus verschiedenen Gründen nicht anwenden, auch deswegen nicht, weil jede Erörterung in dieser Richtung zu einer Kapitalflucht in die aufwertungsverdächtige D-Mark führen würde, deren Ausmaße die von 1956/57 weit überträfen. Auf eine freiwillige Anpassung der Dollar-Parität nach unten zu warten, sei sinnlos.

4. Die Nachteile und Schwierigkeiten einer DM-Aufwertung lägen vor allem auf politisch-taktischem Gebiet. Sollte eine DM-Aufwertung trotz ihrer heute unbestreitbaren Zweckmäßigkeit, ja sogar Notwendigkeit, als »politisch undurchführbar« abgelehnt werden, so wäre ein allmählicher Ausgleich der Unterbewertung der D-Mark durch eine Anhebung des Kosten- und Preisniveaus auf die Dauer unvermeidlich. Die deutsche Währungspolitik stehe so vor der Entscheidung: Meint sie es mit der Proklamation der Währungsstabilität wirklich ernst, oder soll sich die deutsche Wirtschaft noch auf unabsehbare Zeit am Rande der schleichenden Inflation und einer Überhitzung am Arbeitsmarkt fortschleppen, die der Arbeits-Moral Abbruch tut?

5. Es wäre natürlich angenehmer, eine DM-Aufwertung im Rahmen einer internationalen Adjustierung mehrerer Währungen vorzunehmen. Bei realistischer Betrachtung werde man die Aussichten hierfür jedoch als so gering veranschlagen müssen, daß man solche Erwartungen besser außer Betracht lasse.

6. Hinsichtlich des Ausmaßes einer isolierten DM-Anpassung werde man wohl einen Kompromiß zwischen dem objektiv erwünschten Ausmaß und den mehr oder weniger berechtigten Schutzinteressen der hauptsächlich Betroffenen schließen müssen. Das spreche dafür, eine solche Anpassung nicht größer als unbedingt erforderlich zu machen. Dies würde eine Aufwertung von 4,20 DM auf etwa 3,90 DM für den Dollar, das heißt um 7,7 Prozent, nahelegen.

Erste Reaktion: Ablehnung meines Vorschlags

Meine Vorschläge wurden zwar zunächst wiederum abgelehnt, aber die Prüfung durch Präsident Blessing und das Direktorium war wesentlich sachgerechter als die Behandlung meines Wechselkurs-Memorandums vom Dezember 1956. Blessing ließ ausführlich im Direktorium darüber diskutieren. Vor allem aber stand ich diesmal nicht einer geschlossenen Phalanx von Ablehnung gegenüber. Mein Kollege und Freund Eduard Wolf, einflußreichstes Direktoriumsmitglied auf dem Gebiet der inneren Währungspolitik, schlug sich auf meine Seite. Er tat dies freilich nur nach einigem Zögern, denn noch kurz vorher hatte er sich bei einem öffentlichen Auftritt gegen die Aufwertung ausgesprochen. Außerdem hatte er noch im August 1959 in unserem Monatsbericht in einem Überblick über die längerfristigen Tendenzen unserer Zahlungsbilanz genau umgekehrt argumentiert.[5] Dort glaubte er einen fundamentalen Wandel unserer Zahlungsbilanz zu einem besseren Gleichgewicht (oder sogar wie in den ersten acht Monaten 1958 zu Defiziten) feststellen zu können, und tat die These, daß die D-Mark gegenüber dem Ausland »unterbewertet« sei, als durch diese Entwicklung überholt ab. Um so mehr freute ich mich, daß er im Januar 1960 über seinen Schatten sprang und sich von da ab wenigstens hinsichtlich der Diagnose unseres Währungsdilemmas voll auf meine Seite stellte.
Nicht zu überzeugen war freilich auch diesmal Präsident Karl Blessing. Noch bis zum Februar 1961 hatte er die Mehrheit des Direktoriums und des Zentralbankrats auf seiner Seite. Auch im Zentralbankrat gab es eine Reihe von ausführlichen Diskussionen über das

Währungsdilemma und die Frage der Aufwertung. Auch dort war man nun aufgeschlossener als 1956/57, wenngleich bis zum Februar 1961 eine feste Mehrheit sich immer wieder gegen die Aufwertung aussprach, freilich oft nur aus taktisch-politischen Gründen, oder weil man eine Wechselkursmaßnahme nicht isoliert vornehmen wollte, beziehungsweise einfach aufschieben wollte. Auch in dieser Phase galt, was ich bereits für die frühere Aufwertungsdiskussion feststellte: Solange die Bundesbank, das heißt die Mehrheit des Direktoriums und des Zentralbankrats, gegen die DM-Aufwertung war, hatte diese keine Chance. Denn die Bundesregierung war tief gespalten. Bundeswirtschaftsminister Erhard und Bundesfinanzminister Etzel waren dafür, aber Adenauer lehnte sie mit der ihm eigenen Starrköpfigkeit ab; bis Februar 1961 folgte er dem Rat der Herren Abs (Deutsche Bank), Berg (Präsident des BDI) und Pferdmenges (Präsident des Bankenverbands), die seinen engsten Beraterkreis bildeten, und die er häufig zu den diesbezüglichen Beratungen mit den wichtigsten Ministern und dem Bundesbankpräsidenten hinzuzog. So wurde Blessing unvermeidlich zur Schlüsselfigur in der über ein Jahr währenden Auseinandersetzung für und gegen die Aufwertung.

Im Vorfeld der DM-Aufwertung

Der Weg zur Wechselkursanpassung im März 1961 war mit einer ganzen Reihe von dramatischen Maßnahmen und Zusammenstößen gepflastert. Ich will hier nur einige davon herausgreifen:

Die »kreditpolitische Breitseite« vom Juni 1960 und ihr Scheitern

Die im September 1959 eingeleitete Restriktionspolitik der Bundesbank führte zwar zu einer allgemeinen Zinserhöhung. Sonst aber hatte sie bis zum Frühjahr 1960 nur geringe Erfolge. Die Liquiditätsreserven der Banken wurden durch den laufenden Devisenzustrom stärker angereichert als durch Erhöhung der Mindestreserven, Ansammlung von öffentlichen Kassenreserven und den Anstieg des Bargeldumlaufs abgesaugt werden konnte. Um den

Geldumlauf nicht völlig außer Kontrolle geraten zu lassen, entschloß sich der Zentralbankrat im Juni 1960, hauptsächlich auf Vorschlag von Eduard Wolf, zu einer »kreditpolitischen Breitseite« folgendes Inhalts:

– Diskonterhöhung von 4 auf 5 Prozent und Lombardsatzerhöhung von 5 auf 6 Prozent,

– weitere Kürzungen der Rediskontkontingente und Erhöhung der Mindestreserven,

– Sondermaßnahmen zur Abwehr von Auslandsgeld (Verzinsungsverbot usw.),

– Aktivierung der Offenmarktoperationen der Bundesbank,

– Stillegung der »Blessing-Milliarde«.

Diese »kreditpolitische Breitseite« (die ich unter diesem Namen schon in meiner Vorlage an das Direktorium vom Januar 1960 als Möglichkeit erörtert hatte) wurde vor allem von Wolf und mir ganz bewußt als »Versuch« aufgefaßt, der zeigen sollte, ob man bei dem bestehenden fundamentalen Ungleichgewicht in der Außenbilanz überhaupt noch eine innere Stabilitätspolitik ohne Abschirmung durch einen angemessenen Wechselkurs betreiben konnte. Dieser Versuch schlug fehl. Daran waren vor allem zwei Dinge schuld: Einmal war um diese Zeit bereits eine mächtige Währungsspekulation in Gang gekommen, die immer neues Auslandsgeld in die D-Mark schleuste. Zum andern ging ausgerechnet zur gleichen Zeit die amerikanische Kreditpolitik, die bis dahin mäßig restriktiv war und dadurch den Kurs der Bundesbank erleichtert hatte, zu einer Lockerungspolitik über mit zwei Diskontsenkungen von je ½ Prozent. Die erste, die den amerikanischen Diskontsatz von 4 auf 3 ½ Prozent senkte, fand ausgerechnet eine Woche nach der Erhöhung des deutschen Diskontsatzes auf 5 Prozent statt. Dies war eine »tragische Koinzidenz«, wie wir es in unserem Geschäftsbericht für 1960 bezeichneten.[6] Damit war die restriktive Kreditpolitik der Bundesbank »aus dem Sattel gehoben«.[7] Wegen der stark erhöhten Zinsdifferenz strömte das Auslandsgeld nun erst recht herein. Der Wettlauf zwischen Kreditrestriktion und auflockernden Devisenzuflüssen wurde eindeutig von den letzteren gewonnen.

Das Zahlungsbilanzungleichgewicht als Geburtshelfer der Entwicklungshilfe

In dem Ringen um ein besseres außenwirtschaftliches Gleichgewicht kam es auch zu einem Zwischenspiel im Bereich des Kapitalexports. Dies sollte wesentlich zur Entwicklung einer planmäßigen deutschen Auslandshilfe beitragen. In einer Besprechung beim Bundeskanzler am 4. August 1960 war erneut eine Lösung des Währungsdilemmas durch DM-Aufwertung abgelehnt worden, und zwar mit voller Zustimmung Blessings. Daraufhin wurde im Direktorium und Zentralbankrat beraten, wie man auf andere Weise etwas zur Verringerung der destabilisierenden Devisenüberschüsse tun könnte. In einer Sitzung des Zentralbankrats am 19. August 1960 wurde der Vorschlag diskutiert, einen wesentlich verstärkten Kapitalexport mit öffentlichen Mitteln zu organisieren. Vom privaten Kapitalexport konnte man sich nicht viel erhoffen, besonders nachdem das Zinsgefälle zum Ausland sich so stark verändert hatte. Der Zentralbankrat empfahl der Bundesregierung in einem Schreiben dringend, für einen kompensierenden Kapitalexport mit öffentlichen Mitteln zu sorgen, in erster Linie für Entwicklungshilfe. Die Finanzierung sollte aus Steuermitteln, ERP-Mitteln, sowie über den Kapitalmarkt durch die Kreditanstalt für Wiederaufbau erfolgen. Es war von einer wünschenswerten »Stillegung« von 3 bis 4 Mrd. DM die Rede, und unmißverständlich wurde festgestellt, daß die Regierung andernfalls gezwungen sei, die Nachteile von zusätzlichen Preis- und Lohnsteigerungen gegen die Nachteile einer DM-Aufwertung abzuwägen. In diesem Schreiben an die Regierung waren klar die drei hauptsächlich diskutierten Lösungsmöglichkeiten nebeneinandergestellt: entweder forcierter Kapitalexport oder Anpassungsinflation oder Aufwertung. Der Kapitalexport als mögliche Lösung war kein völlig neuer Gedanke. Schon während früherer Aufwertungsdiskussionen, so 1957 oder Ende 1959, war als Ausweichmittel (»Palliativ«) neben vorzeitigen Schuldenrückzahlungen ans Ausland, Abbau von Exportvergünstigungen und von Einfuhrbelastungen, auch ein öffentlicher Kapitalexport, zum Beispiel durch erhöhte Entwicklungshilfe, diskutiert worden.

Nun aber wurde das Mittel der *Förderung des Kapitalexports* sehr viel ernsthafter erwogen. Auch die deutsche Wirtschaft wollte ihr Teil

dazu beitragen. Im August 1960 begannen auf Anregung von Hugo Rupf, des damaligen Präsidenten des Maschinenbauverbandes, Diskussionen unter führenden Kreisen der deutschen Industrie, durch Übernahme von längerfristigen Anleihetiteln erhebliche Mittel für die Finanzierung von Entwicklungshilfe aufzubringen. Im November 1960 wurde vereinbart, ein Ziel von 1,5 Mrd. DM derartiger Entwicklungshilfe-Anleihen anzustreben. Viele sahen in der Entwicklungshilfe-Anleihe eine Art Lösegeld, das die Wirtschaft dafür bezahlen wollte, daß sie von einer Aufwertung verschont blieb. (Nach vollzogener DM-Aufwertung bestritt Bundeswirtschaftsminister Erhard später allerdings energisch, daß im Zusammenhang mit dieser Anleihe der Wirtschaft irgendwelche Zusagen seitens der Regierung gemacht worden wären. Fritz Berg, der Präsident des BDI, zeigte sich allerdings in einer Presseerklärung enttäuscht und meinte, durch die Aufwertung sei die Grundlage für die Anleihe entfallen.)
Der Druck auf die Bundesregierung, zum besseren Ausgleich der Devisenbilanz mehr Entwicklungshilfe aus öffentlichen Mitteln bereitzustellen, verstärkte sich nachhaltig durch das gleichzeitige Drängen des Auslands, vor allem der USA. Die Amerikaner betrachteten einen gesteigerten deutschen Kapitalexport und erhöhten Finanzierungsbeitrag für die Truppenstationierung sogar als das Hauptmittel zur Beseitigung des Zahlungsbilanzungleichgewichts. In den deutschen Devisenüberschüssen fanden sie ein willkommenes Druckmittel auf die Bonner Regierung. Denn in Amerika glaubten viele, der Druck auf den Dollar seit 1958 sei vor allem auf die hohen amerikanischen Devisenausgaben für militärische Zwecke und für Auslandshilfe zurückzuführen. So suchten sie eine Entlastung.
Die Amerikaner hatten Mitte 1960 die »*Development Assistance Group*« (DAG) gegründet, in der zehn Industrieländer vertreten waren und die innerhalb der OECD die Hilfsprogramme für Entwicklungsländer koordinieren sollte. Innerhalb dieses Gremiums wurde damals zum ersten Mal über eine Faustregel für die Beiträge der Mitgliedsländer diskutiert: Jedes Industrieland sollte jährlich ungefähr ein Prozent seines Bruttosozialprodukts aufwenden – eine Faustregel, die in den siebziger Jahren innerhalb der UNCTAD wieder aufgegriffen werden sollte.

In den Jahren 1960/61 hatten es die Amerikaner auch deswegen vor allem auf die Bundesrepublik abgesehen, weil deren Gold- und Devisenreserven am auffälligsten gewachsen waren, nämlich von 8,2 Mrd. DM 1953 auf über 32 Mrd. DM 1960. Im Oktober 1960 schrieb der amerikanische Präsident Eisenhower an Bundeskanzler Adenauer einen Brief, in dem er den Besuch einer amerikanischen Delegation unter Führung des damaligen Finanzministers Anderson ankündigte. Es wurde allgemein befürchtet, daß diese Abordnung die Bundesregierung nicht nur zu höherer Entwicklungshilfe, sondern auch zur Übernahme eines größeren Anteils an den Stationierungskosten drängen sollte. Die Anderson-Delegation besuchte Bonn gegen Ende November 1960. Ich nahm an mehreren Gesprächen teil, die sich tatsächlich im wesentlichen mit den hohen deutschen Devisenüberschüssen beschäftigten. Bundeswirtschaftsminister Erhard berichtete der deutschen Verhandlungsdelegation mit offenkundiger Genugtuung, Anderson habe ihm in einem Privatgespräch gesagt: »Wenn Sie aufgewertet hätten, brauchten wir gar nicht hier zu sein.« Daß unsere ständigen Devisenüberschüsse uns dem Druck des Auslands auf mehr Entwicklungshilfe und Stationierungskosten aussetzen würden, war eines meiner Argumente schon seit den Auseinandersetzungen mit Vocke gewesen.

Seinen Höhepunkt erreichte der amerikanische Druck im Februar 1961 in einem Aide-mémoire der amerikanischen Regierung an die Bundesregierung »zur gerechten Verteilung der internationalen Lasten« (*burden sharing*).[8] Darin wurde die ständige Anhäufung von Gold und anderen Währungsreserven durch die Bundesrepublik kritisiert, weil dadurch »die internationale Gemeinschaft gespalten« werde. Die grundlegenden Probleme der internationalen Zahlungsbilanzungleichgewichte müßten auf einer stabilen und langfristigen Basis gelöst werden. »Hierzu sollte der Export von langfristigem Kapital, vor allem nach den Entwicklungsländern, dem Ausfuhrüberschuß des Überschußlandes gegenüber der ganzen Welt gleichkommen oder ihn sogar übersteigen.«[9]

Tatsächlich erklärte sich die Bundesregierung unter dem Druck von innen und außen im Jahre 1960 bereit, zunächst eine Summe von rund 2 Mrd. DM für Entwicklungshilfe aus Bundes- und Länderhaushalten, ERP-Mitteln sowie aus der Industrieanleihe bereitzustellen. Die Zahlungsbilanz für 1960 wurde dadurch freilich nur wenig entlastet, da die »offiziellen« Kapitalbewegungen insgesamt per saldo nur ein Defizit von einigen hundert Millionen D-Mark ausmachten, während die private Kapitalbilanz mit einem Nettozufluß von über 3 Mrd. DM abschloß. Für 1961 sollten nicht weniger als 4 Mrd. DM für Entwicklungshilfe zur Verfügung gestellt werden, und zwar aus der Industrieanleihe, aus dem Verkauf der Volkswagenaktien, aus sonstigen Kapitalmarktmitteln und schließlich aus Haushaltsmitteln. So kann die Überschußposition des Jahres 1960 mit Fug und Recht als Geburtshelfer einer systematischen Entwicklungshilfepolitik der Bundesrepublik angesehen werden. Die Regierung setzte einen Ausschuß für Entwicklungshilfe ein, der für längerfristige Planung sorgen sollte. Ich nahm mehrmals für die Bundesbank an den Sitzungen dieses Ausschusses teil und habe auf diese Weise den Beginn einer systematischen deutschen Entwicklungshilfe miterlebt. Damals kam es auch zur Errichtung eines besonderen Bundesministeriums für Entwicklungshilfe unter dem Namen »Ministerium für wirtschaftliche Zusammenarbeit«.

Per Jacobsson (IWF) für deutsche Nachholinflation

Das amerikanische Drängen auf höhere Kapitalexporte seitens der Bundesrepublik spielte auch eine Rolle bei der Behandlung der deutschen Überschußposition im Internationalen Währungsfonds. Die Jahrestagung des IWF und der Weltbank fand vom 26. bis 30. September 1960 in Washington statt. Die Vorbereitung dieser Sitzung fiel in meinen Zuständigkeitsbereich. Ich hatte ziemlich fest damit gerechnet, daß mindestens einige wichtige Länder in Washington erheblichen Druck auf die deutsche Delegation in Richtung auf eine DM-Aufwertung ausüben würden. Auch Blessing erwartete dies. Er hatte allerdings noch kurz vor Beginn der Jahrestagung ein Schreiben des Geschäftsführenden IWF-Direktors Per Jacobsson erhalten, in dem es zu dieser Frage hieß:

»Ich habe eben meine Rede für die Jahrestagung vorbereitet und dabei über die allgemeinen Probleme nachgedacht. Dies hat mich noch mehr als zuvor zu der Überzeugung gebracht, daß Ihr Land nicht die D-Mark aufwerten sollte. Der inflationäre Preisanstieg auf den Weltmärkten, und besonders in den Vereinigten Staaten, hat nun aufgehört. Deutschland braucht also nicht länger eine vom Ausland importierte Inflation zu fürchten ... Die Einkommensexpansion in Deutschland hat bis jetzt noch keine große Wirkung auf Ihre Zahlungsbilanz gehabt; denn Ihr Land ist in der Inflationsrate anderen Ländern hinterhergehinkt. Aber jetzt, da die Inflation anderswo aufgehört hat, könnte die Einkommensexpansion in Ihrem Land, die in jüngster Zeit bei den Löhnen und anderswo recht beträchtlich war, eine starke Wirkung ausüben. Im übrigen wird Deutschland eines Tages sehr viel mehr Kapital im Ausland investieren. Dann werden Sie vielleicht ganz froh sein, wenn Sie einen beträchtlichen Leistungsbilanzüberschuß zum Ausgleich Ihrer Kapitalexporte haben.«

Blessing ließ sich – vor allem unter dem Eindruck der damaligen Stabilitätsphase in den Vereinigten Staaten – von Jacobsson davon überzeugen, daß die Periode der weltweiten schleichenden Inflation beendet sei (was seine Stellungnahme gegen die DM-Aufwertung mit beeinflußte)[10]. Auf der Jahrestagung des Internationalen Währungsfonds spielte das Ungleichgewicht der deutschen Zahlungsbilanz eine Hauptrolle, neben dem Druck auf den Dollar, der etwas heruntergespielt wurde. Jacobsson widmete in seiner Eröffnungsrede als einzigem Land der Bundesrepublik bis ins einzelne gehende Ausführungen. Dabei betonte er nun auch öffentlich, die Inflation in der Welt sei überwunden[11], daher bestehe beim Festhalten am gegenwärtigen Wechselkurs keine Gefahr der importierten Inflation; außerdem brauche Deutschland hohe Leistungsbilanzüberschüsse für seinen notwendigen Kapitalexport. Er zitierte die bereits wirkenden ausgleichenden Expansionskräfte, wobei er ausdrücklich die deutschen Lohnerhöhungen von 8½ Prozent nannte. Er ließ freilich offen, ob diese Einkommensexpansion schon für einen besseren Ausgleich voll ausreiche. Ich notierte mir dazu in meinem Notizblock: »Aufforderung zur Nachholinflation«. Ich hatte guten Grund für diese kritische Bemerkung. Ich zitiere hierzu einige Sätze aus einem Schreiben, das ich wenige Wochen vor der Jahrestagung an Wilfried Guth, unseren deutschen Exekutivdirektor beim Währungsfonds (den späteren Vorstandssprecher der Deutschen Bank) gesandt hatte:

»Die von Ihnen erwähnte Lösung: Echte Kaufkraftabschöpfung im Inneren zur Finanzierung eines Kapitalexports wäre theoretisch wenigstens noch haltbar und wird von uns neuerdings sehr stark propagiert; aber wer kann schon daran glauben, daß sie genügend rasch und in ausreichender Stärke zustande kommt? Inzwischen laufen uns die Löhne und (jetzt stärker sichtbar werdend) auch die Preise immer mehr davon. Manche glauben, daß sich hierdurch unser Überschußproblem mit der Zeit von selbst lösen werde. Jacobsson meinte mir gegenüber im Juni in Basel, unsere jetzige Lohn-Welle zusammen mit der öffentlichen Ausgaben-Welle habe im Grunde das Problem schon gelöst; er hat uns ja überhaupt ziemlich unverblümt die Lösung über eine kleine ›Nachhol-Inflation‹ nahegelegt (auf meine Vorhalte hin sagte er nur: ›Man muß manchmal etwas tun, ohne es zu sagen‹). Leider bin ich aber nicht einmal so optimistisch zu glauben, daß wir auf diesem widerlichen Umweg sehr bald ins reine kommen. Vielmehr wird sich schon noch mindestens *eine* weitere saftige Lohnwelle anschließen müssen, bis wir es mit der ›Nachhol-Inflation‹ geschafft haben – es sei denn, eine etwas kräftigere amerikanische Rezession (auf die Herr Blessing bis vor kurzem alle seine Hoffnungen setzte) käme uns schon in Kürze zu Hilfe. Ich selbst glaube weder an eine ausreichend kräftige amerikanische Rezession (wie scheußlich, wenn wir immer wieder unsere Rettung von einer weltweiten Rezession erhoffen müßten!), noch glaube ich, daß wir die Nerven und die politische Gemütsruhe haben werden, die ›Nachhol-Inflation‹ im Innern sich rasch genug entwickeln zu lassen (da wird schon der Bundeskanzler mit Rücksicht auf den Wahlkampf ein Machtwort sprechen, von den heiligen Versicherungen der Bundesbank ganz abgesehen).«

Noch erstaunlicher als die Ausführungen Jacobssons – und für uns alle überraschend – war freilich, daß die Amerikaner, wie ich bald nach meiner Ankunft in Washington hörte, schon vor der Jahrestagung einen für alle amerikanischen Tagungsteilnehmer bindenden Beschluß gefaßt hatten, den Deutschen gegenüber keinerlei Sympathie für eine DM-Aufwertung erkennen zu lassen, vielmehr nur auf höhere deutsche Kapitalexporte zu drängen. Ähnlich hielten es andere Delegationen. Überall war der Einfluß Jacobssons spürbar. Der Versuch Erhards, eine gemeinsame Besprechung mit Engländern, Franzosen und Italienern zu organisieren, um vielleicht eine übereinstimmende Haltung für eine allgemeine Wechselkurs-Adjustierung zu erreichen, schlug fehl. Der englische Finanzminister gebrauchte in seiner Ansprache auf der Jahrestagung zwar zweimal das Wort »fundamentales Ungleichgewicht«; auf nachherige Rückfrage beteuerten jedoch alle englischen Delegationsmitglieder, er habe dies nicht im technischen Sinn der IWF-Statuten gemeint (wonach dies die Voraussetzung für eine Wechselkursanpassung gewesen wäre). Der österreichische Notenbankpräsident Kamitz wetterte in seiner Konferenzansprache sogar gegen jede Änderung der Wechselkurse. Fast alle anderen, mit Ausnahme des kanadischen Gouverneurs, hielten sich zurück und waren auch im Privatgespräch auf das Thema Wechselkursänderung kaum ansprechbar. Schließlich ergaben sich noch hochinteressante Gespräche über die sich nach Meinung mancher Delegierter anbahnende Dollar-Krise und die damit zusammenhängende Goldfrage.

Am Ende der Jahrestagung saß ich mit Blessing und Guth noch einmal zusammen, um das Ergebnis Revue passieren zu lassen. Ich mußte Blessing zugeben, daß – mit Ausnahme von vielleicht ein oder zwei Delegierten – niemand die Bundesrepublik zu einer DM-Aufwertung gedrängt hatte. Blessing faßte zusammen: »Wenn ich demnächst zum Kanzler gehen werde, muß ich ihm sagen: 1. Ich selbst bin schärfstens gegen eine Aufwertung. 2. Auch die Weltmeinung ist mit ganz wenigen Ausnahmen dagegen.« Ich wandte dagegen ein, wir könnten in dieser Frage nur selbst und nach unseren eigenen Interessen entscheiden, nicht nach den Wünschen der anderen. Im übrigen sei die uns entgegengetretene internationale Meinung einseitig verfälscht, da die Befürworter einer DM-Aufwertung ihren Standpunkt nicht darlegen könnten und dürften, während die Gegner nicht durch ein solches Tabu gebunden seien. Ich mußte aber Blessing recht geben, was die geäußerten Meinungen anlangte.

Letzte Geplänkel vor der Aufwertungsentscheidung

Am 18. Oktober 1960 war die entscheidende Besprechung bei Bundeskanzler Adenauer, mit den Ministern Erhard, Etzel und von Brentano als weiteren Teilnehmern von Regierungsseite. Am Tage vorher, als wir im Direktorium nochmals die ganze Lage durchsprachen, sagte Blessing: »Ich werde bis zum letzten gegen eine

Aufwertung eintreten. Wenn trotzdem dafür entschieden wird, dann werde ich zurücktreten.« Diese Rücktrittsdrohung wiederholte er unmittelbar vor der Bonner Sitzung auch gegenüber Bundesfinanzminister Etzel, worauf dieser sagte: »Wenn Sie dagegen sind, dann ändere ich meine Meinung und bin auch dagegen.« Nun, es kam gar nicht mehr darauf an. Gleich zu Beginn der Sitzung sagte der Bundeskanzler (laut Bericht von Blessing): »Ich möchte von der Aufwertung bis zur Bundestagswahl (September 1961) nichts mehr hören.« So kam Blessing gar nicht zu seiner sorgfältig vorbereiteten Darstellung des Für und Wider. Auch Erhard und Etzel nahmen die Sachdebatte überhaupt nicht ernsthaft auf. Blessing sagte, er habe auf die Frage des Kanzlers, was nach seiner Meinung zu tun sei, im wesentlichen den Inhalt des ZBR-Briefes vom August wiederholt. Der Bundeskanzler, der um diesen Zeitpunkt bereits den Brief Präsident Eisenhowers über den Besuch der Anderson-Delegation in Bonn hatte, war daraufhin damit einverstanden, einen gewissen Betrag für Entwicklungshilfe in den Haushalt einzusetzen. Im Kommuniqué zu der Besprechung hieß es dann: »Es bestand volle Einmütigkeit, daß eine Aufwertung nicht in Frage kommt.« Laut Blessing hatte Erhard dem Wort »einmütig« ausdrücklich zugestimmt. Außerdem wurden im Kommuniqué die Bereitstellung von Mitteln für die Entwicklungshilfe sowie die Bemühungen »um ein konjunkturgerechtes Verhalten der öffentlichen Hand und der Wirtschaft« erwähnt.

Zwei kleine Gefechte im Zusammenhang mit der Aufwertungsfrage möchte ich am Rande noch erwähnen: Blessing hatte immer häufiger erklärt, er sei für eine DM-Aufwertung höchstens, wenn sie im Rahmen einer multilateralen Wechselkurs-Adjustierung erfolgen würde. Dies drang auch nach außen und wurde verschiedentlich in der Presse erwähnt. Darauf sagte ich im Direktorium: »Eine solche Aussage kann genauso zu erheblichen Aufwertungsspekulationen mit Hereinfließen von Auslandsgeld führen wie das Eintreten für eine isolierte DM-Aufwertung. Wenn Blessing solche Äußerungen nicht unterläßt, sehe ich auch keinen Grund mehr, mit meiner wahren Meinung, nämlich einer möglichst baldigen DM-Aufwertung, hinter dem Berg zu halten, wie ich dies bisher im Interesse der Sache getan habe.«

Die andere Plänkelei gab es mit Hermann Josef Abs. Er war allgemein als einer der schärfsten Gegner der Aufwertung bekannt und hat ja noch Jahrzehnte später jegliche Aufwertung der D-Mark, beginnend mit derjenigen des Jahres 1961, als völlig falsch verdammt.[12] 1960 hatte er eine Reihe von Zeitungsartikeln gegen die Aufwertung geschrieben und entsprechende Interviews gegeben. Die Hauptargumente von Abs waren folgende:[13] 1. Es entstünden Verluste bei den Währungsreserven der Bundesbank, den Exportforderungen deutscher Exporteure, bei inländischen Rohstoffvorräten; all dies hätte starke Rückwirkungen auf die öffentlichen Finanzen. 2. Die deutsche Wirtschaft sei infolge der Lohnkostensteigerungen und aus anderen Gründen gar nicht mehr so übermäßig konkurrenzfähig; die Devisenüberschüsse seien nicht strukturbedingt. 3. Eine Aufwertung bringe keinen Preisdruck und damit keinen Vorteil für die Preisstabilität und den Sparer. 4. Eine Aufwertung würde die vorhandenen strukturellen Probleme der Landwirtschaft, des Kohlenbergbaus und der Schiffahrt verschärfen. 5. Eine Aufwertung würde zu langfristig wirken. Wenn wirklich einmal eine Dämpfung des Exports erforderlich wäre, sollte höchstens eine temporär wirksame Maßnahme ins Auge gefaßt werden. 6. Der einzige bisherige Aufwertungsfall, die schwedische Aufwertung von 1946, sei ein Mißerfolg gewesen und habe 1949 wieder durch eine noch stärkere Abwertung korrigiert werden müssen. – Im Herbst 1960 hatte auf einer Sitzung der »European League for Economic Cooperation« (ELEC) in Brüssel unter Vorsitz von Abs ein Referent über die DM-Aufwertung gesagt: »Die Bundesregierung und die Bundesbank sind dagegen; eine Meinung, die ja wohl auch von unserem Vorsitzenden geteilt wird.« Darauf sagte Abs: »In Wirklichkeit ist es so, daß die Bundesregierung und die Bundesbank meine Meinung teilen.« Das galt zwar wohl für Kanzler Adenauer, jedenfalls bis zum Februar 1961. Es galt aber kaum für Blessing, und schon gar nicht für die Bundesbank. Ich hatte mehrfach für Blessing und das Direktorium ausführliche Stellungnahmen zu den Argumenten von Abs angefertigt. Blessing akzeptierte keineswegs alle Argumente von Abs, sondern hatte zum Teil eigene Überlegungen, die ihn lange an der Ablehnung einer Aufwertung festhalten ließen. Am Ende konnte Abs mit seinen Argumenten den Gang der Dinge doch nicht aufhalten.

Zahlungsbilanzkonforme Geldpolitik – Kapitulation vor dem Inflationsgefälle

Daß die »kreditpolitische Breitseite« vom Juni 1960 an der offenen außenwirtschaftlichen Flanke scheitern würde, war schon zu ahnen, als die Amerikaner genau im gleichen Zeitpunkt aus binnenwirtschaftlichen Gründen ihre Geldpolitik lockerten und die Zinsen senkten. Im Laufe des Jahres 1960 gingen die kurzfristigen Zinssätze in den Vereinigten Staaten um etwa 2 Prozentpunkte zurück, in der Bundesrepublik dagegen stiegen sie um rund 2 Prozent. So floß das Auslandsgeld in Strömen herein und unterlief alle Bemühungen um eine Dämpfung der überhitzten deutschen Konjunktur. Für das ganze Jahr 1960 schloß die deutsche Leistungsbilanz mit einem Überschuß von rund 5 Mrd. DM ab, der gesamte Netto-Devisenzufluß betrug aber sogar 8 Mrd. DM. Bis zum Herbst 1960 versuchte die Bundesbank noch, das einströmende Geld durch kontraktive Offenmarktoperationen wenigstens hinsichtlich der Liquiditätswirkung auf die Banken zu neutralisieren. Aber das war – wie wir hinterher in unserem Geschäftsbericht für 1960 schrieben – im Grunde eine Sisyphusarbeit (heute würden wir sagen: *self-defeating*).

Als durch den Bonner Beschluß vom 18. Oktober 1960 die Türe zu einer Wechselkursanpassung endgültig verriegelt schien, blieb uns in der Bundesbank gar nichts anderes übrig, als uns auf den Boden der Tatsachen zu stellen. Die Bundesbank ging zu einer »zahlungsbilanzkonformen« Politik der Kreditlockerung über. Dabei wurde das Hauptgewicht auf Zinssenkungen gelegt, um das Zinsgefälle zum Ausland wieder zu verringern und den Geldzufluß abzuwehren. In dieser Phase arbeiteten Wolf und ich sehr stark darauf hin, daß diese uns aufgezwungene Wendung auch nach außen hin ohne Umschweife als solche sichtbar gemacht wurde. Wir vermerkten ausdrücklich, daß für Lockerungsmaßnahmen ausschließlich außenwirtschaftliche Gründe maßgebend wären. Es hieß dazu in unserem Geschäftsbericht für 1960: »Die Bundesbank hat stets betont, daß sie sich zu einer Lockerung der Kreditpolitik nicht etwa durch ein Nachlassen der inneren Konjunkturspannungen veranlaßt gesehen hat, sondern ausschließlich durch die Zahlungsbilanzentwicklung ... Es offenbart sich hier das bereits mehrfach erwähnte Dilemma, daß die Leistungsbilanz trotz Hochkonjunktur erhebliche Überschüsse aufweist, aber gleichzeitig die Kapitalbilanz aktiv ist.«[14] Dies war Resignation – nein, es war noch mehr: *eine Kapitulation vor dem außenwirtschaftlichen Ungleichgewicht* und eine klare Niederlage für die Stabilitätspolitik der Bundesbank. Am 10. November 1960 wurde der Diskontsatz von 5 auf 4 Prozent gesenkt und die im Juni beschlossene Sondermindestreserve auf den »Zuwachs an Inlandsverbindlichkeiten« der Banken wieder aufgehoben. Weitere zins- und liquiditätspolitische Lockerungen folgten von Januar bis Mai 1961. Im Mai 1961, also bereits nach der Aufwertung, war der Diskontsatz wieder bei 3 Prozent angelangt. Wolf und ich waren uns einig, daß der Öffentlichkeit klarer Wein darüber eingeschenkt werden müsse, was der Rückzug bedeutete, nämlich eine »*Anpassungsinflation*«. Bei der nachträglichen Beschreibung dieser peinlichen Phase in unserem Geschäftsbericht 1960 sprachen wir von einem »schweren Dilemma« und von einem »durch die außenwirtschaftlichen Umstände bedingten temporären Ausfall der Kreditpolitik«.

Dies wurde auch von außen her deutlich gemacht. Im Januar 1961 berichtete das »Wall Street Journal«, daß ein *brain trust* des neu gewählten Präsidenten Kennedy bei der Ausarbeitung der neuen Regierungspolitik vorgeschlagen hatte, man sollte zur Entlastung des Dollars Druck auf einige Überschußländer, darunter in erster Linie natürlich die Bundesrepublik, in Richtung auf eine Anpassungsinflation ausüben. Der Vorschlag wurde ganz offen als *»operation inflation«* bezeichnet. Die Verfasser rechneten damit, daß eine fünfprozentige Inflation in Westdeutschland bei gleichzeitiger Preisstabilität in den Vereinigten Staaten die amerikanische Zahlungsbilanz um etwa eine Milliarde Dollar entlasten werde.

Das Ansehen der Bundesbank litt nicht wenig unter diesem stabilitätspolitischen Rückzug. In der Wochenzeitung »Die Zeit« vom 4. November 1960 schrieb E. Topf, nachdem er die Gerüchte von der bevorstehenden Diskontsenkung wiedergegeben hatte: »Der Himmel mag wissen, wie man dann später in Frankfurt mit einer Preisentwicklung zurechtkommen soll, die in klarem Widerspruch zu allen bisherigen programmatischen Erklärungen von Herrn Blessing steht.« Röpke kanzelte die Bundesbank in drastischer Weise ab: Er habe vor Jahren die deutsche Wirtschaftspolitik in einem Gutachten für die Bundesregierung als »richtig« bezeichnet. Er könne dieses Urteil heute nicht uneingeschränkt wiederholen. Er sagte ausdrücklich, damit meine er nicht den Wirtschaftsminister, sondern die Verantwortlichen der Währungspolitik, deren »Sündenregister« geradezu einmalig sei. Es war also genau das eingetreten, was ich in meiner Vorlage vom Dezember 1959 befürchtet hatte, als ich schrieb: »Von einem bloßen Anziehen der kreditpolitischen Bremsen ohne außenwirtschaftliche Abschirmung verspreche ich mir nichts. Ein solcher Versuch am untauglichen Objekt könnte u. U. sogar zu einer Diskreditierung der kreditpolitischen Instrumente und der ganzen Notenbankpolitik führen, vor der wir uns sehr hüten sollten.«

Der dramatische Weg zur DM-Aufwertung

Diese Kapitulation vor dem außenwirtschaftlichen Ungleichgewicht führte jedoch letztlich in gerader Linie zur Aufwertung der D-Mark. Es kam zu einem wachsenden Konflikt zwischen Bundesbank und Bundesregierung. Dabei stand die Regierung – das heißt zunächst der Bundeswirtschafts- und der Bundesfinanzminister – auf seiten der inneren Stabilität, die Bundesbank auf seiten der Resignation und Kapitulation. Das war eine völlig verkehrte Frontstellung, wie sie in dieser Art und Schärfe in keiner anderen Phase der Nachkriegsgeschichte zu verzeichnen war. Schon bei den ersten Lockerungsschritten im November 1960 hatten Erhard und sein Berater Müller-Armack Bedenken wegen des Zeitpunkts und des Ausmaßes; sie machten diese Bedenken freilich nicht offiziell geltend. Ähnlich war es bei der zweiten Diskontsenkung im Januar 1961, als der Widerspruch aus Bonn schon deutlicher wurde, sich aber noch nicht in einem offiziellen Regierungs-Veto gegen den Bundesbankbeschluß niederschlug. So konnte Blessing in seiner Presseerklärung zur Aufwertung am 5. März 1961 formell richtig erklären, daß die Bundesregierung mit den beiden Diskontsenkungen einverstanden gewesen war. Aber der Konflikt erreichte seinen Höhepunkt im Februar 1961, als sowohl der Bundeswirtschafts- als auch der Bundesfinanzminister in vertraulichen Vorbesprechungen Einspruch gegen eine geplante weitere Lockerungsmaßnahme der

Bundesbank einlegten und ein offizielles Veto in Aussicht stellten. Obgleich sich dies außerhalb der Öffentlichkeit zutrug, ließ Erhard hinterher, das heißt nach vollzogener Aufwertung, in einigen Äußerungen durchaus erkennen, daß der Konflikt zwischen Bundesbank und Regierung hinsichtlich der Stabilitätspolitik einer der Gründe für das Einlenken des Zentralbankrats gewesen war.

Blessing geriet unter immer stärkeren Druck. Am 20. Februar 1961 gab Erhard vor der versammelten CDU-Fraktion eine scharfe Erklärung folgenden Inhalts ab (nach meinen Notizen): »Daß wir diese Überschüsse haben und viel zahlen müssen, und daß die Preise immer weiter steigen, verdanken wir der Bundesbank beziehungsweise dem Herrn Blessing.« Blessing, der auch in mehreren Anrufen Tadel aus CDU-Kreisen erhielt, fühlte sich zutiefst getroffen. Er beklagte sich mir gegenüber mehrmals: »Jetzt will man mir persönlich die Verantwortung in die Schuhe schieben sowohl für alle kommenden Preissteigerungen als auch für die Zahlungen an die Amerikaner beziehungsweise an das Ausland. Die Regierung will auf diese Weise aus dem Schneider kommen. Das mach ich nicht mehr mit. Ich gehe zum Alten [Adenauer] und werfe mein Amt hin.« Ich sagte ihm: »Ich billige nicht die Methode der Bonner. Aber sachlich stehe ich unverändert auf der Linie der Aufwertung, in der Hauptsache, weil sonst die Bundesbank auf eine völlig verkehrte Seite gedrängt wird und weiter an Ansehen verliert. Es ist unmöglich, wenn nun die Regierung für Stabilität eintritt, die Notenbank aber scheinbar nicht. Wir müssen unbedingt heraus aus dieser Situation.«

Für den 27. Februar war eine Zusammenkunft Blessings mit den Ministern Erhard und Etzel (samt Beratern) angesetzt. Schon vorher wurde aus Telefonaten klar, daß die beiden Minister eine weitere Lockerung der Kreditpolitik nicht mehr ohne offiziellen Einspruch mitmachen würden. Darauf wurde vom Direktorium der Bundesbank beschlossen, auf Samstag, den 25. Februar, eine Sondersitzung des Zentralbankrats einzuberufen, damit Blessing sich für die entscheidende Ministerbesprechung auf den Zentralbankrat stützen könnte. In dieser Sondersitzung wollte Blessing anfangs eine klare Antwort auf die Frage: Wollen wir eine erweiterte Bandbreite beziehungsweise Aufwertung der D-Mark – ja oder nein? Ich wollte es dagegen nicht zum Schwur kommen lassen, weil aus der Diskussion ziemlich klar geworden war, daß die Zweifler und Zauderer im

Zentralbankrat immer noch in der Mehrheit waren. Mein Vorschlag war: Laßt zunächst Bonn beraten und beschließen; erst wenn man sich dort wirklich auf eine Aufwertung geeinigt hat, ist die Regierung gehalten, das Benehmen mit der Bundesbank herzustellen beziehungsweise die Zustimmung des Zentralbankrats einzuholen. Dieser Vorschlag wurde schließlich angenommen.
Am 27. Februar 1961 fand die Besprechung bei Erhard statt. Etzel kam mit einem Vorschlag, den er schon vorher telefonisch angekündigt hatte: Wenn man sich nicht auf eine Aufwertung einigen könne, dann würde er für eine Devisenbewirtschaftung zur Abwehr von kurzfristigem Auslandsgeld, aber unter Aufrechterhaltung der restriktiven Notenbankpolitik, eintreten. Das war dann also die vierte Alternative, neben Aufwertung, forciertem Kapitalexport und Anpassungsinflation. Blessing lehnte diese Variante sofort als »Quatsch« ab, zumal nach allgemeiner Ansicht hierzu erst eine Genehmigung durch die EWG hätte eingeholt werden müssen, was Verzögerungen und die Gefahr großer Devisenspekulation in der Zwischenzeit heraufbeschworen hätte. Erhard schlug dann vor, nochmals zu versuchen, eine multilaterale Währungsanpassung im Rahmen der OECD zu erreichen. Auch dies wurde als völlig aussichtslos abgelehnt, da inzwischen durch eine feierliche Erklärung des neuen amerikanischen Präsidenten feststand, daß die Parität des Dollars »tabu« sei. So ging es hin und her, ohne Ergebnis.
Am darauffolgenden Dienstag gab es eine Besprechung des gleichen Kreises beim Bundeskanzler, an der außerdem noch Minister von Brentano, Globke und Pferdmenges teilnahmen – und hier war die Situation plötzlich völlig neu: Pferdmenges war umgefallen, und damit auch Adenauer. Pferdmenges sagte, die Lage habe sich gegenüber Herbst 1960, als man die Aufwertung »einmütig« abgelehnt hatte, sehr verändert. Der seinerzeit erwartete amerikanische Konjunkturrückschlag sei nicht eingetreten. Er sehe nun auch keinen anderen Weg mehr als die autonome Aufwertung der D-Mark. Darauf Blessing (nach seinem eigenen Bericht): »Ich schließe mich schweren Herzens und widerstrebend dieser Ansicht an« (was Adenauer später verschiedentlich zitierte). Auf die hinterher gestellte Frage, warum man nicht statt der festen Aufwertung eine erweiterte Bandbreite beschlossen habe, antwortete Blessing, das habe der Bundeskanzler sofort kaputtgemacht, indem er sagte: »Da weiß

ja niemand, woran man ist ... Die Wirtschaft muß doch disponieren können.« Und wie kam man auf die 5 Prozent? Wie ich aus anderen Quellen erfuhr, war Erhard mit der Absicht in die Sitzung gegangen, eine Aufwertung von 7,7 Prozent (das heißt 1 Dollar = 3,90 DM) vorzuschlagen. Das hätte dem Satz entsprochen, der in meinem ersten Vorschlag vom Dezember 1959 zur Diskussion gestellt worden war. Aber auch das räumte Adenauer dem Vernehmen nach mit leichter Hand aus dem Weg: »Warum so kompliziert, mit 4,00 DM für den Dollar rechnet es sich doch viel leichter! Und wir nehmen mehr Rücksicht auf die hauptsächlich Betroffenen.« Die Einigung, die zunächst streng geheimgehalten wurde, mußte erst noch im Bundeskabinett am Freitag, 3. März 1961, offiziell bestätigt werden. Dort wurde sie in Anwesenheit Blessings einstimmig gutgeheißen.

Eine kleine, aber bezeichnende Episode: Zu der entscheidenden Sitzung am 28. Februar hatte der Kanzler zwar Pferdmenges, aber nicht Berg und Abs eingeladen, mit der Begründung: »Bei denen wissen wir ja sowieso, wie sie denken« – was die beiden Adenauer nicht so schnell vergaßen. Berg erklärte dann auch sofort nach der Aufwertung am 6. März in einer offiziellen Presseerklärung als Präsident des BDI, daß er diese Aufwertung »aus nationalen und internationalen Erwägungen nach wie vor für falsch« hielt. Er fühlte sich getäuscht, auch im Hinblick auf die von der Industrie aufzubringende Entwicklungsanleihe.

Ich selbst war am Samstag, 26. Februar, das heißt einen Tag nach der Sondersitzung des Zentralbankrats, auf eine Woche verreist, um eine seit langem geplante kleine Kur in einem Sanatorium anzutreten. Zwei Tage später erhielt ich einen Anruf von Blessing, ich müsse mich bereithalten zu einer Reise nach Washington am Freitag, den 3. März. Da wußte ich, daß die Entscheidung über die Aufwertung inzwischen gefallen war. Ich traf am Freitag morgen in der Bundesbank ein und hatte noch am Vormittag eine Reihe von Einzelbesprechungen. Der Zentralbankrat war nach seiner regulären Sitzung am Vortage gebeten worden, sich auch noch am Freitag, 3. März 1961, bereitzuhalten. Die entscheidende Sitzung begann um 14.30 Uhr, da Blessing erst gegen Mittag aus der Bonner Kabinettssitzung zurückgekehrt war. Eine Stunde später trafen dann auch Erhard und Etzel im Zentralbankrat ein.

In der Mittagspause besprach ich mit Blessing noch eingehend die Argumente, mit denen der Umfall im Zentralbankrat zu begründen sei. Ich riet dazu, vor dem ZBR insbesondere auf die Vermeidung eines offenen Konflikts mit der Regierung abzuheben, bei dem die Bundesbank auf der verkehrten Seite stünde, was ihr Ansehen kaputtmachen würde. Dieses Argument machte dann auch sichtlich Eindruck auf verschiedene noch immer zögernde Mitglieder des Zentralbankrats. Hinsichtlich der Höhe des Aufwertungssatzes von 5 Prozent, den mehrere, darunter auch ich, für unzureichend hielten, wurde der Zentralbankrat überhaupt nicht befragt; er konnte zur Aufwertung nur ja oder nein sagen. Es war dann noch offen, ob der Zentralbankrat lediglich feststellen solle, die Regierung habe »das Benehmen mit ihm hergestellt« (so der Vorschlag des Vizepräsidenten Troeger), oder ob man in aller Form »zustimmen« solle. Ich beantragte eine klare Zustimmung. Das Endergebnis gab mir recht. Der Zentralbankrat »stimmte zu« (so auch im Kommuniqué), und zwar mit großer Mehrheit. Die Abstimmung fand allerdings erst statt, als ich bereits auf dem Weg zum Flugzeug war.[15] Erhard bat mich nämlich, sofort nach Washington zu fliegen und am nächsten Morgen dem Internationalen Währungsfonds im Namen der Bundesregierung und der Bundesbank die Gründe für die beschlossene DM-Aufwertung zu erläutern, um die Konsultationsverpflichtung gemäß den IWF-Statuten zu erfüllen. Er ermächtigte mich ausdrücklich, dort zu erklären, daß die Paritätsänderung in keiner Weise etwas an unseren internationalen Zusagen hinsichtlich Finanzierungsbeiträgen und Kapitalexporten ändern werde.

Der Geschäftsführende IWF-Direktor, Per Jacobsson, war noch am Freitag abend von Blessing telefonisch über den Beschluß der Regierung und des Zentralbankrats sowie über meinen bevorstehenden Besuch unterrichtet worden. Als ich am nächsten Morgen gegen 9.30 Uhr in Jacobssons Dienstzimmer kam, trat mir dieser mit hocherhobenen Fäusten entgegen und brüllte: »*What have you done, you scoundrel?*« (Was haben Sie getan, Sie Schurke?). Ich erklärte in aller Ruhe die Gründe und Hintergründe unserer Entscheidung. Für den Nachmittag (es war Samstag!) hatte Jacobsson eine Sondersitzung des Exekutivrats einberufen, um den erforderlichen formalen Beschluß zu treffen. Jacobsson war so wütend auf mich, daß er unter dem Vorwand einer formalen Protokollregel mich nicht zum direkten Vortrag im Exekutivrat zuließ (nachdem ich vorher fast sechs Jahre lang selbst dessen Mitglied gewesen war!). So mußte ich in aller Eile zusammen mit Wilfried Guth, unserem offiziellen Vertreter im Exekutivrat, die Erklärung aufsetzen, die er am Nachmittag vortragen sollte.

Der Exekutivrat des Internationalen Währungsfonds konnte von der Neufestsetzung der DM-Parität nur rein formal Kenntnis nehmen. Gemäß den damaligen IWF-Statuten konnte er nämlich bei einer Wechselkursänderung, die sich innerhalb einer Grenze von 10 Prozent um die ursprünglich festgesetzte Parität hielt, keine Einwendungen erheben. Er sollte nur vorher konsultiert werden. Es gab im Exekutivrat allerdings einige Kritik wegen der etwas späten Information – denn in den Medien war aufgrund von Indiskretionen schon am Vormittag des 4. März über die geplante Aufwertung berichtet worden, also bevor der Exekutivrat zusammentrat. Aber der amerikanische Exekutivdirektor zeigte Verständnis dafür, daß bei der Änderung einer wichtigen konvertiblen Währung sehr schnell, und zwar über das Wochenende, gehandelt werden mußte und daß man realistischerweise nicht mehr an Vorausunterrichtung erwarten konnte. Im allgemeinen war die Aufnahme des deutschen Beschlusses freundlich: »Ein Schritt in die richtige Richtung«, wenngleich nach Ansicht einiger Direktoren nur ein kleiner Schritt. Ähnlich kurz darauf die amerikanische *Treasury*: »*A useful but modest step.*« Besonders positiv wurde die offizielle Zusicherung entgegengenommen, daß die Wechselkursänderung in keiner Weise die Bereitschaft der deutschen Regierung beeinträchtigen werde, eine ihrer internationalen Verantwortung entsprechende Politik zu betreiben. Dabei wurde nicht nur die Entwicklungshilfe erwähnt, sondern auch der Abbau von noch bestehenden Einfuhrbeschränkungen sowie die allgemeinen Finanzierungsfragen, die damals gerade Gegenstand von deutsch-amerikanischen Verhandlungen waren. An den darauffolgenden Tagen traf ich mich noch mit den maßgebenden Exekutivdirektoren, aber auch mit einer Reihe amerikanischer Vertreter zu informellen Gesprächen, um volles Verständnis für die deutsche Maßnahme und ihre wahrscheinlichen Folgen zu wecken.

Von besonderem Interesse waren auch die Erklärungen Erhards und Blessings bei einer gemeinsamen Pressekonferenz am 5. März

1961 in Bonn.[16] Die Erklärung des Bundesbankpräsidenten wurde in erweiterter Form im Monatsbericht der Bundesbank für März 1961 wiedergegeben.

Blessing ließ erkennen, wie schwer ihm die Entscheidung gefallen sei: »Die Bundesbank hat sich lange gegen eine Wechselkursanpassung gesträubt. Für eine Notenbank ist nun einmal die Währungsparität eine sakrosankte Sache, die man nur verändern kann, wenn alle anderen Mittel nicht zum Erfolg führen.« Als Hauptgründe für den Beschluß wurden vom Bundeswirtschaftsminister und Bundesbankpräsidenten die folgenden angegeben:

»*Erstens* sei die im Herbst 1960 gehegte Hoffnung auf ein Abflauen des Booms und des Preisauftriebs nicht in Erfüllung gegangen; im Gegenteil, der Preisauftrieb sei durch exzessive Lohnforderungen seit Anfang 1961 erneut angeheizt worden. *Zweitens* habe sich erst aus den neuesten Erklärungen der eben ans Ruder gelangten Kennedy-Regierung ergeben, daß an eine multilaterale Wechselkursbereinigung unter Beteiligung des Dollars nicht zu denken sei. *Drittens* habe die Spekulation auf eine DM-Aufwertung nicht aufgehört, was nicht nur die Notenbankpolitik, sondern auch die internationalen Devisenmärkte empfindlich störe. *Viertens* wolle man mit der Aufwertung einen deutschen Beitrag zur Lösung des internationalen Zahlungsbilanzproblems leisten. *Fünftens* habe die Bundesbank, die ihr kreditpolitisches Instrumentarium seit Herbst 1959 zunächst ›bis zur Überstrapazierung eingesetzt‹ habe, ab November 1960 den Rückzug antreten müssen, wobei die Bundesregierung gegen die neuesten Lockerungsbeschlüsse auf dem Gebiet der Mindestreserven ›Bedenken angemeldet habe‹ (Blessing). Der Bundeswirtschaftsminister erklärte außerdem mit Nachdruck, daß ›die Bundesregierung von Anbeginn ihrer Tätigkeit an die Stabilität des Geldes und der Preise als oberstes Prinzip ihrer Politik anerkannte. Wenn sie dieses Versprechen ... erfüllen wollte, dann durfte sie nicht zögern, auch eine entscheidende Maßnahme dieser Art zu vollziehen‹.«

Adenauer begründete sein Umschwenken in der Aufwertungsfrage vor dem Bundestag am 8. März 1961 in erster Linie damit, daß er, ebenso wie Bundesbankpräsident Blessing, im Herbst 1960 noch Anzeichen für eine Konjunkturabschwächung gesehen hätte. Der Januar und Februar 1961 hätten jedoch einen solchen Konjunkturanstieg gebracht, daß man die weitere Entwicklung nur mit großer Sorge habe betrachten können. So sei man zu dem jetzigen Beschluß gekommen. Außerdem hätten die übermäßig angewachsenen Devisenvorräte die Begehrlichkeit des Auslands geweckt. Als weiteren Grund bezeichnete er die Rücksicht auf die Sparer. Interessant ist, daß er nicht von einer Aufwertung der D-Mark, sondern von einer Abwertung des Dollars sprach. Dies sei der korrekte Ausdruck für den Vorgang, erklärte er.

Internationale Nachspiele zur DM-Aufwertung

Es gab noch einige internationale Folgeerscheinungen der DM-Aufwertung:

1. Unmittelbar nach der D-Mark wurde auch der holländische Gulden aufgewertet, und zwar ebenfalls um 5 Prozent. Dies war beinahe zwangsläufig. Als Begründung wurde angegeben, daß angesichts der engen Verflechtung zwischen der deutschen und holländischen Wirtschaft ein solcher Schritt nach der deutschen Aufwertung notwendig geworden sei, um der Gefahr einer verstärkten Konjunkturüberhitzung »durch den deutschen Sog auf die niederländische Wirtschaft« wirksam zu begegnen. Jedenfalls wäre es ohne Aufwertung »unmöglich gewesen, einer Politik nachzustreben, die das interne und externe Gleichgewicht in der Wirtschaft hätte gewährleisten können«.[17]

2. Nicht zuletzt diese Nachholaufwertung des holländischen Gulden, aber auch das von manchen als unzureichend eingeschätzte Ausmaß der DM-Aufwertung ließ die Nervosität auf den Devisenmärkten nicht sofort zur Ruhe kommen. Diese Nervosität traf besonders das britische Pfund, das schon in den Wochen und Monaten vorher unter Druck gestanden hatte. Die Leiter der führenden Notenbanken erklärten bei ihrem monatlichen Routinetreffen bei der BIZ in Basel am 12. März 1961 energisch, daß weitere Wechselkursänderungen auf keinen Fall zu erwarten seien. Wichtiger aber war, daß sie sich ohne viel Aufhebens gegenseitige kurzfristige *Swap-Fazilitäten* einräumten. Damit sollten die durch Währungsspekulationen in Bedrängnis geratenen Notenbanken vorübergehend kurzfristige Devisenhilfen erhalten. Im damaligen Zeitpunkt, das

war klar, galt diese Vorsorge in erster Linie der bedrängten britischen Notenbank. Die Hilfsaktion für die Bank von England erreichte im Juli 1961 mit insgesamt 910 Mio. Dollar ihren größten Umfang. Die Bundesbank war daran maßgebend beteiligt. Diese kurzfristige Devisenhilfe gab Großbritannien ausreichend Zeit, ein Sanierungsprogramm auszuarbeiten. Es bekam aufgrund dieses Sanierungsprogramms Ende Juli 1961 eine umfangreiche mittelfristige Hilfe vom Internationalen Währungsfonds, nämlich eine auf drei bis fünf Jahre laufende Ziehungsmöglichkeit auf andere Währungen in einer Gesamthöhe von 1,5 Mrd. Dollar und dazu noch eine Bereitschaftskreditlinie (*standby credit*) über 0,5 Mrd. Dollar. Im Rahmen dieser englischen Ziehung auf den Währungsfonds wurde der Gegenwert von 270 Mio Dollar (= 1 080 Mio. DM) in deutscher Währung zur Verfügung gestellt. Diese DM-Beträge kaufte der Währungsfonds zu einem Drittel gegen Gold bei der Bundesbank ein – eine willkommene Vergrößerung der in der Zeit der EZU aufgebauten deutschen Goldreserven. Die übrigen zwei Drittel wurden aus der deutschen Mitgliedsquote im Währungsfonds abgerufen. Dank der IWF-Hilfe konnte Großbritannien die gesamten kurzfristigen Notenbankhilfen innerhalb weniger Monate zurückzahlen. Kurz darauf besserte sich die britische Devisenposition so sehr, nicht zuletzt durch zinsinduzierte Geldzuflüsse aus dem Ausland, daß Großbritannien schon ab November 1961 in recht zügigem Tempo sogar den IWF-Kredit vorzeitig zurückzahlen konnte. Inzwischen hatte sich auch die grundlegende Zahlungsbilanzposition Großbritanniens zu bessern begonnen. Diese vielbeachtete kurzfristige Überbrückungshilfe der anderen Notenbanken zugunsten der Bank von England war also recht erfolgreich. Dennoch war uns nicht ganz wohl dabei. Wir sahen die Problematik solcher kurzfristigen Überbrückungshilfen durch Notenbanken insbesondere darin, daß es »bei dieser Form der Devisenhilfe schwierig ist, die tieferliegenden Zahlungsbilanzschwierigkeiten und die Möglichkeiten zu ihrer Überwindung ausreichend zu prüfen«.[18] Das sollte freilich noch lange nicht die letzte Notenbankhilfe für Großbritannien gewesen sein. Die Hilfsaktionen für das britische Pfund zogen sich vielmehr, wenn auch nicht als Dauerhilfen, durch die ganzen sechziger Jahre.

Aus den gegenseitigen Kredithilfen der Notenbanken, die durch die

Devisenkrise vom März 1961 provoziert worden waren, entwickelte sich in der weiteren Folge ein weitgespanntes Netz, das später, etwa ab 1968, seinen Mittelpunkt im amerikanischen *Federal Reserve System* erhalten sollte. Dieses Netz von kurzfristigen gegenseitigen Notenbank-Fazilitäten wuchs im weiteren Verlauf bis auf den Riesenbetrag von 30 Milliarden Dollar Ende 1980 an. Es wurde später ganz überwiegend zum Instrument von kurzfristigen Notenbankhilfen für den Dollar.

3. Eine weitere Folge der DM-Aufwertung vom März 1961 war die Einrichtung eines *Konsultationsverfahrens in der EG.* Am 20. März 1961, also unmittelbar nach der deutschen Aufwertung, fand in der Nähe von Düsseldorf eine Finanzministerkonferenz der damals sechs EG-Länder statt. Es wurde erheblich kritisiert, daß die deutsche Aufwertungsentscheidung so überraschend und ohne jede Vorankündigung gekommen war. Der holländische Fall lieferte einen Anschauungsunterricht darüber, wie sehr andere Währungen, die unter Umständen auf eine Währungsentscheidung eines wichtigen Partnerlandes reagieren müssen, unter Zeitdruck geraten konnten. So beauftragte man den Währungsausschuß der EG (in dem ich von Anfang an als Vizepräsident mitwirkte), ein Konsultationsverfahren auszuarbeiten, das sicherstellen sollte, daß vor einer Änderung der Währungsparität die übrigen Mitgliedsländer rechtzeitig informiert und konsultiert wurden. Dieses Verfahren ist inzwischen durch die Errichtung zunächst der »Währungsschlange« und dann des Europäischen Währungssystems längst überholt, das eine Wechselkursänderung eines Mitgliedslandes gegenüber den Partnerländern heute nur noch mit Zustimmung der übrigen Mitgliedsstaaten zuläßt. Das 1961 beschlossene Konsultationsverfahren spielte aber eine nicht unbedeutende Rolle bei der Pfund-Abwertung im Oktober 1967.

DM-Aufwertung – Erfolg oder Mißerfolg?

Das wichtigste an der DM-Aufwertung vom März 1961 war, daß dadurch ein Bann gebrochen und ein währungspolitischer Glaubenssatz relativiert wurde: nämlich, daß die Wechselkursparität sakrosankt sei, was sowohl Vockes als auch Blessings Grundüberzeugung gewesen war. Es war – wie ich es öfters ausdrückte – der Abschied von der Vorkriegsideologie des Wechselkurses. Von besonderer Bedeutung war, daß nun ein wichtiges Land seine Währung freiwillig *auf*gewertet hatte. Abwertungen aus Währungsschwäche waren schon aus der Vorkriegszeit zur Genüge bekannt. Aber als freiwillige Aufwertung konnte man bis dahin nur das Beispiel Schwedens von 1946 nennen, das mit Recht sofort wieder vergessen wurde, weil die Schweden ein paar Jahre danach wieder abwerten mußten, und zwar stärker als sie vorher aufgewertet hatten. Interessant war in dieser Hinsicht die Reaktion des französischen Finanz- und Wirtschaftsministers Wilfried Baumgartner, als Erhard ihn während der IWF-Jahrestagung vom September 1960 fragte, was er von einer deutschen Aufwertung halten würde. Die Antwort Baumgartners – des früheren Gouverneurs der Bank von Frankreich, zu dem wir ein besonderes Freundschaftsverhältnis hatten – lautete ungefähr: »Vielleicht wäre eine deutsche Aufwertung die beste Lösung für das Ausland, aber ehrlich gestanden, Herr Erhard, ich habe nie geglaubt, daß Sie es tun würden.« Auf Erhards Rückfrage präzisierte er dann, daß er es nicht für ratsam, aber auch für politisch kaum durchführbar hielte, wenn die Regierung eines Industrielandes freiwillig die Wettbewerbsposition ihrer Wirtschaft verschlechtere. In dieser Stellungnahme schwang natürlich etwas der Einfluß des französischen Merkantilismus mit.

Daß durch die Erfahrung der Jahre 1960/61 ein Bann gebrochen war, spürte man am deutlichsten aus der völlig veränderten Reaktion Blessings, als wir 1968 erneut in die Phase einer unterbewerteten D-Mark eintraten. Nun war Blessing ohne langes Zögern bereit, eine Wechselkursanpassung ins Auge zu fassen – er war damit sogar noch viel schneller bei der Hand als der damalige Bundeswirtschaftsminister Karl Schiller (siehe 5. Kapitel).

Wie aber hat die DM-Aufwertung auf das außenwirtschaftliche Ungleichgewicht und auf die innere Preisentwicklung gewirkt? Zweck der Aufwertung sollte ja nach dem offiziellen Kommuniqué sein, »die Kaufkraft der D-Mark zu stärken und die Stabilität des deutschen Preisniveaus zu wahren«.

Konnte eine so bescheidene Aufwertung wie 5 Prozent überhaupt nennenswerte Auswirkungen auf die deutsche Zahlungsbilanz haben? Die Mehrzahl der Wirtschaftsexperten bezweifelten dies; sie waren sich darin einig, daß die Aufwertung nicht nur zu spät gekommen, sondern auch zu gering ausgefallen sei. Diese Ansicht bestimmte zunächst auch die Entwicklung auf den Devisenmärkten, wie ich bereits erwähnte. Gegen Mitte 1961 aber ließen die spekulativen Kapitalzuflüsse in die Bundesrepublik nach. Die gesamte Kapitalbilanz, kurz- und langfristige Bewegungen zusammen, zeigte für das ganze Jahr 1961 ein Defizit von nicht weniger als 4 Mrd. DM. Allerdings beruhte dies zu einem erheblichen Teil auf sehr hohen Sondertransaktionen, darunter in erster Linie vorzeitigen Rückzahlungen von deutschen Nachkriegsschulden.

Vor allem aber normalisierte sich schon ab Mitte 1961 die deutsche Leistungsbilanz. Sie hatte 1960 noch einen Überschuß von über 5 Mrd. DM ausgewiesen. Im Jahre 1962 schloß sie zum ersten Mal seit 1950 mit einem leichten Defizit ab. Diese Normalisierung hielt mit einigen Schwankungen bis zum Jahre 1966 an. Für das ganze Jahrfünft von 1962 bis 1966 ergab sich wegen eines sehr hohen Passivsaldos von Mitte 1964 bis Mitte 1966 sogar ein Gesamtdefizit der laufenden Posten von fast 6 Mrd. DM. War diese »Normalisierung« wirklich das Werk der bescheidenen Aufwertung von 5 Prozent? Sicher nur teilweise. Nach Untersuchungen von IWF-Experten[19] hatte diese immerhin dazu geführt, daß die tatsächliche Ausfuhr um etwa 10 Prozent hinter der Zunahme zurückblieb, die sich nach dem Trend der früheren Jahre und nach der Entwicklung der wichtigsten Absatzmärkte ergeben hätte. Bei der Einfuhr stellte sich die erwartete Verbilligung ein. Die dämpfende Wirkung auf die deutsche Ausfuhr hatte aber zweifellos auch damit zu tun, daß zum Zeitpunkt der verspäteten Aufwertung der Aufholprozeß bei Lohnkosten und Preisen, also die *Anpassungsinflation gegenüber dem Ausland*, bereits in vollem Gange war. Schon 1960 stiegen die Löhne und Gehälter je Beschäftigten um rund 9 Prozent, im Jahre 1961 sogar um über 10 Prozent. Das war, auch unter Berücksichtigung der unterschiedlichen Produktivitätszunahmen, beträchtlich mehr als in den meisten anderen Industriestaaten, insbesondere in den Vereinigten Staaten (vgl. Tabelle S. 165).

Die verspätete Aufwertung und die dadurch verursachte völlige Lähmung der Kreditpolitik hatte vor allem zu einer Überhitzung am Arbeitsmarkt und zu übermäßigen Lohnsteigerungen geführt.

Wen kann es da wundern, daß es mehrere Jahre dauerte, bis die Kosten- und Preisentwicklung wieder auf ein mäßigeres Tempo herabgedrückt war! Trotzdem ist bei späteren Aufwertungsdebatten, vor allem während der DM-Krise 1968/69, von den Gegnern der Aufwertung die nur langsame Rückkehr zu größerer Preisstabilität nach der Aufwertung von 1961 immer wieder als Beispiel für die mangelnde Wirkung von Aufwertungen auf die Preisentwicklung vorgebracht worden, so von Abs, Strauß, Klasen, und nicht zuletzt von Vocke. Ich habe umgekehrt die nur langsame und geringe Auswirkung der Aufwertung von 1961 stets als Beweis für den großen Schaden vorgebracht, der durch eine Verzögerung oder eine zu geringe Aufwertung entstehen kann.

5. Kapitel

Die DM-Krise von 1968/69 trägt zum Sturz der Regierung Kiesinger bei

Vorübergehender Stillstand der importierten Inflation

Die deutsche Preissteigerung war – gemessen an den Lebenshaltungskosten – in der ersten Periode nach der Korea-Krise, also in den Jahren 1952 bis 1960, mit jahresdurchschnittlich rund 1,0 Prozent unter der amerikanischen Jahresrate von 1,5 Prozent geblieben. Ab 1960 kehrte sich das Bild um: In den Jahren 1961 bis 1966 lag die durchschnittliche deutsche Inflationsrate mit fast 3 Prozent doppelt so hoch wie die amerikanische. Die lange Verzögerung der DM-Aufwertung bis zum März 1961 hatte eben die Nachholinflation in Gang gesetzt, und hier insbesondere die auf mehrere Jahre nachwirkende Lohnkosteninflation. Bereits 1962 begann Bundeswirtschaftsminister Erhard in seinen Reden darüber zu klagen, daß die Lohnkosteninflation die Ertragslage der Unternehmungen und damit »die Zukunftsinvestitionen der deutschen Wirtschaft gefährde«.
Für die Bundesbank brachten die Jahre nach der DM-Aufwertung von 1961 eine längere Periode von geradezu erstaunlicher kreditpolitischer Ruhe, wie sie sich in der ganzen Nachkriegszeit nicht mehr wiederholen sollte. Der Diskontsatz war, wie im vorigen Kapitel schon erwähnt, nach der Kehrtwendung vom Herbst 1960 bis zum Mai 1961 schrittweise von 5 auf 3 Prozent reduziert worden. Auf diesem niedrigen Satz blieb er dann unverändert bis Januar 1965, also fast vier Jahre lang! Ebenso blieben die Mindestreservesätze für Inlandsverbindlichkeiten von Dezember 1961 bis August 1964 konstant. Diese Ruhe, ja Unbeweglichkeit, täuscht freilich etwas. Denn es gab auch in diesem Vierjahreszeitraum manchmal erhebliche konjunkturpolitische und außenwirtschaftliche Spannungen und

Schwankungen. Wenn die Bundesbank dennoch mit solcher Ruhe und Stetigkeit an dem relativ niedrigen Zinsniveau festhielt, so erklärt sich dies wiederum hauptsächlich aus außenwirtschaftlichen Rücksichten. Diesmal waren es aber nicht störende Entwicklungen in der Leistungsbilanz. Vielmehr war die Haltung der Bundesbank vor allem durch die Furcht vor destabilisierenden Geld- und Kapitalzuflüssen aus dem Ausland bestimmt.

Die Leistungsbilanz war, wenn auch unter Schwankungen, einigermaßen ausgeglichen, in der Zeit von Mitte 1964 bis Mitte 1966 sogar erheblich defizitär. Dagegen kam es – in der Hauptsache aus europäischen Nachbarstaaten – vor allem im Jahr 1963 zu beträchtlichen langfristigen Kapitalzuflüssen, teils aus währungsmäßigen, teils aus steuerlichen Gründen. Dabei spielte der Kauf von deutschen festverzinslichen Wertpapieren eine besondere Rolle. Um diesem stabilitätsgefährdenden Geldzustrom entgegenzutreten, wurde im März 1964 die »Kuponsteuer« angekündigt und ein Jahr später eingeführt: eine 25prozentige Steuer auf die Erträge festverzinslicher deutscher Wertpapiere im Eigentum von Ausländern. Diese Kuponsteuer war in der damaligen Lage wohlbegründet und wirkte sich schon nach ihrer Ankündigung in der erhofften Weise aus. Man hielt an ihr aber noch lange fest, als die währungspolitischen Gründe längst weggefallen waren, und zwar hauptsächlich unter steuersystematischen Gesichtspunkten, die durchaus nicht zwingend, wenngleich nicht von vornherein abzulehnen waren. Erst im Herbst 1984, also rund zwanzig Jahre später, wurde die Kuponsteuer beseitigt, und zwar als Reaktion auf die Aufhebung der amerikanischen Quellensteuer auf ausländische Zinserträge. Denn nun war man genau umgekehrt wie 1963/64 an der Förderung von Kapitalzuflüssen aus dem Ausland zur Stützung der D-Mark interessiert.

In den Jahren 1963/64 wurden zur Abschirmung der Geldpolitik nach außen neben der Kuponsteuer auch einige Maßnahmen gegen unerwünschte Geldimporte durch Kreditinstitute ergriffen. Um die Jahresmitte 1964 kam es dann zu einem Umschwung sowohl in der Leistungs- als auch in der Gesamtzahlungsbilanz, die beide von da an zwei Jahre lang defizitär blieben. Die Bundesbank war also nun für einige Jahre frei von den bisherigen außenwirtschaftlichen Zwängen. Wir empfanden dies nach der langen Zeit des ständig drohenden Imports von überschüssiger Liquidität und Preisinflation wie eine Befreiung. Anfang 1965 erklärten wir die Periode der »importierten Inflation« in aller Form für beendet: »Nachdem jedenfalls die importierte Inflation zumindest fürs erste beendet ist, und damit das deutsche Preis- und Kostenniveau von dieser Seite nicht mehr bedroht wird, liegt es an der deutschen Kredit- und Wirtschaftspolitik, ob das innere finanzielle Gleichgewicht bewahrt und damit die Kaufkraft des Geldes stabil gehalten werden kann.«[1]

Als sich im Laufe des Jahres 1965 in der Bundesrepublik erneut einige inflationäre Spannungen ankündigten, wirkte sich dies – entsprechend dem »Normal-Modell« – auch sofort in einem zunehmenden Defizit der Leistungsbilanz aus. Es gab also jetzt nicht mehr den früheren Konflikt zwischen innerem und äußerem Gleichgewicht. Die Kreditpolitik befand sich 1965 »in der klassischen Situation, in der die restriktiven Maßnahmen der Wiederherstellung des Wirtschaftsgleichgewichts sowohl im Inneren wie auch nach außen wirkten«.[2] Die Diskontschraube wurde schrittweise angezogen, bis der Diskontsatz im Mai 1966 wieder 5 Prozent erreichte. Liquiditätspolitisch konnte sich die Bundesbank in der Hauptsache auf die restriktive Wirkung der Devisenabflüsse auf die Bankenliquidität verlassen, also auf die »Selbstheilungskräfte des außenwirtschaftlichen Defizits«. Die Konjunktur kühlte sich in der zweiten Jahreshälfte 1966 stark ab. Dies war weniger den relativ schwachen Bremsmaßnahmen der Bundesbank zuzuschreiben als vielmehr der Kombination von Zahlungsbilanzdefizit und fortdauernder Kosteninflation, das heißt einer Gewinnkompression – nicht zuletzt aber auch der Abkühlung in der Weltwirtschaft, die im zweiten Halbjahr 1967 ihren Tiefpunkt erreichte. Die Bundesbank konnte bereits vom Spätsommer 1966 ab kreditpolitisch wieder lockern. Das brachte den Diskontsatz Mitte 1967 wieder bis auf 3 Prozent herunter. Gleichzeitig gingen in den Vereinigten Staaten und in Großbritannien die Zinsen nach oben. Dieses neue Zinsgefälle zugunsten des Auslands führte zu starken Geld- und Kapitalabflüssen aus der Bundesrepublik. Der wieder anschwellende Leistungsbilanzüberschuß wurde dadurch zunächst wieder voll kompensiert.

Die Entwicklung in den Jahren 1964/65 war also durch keine ernsthaften außenwirtschaftlichen Probleme belastet. Die D-Mark schien einen Gleichgewichtskurs gegenüber dem Ausland erreicht zu haben. Just in diesem Zeitpunkt, nämlich ab Herbst 1964, gab es mehrere Vorstöße von wissenschaftlicher Seite auf Einführung eines flexibleren Wechselkurses oder eines Systems häufiger Wechselkursanpassungen. Der soeben neu eingesetzte »Sachverständigenrat zur Begutachtung der gesamtwirtschaftlichen Entwicklung« machte sich in seinem ersten Jahresgutachten Ende 1964 einen Vorschlag dieser Art zu eigen. Wie ein roter Faden durchzog dieses Gutachten die These, daß die Bundesrepublik sich in einer weniger auf Preisstabilität bedachten Umwelt der »importierten Inflation« nur durch eine flexiblere Wechselkurspolitik entziehen könne.[3]

Da wir 1964 in eine Phase eingetreten waren, die uns auf mehrere Jahre hinaus dieser Problematik enthob, war es kein Wunder, daß die Bundesbank sich der Ansicht der Bundesregierung anschloß, als diese in ihrer dem Bundestag vorgelegten Stellungnahme diese Vorschläge ablehnte. Hierfür gab die Regierung mehrere Gründe an. Einer der wichtigsten war: Man müsse, »statt sich auf den Weg der internationalen Isolierung« zu begeben, verstärkt auf eine internationale Zusammenarbeit in Richtung auf Stabilitätspolitik hinarbeiten; dies sei insbesondere in der Europäischen Wirtschaftsgemeinschaft angezeigt, da hier stabile Wechselkurse geradezu »eine Vorbedingung für eine engere Integration« seien. Ich selbst vertrat damals, trotz meiner im Grundsatz flexibleren Einstellung zum Wechselkurs, wegen der seit 1964 veränderten Lage in einigen Vorträgen und Artikeln eine ähnliche Meinung. Überdies hatten wir uns damals innerhalb der Bundesbank darauf geeinigt, daß wir in unseren öffentlichen Äußerungen es stets vermeiden sollten, durch Zweifel am bestehenden Wechselkurs spekulatives Auslandsgeld anzulocken.

Die D-Mark / Franc-Krise von 1968

In den Jahren 1967 / 68 gab es vorübergehend wieder eine Rückkehr zu einer annähernden Preisstabilität, zum ersten Mal seit den Jahren 1958 / 59. Dies war teilweise der vorsichtigen Bremspolitik der Bundesbank, aber auch der kurzdauernden Rezession des Jahres 1967 zu verdanken, als das Sozialprodukt um 0,2 Prozent hinter dem Vorjahresergebnis zurückblieb. Daneben spielte auch eine Flaute auf den Weltmärkten eine Rolle, wodurch sich die deutschen Einfuhrpreise etwas ermäßigten. Vor allem aber war nun die Lohnkosteninflation der ersten Hälfte der sechziger Jahre, die wir hauptsächlich der Verspätung der Aufwertung von 1961 zu verdanken hatten, gebrochen.

Karl Schiller, der im Oktober 1966 im Rahmen der Großen Koalition das Amt des Bundeswirtschaftsministers übernommen hatte, war unter dem Eindruck der leichten Rezession von 1967 völlig auf Konjunkturankurbelung eingestellt. »Aufschwung nach Maß« war eines seiner beliebten Schlagworte. Das Verhältnis zwischen dem neuen Bundeswirtschaftsminister und der Bundesbank war anfänglich recht gut. Schiller kam öfters in den Zentralbankrat; es gab dann meistens recht interessante Diskussionen auf hohem Niveau. Je länger er aber auf immer neuen Ankurbelungsmaßnahmen beharrte, um so mehr geriet er in Konflikt mit der stabilitätsbewußten Notenbank.

Schiller hatte 1967 einmal in meiner Gegenwart, als er aus einer Zentralbankratssitzung in Frankfurt herauskam, gegenüber Presseleuten das geflügelte Wort geprägt: »Die Inflation ist tot wie ein rostiger Nagel.« Da durchfuhr mich die Erinnerung an Per Jacobsson, der schon 1957 und nochmals 1960/61 immer wieder das Ende der weltweiten Inflation verkündet hatte und dies als eines seiner Hauptargumente gegen die DM-Aufwertung verwandte. Jacobsson hatte nicht nur Vocke 1957, sondern auch Blessing 1960/61 lange Zeit mit diesem und einigen anderen Argumenten von der Aufwertung abhalten können. Jetzt aber, sieben Jahre später, war Blessing durch die damaligen Erfahrungen gewitzigt. Er stemmte sich, ebenso wie die große Mehrheit des Zentralbankrats, gegen weitere Ankurbelungsmaßnahmen; sein Verhältnis zu Schiller kühlte sich fühlbar ab. Dies wurde vor allem nach der mißglückten Bonner Währungskonferenz vom November 1968 deutlich. Die Stabilitätseuphorie Schillers und der darauf gegründete Ankurbelungsenthusiasmus liefen schon bald auf Klippen. Die mit Opfern erkaufte Preisstabilität geriet wieder in Gefahr. Dabei wurden die Auswirkungen der inneren Ankurbelung durch Störungen von außen gefährlich verstärkt.

Zwei dieser Störungen waren von Gewicht: Die eine kam aus den

Vereinigten Staaten und betraf das Verhältnis der D-Mark zum Dollar; die andere, zunächst bedrohlichere, kam hauptsächlich aus Frankreich, daneben zeitweise auch aus Großbritannien. Die Bundesrepublik hatte sich durch die relative Stabilität ihres Preis- und Kostenniveaus in den Jahren 1966 und 1968 wieder einmal von der internationalen Preis- und Nachfrageentwicklung abgehängt, denn just zur gleichen Zeit war in den Vereinigten Staaten eine umgekehrte Wende zu verzeichnen. Dort war die vorangegangene mehrjährige Periode der Kosten- und Preisstabilität zu Ende gegangen. Der Vietnam-Krieg und die daraus folgenden hohen Budgetdefizite ließen ab 1967 die Nachfrage-Inflation wieder aufflammen. Zunächst freilich wirkte sich viel rascher das *europäische* Preis- und Nachfragegefälle aus. In Frankreich hatten die Studentenunruhen vom Mai 1968 und der darauf folgende Generalstreik zu einer Lohn- und Nachfrageexplosion geführt. Großbritannien hatte zwar durch die kräftige Pfund-Abwertung vom November 1967 um rund 14 Prozent die Überbewertung des Pfundes erfolgreich beseitigt, aber es dauerte eine geraume Zeit, bis dort die Zahlungsbilanzschwäche überwunden war. Erst in der zweiten Hälfte des Jahres 1969 gab es in Großbritannien eine klare Wende zum Besseren.

Die erste Währungskrise brach im Herbst 1968 aus. Es kam zu Schwächeanfällen des französischen Franc und starken spekulativen Kapitalabflüssen aus Frankreich, überwiegend in die D-Mark als die mit Abstand stärkste europäische Währung. Schon im Sommer 1968 zeichnete es sich für uns ab, daß die französischen Währungsschwierigkeiten nicht ohne Wechselkurskorrektur unter Kontrolle gebracht werden konnten. Es war uns auch klar, daß es nicht genügte, einfach den Franc abzuwerten. Vielmehr galt es, bei einer solchen Wechselkurskorrektur gleichzeitig auch die D-Mark gegenüber allen anderen Währungen aufzuwerten, um dem erneut aufgetretenen Inflationsgefälle zwischen D-Mark und anderen wichtigen Währungen Rechnung zu tragen.

Diesmal reagierte die Bundesbank – sehr im Gegensatz zu ihrer Haltung während der DM-Krise von 1959 bis 1961 – erstaunlich rasch. Ende August 1968 luden wir die Mitglieder des Zentralbankrats zu einer streng vertraulichen Besprechung in Frankfurt ein. Es war bewußt vermieden worden, diese Zusammenkunft als offizielle

ZBR-Sitzung zu deklarieren. Sie fand nicht im normalen Sitzungsraum des ZBR statt, und es gab auch kein Protokoll darüber. Ziel war, eine möglichst einheitliche Meinung über das Wechselkursproblem herzustellen und zwar als Grundlage für die zu erwartenden Gespräche mit den Vertretern der Bonner Regierung. Der Vorschlag einer DM-Aufwertung wurde vor allem von meinem Kollegen Irmler und mir vertreten. Wir brachten die Mehrheit auf unsere Seite. Auch Präsident Blessing zog diesmal von Anfang an mit. In der ersten Septemberwoche fuhren Blessing, Irmler und ich nach Bonn zu einer vertraulichen Besprechung mit dem Bundeswirtschaftsminister. Schiller war umgeben von seinen wichtigsten Beratern, darunter die Staatssekretäre Arndt und Schöllhorn sowie Ministerialdirektor Hankel. Wir versuchten, ihm die Notwendigkeit einer baldigen DM-Aufwertung klarzumachen, und zwar möglichst ohne lang hingezogene Verhandlungen, die mit Sicherheit nach außen dringen und entsprechende schädliche Währungsspekulationen hervorrufen würden. Die Unterredung wurde ein Fehlschlag. Schiller zog nicht mit. Er folgte seinen Beratern, wobei vor allem Hankel sich mit allen möglichen Argumenten fast leidenschaftlich gegen eine Wechselkursänderung aussprach.[4] Im übrigen hatte auch der amtliche Sachverständigenrat der Regierung in einem vertraulichen Sondergutachten eine Aufwertung empfohlen. Aber auch dieses hatte keinen Einfluß auf Schiller und seine Berater. In einer Rede im September 1968 sagte Schiller: »Aufwertung wäre eine Absurdität.«

Auf der Jahrestagung des Internationalen Währungsfonds in Washington vom September 1968 wurde die Wechselkursfrage nach Möglichkeit ausgespart. Man hatte aus den Erfahrungen mit früheren Währungskrisen etwas gelernt. Aber kurz danach spitzte sich die Lage zu. Ab Ende Oktober kam es zu großen Geldabflüssen aus Frankreich, und teilweise auch aus England. Bei der monatlichen Zusammenkunft der Notenbankgouverneure vom 16. bis 18. November bei der BIZ in Basel war die kritische Lage des französischen Franc das Hauptthema. Wir benützten die Gelegenheit, um in eingehenden Gesprächen mit den leitenden Herren der Bank von Frankreich eine gemeinsam abgestimmte Wechselkurskorrektur vorzubereiten. Es war uns klar, daß eine isolierte Franc-Abwertung auf große psychologische und politische Schwierigkeiten bei General de Gaulle stoßen würde. Er hatte kurz zuvor in einer öffentlichen Erklärung eine Franc-Abwertung als eine »Absurdität« abgetan. Wir nahmen an, daß diese Schwierigkeiten am ehesten durch eine gemeinsame Wechselkursaktion Frankreichs und Deutschlands überwunden werden könnten. Jacques Brunet, der damalige Gouverneur der Bank von Frankreich, war zu einer solchen Absprache bereit. Wir einigten uns mit den französischen Kollegen darauf, unseren Regierungen vorzuschlagen, daß der Franc um etwa 5 Prozent abgewertet, die D-Mark um den gleichen Betrag aufgewertet werden solle. Das hätte zwischen den beiden Währungen immerhin eine Verschiebung um rund 10 Prozent ergeben. Wir glaubten, daß eine solche Lösung nicht nur das Verhältnis zwischen den beiden Währungen in die richtige Relation bringen, sondern auch ihr jeweiliges Verhältnis zu den übrigen wichtigen Währungen in einer beiderseitig tragbaren Weise adjudizieren würde.

Bonner Währungskonferenz November 1968 – die unerfreulichste aller Währungskonferenzen

Die Vorbereitung einer solchen aufeinander abgestimmten Wechselkurskorrektur wurde zu jenem Zeitpunkt besonders dringend. Denn während unseres Aufenthalts in Basel erfuhren wir, daß ganz kurzfristig für den 20. November 1968 eine Konferenz der sogenannten *Zehner-Gruppe* auf der Ebene der Minister und Notenbankgouverneure nach Bonn einberufen worden war, und zwar durch den damaligen Vorsitzenden der Gruppe, Bundeswirtschaftsminister Karl Schiller.[5] Der Anlaß für diese Sondersitzung war die sich zuspitzende Währungskrise, die sich damals auf den französischen Franc und die D-Mark konzentrierte. Von amerikanischer Seite wurde die Einberufung einer solchen Sitzung sehr unterstützt, da die Amerikaner auch wegen des Dollars ein großes Interesse an einer raschen Überwindung der Währungskrise hatten.
Sofort nach Beendigung des Baseler Notenbanktreffens am Mittag des 18. November 1968 fuhren Blessing, Irmler und ich direkt von Basel nach Bonn, um an einer dort für den Abend anberaumten Sondersitzung des Bundeskabinetts zur Vorbereitung der Zehnergruppen-Tagung teilzunehmen. Blessing informierte das Kabinett

über die in Basel getroffene Absprache mit dem französischen Notenbankgouverneur. Er plädierte mit aller Dringlichkeit für die Annahme dieses Vorschlags einer aufeinander abgestimmten Wechselkurskorrektur. Wäre der Vorschlag sofort angenommen worden, so hätte dies wahrscheinlich auf längere Sicht wieder etwas Ruhe in die europäische Wechselkursszene gebracht. Wir hatten aber keine Chance. Vor allem der Bundesfinanzminister, Franz Josef Strauß, wandte sich geradezu leidenschaftlich gegen einen solchen Vorschlag, der seiner Meinung nach eine bloße Konzession an die nationale Empfindlichkeit von General de Gaulle war, aber völlig gegen deutsche Interessen verstieß. (Ich möchte hier einschalten, daß es mich deswegen überraschte, als derselbe Bundesfinanzminister dann im April und Mai 1969 plötzlich erklärte, er sei zwar strikt gegen eine isolierte DM-Aufwertung, nicht aber gegen eine multilateral abgestimmte Wechselkurskorrektur – die wir ja im November 1968 vorgeschlagen hatten!) Auch Bundeswirtschaftsminister Schiller war im November 1968 sehr eindeutig gegen eine DM-Aufwertung. Kiesinger, der anfänglich eine abwartende Haltung einnahm, schwenkte auf die Linie seiner beiden Fachminister ein. Das Kabinett beschloß, bei der bevorstehenden Währungskonferenz eine DM-Aufwertung strikt abzulehnen und statt dessen eine handelspolitische »Ersatzaufwertung« vorzunehmen, nämlich eine 4prozentige Sonderabgabe auf die Ausfuhr sowie eine 4prozentige Steuervergünstigung auf die Einfuhr. Dieser Beschluß wurde schon am nächsten Tag, also noch vor Beginn der internationalen Währungskonferenz, in einem offiziellen Kommuniqué der Bundesregierung bekanntgegeben und der am Mittwoch, den 20. Juni, beginnenden Konferenz als *fait accompli* auf den Tisch gelegt. Kurz darauf legte sich Bundeskanzler Kiesinger im Fernsehen noch in einer besonders unglücklichen Form fest: »Solange ich dieser Bundesregierung als Kanzler vorstehe, wird es eine Aufwertung der D-Mark nicht geben.« Er sollte damit recht behalten: Die D-Mark wurde erst nach seinem erzwungenen Rücktritt im Oktober 1969 durch die nachfolgende Regierung aufgewertet.

Warum waren Strauß und Schiller so entschieden gegen eine Aufwertung? Bei Schiller war es vor allem die Furcht, eine Aufwertung könne den eben voll in Gang gekommenen Aufschwung zu stark bremsen. Wenige Wochen vorher hatte er erklärt, daß eine DM-

Aufwertung in der gegenwärtig noch nicht restlos gesicherten Phase unseres Aufschwungs völlig indiskutabel sei; niemandem sei gedient, wenn wir in eine Rezession zurückfielen. Viele Indizien sprächen dafür, daß wir bald zu einem besseren Ausgleich unserer Außenhandelsbilanz kämen, einfach weil mit dem breiter gefächerten Aufschwung sich auch der vorläufig noch auf Bevorratungstendenzen ausgerichtete Importboom verstärken werde. In einer Rede im April 1969 zur Eröffnung der Hannover-Messe erläuterte Schiller seine Stellungnahme vom November 1968: »Wir wollten vorsichtig sein; wir wollten ein flexibles Instrument – deshalb die steuerliche Form der Absicherung.« Strauß vertrat die Interessen der Industrie (wie er sie sah) und ließ sich natürlich auch sehr von der Rücksichtnahme auf die Landwirtschaft beeinflussen. Nach außen brachte er immer wieder zwei Behauptungen vor: Erstens wäre man bei einer einseitigen Aufwertung im November 1968 nicht unter 7½ bis 8 Prozent weggekommen. Mit der Abwehr einer solchen Aufwertung (die damals niemand in dieser Höhe gefordert hatte!) glaubte er, sich den Titel eines Schirmherrn der deutschen Wirtschaft verdient zu haben. Zweitens behauptete er, eine solche Aufwertung würde – wegen der zu leistenden Entschädigungen und Subventionen – den Bundeshaushalt zusätzlich mit 5 Mrd. DM belasten. Beide Minister überschätzten die wahrscheinliche Wirkung einer Aufwertung auf den deutschen Außenhandel in geradezu grotesker Weise. Während und nach der Bonner Konferenz sagten sie öfters, schon die 4prozentige Steuerbelastung würde den deutschen Export im folgenden Jahr um ein Drittel(!) reduzieren. Tatsächlich aber stieg dieser 1969 wertmäßig um 14 und volumenmäßig um 10 Prozent an.

Die Quasi-Aufwertung über Sondersteuern auf Exporte und Steuerbegünstigung der Importe hatte in den Augen der Aufwertungsgegner den großen Vorteil, daß eine solche rein steuerliche Regelung ohne großes internationales Aufheben wieder hätte revidiert werden können, wenn die Verhältnisse sich etwa ändern sollten.[6] Vor allem aber konnten dabei die landwirtschaftlichen Erzeugnisse ausgeklammert werden, die wegen der Agrarpreisregelung in der EG bei jeder Wechselkursänderung äußerste Schwierigkeiten aufwarfen.

Im übrigen aber war es eine höchst unglückliche Ersatzlösung. *Er-*

stens stand es ihr ins Gesicht geschrieben, daß sie nur vorübergehend sein konnte und früher oder später durch eine echte Aufwertung abgelöst werden mußte. *Zweitens* waren weder die »unsichtbaren Posten« der Leistungsbilanz noch die Geld- und Kapitalbewegungen in diese Quasi-Aufwertung einbezogen. Es konnte also mit ziemlicher Sicherheit damit gerechnet werden, daß eine fast risikolose Spekulation immer wieder große Geldströme in Bewegung setzen würde, sobald der Zeitpunkt für eine Anpassung des offiziellen Wechselkurses näher rückte – und das war spätestens für die Zeit vor der Bundestagswahl im September 1969 zu erwarten. *Drittens* verlockte diese anscheinend so mühe- und risikolose Ausweichlösung Bundeskanzler Kiesinger zu seinem Nichtaufwertungsschwur – oft als »Rütli-Schwur« verhöhnt –, der ihm noch bis in den Wahlkampf 1969 hinein als politischer Klotz am Bein hängen sollte.

Besonders unglücklich war auch, daß dieser Beschluß bereits vor Beginn der Bonner Währungskonferenz als endgültige Entscheidung der deutschen Regierung offiziell verkündet wurde. Dies wurde zwar vom Bundeswirtschafts- und Bundesfinanzminister in ihren mehrfachen Fernsehauftritten immer wieder als großer deutscher Erfolg, als erfolgreiche Verteidigung der deutschen Währung gegen ausländischen Druck, hingestellt. Aber es führte auch dazu, daß diese deutsche Quasi-Aufwertung nicht mehr als Gegenstück zu einer französischen Abwertung ausgehandelt und verkauft werden konnte. So richtete sich der ganze Druck auf der Währungskonferenz einseitig auf eine Abwertung des französischen Franc. Bis zum Ende der Konferenz am Freitag, 22. November 1968, schien es auch, als würde die französische Delegation unter Führung des damaligen Finanzministers Ortoli sich diesem Druck beugen und in eine isolierte französische Abwertung einwilligen. Tatsächlich erschienen am darauffolgenden Morgen in vielen Zeitungen Nachrichten über die bevorstehende französische Abwertung, sogar mit Angabe des mutmaßlichen Abwertungssatzes von etwa 10 Prozent. Am Samstag, den 23. November, entschied sich aber de Gaulle (überraschend?) gegen eine isolierte Franc-Abwertung, die er als demütigend und rufschädigend empfand. Er stützte sich dabei auf die Mehrheit seines Kabinetts, vor allem auf seinen Ministerpräsidenten Couve de Murville. So wurde in Frankreich statt einer Abwertung eine rigorose Devisenbewirtschaftung eingeführt – eine nicht ungewohnte französische Reaktion auf Devisenschwierigkeiten. Der französische Notenbankgouverneur Brunet wurde einige Monate später abgelöst – wie ich hörte wegen seiner erfolglosen Absprache mit der Deutschen Bundesbank.

Angesichts der völlig verfahrenen Lage empfand ich, ebenso wie viele andere, die Bonner Konferenz der Zehner-Gruppe als die unerfreulichste Währungskonferenz, die ich je mitgemacht hatte. Die unglaubwürdige deutsche Ersatzaufwertung, die gleich zu Beginn auf den Tisch gelegt worden war, blockierte alle weiteren vernünftigen Verhandlungen. Blessing hatte sich so sehr über das unglückliche deutsche Auftreten und über die Kritik seiner ausländischen Notenbankkollegen geärgert, daß er noch mitten in der Eröffnungssitzung die Konferenz verließ und nach Frankfurt zurückfuhr. Er beauftragte mich, ihn für den Rest der Tagung, also für die nächsten zwei Tage, zu vertreten. Im übrigen hatte es vor Konferenzbeginn ein aufsehenerregendes politisches Zwischenspiel gegeben: Der englische Premierminister Heath hatte in der Nacht zum Dienstag jener Woche den deutschen Botschafter in London zu sich gebeten und ihm eröffnet, die Bundesregierung müsse mit schweren politischen Konsequenzen von englischer Seite rechnen (man munkelte von angedrohtem Abzug der englischen Truppen aus der Bundesrepublik), falls sie nicht in eine kräftige echte Aufwertung der D-Mark einwillige und dadurch die Lage nicht nur des Franc, sondern auch des Pfundes entlaste. Dieser etwas plumpe Versuch eines politischen Drucks geriet auf ungeklärte Weise an die Öffentlichkeit und führte zu bösem Blut – ohne aber das Konferenzergebnis zu beeinflussen.

Ein anderer Zwischenfall belastete das Verhältnis zwischen Regierung und Bundesbank. Die Regierung hatte in ihrem Kommuniqué vom Dienstag, 19. November 1968 über die »Ersatz-Aufwertung« völlig unzutreffend verlautbart, die Maßnahmen seien »im engsten Einvernehmen mit der Bundesbank« beschlossen worden. Darauf beauftragte der Zentralbankrat in seiner turnusmäßigen Sitzung vom 21. November seinen Vorsitzenden, an den Bundeskanzler sowie den Bundeswirtschafts- und -finanzminister ein vertrauliches Fernschreiben folgenden Inhalts zu senden:

»Der heute in Frankfurt versammelte Zentralbankrat der

Deutschen Bundesbank hat meinen Bericht über die währungspolitischen Beratungen der letzten Tage in Basel und Bonn entgegengenommen. Der Zentralbankrat hat mich beauftragt mitzuteilen, daß er die von mir und den übrigen bei den Bonner Besprechungen anwesenden Mitgliedern des Zentralbankrats geäußerten Auffassungen teilt. Mit diesen hält er die vorgesehene Änderung des Steuerausgleichs an der Grenze für eine Ersatzlösung, die zwar in die richtige Richtung zielt, aber nicht geeignet erscheint, die derzeitige Währungsunruhe nachhaltig zu beheben.«

Durch eine Indiskretion in Bonn (angeblich durch einen Parlamentarischen Staatssekretär) kam dieses Fernschreiben in die Hände der Bundestagsfraktionen und damit an die Öffentlichkeit, und zwar noch während der Bonner Währungskonferenz. Darob gab es eine große Aufregung. Helmut Schmidt, der damalige Vorsitzende der SPD-Fraktion, verlas eine offizielle Erklärung des SPD-Fraktionsvorstandes: »Es ist ein bisher einmaliger Vorgang in der deutschen Währungsgeschichte, daß der Zentralbankrat mitten in einer sehr schwierigen internationalen Konferenz der eigenen Regierung in den Rücken fällt. Das Verhalten des Zentralbankrats ist außerdem geeignet, die internationale Spekulation neu zu beleben.« Auch der CDU-Fraktionsvorstand bezeichnete es als »sehr ungewöhnlich, daß der Zentralbankrat die Regierung in der gegenwärtigen Situation im Stich gelassen habe«.
Die Bundesbank wies diese Kritiken zurück. Es gäbe keine »Verlautbarung« der Bundesbank über eine Aufwertung der D-Mark oder über irgendwelche währungspolitischen Beschlüsse. Im übrigen berief sie sich auf das Bundesbankgesetz von 1957, wo es in Artikel 13 heißt: »Die Deutsche Bundesbank hat die Bundesregierung in Angelegenheiten von wesentlicher währungspolitischer Bedeutung zu beraten.« Nichts anderes habe man hier getan. Es könne nicht der Bundesbank angelastet werden, wenn durch Indiskretion in Bonn ein vertrauliches Fernschreiben an die Öffentlichkeit gebracht werde. Etwas später konzedierte übrigens Bundeswirtschaftsminister Schiller der Bundesbank ausdrücklich, sie habe hier im Rahmen ihrer Befugnisse nach Artikel 13 gehandelt.

»Nun sind die Deutschen wieder wer«

Die Bonner Währungskonferenz rief ein ungewöhnliches politisches Echo hervor, das weit über ihre sehr begrenzte währungspolitische Bedeutung hinausging. So brachte die Londoner »Times« vom 23. November eine Riesenüberschrift: »11 Days that shook Europe« und versah einen anderen Artikel mit der Überschrift: »Germany defies allies for the first time«. In der »New York Times« hieß es: »Bonn, der politische Zwerg, gewinnt in der Währungskrise an Statur.« Der »Daily Mirror« ging noch weiter: »Nun haben die Deutschen doch den Krieg gewonnen.« Vor allem sahen viele im Ausgang der Bonner Konferenz eine Gewichtsverschiebung zwischen Frankreich und der Bundesrepublik Deutschland. Im amerikanischen Wochenmagazin »Time« vom 29. November hieß es: »Die gegenwärtige internationale Währungskrise hat offengelegt, daß Deutschland noch stärker und Frankreich noch schwächer geworden ist, als viele Beobachter vorher angenommen hatten.« Noch schlagender war die Überschrift eines Artikels in einer späteren Ausgabe desselben Magazins: »Ein größeres Westdeutschland und ein kleineres Frankreich« (*A larger West Germany and a smaller France*). Diese Art von Kommentaren macht es verständlich, warum de Gaulle sich weigerte, durch eine einseitige Franc-Abwertung die vermeintliche »Niederlage« offen einzugestehen. Ein Urteil über die D-Mark in dem erwähnten »Time«-Artikel verdient zitiert zu werden: »Die Deutschen sind nun wieder die wirtschaftlichen Vorreiter Europas, und die Deutsche Mark steht unter den Weltwährungen obenan« (*The Germans rank once more as the economic stalwarts of Europe and the* Deutsche Mark *stands supreme among world currencies*). Auf deutscher Seite waren die Kommentare im allgemeinen etwas vorsichtiger und gemäßigter. Manche aber ließen sich doch von der siegesbewußten Haltung der beiden Matadore der Bonner Konferenz, Schiller und Strauß, anstecken (Bild-Zeitung: »Jetzt sind die Deutschen Nr. 1 in Europa«). So fühlte sich der damalige Vizekanzler und Außenminister Willy Brandt veranlaßt, in einer Radioansprache vor solchen Übertreibungen zu warnen: »Überheblichkeit gegenüber unseren Nachbar- und Partnerländern wäre dumm und gefährlich.« Aber noch Monate später zeigte eine Meinungsumfrage des Allensbacher Instituts für Demoskopie, daß

bei 73 Prozent der Gesamtbevölkerung »ein gewisser Stolz über die international anerkannte Position der D-Mark eine Rolle spiele«. Bei näherer Befragung zeigte sich allerdings, daß nur 17 Prozent der Befragten über das Problem der Aufwertung gut unterrichtet waren, während 40 Prozent »etwas Bescheid» wußten. Das Urteil für oder gegen Aufwertung war also – außer von unmittelbaren materiellen Interessen einiger Schichten (Exportindustrie, Landwirtschaft usw.) – mehr vom Gefühl als von sachlichen Kenntnissen bestimmt.
Ein unerwartetes Ergebnis der Bonner Währungskonferenz war es, daß durch die Konzentration auf die europäischen Währungsungleichgewichte und Währungsspekulationen das Dollar-Problem in den Hintergrund getreten war. Die »Neue Zürcher Zeitung« schrieb hierzu in ihrer Bilanz der Bonner Währungskonferenz:[7]
»Dies ist einmal auf die Verbesserung der US-Zahlungsbilanz zurückzuführen. Doch hat sich auch die europäische Währungsunsicherheit zugunsten des Dollars ausgewirkt, weil jene Länder, die für eine Umwandlung ihrer Dollar-Guthaben in Gold und damit für die Heraufbeschwörung einer weiteren Unruhe noch in Frage gekommen wären, wegen der gegenwärtigen Krise dazu gar nicht mehr in der Lage sind. Jedenfalls hat sich das Währungskarussell in den letzten zwölf Monaten rascher gedreht und mehr Währungen ins Rampenlicht gerückt, als es der Stabilität des Währungssystems zuträglich ist. Man darf gespannt sein, in welche Richtungen sich die Bestrebungen für eine echte Reform der Währungsordnung, die keine Verzögerung mehr erträgt, bewegen werden.«

Neue Inflationswelle 1969 – DM-Aufwertung wieder zu spät

Für uns in der Bundesbank, und vor allem für mich persönlich, war die Bonner Währungskonferenz alles andere als ein Erfolgserlebnis. Sie war eine klare Niederlage für unsere Stabilitätspolitik. Ich betrachtete das Ergebnis für die deutsche Seite von vornherein als Pyrrhussieg. Die von uns befürchteten Auswirkungen der Unterbewertung der D-Mark traten im Laufe des Jahres 1969 deutlich in Erscheinung. Der Nachfragesog aus dem Ausland feuerte die deut-

sche Konjunktur weiter an, so daß es ziemlich rasch zu einer *Überhitzung* kam, nicht zuletzt am Arbeitsmarkt. Das reale Sozialprodukt stieg 1969 um 8 Prozent – die mit Abstand höchste Wachstumsrate der sechziger Jahre! Die Arbeitslosenquote fiel von 2,1 Prozent im Rezessionsjahr 1967 auf 0,8 und 0,7 Prozent in den Jahren 1969 und 1970. Auf jeden Arbeitslosen entfielen sowohl 1969 als auch 1970 mehr als vier offene Stellen! Die Zahl der Gastarbeiter verdoppelte sich fast, nämlich von 1 Million 1968 auf 1,8 Millionen 1970. Wie sehr selbst einsichtsvolle Regierungsmitglieder damals das Hereinholen von weiteren Gastarbeitern als dringend notwendig ansahen, erhellt aus folgender – fast unglaublicher – Äußerung: Als Karl Schiller bei der großen Auseinandersetzung im Bundestag über die im Oktober 1969 vollzogene DM-Aufwertung diese verteidigte, war eine seiner Begründungen, daß es dank der höherwertigen D-Mark leichter fallen werde, die benötigten zusätzlichen Gastarbeiter hereinzuholen.[8]
Wieder einmal waren der Bundesbank die Hände in ihrer Stabilitätspolitik gebunden durch die Rücksichtnahme auf die internationalen Währungsspannungen. Sie versuchte zwar, die Bankenliquidität etwas zu beschränken, hielt aber die Zinsen niedrig, um nicht erneut große Mengen an ausländischem Geld hereinzuziehen. Anfang April 1969 setzten wir den Diskontsatz von 3 auf 4 Prozent herauf; damit war der Zinsspielraum ausgeschöpft. Nach außen stellte sich die Bundesbank zwar auf den Boden des Regierungsbeschlusses vom 19. November 1968 (was Blessing mehrfach in öffentlichen Erklärungen betonte, um nicht neue Aufwertungsgerüchte hervorzurufen). Aber intern änderten wir unseren Standpunkt zur außenwirtschaftlichen Absicherung nicht. Im Februar 1969 beschloß der Zentralbankrat wiederum mit Mehrheit (ohne irgendeine Verlautbarung nach außen), man solle in vertraulichen Besprechungen mit der Regierung darauf hinwirken, daß die steuerliche Ersatzaufwertung möglichst bald durch eine offizielle DM-Aufwertung ersetzt werde, deren Ausmaß über 4 Prozent hinausgehen sollte. Man war sich darüber klar, daß ein Versuch, die beginnende Preissteigerungswelle durch scharf restriktive Maßnahmen einzudämmen, wegen der Wirkung auf die internationalen Geld- und Kapitalbewegungen möglicherweise zu einer neuen allgemeinen Währungskrise führen würde. Ich machte im Som-

mer 1969 nochmals einen Vorstoß bei Blessing persönlich, die Geldpolitik ohne derartige Rücksichten zu verschärfen. Blessing lehnte ab, nicht nur weil er dies bei unverändertem Wechselkurs für *self-defeating* (wegen verstärkter Geldzuflüsse aus dem Ausland) hielt, sondern auch, weil er darin eine indirekte Einmischung in den Wahlkampf sah, der bereits in vollem Gange war.

Das auf der Bonner Konferenz nur mühsam und schlecht beigelegte Wechselkursproblem wurde im Laufe des Jahres 1969 von außen wieder an uns herangetragen, und zwar zunächst in der Währungskrise vom Mai 1969, dann in der entscheidenden Spekulationskrise vom September 1969. Von der Debatte im November 1968 an gerechnet, vollzog sich das dramatische Währungsschauspiel also in drei Akten, und je länger es sich hinzog, um so mehr wurde es zum Trauerspiel – zu Lasten der deutschen Wirtschaft und der deutschen Stabilitätspolitik. Und es trug schließlich nicht unwesentlich zum *Machtwechsel in der Bundespolitik*, zur sozialliberalen Koalition im Oktober 1969 bei.

Im Inneren begann der Kleinkrieg um die unvermeidlich gewordene Aufwertung der D-Mark schon im März 1969. Bundeswirtschaftsminister Schiller, der noch am 24. Februar 1969 im Fernsehen gegen die Aufwertung zu Felde gezogen war und Anfang März bei einer Unterredung in der Bundesbank noch unentschlossen war, änderte plötzlich seine Meinung. Strauß meinte später in einer Bundestagsdebatte ironisch, Schiller habe »im März 1969 wohl seine Damaskus-Stunde erlebt«. Als Schiller später, bei der Bundestagsdebatte über die Mai-Krise, gefragt wurde, was ihn so plötzlich zu einer Meinungsänderung bewogen habe, antwortete er, er habe zuerst die Auswirkungen der Ersatzaufwertung abwarten wollen, ehe er sich eine endgültige Meinung über die Aufwertung bildete. Tatsächlich waren die Hauptgründe für seine Sinnesänderung wohl, daß er im März schließlich erkannte, daß die von der Ersatzaufwertung befürchtete Exporteinbuße und Konjunkturdämpfung gar nicht eintrat, daß die Konjunktur sich entgegen seinen Befürchtungen geradezu stürmisch entwickelte und daß die Konjunkturüberhitzung unvermeidlich die Lohnkosten- und Preisstabilität gefährden mußte. »Wir haben uns alle hinsichtlich der Auswirkungen der steuerlichen Ersatzaufwertung getäuscht«, sagte wenig später Schillers damaliger Staatssekretär Schöllhorn. Die Bundesbank hatte freilich von Anfang an nicht viel anderes erwartet, daher hielt sie die Ersatzaufwertung schon im November 1968 für unzureichend – von der Gefahr der fortdauernden Devisenspekulation ganz abgesehen. Schiller war sich auch darüber im klaren, daß ohne die bremsende Wirkung einer Aufwertung sowohl die Fiskal- als auch die Geldpolitik restriktiv geführt werden mußten – was ihm im Innersten zuwider war.

Ich war einer der ersten, die von der Sinnesänderung Schillers erfuhren. Am 16. März – ich war gerade zu einem kurzen Ski-Urlaub in den Schweizer Bergen – rief Schiller mich an mit der Bitte, nach Bonn zu kommen. Er wolle bei Kanzler Kiesinger einen Vorstoß machen, um ihn zur Aufwertung zu bekehren. Er hoffte, daß ich wegen meines freundschaftlichen Verhältnisses zu Kiesinger ihn bei diesem Versuch wirksam unterstützen könnte. Ich fuhr nach Bonn. Am 17. März kam es zu einem langen abendlichen Gespräch zwischen Kiesinger, Schiller und mir. Am Ende des Gesprächs schwankte Kiesinger. Da er sich jedoch durch seine unvorsichtigen Worte anläßlich der Bonner Währungskonferenz (»keine Aufwertung, solange ich Kanzler bin«) etwas festgelegt fühlte, konnte er sich nicht zu einer sofortigen Entscheidung durchringen.

Bei Gelegenheit dieses Treffens hatte ich noch ein längeres Gespräch mit Schiller unter vier Augen über die möglichen Folgen einer Nicht-Aufwertung. Er war sich mit mir darüber im klaren, daß die Bundesbank in dieser Lage nicht viel zur Dämpfung der Konjunkturüberhitzung tun konnte, ohne die Devisenzuflüsse zu verstärken. Ich sagte, die dringend notwendige Konjunkturdämpfung sei nun in erster Linie Sache der Regierung. Ich warnte ihn auch vor den Gefahren, die sich aus einer ungebremsten Fortsetzung der Gewinnexpansion in der Wirtschaft für die Lohnentwicklung ergeben könnten. Die Tarifpartner waren bei den Lohnfestsetzungen für 1969 noch von einem relativ bescheidenen Konjunkturaufschwung ausgegangen. Ich brachte sogar den Gedanken vor, ob nicht durch Vereinbarungen zwischen Arbeitgebern und Arbeitnehmern in einzelnen Fällen vorübergehende mäßige Lohnzuschläge gewährt werden könnten. Wie sich später zeigte, lehnten die Arbeitgeber dies aus grundsätzlichen Erwägungen – Aushöhlung der Tarifbeschlüsse – kategorisch ab.[9] Rückschauend kommt mir diese meine Anregung fast wie ein Ausfluß der Verzweiflung vor. Aber die weitere Entwicklung zeigte die Berechtigung solcher Überlegungen: Im September 1969 kam es zu einer Serie von »wilden Streiks«, mittels deren die Arbeitnehmer eine Lohnanpassung außer der Reihe wegen der explosiv gestiegenen Unternehmergewinne erzwingen wollten. Die Gewerkschaften wurden durch diese Streiks erschreckt und fürchteten, die Kontrolle über ihre Mitglieder zu verlieren. Dies hatte schwerwiegende Folgen, und zwar auf Jahre hinaus. Von da an neigten die Gewerkschaften zu übertriebenen Lohnforderungen – schon, um von ihren Mitgliedern nicht erneut einer zu großen Mäßigung geziehen zu werden. So wurde durch die ungebremste Konjunkturüberhitzung im Sommer und Herbst 1969 eine mehrjährige Periode der *Lohninflation* in die Wege geleitet – eine für unsere Geldwertstabilität unheilvolle Entwicklung.

Der zweite Akt des Währungsdramas: Mai 1969

Der nächste Akt in dem Währungsdrama des Jahres 1969 fand im Mai statt. Er wurde durch zwei Ereignisse ausgelöst, die beide die Erwartung einer DM-Aufwertung anfachten. Auf der einen Seite kam es zu einem neuen Schwächeanfall des französischen Franc, als General de Gaulle am 27. April nach einem negativ verlaufenen Referendum in Frankreich zurücktrat. Dies löste sofort eine Spekulation auf eine Franc-Abwertung wegen des Wegfalls des »Hindernisses« de Gaulle aus. Fast gleichzeitig wurde diese Spekulation noch bedeutend verstärkt durch Äußerungen des Bundesfinanzministers Strauß, der in einer Rede vor jungen Unternehmern in München erklärte, wenn Deutschland aufwerten würde, so käme man nicht unter einem Aufwertungssatz von 8 bis 10 Prozent davon. Diese Äußerung wurde im Ausland, besonders in der englischen Presse, schief und sehr übertrieben wiedergegeben und führte zu einem starken Anschwellen der Geldzuflüsse in die D-Mark. Insgesamt waren es vom 28. April bis einschließlich 9. Mai 1969 fast 17 Milliarden DM – die bis dahin größte Spekulationswelle. Auch die Richtigstellung von Strauß, daß er ja Gegner der Aufwertung sei und mit diesen Zahlen nur sagen wollte, er habe der deutschen Wirtschaft durch die steuerliche »Ersatzaufwertung« eine schlimmere definitive Aufwertung um 8 Prozent erspart, vermochten diese

Spekulationswelle nicht sofort zum Stillstand zu bringen. Denn Strauß hatte sich gleichzeitig bereit erklärt, einer multilateralen Wechselkurskorrektur zuzustimmen, hatte also die D-Mark als unterbewertet anerkannt; dies mußte natürlich die Devisenspekulation genauso antreiben, wie die Aussicht auf eine isolierte DM-Aufwertung.

In den ersten Tagen des Mai kam es zu einer Reihe von internen Besprechungen über die Frage, wie dieser erneuten Währungskrise entgegenzutreten sei. Bundeswirtschaftsminister Schiller riet in einem Brief an Kiesinger vom 2. Mai zu einer Aufwertung von 6,25 Prozent. Er könne sonst die Verantwortung, die ihm das Stabilitätsgesetz von 1967 auferlege, nicht länger tragen. Ich selbst war am 5. Mai mit Blessing zu einer Besprechung in Bonn mit Kiesinger, Schiller und Strauß: Schiller und wir rieten dringend zur Aufwertung; dies wurde aber vor allem von Strauß wiederum kategorisch abgelehnt. Einen Tag darauf erklärte Schiller vor der SPD-Fraktion (und damit praktisch in der Öffentlichkeit): »Wer gegen gewisse außenwirtschaftliche Absicherungen ist, ist für Preissteigerung von 6 bis 8 Prozent, denn dann ist eine Anpassungsinflation unausweichlich.« In einer Zentralbankratssitzung vom 8. Mai, an der auch Schiller sowie die Staatssekretäre Schöllhorn (Bundeswirtschaftsministerium) und Grund (Bundesfinanzministerium) teilnahmen, stimmte der Zentralbankrat einstimmig für Aufwertung, ohne allerdings einen Satz zu nennen.

Am gleichen Tag war ich von Kiesinger zu einer abendlichen Sitzung im Kanzlerbungalow eingeladen, wo ich mit dem Hauptgegner der Aufwertung, Hermann Josef Abs, ein Streitgespräch zur Aufwertungsfrage führen sollte. Das Streitgespräch fand vor einem größeren Kreis von Politikern, aber auch führenden Vertretern der Wirtschaft statt. Dieser Abend wurde für mich zu einem etwas bedrückenden Erlebnis. Bundeskanzler Kiesinger hatte schon in seinen einleitenden Worten ziemlich deutlich erkennen lassen, daß er nicht daran dachte, seine Einstellung zur Aufwertungsfrage zu ändern. Das hieß für mich, daß die ganze Veranstaltung eigentlich nur *for show*, also eine Alibi-Veranstaltung, war. Ich war drauf und dran aufzustehen und zu sagen: »Herr Bundeskanzler, Sie haben offenbar Ihre Entscheidung schon getroffen. Wozu dann diese ganze Schau? Ich glaube, ich bin hier überflüssig.« Aber ich wollte dann doch keinen Skandal verursachen, weil dies der Sache nicht genutzt hätte, und ergab mich in mein Schicksal.

Es lohnt nicht, den Austausch des Für und Wider im einzelnen nachzuzeichnen. Abs wiederholte im wesentlichen seine 26 Punkte gegen die Aufwertung, die auch in der Öffentlichkeit bekannt waren. Aus meiner Aufzeichnung für dieses Streitgespräch vom 8. Mai 1969 möchte ich nur folgende Punkte zitieren: Dank unserer größeren Preisstabilität sei in den letzten sechs Jahren eine Preisdisparität zugunsten der D-Mark von mindestens 7 bis 7 ½ Prozent aufgelaufen; diese erhöhe sich ständig weiter. Die Hauptursache der Übernachfrage und drohenden Überhitzung in unserer Wirtschaft sei die steil ansteigende Kurve der Auslandsaufträge; diese lagen im März 1969 rund 41 Prozent über März 1968. Der Preisauftrieb als Folge der Übernachfrage werde im Sommer und Herbst immer deutlicher hervortreten. Und wörtlich: *»Die Aufwertungs- und Preisdebatte dürfte auch im Wahlkampf eine große Rolle spielen.«* Mit fiskal- und geldpolitischen Mitteln sei nur die Inlands-, nicht aber die Auslandsnachfrage zu zügeln. Eine restriktive Politik ohne Aufwertung würde die Devisenüberschüsse nur noch vergrößern (*self-defeating*). Spätestens vor der Bundestagswahl Ende September 1969 werde es zu einem enormen spekulativen Geldzustrom aus dem Ausland kommen. Daneben behandelte ich in aller Kürze die Hauptargumente der Aufwertungsgegner. Als im Oktober 1969 der Stab des inzwischen zurückgetretenen Kanzlers Kiesinger die Amtsräume des Bundeskanzlers räumte, rief mich Johannes Prass, der Wirtschaftsdezernent im Stabe Kiesingers, an und sagte: »Herr Emminger, ich habe soeben meine Aufzeichnungen über das Streitgespräch zwischen Ihnen und Herrn Abs vom 8. Mai eingepackt. Beim Durchlesen sah ich, daß Sie mit Ihren Voraussagen leider völlig recht behalten haben.«

Als Bundeskanzler Kiesinger am 14. Mai 1969 dem Parlament über den Verlauf der Mai-Krise und den Regierungsbeschluß gegen die Aufwertung berichtete, sagte er unter anderem: »Ich habe seit Mitte letzten Jahres mit den Sachverständigen, und zwar mit allen, beraten, und ich habe in einer entscheidenden Stunde in der letzten Woche in meiner Wohnung zwei Männer einander gegenübergesetzt, um endlich einmal statt der fünf Sätze, die ich von den Aufwertungsanhängern immer zu hören bekam, eine differenzierte Argumentation zu hören. Ich habe also zwei Männer von entgegengesetzter Position gehört, deren Urteil ich schätze und achte, von denen ich weiß, daß sie mich auch in der Vergangenheit objektiv beraten haben. Der eine war mein alter Freund Dr. Emminger von der Bundesbank, der andere war Herr Abs. Und beide haben völlig entgegengesetzte Positionen bezogen.« Dann erwähnte Kiesinger noch, daß er kürzlich auch einen Brief von dem Vorgänger Blessings, Wilhelm Vocke, erhalten habe, der dringend vor einer Aufwertung gewarnt habe.[10]

Am 9. Mai fand am Vormittag in Bonn in kleinem Kreis eine neue Besprechung über die Aufwertungsfrage statt, da für den Nachmittag eine Sondersitzung des Kabinetts zur Entscheidung über diese Frage anberaumt war. An der Vormittagssitzung mit Kiesinger, Schiller und Strauß nahmen seitens der Bundesbank die Herren Blessing, Irmler und ich teil. Das Gespräch ging wieder ohne eine Änderung der gegenseitigen Standpunkte zu Ende. Am Nachmittag beriet dann das ganze Kabinett. Hier kam es dann auch offiziell zu einer Spaltung: Die Anhänger der Aufwertung, die sich hinter Schiller stellten, der offiziell eine Aufwertung von 6,25 Prozent beantragt hatte (allerdings unter Aufhebung der steuerlichen Absicherung von 4 Prozent) blieben in der Minderheit. Die Anhänger der Nicht-Aufwertung, praktisch die CDU/CSU-Mitglieder des Kabinetts, stellten die Mehrheit dar. Von der Bundesbank war nur Präsident Blessing in dieser Kabinettssitzung. In der abendlichen Pressekonferenz nach der Kabinettssitzung sagte Bundespressesprecher Ahlers, Kiesingers Schwur vom November 1968 gegen die Aufwertung sei nach wie vor heilig. Und auf eine Journalistenfrage, wie lange der Beschluß Gültigkeit haben werde, meinte Ahlers unter dem Gelächter der Journalisten: »Auf ewig!«

Nach der Sitzung sagte Blessing in einer öffentlichen Erklärung: »Die Entscheidung ist gefallen. Sie ist für alle bindend.« Tatsächlich hielten wir uns in öffentlichen Erklärungen zunächst an diesen Beschluß der Nicht-Aufwertung, schon um nicht durch erneute Währungsspekulation unsere eigene Geldpolitik weiter zu unterminieren. In der politischen Arena jedoch hielten sich die Parteien nicht an den Mehrheitsbeschluß (der übrigens nicht einmal ein formeller Kabinettsbeschluß war, sondern eine bloße Feststellung Kiesingers, wo die Mehrheit lag).

Die Auseinandersetzungen vom 8. und 9. Mai über die Aufwertungsfrage führten zu einer endgültigen Spaltung der Großen Koalition. Alex Möller, der spätere Bundesfinanzminister (SPD), hatte noch kurz vorher ein Anti-Aufwertungs-Memorandum vorgelegt, wohl in der Absicht, die Große Koalition beisammenzuhalten; er mußte es teilweise wieder zurückziehen. Von da ab bis zur Bundestagswahl Ende September 1969 wurde der Streit für und gegen die Aufwertung das »zentrale innenpolitische Thema des Wahljahres«.[11] »Plisch und Plum«, die in den ersten zwei Jahren der Großen Koalition eine freilich nicht problemlose Zusammenarbeit eingegangen waren, gingen endgültig auseinander – das heißt in Wirklichkeit in schärfster Weise gegeneinander. Strauß ließ sich von der deutschen Schirmindustrie mit der Übersendung eines Schirmes als »Schirmherr der D-Mark« ehren. Schiller prangte auf Plakaten als »Hartmacher unserer Währung«, der den Deutschen ihre geliebte Auslandsreise verbilligen würde. Er nannte es »Volksverdummung«, wenn Strauß behaupte, die D-Mark sei durch die Nichtaufwertung noch härter geworden. Es war ein geschichtlich einmaliger Fall, daß über eine mögliche Wechselkursänderung einer führenden Währung monatelang »auf dem offenen Marktplatz« zwischen den großen Parteien des Landes erbittert gestritten wurde. Die übrige Welt sah diesem Schauspiel mit ungläubigem Staunen zu. Es ist heute schwer zu verstehen, wieso eine für die Masse der Bevölkerung ziemlich abstrakte wirtschaftspolitische Frage das Wahlvolk derart beeinflussen konnte. Eine gute Darstellung der Vorgänge liefert Arnulf Baring in seinem Buch »Machtwechsel«.[12] Er kam zu der Überzeugung: »Für die SPD erwies sich die unerledigte Aufwertung als ein überraschendes Gnadengeschenk des Himmels. Denn durch sein energisches Auftreten gegen Strauß in dieser Frage rückte Schiller seine Partei in eine deutliche Gegnerschaft zur Union, was ihr innerhalb der Großen Koalition eigenes Profil verlieh. Die SPD hatte es vor allem ihrem damaligen Wirtschaftsminister zu verdanken, wenn sie allmählich ihr Selbstgefühl zurückgewann und stolz ihr eigenes politisches Gewicht zu spüren begann. Die Wähler merkten diesen Wandel – und honorierten ihn.« Man sprach damals von »Schiller-Wählern«. Welche entscheidende Bedeutung dem Konflikt über die Aufwertung zugemessen wurde, zeigt eine Äußerung von Herbert Wehner im Juli 1969, wonach es nicht länger ausgeschlossen sei, daß es infolge der währungspolitischen Auseinandersetzungen zwischen SPD und CDU/CSU zum Abbruch der Koalition noch vor der Bundestagswahl kommen könne. Fast zwanzig Jahre später (am 24.4.1986) nannte Schiller in einem Fernsehinterview den Konflikt über die DM-Aufwertung einen »unerwarteten Scheidungsgrund für die Große Koalition«.

Zunächst führte der Beschluß, weiterhin an der Nicht-Aufwertung festzuhalten, zu einer Beruhigung der Währungsspekulation. Allein am Montag, dem 12. Mai, flossen nicht weniger als 2,4 Milliarden DM an Spekulationsgeldern ab. Im übrigen wurde entsprechend den vorangegangenen Beratungen in den Kabinettsausschüssen und im Kabinett vom 9. Mai eine Serie von »flankierenden« Maßnahmen der Regierung in Gang gesetzt, wie vorzeitige Tilgung von Auslandsschulden, Konsolidierung von Bundesschulden, Konjunkturausgleichsrücklage.

Während dieser Periode der Beruhigung auf den Devisenmärkten gelang es den Franzosen, durch einen geschickten Schachzug aus der Schußlinie der Währungsspekulation herauszukommen. Anfang August, als niemand es erwartet hatte, beschloß die neue französische Regierung eine Abwertung des französischen Franc um 11 Prozent. Dies war eine der wenigen Wechselkurskorrekturen, der nicht eine größere Spekulationswelle unmittelbar vorausgegangen war.

Der Schlußakt des Währungsdramas von 1969

Das Finale des lange hingezogenen Währungsdramas begann dann im September 1969. Wie von uns seit langem befürchtet, kam es im Vorfeld der Bundestagswahl zu einem erneuten Aufflammen der Wechselkursspekulation. Dies war kein Wunder, da viele im In- und Ausland eine neue Entscheidung der deutschen Regierung über den Wechselkurs unmittelbar nach der Wahl erwarteten. Wir hatten schon geraume Zeit vorher im stillen Vorbereitungen für diese zu erwartende Situation getroffen. Ich hatte selbst mit Bonner Regierungsvertretern der zweiten Ebene mehrfach vertraulich darüber gesprochen, unter welchen Umständen man vor der Wahl die Devisenbörsen stillegen könnte. Auch Blessing hatte einige Wochen vor der Wahl in einer Unterhaltung mit Bundeskanzler Kiesinger diese Möglichkeit anvisiert. Am Mittwoch vor der Bundestagswahl wurde dann auf unseren Antrag der offizielle Devisenmarkt seitens der Regierung suspendiert, nachdem der tägliche Zustrom an Devisen zur Bundesbank eine Tagesrate von 200 Millionen Dollar überschritten hatte. Die Suspendierung bedeutete, daß keine offiziellen Devisenkurse festgesetzt wurden und die Bundesbank nicht an den offiziellen Grenzpunkten intervenierte. Von da ab gab es also keinen Devisenzufluß zur Bundesbank mehr. Selbstverständlich gab es weiterhin Geschäfte in Devisen am freien Markt; erwartungsgemäß bildete sich dabei sofort ein über der Parität liegender Kurs für die D-Mark heraus, der ungefähr den jeweiligen Aufwertungserwartungen entsprach.

Am Freitag, dem 26. September, also zwei Tage vor der Wahl, fand unter Vorsitz des damaligen Staatssekretärs im Bundeskanzleramt, Karl Carstens, eine Besprechung mit den zuständigen Staatssekretären vom Wirtschafts-, Finanz- und Landwirtschaftsministerium statt. Dabei sollte vor allem der weitere Fortgang unmittelbar nach der Bundestagswahl besprochen werden. Ich nahm als Vertreter der Bundesbank daran teil und hatte hierzu volle Vollmacht vom Zentralbankrat. Daß nach der Bundestagswahl eine DM-Aufwertung kommen würde, war den meisten Teilnehmern an der Besprechung ziemlich klar; in welcher Form und wann, das würde vom Ausgang der Wahl abhängen. Jedenfalls war für Montag, den 29. September, schon vorgesehen, daß der normale Devisenmarkt wieder geöffnet werden sollte; Bundeskanzler Kiesinger hatte vorsorglich für diesen Montag nach der Wahl auf 10 Uhr vormittags eine Sondersitzung des Bundeskabinetts einberufen, in der das weitere Vorgehen beraten werden sollte.

Ich flog unmittelbar nach der Bonner Staatssekretärbesprechung vom 26. September noch am Freitag abend nach Washington, wo die Jahrestagung des Internationalen Währungsfonds kurz vor der Eröffnung stand. Etwas übernächtig führte ich dort am Samstag vormittag den Vorsitz im Zahlungsbilanzausschuß der OECD (Arbeitsgruppe III), der üblicherweise vor der Jahrestagung des IWF eine Arbeitssitzung abhielt. Ich vermied es jedoch, während dieser Ausschußberatung irgendeine Stellungnahme in der deutschen Währungsfrage abzugeben. Am Nachmittag des gleichen Tages

hatte ich eine längere Unterhaltung mit dem Geschäftsführenden IWF-Direktor Pierre-Paul Schweitzer und dessen Hauptberatern. Wir einigten uns sehr rasch darauf, wie sich die Bundesrepublik im Fall eines vorübergehenden Übergangs zum Floaten verhalten sollte, da ich diese Variante als die wahrscheinlichste ansah. Wir setzten sogar den Entwurf einer deutschen Mitteilung an den Währungsfonds für diesen Fall auf. Ich konnte zwar keine formelle Zusage des Währungsfonds für eine Billigung dieser Abweichung von den Fonds-Statuten mitnehmen, konnte aber klar sehen, daß der Fonds keine ernsthaften Einwendungen gegen ein vorübergehendes Floaten haben würde. Präsident Blessing war zu diesem Zeitpunkt schon einige Tage in Washington gewesen, um an der Vorbereitung der Jahrestagung teilzunehmen. Er stand damals aber schon etwas außerhalb des Tagesgeschehens. An den maßgebenden Besprechungen mit der Leitung des Währungsfonds nahm er selbst überhaupt nicht teil, sondern ließ sich nur hinterher von mir kurz berichten. Ich flog noch am gleichen Abend (Samstag, 27. September) nach Frankfurt zurück.
In Frankfurt trafen sich die dort anwesenden Mitglieder des Bundesbankdirektoriums im Laufe des Wahlsonntags, 28. September, in der Bundesbank, um dort gemeinsam den Ausgang der Wahl abzuwarten. Als dieser spät abends einigermaßen feststand, setzte ich mich namens des Rumpfdirektoriums mit Karl Carstens als dem ruhenden Pol im Bundeskanzleramt in Verbindung. Wir vereinbarten, daß an der Sondersitzung des Bundeskabinetts am Montag vormittag Vertreter der Bundesbank teilnehmen sollten. Ich fuhr zu dieser Sitzung nach Bonn zusammen mit Vizepräsident Troeger (wobei dieser jedoch, da er den außenwirtschaftlichen Problemen ziemlich fernstand, im Kabinett das Wort hauptsächlich mir überließ). Im Kabinett gab es, wie zu erwarten, Meinungsverschiedenheiten zwischen den beiden Koalitonspartnern. Sie zogen sich zu getrennten Beratungen zurück, eine *itio in partes*. Es galt, einen Kabinettsbeschluß zu erreichen, wonach die Devisenmärkte zwar wieder offiziell geöffnet werden sollten, aber der DM-Wechselkurs vorübergehend – das heißt bis zu einer Entscheidung des neuen Kabinetts – freigegeben werden sollte. Die SPD-Minister hatten keine Schwierigkeit, diesem von Schiller unterstützten Vorschlag zu folgen. Bei der Separatsitzung der CDU/CSU-Minister gab es dage-

gen große Schwierigkeiten. Ich wurde zur Beratung mit hinzugezogen. Als Finanzminister Strauß mir die Frage stellte, ob man nach einem solchen vorübergehenden Floaten auch wieder zur alten Parität zurückkehren könne, antwortete ich: »Theoretisch ja – es kommt ganz auf die Wirtschafts-, Finanz- und Geldpolitik an, die man in der Zwischenzeit führt.« Diese Äußerung wurde mir später von Strauß als Irreführung vorgeworfen, und zwar in einer Bundestagsdebatte über die Aufwertungsfrage. Er behauptete, ich hätte gesagt, die Marktkräfte würden von selbst wieder zur alten Parität zurückführen. In Wirklichkeit hatte ich nur gemeint, man könnte theoretisch wieder zur alten Parität zurückkehren, wenn man sich eben inzwischen zu einer Nachholinflation entschlösse. Am Ende der Kabinettssitzung gab es Einverständnis, daß der DM-Wechselkurs so lange freigegeben würde, bis die neu zu bildende Regierung einen Beschluß über den künftigen Wechselkurs der D-Mark faßte. Der »Spiegel«[13] brachte das Ergebnis der heißen Diskussion auf die Formel: »Mit Hilfe des Bundesbankdirektors O. Emminger, eines Kiesinger-Duzfreundes und Aufwertungsbefürworters, überredete Schiller die Kabinettsrunde, den Wechselkurs der D-Mark probeweise freizugeben.«

Unvergessen bleibt mir, daß Bundeswirtschaftsminister Schiller nach der Kabinettssitzung eindringlich auf mich einredete: Nun, da eine DM-Aufwertung so gut wie sicher sei, müsse die Bundesbank ihre Kreditpolitik raschestens lockern; denn eine aufgewertete D-Mark werde die Konjunktur stark dämpfen. Hier kam wiederum die schon erwähnte Überbewertung des Konjunktureffekts einer DM-Aufwertung zum Ausdruck. Dies sollte sich aber zunächst als eine Fehleinschätzung erweisen, wenngleich die Bundesbank später wenigstens liquiditätspolitisch etwas auflockern konnte, ja mußte, weil nach der Aufwertung ein enormer Rückfluß von spekulativen Auslandsgeldern einsetzte, der die Banken in akute Liquiditätsschwierigkeiten brachte.

Der Internationale Währungsfonds wurde sofort durch ein Fernschreiben der Bundesregierung (entsprechend dem von mir aus Washington mitgebrachten Entwurf) davon unterrichtet, daß der bisherige Paritätskurs der D-Mark suspendiert sei und die D-Mark eine Zeitlang frei im Markt schwanken werde, und zwar bis zur Festlegung einer neuen Parität. Das Exekutivdirektorium des IWF nahm in einer Sondersitzung am 29. September davon Kenntnis, und »anerkannte die Dringlichkeit der Umstände, welche die deutsche Regierung dazu bewogen habe, die erwähnten Maßnahmen zu ergreifen.« Die in Washington zur Jahrestagung versammelten Minister und Notenbankgouverneure der IWF-Mitgliedsstaaten begrüßten fast alle den deutschen Schritt als guten Beitrag zur Entspannung der internationalen Währungslage, besonders die Amerikaner. Nur die EG-Kommission wandte sich dagegen: Sie fürchtete, daß aus der vorübergehenden Freigabe eine dauerhafte Wendung zu flexiblen Wechselkursen werden könnte. Sie betonte auch dic Schwierigkeiten für den gemeinsamen Agrarmarkt. Was sie nach außen nicht verlauten ließ, uns aber ein guter Kenner (der damalige Staatssekretär Arndt vom Bundeswirtschaftsministerium) erläuterte: Die EG-Kommission hätte am liebsten eine Lösung über eine deutsche Nachholinflation gehabt – also Konvergenz auf der Ebene einer gemeinsamen Inflation!

Am 21. Oktober wurde die Bundesregierung Brandt/Scheel vom Parlament bestätigt. Schon wenige Tage später, am 24. Oktober 1969, beriet das Kabinett in einer lang hingezogenen Sitzung über die Aufwertung. Wir hatten veranlaßt, daß am gleichen Tag der Währungsausschuß der EWG in Luxemburg zusammentrat, um eine sofortige Information und Konsultation unserer EG-Partner über den deutschen Aufwertungssatz herbeiführen zu können, wie es dem 1964 beschlossenen Verfahren entsprach. Die Sitzung hatte zum Teil ich selbst, als der dienstälteste Vizepräsident des Ausschusses, zu leiten. Wir hielten während der Luxemburger Sitzung ständig telefonischen Kontakt mit der Bundesregierung in Bonn und erfuhren so unmittelbar von der Entscheidung des Kabinetts, das sich auf einen Aufwertungssatz von 9,3 Prozent (neue Dollar-Parität: 3,66 DM statt vorher 4,00 DM) geeinigt hatte – selbstverständlich unter Aufhebung des bisherigen Gesetzes zur außenwirtschaftlichen Absicherung, so daß für einen großen Teil des Außenhandels die zusätzliche Änderung nur rund 5 Prozent betrug. Der Währungsausschuß begrüßte diese Aufwertung. Wir konnten feststellen, daß entgegen unseren Erwartungen voraussichtlich keines der übrigen EG-Länder bereit war, mit der eigenen Währungsparität wenigstens teilweise mitzuziehen. Dies wurde einige Tage später durch offizielle Kabinettsbeschlüsse der in Frage kommenden Länder Holland und Belgien bestätigt. Es stellte sich hinterher heraus, daß die Holländer wahrscheinlich eine Teilaufwertung mitgemacht hätten, wenn der deutsche Aufwertungssatz 10 Prozent überstiegen hätte. Die Belgier hatten von vornherein beschlossen, nur eine Änderung vorzunehmen, wenn die Holländer wenigstens teilweise der D-Mark folgen würden.

Ich hielt damals die DM-Aufwertung um gut 9 Prozent für ausreichend, obgleich ich gern ein paar Prozent mehr gehabt hätte. Eine interne Vorlage der Volkswirtschaftlichen Abteilung der Bundesbank hatte sogar einen etwas geringeren Aufwertungssatz noch als ausreichend dargestellt. Das seit 1962 aufgelaufene Inflations- und Kostengefälle zwischen der Bundesrepublik und anderen Industrieländern betrug, je nach Berechnungsart, zwischen 7,5 und 9 Prozent. Es wurden also zwar die bis Ende 1969 aufgelaufenen Disparitäten kompensiert – aber keine Vorsorge gegen den Fortgang der Inflation im Ausland getroffen. Bundeswirtschaftsminister Schiller sah es damals anders. In seiner Erklärung zum Aufwertungsbeschluß vor der Bundespressekonferenz sagte er unter anderem:

»Die Verbesserung der Parität der D-Mark um 8,5 Prozent [in Wirklichkeit waren es 9,3 Prozent!] ist sicherlich kein bloß konstatierender Satz. Er geht darüber hinaus. Der Aufwertungssatz ist ein mutiger Satz. Aber er ist kein tollkühner Satz. Er ist ein Aufwertungssatz des Goldenen Schnitts ... Der heutige Schritt ist zugleich eine Absage an alle dirigistischen Ersatzlösungen. Wir wollen die Stabilisierung unseres Preisniveaus erreichen, allein durch die Stärkung unserer marktwirtschaftlichen Ordnung.«

Folge der Verspätung: Stärkste Lohnkosteninflation der Nachkriegszeit

Tatsächlich blieben die Auswirkungen der 9prozentigen Aufwertung sowohl auf die Außenwirtschaft als auch auf die innere Preisentwicklung hinter unseren Erwartungen zurück. Nur auf die spekulativen Geld- und Kapitalströme hatte der seit so langer Zeit erwartete Aufwertungsbeschluß überraschend großen Einfluß. Die in der Zeit der unterbewerteten D-Mark aus dem Ausland hereingeflossenen Geld- und Kapitalbeträge strömten nun fast schlagartig wieder ab. Als Folge davon verlor die Bundesbank von Ende September bis Dezember 1969 nicht weniger als 18 Milliarden DM an Devisen. Vorübergehend geriet sie dadurch sogar in eine Klemme, da ihre liquiden Dollar-Reserven erschöpft waren. So mußte die Bundesbank vorübergehend Dollar beim Internationalen Währungsfonds pumpen, das heißt, auf ihre jederzeit verfügbare »Reservequote« zurückgreifen, was innerhalb von 24 Stunden möglich war. Dies war der einzige derartige Fall eines deutschen Rückgriffs auf den IWF während der ganzen Nachkriegszeit. Die restriktive Wirkung der riesigen Devisenabflüsse auf die Bankenliquidität gestattete es der Bundesbank, ihre eigenen geldpolitischen Mittel trotz der Preisauftriebstendenzen sparsam einzusetzen und nur »Gewehr bei Fuß« zu stehen.

Die sonstigen Auswirkungen waren hingegen relativ bescheiden. Zwar wurde der Nachfragesog aus dem Ausland etwas gedämpft, was sich ab Mitte 1970 in den Zahlen für die Ausfuhr und die Leistungsbilanz bemerkbar machte. Aber die seit Anfang 1969 entfachte Preis- und Kosteninflation wurde nicht gebremst.[14] Dies war einerseits darauf zurückzuführen, daß die weltweite Preissteigerung ab 1970 sehr viel stärker war, als wir im Herbst 1969 bei unseren internen Schätzungen über den angemessenen Aufwertungssatz zugrunde gelegt hatten.

Viel wichtiger aber war, daß durch die Verzögerung der Aufwertung bis zum Oktober 1969 die bereits erwähnte Welle von Lohnkostensteigerungen ausgelöst und das Verhalten der Gewerkschaften auf Jahre hinaus äußerst ungünstig beeinflußt wurde. Dadurch war die Kosteninflation völlig außer Kontrolle geraten. Die Lohnkosten je Produkteinheit in der Industrie – also Lohnkostenerhöhung bereinigt um den Produktivitätsfortschritt – schnellten 1970 um nicht weniger als fast 13 Prozent in die Höhe, gegenüber 5 Prozent in den Vereinigten Staaten und 8 Prozent im Durchschnitt wichtiger westeuropäischer Länder. Dies war die höchste Lohnkostensteigerung in der Bundesrepublik während der letzten dreißig Jahre. Diese Lohnkosteninflation ging – trotz einer leichten Abschwächung der Konjunktur – auch noch 1971 mit einer Steigerung der Lohnstückkosten um 8 Prozent weiter. Es war eine echte Kosteninflation, also nicht eine Nachfrageinflation, was sich unter anderem darin äußerte, daß in den Jahren 1970 und 1971, anders als vorher, die Effektivlöhne eher weniger stiegen als die Tariflöhne. Wir sprachen damals in unserem Geschäftsbericht 1971 von einer »autonomen Rolle der Lohnpolitik«; denn diese außerordentlichen Lohnsteigerungen waren keineswegs nur »marktbedingt«, sondern beeinflußten die Preisentwicklung eigenständig. Die Lebenshaltungskosten, die 1967 und 1968 nur im jeweils rund 1,5 Prozent gestiegen waren, gingen von Ende 1968 bis Ende 1969 um 2,8 Prozent, von 1969 bis Ende 1970 aber sogar um 4,1 Prozent nach oben.

Drei inflatorische Lohnkostenschübe 1961, 1970 und 1974
Lohnstückkosten in der Industrie
Lohnkostenerhöhung abzüglich Produktivitätserhöhung
(Veränderungen in Prozent; in Landeswährungen)

	Veränderungen in Zweijahreszeiträumen		
	1961 u. 1962	1970 u. 1971	1974 u. 1975
Bundesrepublik Deutschland	+14,0	+21,3	+20,0
USA	− 2,0	+ 7,9	+17,5
Großbritannien	+ 8,6	+16,1	+60,2

So büßte die Bundesrepublik durch die Verzögerung der DM-Aufwertung 1968/69 ihren früheren Stabilitätsvorsprung auf längere Zeit ein, und zwar so lange, bis die D-Mark im Frühjahr 1973 die fixe Währungsparität zum Dollar aufgab und sich durch Floaten gegenüber dem Dollar vom internationalen Inflationsgeleitzug abkoppelte (vgl. Tabelle S. 267). Selbst die nochmalige DM-Aufwertung im Rahmen des Smithsonian-Abkommens vom Dezember 1971 vermochte die Preissteigerungstendenz in der Bundesrepublik nicht entscheidend zu bremsen. Außerdem führten die überhöhten Lohnkosten ab 1971 zu einem länger anhaltenden Rückgang der kapazitätswirksamen Investitionen in der Industrie und zu einem »Investitionsdefizit« gegenüber einer normalen Entwicklung, das für den Zeitraum 1971 bis 1974 von manchen Experten auf über 100 Milliarden DM beziffert wurde. Das war einer der Gründe, warum das Wachstumspotential der deutschen Wirtschaft von 4,5 bis 5 Prozent zu Beginn der siebziger Jahre auf 2,5 bis 3 Prozent gegen Ende der

siebziger Jahre absank. Die übertriebene Kostenerhöhung erwies sich als wachstums- und beschäftigungsfeindlich.
In der Rückschau kann es kaum einen Zweifel geben, daß die Welle der »wilden« Streiks im September 1969 und die dadurch in Gang gesetzte jahrelange Lohnkostenexplosion der Hauptgrund für die äußerst unbefriedigende Preisentwicklung in der Bundesrepublik zu Beginn der siebziger Jahre war. Die »wilden« Streiks aber wären im Herbst 1969 kaum ausgebrochen, wenn durch eine rechtzeitige Aufwertung die deutsche Geldpolitik handlungsfähig geworden wäre und der Wirtschaftsüberhitzung ab Anfang oder Frühjahr 1969 Einhalt geboten hätte. Ähnlich wurde diese verhängnisvolle Folge in den »Mitteilungen und Kommentaren zur Geldwertstabilität« (herausgegeben von der Sparerschutzgemeinschaft) vom 4. Mai 1981 beurteilt: »Großen Schaden verursachte die Weigerung der Bundesregierung Ende der sechziger Jahre, durch eine marktgerechte Anpassung des DM-Wechselkurses den Konjunkturaufschwung in stabilitätsgerechten Bahnen zu halten. In der Folge verloren die Tariflöhne jeden Kontakt zu den Marktlöhnen, der Erfolg der wilden Streiks erschütterte das Ansehen der Gewerkschaften bei den Mitgliedern. ... In dem Bestreben, nicht erneut vom Anstieg der Effektivlöhne überholt zu werden, sind sie seither mehr auf maximale Tariflohnerhöhungen als darauf bedacht, den Beschäftigungsrisiken Rechnung zu tragen.«
Oder mit meinen Worten: Die Ereignisse des Jahres 1969 bewirkten eine radikale Umkehr von der »Geldillusion« zu übertriebenen Inflationserwartungen. Diese beherrschten in den darauffolgenden Jahren das Feld.

Europäisches Wechselkursdrama auf Raten

Mit der verspäteten DM-Aufwertung vom Oktober 1969 war ein recht mühevoller Prozeß von schrittweisen – und durchweg zu lange aufgeschobenen – Währungsanpassungen innerhalb Europas abgeschlossen. Er hatte begonnen mit der Pfund-Abwertung vom November 1967 um 14,3 Prozent. Da es eine sehr verschleppte Anpassung war, dauerte es auch ziemlich lange, bis die Auswirkungen auf die britische Außenbilanz voll sichtbar wurden: Erst vom Frühsommer 1969 ab pendelte sich das außenwirtschaftliche Gleichgewicht Großbritanniens ein. Die zweite Phase im europäischen Anpassungsprozeß war die steuerliche »Ersatzaufwertung« um 4 Prozent in der Bundesrepublik im November 1968 – ein unwirksames Scheinmanöver, das von vornherein zum Mißerfolg verurteilt war und das in der deutschen Innenpolitik genau zum Gegenteil dessen führte, was sich seine Befürworter versprochen hatten. Der nächste Schritt im europäischen Anpassungsprozeß war die Abwertung des französischen Franc im August 1969 um 11,1 Prozent – ebenfalls längst fällig und seit langem erwartet. Zusammen mit einem energischen binnenwirtschaftlichen Sanierungsprogramm erlaubte sie Frankreich sehr rasch einen Abbau der rigorosen Devisenkontrollen, die im November 1968 wegen des Widerstrebens von de Gaulle gegen die Abwertung hatten eingeführt werden müssen. Das außenwirtschaftliche Gleichgewicht Frankreichs wurde noch vor der im Sanierungsprogramm gesetzten Frist erreicht. Hierdurch war der Franc für geraume Zeit aus der Schußlinie heraus. Letzter Schritt in diesem Europa-Wechselkursdrama auf Raten war dann die um ein Jahr verspätete DM-Aufwertung um 9,3 Prozent im Oktober 1969.

Die entscheidenden Ursachen der europäischen Währungsungleichgewichte waren fast stets ein *Inflations- und Nachfragegefälle* zwischen der Bundesrepublik einerseits und den weniger stabilitätsbewußten Ländern andererseits. Es ist bemerkenswert, daß dieser Grundzug der innereuropäischen Währungsungleichgewichte bis heute, also 15 Jahre später, erhalten geblieben ist. Auch innerhalb des 1979 eingeführten Europäischen Währungssystems (EWS) dienten die Wechselkurskorrekturen bisher im wesentlichen dem Ausgleich von Inflationsdifferenzen und von unhaltbaren Leistungsbilanzdefiziten. Mit der DM-Aufwertung von 1969 und den vorangegangenen Abwertungen von Pfund und Franc waren die seit den fünfziger Jahren aufgelaufenen Inflationsdifferenzen zwischen diesen drei Hauptländern Westeuropas im wesentlichen ausgeglichen, ja sogar überkompensiert: denn gerechnet ab 1960 war nun die D-Mark gegenüber dem Pfund um rund 34 Prozent, gegenüber dem Franc um 29 Prozent aufgewertet. Das war in beiden Fällen mehr, als der Inflationsdifferenz im Zeitraum 1960 bis 1969 entsprochen hätte.

Störende Kapitalbewegungen spielten zwar auch bei den innereuropäischen Währungsungleichgewichten eine Rolle. Sie waren aber überwiegend nur eine Vorstufe oder Begleiterscheinung von Krisen, häufig spekulativ überhöht. Manchmal waren die spekulativen Kapitalbewegungen der eigentliche Auslöser der akuten Währungskrisen und zwangen zum Handeln – spielten also eine durchaus positive Rolle. Für die deutsche Währungspolitik bedeuteten freilich die aufeinanderfolgenden Währungskrisen ein fortwährendes Wechselbad zwischen oft massiert auftretenden Liquiditätszuflüssen aus dem Ausland und Zeiten vorübergehender Beruhigung, in denen durch starke Devisenabflüsse dem Bankensystem wieder Liquidität entzogen wurde. Ein Beispiel: Im Jahre 1969 gab es von Januar bis September unter starken Schwankungen einen Nettodevisenzufluß von etwas über 8 Milliarden DM; in den drei Monaten Oktober bis Dezember 1969 flossen dann wieder 18,5 Milliarden DM ab, also mehr als zuvor hereingeströmt waren.

Warum verschloß sich Kiesinger gegenüber allen Argumenten?

Kurt Georg Kiesinger hatte noch im Frühjahr 1969 aufgrund von Meinungsumfragen ganz fest auf eine absolute Mehrheit bei der bevorstehenden Bundestagswahl vom September 1969 gehofft. Noch zwei Tage vor der Wahl, am Freitag, 26. September, als er mich zusammen mit Karl Carstens aus der oben geschilderten Staatssekretärbesprechung im Kanzleramt zu sich rief, sagte er zu mir: »Die Wahl wird gut ausgehen, besser als die Umfragen ankündigen, ich spüre es.« Tatsächlich erhielt die CDU/CSU immerhin 46,1 Prozent der Stimmen, ihr drittbestes Ergebnis bei einer Bundestagswahl überhaupt. Aber dies reichte nicht aus, um das bereits vor der Wahl abgesprochene SPD/FDP-Bündnis und den für unsere Nachkriegsgeschichte so bedeutsamen Machtwechsel von der Großen Koalition zur sozial-liberalen Koalition zu verhindern. Einige Wochen nach der Wahl sagte Kiesinger gegenüber dem »Spiegel«:[15] »In der Aufwertungsfrage haben wir unseren größten politischen Fehler gemacht.«

Und was waren die Gründe für diesen entscheidenden Fehler Kiesingers? Arnulf Baring meinte in seinem hochinteressanten

Buch »Machtwechsel«[16]: »Der Bundeskanzler war verwirrt und schwankte.« Das gibt den Hintergrund für die Fehlentscheidung Kiesingers nicht ganz richtig wieder. Nach meiner Erinnerung (die durch ausführliche Notizen über alle wichtigen Besprechungen und Unterhaltungen gestützt ist) hatte Kiesinger sich im Mai 1969 schon ganz eindeutig für die Nicht-Aufwertung entschieden. Gewiß fühlte er sich auch etwas durch seinen unvorsichtigen »Schwur« anläßlich der Wechselkursdiskussion vom November 1968 gebunden. Aber darüber wäre er wohl hinweggekommen, wenn er seine Überzeugung nachhaltig geändert hätte. Tatsächlich hatte sich Kiesinger schon damals ganz vertraulich bei einigen Journalisten erkundigt, wie es wohl aufgefaßt würde, wenn er von seinem Nichtaufwertungsschwur abgehen würde.[17] Im November 1968 und auch noch danach führte er mir gegenüber als einen von mehreren Gründen das Ergebnis einer Blitzumfrage an, wonach 87 Prozent der deutschen Männer und Frauen gegen eine DM-Aufwertung eingestellt waren. Diese Blitzumfrage hatte aber keinen echten, vor allem keinen dauerhaften Wert; sie gab eine Augenblicksstimmung wieder, die durch die schiefe Darstellung der Bonner Währungskonferenz in Fernsehen und Presse und den dadurch genährten Nationalstolz auf die Abwehr der ausländischen Forderungen auf DM-Aufwertung hervorgerufen worden war.

Aber schon kurze Zeit später traten andere und gewichtigere Überlegungen bei Kiesinger in den Vordergrund. Eine sehr wichtige war seine Sorge, eine DM-Aufwertung und die dadurch hervorgerufene Belastung der Landwirtschaft könne der NPD helfen, die 5-Prozent-Hürde für den Eintritt in den Bundestag zu überspringen. Das wurde bei Kiesinger je länger je mehr zu einer fixen Idee, die ich ihm nicht ausreden konnte. Noch in der Bundestagsdebatte vom 29. Oktober 1969 zur Regierungserklärung der neuen Regierung Brandt/Scheel führte Kiesinger dieses Argument an: »Wir wußten zum Beispiel, daß eine Aufwertung mit an Sicherheit grenzender Wahrscheinlichkeit der NPD Wasser auf ihre Propagandamühlen unter den Bauern geliefert hätte ...« Und er fügte hinzu: »Wenn der NPD nur ein halbes Prozent mehr zugeflossen wäre [sie hatte 4,7 Prozent], dann hätten wir in diesem Hause eine taktische Situation gehabt, in der keine Regierung gegen die CDU/CSU hätte gebildet werden können. Wir haben das gewußt und haben trotzdem unseren Kampf gegen die NPD geführt.« Einige Jahre später gab er zu (wie ich aus persönlichen Berichten von Gesprächspartnern Kiesingers hörte), daß dies im Grunde doch eine politische Fehlrechnung von seiner Seite gewesen war.[18]

Dazu kamen aber bei Kiesinger noch einige weitere Gründe. Er sagte mir öfters, wie sehr er sich bemüht habe, die Ansichten der Wirtschaft zu erfahren (gemeint waren vor allem Vertreter der exportorientierten Industrie) – »über 30 prominente Wirtschaftsführer habe ich in den letzten Wochen dazu gehört!« –, und wie vernichtend deren Urteil über die Aufwertung ausgefallen sei. Dieses Argument gebrauchte er mir gegenüber schon vor dem 9. Mai 1969, aber auch noch in meiner kurzen Unterredung mit ihm am 26. September, zwei Tage vor der Bundestagswahl. Im übrigen war er zweifellos durch einige der von Hermann Josef Abs ständig wiederholten Argumente gegen die Aufwertung beeindruckt. Dazu gehörte unter anderem das von den damaligen Aufwertungsgegnern immer wiederholte Argument, die Entwicklung nach dem Eingriff von 1961 habe gezeigt, daß eine Aufwertung gar keine nennenswerten Wirkungen gegen den Preisauftrieb zeitige. Auch Franz Josef Strauß führte das ständig ins Feld. Noch bei der Abrechnung im Bundestag am 30. Oktober 1969 über die von der letzten Regierung verpaßte Aufwertung sagte er: »Die nächste Frage ist das Problem, ob man durch Aufwertung die sogenannte Import-Inflation (sic!), wie sie Direktor Emminger von der Deutschen Bundesbank nannte, verhindern sollte und verhindern kann: In der Theorie ja, in der Praxis mit wenig Erfolg. Die Vergangenheit nach dem März 1961 hat gezeigt, daß die Preisentwicklung kaum davon beeinflußt wurde ... Jedenfalls ist der Schaden, der durch eine Aufwertung entsteht, größer als der fragwürdige Nutzen.« Auch der spätere Bundesbankpräsident Karl Klasen machte sich in einem Leserbrief an die »Börsenzeitung« (19. Mai 1969) dieses Argument der Aufwertungsgegner zu eigen und behauptete, die Preisentwicklung nach der Aufwertung von 1961 sei keine Sondererscheinung, sondern »symptomatisch« für die fehlende Preiswirkung einer Aufwertung gewesen. Daß die geringe Preiswirkung der Aufwertung von 1961 hauptsächlich darauf beruhte, daß infolge ihrer starken Verspätung die Lohnkosteninflation bereits in Gang gesetzt war, und außerdem auf dem zu geringen Aufwertungssatz, habe ich bereits Seite 133f. näher dargelegt. Ein weiteres, für Kiesinger mitentscheidendes Argument war ein rein politisches: Bei unserer Unterredung im allerengsten Kreis (Kiesinger, Schiller, ich und zeitweise Neusel) am 17. März 1969 war er am Ende schwankend. Aber er sagte gleich: »Ich kann auf keinen Fall umschwenken, wenn Strauß unverrückbar auf seinem Widerspruch beharrt; denn man kann mir nicht zumuten, daß ich ein paar Monate vor der Bundestagswahl eine Kabinettskrise auf mich nehme.« Von da ab war er schon aus wahltechnischen Gründen fest entschlossen, an der Nicht-Aufwertung festzuhalten. Die unüberwindbare Mauer war also nicht Abs, sondern Strauß (der sich dabei übrigens auch auf Klasens Votum gegen jegliche Aufwertung stützte).

Rückblickend sagte neun Jahre später ein wissenschaftlicher Beobachter: »Immerhin wurden im Jahr 1969 mit einer Wechselkursdiskussion Wahlen entschieden.«[19]

6. Kapitel

D-Mark wird Gegenspieler des Dollars – Währungskrise 1971

Liquiditäts-Wechselbäder von außen überrollen die deutsche Geldpolitik 1970/1971

Der Beginn der siebziger Jahre leitete in den internationalen Währungsbeziehungen der Bundesrepublik eine neue Epoche ein, und zwar in zweierlei Hinsicht. Zum einen trat nunmehr das Verhältnis zum Dollar in den Vordergrund; unsere Währungsbeziehungen und gelegentlichen Spannungen zu anderen europäischen Währungen spielten im Vergleich dazu eher eine Nebenrolle. Das zweite Phänomen war, daß beim Verhältnis zum Dollar fast immer die Kapitalbewegungen eine überragende Rolle für die Währungsungleichgewichte spielten, während die Inflationsdifferenzen oft in den Hintergrund traten. Dies war freilich schon seit Mitte der fünfziger Jahre gelegentlich zutage getreten. So waren von 1959 bis 1966 die Vereinigten Staaten das stabilste unter allen größeren Industrieländern. Sie blieben in dieser Periode sowohl bei der Steigerung der Verbraucherpreise als auch erst recht bei der Lohnkostensteigerung erheblich unter den gleichzeitigen Inflationsraten der Bundesrepublik, obgleich diese doch damals schon als »preispolitisches Musterland« galt.[1] Die Vereinigten Staaten hatten in den Jahren 1958 bis 1967 auch fast durchweg leichte Überschüsse in der Leistungsbilanz. Trotz dieses amerikanischen Stabilitätsvorsprungs kam es schon seit 1958 immer wieder zu Schwächeanfällen des Dollars. Der Hauptgrund waren amerikanische Kapitalexporte, Hilfen für Entwicklungsländer und Militärausgaben im Ausland, die zusammen weit über die nur geringen Überschüsse der Leistungsbilanz hinausgingen. So kam es dazu, daß die Währungsreserven der Vereinigten Staaten, die in der Hauptsache Goldreserven waren, von

24,8 Milliarden Dollar im Jahre 1957 auf 14,8 Milliarden Dollar im Jahre 1967 absanken. Bis Mitte der sechziger Jahre konnte man dies noch als nützliche Umverteilung der monetären Goldreserven betrachten. Die Amerikaner aber führten, um die Reserveverluste in Grenzen zu halten, ab 1963 eine »Zinsausgleichssteuer« (*interest equalization tax*) und später noch andere Beschränkungen auf gewisse Kapitalexporte ein. Ab 1968 traten zu den Kapitalexporten noch Leistungsbilanzdefizite schwankenden Umfangs als zusätzliche Belastung hinzu.

Die D-Mark, als stärkste europäische Währung, wurde spätestens ab Anfang 1970 der – unfreiwillige – Gegenspieler oder »Gegenpol« des schwächer werdenden Dollars und vor allem der von den Vereinigten Staaten ausgehenden stark wechselnden Geld- und Kapitalbewegungen. Ein Musterbeispiel stellt das geldpolitische Wechselbad dar, das durch einen plötzlichen Umschwung in der amerikanischen Zinspolitik von 1969 auf 1970 hervorgerufen wurde. 1969 war in Amerika ein Jahr der Kreditrestriktion und relativ hoher Zinsen gewesen. Anfang 1970 schwenkte die amerikanische Geldpolitik unter dem Eindruck einer Konjunkturflaute von der Zinshausse zur Zinsbaisse. Die amerikanischen Zinssätze traten eine Talfahrt an, die zum Beispiel die Rendite für Dreimonats-Schatzwechsel von fast 8 Prozent im Januar 1970 bis auf 3 Prozent im März 1971 absinken ließ. In der vorangegangenen Periode der amerikanischen Kreditrestriktion hatten sich die amerikanischen Banken 1968/69 rund 12,5 Milliarden Dollar an liquiden Mitteln bei ausländischen Banken, und zwar hauptsächlich über den Eurodollarmarkt, beschafft und dadurch ihre kurzfristige Verschuldung allein bei ihren Filialen im Ausland auf über 14 Milliarden Dollar hochgetrieben. Nach der kreditpolitischen Kehrtwendung von Anfang 1970 bauten sie diese relativ teure Auslandsverschuldung in raschem Tempo wieder ab. Sie schleusten rund 13 Milliarden Dollar wieder auf die internationalen Geldmärkte zurück.[2] Ein beträchtlicher Teil dieser Geldrückflüsse ging auf direktem oder indirektem Weg in die Bundesrepublik. Infolgedessen schloß unsere Devisenbilanz im Jahre 1970 – obgleich in diesem Jahr keine Spekulationskrise zusätzlich Geld hereinschwemmte – mit dem bis dahin höchsten Devisenüberschuß eines einzelnen Jahres, nämlich 22,5 Milliarden DM, ab. Diese Bewegung setzte sich von Januar bis Mai

1971 weiter fort; in diesen fünf Monaten gab es nochmal 19,5 Milliarden DM an Devisenzuflüssen.
Durch diese Springflut von Auslandsgeld wurde die Geldpolitik der Bundesbank 1970/71 förmlich überrollt. Die Netto-Währungsreserven der Bundesbank schwollen von relativ bescheidenen 26 Milliarden DM zu Beginn des Jahres 1970 auf mehr als das Zweieinhalbfache, nämlich auf über 68 Milliarden DM Ende Mai 1971 an. Dieser enorme Zuwachs beruhte fast nur auf Kapitalzuflüssen, es waren also »geborgte« Währungsreserven. Zwar wurden in der gleichen Zeit im Inland durch Maßnahmen der Bundesbank (Mindestreservepolitik) sowie der Bundesregierung (Konjunkturausgleichsrücklage, Konjunkturzuschlag) insgesamt rund 24 Milliarden DM stillgelegt. Dies konnte jedoch nicht verhindern, daß die freien Liquiditätsreserven der Banken sich verdoppelten und das Geldvolumen (nach der Definition M_2) im Mai 1971 um nicht weniger als 17 Prozent größer war als zwölf Monate zuvor. Nicht mehr die deutschen Währungsbehörden, sondern die von der amerikanischen Kreditpolitik ausgehenden liquiditätspolitischen Wechselbäder sowie das spekulative Hin und Her der vagabundierenden Dollar-Massen entschieden in diesem Zeitraum weitgehend über die Geldversorgung der deutschen Volkswirtschaft und damit auch über Erfolg oder Mißerfolg der deutschen Stabilitätspolitik. Ich prägte damals für diesen Sachverhalt das Schlagwort von der *»monetären Nebenregierung«* durch die internationalen Geldmärkte bzw. Dollar-Bewegungen.[3] Anfang Februar 1971 hatte ich in einem internen Memorandum für das Bundesbankdirektorium geschrieben: »Wenn die D-Mark im weiteren Verlauf etwa erneut Anzeichen einer Unterbewertung aufweisen sollte, so daß zu den zinsbedingten Zuflüssen auch noch spekulative hinzuträten, so könnten wir unsere Kreditpolitik wohl von vornherein als wirkungslos in den Rauchfang schreiben ... Das bedeutet, daß wir beim ersten Fühlbarwerden einer Unterbewertung (und der daraus folgenden Aufwertungsspekulation) für eine ausreichende Aufwertung der D-Mark sorgen müßten, so schwierig dies in der EG auch sein wird.«
Ab Mitte März 1971 war es dann soweit. Bis dahin waren die Geldzuflüsse in die Bundesrepublik überwiegend bestimmt durch das Zins- und Liquiditätsgefälle zwischen der Bundesrepublik

einerseits, den Vereinigten Staaten und dem Eurodollarmarkt andererseits. In dieser Zeit mußte die Bundesrepublik zwischen 40 und 45 Prozent der gesamten Dollar-Zuflüsse in die Länder der Zehner-Gruppe (außerhalb der Vereinigten Staaten) aufnehmen; daneben nahmen eine Reihe sonstiger Länder beachtliche Beträge auf, wobei freilich Großbritannien und Frankreich diese zur Tilgung von Währungsschulden aus früheren Krisen verwenden konnten. Ab Mitte März 1971 wurden die zinsbedingten Zuflüsse immer stärker durch »spekulative« Devisenbewegungen, das heißt durch das Mißtrauen in das bestehende Wechselkursgefüge, überlagert. Hier war die Bundesrepublik das Hauptziel, da die D-Mark die hauptsächlich aufwertungsverdächtige Währung war. Als die Spekulationswelle alle Grenzen zu überspringen drohte, wurden auf unseren Antrag am 5. Mai 1971 die deutschen Devisenbörsen vorübergehend geschlossen. Sie wurden am 10. Mai wieder geöffnet, aber unter Freigabe des Wechselkurses; mit anderen Worten: Die Verpflichtung der Bundesbank, den Dollar zu einem festen Kurs anzukaufen, wurde suspendiert. Die D-Mark ging zum Floaten über, und zwar bis Dezember 1971, das heißt bis durch ein multilaterales Währungsabkommen im Rahmen der Zehner-Gruppe, das sogenannte *Smithsonian Agreement*, neue wesentlich veränderte Wechselkursrelationen zwischen den wichtigsten Währungen vereinbart wurden.

Für uns war von entscheidendem Interesse, daß wir durch die Befreiung von der Interventionspflicht uns für den ganzen Rest des Jahres 1971 gegen weitere störende Geldbewegungen von außen abgeschirmt hatten. Dieses wichtigste Ziel der Wechselkursfreigabe wurde geradezu glänzend erreicht. Die rund 17 Milliarden Dollar, die nach dem 5. Mai bis Ende 1971 aus den Vereinigten Staaten und aus dem Eurodollarmarkt abflossen, gingen in andere Länder, wobei Japan den Hauptteil aufzunehmen hatte. Per saldo hatte die Bundesbank im ganzen Jahr 1971 nur rund 4,5 Milliarden Dollar aufzunehmen; denn einige der von Januar bis Mai hereingeflossenen Dollar-Milliarden konnten wir in der Zeit des Floatens zu relativ guten Preisen wieder am Devisenmarkt verkaufen. Insgesamt verzeichneten die Länder der Zehner-Gruppe (außer USA) im ganzen Jahr 1971 einen Reservezugang von nicht weniger als 30 Milliarden Dollar; der Anteil der Bundesrepublik an dieser Dollar-Invasion blieb also dank unseres frühzeitigen Abkoppelns Anfang Mai mit 4,5 Milliarden Dollar per saldo relativ gering. Ein erstaunliches Ergebnis, wenn man bedenkt, daß in den Frühjahrsmonaten des Jahres 1971 die Währungskrise den Charakter einer *Dollar/DM-Krise* angenommen hatte. Über das ganze Jahr 1971 gesehen, hatten andere Länder weit mehr von diesen Dollar-Zugängen aufzunehmen, so Japan mit einem Reservezugang von über 10 Milliarden Dollar und Großbritannien mit Zuflüssen von rund 8 Milliarden Dollar und einer sichtbaren Reserveaufstockung von rund 4 Milliarden Dollar. Der japanische Yen trat hier zum erstenmal als potentieller Gegenspieler zum Dollar auf die internationale Währungsbühne.

Aufhebung der Dollar-Ankaufspflicht Mai 1971 – Zentralbankrat gespalten

Das Abkoppeln der D-Mark von der festen Dollar-Parität ging unter ziemlich dramatischen Umständen vor sich. Die Ende März 1971 einsetzende spekulative Welle wurde Ende April und Anfang Mai durch einige »Betriebsunfälle« noch hochgeputscht: Indiskretionen in der Presse über vertrauliche Wechselkursdebatten auf einer EG-Ministerratstagung in Hamburg, unzeitige Veröffentlichungen über den Vorschlag einer Wechselkursfreigabe seitens der deutschen wirtschaftswissenschaftlichen Institute. Aber das war nur der letzte Tropfen, der das Faß zum Überlaufen brachte. Ende April 1971 trafen wir mit dem damaligen IWF-Chef Pierre-Paul Schweitzer[4] und Wirtschaftsminister Karl Schiller zu einem Abendessen und anschließenden vertraulichen Diskussionen in Schloß Kronberg bei Frankfurt zusammen. Dabei gaben die Gesprächsteilnehmer recht unterschiedliche Beurteilungen der Lage ab.

Unterstützt von einem meiner Kollegen versuchte ich, Schweitzer klarzumachen, daß die anbrandende spekulative Welle kaum noch anders aufzuhalten war als durch Aufhebung der Dollar-Ankaufspflicht zu fixen Kursen, das heißt durch Freigabe des DM-Kurses. Ganz anderer Meinung war unser damaliger Präsident Karl Klasen. Schweitzer selbst hielt sich vorsichtig bedeckt, äußerte aber, wie zu erwarten, Bedenken gegen ein Floaten. Ihm war begreiflicherweise

sehr unwohl bei dem Gedanken an eine kommende Währungskrise, hatte er doch noch im Oktober 1970 in einer Rede gesagt: »Die Weltwährungssituation war noch nie so gut wie jetzt.« Eine der frappantesten Fehldiagnosen auf dem Währungsgebiet (die ich mir wegen ihrer offenkundigen Absurdität sofort notierte).
Es dauerte nur wenige Tage, bis sich meine skeptische Voraussage bewahrheitete. Im April und den ersten Tagen des Mai hatte die Bundesbank rund 6 Milliarden Dollar im Gegenwert von 22 Milliarden DM aufzunehmen,[5] darunter über 2 Milliarden Dollar in den ersten drei Arbeitstagen des Mai. Am Mittwoch, den 5. Mai – der Zentralbankrat war in Frankfurt zu einer Sitzung versammelt –, mußten in der ersten Stunde nach Öffnung der Devisenbörsen 1,2 Milliarden Dollar zum festen Interventionskurs hereingenommen werden. Bundeswirtschaftsminister Schiller, der sich zu unserer Sitzung angesagt hatte, um die Währungskrise zu erörtern, verspätete sich auf der Fahrt nach Frankfurt. Wir hätten sonst schon vorher beantragt, die Devisenbörsen zu schließen, wollten aber die Ankunft des Ministers abwarten; die Bundesbank konnte ja nicht selbst die Schließung verfügen, vielmehr nur einen entsprechenden Antrag an das Bundeswirtschaftsministerium richten. Als Schiller dann verspätet eintraf, wurde die Schließung selbstverständlich sofort beschlossen. Das Warten auf die verspätete Ankunft des Ministers hatte uns überflüssigerweise einen zusätzlichen Dollar-Zustrom von mehr als einer halben Milliarde Dollar zum überhöhten Festkurs eingebracht.
Die eigentliche Dramatik aber lag in der darauffolgenden Diskussion im Zentralbankrat über die Frage: *Freigabe des DM-Kurses oder Kapitalimportkontrollen?* Schiller war für den Übergang zu einem zeitlich begrenzten Floaten, bis Klarheit über das künftige Schicksal des Dollars geschaffen war. Im Zentralbankrat aber setzte sich – unter Führung Klasens – mit erheblicher Mehrheit jene Gruppe durch, die gegen eine vorübergehende Kursfreigabe der D-Mark war und statt dessen die störenden Zuflüsse durch Kapitalimportkontrollen (»Devisenbannwirtschaft« oder »negative Devisenbewirtschaftung«, wie es damals auch genannt wurde) eindämmen wollte. Ich selbst stand auf der anderen Seite und mit mir sechs weitere Mitglieder des Zentralbankrats. Wir beantragten eine zeitlich befristete Freigabe des Wechselkurses. Mit 11 zu 7 Stimmen

beschloß der Zentralbankrat, der Bundesregierung die Einführung von Devisenabwehrmaßnahmen gemäß § 23 des Außenwirtschaftsgesetzes (AWG) zu empfehlen. Dabei sollte, neben anderen Beschränkungen, vor allem die Aufnahme von Auslandskrediten durch Nichtbanken verboten werden. Es kam also zu einer klaren Spaltung des Zentralbankrats in zwei Gruppen – die Mehrheit unter Führung des Präsidenten, die Minderheit unter Führung des Vizepräsidenten.[6] Allerdings wäre wohl eine Mehrheit des Zentralbankrats bereit gewesen, die Stellungnahme zur Frage des flexiblen Wechselkurses zu revidieren, wenn andere europäische Länder, insbesondere EG-Mitgliedsländer, sich einer derartigen Maßnahme anschließen würden.

Klasen war aus verschiedenen Gründen gegen eine Wechselkursfreigabe: Einerseits befürchtete er, daß dies mit einer Aufwertung der D-Mark enden werde, und er war damals, ebenso wie schon im Herbst 1969, also vor seinem Amtsantritt, ganz entschieden gegen jede DM-Aufwertung. Andererseits meinte er, selbst mit einem zeitlich befristeten Übergang zum Floaten würden wir gegen internationale Verpflichtungen verstoßen, und zwar sowohl gegen die Paritätsregeln des Internationalen Währungsfonds als auch gegen die kurz zuvor in der EG eingegangene Verpflichtung, wonach ab Juni 1971 die Wechselkursbandbreite zwischen den EG-Währungen verringert werden sollte.

Meine Hauptargumente waren: Abgesehen von den ordnungspolitischen Bedenken sei eine »Devisenbannwirtschaft« nach § 23 des AWG kaum erfolgversprechend in einer Situation, die nicht allein durch Zinsdifferenzen gegenüber dem Ausland, sondern durch ein ausgeprägtes Mißtrauen gegenüber dem Dollar, der Leitwährung des Währungssystems, und durch einen ständig zunehmenden weltweiten Drang in die D-Mark gekennzeichnet war. Wir würden uns nur eine Währungskrise nach der anderen einhandeln, und je länger eine echte Lösung hinausgezögert würde, um so härter würde sie unsere Wirtschaft treffen. Ich führte auch an – was ich später noch oft zu wiederholen hatte –, die D-Mark sei nun ohne unseren Willen zum Gegenpol des Dollars geworden, was einen historischen Wendepunkt in unserem internationalen Währungssystem darstelle. Wir seien dadurch in unserer Geldpolitik überrollt worden. Aus dem gegenwärtigen Dilemma würde im Grunde nur eine gemeinsame Aktion der wichtigsten europäischen Länder herausführen, die im Augenblick aber kaum zu erreichen sei. Der Verstoß gegen die EG-Regeln beschränke sich im wesentlichen auf die Unmöglichkeit, die vereinbarte Verringerung der Bandbreiten innerhalb der EG schon am 15. Juni 1971 einzuführen; doch sei unter den EG-Notenbanken ausdrücklich vereinbart worden, daß während einer ersten »experimentellen Phase« eine Notenbank in Notfällen von der Bandbreitenverringerung dispensiert werden könne. Schwieriger seien freilich die mit einer Freigabe verbundenen Agrarprobleme in der EG zu lösen. Die im Zentralbankrat diskutierte Anwendung des belgischen Systems eines gespaltenen Wechselkurses hielte ich nach früheren ausführlichen Gesprächen mit leitenden Herren der belgischen Notenbank für wenig erfolgversprechend; auf keinen Fall könne dies kurzfristig eingeführt werden, sei also kein Ausweg aus der augenblicklichen Krise.

Bundeswirtschaftsminister Schiller blieb – entgegen der Mehrheit des Zentralbankrats – bei seinem Votum für eine befristete Wechselkursfreigabe. Dieser Konflikt führte unter anderem zu einer ziemlichen Abkühlung des bis dahin guten Verhältnisses zwischen den Duzfreunden Klasen und Schiller. Der 5. Mai 1971 war übrigens noch aus einem anderen Grund denkwürdig: Wir hatten für den Nachmittag dieses Tages zu einer Gedenkfeier für den kurz zuvor verstorbenen früheren Präsidenten Karl Blessing eingeladen. Außer Schiller, der eine Gedenkrede auf Blessing hielt, waren auch einige ausländische Notenbankpräsidenten, darunter der schweizerische und französische, anwesend.

Als die Devisenbörsen am Montag, 10. Mai 1971, wieder geöffnet wurden, kam es entgegen dem Votum der ZBR-Mehrheit zu einer Kursfreigabe für die D-Mark. Hier saß die Bundesregierung, und damit Karl Schiller, am längeren Hebel. Denn die von der ZBR-Mehrheit empfohlenen Devisenabwehrmaßnehmen nach § 23 des AWG konnten nur durch die Bundesregierung erlassen werden. Diese aber stellte sich hinter den Bundeswirtschaftsminister. Dies kam schon ziemlich klar zutage, als am Donnerstag und Freitag der Krisenwoche mehrere Sitzungen in Bonn, teils im kleinen Kreis, teils im Kabinett, stattfanden. Endgültig bestätigt wurde der Beschluß zur Wechselkursfreigabe, als es Schiller gelang, in einer wiederum höchst dramatischen Marathonsitzung des EG-Ministerrats

in Brüssel eine offizielle Duldung des deutschen Floatens durch die EG durchzudrücken.
Die Bundesregierung und die niederländische Regierung hatten eine Sondersitzung des EG-Ministerrats für Samstag, den 8. Mai, beantragt, um der in der EG bestehenden Verpflichtung zur Vorauskonsultation vor einer Wechselkursentscheidung gerecht zu werden. Für den darauffolgenden Sonntag, 9. Mai, war eine Sondersitzung des Bundeskabinetts anberaumt, das die endgültigen Beschlüsse fassen sollte.
Die Ratstagung in Brüssel unter dem Vorsitz des damaligen französischen Finanzministers Giscard d'Estaing begann am Samstag vormittag um 10.30 Uhr und endete am Sonntag morgen um 7 Uhr. Es war mit fast 21 Stunden Dauer die längste Sitzung, die ich je mitgemacht habe. Es ging im wesentlichen um die Frage, ob der EG-Ministerrat dem Übergang zu einem vorübergehenden Floaten zustimmen würde, aber auch, ob hierfür zeitliche Grenzen festgelegt werden sollten, und ob eine eventuelle DM-Aufwertung, das heißt Paritätsänderung, am Ende des Floatens gebilligt werden würde oder nicht.
Schillers Hauptziel war es, die damaligen sechs Mitgliedsländer der EG zu einem gemeinsamen Floaten gegenüber dem Dollar, einem Block-Floaten, zu bewegen. In seiner einleitenden Erklärung sagte er unter anderem: »Eine solche Aktion würde zugleich die nationalen Stabilitätsbemühungen unterstützen und uns allen einen neuen Handlungsraum verschaffen; zugleich blieben die Gemeinschaftsmechanismen unberührt und voll intakt, vor allem das Agrarmarktsystem.«
Ich unterstützte Schiller nach Kräften. Ich hatte bereits im September 1970 in einem Interview mit dem »Handelsblatt« ausgeführt, daß ich auf längere Sicht keinen anderen passablen Ausweg gegenüber dem Dollar sehen könne, als »unseren Wechselkurs vom Dollar zu lösen«, und zwar nach Möglichkeit gemeinsam mit den anderen EG-Währungen.[7] So versuchte ich vor allem, meine vielen Freunde und Bekannten bei den anderen Notenbanken für die Idee zu gewinnen. Ich hatte schon bei einer vorausgegangenen Arbeitssitzung des Währungsausschusses der EG (dessen Vizepräsident ich seit 1958 war) für die Idee eines gemeinsamen Floatens geworben. Aber weder bei den Franzosen noch bei den Italienern war die Ab-

neigung gegen ein solches gemeinsames Floaten zu überwinden. Sie fürchteten vor allem, daß sie durch ein Zusammengehen mit der »starken«, aufwertungsverdächtigen D-Mark zu sehr gegenüber den übrigen Währungen nach oben gezogen würden. Giscard war auch grundsätzlich gegen jedes Floaten, auch ein zeitlich begrenztes. Wie er im privaten Gespräch sagte, hätte er vielleicht einer sofortigen maßvollen DM-Aufwertung, also einer isolierten Paritätsänderung zugestimmt – denn er sah die darin liegenden Vorteile für die französische Wettbewerbsposition. Aber eine sofortige Paritätsänderung der D-Mark war ganz und gar nicht im Sinne von Schiller. Als Giscard ihn fragte: »Warum machen Sie das eigentlich nicht?«, antwortete er: »Das machen wir nicht, weil unsere Konjunkturlage labil und unübersichtlich ist. Eine feste Aufwertung wäre irreversibel.« Schiller sagte auch sonst mehrfach: »Wir wollen uns nicht festlegen; wir möchten eine reversible Lösung.« Also wiederum die Furcht vor einer zu starken Konjunkturdämpfung durch eine DM-Aufwertung – genau wie im Herbst 1968! An diesem Standpunkt hielt er noch ziemlich lange fest, während mir von Anfang an klar war, daß das vorübergehende Floaten gar nicht anders als mit einer festen DM-Aufwertung gegenüber dem Dollar enden konnte.

Nach unendlich langen Debatten kam es dann am frühen Morgen des 9. Mai doch noch zu einem Kompromiß. Die Schlußerklärung enthielt folgende Hauptpunkte:

1. Der Ministerrat stellt fest, daß die gegenwärtige Situation und die voraussichtliche Entwicklung der Zahlungsbilanzen der Mitgliedsstaaten eine Änderung der Paritäten nicht rechtfertigen, und nimmt zur Kenntnis, daß die Regierungen der Mitgliedsstaaten entschlossen sind, ihre Paritäten beizubehalten.

2. Angesichts der übermäßigen Kapitalzuflüsse in gewisse Länder der Gemeinschaft gibt der Rat, obgleich unter normalen Umständen ein System flexibler Wechselkurse innerhalb der Gemeinschaft mit ihrem guten Funktionieren unvereinbar ist, seinem Verständnis dafür Ausdruck, daß in gewissen Fällen die betreffenden Länder *für eine begrenzte Zeit* die Schwankungsbreiten der Wechselkurse ihrer Währungen im Vergleich zu ihren augenblicklichen Paritäten erweitern können.

3. Diese Aktion wird durch geeignete Maßnahmen verstärkt,

um die übermäßigen Kapitalzuflüsse zu entmutigen und deren Auswirkungen auf die innere monetäre Situation zu neutralisieren; der Rat hat hierüber vor dem 1. Juli 1971 zu beraten.

4. In dem Bestreben, die Anwendung einseitiger Maßnahmen zu vermeiden, um eventuelle Störungen im Warenaustausch mit landwirtschaftlichen Erzeugnissen abzuwehren, erläßt der Rat gemäß Art. 103 des Vertrags unverzüglich die geeigneten Maßnahmen.

Dieser Beschluß des Ministerrats war zwar keine offizielle Billigung des deutschen Vorgehens, aber, um mit Schiller zu sprechen, ein Toleranzedikt. Der Beschluß ließ – Gott sei Dank – wichtige Punkte bewußt im ungewissen, so daß hinterher verschiedene Auslegungen möglich waren. Der Passus in Ziffer 2: »für eine begrenzte Zeit« sollte nach französischer Auffassung höchstens einige Wochen bedeuten. Die deutsche Seite sprach immer häufiger von mindestens einem halben Jahr. In den folgenden Wochen und Monaten versuchten die Franzosen immer wieder Druck auf eine baldige Rückkehr der Bundesrepublik zu einer festen Parität auszuüben: Im Juni erklärten sie in aller Form, sie würden sich nicht mehr am weiteren Ausbau der Währungs- und Wirtschaftsunion in der EG beteiligen, bevor nicht die D-Mark wieder zur alten Parität zurückgekehrt sei. Kurz danach machten sie diese Rückkehr zur festen Parität auch zur Vorbedingung dafür, daß sie sich an der Vorbereitung einer gemeinsamen Stellungnahme der EG-Länder auf der IWF-Jahrestagung im September 1971 beteiligten.

Die Feststellung in Ziffer 1, wonach eine Paritätsänderung von Mitgliedswährungen nicht gerechtfertigt sei, stand unter dem Vorbehalt der »gegenwärtigen Situation« und der »voraussichtlichen Zahlungsbilanzentwicklung«. Für mich und verschiedene andere gab es nicht den geringsten Zweifel, daß am Ende die »Situation« anders sein und eine DM-Aufwertung erzwingen würde. Jedoch war dieser Satz über die »Nichtänderung der Paritäten in der gegenwärtigen Situation« das *sine qua non*, die entscheidende Voraussetzung dafür gewesen, um überhaupt einen gemeinsamen Beschluß des Ministerrats zustande zu bringen. So bemühten sich auch diejenigen, die dies nicht als endgültig ansahen, eine Zeitlang, diesem Satz wenigstens Lippendienst zu erweisen. Ich zitierte ihn auch öfters, aber immer unter Hinzufügung des Vorbehalts »gegenwärtige

Situation« usw. Trotzdem wurde mir verschiedentlich in den Mund gelegt, ich hätte ganz eindeutig eine Rückkehr zur alten Parität vorhergesagt. Ich mußte dies durch eine eigene Erklärung richtigstellen (»Vereinigte Wirtschaftsdienste« 2.6.1971). Außerdem förderte die Aussicht, daß die D-Mark vielleicht doch das im freien Schwanken erzielte Agio gegenüber dem Dollar wieder verlieren würde, den raschen Abfluß eines Teils der spekulativen Gelder, und zwar zu für uns relativ günstigen Kursen. Schiller meinte es freilich mindestens bis Mitte 1971 ernst, wenn er sich, zum Beispiel im Bundestag, in Interviews, aber auch in ganz intimen Besprechungen in der Bundesbank, immer wieder auf die Festlegung im Beschluß des EG-Ministerrats berief, die Paritäten nicht zu ändern. Bei ihm schwang immer wieder die Befürchtung mit, daß eine DM-Aufwertung zur Unzeit konjunkturdämpfend wirken könnte.

Wenn wir auch mit dem mühsamen EG-Kompromiß vom 10. Mai 1971 die Periode bis zur endgültigen Lösung ganz gut überdauern konnten, so war es doch für Schiller fast tragisch zu nennen, daß er seine »optimale Lösung«, nämlich das gemeinsame Floaten der EG-Währungen gegenüber dem Dollar, damals nicht durchzusetzen vermochte. (Als nämlich – unter meiner Mitwirkung – zwei Jahre später, im März 1973, das Block-Floaten einer Gruppe von EG-Währungen doch noch zustande kam, war Schiller längst nicht mehr Minister.) Daß ihm der große Wurf nicht gelang, hatte gewiß auch mit dem unüberbrückbaren Gegensatz zwischen ihm und Giscard zu tun, der nach meiner Meinung und nach Ansicht anderer Sitzungsteilnehmer nicht nur rein sachlicher, sondern auch persönlicher Natur war. Es ist bemerkenswert, daß Helmut Schmidt, der Ende Juni 1972 die Nachfolge Schillers antrat, offenbar dieses Hindernis für eine gute deutsch-französische Zusammenarbeit auf dem Wirtschaftsgebiet sehr genau beobachtet hatte. Nach Übernahme des Wirtschafts- und Finanzressorts war sein allererstes Bestreben, gute persönliche Beziehungen zu Giscard herzustellen, indem er diesem sofort nach Amtsübernahme einen Besuch in Paris abstattete. Dies führte zwischen den beiden zu einer engen persönlichen Zusammenarbeit, die im weiteren Verlauf viele Brüsseler EG-Beschlüsse erleichterte. Das Freundschaftsverhältnis dauerte fort, als beide an die höchste Spitze ihrer jeweiligen Regierung gelangt waren. Unmittelbar nach der DM-Krise vom Mai 1971 aber waren die deutsch-französischen Währungsbeziehungen überschattet von unüberbrückbaren Gegensätzen in der Wechselkursfrage. Man sprach damals monatelang von einem deutsch-französischen »Konflikt« in der Währungsfrage, der auch durch mehrere Zusammenkünfte der Regierungsspitzen Pompidou und Brandt nicht ausgeräumt werden konnte.

Was aber folgte auf deutscher Seite nach dem mühevollen Brüsseler Kompromiß? Unmittelbar nach der 21stündigen Marathonsitzung in Brüssel flog Herr Klasen am Sonntag, 9. Mai, nach Bonn, um an der dortigen Sondersitzung des Bundeskabinetts teilzunehmen. Ich flog am gleichen Morgen nach Basel, wo an diesem Sonntag die Notenbankchefs zur monatlichen BIZ-Sitzung zusammengekommen waren. Obgleich ziemlich übermüdet, war ich den ganzen Sonntag damit beschäftigt, den Notenbankvertretern, vor allem jenen, die nicht selbst an der Brüsseler Sitzung teilgenommen hatten, die deutsche Situation und unsere weiteren Absichten zu erläutern. Der in Basel tagende Ausschuß der EG-Notenbankpräsidenten stimmte der vorübergehenden Aussetzung des Beschlusses zur Verringerung der Wechselkursbandbreiten innerhalb der EG zu. Es wurde auch der Beschluß bekräftigt, Dollar-Reserven der Notenbanken nur in den USA selbst, nicht aber im Eurodollarmarkt anzulegen (wo sie nur das Volumen der störenden Dollar-Überliquidität aufblähten).

Die Bundesregierung faßte am 9. Mai eine Reihe von Beschlüssen, um das Ergebnis der Brüsseler Konferenz durch ein binnenwirtschaftliches Antiinflationsprogramm zu unterstützen. Und was geschah mit der Wechselkursfreigabe, gegen die einige Tage zuvor der Zentralbankrat mit Mehrheit gestimmt hatte? Das Kabinett richtete folgendes Ersuchen an die Bundesbank: »Um ihren gesetzlichen Auftrag nach § 3 des Bundesbankgesetzes (Sicherung der Währung) erfüllen zu können und zur Unterstützung der Politik der Bundesregierung nach § 12 des Bundesbankgesetzes wird die Deutsche Bundesbank gebeten, die bisherigen Interventionen an den Devisenmärkten vorübergehend einzustellen.« Der Bundesbank blieb gar nichts anderes übrig, als diesem Wunsch der Bundesregierung nachzukommen. Die von der ZBR-Mehrheit statt dessen gewünschte Anwendung von § 23 des Außenwirtschaftsgesetzes (Kapitalimportkontrollen) fiel ja in die Zuständigkeit der Regierung.

Klasen begründete seinen Stellungswechsel nach außen wie folgt (in einer am 11. Mai 1971 auf einer Versammlung des Vereins Deutscher Maschinenbau-Anstalten gehaltenen Rede): Er habe gegen eine Freigabe des DM-Wechselkurses plädiert, weil er befürchtet habe, am Ende der Freigabezeit werde eine Aufwertung stehen; außerdem würden durch die Wechselkursfreigabe internationale Verträge verletzt. Beide Gefahren seien nunmehr beseitigt, da in der Erklärung der EG-Ratstagung festgehalten worden sei, daß es zu keiner Aufwertung kommen werde, und die Bundesregierung entschlossen sei, die Verträge mit der EG und dem Internationalen Währungsfonds nicht zu brechen. Klasen betonte in den folgenden Wochen und Monaten immer wieder, mit der – nach seiner Ansicht fest beschlossenen – Rückkehr zur alten Parität am Ende des Floatens würde eine verstärkte außenwirtschaftliche Abschirmung gegen störende Kapitalzuflüsse unausweichlich sein. Tatsächlich wurden in der Bundesbank viele Wochen lang – teils schon vor, teils auch nach dem 5. Mai – alle möglichen Abschirmungsmaßnahmen geprüft und durchgespielt. Eine Zeitlang liebäugelte Klasen auch mit der Einführung des belgischen Modells eines gespaltenen Devisenmarkts und ließ dies auch immer wieder nach außen verlauten.

Im übrigen erhielt Klasens Präferenz für eine Abschirmung durch Devisenkontrollen auch Unterstützung durch einen Teil der Wirtschaft und der Banken. Der BDI sprach sich gegen die Kursfreigabe aus; Hermann Josef Abs trat für eine Genehmigungspflicht der Kreditaufnahme im Ausland ein; der Vorstandssprecher der Deutschen Bank, Ulrich, erklärte, der § 23 des AWG wäre allemal das kleinere Übel gegenüber der Wechselkursfreigabe gewesen. Keine Überraschung war es auch, daß die Europäische Kommission sehr dezidiert gegen jedes Floaten war und das ganze Problem auf dem Weg über Kapitalkontrollen lösen wollte. Sie schlug vor, den Eurodollarmarkt über die Notenbanken besser zu kontrollieren, den Zugang sowohl der Banken als auch der Wirtschaft zu ausländischen Kreditquellen zu regulieren und zu begrenzen, möglicherweise auch einen gespaltenen Devisenmarkt nach belgischem Muster – feste Kurse für Warenhandel und Dienstleistungen, freie Kurse für den Kapitalverkehr – einzuführen.

DM-Krise oder Dollar-Krise?

Alle diese Vorstellungen und Ideen wurden wenige Monate später vom Tisch gewischt, als sich im August 1971 unübersehbar herausstellte, daß man es nicht mit einer bloßen spekulativen D-Mark/Dollar-Krise zu tun hatte, sondern mit einer tiefergehenden weltweiten Dollar-Krise. Bis zur Schließung der Devisenbörsen am 5. Mai 1971 konnte man dem äußeren Anschein nach von einer *Dollar/DM-Krise* sprechen. Die D-Mark war bis Anfang Mai 1971 sozusagen das Epizentrum des amerikanischen Währungsbebens. Insgesamt waren der Bundesbank von Anfang 1970 bis Mai 1971 rund 41 Milliarden DM (netto) an Devisen zugeflossen. Der Überschuß der deutschen Leistungsbilanz in diesen 17 Monaten von Anfang 1970 bis Mai 1971 hatte nur 5,5 Milliarden DM betragen. Der ganz überwiegende Teil der Devisenströme in die Bundesrepublik beruhte also auf einem riesigen Kapitalzufluß (vgl. die folgende Tabelle).

Diese Zahlen sprechen für sich. Sie machen klar, daß hinter der Krise von 1970/71 kein fundamentales Ungleichgewicht der deut-

Kapitalzuflüsse als dominierendes Element 1970 bis 1973
– Mrd. DM –

	Leistungsbilanz	Kapitalbilanz (einschl. Restposten)	Gesamt-Zahlungsbilanz
A. *Währungskrise 1971*			
Januar1970 – Mai 1971	+ 5,6	+ 35,3	+ 40,9
Juni 1971 – Dez. 1971	+ 0,7	– 3,3	– 2,6
Januar 1970 – Dez. 1971	+ 6,3	+ 32,0	+ 38,3
B. *Währungskrisen 1972/73*			
Januar 1972 – Juli 1972	– 0,1	+ 19,0	+ 18,9
August 1972 – Jan. 1973	+ 2,7	– 6,4	– 3,7
Febr. 1973 – März 1973	+ 1,5	+ 18,8	+ 20,3
Januar 1972 – März 1973	+ 4,2	+ 31,4	+ 35,6
C. Gesamt 1970 – März 1973	+ 10,5	+ 63,4	+ 74,0

schen Leistungsbilanz stand. Auf der amerikanischen Seite verschlechterte sich die Leistungsbilanz erst im zweiten Vierteljahr 1971 in einer bedrohlichen Weise. Auch von Amerika her gesehen waren die unkontrollierbaren Kapitalbewegungen der unmittelbare Anstoß für die Währungskrise bis Mai 1971. Sie waren zu einem sehr erheblichen Teil von der Umkehr der amerikanischen Geld- und Zinspolitik von 1969 auf 1970 beeinflußt; ab Frühjahr 1971 auch vom abnehmenden Vertrauen in den Dollar. Die Ursachen der Dollar / DM-Krise lagen also ganz eindeutig auf amerikanischer Seite.

Dies war freilich zunächst eine umstrittene Sache. Die Amerikaner behaupteten immer wieder, die Hauptschuld für die Krise liege bei der D-Mark. Für das Zinsgefälle zwischen D-Mark und Dollar sei nicht die Herabsetzung der amerikanischen Zinsen ab Anfang 1970, vielmehr der zu hohe deutsche Zinssatz verantwortlich. Dabei hatten wir, um das Zinsgefälle zum Ausland zu verringern, schon seit Mitte 1970 unsere Zinssätze schrittweise herabgesetzt. Der Diskontsatz wurde in der zweiten Hälfte des Jahres 1970 in drei Schritten (im Juli, November und Dezember) von 7,5 auf 6 Prozent gesenkt, und die Marktzinsen waren dieser Entwicklung gefolgt. Im Grunde lief diese Zinspolitik den Erfordernissen unserer inneren Stabilitätspolitik zuwider.

Im März 1971 schließlich setzten wir den Diskontsatz von 6 auf 5 Prozent herab – und das bei einer steigenden Inflationsrate, die im ersten Vierteljahr 1971 bei den Lebenshaltungskosten 4,1 Prozent, gemessen am Preisindex des Sozialprodukts aber sogar 7,1 Prozent erreicht hatte. Wieder einmal wurde unsere innere Stabilität durch Störungen von außen überrollt! Es war unter diesen Umständen kein Wunder, daß uns die Kontrolle über die Preisentwicklung auch für den weiteren Verlauf des Jahres 1971 aus den Händen glitt – im Herbst 1971 waren wir auch bei den Lebenshaltungskosten bei einer Inflationsrate von 6 Prozent angelangt und lagen damit um 2 Prozent über der gleichzeitigen amerikanischen Marke.

Natürlich kreideten die Amerikaner im Mai 1971 der deutschen Seite auch die Indiskretionen in der deutschen Presse von Ende April und Anfang Mai 1971 als Gründe für die Zuspitzung der *spekulativen* Devisenbewegungen an; aber diese stellten ja nur das

letzte Tüpfelchen auf dem i dar. Noch im Juni 1971 sagte der damalige Staatssekretär in der *U.S. Treasury*, Paul Volcker, bei einem Hearing vor einem Kongreßausschuß: »Die jüngste Krise war nicht eine Flucht aus dem Dollar, sondern eine Flucht in die D-Mark«.
Wie wenig den Verantwortlichen in den Vereinigten Staaten im Mai und Juni 1971 die sich bereits seit längerem anbahnende strukturelle Dollar-Schwäche bewußt war, zeigen folgende Vorfälle: Am 4. Mai 1971, also einen Tag vor der DM-Freigabe, erklärte der damalige amerikanische Finanzminister Connally mit Nachdruck, es sei die Ansicht der Vereinigten Staaten, daß »keine Änderung in der gegenwärtigen Struktur der Währungsparitäten notwendig oder zu erwarten sei«.
Auch Paul Volcker, der für Währungsfragen zuständige Staatssekreätr im Finanzministerium, wandte sich noch im Juni 1971 energisch gegen jeden Gedanken an eine Wechselkursänderung des Dollars. Ebenso hatte Finanzminister Connally Ende Mai 1971 in seiner temperamentvollen Schlußansprache auf einer Internationalen Bankenkonferenz in München voller Überzeugung gesagt: »Wir werden nicht abwerten, wir werden den Goldpreis des Dollars nicht verändern.« Die weitere Entwicklung der Dollar-Abflüsse aus Amerika und aus dem Eurodollarmarkt in andere Länder sollten diese Prophezeiungen sehr bald wegfegen.
Die erwähnte Internationale Bankenkonferenz in München vom 26. bis 28. Mai 1971 war von der *American Bankers' Association* organisiert worden. Ihr zentrales Thema waren natürlich die Währungskrise und ihre Auswirkungen. Ich hatte darüber ein Referat zu halten und nahm kein Blatt vor den Mund, als ich klipp und klar sagte: »Dies ist keine DM-Krise, sondern eine tiefgehende Dollar-Krise.« Dabei konnte ich mich auch auf einen der Konferenzteilnehmer berufen, nämlich E. Bernstein, den hochgeachteten früheren Wirtschaftsberater des Internationalen Währungsfonds, der kurz zuvor in einer Veröffentlichung dasselbe gesagt hatte. Ich schilderte den Ablauf der Währungskrise von Anfang Mai 1971 aus unserer Sicht und faßte ihn wie folgt zusammen:[8]

»In dem Drama, das sich in der kürzlichen Währungskrise entlud, gab es eine Reihe von Mitspielern: Erstens die heftigen Zinsschwankungen in den Vereinigten Staaten. Zweitens die Unfähigkeit der europäischen Länder, diesen Schaukelbewegungen der amerikanischen Zinsen sofort und in vollem Umfang zu folgen. Drittens ein immer größer werdender Eurodollar-Pool, welcher sowohl die zins- als auch die spekulationsbedingten Geldbewegungen noch vergrößerte. Viertens einige »Betriebsunfälle« in der spekulativen Schlußphase. Und – *last but not least* – das amerikanische Zahlungsbilanzdefizit sozusagen als ständiger Bühnenhintergrund.«

Ich zog unter anderem folgende Schlußfolgerung: »In einer Weltwirtschaft mit relativ freien Kapitalbewegungen zwischen den Industrieländern und angesichts eines Eurodollarmarkts von 50 Milliarden Dollar floatender Gelder können heftige Schaukelbewegungen in der amerikanischen Geldpolitik eine zu starke Belastung für die anderen Länder und für das ganze internationale Währungssystem sein. Es gibt hier ein echtes monetäres Koexistenzproblem zwischen ungleichen Partnern. Für uns Europäer ist diese Koexistenz mit dem Dollar, als ob wir mit einem Elefanten in einem Boot säßen. Selbst wenn er sich nur vorsichtig nach einer Seite hinauslehnt, kann das Boot in schwindelerregendes Schaukeln geraten.«

Und ich fügte hinzu: »Ein Heilmittel könnte darin liegen, daß man sich auf beiden Seiten mehr auf die Fiskal- als auf die Geldpolitik, insbesondere die Zinspolitik, stützt. Solche Vorschläge für eine bessere Koordinierung der Wirtschaftspolitik zwischen den Hauptländern und für einen besseren *Policy Mix* innerhalb der Länder sind sehr wichtig. Nur sind sie in der Realität ungemein schwer durchzusetzen … Wir müssen mit Ausdauer und Geduld auf eine bessere Harmonisierung der Wirtschaftspolitik in unseren Ländern und auf eine Verbesserung unserer fiskalischen und monetären Instrumente sowie der richtigen Kombination in ihrer Anwendung – Policy Mix – hinarbeiten.«

In der damaligen Währungskrise waren also schon entscheidende Elemente sichtbar, die bis heute für das Zusammenleben mit dem »Elefanten« USA enorm wichtig geblieben sind: Die überragende *Bedeutung der Geld- und Kapitalbewegungen* in der Außenbilanz der Vereinigten Staaten und damit für den Dollar sowie die Wichtigkeit des *»Policy Mix« von fiskalischer und monetärer Politik* als Voraussetzung für ein internationales Gleichgewicht. Das Gleichnis vom

Dollar als einem Elefanten in unserem gemeinsamen Währungsboot wurde damals übrigens international aufgegriffen und wird noch bis heute immer wieder zitiert.

Der Nixon-Schock vom August 1971 und seine Folgen

An einem Sonntag im August 1971 wurde ich nachts aus Washington angerufen. Es meldete sich das Weiße Haus und gleich darauf Arthur Burns, der seit Ende 1970 amtierende Vorsitzende des *Federal Reserve Board* (vergleichbar etwa mit dem Präsidenten des Bundesbankdirektoriums). Er rief mich an, weil er Klasen, der auf Urlaub war, nicht erreichen konnte. Burns sagte mir, er sei eben von einer mehrtägigen Besprechung in Camp David zurückgekehrt, wo Präsident Nixon mit seinen engsten wirtschaftspolitischen Beratern (darunter Finanzminister Connally und dessen für Währungsfragen zuständiger Staatssekreätr Paul Volcker) ein außerordentlich wichtiges neues Wirtschafts- und Währungsprogramm ausgearbeitet habe. Dies werde der Präsident noch heute abend in einer Fernsehrede verkünden. Burns zählte kurz die Hauptpunkte auf und sagte mir, daß Volcker am kommenden Montag nachmittag in London sein werde, um den Vertretern der wichtigsten europäischen Länder, nämlich Großbritanniens, Frankreichs, Italiens und der Bundesrepublik, nähere mündliche Erläuterungen zu geben. Ich flog also am darauffolgenden Tag nach London. Wir trafen Paul Volcker und Dewey Daane, der im *Federal Reserve Board* für Außenwirtschaftsfragen zuständig war, in der amerikanischen Botschaft in London. Sie gaben uns eine ausführliche Darstellung des neuen Programms und beantworteten einige unserer Fragen.

Das am 15. August 1971 verkündete Nixon-Programm war in der Hauptsache auf drei Probleme gerichtet: 1. Arbeitslosigkeit, 2. Inflation und 3. internationale Spekulation zu Lasten des Dollars. Die Hauptpunkte waren:

Zu 1: Vorlage eines Gesetzes zur Arbeitsplatzschaffung an den Kongreß (mit steuerlichen Vergünstigungen für die Schaffung neuer Arbeitsplätze); Verringerung der Kaufsteuer auf Autos usw.

Zu 2: Einfrieren aller Preise und Löhne auf 90 Tage; Einsetzung eines Preisüberwachungsausschusses zur Überwachung der Preis- und Lohnentwicklung nach Ablauf des dreimonatigen Preisstopps.

Zu 3: Die Goldeinlöslichkeit des Dollars wurde »vorübergehend« ausgesetzt. Die amerikanische Handelsbilanz sollte verbessert werden durch eine zusätzliche Einfuhrabgabe von 10 Prozent auf alle zollpflichtigen Waren. Dies sollte ebenfalls eine vorübergehende Maßnahme sein, »um sicherzustellen, daß amerikanische Erzeugnisse nicht durch ›unfaire‹ Wechselkurse benachteiligt werden«; wenn die unfaire Behandlung des amerikanischen Außenhandels aufhöre, werde der Zusatzzoll wieder aufgehoben.

Das war ein Paukenschlag. Er wirkte auf die Weltwirtschaft wie ein Schock – als »Nixon-Schock« ging er auch in die Währungsgeschichte ein. Daß die amerikanische Regierung mit einem Sanierungsprogramm kommen würde, war allerdings vorauszusehen. Denn seit Juli hatte sich der Druck auf den Dollar sehr verschärft. Dies war nicht zuletzt die Folge von Beratungen in einem Ausschuß des amerikanischen Kongresses unter dem Vorsitz des Abgeordneten Henry Reuß. Es wurde dabei ganz offen von der Notwendigkeit einer Wechselkursbereinigung oder eines Übergangs des Dollars zum Floaten usw. gesprochen. Der Reuß-Ausschuß veröffentlichte am 7. August 1971 seinen Bericht, in dem es hieß: Der Dollar sei überbewertet. Devisenkontrollen und ein besseres *burden sharing* könnten allein das Problem nicht lösen. Ein Realignment der Wechselkurse sei daher notwendig. Die US-Goldverkäufe seien einzustellen. Der Dollar sollte entweder abgewertet werden oder zum Floaten übergehen.

Die Unruhe auf den Weltdevisenmärkten wurde daraufhin so groß, daß eine sofortige Reaktion der amerikanischen Regierung unbedingt erforderlich wurde. Einige Notenbanken, darunter die englische, präsentierten Dollar-Beträge zum Umtausch in Gold oder mit der Forderung auf eine Wertgarantie. Insgesamt verloren die Vereinigten Staaten von Anfang 1971 bis 9. August 1971 rund 2,9 Milliarden Dollar an eigenen Reserven, davon 760 Millionen Dollar an Gold. Interessanterweise mußten die Amerikaner damals auch auf ihre sogenannte Gold-Tranchen-Position im Internationalen Währungsfonds[9] ziehen, und zwar in Höhe von fast 1,4 Milliarden Dollar. Die Vereinigten Staaten also als Schuldner des Währungsfonds! Das bedeutete unter anderem, daß der Fonds eine Zeitlang Rückzahlungen anderer Schuldnerländer nicht in Dollar entgegennehmen konnte, da der Dollar eine »schwache«, selbst hilfsbedürftige Währung war.

Das Weltwährungssystem wurde von der Nixon-Erklärung vom 15. August 1971 mehrfach betroffen: Mit der Suspendierung der Goldkonvertibilität des Dollars wurde der Gold-Dollar-Standard aufgehoben. Die Vereinigten Staaten waren das einzige Land, das sich nach Abschluß des Bretton-Woods-Abkommens von 1944 gemäß Artikel IV, Abschnitt 4 b des Fonds-Statuts bereit erklärt hatte, die Dollar-Parität durch An- und Verkauf von Gold gegenüber ausländischen Notenbanken zu einem festgelegten Preis – 1 Unze Gold = 35 Dollar – aufrechtzuerhalten. Durch die von Nixon verkündete Suspendierung der Goldeinlöslichkeit wurde der Dollar theoretisch eine einfache Mitgliedswährung wie alle anderen. Die Vereinigten Staaten hätten also gemäß den damaligen Fonds-Statuten die Verpflichtung übernehmen müssen, die Parität des Dollars innerhalb gewisser enger Bandbreiten durch Deviseninterventionen gegenüber anderen Währungen zu verteidigen. Das taten sie freilich nicht. Sie setzten einfach ihre passive Haltung zum Dollar-Wechselkurs fort. Es wäre falsch, zu sagen, der Dollar sei im August 1971 zum Floaten übergegangen (wie dies oft behauptet wird). Vielmehr überließen die Vereinigten Staaten es wie zuvor den anderen Ländern, ihre Währung gegenüber dem Dollar floaten zu lassen oder aber ihrerseits einen festen Wechselkurs zum Dollar aufrechtzuerhalten; nur handelte es sich ab August 1971 um einen nichtkonvertierbaren Dollar.

Die Nixon-Erklärung griff auch noch in einer zweiten Hinsicht in das internationale Währungssystem ein: Durch die Einführung der Sonderabgabe von 10 Prozent auf alle zollpflichtigen Einfuhrwaren wurde ein starker Druck in Richtung einer Aufwertung wichtiger anderer Währungen gegenüber dem Dollar ausgeübt. Die Beseitigung der Sonderabgabe war zwar in der Nixon-Erklärung ganz allgemein von einer nachhaltigen Verbesserung der amerikanischen Handels- und Zahlungsbilanz abhängig gemacht. Es wurde aber kein Zweifel gelassen, daß nach amerikanischer Ansicht der Hauptbeitrag hierzu durch eine Korrektur der »unfairen« Wechselkurse geleistet werden sollte. Der Zusatz-Zoll von 10 Prozent war also ein raffiniertes Druckmittel zur internationalen Wechselkurskorrektur, ganz abgesehen davon, daß er für einen weiten Bereich der Einfuhr bereits den Effekt einer 9prozentigen Dollarabwertung vorwegnahm – jedoch nicht für die amerikanische Ausfuhr.

Ein drittes markantes Datum für die internationale Währungslage war, daß mit der Nixon-Erklärung offiziell anerkannt wurde, daß ein fundamentales Ungleichgewicht der amerikanischen Zahlungsbilanz bestand, mit anderen Worten, daß der Dollar nachhaltig überbewertet war. Der amerikanische Finanzminister Connally wurde nicht müde, in den darauffolgenden Wochen und Monaten immer wieder darzulegen, daß der Dollar und die amerikanische Außenbilanz sich schon seit mehreren Jahren in einem strukturellen Trend zur Verschlechterung befunden hatten. Welch ein plötzlicher Wandel in den Köpfen der amerikanischen Verantwortlichen! Noch im Mai und Juni 1971 hatten Connally und andere erklärt, daß keine Notwendigkeit einer Änderung der Dollar-Parität bestand!

Das Nixon-Programm war also nicht nur eine Wende in der inneren amerikanischen Wirtschaftspolitik, sondern auch ein tiefer Eingriff in das internationale Währungssystem. Am schwersten wog die Aufhebung der Goldkonvertibilität des Dollars. Bei der Besprechung am 16. August in London hatte Paul Volcker schon darauf hingewiesen (was später auch aus anderen Quellen zu erfahren war), daß dieser Schritt der umstrittenste unter allen Punkten des Nixon-Programms war. Es scheint, daß insbesondere Arthur Burns zunächst erhebliche Einwendungen dagegen erhoben hatte. Den Ausschlag für diese folgenschwere Entscheidung hat wohl gegeben, daß unmittelbar vorher die eine oder andere europäische Notenbank, wie schon erwähnt, Antrag auf Wertsicherung ihrer Dollar-Bestände gestellt hatte. Die Amerikaner fürchteten, daß bei einer Fortdauer der Unsicherheit über die Goldparität des Dollars ein internationaler Run auf das amerikanische Währungsgold einsetzen würde, wenn die Goldeinlöslichkeit nicht suspendiert würde.

Die Aufhebung der Goldkonvertibilität sollte ausdrücklich »vorübergehend« sein, wie auch Paul Volcker in London betonte. Noch bis zum Frühjahr 1972 sprachen amerikanische Währungspolitiker, unter anderem Connally und Volcker, davon, daß es noch ein, vielleicht sogar zwei Jahre dauern würde, bis die Konvertibilität wiederhergestellt werden könnte. Sie glaubten also selbst an den vorübergehenden Charakter dieser Maßnahme. Bei der internationalen Diskussion über die Reform des internationalen Währungssystems ab Sommer 1972 gehörte die Forderung nach Wiederherstellung der Konvertibilität des Dollars zum Dauerbestand vieler Reformvorschläge. Aber schon ein Blick auf die zugrunde liegenden Größenordnungen hätte zeigen müssen, daß mindestens die frühere Einlösbarkeit *in Gold* auf keinen Fall wiederherzustellen war. Denn Ende 1971 stand den Dollar-Guthaben in Händen ausländischer Zentralbanken von rund 60 Milliarden Dollar nur eine amerikanische Goldreserve im Wert von etwas über 10 Milliarden Dollar gegenüber. Dieser »Dollar-Überhang« vergrößerte sich laufend weiter und betrug Ende 1977 fast 200 Milliarden Dollar. In Wirklichkeit war uns schon vor dem Nixon-Schock klar geworden, daß eine Aufhebung oder Einschränkung der amerikanischen Verpflichtung zur Goldkonvertibilität früher oder später unvermeidbar sein würde. Eine Wiederherstellung der Goldkonvertibilität mit Hilfe einer Verdoppelung oder Verdreifachung des Goldpreises – wie sie von dem fanatischen Goldanhänger Jacques Léon Rueff und der Goldlobby gefordert wurde – war nicht akzeptabel, schon wegen des Inflationspotentials einer solchen plötzlichen Vervielfachung der Goldreserven, aber auch aus anderen Gründen. Auch die Idee einer riesigen langfristigen Goldanleihe seitens der währungsstarken Länder an die USA – unter anderem von Geheimrat Vocke geradezu leidenschaftlich vertreten[10] – war völlig unrealistisch und wurde von keiner Seite, weder von den Vereinigten Staaten noch von den »währungsstarken« Ländern, auch nur einen Augenblick lang ernsthaft erwogen. Eine Konvertierbarkeit des Dollars in anderer Form, zum Beispiel in Sonderziehungsrechten (SZR) – wie sie in den folgenden Jahren immer wieder diskutiert und vor allem von europäischen Ländern verlangt wurde –, stieß ebenfalls auf unüberwindliche Schwierigkeiten. Woher sollten die Vereinigten Staaten die SZR nehmen?

Die Aufhebung der Goldeinlöslichkeit des Dollars im August 1971 wird oft als das *Ende des Bretton-Woods-Systems* deklariert, vor allem von amerikanischen Nationalökonomen.[11] Das ist aber nicht ganz zutreffend. Zwar ist es richtig, daß mit diesem Schritt die Verbindung zwischen den Währungen der IWF-Mitgliedstaaten und dem Gold abgerissen war. Damit war der Gold-Dollar-Standard und theoretisch auch die Sonderstellung des Dollars hinfällig. Aber diese Verbindung zum Gold war nur ein Teilaspekt des Bretton-Woods-Systems; und nicht einmal der wichtigste. Ungleich bedeutsamer waren an ihm die festen Währungsparitäten, die nur unter bestimmten Bedingungen und unter Aufsicht des IWF veränderbar waren. Dieses Paritätensystem ging aber im August 1971 noch keineswegs zu Ende. Vielmehr wurde große Mühe darauf verwandt, es auch ohne Goldkonvertibilität des Dollars wiederherzustellen, und zwar durch das multilaterale Abkommen über die Neuordnung der Wechselkurse vom Dezember 1971, das *Smithsonian Agreement.* Das für Bretton Woods charakteristische Paritätensystem brach erst im März 1973 zusammen, und zwar in der Hauptsache, weil feste Paritäten es immer weniger möglich machten, sich gegen die Überschwemmung mit unerwünschten Auslandsgeldern und deren inflationäre Wirkungen zu wehren.

Im übrigen war die Suspendierung der Goldeinlöslichkeit im August 1971 kein Vertragsbruch der Amerikaner (wie vor allem von französischer Seite oft behauptet wurde). Sie hatten das Recht, die 1944 freiwillig eingegangene Verpflichtung zum An- und Verkauf von Gold zu suspendieren, besonders nachdem das wachsende Mißverhältnis zwischen ausländischen Dollar-Guthaben und amerikanischen Goldreserven gar keine andere Wahl mehr gelassen hatte. Freilich hätten sie dann nach den Fonds-Statuten die Dollar-Parität auf andere Weise verteidigen müssen.

Das Smithsonian Agreement – eine international abgestimmte Korrektur der Währungsparitäten

Der Nixon-Schock vom 15. August 1971 führte dazu, daß fast alle Industriestaaten die Einhaltung ihrer bisherigen Dollar-Paritäten durch Interventionen am Dollar-Markt aufgaben und zu einem kontrollierten Floaten übergingen, wie dies die Bundesrepublik, die Niederlande und Kanada schon seit Mai 1971 betrieben. Japan freilich zögerte einige Wochen mit diesem Schritt und mußte in dieser Zeit noch erhebliche Mengen an spekulativen Dollar-Zuflüssen

aufnehmen. Die einzige Ausnahme unter den Industriestaaten blieb Frankreich. Es beharrte auf der Aufrechterhaltung der bisherigen Parität zum Dollar – schon um seinen grundsätzlichen Standpunkt zu unterstreichen – und versuchte, mit den störenden Devisenzuflüssen durch verstärkte Devisenkontrollen und Einführung eines gespaltenen Devisenmarktes fertig zu werden. Die Schweiz und Österreich hatten schon am 10. Mai 1971 ihre Währungen aufgewertet.[12] Erstaunlicherweise gab es nach der Wechselkursfreigabe im August 1971 keine stürmischen Aufwärtsbewegungen der anderen Währungen gegenüber dem Dollar. Die Höherbewertung der verschiedenen Währungen auf den Märkten blieb relativ mäßig. In so gut wie allen Fällen wurden die Aufwertungssätze gegenüber dem Dollar, die dann im Dezember 1971 tatsächlich vereinbart wurden, von den Marktbewegungen gar nicht ganz erreicht. Es gab also kein »Überschießen« der floatenden Devisenkurse.
In der Nixon-Botschaft vom 15. August war auch betont worden, daß eine Veränderung der Goldparität des Dollars, also eine offizielle Abwertung des Dollars, nicht in Frage komme. Dies wurde auch am 16. August bei der Londoner Besprechung mehrfach von Paul Volcker unterstrichen. Auch später, und zwar bis Ende November 1971, hoben die verantwortlichen amerikanischen Sprecher das Festhalten an der Goldparität immer wieder nachdrücklich hervor. Ich meldete hierzu schon bei der Londoner Besprechung am 16. 8. 71 meine Zweifel an, hatte dort aber keine ausreichende Gelegenheit, nähere Ausführungen dazu zu machen. So schrieb ich einige Tage später an Volcker einen ausführlichen Brief, in dem ich darlegte, daß es ohne Korrektur der Dollar-Parität, das heißt des Goldwertes des Dollars, überaus schwierig, wenn nicht unmöglich sein würde, eine vernünftige und ausreichende Neuordnung der Wechselkurse und damit eine Beruhigung der internationalen Währungslage zu erreichen. Denn ein Festhalten an der bisherigen Goldparität des Dollars bedeute, daß die gesamte Anpassung allein durch Aufwertung der Währungen anderer Industriestaaten gegenüber dem Dollar und dem Gold erfolgen müßte.
Ich legte dar, daß es aus ökonomischen, politischen und psychologischen Gründen sehr unwahrscheinlich sei, daß die anderen Länder diese Last ganz allein auf sich nehmen würden. Schließlich sei nun von amerikanischer Seite anerkannt – und auch vom Internationa-

len Währungsfonds offiziell bestätigt – daß der Dollar überbewertet sei und die amerikanische Außenbilanz sich in einem »fundamentalen Ungleichgewicht« befinde. Nach den internationalen Regeln obliege es daher zuvörderst den Vereinigten Staaten, die notwendigen Schritte einschließlich einer Korrektur der Wechselkursrelationen zu ergreifen. Sie müßten mindestens einen erheblichen Teilbetrag dieser Anpassung auf sich nehmen, bevor von den anderen Ländern im Sinn eines *burden sharing* noch zusätzliche individuelle Wechselkursanpassungen erwartet werden könnten. Ich verwies auf meine jahrelangen Erfahrungen mit den Schwierigkeiten, die einer Regierung erwachsen, die dem eigenen Land eine ausreichende Aufwertung, das heißt eine bewußte Belastung der eigenen Exportindustrie, verständlich zu machen versucht. Es würde in vielen Ländern als »unnatürlich« und »nicht akzeptabel« angesehen werden, wenn die Amerikaner selbst keinerlei Wechselkursanpassung vornehmen würden. Dies würde auch bedeuten, daß die anderen Länder ihre Währungen kräftig gegenüber dem Gold aufwerteten, das heißt eine Abwertung ihrer Goldreserven hinnähmen. Ich dachte dabei insbesondere an Frankreich, das sich schon unter de Gaulle immer gegen besondere Währungsvorrechte der Amerikaner aufgelehnt hatte und bestimmt nicht bereit sein würde, durch eine eigene Aufwertung gegenüber dem Gold den Wert seiner angesammelten Goldreserven bewußt zu vermindern.

Von amerikanischer Seite gab es mehrere Einwendungen gegen eine Änderung der Goldparität des Dollars, und zwar nicht nur von offiziellen Regierungssprechern, sondern auch seitens anderer Experten.[13] Ein Haupteinwand war, daß eine Änderung der Goldparität vom Kongreß gebilligt werden müßte, und das sei kaum durchzubringen; in jedem Fall bedeute es erheblichen Zeitaufwand, und währenddessen müsse es zwangsläufig zu erheblichen spekulativen Störungen kommen. Nur der Weg über eine Aufwertung der anderen Währungen verspreche hier raschen Erfolg. Dieser Einwand wurde freilich Ende September 1971 gegenstandslos, als der Kongreßabgeordnete Henry Reuß, Vorsitzender des für Zahlungsfragen zuständigen Ausschusses, ausdrücklich erklärte, er sei zwar früher stets gegen eine Freigabe der Goldparität des Dollars gewesen, habe aber unter dem Eindruck der neuen Lage seine Ansicht geändert und sei nun für eine rasche Behandlung einer darauf zielenden

Regierungsvorlage. Ein anderer Einwand war, daß der Dollar ja nur gegenüber einer Handvoll von Währungen anderer Industrieländer überbewertet sei, nicht jedoch gegenüber den mehr als hundert sonstigen Mitgliedsländern des Internationalen Währungsfonds. Daher sei eine generelle Abwertung der Dollar-Parität nicht angezeigt, sondern nur eine selektive Veränderung durch Aufwertung der betreffenden unterbewerteten Währungen. Ein bemerkenswerter Einwand wurde unter anderem noch von Paul Volcker vorgebracht: Langfristig solle die Bedeutung des Goldes im Weltwährungssystem ja vermindert werden, und so gesehen wäre es ein Rückschritt, wenn durch eine offizielle Abwertung des Dollars der Goldwert erhöht würde.[14]

In den vorangegangenen Jahren hatten die Amerikaner immer wieder betont und oft auch beklagt, daß für den Dollar, als *die* Reserve- und Schlüsselwährung der Welt, der Ausweg einer Paritätsanpassung nach unten nicht zur Verfügung stünde; einerseits weil dies ein Vertrauensbruch gegenüber den Ländern mit Dollar-Reserven wäre, andererseits weil dann wahrscheinlich die ganz überwiegende Mehrzahl der übrigen Länder mit ihren Paritäten folgen würde, also *de facto* keine Wechselkursanpassung des Dollars, sondern nur eine Erhöhung des Goldpreises herauskommen würde. Als ihnen dann aber im August 1971 von vielen Seiten die Möglichkeit zu einer echten Abwertung der Dollar-Parität gegenüber den wichtigsten Währungen angeboten wurde, schlugen sie dieses Angebot zunächst hartnäckig mit fadenscheinigen Argumenten aus.

Ich sah in dieser Ablehnung einer offiziellen Dollar-Abwertung von Beginn an einen entscheidenden taktischen Fehler. Genau wie ich es in meinem Brief vom 20. August 1971 an Paul Volcker dargelegt hatte, kam der Durchbruch zu einer konzertierten Wechselkurskorrektur erst zustande, als sich Anfang Dezember die amerikanische Regierung zu einer Herabsetzung der Goldparität des Dollars durchgerungen hatte. Dabei war Paul Volcker offenbar der erste, der bereit war, diesen Rubikon zu überschreiten – vielleicht etwas durch meinen Brief beeinflußt –, aber wohl noch mehr aufgrund seiner eigenen Erfahrungen in den langwierigen Verhandlungen zwischen August und Dezember 1971.

Diese Verhandlungen gingen in vielfältigen Formen und Gremien vor sich, und zwar im Internationalen Währungsfonds, in verschiedenen Ausschüssen der OECD, in der Zehner-Gruppe, in der EG, in der Brüsseler Notenbankgruppe usw. Im Verlauf dieser Vielzahl von Konferenzen und Besprechungen verlagerte sich das Schwergewicht immer mehr auf die Zehner-Gruppe *(Group of Ten)*, welche die zehn wichtigsten Industrieländer und dazu noch die Schweiz als Gastland umfaßt.[15] Ich hatte damals eine ziemlich hektische Zeit durchzustehen, da ich in praktisch allen diesen Gremien und dazu noch auf Stellvertreterebene mitzuwirken hatte, wo die Ministersitzungen vorbereitet wurden. Mit den Vorarbeiten für eine Lösung wurde ich direkt befaßt, als Anfang September die Minister der Zehner-Gruppe dem Zahlungsbilanzausschuß der OECD (der Arbeitsgruppe III), dessen Vorsitzender ich war, einen Sonderauftrag erteilten. Dieser Ausschuß wurde gebeten, ein Gutachten über »das Ausmaß der notwendigen Zahlungsbilanzanpassung der Vereinigten Staaten sowie die Konsequenzen für die übrigen Staaten« vorzulegen.

Hier wurde zum ersten und einzigen Mal in der Nachkriegswährungsgeschichte versucht, in einer multilateralen Anstrengung eine Neuordnung der wichtigsten Wechselkurse zueinander und zum Gold, also das – vor allem von Ludwig Erhard – so oft geforderte »multilaterale Realignment« zu erzielen, und dabei war auch die Dollar-Parität voll mit einbezogen. Es war ein Versuch, durch rationale Überlegungen die »richtigen« Wechselkurse für eine ganze Gruppe von Ländern zu ermitteln. Obgleich das Ergebnis dieser multilateralen Wechselkursneuordnung nicht sehr lange vorhielt, war die uns gestellte Aufgabe immerhin interessant und spannend. Da es sich um ein in der Währungsgeschichte einmaliges Experiment handelte, sind vielleicht einige Details der Untersuchungen und Verhandlungen von Interesse.

Wir hatten, unter Mithilfe des Stabes der OECD, unter anderem folgende Größen abzuschätzen: Erstens die wirkliche Ausgangsposition der amerikanischen Zahlungsbilanz unter Ausschaltung von Sondereinflüssen und insbesondere der kurzfristigen Konjunktureinwirkungen (sogenannte »konjunkturell bereinigte Zahlungsbilanz«); zweitens das Ausmaß der erforderlichen oder erwünschten Verbesserung dieser amerikanischen »Grundbilanz« *(basic balance)*; drittens das Ausmaß der für eine solche Verbesserung erforderlichen Wechselkurskorrekturen, und zwar zunächst im großen

Durchschnitt und dann aufgeteilt auf die wichtigsten Partnerländer, von denen ja jedes in einer anderen grundlegenden Zahlungsbilanzposition war. Schwierig war es dabei auch, sich über die erwünschte Struktur der *Kapital*bilanz für Amerika und die wichtigsten Partnerländer zu einigen.

Von amerikanischer Seite wurde die erforderliche Verbesserung für die Grundzahlungsbilanz auf eine Jahresrate von rund 13 Milliarden Dollar geschätzt. Dies wurde von den meisten übrigen Ausschußmitgliedern für zu ehrgeizig und unrealistisch gehalten. Die große Mehrheit neigte einer erforderlichen Zahlungsbilanzverbesserung in der Größenordnung von 8 bis 9 Milliarden Dollar zu. Jedoch kam es in unserem Ausschuß zu einem Konsens, daß die generelle Abwertung des Dollars gegenüber dem Durchschnitt der übrigen Partnerwährungen bei ungefähr 10 Prozent liegen sollte, was auch den damaligen amerikanischen Vorstellungen entsprach. Wieviel davon durch eine Dollar-Abwertung gegenüber dem Gold, wieviel durch Aufwertung der übrigen Wechselkursparitäten beigesteuert werden sollte, und erst recht welche unterschiedlichen Anteile die einzelnen Partnerländer übernehmen sollten, wurde in unserem Ausschuß zwar inoffiziell besprochen, aber dem Ministerrat der Zehner-Gruppe zur »politischen« Verhandlung und Beschlußfassung überlassen.

Mein Bericht an die Ministerkonferenz in Rom Ende November 1971 sagte aber auch klar, daß die volle Auswirkung einer Wechselkursverschiebung auf die Handels- und Leistungsbilanz einen längeren Zeitraum, wahrscheinlich bis zu zwei Jahren, brauchen würde, daß in der Zwischenzeit also weitere amerikanische Zahlungsbilanzdefizite anfallen würden und finanziert werden müßten. Ebenso wies ich in dem Bericht darauf hin, daß die Schnelligkeit der Zahlungsbilanzumstellung auch davon abhänge, wieweit die Vereinigten Staaten bei der Entwicklung der Preise und Lohnkosten hinter den Inflationsraten der anderen Industrieländer zurückblieben. Weiter betonte ich bei Vorlage des Berichts, daß die erforderliche Normalisierung der amerikanischen Kapitalbilanz eine entsprechende Geldpolitik voraussetze.

Immerhin war es beachtlich, daß es in einer so komplizierten und die unterschiedlichen nationalen Interessen so stark berührenden Angelegenheit überhaupt zu einem Konsens kam. Noch im September und Oktober 1971 war uns von vielen Experten auf der ganzen Welt vorhergesagt worden, daß eine solche gemeinsame Suche nach einer neuen Wechselkursstruktur ein Ding der Unmöglichkeit sei. So sagte zum Beispiel Egon Sohmen im Oktober 1971 auf einem Symposium in Kiel: »Ich habe absolut keine Hoffnung, daß eine internationale Konferenz in der Lage wäre, die Währungsparitäten neu festzusetzen.«[16] Bemerkenswert ist auch ein anderes Faktum: Die Reichweite der damaligen Meinungsunterschiede hinsichtlich der erforderlichen Verbesserung der amerikanischen Zahlungsbilanz bewegte sich, wie erwähnt, innerhalb einer Bandbreite von 8 bis 13 Milliarden Dollar jährlich. Wie lächerlich erscheinen solche Beträge und Meinungsunterschiede, wenn man sie mit den heutigen Größenordnungen des amerikanischen Leistungsbilanzdefizits von jährlich 100 bis 115 Milliarden Dollar vergleicht!

Die Ministertagung der Zehner-Gruppe in Rom am 30. November und 1. Dezember 1971, bei der turnusmäßig Finanzminister Connally den Vorsitz hatte, markierte den Durchbruch zu konkreten Verhandlungen über die Wechselkursanpassungen. In den vorangegangenen drei Ministertagungen war immer nur über allgemeine Grundsätze und Probleme diskutiert worden. Nun wurde nach Vorlage unseres Berichts zum erstenmal über konkrete Zahlen und Größenordnungen der notwendigen Wechselkursanpassung debattiert.

Ich hatte in Rom das Verhandlungsergebnis aus der Arbeitsgruppe III der OECD vorzutragen, das durch ein vertrauliches Gutachten von Jelle Zijlstra, dem Präsidenten der BIZ und der niederländischen Notenbank, ergänzt wurde. Er unterbreitete darin, aufbauend auf dem allgemeinen Zahlenwerk der Arbeitsgruppe III und des IWF, konkrete Vorschläge für die Anpassung der wichtigsten Währungen. In der streng vertraulichen und im engsten Kreis geführten Diskussion kam es zu einer Sensation: Connally drehte plötzlich den Spieß um und sagte: »Wie würden Sie mit Ihren Währungsparitäten reagieren, wenn die Vereinigten Staaten den Dollar gegenüber dem Gold um 10 Prozent abwerteten?« Mindestens zehn Minuten lang herrschte betretenes Schweigen. Niemand war auf eine solche Wendung vorbereitet. Zwar hatten die Europäer unablässig eine formelle Abwertung des Dollars gegenüber dem Gold gefordert; aber sie hatten mit höchstens 5 bis 6 Prozent gerechnet. Nun überlegten einige, vor allem die Franzosen und Italiener, ob sie bei einer solchen Dollar-Abwertung nicht selbst ihre Parität gegenüber dem Gold um einige Prozentpunkte herabsetzen müßten, damit ihre Höherbewertung gegenüber dem Dollar nicht zu groß würde. Das brachte vor allem die Franzosen in Verlegenheit. Das plötzliche Einschwenken der Amerikaner auf eine offizielle Dollar-Abwertung sickerte natürlich auch an die Öffentlichkeit durch. Connally aber verneinte in Interviews mit Entschiedenheit, ein diesbezügliches »Angebot« gemacht zu haben. Er habe nur eine rein hypothetische Annahme zur Diskussion gestellt.

Der nächste Durchbruch kam dann auf einem spektakulären Gipfeltreffen zwischen Präsident Nixon und Präsident Pompidou auf den Azoren am 13. Dezember 1971. Hier ließ Nixon die Katze aus dem Sack und deutete an, daß die Amerikaner tatsächlich zu einer Erhöhung des amtlichen Goldpreises von 35 auf 38 Dollar je Unze bereit wären – freilich unter einer Reihe von Bedingungen. Das entspräche einer Abwertung des Dollars gegenüber der früheren Goldparität um 7,9 Prozent. Allerdings wurde dies noch bis zum nächsten Ministertreffen der Zehner-Gruppe streng geheimgehalten.

Bei dem Azoren-Treffen war Nixon nicht nur von Connally, sondern auch von Henry Kissinger begleitet. Dieser war damals Vorsitzender des Nationalen Sicherheitsrats und engster Berater des Präsidenten. Damit trat ein neuer Akteur auf die Bühne, der vorher mit der Währungsfrage nichts zu tun gehabt hatte und auch nach den Azoren ohne genaue Kenntnis der zu besprechenden Materie reiste, wie er selbst bekannte. Kissinger hatte aber, wie gerüchteweise verlautete, doch einen wichtigen Part zu spielen. Denn er hatte Nixon gedrängt, die langwierigen Verhandlungen in der Zehner-Gruppe möglichst bald abzuschließen, da er, nicht zuletzt wegen des etwas forschen Verhandlungsstils Connallys, eine gefährliche Belastung der atlantischen Allianz befürchtete. Offenbar hatte es von einigen Seiten, wohl insbesondere von der französischen, Beschwerden in Washington auf diplomatischem Weg gegeben. Jedenfalls sah man bei der nächsten Tagung der Zehner-Gruppe, daß Connally sich unter einem gewissen Druck befand, die Verhandlungen möglichst bald zu einem guten Ende zu bringen. Ich halte es aber für völlig unhaltbar, wenn hinterher manchmal behauptet

wurde, daß Kissinger die Hauptrolle bei der Vorbereitung des *Smithsonian Agreement* gespielt und Finanzminister Connally nur »Details« ausgearbeitet hätte.[17]
Ich hatte von Connally, trotz seines manchmal hemdsärmeligen Verhandlungsstils, einen überwiegend positiven Eindruck. Mir war schon aufgrund meiner eigenen Erfahrungen in den verschiedenen Fachausschüssen klar geworden, daß in dieser ungemein schwierigen Angelegenheit nur ein solcher Stil Aussicht auf Erfolg haben könnte. Im übrigen ist mir eine Szene mit Connally unvergeßlich: Als am Abend des 30. November die Minister und Notenbankgouverneure in Rom zu einem großen Festessen in der Villa Madama zusammenkamen, hielt Connally als Vorsitzender der Zehner-Gruppe die Festrede. Er verwendete keine Minute auf die drängenden Probleme, die uns den ganzen Tag beschäftigt hatten, er erzählte vielmehr mit sichtlicher Bewegung und Begeisterung, wie er am Vortag auf einer kurzen Fahrt zu einigen römischen Sehenswürdigkeiten zum erstenmal in seinem Leben der Kultur der römischen Antike begegnet sei und welch tiefen Eindruck dieses Erlebnis ihm gemacht habe.
Am Ende der römischen Tagung (und in Vorwegnahme des amerikanisch-französischen Treffens auf den Azoren) war uns schon klar, daß die nächste Konferenz der Zehner-Gruppe voraussichtlich die Schlußverhandlung bringen würde. Diese Konferenz wurde auf den 17. und 18. Dezember 1971 nach Washington einberufen und fand im Verwaltungsgebäude der Smithsonian Institution, direkt gegenüber den weltberühmten dortigen Museen, statt. Von dieser Konferenz wären manche denkwürdigen Einzelheiten zu berichten. Aber ich muß mich hier mit der Wiedergabe des Ergebnisses begnügen, das nach überaus zähen Verhandlungen, um jede einzelne Position ringend, oft um einen halben Prozentpunkt, zustande kam.
Die Verhandlungen hatten in diesen zwei Tagen mehrfach vor dem Abbruch gestanden – einmal drohte Connally eine Vertagung *sine die* an. Die meisten Delegationen standen laufend telefonisch mit ihren Regierungen in Verbindung, um deren Zustimmung zu den erforderlichen Kompromissen hinsichtlich ihrer neuen Wechselkurse zu erhalten. Als Schlüsselproblem und gleichzeitig schwierigstes Hindernis erwies sich die Aufwertung des japanischen Yen.

Nach allgemeiner Auffassung mußten die Japaner, die schon damals übermäßige Handelsüberschüsse hatten, die mit Abstand höchste Aufwertung gegenüber dem Dollar, aber auch gegen andere Währungen beisteuern. Sie waren aber mit einer strikt limitierten Vollmacht in Washington erschienen und konnten nur in letzter Minute noch zu einer größeren Anpassung nach oben bewegt werden. Nach der Washingtoner Konferenz sagte der japanische Finanzminister Fukuda, die seiner Delegation aufgenötigte Aufwertung des Yen um 16,88 Prozent gegenüber dem Dollar sei »der größte wirtschaftliche Schock, den Japan seit dem Ende des Weltkrieges erlitten hatte«. Kurz darauf verkaufte der japanische Ministerpräsident das Ergebnis der Washingtoner Konferenz am Fernsehen der japanischen Öffentlichkeit mit der Bemerkung: Japan dürfe stolz darauf sein, daß seiner Währung auf internationaler Ebene eine so hohe Anerkennung zuteil geworden sei.

Das Hauptergebnis der Konferenz war eine Dollar-Abwertung um 7,9 Prozent gegenüber seiner früheren Goldparität, das heißt, daß der offizielle Goldpreis von 35 auf 38 Dollar je Unze erhöht wurde. Damit war das von den Amerikanern jahrelang verteidigte Tabu, wonach der Dollar als Schlüsselwährung des internationalen Währungssystems nicht abgewertet werden dürfe, gebrochen. Eine Reihe anderer Währungen wertete gegenüber ihrer früheren Goldparität auf – die D-Mark zum Beispiel um 4,5 Prozent gegenüber ihrer Parität vom 1. Mai 1971. Das ergab gegenüber dem abgewerteten Dollar eine Höherbewertung der D-Mark um insgesamt 13,6 Prozent.

Die neue Dollar-Parität lag bei 1 Dollar = DM 3,225 gegenüber DM 3,66 seit Oktober 1960. Die englische und französische Währung hielten an ihren bisherigen Goldparitäten fest (bei den ideologisch festgelegten Franzosen war das von vornherein nicht anders zu erwarten). Infolge der Dollar-Abwertung erhöhte sich aber für beide Länder der Wert ihrer Währungen gegenüber dem Dollar immerhin um je 8,6 Prozent. Italien und Schweden werteten sogar gegenüber ihrer vorherigen Goldparität um 1 Prozent ab (Näheres vgl. Tabelle S. 205).

Insgesamt, das heißt im gewogenen Durchschnitt aller anderen Währungen, wurde der Dollar (nach der Formel des IWF berechnet) um 9,5 Prozent abgewertet, oder anders ausgedrückt: Die übrigen Währungen stiegen im gewogenen Durchschnitt um 10,5 Prozent gegenüber ihrer früheren Dollar-Parität. Im amerikanischen Kommuniqué über das Ergebnis wurde sogar von einer durchschnittlichen gewogenen Aufwertung der anderen Industrieländer um rund 12 Prozent gesprochen, wobei freilich Kanada außer Betracht blieb, weil dieses sich nicht auf eine neue Parität festgelegt hatte, sondern den kanadischen Dollar weiterhin floaten ließ.

Wechselkurs-Neuordnung vom Dezember 1971

	Veränderung der neuen Leitkurse (in Prozent)		
	gegenüber den Goldparitäten 1. Mai 1971	gegenüber dem Dollar[1]	gegenüber den 15 in Frankfurt amtlich notierten Währungen
US-Dollar	− 7,9	–	− 9,8
D-Mark	+ 4,6	+ 13,6	+ 4,5
Yen	+ 7,7	+ 16,9	+ 12,6
Französ. Franc	± 0	+ 8,6	− 1,4
Pfund Sterling	± 0	+ 8,6	+ 0,4
Ital. Lira	− 1,0	+ 7,5	− 2,0

1 Gemessen an den Paritäten gegenüber dem Dollar von Anfang Mai 1971 (DM ./. Dollar: bis Anfang Mai 1971: 1 Dollar = 3,66 DM; ab Dezember 1971: 1 Dollar = 3,225 DM).

Am späten Nachmittag des zweiten Verhandlungstages, als das Ergebnis feststand, erschien Präsident Nixon mit Gefolge zu einer feierlichen Schlußveranstaltung mit unserer Gruppe vor der Presse. Dabei verstieg er sich zu der später oft ironisch zitierten Formulierung, daß das erzielte Ergebnis »das bedeutendste Währungsabkommen der Weltgeschichte nach dem Zweiten Weltkrieg« sei. Er sagte selbst, dies könnte als Übertreibung *(over-statement)* erscheinen, aber begründete es durch einen Vergleich mit dem Bretton-Woods-Abkommen von 1944, das durch die damalige Übermacht der Vereinigten Staaten ungleich leichter auszuhandeln gewesen sei.

Auswirkungen der Wechselkurs-Neuordnung vom Dezember 1971

Im Hinblick auf die effektive Auswirkung dieser Wechselkursverschiebungen muß man freilich zwei Umstände beachten: Erstens fiel sofort nach dem Washingtoner Abkommen die 10prozentige Sondersteuer auf die zollpflichtigen Einfuhrwaren weg, die ja bereits ähnlich einer partiellen Dollar-Abwertung gewirkt hatte; daneben wurden einige andere protektionistische Maßnahmen aufgehoben, welche die amerikanische Regierung zum Schutz ihrer Handels- und Zahlungsbilanz ergriffen hatte. Zum zweiten war bei der großen Mehrzahl der betroffenen Währungen der Aufwertungseffekt zu einem erheblichen Teil bereits durch das Aufwärtsfloaten seit Mai bzw. August 1971 vorweggenommen worden.

Konnte man mit diesem Ergebnis zufrieden sein? Von der ursprünglichen Zielsetzung her gesehen, ja. Es gab eine multilateral ausgehandelte Wechselkursanpassung in der richtigen Richtung. Die protektionistischen Maßnahmen der Amerikaner, und damit die Gefahr eines weiteren Absinkens in allgemeinen Protektionismus wurden beseitigt. Das von unserer Arbeitsgruppe III vorgeschlagene Anpassungsziel für den Dollar-Kurs von ungefähr 10 Prozent im gewogenen Durchschnitt wurde annähernd erreicht. Aber Connally ließ hinterher keinen Zweifel, daß ihm ein etwas höherer Abwertungssatz für den Dollar (oder ein höherer durchschnittlicher Aufwertungssatz für die übrigen Währungen) lieber gewesen wäre. Er hatte sich offenbar ein um einige Prozentpunkte höheres Ziel gesetzt; er konnte dies aber nicht mehr erreichen, weil ihm zum Schluß durch Präsident Nixon beziehungsweise Henry Kissinger die Hände zeitlich gebunden waren.

Vom deutschen Standpunkt aus erschien das Ergebnis akzeptabel. Freilich erwies sich die DM-Aufwertung gegenüber dem Dollar um 13,5 Prozent im weiteren Verlauf als unzureichend. Aber man mußte mit der DM-Aufwertung gegenüber dem Dollar etwas unter derjenigen des Yen bleiben; denn schon damals waren alle davon überzeugt, daß das Hauptproblem der Wechselkursverzerrungen das Verhältnis Yen / Dollar sei. Außerdem war dieser Aufwertungssatz wohl das Äußerste, was die deutschen Unterhändler mit Zustimmung der Bundesregierung damals zugestehen konnten. Im

Kabinett schien vor allem der damalige Außenminister Scheel weitere Zugeständnisse nach oben blockiert zu haben. Aber einige Wochen vorher hatten sich auch Klasen und Schiller öffentlich über die »Überanpassung der D-Mark« auf den Devisenmärkten beklagt, als die Aufwertung gegenüber dem Dollar noch zwischen 9 und 10 Prozent lag (Klasen: »Wir müssen von der 10prozentigen Überanpassung herunterkommen.« Schiller: »Wir müssen einen Kurs finden, der den wahren Wert der D-Mark wiedergibt, und der beträgt etwa 8 Prozent minus x gegenüber dem Dollar.«) In Wirklichkeit war die DM-Aufwertung um 13,5 Prozent nicht sehr hoch, wenn man bedenkt, daß gleichzeitig der 10prozentige Zusatzzoll auf die amerikanische Einfuhr sowie wichtige andere protektionistische Hindernisse wegfielen. Außerdem wurde die D-Mark durch das Washingtoner Abkommen gegenüber einer Reihe wichtiger europäischer Währungen im Vergleich zum vorherigen Stand sogar abgewertet. Insgesamt war wohl richtig, was einige Wochen nach der Tagung der Zehner-Gruppe von einem hohen Beamten des amerikanischen Schatzamts geäußert wurde: »Bei dem Washingtoner Abkommen sind die Deutschen zu gut weggekommen.«

Für die Bundesrepublik Deutschland hatte sich besonders das frühzeitige Abkoppeln von dem krisengeschüttelten Dollar schon im Mai 1971 als vorteilhaft herausgestellt: Einerseits waren wir dadurch für den Rest des Jahres sozusagen »aus der Schußlinie herausgekommen« und hatten uns vor weiteren inflationstreibenden Geldzuflüssen abgeschirmt – es gab zwischen Mai und Dezember 1971 sogar wieder einige Milliarden Dollar Rückflüsse aus der Bundesrepublik. Zum andern bot es der deutschen Wirtschaft eine längere Übergangsperiode von den alten zu den neuen Wechselkursrelationen. Nach Ansicht mancher Experten war die deutsche Krisenabwehr durch den Übergang zum Floaten im Mai 1971 eine für das ganze Währungssystem sehr nützliche Aktion. So sagte der Amerikaner Fred C. Bergsten, später in der Carter-Regierung Unterstaatssekretär, heute Chef des Washingtoner Institute for International Economics, in einer Rede im Mai 1972: »Deutschland erwarb sich ein großes Verdienst um die Lösung der vorjährigen Währungskrise. Dadurch, daß es im Mai 1971 zum Floaten überging, gab es den Anstoß zu der richtigen Lösung des Problems der Dollar-Überbewertung.«

Das *Fazit* der ganzen Krisenserie des Jahres 1971 aber war: Der Riesenaufwand an Tagungen und Konferenzen, an technischen Vorarbeiten in Ausschüssen und Stäben, aber auch ein unerwartetes Maß an Bereitschaft zur Kooperation und zum Kompromiß unter den führenden Industriestaaten, brachte ein Resultat hervor, das von Präsident Nixon als Gipfel-Ereignis der Nachkriegs-Währungsgeschichte begrüßt wurde, sich aber dann doch nur als kurzfristiges Zwischenspiel herausstellte. Gewiß, das von den Amerikanern jahrelang verteidigte Tabu der Dollar-Goldparität wurde endgültig gebrochen. Aber das damals wichtigste Anliegen der meisten Teilnehmer, nämlich das Paritätensystem von Bretton Woods durch diese einmalige Anstrengung nochmal zu retten, ging 15 Monate später in erneuten Währungswirren unter. Daraus gab es dann nur noch den Ausweg des allgemeinen Floatens der Industrieländer gegenüber dem Dollar, das heißt die noch heute bestehende Währungsordnung.

Zu fragen bleibt: Was war eigentlich die *Rolle des Internationalen Währungsfonds* in diesem ganzen Spiel? Eigentlich ist doch der IWF die verantwortliche Instanz für das gute Funktionieren des internationalen Währungssystems, und im besonderen des Wechselkurssystems! Wo blieb sein Beitrag bei der Neuordnung der Wechselkurse?

Schon in den Anfängen der Währungskrise von 1971 zeigte sich, wie sehr der IWF im Abseits stand. Als im Mai 1971 die Wechselkursfreigabe der D-Mark den Krisenreigen eröffnete, spielten zwar der Brüsseler EG-Ministerrat und sonstige Brüsseler Instanzen eine erhebliche Rolle. Dem IWF aber blieb nichts anderes zu tun, als die offizielle Benachrichtigung seitens der deutschen Regierung über die Wechselkursfreigabe »mit Verständnis« – nicht Einverständnis! – entgegenzunehmen und die deutsche Regierung für den weiteren Ablauf zur engen Zusammenarbeit aufzufordern. Der Sache nach war der Währungsfonds wohl erleichtert, daß durch die DM-Freigabe wenigstens *ein* akuter Krisenherd vorläufig ausgeräumt war.

Als dann am Sonntag, 15. August 1971, Präsident Nixon sein Wirtschafts- und Währungsprogramm verkündete, das immerhin den Gold-Dollar-Standard hinwegspülte und die damalige Wechselkursstruktur aushebelte, hatte der Geschäftsführende Direktor des

IWF, Pierre-Paul Schweitzer, erst am späten Sonntag nachmittag von einem jüngeren Mitarbeiter der *Treasury* erfahren, er täte gut daran, am Abend seinen Fernsehapparat einzuschalten, weil der Präsident eine wichtige wirtschafts- und währungspolitische Botschaft verkünden werde. In den darauffolgenden Wochen machte sich Schweitzer bei den Amerikanern mißliebig, weil er nach außen kundtat, daß nach seiner Meinung die Goldparität des Dollars geändert werden müsse. Bei der Untersuchung der erforderlichen Anpassung für die amerikanische Zahlungsbilanz und für die wichtigsten Wechselkurse leistete der Stab des Währungsfonds zwar technische Hilfe, und der von mir geleitete Zahlungsbilanzausschuß der OECD wurde bei seinen Vorarbeiten für die Minister der Zehner-Gruppe in manchen Punkten dadurch bestärkt, daß die technischen Gutachten des Währungsfonds zu ähnlichen Ergebnissen gekommen waren. Aber darüber hinaus hatten diese Fonds-Arbeiten keine besondere sachliche Bedeutung.

Bei dem Washingtoner Wechselkursabkommen war es wiederum die Zehner-Gruppe, die sich in Washington traf und alles aushandelte. Wir hatten freilich am Tag vor der Washingtoner Ministerkonferenz eine gemeinsame Sitzung der Stellvertretergruppe der »Zehn« mit dem Exekutivrat des IWF, wobei eine Reihe technischer und währungspolitischer Fragen erörtert wurde. Aber wirklich eingeschaltet wurde der Fonds erst nach Abschluß der Zehner-Konferenz bei der weiteren Durchführung des Washingtoner Abkommens. Die neuen Wechselkurse – die nicht als offizielle Paritäten, sondern als vorläufige *central rates*, als »zentrale Leitkurse«, verkündet wurden – mußten in das offizielle Wechselkursgefüge des Währungsfonds eingeordnet werden. Die Zehner-Gruppe beschloß auch, die Schwankungsbreite um die neuen Wechselkursparitäten von bisher ± 1 Prozent auf nunmehr ± 2 ½ Prozent zu erweitern. Auch dies mußte, da es sich um eine Änderung der IWF-Regeln handelte, vom Währungsfonds übernommen und in sein allgemeines System eingeordnet werden. Nur in einem Punkt ergab sich für den Währungsfonds ein breites neues Aktionsfeld: Die Zehner-Gruppe hatte in Washington beschlossen, daß möglichst rasch Beratungen über die längerfristige Reform des Internationalen Währungssystems aufgenommen werden sollten, und zwar vorzugsweise im Rahmen des Internationalen Währungsfonds.

Dies wurde die Ausgangsbasis für das im Sommer 1972 durch den Währungsfonds eingesetzte *Committee of Twenty*, das zwei Jahre lang sehr intensive Arbeiten zur Vorbereitung einer umfassenden Währungsreform betreiben sollte – freilich auch hier mit einem geringen praktischen Ergebnis, denn diese Reformberatungen mußten sehr bald vor der Übermacht der faktischen Entwicklungen, insbesondere der Unausweichlichkeit des Dollar-Floatens, kapitulieren.

Von der Wechselkurs-Neuordnung 1971 zum Zusammenbruch des Bretton-Woods-Systems der fixen Paritäten im März 1973

Neue Dollar-Schwäche durch benign neglect *der Amerikaner*

Die Wechselkurs-Neuordnung vom Dezember 1971 hielt weder international noch für die deutsche Stabilitätspolitik das, was man sich von ihr versprochen hatte. International gab es schon in den ersten Monaten des Jahres 1972 wieder neue Spannungen und störende Kapitalbewegungen. Schließlich fiel das ganze mühsam errichtete Gebäude der neuen Währungsparitäten in den spekulativen Währungswirren von Januar bis März 1973 wie ein Kartenhaus in sich zusammen und begrub unter den Trümmern endgültig das Bretton-Woods-System der fixen Paritäten. Die Washingtoner Wechselkurs-Neuordnung vom Dezember 1971 – laut Präsident Nixon »das bedeutendste Währungsabkommen der Weltgeschichte nach dem Zweiten Weltkrieg« – verschaffte der Weltwirtschaft nur eine Atempause bis zum letzten gewaltigen Sturm.

Hinsichtlich der deutschen Stabilitätspolitik mußten wir in unserem Geschäftsbericht für das Jahr 1972 feststellen, daß schon die ersten Monate nach dem Washingtoner Abkommen erkennen ließen, »wie wenig die Bundesrepublik durch die Neuordnung der Wechselkurse außenwirtschaftlich abgesichert war ... Die binnenwirtschaftlichen Ziele der Geldpolitik mußten daher vorerst hintangestellt werden.«

Wiederum hatte sich also, wie schon zeitweise in den fünfziger und sechziger Jahren, die mangelnde außenwirtschaftliche Abschirmung als Achillesferse der deutschen Stabilitätspolitik erwiesen. Im Herbst 1972 zog ich in einem Vortrag die Bilanz, indem ich feststellte: »An eine wirksame Steuerung der Geldversorgung ist überhaupt nicht zu denken, wenn die Geldpolitik nicht ausreichend nach außen abgeschirmt ist.«[1]

Wie kam es zu diesem Versagen des soeben neugeordneten Paritätensystems? An sich waren ja die Vereinbarungen vom Dezember 1971 ein großer Fortschritt gegenüber den bis Mai 1971 geltenden Paritäten[2]. Vor allem hätte die Aufwertung der beiden »starken« Währungen D-Mark und Yen – um 13 ½ beziehungsweise fast 17 Prozent gegenüber dem Dollar und zahlreichen anderen Währungen – doch entspannend und entzerrend zu Buche schlagen müssen, denn sie beseitigte, mindestens wenn man von einem Vergleich der Kaufkraftparitäten oder des Kostenniveaus ausgeht, weitgehend die Überbewertung des Dollars sowie die Unterbewertung der D-Mark[3], wenn auch vielleicht nicht ganz diejenige des Yen.

Daß die Unterbewertung der D-Mark im rechnerischen Sinn mit der Währungsneuordnung vom Dezember 1971 weitgehend beseitigt war, zeigte sich darin, daß Ende 1975 – nach einer Zwischenzeit mit starken Schwankungen – der reale, also inflationsbereinigte Außenwert der D-Mark gegenüber 13 anderen Industrieländern im Durchschnitt ziemlich genau dem Ende 1971 festgelegten Wert entsprach. Erst der 1976 beginnende starke Kursauftrieb der D-Mark hob diese eine Zeitlang erheblich über ihren realen Wert von Ende 1971 hinauf.

Die Ereignisse in der Zeit von Anfang 1972 bis März 1973 zeigten wie in einem Lehrstück, daß die Weltwirtschaft und insbesondere das internationale Geldsystem sich grundlegend verändert hatten. Es kam nicht mehr allein auf die Beseitigung von Inflationsdifferenzen oder auf ein besseres Gleichgewicht der Handels- und Leistungsbilanz an. Was die Inflationsdifferenzen angeht, so war in der Zeit von Anfang 1972 bis März 1973 die Preis- und Kostensteigerung in der Bundesrepublik erheblich stärker als in den Vereinigten Staaten (wie übrigens auch schon zuvor im Jahre 1971). Die deutsche Leistungsbilanz wies in den 15 Monaten von Anfang 1972 bis März 1973 einen ganz bescheidenen Überschuß von rund 4 Milliarden D-Mark auf. Was bedeutete das schon gegenüber einem gesamten deutschen Devisenüberschuß von 36 Milliarden DM in der gleichen Zeit! Hier waren also die Kapitalbewegungen der ausschlaggebende Faktor.

Das galt natürlich vor allem im Verhältnis zum Dollar. Während der Dollar-Krise vom Februar / März 1973 mußte die Bundesbank innerhalb von fünf Wochen Devisen im Gegenwert von nicht weniger als 20,5 Milliarden DM aufnehmen, mit verheerenden Wirkungen auf den inneren Geldkreislauf. Davon waren ganze 1,5 Milliarden DM dem Überschuß der Leistungsbilanz zuzuschreiben (vgl. Tabelle S. 186).

Die Riesensummen an liquiden Dollarbeständen in der Welt – nicht zuletzt auch in Amerika selbst – beherrschten das Bild. Und die Kapitalbewegungen wurden in Krisenzeiten immer mehr durch den Faktor »Vertrauen« bestimmt.

Ein zweiter Mangel der Wechselkurs-Neuordnung lag darin, daß sich die Korrektur des Dollar-Kurses nur mit erheblicher Verzögerung verbessernd auf die Handelsbilanz auswirkte. Zwar erholten sich 1972 die amerikanischen Exporte dank der verbesserten Wettbewerbsposition; aber die amerikanischen Einfuhren stiegen unter dem Einfluß einer unerwartet starken Binnenexpansion ungleich stärker an.

So gab es 1972 ein noch weit höheres amerikanisches Handels- und Leistungsbilanzdefizit als im Vorjahr. Dies schlug sich vor allem im Sinne eines negativen Vertrauensfaktors in den spekulativen Geldbewegungen nieder. Erst in den Jahren 1973 und 1974 kehrte die amerikanische Handelsbilanz zu den seit Anfang des Jahrhunderts gewohnten Überschüssen zurück.

Bei der Wechselkurs-Neuordnung vom Dezember 1971 hatte man zwar mit einer unvermeidlichen »Durststrecke« von ein bis zwei Jahren in der amerikanischen Handels- und Leistungsbilanz gerechnet (wenn auch nicht mit so hohen Handelsdefiziten); die Experten hatten aber zum Ausgleich auf eine Umkehr der Geldströme gebaut. Wenn nur die Hälfte der 1971 aus Zins- oder Spekulationsgründen aus Amerika abgeflossenen Gelder im folgenden Jahr wieder zurückgekehrt wäre, hätte selbst das hohe Leistungsbilanzdefizit des Jahres 1972 ohne weiteres finanziert werden können. Aber hier zeigte sich die dritte Unzulänglichkeit des Washingtoner Abkommens: die fehlende Verpflichtung der amerikanischen Seite zur Beachtung der Zahlungsbilanz in der Geldpolitik.

Schon sehr bald nach dem Washingtoner Abkommen kam es erneut zu erheblichen Geldabflüssen aus den USA nach Europa und Japan.

Die amerikanischen Währungsbehörden lockerten nämlich in den letzten Monaten von 1971 und zu Beginn des Jahres 1972 aus Furcht vor einer inneren Wirtschaftsflaute ihre Geldpolitik stark – ohne Rücksicht auf die Verteidigung der neuen Dollar-Parität – und setzten dadurch eine beträchtliche Expansion des Geldvolumens in Gang. Die einseitige binnenwirtschaftliche Orientierung der amerikanischen Geldpolitik nannten wir in unserem Geschäftsbericht für 1971 »eine bedauerliche Verkettung unglücklicher Umstände«. Aber das war zu milde ausgedrückt. In Wirklichkeit war es eine Rückkehr – zur Unzeit! – zum *benign neglect*, zur wohlwollenden Nichtbeachtung der Zahlungsbilanz.

Der frühere amerikanische Finanz-Staatssekretär Robert Roosa (mit dem ich eng befreundet war) drückte dies Mitte Februar 1972 in einem Vortrag vor der *American Bankers' Association* noch drastischer aus, indem er fragte: »Warum hat die Federal Reserve in den eineinhalb Monaten seit dem Smithsonian Agreement offenbar alles getan, um das Abkommen zu torpedieren? ... Das erscheint mir als eine recht sonderbare Abweichung von der langen Tradition einer weisen und gründlich überlegten Federal-Reserve-Politik«.[4]

Ich hatte bei Besuchen in Washington im Frühjahr 1972 mehrfach gegenüber Burns und anderen Herren des *Federal Reserve Board* auf unsere Besorgnis wegen der zu lockeren Geldpolitik hingewiesen, erhielt aber recht unbefriedigende Antworten – die Rücksicht auf die innere Wirtschaftslage und die Innenpolitik überwog. Später – nämlich bei einem Hearing vor dem *Joint Economic Committee* des Kongresses am 20. Februar 1973 – verteidigte Burns die expansive Geldpolitik von Anfang 1972 unter anderem mit folgenden Argumenten: Um die Jahreswende 1971/72 sei die Arbeitslosigkeit hoch (6 Prozent) und die Rezession noch nicht völlig überwunden gewesen; die Geldpolitik habe eine entsprechende Wirtschaftsexpansion fördern müssen und habe dies unbesorgt tun können, weil die Inflation in den USA besser unter Kontrolle gewesen sei als in der übrigen Welt; schließlich habe man im ersten Vierteljahr 1972 das geringe Geldwachstum der vorangegangenen Monate durch ein entsprechend höheres Geldwachstum 1972 ausgleichen wollen. Man habe aber, als die Expansion sichtbar in Gang gekommen war, ein Anziehen der kurzfristigen Zinsen geduldet, was auch das starke Jahreswachstum der Geldmenge wieder etwas gedämpft habe.

Man kann jedoch den damals in den USA Verantwortlichen in Notenbank, Regierung und Sachverständigenrat die Kritik nicht ersparen, daß sie sich von viel zu niedrigen Vorausschätzungen hinsichtlich des Auftriebs von Produktion und Inflation leiten ließen und dabei mindestens bis Mitte 1972 die Außenbilanz gänzlich vernächlässigten. Erst, als aus binnen- und außenwirtschaftlichen Gründen die amerikanische Geldpolitik die Zügel im Spätsommer 1972 wieder stärker anzog, hörte eine Zeitlang der Druck auf den Dollar auf.

Neben den Zins- und Liquiditätsunterschieden spielte auch eine Rolle, daß trotz der Anpassung der Wechselkurse das Vertrauen in den Dollar nicht so recht wiederkehren wollte. Nachdem einmal das Tabu der unantastbaren Dollar-Parität gebrochen war, rechneten manche schon ziemlich bald mit einer neuen Dollar-Abwertung oder mit einem Floaten des Dollars. Dieser Vertrauensschwund war insofern etwas überraschend, als die Vereinigten Staaten während der Zeit von 1970 bis Ende 1972 geringere Inflationsraten als die Bundesrepublik und Japan verzeichnen konnten, was erst recht zu Buch schlägt, wenn man dazu noch die Wechselkurskorrektur von 1971 berücksichtigt. Aber hier spielten andere Gründe eine Rolle, wie zum Beispiel die nicht sehr vertrauenerweckende amerikanische Budgetpolitik oder ab Sommer 1972 die Irritationen im Zusammenhang mit dem Watergate-Skandal.[5] Jedenfalls war Mitte März 1972 schon wieder von einer »neuen Misere des Dollars« die Rede.[6]

Die Zwischenperiode von Dezember 1971 bis zum Zusammenbruch des Paritätensystems im März 1973 führte uns recht drastisch vor Augen, daß in einem internationalen Währungssystem, in dem das Potential an liquiden und mobilen Dollar-Beständen ins Riesenhafte gesteigert war, nicht mehr die alten traditionellen Spielregeln für die Wechselkurse galten, jedenfalls nicht für den Dollar. Hier spielten *Zinsdiskrepanzen* und *Vertrauensstörungen* mindestens auf kurze und mittlere Sicht eine weit größere Rolle als Inflationsdifferenzen. Ich zog aus den Erfahrungen dieser Periode die bis heute gültige Schlußfolgerung, *daß in dieser neuen weltwirtschaftlichen Umgebung gegenüber dem Dollar nur ein Floaten möglich ist.*

Zunächst waren wir damals freilich entschlossen, die im Dezember 1971 neugeordnete Paritätenstruktur zu verteidigen, zumal für die D-Mark weder am Außenhandel noch an den Inflationsdifferenzen ein aktueller Aufwertungsbedarf abzulesen war. Daher betrieb die Bundesbank zunächst eine außenwirtschaftlich orientierte Zinspolitik – ganz im Gegensatz zur amerikanischen Notenbank! Die erste Diskontsenkung beschlossen wir noch im Dezember 1971 unmittelbar nach unserer Rückkehr aus Washington.

Hier spielte ein bißchen auch die Rücksicht auf die Binnenwirtschaft mit, denn die beträchtliche Aufwertung der D-Mark gegenüber dem Dollar und einigen anderen Währungen schien anfangs doch den Export und damit die Konjunktur spürbar zu belasten. Schon während der Washingtoner Konferenz bestand Bundeswirtschaftsminister Schiller in Gesprächen mit Klasen und mir immer wieder darauf, daß die nach seiner Ansicht ungewöhnlich hohe DM-Aufwertung gegenüber dem Dollar durch eine Auflockerung der Geldpolitik für die Wirtschaft erträglicher gemacht werden müsse.

Im Februar 1972 wurde der Diskontsatz zum zweitenmal, und zwar bis auf den niedrigen Satz von 3 Prozent, herabgesetzt. Diesmal war die Diskontsenkung allein an der Außenbilanz orientiert, nämlich um den Zinsanreiz für die Devisenzuflüsse zu verringern. Gleichzeitig wurde ab 1. März 1972 durch die Bundesregierung (in Übereinstimmung mit der Bundesbank) eine Bardepotpflicht von 40 Prozent auf im Ausland aufgenommene Kredite eingeführt; das entsprechende Gesetz war bereits 1971 vorbereitet worden. Die Kombination dieser beiden Maßnahmen führte tatsächlich vorübergehend zu einem Abflauen der Kapitalzuflüsse und beendete die erste Devisenwelle in die D-Mark. Sobald wir wieder etwas mehr Spielraum von der außenwirtschaftlichen Seite hatten, beeilten wir uns, die Kreditzügel in unserem Land wegen der verstärkten Inflationstendenzen wieder anzuziehen. Das war aber erst nach Überwindung einer zweiten Welle von spekulativen Devisenzuflüssen im Juni/Juli 1972 möglich.

Pfund-Krise vom Juni 1972 führt zu Schiller-Sturz

Diese zweite Welle hing mit einer Krise des englischen Pfundes im Juni 1972 zusammen. Das Pfund war durch innere Inflation und Zahlungsbilanzschwäche bedroht. Manche Experten meinen auch, es sei bei der Washingtoner Wechselkurs-Neuordnung vom Dezember 1971 zu hoch eingestuft, also »überbewertet« worden. Mitte Juni 1972 setzten dann hohe Geldabzüge aus Großbritannien ein. In der ersten Krisenwoche vom 16. bis 22. Juni 1972 waren es rund 2,6 Milliarden Dollar. Davon gingen gut zwei Drittel in die D-Mark.

Da Großbritannien seit April 1972 dem europäischen Währungsverbund (»Währungsschlange«) angeschlossen war, mußte die Bundesbank im Rahmen ihrer Interventionsverpflichtung den Devisenzustrom finanzieren, sei es direkt, sei es indirekt über eine kurzfristige Kredithilfe für die englischen Deviseninterventionen. Am 23. Juni brach Großbritannien aus der europäischen Währungsschlange aus und ging zum freien Floaten über. Noch am Vormittag des 23. Juni mußte die Bundesbank Devisen im Gegenwert von rund 2,8 Milliarden DM aufnehmen. Darauf wurden die Devisenbörsen in der Bundesrepublik und einigen anderen europäischen Ländern auf einige Tage geschlossen. Aber es gab auch nach der Wiedereröffnung noch beträchtliche Devisenzuflüsse, zum Teil als Nachwirkung des durch die Pfund-Krise ausgelösten allgemeinen Vertrauensschwunds – der auch auf den Dollar-Sektor übergegriffen hatte –, zum Teil als Folge der in der Bundesrepublik erneut entfesselten Diskussion über ein europäisches Floaten gegenüber dem Dollar. Insgesamt mußte die Bundesbank von Mitte Juni bis Mitte Juli Pfund- und Dollar-Devisen im Gegenwert von 4,7 Milliarden Dollar oder rund 15 Milliarden DM aufnehmen.

Das Datum des 23. Juni 1972 ist von währungsgeschichtlicher Bedeutung: Das damals begonnene Floaten des englischen Pfundes gegenüber allen anderen Währungen dauert bis heute an, ungeachtet aller Veränderungen im europäischen Währungswesen. Großbritannien war also das erste europäische Land, das »definitiv« zum Floaten überging, und nicht die Schweiz, wie dies der frühere Notenbankpräsident Leutwiler in einem Vortrag in Frankfurt 1982[7] behauptete.

Allerdings fiel Großbritannien insofern aus dem Rahmen, als es den festen Wechselkurs aus Devisen*schwäche* aufgab, während die 1973 zum Floaten übergehenden Länder dies zur Abwehr übermäßiger Devisen*zuflüsse* taten. Es ist nicht ohne historisches Interesse, daß in Großbritannien der Übergang zum Floaten »fast mit Jubel« begrüßt wurde (so der Leitartikel in der Londoner Zeitschrift »Euromoney«). Der Londoner »Economist« reagierte ähnlich und empfahl dringend eine zeitweilige *competitive undervaluation* das heißt eine bewußte Unterbewertung des Pfundes aus Wettbewerbsgründen (unter der Überschrift: »*Float free and low*«). Im übrigen wurde schon in den ersten Jahren nach dem Übergang zum Pfund-Floaten von britischen Ministern in den EG-Verhandlungen immer wieder die stereotype, auch heute noch übliche Formel gebraucht, nach der das Pfund zum europäischen Festkurs-System zurückkehren werde, »as soon as conditions permit«.[8]

In der Bundesrepublik gab es als stabilitätspolitische Abwehrreaktion gegen die Devisenflut wiederum eine kombinierte Aktion von Bundesbank und Regierung: Die Bundesbank versuchte, den inflationstreibenden Liquiditätszufluß durch zweimalige Erhöhung der Mindestreserven und Kürzung der Rediskontkontingente zu absorbieren. Außerdem verordnete die Bundesregierung Ende Juni 1972 aufgrund des Außenwirtschaftsgesetzes eine Genehmigungspflicht für den Verkauf inländischer Schuldverschreibungen an Ausländer. Gleichzeitig wurde die Bardepotregelung verschärft.

Die Einführung der Genehmigungspflicht für den Verkauf festverzinslicher Wertpapiere war ein dirigistischer Eingriff, während das Bardepot noch als marktwirtschaftliche Abschreckungsmaßnahme angesehen werden konnte. Über die Genehmigungspflicht kam es zu einem Eklat im Bundeskabinett, der schwerwiegende Folgen hatte – nämlich den Rücktritt von Bundeswirtschafts- und finanzminister Schiller und seine Ablösung durch Helmut Schmidt, den vormaligen Verteidigungsminister.

Bei diesem Eklat spielte ein Zusammenstoß zwischen Schiller und Klasen eine große, wenn auch nicht ausschlaggebende, Rolle. Wegen der politischen Bedeutung dieses Vorgangs muß ich hier auf einige Einzelheiten eingehen, besonders soweit sie die Rolle der Bundesbank betreffen:

Am 28. und 29. Juni 1972 befaßte sich das Bundeskabinett mit der

Frage, auf welche Weise Dämme gegen den Zustrom spekulativer Auslandsgelder errichtet werden könnten, nachdem sich am 27. Juni die Lage dadurch zugespitzt hatte, daß die Schweiz – ebenfalls ein wichtiges Zufluchtsland für Auslandsgelder – die Schotten dicht machte; sie verbot schlechthin den Erwerb von Wertpapieren, Grundstücken und anderen schweizerischen Anlagen durch Ausländer. Dies mußte nach menschlichem Ermessen dazu führen, daß nun die Sturzflut der spekulativen Gelder sich ganz auf die D-Mark, als einzige noch offene aufwertungsverdächtige Währung, konzentrierte.

Aus damaliger Sicht war die D-Mark nicht mehr unterbewertet, also objektiv gesehen kein Aufwertungskandidat mehr. Denn die beiden DM-Aufwertungen vom Oktober 1969 und Dezember 1971 hatten die D-Mark um 24 Prozent gegenüber dem Dollar angehoben. Hierdurch und als Folge der Lohnexplosion von 1969/70 hatte sich das deutsche Kostenniveau gegenüber dem amerikanischen seit 1968 sogar um rund 40 Prozent erhöht. Auch die Entwicklung der deutschen Leistungsbilanz ließ keine Unterbewertung mehr erkennen. Die beiden Aufwertungen hatten zusammen mit der Lohnkostenexplosion von 1970/71 den deutschen Leistungsbilanzüberschuß von seinem Rekordniveau von 11 Mrd. DM im Jahre 1968 fast auf Null herabgedrückt. Im ersten Halbjahr 1972 war die Leistungsbilanz sogar leicht defizitär. Schließlich war diesmal der Ausgangspunkt der Währungskrise nicht der Dollar, sondern das Pfund. Die Situation vom Juni 1972 war also nicht mit den Krisen von 1969 oder 1971 zu vergleichen. Ich hatte Ende Juni und Anfang Juli 1972 in mehreren Interviews immer wieder darauf hingewiesen, daß es sich diesmal nicht um eine eigentliche Dollar-Krise handele, schon um zur Beruhigung der aufgescheuchten Devisenmärkte beizutragen.

Angesichts der geschilderten Lage wollten wir versuchen, die im Dezember 1971 neugeordneten Wechselkurse sowie den eben erst im April 1972 in Kraft gesetzten europäischen Währungsverbund (Währungsschlange) zu verteidigen, solange es einigermaßen ging. So dachten wir, daß gegenüber den eindeutig spekulativ bedingten Geldzuflüssen eine vorübergehende Abwehr mit Hilfe des § 23 des Außenwirtschaftsgesetzes (AWG) vertretbar war. Wir stimmten infolgedessen im Bundesbankdirektorium Klasen zu, daß er bei der

Beratung in Bonn vorschlagen sollte, den Erwerb von festverzinslichen Wertpapieren genehmigungspflichtig zu machen; denn dies war ein von Ausländern bevorzugter Weg, sich in den Besitz der begehrten D-Mark bei guter Verzinsung zu setzen. Außerdem war dies die mildeste und flexibelste Anwendung des berüchtigten § 23 des AWG, denn beim Nachlassen der störenden Devisenzuflüsse konnte die Genehmigungspflicht sofort gelockert oder wieder aufgegeben werden, ohne daß eine Gesetzesänderung erforderlich war.

Als Klasen nun diesen Vorschlag in der Kabinettssitzung vorbrachte, wandte sich Schiller mit Vehemenz dagegen. Er wollte statt dessen erneut versuchen, durch Verhandlungen mit den anderen EG-Staaten, vor allem mit den Franzosen, ein gemeinsames Floaten der EG-Währungen gegenüber dem Dollar einzuführen. (Dies wäre auch mir viel lieber gewesen, da es meiner seit langem vertretenen Linie entsprochen hätte. Aber als wir am 27. und 28. Juni im Direktorium der Bundesbank über die Lage berieten, schien dieser Weg völlig aussichtslos. Selbst als sich eine Woche später bei deutsch-französischen Konsultationen herausstellte, daß die Franzosen es nicht mehr von vornherein ablehnten, über das gemeinsame Floaten als eine von drei möglichen Alternativlösungen zu diskutieren, war es so gut wie sicher, daß es zu diesem gemeinsamen Floaten, wenn überhaupt, so nicht ohne längere Verhandlungen mit allen EG-Mitgliedern kommen könnte. Angesichts der gespannten Lage auf den Devisenmärkten wäre dies also keinesfalls ohne vorübergehende strengere Abschirmung nach außen möglich gewesen. Überdies waren die Zahlungsbilanzpositionen der wichtigsten EG-Mitglieder sehr unterschiedlich, was die Verhandlungen erschwert hätte.)

Einige Wochen später erfuhren wir auf einer EG-Ministertagung von dem französischen Finanzminister Giscard d'Estaing, daß die Bereitschaft zur Diskussion kein echtes französisches Einschwenken war und daß er im damaligen Zeitpunkt unter keinen Umständen einem Gruppen-Floaten mit der D-Mark zugestimmt hätte. Genau dasselbe sagte uns der damalige französische Notenbankgouverneur Wormser.

Die Beratungen des Bundeskabinetts zogen sich vom Nachmittag des 28. Juni bis spät in die Nacht hinein und wurden am nächsten

Morgen fortgesetzt. Das Ergebnis war, daß der Vorschlag Schillers mit allen Stimmen seiner Kabinettskollegen abgelehnt wurde. Nicht ein einziger stellte sich auch nur durch Stimmenthaltung auf seine Seite. Daraufhin bot Schiller einige Tage später seinen Rücktritt zum 7. Juli an. Dieser wurde – wahrscheinlich zu Schillers Überraschung – vom Bundeskanzler ohne weitere Verhandlungen oder Gespräche angenommen. Nachfolger von Karl Schiller als Bundeswirtschafts- und Finanzminister wurde Helmut Schmidt, der bisherige Verteidigungsminister. Wie ich schon oben erwähnte, war eine seiner ersten Amtshandlungen, daß er noch im Juli 1972 nach Paris fuhr, um sich mit Giscard d'Estaing, dem französischen Finanzminister, zu treffen und die Lage zu besprechen. Es fiel ihm nicht schwer, dabei gemeinsam mit Giscard festzustellen und der Öffentlichkeit bekanntzugeben, daß die Situation nicht für ein gemeinsames Floaten geeignet sei.

Als Klasen einige Tage nach der Kabinettssitzung vom Rücktrittsangebot Schillers erfuhr, war er sichtlich schockiert, wie wir persönlich feststellen konnten. In einem Interview vom 2. Juli sagte er: »Ich bin überrascht, daß man in Bonn von einem möglichen Rücktritt Schillers spricht, weil die Meinungsverschiedenheiten, die es gegeben hat, nicht von Bedeutung waren.«[9] Und einige Wochen später: »Ich bedauere, daß es über einer so unbedeutsamen Sache zu einem Krach gekommen ist.«[10]

Auch Bundeskanzler Brandt sprach in seinem Antwortschreiben an den zurückgetretenen Minister Schiller davon, daß es sich am 29. Juni »in Wirklichkeit um eine marginale Entscheidung handelte«. Schiller begründete seinen Schritt in einem sehr ausführlichen Rücktrittsschreiben – sicher dem ausführlichsten, das ein Minister in der ganzen bisherigen Nachkriegszeit geschrieben hat – zum Teil mit gravierenden sachlichen Meinungsverschiedenheiten zwischen ihm und der Kabinettsmehrheit, zum Teil aber auch mit Vorwürfen wegen der Behandlung des ganzen Vorgangs im Kabinett. Dabei beklagte er sich auch über Klasen, der ihn ohne jede Warnung mit seinem Vorschlag konfrontiert habe. Dieses an sich vertrauliche Rücktrittsschreiben wurde bald darauf in einer Illustrierten voll abgedruckt. So blieb Klasen nichts anderes übrig, als zu diesen persönlichen Vorwürfen öffentlich Stellung zu nehmen.[11]

Dies wiederum führte zu einer scharfen Replik Schillers. Diese Kontroversen beschäftigten die Öffentlichkeit wochenlang. Ich brauche hier nicht weiter darauf einzugehen; dies liegt alles in Veröffentlichungen vor. Der Fall wurde politisch noch gravierender, als Schiller einige Zeit später im Zorn aus der SPD austrat und eine Zeitlang durch fortwährende scharfe Kritik an der Wirtschafts- und Finanzpolitik der Bundesregierung den Eindruck erweckte, als wolle er im bevorstehenden Wahlkampf auf seiten der CDU kämpfen. Bekanntlich ist einige Jahre später der Konflikt zwischen ihm und der SPD wieder beigelegt worden; Schiller trat seiner früheren Partei wieder bei.

Seine Niederlage im Kabinett schrieb Schiller in erster Linie seinem Duzfreund Klasen zu (den er selbst im Herbst 1969 zum Bundesbankpräsidenten vorgeschlagen hatte). Viele Jahre später sagte Schiller noch zu mir, Klasen habe seinen Vorschlag im Bundeskabinett gegen seinen, Schillers, Widerspruch nur deswegen durchgebracht, weil er dem Kabinett versprochen hatte, daß damit bis über die bevorstehende Bundestagswahl vom September 1972 hinaus die Ruhe auf dem Währungsgebiet gesichert sei. In einem Zeitungsinterview nannte Schiller dieses Versprechen »frivol«. Aber ironischer Weise wurde es durch den weiteren Verlauf vom August 1972 bis zum Jahresende 1972 bestätigt.

Bei einer objektiven Betrachtung dieser Schiller-Krise dürfen nach meiner Meinung zwei schwerwiegende Umstände nicht außer Betracht gelassen werden: *Erstens* war die Behandlung der außenwirtschaftlichen Absicherung nicht die einzige Meinungsverschiedenheit zwischen Schiller und der Kabinettsmehrheit. In seinem Rücktrittsschreiben führte Schiller selbst daneben auch die Auseinandersetzungen innerhalb der Regierung um den Haushalt 1973 an. Als er in einem Interview gefragt wurde, welche von diesen Meinungsverschiedenheiten »von der Sache her gravierender sei«, antwortete Schiller ohne Zögern: »die Haushaltspolitik«.[12] *Zweitens* hatte sich im Bundeskabinett Unmut gegen die Person Schillers angesammelt, der schon seit Monaten immer mehr zu einem Außenseiter im Kabinett geworden war. Er hatte viele Zusammenstöße mit Kollegen.

Besonderen Zorn beim Kanzler und bei mehreren seiner Ministerkollegen erregte es, als Schiller im Mai 1973 einen Haushaltsentwurf für 1973, der eine Reihe scharfer Ausgabenstreichungen vorsah, ohne jede Vorabstimmung mit den betroffenen Ministerien in 131 Exemplaren verteilen ließ, was praktisch einer Veröffentlichung gleichkam. So hatten, wie wir von verschiedenen Seiten hörten, mehrere Ministerkollegen Schillers nur auf eine Gelegenheit gewartet, »um es ihm heimzuzahlen«. Schiller selbst gab indirekt diese Seite der Angelegenheit zu, als er bei einem seiner zahlreichen Interviews bemerkte: Die Auseinandersetzung im Kabinett am 28./29. Juni sei in Wirklichkeit nur der letzte Tropfen gewesen, der das Faß zum Überlaufen brachte.[13] Sehr viel später, im Jahre 1986, bestätigte Schiller in einem Fernsehinterview aus Anlaß seines 75. Geburtstages, daß der Streit um seine Haushaltspolitik der eigentliche Anlaß seines Ausscheidens war, indem er sagte, sein Hauptfehler sei 1972 gewesen, daß er dem Drängen Brandts nachgegeben hatte, nach Möllers Rücktritt auch das Finanzministerium zu übernehmen und »Doppel-Minister« zu werden. Manches deutet auch darauf hin, daß Schiller nicht damit gerechnet hatte, daß der Bundeskanzler wenige Monate vor einer Bundestagswahl einen seiner populärsten Minister mir nichts, dir nichts entlassen würde. Schließlich hatte Schiller bei früheren Streitigkeiten schon viermal seinen Rücktritt angeboten, und es war immer wieder ein Ausweg gefunden worden.

Ich selbst habe es aufs tiefste bedauert, daß Schiller, wenigstens nach außen hin, über einen Streit mit dem Präsidenten der Bundesbank zu Fall kam, noch dazu über eine Meinungsverschiedenheit, bei der ich gefühlsmäßig und von meiner Grundüberzeugung her eher Schillers Linie zuneigte – wäre sie in der damaligen Situation nur realistisch gewesen. In den Bemühungen um einen Übergang zum *Block-Floaten* war ich mehrere Jahre hindurch auf seiten Schillers gestanden, und zwar sehr gegen die ursprüngliche Mehrheitsmeinung in der Bundesbank. Ich hatte diese Linie sogar schon vor Schiller vertreten. Denn schon im Herbst 1970 hatte ich in einem Interview mit dem »Handelsblatt« gesagt:[14] »Wenn wir uns in Europa von diesem Trend [der Dollar-Auszehrung] abhängen wollen, dann können wir das auf längere Sicht eigentlich nur, wenn wir bereit sind, unseren Wechselkurs vom Dollar zu lösen« – wobei ich das Zusammengehen eines europäischen Blockes befürwortete.

Ich schätzte auch die Verdienste Schillers um das Stabilitäts- und Wachstumsgesetz von 1967, obgleich er nicht, wie dies in manchen Veröffentlichungen dargestellt wurde und wird, der eigentliche Vater dieses Gesetzes war, wohl aber dessen Vervollkommner. Ich war allerdings manchmal auf der Gegenseite, wenn Schiller das Wirtschaftswachstum und die Wirtschaftsankurbelung zu sehr in den Vordergrund stellte und insbesondere, wenn er wegen seiner ständigen Überschätzung der konjunkturdämpfenden Wirkung von Aufwertungen nicht immer rechtzeitig schaltete (so im Herbst 1968, als er wegen seiner Sorge um die Konjunktur den Vorstoß der Bundesbank zu einer DM-Aufwertung zusammen mit Strauß abblockte). Beinahe tragisch fand ich es, daß er sich vorzeitig selbst zu Fall brachte, kurz bevor die Lage reif war für das von ihm immer als optimale Lösung angestrebte gemeinsame Floaten der EG-Währungen – bei dessen Verwirklichung ich selbst dann im Frühjahr 1973 aktiv mithelfen konnte.

Die Ruhe vor dem Sturm

Unsere Ansicht, daß die Pfund-Krise vom Juni 1972 samt ihren Folgen es nicht rechtfertige, die Wechselkurs-Neuordnung des Washingtoner Abkommens aufzugeben, erhielt hinterher von zwei Seiten her eine volle Bestätigung: einerseits – wenigstens vorübergehend – von der tatsächlichen weiteren Entwicklung der Währungslage und zum andern von seiten der amerikanischen Währungspolitik.

Bereits ab Mitte Juli 1972 begann die internationale Währungslage sich wieder zu beruhigen (wie ich Ende Juni und Anfang Juli in verschiedenen Interviews vorausgesagt hatte, als ich der Krise den Charakter einer Dollar-Krise absprach). In den sechs Monaten vom August 1972 bis Januar 1973 hatten wir sogar einen Nettokapitalabfluß von 6½ Mrd. DM (einschließlich des Restpostens der Zahlungsbilanz). Die Bundesbank konnte in dieser Zeit Devisen im Gegenwert von über 3⅓ Mrd. DM an den Markt abgeben. Für diese Beruhigung gab es mehrere Gründe. Einmal wirkten unsere Abschirmungsmaßnahmen, so bescheiden sie auch waren. Zum andern gab es im Herbst 1972 in den Vereinigten Staaten und auf den

Euromärkten einen Zinsanstieg, der entlastend wirkte. Der Dollar-Kurs gegenüber der D-Mark näherte sich Anfang 1973 sogar wieder der offiziellen Parität. Der Devisenabfluß und die Dollar-Festigung erlaubten der Bundesbank wenigstens für eine kurze Übergangszeit wieder die Rückkehr zu einer an den inneren Bedürfnissen orientierten Geldpolitik. So erhöhten wir von Oktober 1972 bis Januar 1973 den Diskontsatz in mehreren Etappen von 3 auf 5 Prozent, den Lombardsatz von 4 auf 7 Prozent. Die gefährliche Ausweitung des Geldumlaufs konnte wenigstens etwas verlangsamt werden. Während das Geldvolumen nach der engeren Definition (M_1) in den ersten sieben Monaten des Jahres 1972 mit einer Jahresrate von 17,5 Prozent in die Höhe geschnellt war, stieg es zwischen August 1972 und Januar 1973 nur noch mit einer Jahresrate von 7,5 Prozent. Im Durchschnitt des Jahres 1972 lag freilich das Geldvolumen noch um 14 Prozent höher als im Vorjahr, und zwar sowohl nach der engeren als auch nach der weiteren Gelddefinition.

Als Folge der störenden Devisenzuflüsse hatte sich also der Geldmantel der deutschen Volkswirtschaft viel zu stark ausgeweitet, und eine erneute Beschleunigung des Preisauftriebs konnte nicht verhindert werden. Trotz der geschilderten Beruhigung in den letzten Monaten des Jahres muß also auch das Jahr 1972 als ein Jahr abgeschrieben werden, in dem die Stabilisierungsversuche der Bundesbank weitgehend von außen überrollt wurden.

Eine weitere Bestätigung für die Ansicht der Bundesbank zur Pfund-Krise kam – etwas unerwartet – aus Amerika. Der Vorsitzende des *Federal Reserve Board*, Arthur Burns, gab am 5. Juli 1972 eine Presseerklärung heraus, in der er die deutschen Maßnahmen zur außenwirtschaftlichen Abschirmung begrüßte. Es blieb aber nicht bei bloßen Worten. Wenige Wochen darauf (am 19. Juli) begannen die amerikanischen Währungsbehörden unter Aufgabe ihrer bisherigen passiven Haltung am Devisenmarkt für eigene Rechnung zur Stützung des Dollars gegenüber der D-Mark zu intervenieren. Dabei erkärten sie ausdrücklich, sie wollten damit die deutschen Bemühungen um die Aufrechterhaltung des Washingtoner Abkommens vom Dezember 1971 unterstützen. Dies war das erste Mal, daß die Amerikaner seit Einstellung der Goldkonvertibilität des Dollars ihrer formellen Verpflichtung unter den damaligen Statuten des Währungsfonds nachkamen, ihren Wechselkurs im Bedarfsfall durch Deviseninterventionen zu stützen. Dem Betrag nach waren diese Deviseninterventionen, die der *Federal Reserve Board* mit ausdrücklicher Zustimmung der amerikanischen Regierung vornahm, allerdings gering – vor allem gemessen an den Interventionsverpflichtungen, welche die Bundesbank in Krisenlagen immer wieder auf sich nehmen mußte. Aber es war eine bemerkenswerte Aktion, hält man sich vor Augen, wie passiv sich die Amerikaner sonst immer gegenüber dem Dollar-Kurs verhielten.

Die amerikanische *Treasury* gab am 20. Juli 1972 eine Erklärung heraus, wonach diese Maßnahme an sich keine Abwendung von der grundsätzlichen amerikanischen Einstellung zur Devisenpolitik darstelle. Aber »sie spiegelt die Bereitschaft der USA wider, auf den Devisenmärkten zu intervenieren, wenn dies zur Überwindung von spekulativen Störungen angemessen erscheint. Diese Maßnahme unterstreicht die amerikanische Ansicht, daß die spekulativen Störungen im Gefolge des Übergangs des Pfundes zum Floaten nicht die Wechselkurs-Struktur des Smithsonian Agreement zu berühren brauchen; dies ist jüngst auch von anderen Staaten bestätigt worden.« Ich befand mich zur gleichen Zeit in Washington und besuchte am 20. und 21. Juli die Herren Burns, Shultz (Finanzminister) und Volcker (Staatssekretär für Währungsfragen). Dabei konnte ich an einer Stelle des Kommuniqué-Entwurfs der *Treasury* noch eine textliche Verbesserung erreichen. Es kam mir bei meinen Gesprächen darauf an, die Tragweite dieser amerikanischen Wendung zu erfahren. Meine Fragen waren also hauptsächlich: Wie weit werden die amerikanischen Währungsbehörden in der Interventionspolitik gehen bzw. gehen können, wenn einmal wieder ein größerer Druck auf den Dollar auftreten sollte? Könnten wir in solchen Fällen mit einer echten Entlastung durch amerikanische Maßnahmen rechnen? Wie stellt man sich auf amerikanischer Seite die Ablösung der kurzfristigen Swap-Verschuldung der *Federal Reserve* gegenüber der Bundesbank vor, falls diese von der *Federal Reserve* in größerem Umfang in Anspruch genommen werden sollte? Ich führe dies an, weil ähnliche Fragen hinsichtlich von *koordinierten Deviseninterventionen* in den nachfolgenden zehn bis zwölf Jahren auch im System des Floatens immer wieder auftauchten.

Die Quintessenz der amerikanischen Antworten war ungefähr wie folgt: Die Intervention sei gedacht als amerikanischer Beitrag zur Ordnung der Devisenmärkte – hier tauchte zum erstenmal der Begriff der *disorderly markets* auf, der später eine so große Rolle bei der internationalen Diskussion über Deviseninterventionen spielen sollte und auch im Bericht der Zehner-Gruppe vom Juni 1985 über das Funktionieren des Währungssystems wiederum seinen Platz gefunden hat. Burns betonte, wie auch in seiner Presseerklärung, daß man damit vor allem auch das Washingtoner Wechselkursabkommen vom Dezember 1971 stützen wollte. Aber es wurde auch klargestellt, daß die amerikanische Seite damit nicht eine offizielle Verpflichtung übernehmen wolle, die gegenwärtige Dollar-Parität gegen alle Angriffe zu stützen – dies sei schon »mangels Masse« nicht möglich. Erst recht nicht bedeute diese Aktion den Beginn einer Konvertibilität des Dollars (oder einer Mini-Konvertibilität, wie einige amerikanische Zeitungen dies darstellten). Im Falle eines massiven Drucks werde die Hauptlast der Verteidigung weiterhin bei den europäischen Notenbanken liegen. »Die Masse der Infanterie muß weiterhin von den Europäern gestellt werden; wir Amerikaner können nur einige Panzerspitzen stellen« (Burns). Ausdrücklich abgelehnt wurde der Einsatz der eigenen Reserven über kleine Manövrierbestände an Devisenguthaben hinaus. Vielmehr verließen sich die Vereinigten Staaten darauf, daß bei Bedarf die Swap-Fazilitäten der *Federal Reserve* bei anderen Notenbanken mobilisiert werden könnten. Vorläufig sei auch nur an Interventionen gegenüber der D-Mark gedacht. Doch wurde eine Ausweitung auf andere starke europäische Währungen nicht ausgeschlossen; nur eine Intervention gegenüber dem Yen komme nicht in Frage.

Burns unterstrich zu Beginn und am Ende unserer Unterhaltung, es komme bei der ganzen Aktion im wesentlichen darauf an, der Welt zu zeigen, daß die USA an der Aufrechterhaltung des *Smithsonian Agreement* interessiert sei. In der *Treasury* versuchte man allerdings, die Sache etwas herunterzuspielen. Aber auch Finanzminister George Shultz betonte sehr, daß es in der Hauptsache eine »Demonstration« des amerikanischen Willens und Interesses sei. Es komme hauptsächlich auf die psychologische Wirkung an.

Devisensturzflut im Februar 1973

Die Entspannung und relative Ruhe im Weltwährungssystem von August 1972 bis Mitte Januar 1973 sollte sich bald als trügerisch erweisen. Der Anstoß zu neuen Stürmen kam von einem scheinbaren Nebenschauplatz: Italien geriet, als Folge von ungehemmter Inflation, Anfang 1973 zunehmend durch Kapitalflucht in Bedrängnis. Als Gegenwehr verhängte es am 21. Januar 1973 eine Spaltung des Devisenmarktes in einen Markt mit fixem Kurs für kommerzielle Transaktionen und einen Markt mit freischwankenden Kursen für Kapitaltransaktionen. Die Schweiz war das Hauptziel der aus Italien abwandernden Kapitalien. Die dadurch ausgelöste Unruhe setzte auch andere Spekulationen um den Schweizer Franken in Bewegung, darunter auch spekulative Devisenzuflüsse aus dem Dollar-Raum. Wahrscheinlich trug zu den Devisenzuflüssen auch bei, daß die Schweizerische Nationalbank kurz zuvor wegen der starken Geldaufblähung einen scharfen Liquiditätsdruck auf die Banken ausgeübt sowie den Diskont- und Lombardsatz erhöht hatte (zum erstenmal seit 1969). Zunächst mußte die Schweizerische Nationalbank noch einige hundert Millionen Dollar zur fixen Parität hereinnehmen. Dann aber stellte sie am 23. Januar 1973 mit Zustimmung ihrer Regierung jegliche Intervention am Devisenmarkt ein. Sie werde »sich vom Markte fernhalten, bis eine Beruhigung eingetreten ist«, hieß es in der Pressemitteilung der Schweizerischen Nationalbank. Allerdings war damit weder ein Dauer-Floaten, noch der Übergang zu einem dauerhaft höheren Kurs gegenüber dem Dollar geplant, sondern nur eine vorübergehende Abschirmung.[15] Wie Leutwiler, der damalige Vizepräsident der Schweizerischen Nationalbank, einige Jahre später vor einem größeren Kreis erzählte, ging die Schließung der Devisenbörse am 23. Januar 1973 sehr einfach vor sich. Er habe befürchtet, daß er bei Fortsetzung der offiziellen Dollar-Stützung bei Öffnung des Marktes in den ersten 10 Minuten mindestens 500 Millionen Dollar angeboten bekäme. Dies habe er dem damaligen Bundesrat für Finanzen (Celio) als Begründung gesagt dafür, daß er den offiziellen Devisenmarkt an diesem Morgen nicht aufmachen wolle. Darauf dieser: »Na, dann machen Sie halt nicht auf.« Dies war der Beginn des

Floatens des Schweizer Franken. Wie anders – und wie kompliziert – bei uns in der Bundesrepublik!
Mit diesem Schweizer Beschluß schienen sich plötzlich auf den Devisenmärkten die Schleusen zu öffnen. Zur Erschütterung des Vertrauens in den Dollar trug allerdings noch bei, daß gerade in jenen Tagen die Weltpresse voll war von schlechten Nachrichten über Amerika: unerwartet schlechte Ergebnisse der amerikanischen Handels- und Leistungsbilanz, ein plötzlicher starker Preisanstieg usw. Daneben spielten auch die ständigen Nachrichten über den Watergate-Skandal eine vertrauenserschütternde Rolle.
Als die Schweizerische Nationalbank ihren Beschluß zur vorübergehenden Einstellung des Dollar-Ankaufs faßte, konnte sie nicht ahnen, daß ihre Aktion den Anstoß zum letzten Akt des Währungsdramas im Bretton-Woods-System geben sollte. Als sich dies später herausstellte, war der für den Beschluß hauptsächlich verantwortliche damalige Vizepräsident der Schweizerischen Nationalbank, Fritz Leutwiler (der spätere Präsident), nicht wenig stolz auf sein frühes Abschotten gegenüber der Devisensturzflut. Er hatte den Beschluß in Abwesenheit des auf Urlaub befindlichen Präsidenten Stopper veranlaßt. Stopper sagte mir viele Jahre später, es sei eine »Legende«, daß er als Präsident nicht mitgewirkt habe; er sei von seinem Urlaubsort in telefonischem Kontakt mit Leutwiler gewesen und habe dessen Absicht gebilligt.
Die ausdrücklich als vorübergehend bezeichnete Einstellung des Dollar-Ankaufs durch die Schweizerische Notenbank hätte freilich noch keineswegs den endgültigen Einsturz des Paritätensystems bewirkt. Dieser kam erst durch den Übergang einer ganzen Gruppe von europäischen Währungen zum Block-Floaten unter Führung der D-Mark zustande. Denn ab Anfang Februar 1971 konzentrierte sich die Flucht aus dem Dollar auf die D-Mark. Eine Devisensturzflut brach über uns herein. Vom 1. bis 9. Februar mußte die Bundesbank nicht weniger als 5,9 Mrd. Dollar im Gegenwert von 18,6 Mrd. DM aufnehmen, obgleich während dieser Zeit die Bundesregierung alle Register zog, um den Devisenzufluß durch administrative Maßnahmen abzuwehren. Der Devisenzufluß war eindeutig eine spekulative Welle. Vom Zins her war kaum ein Anreiz da; es gab damals auf dem Eurodevisenmarkt vorübergehend sogar negative Zinsen für Anlagen in D-Mark.

Mit dem riesigen Dollar-Zustrom ab 1. Februar 1973 begann für mich eine ziemlich hektische Zeit mit vielen Sitzungen und Lagebesprechungen sowohl in Frankfurt – darunter außerordentliche Zentralbankratssitzungen – als auch in Bonn, Basel, Brüssel und Paris. Ich hatte damals den Vorsitz im Direktorium und im Zentralbankrat zu übernehmen, da unser Präsident Klasen seit Anfang Januar wegen einer schweren Krankheit (mit Operation) im Krankenhaus lag und erst in der zweiten März-Woche wieder zu uns zurückkehrte. Bis einschließlich 13. März 1973 hatte ich in Vertretung von Klasen den Vorsitz im Direktorium und Zentralbankrat zu übernehmen. Ähnlich wie bei der Schweizerischen Nationalbank lag also auch bei der Bundesbank in den entscheidenden Wochen der weltweiten Währungskrise die Führung beim Vizepräsidenten. Anders als bei der Schweizerischen Nationalbank bestand freilich bei uns in den Grundfragen der äußeren Währungspolitik keine Übereinstimmung zwischen Präsident und Vizepräsident.
Klasen war schon im Herbst 1969 ein erklärter Gegner der DM-Aufwertung gewesen, während ich zu den Vorkämpfern der Aufwertung gehörte. Bei seinem Amtsantritt im Januar 1970 erklärte er in seiner Ansprache, er sei froh, daß »die Aufwertungsfrage (Oktober 1969) vor seinem Amtsantritt entschieden worden sei«; auch später äußerte er gelegentlich, er hoffe, daß er nie gezwungen sein werde, bei einer DM-Aufwertung mitzuwirken. Im Herbst 1970 kam es über die Wechselkursfrage zu einem ersten Zusammenstoß zwischen uns. Als ich in dem bereits oben erwähnten Interview im »Handelsblatt« vom 15. September 1970 meine Überzeugung darlegte, daß wir uns auf längere Sicht wahrscheinlich vom Dollar abhängen müßten, und zwar möglichst gemeinsam mit einer größeren Ländergruppe, rief dies, als Klasen zwei Tage später von einer Reise zurückkehrte, bei ihm einen echten Zornesausbruch hervor (der aber unser gutes persönliches Verhältnis nicht auf die Dauer belastete). Der nächste Konflikt ließ aber nicht lange auf sich warten. Er ereignete sich in der Zentralbankratssitzung vom 5. Mai 1971, als sich die Mehrheit unter Führung Klasens für das Festhalten an der fixen Dollar-Parität und für die Abwehr der Devisenzuflüsse durch eine »Devisenbannwirtschaft« aussprach, während eine Minderheit von sieben Mitgliedern sich unter meiner Führung für den Übergang zu einem zeitweisen Floaten der D-Mark gegenüber dem

Dollar aussprach – was sich dann auch, entgegen der Zentralbankratsmehrheit, in der Praxis durchsetzte und im Dezember 1971 in der Washingtoner Wechselkurs-Neuordnung niederschlug (Näheres siehe 6. Kapitel).

Nun stellte uns im Februar 1973 die plötzliche Dollar-Sturzflut erneut vor die Frage, wie wir unsere innere Stabilitätspolitik am besten gegen die äußeren Störungen abschirmen könnten. Nach den tumultuösen Ereignissen der ersten Februar-Tage war nicht nur mir, sondern auch meinen Kollegen im Direktorium und auch der Mehrheit des Zentralbankrats klar geworden, daß hier ohne weitreichende Entscheidungen auf dem Wechselkursgebiet nicht mehr durchzukommen war. Ich war in diesen ersten Februar-Tagen mehrfach in Bonn, um im engsten Kreis an Lagebesprechungen beim Bundeskanzler teilzunehmen. Dabei trat ich, besonders in einer Sitzung am 6. Februar, für eine vorübergehende Freigabe des Dollar-Kurses ein.[16] Bundesfinanzminister Schmidt war eisern dagegen. Am gleichen Tag hatte er auf einer Sitzung seines Parteivorstands erklärt: »Eine Freigabe oder Floaten gegenüber dem Dollar kommt für uns nicht in Betracht. Das würde einer Aufwertung gleichkommen.« Zwei Wochen zuvor hatte er in einem aufsehenerregenden Interview in der Londoner »Times« dem Sinne nach erklärt, Inflation sei erträglicher als Aufwertungsdruck.[17]

Bei einer weiteren Lagebesprechung beim Bundeskanzler am Abend des 8. Februar, an der außer mir noch Bundesfinanzminister Schmidt und der seit Dezember 1971 neu amtierende Bundeswirtschaftsminister Friderichs sowie der damalige Staatssekretär Pöhl teilnahmen, verlangte ich nochmals energisch eine Entbindung der Bundesbank von der Pflicht zur Dollar-Stützung. Da trat mir Helmut Schmidt ziemlich scharf entgegen. Unter anderem fragte er mich: »Ist denn Ihr Präsident der gleichen Meinung wie Sie?« Worauf ich antwortete: »Ich habe ihn nicht gefragt und werde dies auch nicht tun; er liegt im Krankenhaus und ist soeben erst operiert worden.« Darauf Schmidt: »Aber *ich* habe ihn gefragt und er ist ganz anderer Meinung als Sie. Nach seiner Meinung sollten wir ruhig noch weitere Milliarden der hereinfließenden Dollars aufnehmen.« Darauf ich: »Wie kann Herr Klasen die Lage beurteilen, da er doch seit fünf Wochen fern von allen Geschäften im Krankenhaus liegt! Im übrigen habe ich die klare Mehrheit des Zentralbankrats auf meiner Seite.« Wir trennten uns ohne Entscheidung. Am nächsten Morgen rief ich dann doch aus Neugierde Klasen im Krankenhaus an. Mit einer von der Krankheit mitgenommenen schwachen Stimme bestätigte er, was Schmidt gesagt hatte: Er sei für die Verteidigung der Dollar-Parität, auch wenn wir noch Dutzende von Milliarden Dollar aufnehmen müßten. »Das ist doch im Grunde eine Anerkennung für die D-Mark!« Worauf ich nur sagen konnte: »Und die inflationäre Wirkung auf unser deutsches Geldwesen, der wir schon jetzt nicht mehr Herr werden, zählt die für Sie nicht?« Einige Monate später bestätigte Klasen in einem Interview in »Business Week«, New York, vom 14. Juli 1973, in etwas abgeschwächter Form diese Meinungsverschiedenheit zwischen uns.

Schwerer Konflikt zwischen Bundesbank und Regierung in letzter Minute durch Volcker-Mission abgewendet

Immer wenn wir in dieser Krisenwoche dachten, der Dollar-Zustrom flache endlich ab oder versiege, gab es irgendein Ereignis, das die Spekulation wieder neu anfachte. Meist waren es offizielle oder halboffizielle Äußerungen aus Amerika, die ganz offen von der Unausweichlichkeit einer Wechselkursänderung zwischen Dollar und D-Mark sprachen. Aber auch Ungeschicklichkeiten von deutscher Seite halfen mit, die Lage zu verschärfen. So hörten wir am 7. Februar 1973 nachmittags – nachdem der Dollar-Zufluß bereits völlig zum Stillstand gekommen schien – zu unserer Bestürzung aus dem Radio, daß der damalige Staatssekretär im Auswärtigen Amt, Hans Apel, in Brüssel erklärt hatte: »Die Bundesregierung ist bereit, die Spaltung des deutschen Devisenmarktes in feste Kurse für Warengeschäfte und freie Kurse für reine Geldgeschäfte zu erwägen.« Dieser Wortlaut ging über alle Medien. Das war nichts anderes als die offizielle Ankündigung einer *de facto*-Aufwertung der D-Mark für alle Kapitalzuflüsse und somit eine Aufforderung an die Devisenspekulation. Natürlich wurde die Apelsche Äußerung dementiert – nachdem sie um die ganze Welt gelaufen war und bereits ihren Schaden angerichtet hatte. Diese und ähnliche Erfahrungen festigten bei uns im Direktorium der Bundesbank den Entschluß, die Entbindung von der Dollar-Ankaufspflicht mit allen, auch den letzten Mitteln, durchzusetzen. Am 9. Februar einigten wir uns auf eine gemeinsame Stellungnahme des Direktoriums (unterschrieben von Schlesinger und mir), in der zunächst die bisherige Entwicklung der Devisenlage kurz geschildert und dann folgendes festgestellt wurde:

»... Die Erwartung, daß der gegenwärtige Dollar-Kurs nicht gehalten werden kann, wird ziemlich allgemein geteilt, und zwar nicht nur außerhalb der Vereinigten Staaten, sondern auch in den Vereinigten Staaten selbst, wie nicht zuletzt aus den Äußerungen prominenter Sprecher hervorgeht. In dieser Lage ist das Bestreben außerhalb der USA groß, Dollar-Bestände zu verringern und andere Währungen zu erwerben, wobei die D-Mark auf Grund der Wirtschaftskraft der Bundesrepublik an der Spitze der Ausweichwährungen steht. Dem Antrag der Bundesbank auf Entlassung aus der Dollar-Ankaufspflicht wurde nicht stattgegeben. Die Hoffnung, mit zusätzlichen administrativen Maßnahmen den Devisenzufluß in die Bundesrepublik eindämmen zu können, erfüllte sich nicht. In einer ausführlichen Diskussion hat der Zentralbankrat in seiner Sitzung am 7. Februar die Frage des Regierungsvertreters, ob weitere Kontrollmaßnahmen in der gegenwärtigen Situation für aussichtsreich gehalten werden, eindeutig verneint ... In den letzten beiden Tagen häuften sich die Informationen, daß sich auch ausländische Notenbanken an der Flucht aus dem Dollar in die D-Mark beteiligen. Der Dollar-Zustrom geht weit über bloß kurzfristige spekulative Bewegungen hinaus ...
In dieser Situation müssen wir vor der Ansicht warnen, die Bundesbank wäre in der Lage, die Auswirkungen des Devisenzuflusses auf die binnenwirtschaftliche Lage neutralisieren zu können. Die Ausweitung des nationalen Geldvolumens, die mit dem Ankauf von Devisen aus dem Besitz der Wirtschaftsunternehmen verbunden ist, läßt sich durch Maßnahmen der Bundesbank überhaupt nicht rückgängig machen. Wir können lediglich versuchen, die Auswirkungen der Devisenzuflüsse auf die Bankenliquidität zu begrenzen und zu verhindern, daß zu der auslandsbedingten Ausweitung des Geldvolumens auch noch eine solche durch Verstärkung der Kreditgewährung im Inland hinzutritt. Aber auch die Neutralisierung der überhöhten Bankenliquidität durch unsere Mittel – Kürzung der Rediskontmöglichkeiten oder Mindestreserveerhöhungen – ist

nur mit erheblicher zeitlicher Verzögerung und auch nicht vollständig möglich ... Eine weitere Zunahme des Geldvolumens würde den schon jetzt zu großen monetären Spielraum im Inland weiter ausweiten und damit nach aller Erfahrung den Preisauftrieb noch verstärken. Eine Beschleunigung des Lohnanstiegs dürfte dann unvermeidlich sein ... Es würde sich dann erweisen, daß durch die Fortsetzung der Devisenankäufe die Bundesrepublik sich in einem wichtigen Teil der Wirtschaftspolitik zum Spielball der internationalen Unruhe um den Dollar gemacht hat ...
Das Direktorium der Bundesbank hat im Verlauf dieser Woche seinen Wunsch, von der Interventionspflicht an den Devisenmärkten befreit zu werden, verschiedentlich an die Bundesregierung herangetragen. Es war hierzu um so mehr verpflichtet, als sich der Zentralbankrat am 7. Februar in Anwesenheit der Regierungsvertreter mit großer Mehrheit dafür ausgesprochen hat, im Falle weiterer großer Devisenzuflüsse diese Bitte zu wiederholen. Dieser Appell des Zentralbankrats wäre vermutlich noch eindringlicher ausgefallen, wenn damals die Ereignisse der letzten Tage bekannt gewesen wären ...
Nach eingehender Beratung wiederholt das Direktorium der Deutschen Bundesbank einstimmig die Bitte, von der Pflicht zum Dollar-Ankauf entbunden zu werden, bis sich die internationalen Devisenmärkte erkennbar beruhigt haben oder internationale Vereinbarungen zur Stabilisierung der Währungslage getroffen worden sind. Einmütig ist das Direktorium der Ansicht, daß bei weiterer Aufrechterhaltung der Ankaufspflicht unter den gegebenen Umständen keine Möglichkeit mehr besteht, um mit den Mitteln der Geldpolitik gegen die weitere Verschlechterung des Geldwertes mit Aussicht auf Erfolg angehen zu können. Die Bundesbank könnte die Verantwortung für die sich daraus ergebenden Fehlentwicklungen nicht übernehmen.«

Wir waren bereit, dies letztere der Öffentlichkeit zu erklären, mit allen daraus folgenden Konsequenzen. Durch ein dramatisches Ereignis kam es nicht zu dem erwarteten Konflikt. Ich trug die Stellungnahme des Direktoriums vom 9. Februar 1972 mit mir, als ich am Samstag, den 10. Februar, morgens nach Bonn fuhr. Bundesfinanzminister Schmidt hatte mich eingeladen, an einer Unterredung mit Paul Volcker, dem für Währungsfragen zuständigen Staatssekretär in der amerikanischen *Treasury*, teilzunehmen. Der Besuch Paul Volckers war ganz überraschend und mit großer Geheimhaltung angesagt worden. Bei der Unterredung stellte sich folgendes heraus: Volcker wollte in einer Blitzaktion eine Entzerrung der Devisenkurse und Devisenmärkte erreichen: Die Dollar-Parität sollte um 10 Prozent abgewertet werden, der japanische Yen sollte zum Aufwärtsfloaten gegenüber dem Dollar freigegeben werden, während die wichtigsten europäischen Währungen unter Führung der D-Mark sich zum Stillhalten, das heißt zur Hinnahme der Dollar-Abwertung, verpflichten sollten. Volcker war drei Tage zuvor nach einer Unterredung mit Präsident Nixon und Finanzminister George Shultz unter größter Geheimhaltung von Washington nach Tokio geflogen, wo es ihm auch gelang, die Japaner zur Mitwirkung zu überreden; sie machten freilich das Stillhalten der D-Mark bei der geplanten Dollar-Abwertung zur Vorbedingung. Das Aufwärtsfloaten des Yen war, neben der Dollar-Abwertung, der eigentliche Kernpunkt; denn das amerikanische Handelsdefizit gegenüber Japan machte weit über die Hälfte des gesamten Defizits aus. Schon seit 1971 war das Ungleichgewicht im Handel mit Japan das Hauptproblem des amerikanischen Außenhandels – und ist es bis heute geblieben.

Von Tokio flog Volcker nach Frankfurt, um sicherzustellen, daß wir bei dieser Aktion stillhalten würden – was zu einer Aufwertung der D-Mark um 11 Prozent gegenüber der bisherigen Dollar-Parität führen würde. Diese Aktion versprach nun tatsächlich eine Entspannung und eine Lösung der Krise auf Zeit. Ich zog daher das Memorandum unseres Direktoriums nicht aus der Tasche, weil zunächst der Erfolg dieser amerikanischen Aktion abgewartet werden mußte. Die überraschende Blitzaktion von Paul Volcker ersparte also der deutschen Bundesregierung einen tiefgreifenden Konflikt mit der Bundesbank und befreite Helmut Schmidt wenigstens vorübergehend aus seiner Selbsteinkesselung.

Für uns bereitete das Ansinnen Volckers keine Schwierigkeiten, im Gegenteil, wir fühlten uns befreit. Volckers geheime Reise war am Samstag, 10. Februar, freilich kein Geheimnis mehr. Seine Riesengestalt war nicht zu übersehen. So wartete nach unserer Unterredung im Bonner Finanzministerium am Mittag bereits ein Journalist auf ihn. Das tat aber seinem Erfolg jetzt keinen Abbruch mehr.

Volcker setzte seine Blitztour fort, indem er über das Wochenende noch Rom, London und Paris besuchte. In Paris trafen sich dann am Sonntag abend mit ihm in Giscards Wohnung die zuständigen Minister der vier wichtigsten europäischen Länder (Giscard, Schmidt, Barber, Malagodi) zur Schlußbesprechung, die sich bis zwei Uhr morgens hinzog. Am Montag, den 12. Februar, flog Volcker nach Washington zurück; er hatte innerhalb weniger Tage 31 000 Meilen zurückgelegt. Am Abend des gleichen Tages gab der amerikanische Finanzminister George Shultz die Absicht der amerikanischen Regierung bekannt, den Dollar um 10 Prozent abzuwerten. Die erfolgreiche Blitzaktion trug Paul Volcker in der amerikanischen Presse das Lob ein: *»Paul Volcker is to Secretary Shultz what Henry Kissinger is to President Nixon.«*

Ich selbst flog am Samstag, den 10. Februar, nachmittags, nach einem kurzen Informationsbesuch in der Privatvilla von Bundeskanzler Brandt mit einem Sonderflugzeug nach Basel, wo am 11. und 12. Februar das monatliche Treffen der Notenbankgouverneure der wichtigsten Länder stattfand. Dort zeigte sich, daß der Vertreter der amerikanischen Notenbank, Charlie Coombs von der *Federal Reserve Bank of New York*, viel weniger von den Washingtoner Währungsplänen wußte als wir. Er hatte keine Ahnung von der Volcker-Mission – so geheim war sie selbst gegenüber der amerikanischen Notenbank gehalten worden. Ich konnte ihn über die neueste Wendung der amerikanischen Währungspolitik informieren.

Zuvor allerdings, nämlich sofort nach meiner Ankunft in Basel am Abend des 10. Februar, hatte ich noch eine besondere Mission zu erfüllen. Bundesfinanzminister Schmidt hatte mich nämlich gebeten, den damaligen Gouverneur der Bank von England, O'Brien, über die Möglichkeiten von deutschen Kredithilfen an England für den Fall eines britischen Beitritts zum gemeinsamen Floaten der EG-Währungsschlange zu informieren. Schmidt hatte kurz zuvor eine abendliche Sitzung in Paris mit dem französischen Finanzminister gehabt. Dabei hatte Giscard d'Estaing eine französische Beteiligung an einem gemeinsamen Block-Floaten gegenüber dem Dollar davon abhängig gemacht, daß auch die Briten mitzogen. Dahinter stand die mir schon aus mehreren früheren Gesprächen bekannte Furcht Giscard d'Estaings, Frankreich würde, willigte es ohne England in das gemeinsame Floaten mit der D-Mark ein, der starken deutschen Währung hoffnungslos unterlegen sein und immer wieder als der »schwache Partner« dastehen. Giscard hoffte, daß durch ein Mitgehen Englands, das damals ebenfalls als »währungsschwach« eingestuft wurde, ein ausreichendes Gegengewicht zur »starken« D-Mark entstünde. Außerdem erwartete er, daß durch das englische Mitgehen die Aufwertung der Währungsschlange gegenüber dem Dollar insgesamt geringer ausfiele. Daher tat Schmidt alles, um die Engländer zum Beitritt zu bewegen. Er wußte, daß ein britischer Beitritt nur bei sehr großzügigen Zusagen hinsichtlich etwaiger Kredithilfen zu erreichen war (siehe hierzu das besonders extreme Beispiel in der EG-Ministersitzung vom 11. März, unten Seite 247). Schmidt war offenbar dazu bereit. Bei der Unterredung mit dem englischen Notenbankgouverneur dachte ich aber gar nicht daran, den Engländern ein besonderes Kreditpaket anzubieten (wie es Schmidt vorgeschwebt hatte); denn erstens hatte ich dazu gar keine Vollmacht vom Zentralbankrat und zweitens hatte ich schon bei den früheren mehrmaligen Sonderkrediten an England in den sechziger Jahren immer größere Bedenken bekommen. Ich legte also O'Brien nur im einzelnen dar, was er angesichts der bestehenden Kreditmechanismen in der EG im Notfall an Kredithilfen erwarten könne. Dabei betonte ich ausdrücklich, daß diese Kredithilfen nicht bilateral, sondern nur auf Grund von gemeinsamen Beschlüssen aller Mitglieder eingeräumt werden könnten. Dies erwies sich schon kurz darauf als eine nützliche Bremse gegenüber einem bilateralen politischen Druck der Engländer auf die deutsche Seite.

Wir hatten am Montag, 12. Februar, wie die meisten anderen Länder die Devisenbörsen schließen lassen, damit uns nicht durch zu erwartende Gerüchte über die amerikanischen Absichten noch weitere Dollar-Milliarden zum überhöhten Kurs hereingeschwemmt werden konnten. Der japanische Vize-Finanzminister Takashi Hosomi (ein guter Freund von mir aus zahlreichen gemeinsamen Sitzungen in der OECD und in der Zehner-Gruppe) kam am Montag, 12. Februar, eigens nach Bonn geflogen, um sich über die gemeinsame Aktion mit uns abzustimmen. Die entscheidenden Beschlüsse waren zu dieser Zeit aber bereits gefaßt, sowohl auf deutscher wie japanischer Seite. Die amerikanische Blitzaktion ging ganz programmgemäß über die Bühne, einschließlich des Übergangs des japanischen Yen zum Floaten, was in der damaligen Situation natürlich zu einer beträchtlichen Aufwärtsbewegung des Yen führte.

Der Geschäftsführende IWF-Direktor, Pierre-Paul Schweitzer, begrüßte die Dollar-Abwertung, nicht nur wegen ihrer entspannenden Wirkung auf die Devisenmärkte, sondern auch weil dadurch bestätigt worden sei, daß nun für den Dollar dieselbe »Autonomie« in der Festsetzung des Wechselkurses bestehe wie für alle anderen Währungen. In einem Interview[18] sagte er unter anderem: »Unsere Exekutivdirektoren, die alle Mitgliedsstaaten vertreten, haben darin übereingestimmt, daß die Aktion der USA zur Verbesserung der amerikanischen Zahlungsbilanz und des Weltwährungssystems beiträgt, und daß sie sicher den Dollar stärken wird ... Ich glaube, sie waren alle der Ansicht, daß diese Aktion vollkommen in Ordnung war *(perfectly proper)* und sie kooperierten, indem sie entweder ihre Parität unverändert ließen oder, wie die Japaner, sogar aufwärts floateten, um den Vereinigten Staaten den vollen Vorteil aus der Abwertung zu überlassen ... Alle stimmen überein, daß die Vereinigten Staaten dieselbe Handlungsfreiheit [auf dem Wechselkursgebiet] haben sollten wie alle anderen. Die jüngste Krise konnte so rasch überwunden werden, weil die Vereinigten Staaten sich dieser Handlungsfreiheit bedienten.« Diese Einstellung Schweitzers wurde auch vom Exekutivrat des IWF bestätigt. Die Abwertung des Dollars galt gegenüber allen Währungen, die ihrerseits ihre Parität, beziehungsweise ihren »zentralen Leitkurs«, im Währungsfonds unverändert ließen. Durch die Blitzaktion Paul Volckers war also innerhalb von weniger als einer Woche eine mehrseitige Wechselkursanpassung gelungen; 1971 hatte man hierzu noch fünf Monate gebraucht und ein halbes Dutzend internationale Konferenzen einberufen müssen – allerdings hauptsächlich wegen der hartnäckigen amerikanischen Weigerung, den Dollar abzuwerten. Volcker – 1971 zunächst selbst noch entschiedener Gegner einer Anpassung der Dollar-Parität nach unten – hatte offenbar aus der damaligen Erfahrung gelernt.

Seine neue Aktion vom Februar 1973 schien zunächst durchaus Erfolg zu haben. Die Devisenmärkte entspannten sich. Manche der spekulativen Gelder flossen sogar wieder in den Dollar zurück. Die Bundesbank konnte in den darauffolgenden Wochen über 1 Mrd.

Dollar an den Markt zurückverkaufen. Als Helmut Schmidt Ende März bei einem Interview in Washington[19] von Journalisten gefragt wurde, warum denn die Deutschen während der Währungskrise von Anfang Februar 1973 so »stur intervenierten« und so viele Milliarden Dollar zu einem offensichtlich überhöhten Kurs hereinnahmen,[20] begründete er »diese Entscheidung der Bundesregierung und der Bundesbank« (!) einmal mit »völkerrechtlichen Verpflichtungen«, nämlich auf Grund des Washingtoner Abkommens vom Dezember 1971, und zum andern mit »der Ablehnung eines einseitigen D-Mark-Floatings«. »Wir wollten die Amerikaner zum Handeln zwingen und nichts tun, was uns in Konflikt mit den Franzosen und Beneluxländern hätte bringen können«, betonte er. Er machte also die Bundesbank für die Verzögerung mitverantwortlich, obgleich wir schon Anfang Februar mehrfach dringend ein Ende dieses stabilitätsbedrohenden und kostspieligen Zustandes gefordert hatten! Dies war trotz aller gebotenen Geheimhaltung der Öffentlichkeit nicht ganz verborgen geblieben. So schrieb zum Beispiel die »Süddeutsche Zeitung« am 13. Februar 1973: »Die gegen heftige Proteste der Deutschen Bundesbank vom Bundesfinanzminister starrsinnig fortgesetzte Politik hat das deutsche Geldpotential in den letzten acht Tagen um 18 Milliarden Mark anschwellen lassen und damit allen Bemühungen um Kontrolle der Inflationstendenz schweren Schaden zugefügt.« Im übrigen war Schmidts Hinweis, als ob wir durch »stures Intervenieren« die Amerikaner unter Druck hätten setzen können, völlige Illusion. Auch die Begründung mit »völkerrechtlichen Verpflichtungen« war an den Haaren herbeigezogen, denn bereits in den ersten Februar-Tagen gab der wichtigste andere Partner des Washingtoner Währungsabkommens, die USA, offiziell zu verstehen, daß er in irgendeiner Form von den im Dezember 1971 festgesetzten Paritäten wegkommen wollte. Was schließlich Schmidts Argument der Ablehnung des »einseitigen DM-Floatens« anlangt: Gerade unser späterer »einseitiger« Schritt vom 2. März 1973 gab ja den Anstoß zum »gemeinsamen Block-Floaten«! Und dieser – leider dank Schmidt verspätete – Schritt zum isolierten Floaten gegenüber dem Dollar wurde vom Geschäftsführenden IWF-Direktor in einer Erklärung vom 16. März ausdrücklich begrüßt, also nicht als Verstoß gegen völkerrechtliche Verpflichtungen empfunden!

Der endgültige Zusammenbruch des Paritätensystems Anfang März 1973

Die Entspannung auf den Devisenmärkten hielt nur bis Ende Februar vor. Dann brach plötzlich eine neue Spekulationswelle gegenüber dem Dollar aus. Sie begann zunächst in kleinerem Umfang gegenüber dem Yen und dem holländischen Gulden. Am 1. März 1973 griff sie mit voller Wucht auf die D-Mark über. Insgesamt mußten die europäischen Notenbanken an diesem Tag schätzungsweise 3,5 Mrd. Dollar aufnehmen, um den Dollar an der unteren Bandgrenze der am 12. Februar neu festgesetzten Parität zu stützen. Davon strömten fast 2,7 Mrd. Dollar in die D-Mark, das heißt sie mußten von der Bundesbank auf Grund der bestehenden Paritätsverpflichtung gegen neu ausgegebenes Zentralbankgeld hereingenommen werden. Das war der höchste Betrag, der jemals an einem einzigen Tag von einer Notenbank in fremder Währung aufgenommen wurde. Die Bundesbank mußte an diesem einen Tag fast 8 Mrd. DM Notenbankgeld neu ausgeben. Das war fast soviel wie die damalige normale Zunahme an Zentralbankgeld für ein ganzes Jahr! Da zogen wir die Notbremse: *Das war die Totenglocke für das Paritätensystem von Bretton Woods.*

An jenem 1. März, einem Donnerstag, hatten wir Zentralbankratssitzung. Sie stand natürlich völlig im Bann dieser Devisenflut. Ich rief am späten Vormittag aus der Sitzung heraus in Bonn an. Im Finanzministerium war weder der Minister noch dessen für Währungsfragen zuständiger Vertreter zu erreichen. Bundesfinanzminister Schmidt lag im Krankenhaus in Koblenz wegen seiner Schilddrüsenerkrankung; der für Währungsfragen zuständige Staatssekretär Karl Otto Pöhl war beim Skifahren in Gstaad. Ich bekam schließlich Bundeswirtschaftsminister Friderichs ans Telefon. Mit dessen Hilfe wurde für den gleichen Nachmittag eine Besprechung beim Bundeskanzler organisiert. Sie fand in dessen Privatvilla auf dem Venusberg oberhalb Bonns statt. Der Donnerstag, 1. März, war zufällig der Tag der Bonner »Weiberfastnacht«, an dem die Bonner Ministerien nur vormittags besetzt waren. Außer dem Bundeskanzler war nur ein einziger Minister anwesend, nämlich Bundeswirtschaftsminister Friderichs. Das für Währungsfragen zuständige Finanzministerium war durch Staatssekretär Hermsdorf vertreten, der jedoch damals mit Währungsfragen nichts zu tun hatte. Staatssekretär Pöhl wurde am selben Nachmittag aus Gstaad mit Sonderflugzeug zurückgeholt, traf aber erst am Abend ein und konnte an dem historischen Treffen beim Bundeskanzler nicht mehr teilnehmen.

In dem Spitzengespräch beim Bundeskanzler am Donnerstag nachmittag war diesmal die Lage völlig klar. Unser Antrag, daß die Devisenmärkte ab Freitag, 2. März, bis auf weiteres geschlossen werden müßten, wurde ohne lange Diskussion akzeptiert. Angesichts des überwältigenden Tatbestandes konnte ich auch ohne viel Mühe klarmachen, daß die Bundesbank auf absehbare Zeit nicht mehr in der Lage sein würde, eine Verpflichtung zur Dollar-Stützung zu einem festen Kurs zu übernehmen. Minister Friderichs unterstützte mich darin. Bundeskanzler Brandt meinte, »wenn das Wirtschaftsministerium und die Bundesbank einer Meinung sind, dann wird es wohl so richtig sein«. Das Wichtigste war mir, die kommende Marschroute festzulegen. Es gab für mich keinen Zweifel mehr, daß nun der Augenblick gekommen war, das gemeinsame Block-Floaten einer Gruppe europäischer Länder, die »europäische Lösung«, durchzusetzen. Die andere Alternative wäre ein isoliertes Floaten der D-Mark gegenüber allen Währungen auf unabsehbare Zeit gewesen. Angesichts der gegebenen Umstände konnte nun niemand mehr im Ausland von uns eine baldige Rückkehr zu einem festen Wechselkurs gegenüber dem Dollar erwarten. So gab es auf meine Anregung noch von der Sitzung in der Kanzler-Villa aus telefonischen Kontakt mit der Brüsseler EG-Kommission, um baldmöglichst eine Sondersitzung des Ministerrats der EG einzuberufen. Sie wurde für Sonntag, den 4. März, anberaumt und sollte in der Frage eines gemeinschaftlichen Floatens Klarheit bringen.

Auf dem Heimweg von der Lagebesprechung beim Bundeskanzler telefonierte ich vom Auto aus nicht nur mit der Bundesbank in Frankfurt, sondern auch mit den Präsidenten der holländischen und französischen Notenbank, um sie von unserer Lage und unserem Schritt zu unterrichten. Der französische Notenbankpräsident Wormser meinte, er brauche wohl am kommenden Tag seine Devisenbörse nicht zu schließen. In einer Anwandlung von Galgenhumor – und unter Anspielung auf die unmittelbar bevorstehenden französischen Parlamentswahlen – sagte er, er habe zwei zuverlässige Wächter gegen eine Überschwemmung mit Auslandsgeld, nämlich die Herren Marchais und Mitterrand, also die Führer der kommunistischen und sozialistischen Partei. Dennoch mußte er am nächsten Tag noch im Verlauf des Vormittags die französischen Devisenbörsen schließen, um sich gegen die anbrandende Spekulation abzuschirmen. Fast alle Devisenbörsen in den Industrieländern wurden geschlossen und wurden erst am Montag, den 19. März 1973, also nach über zwei Wochen, wieder geöffnet, nachdem das ganze Währungstrümmerfeld bereinigt war.

Ich kam ungefähr um 19 Uhr von dem historischen Spitzentreffen in der Bonner Kanzler-Villa nach Frankfurt zurück. Dort wartete der Zentralbankrat auf meine Rückkehr. Wir berieten sofort, was wir tun könnten, um die unheilvollen Wirkungen der allerneuesten Devisenzuflüsse auf unser Geldwesen zu neutralisieren. Noch am gleichen Abend beschlossen wir, zu diesem Zweck die Mindestreserve um rund 5 Mrd. DM zu erhöhen, um überschüssige Bankenliquidität abzusaugen. Ein weiterer erheblicher Teil der Liquiditätsüberschwemmung wurde durch die bereits bestehende Mindestreservepflicht von 100 Prozent auf die Ausländerguthaben bei den Banken absorbiert. Die gleichzeitige Aufblähung der Geldmenge in den Händen der Nichtbanken konnten wir dadurch freilich nicht verhindern. Hierzu bedurfte es anderer und schwierigerer Mittel, die im weiteren Verlauf auch ergriffen wurden (siehe unten Seite 255f.

Da nach dem Bundesbankgesetz die Bundesregierung formell ein aufschiebendes Veto gegen wichtige geldpolitische Beschlüsse einlegen konnte, mußte ich noch in der gleichen Nacht versuchen, einen zuständigen Vertreter der Bundesregierung zu finden, der von dem Zentralbankratsbeschluß unterrichtet wurde und den Verzicht auf ein aufschiebendes Veto erklären konnte. Mit vieler Mühe gelang es mir, den inzwischen von seinem Skiurlaub zurückgeholten Staatssekretär Pöhl bei einem abendlichen Staatsempfang für den britischen Premierminister Heath telefonisch zu erreichen. Er war nicht wenig perplex, als er von den Ereignissen und Beschlüssen an diesem währungsgeschichtlich bedeutenden Tag erfuhr. Er erhob keine Einwendungen. Am nächsten Tag erklärte der stellvertretende Regierungssprecher Grünewald, die kreditpolitischen Beschlüsse der Bundesbank seien »eine angemessene Reaktion« auf die jüngsten Dollar-Zuflüsse. Er fügte hinzu, es handle sich »um eine Dollar-Krise, und nicht um eine Schlacht um die D-Mark«. In Wirklichkeit war es beides. Für uns aber stand die Schlacht um die Werterhaltung der D-Mark eindeutig im Vordergrund.

Der Übergang zum Block-Floaten gegenüber dem Dollar

Nachdem die Bundesbank am 2. März 1973 die Dollar-Stützung zur festen Parität eingestellt hatte, wurde endlich das Feld frei für ein neues internationales Währungssystem, ein Währungssystem, das weniger von Wechselkurskrisen geschüttelt war und das vor allem dem Inflationsimport durch obligatorische Dollar-Stützungskäufe ein Ende machte. Dem deutschen Schritt vom 2. März 1973 folgte eine Serie von internationalen Währungskonferenzen in Brüssel und Paris, die mit einer Sitzung der »erweiterten Zehner-Gruppe« in Paris am 16. März ihr Ende fand, so daß – wie bereits zehn Tage vorher ins Auge gefaßt worden war – am 19. März die Devisenmärkte wieder eröffnet werden konnten.
Einen Tag vor der von uns angeregten Sondersitzung des EG-Ministerrats am 4. März trat der Währungsausschuß der EG zusammen, um die Ministersitzung vorzubereiten. Ich war damals noch Vizepräsident dieses Ausschusses und mußte daher in der Zeit vom 4. bis 16. März nicht nur an fünf verschiedenen Ministertreffen, sondern auch an zahlreichen Sitzungen des Währungsausschusses sowie des Stellvertreterausschusses der Zehner-Gruppe teilnehmen. Während der Sitzung des Währungsausschusses am 3. März traf ein Fernschreiben des Geschäftsführenden IWF-Direktors, Pierre-Paul Schweitzer, an die EG-Länder ein. Er machte damit einen letzten Versuch, das Paritätensystem von Bretton Woods zu retten. Es hieß darin:

»Die augenblicklichen Schwierigkeiten können nach meiner Ansicht nicht als bloße Krise der EG-Währungen betrachtet werden, sondern sind eine Krise des ganzen Paritäten-Systems. Die Ursachen der gegenwärtigen Störungen liegen, anders als bei früheren Krisen, nicht in der gegenwärtigen Wechselkursstruktur. Es ist vielmehr ein spekulativer Angriff auf fixe Paritäten überhaupt ... Nach meiner Überzeugung sollte das Paritätensystem gegen diesen An-

griff verteidigt werden. Wir können freilich nicht ausschließen, daß wir zu der Schlußfolgerung gezwungen werden, daß das Wechselkurssystem der Zukunft nicht mehr auf fixe Wechselkurse gegründet werden kann. Aber wir sollten diesen Entschluß nicht voreilig über ein Wochenende fassen. Wir sollten vielmehr Maßnahmen ergreifen, um dem gegenwärtigen System noch eine Chance zu geben.
Die EG-Länder mögen vielleicht später einmal ein gemeinsames Floaten haben wollen. Wenn jedoch die Währungsspekulation nun in ihrer Ansicht bestätigt würde, daß jede feste Wechselkursstruktur, auch eine ökonomisch gut begründete, unter Druck zum Einsturz gebracht werden kann, dann würde auch ein Block-Floaten mit einer innergemeinschaftlichen Paritätenstruktur schwersten Risiken ausgesetzt sein.«

Dann empfahl Schweitzer als vorläufigen Ausweg eine Paket-Lösung, bestehend aus massiven Deviseninterventionen unter Mitwirkung der USA, Beseitigung von Überschußliquidität auf dem Euro-Dollar-Markt durch Verkauf von US-Wertpapieren auf diesem Markt, sonstige abgestimmte Notenbankmaßnahmen sowie Verschärfung der Kapitalkontrollen auf amerikanischer wie europäischer Seite. Dem Vernehmen nach war die Schweitzersche Initiative vorher dem amerikanischen Finanzminister George Shultz zur Kenntnis gegeben worden, und er soll sie angeblich wohlwollend beurteilt haben. Die Amerikaner gingen aber weder in diesem Zeitpunkt noch später irgendeine präzise Verpflichtung zur Dollar-Stützung durch eigene Interventionen oder durch Kapitalkontrollen ein.
Bei den EG-Ländern hatte dieser Rettungsversuch des IWF-Chefs von vornherein keine Aussicht auf Erfolg. Denn auf deutscher Seite hatten wir nicht den geringsten Zweifel, daß für die D-Mark bis auf weiteres nichts anderes übrigblieb, als gegenüber dem Dollar frei zu schwanken. Dies war nicht eine »Wochenend-Entscheidung«, wie Schweitzer meinte, sondern ergab sich aus unseren Erfahrungen in den vorausgegangenen Jahren. Die Währungskrisen seit 1968, und insbesondere die letzte Dollar-Krise, hatten uns immer wieder vor Augen geführt, daß uns durch die destabilisierenden Folgen der Dollar-Zuflüsse die Kontrolle über die inländische Geldversorgung aus den Händen geschlagen wurde, so daß wir in einem solchen

System unserer gesetzlichen Aufgabe nicht mehr gerecht werden konnten. In der Zeit von Anfang 1970 bis März 1973 hatten wir Devisenüberschüsse von insgesamt nicht weniger als 74 Mrd. DM zu verzeichnen. Davon entfiel der weit überwiegende Teil auf die unkontrollierbare Kapitalbilanz. Es war völlig klar geworden: In einem System freier Kapitalbeweglichkeit kann man angesichts der riesig angewachsenen liquiden Dollar-Bestände und ihrer außerordentlich gesteigerten Mobilität nicht gleichzeitig einen festen Dollar-Kurs beibehalten und eine stabilitätsgerechte Geldpolitik betreiben.

Auch Bundesfinanzminister Schmidt, der nun wieder aus dem Krankenhaus zurück war und in den Ministergremien für die Bundesrepublik die Verhandlungen führte, ließ keinen Zweifel darüber, daß die Bundesrepublik notfalls allein floaten würde, wenn es nicht gelänge, zu einem gemeinsamen Floaten des EG-Blocks zu kommen. Was für eine Sinneswandlung, nachdem er uns noch Anfang Februar in den Arm gefallen war, als wir dringend die Einstellung der Dollar-Stützung verlangten! Das hätte damals vielleicht zunächst zu einem isolierten DM-Floaten, im weiteren Verlauf aber sicher ebenfalls zum gemeinsamen Block-Floaten geführt. Nun setzte Schmidt – freilich mit einer »Verspätung von einigen Milliarden Dollar« – das Programm Schiller-Emminger in die Tat um!

Auf der Sitzung der EG-Minister vom 4. März wurde auf der Grundlage von Entwürfen des Währungsausschusses in der Hauptsache die Stellungnahme vorbereitet, welche die EG-Vertreter auf der für den 9. März in Paris anberaumten Sitzung der Minister und Notenbankgouverneure der Zehner-Gruppe einnehmen sollten. Hierbei wurde auch beschlossen, daß in Paris nicht nur die normalen Mitglieder der Zehner-Gruppe teilnehmen sollten, sondern auch die in der Zehner-Gruppe nicht vertretenen EG-Länder, da es ja primär um EG-Interessen ging, insbesondere um die Vorbereitung eines gemeinsamen Floatens gegenüber dem Dollar. Die Pariser Ministertagungen vom 9. und 16. März 1973 wurden daher als Sitzungen der »erweiterten Zehner-Gruppe« bezeichnet.

Bei der Pariser Sitzung am 9. März galt es im wesentlichen zu erkunden, wie weit die Amerikaner ihrerseits bereit waren, das ins Auge gefaßte neue System zu unterstützen. Gedacht war an eine Unterstützung durch koordinierte Deviseninterventionen, eine

Verschiebung des Abbaus der amerikanischen Kapitalausfuhrkontrollen, sowie allgemeine Stärkung des Dollars durch eine angemessene amerikanische Finanz- und Geldpolitik. Dies lag vor allem jenen Mitgliedern am Herzen, die fürchteten, daß bei weiterer Dollar-Schwäche das Block-Floaten unter Führung der D-Mark zu einem zu starken Kursanstieg gegenüber dem Dollar führen würde. Die Einzelheiten dieser Verhandlungen sind heute nicht mehr von großem Interesse. Es besagte auch nicht allzuviel, daß die Minister und Zentralbankgouverneure im Tagungskommuniqué ihre Entschlossenheit bekundeten, »gemeinsam ein ordentliches Funktionieren des Wechselkurssystems zu gewährleisten«, und daß sie hierfür ein Bündel von Maßnahmen für zweckmäßig hielten, freilich ohne zu sagen, welche. Sie beauftragten mit der weiteren Klärung ihre Stellvertreter, die dann am 12. März in Brüssel zusammentrafen.

Die wirklich entscheidende Sitzung fand am 11. März 1973 in Brüssel im Rahmen des Ministerrats der EG statt. Hier galt es, die endgültige Entscheidung über das Block-Floaten zu fällen. Es gab eine dramatische Sitzung, die insgesamt zehn Stunden dauerte und erst am 12. März morgens zwei Uhr zu Ende ging. Von den neun Mitgliedern der vor einem Jahr erweiterten EG schlossen sich sechs dem Block-Floaten an, nämlich die Bundesrepublik, Frankreich, die Niederlande, Belgien und Luxemburg sowie Dänemark. Kurz darauf schlossen sich auch die Nicht-EG-Mitglieder Norwegen und Schweden dem Währungsblock an (schieden allerdings einige Jahre später wieder aus). England (zusammen mit Irland) sowie Italien blieben draußen und wollten bis auf weiteres isoliert floaten, also nicht nur gegenüber dem Dollar, sondern auch gegenüber den übrigen EG-Währungen. Bei Italien wurde dies allgemein diskussionslos hingenommen angesichts seiner besonderen Währungsschwäche, die ja im Januar 1973 etwas unerwartet den ersten Anstoß zur entscheidenden Währungskrise gegeben hatte. Anders lag es bei England. Manche der übrigen Länder, vor allem Frankreich, hätten aus den oben bereits geschilderten Gründen ein Mitgehen Englands außerordentlich gern gesehen. Frankreich hatte es ja eine Zeitlang sogar zur Vorbedingung gemacht. Auf der Ministertagung am 11. März gab der damalige englische Schatzkanzler Anthony Barber eine Erklärung ab. Als ich sie hörte, traute ich meinen

Ohren nicht. Sie ist es wert, im Original festgehalten zu werden: »*Mr. Barber laid down certain essential conditions for a British participation in the coming float, including unconditional mutual financial support without limits of amount, without guarantees, without specific obligations to repay.*« Also Währungskredite seitens der anderen ohne jedes Limit! Das rief bei den meisten Sitzungsteilnehmern nur ein ironisches Lächeln hervor. Niemand machte daraufhin noch einen ernsthaften Versuch, die Engländer zum Einschwenken zu bewegen. Kurz darauf war zu hören, die Engländer hätten sich zu einer solch maßlosen Forderung durch frühere großzügige Kreditangebote Helmut Schmidts ermutigt gefühlt. In der englischen Presse (und auch in inoffiziellen Bemerkungen englischer Regierungsvertreter) hieß es, das Pfund Sterling sei bei einer Rückkehr zu den festen Kursen innerhalb des europäischen Währungsblocks nur dann gegen Spekulationen abgeschirmt, wenn in der Europäischen Gemeinschaft alle Devisenverpflichtungen und Devisenreserven »gepoolt« würden: anders ausgedrückt: die anderen EG-Staaten müßten die noch ausstehenden englischen Sterling-Verpflichtungen (damals ca. 8 Mrd. Pfund) mitunterschreiben.

In dem Kommuniqué der Ratstagung vom 11. März 1973 wurde dann offiziell festgehalten, daß die Mitgliedsstaaten, mit Ausnahme Englands, Irlands und Italiens, in ihren gegenseitigen Währungsrelationen die Bandbreiten mit ± 2¼ Prozent einhalten würden. Ferner wurde die Aufhebung der Dollar-Stützung zu einem festen Kurs in aller Form festgelegt. Außerdem wurde die kleine DM-Aufwertung um 3 Prozent erwähnt. Der Wiedereröffnung der Devisenbörsen am 19. März 1973 stand nun nichts mehr im Wege (was ebenfalls bereits im Kommuniqué vom 11. März vereinbart wurde). IWF-Chef Schweitzer, der noch zwei Wochen vorher die EG-Staaten von einer sofortigen Entscheidung zugunsten des Block-Floatens abzuhalten versuchte, begrüßte am 16. März 1973 die getroffene Entscheidung mit den Worten: »Die Entscheidung einer Gruppe von EG-Ländern, die Bandbreite gegenüber dem Dollar nicht mehr einzuhalten, zusammen mit dem isolierten Floaten einiger anderer wichtiger Länder, eröffnet eine günstigere Aussicht für das internationale Währungssystem.«

Angesichts der Erfahrung mit den Engländern im März 1973 wäre vielleicht ein Wort zu den Vorstellungen Helmut Schmidts über die deutschen Währungsreserven am Platze. Denn diese Vorstellungen haben ihn öfters dazu geführt, zu Lasten unserer Währungsreserven großzügige Kreditaktionen zugunsten ausländischer Staaten ins Auge zu fassen. Schmidt betrat die internationale Währungsszene, als er Mitte 1972 Nachfolger von Schiller als Bundesfinanz- und -wirtschaftsminister wurde. Das war genau die Zeit, als wir von unerwünschten Devisenzuflüssen überschwemmt wurden und uns nur mit Mühe dieser Devisenzuflüsse mit ihrem inflatorischen Potential erwehren konnten. Ähnliches erlebte Schmidt auch noch später, vor allem 1973 und 1977/78. Kein Wunder, daß er unter dem Eindruck stand, hohe Devisenreserven seien etwas Unerwünschtes, eine Last. Was lag näher, als aus dieser Devisenlast politisches Kapital zu schlagen, indem er aus politischen Gründen freigiebig deutsche Sonderkredite an fremde Staaten vergeben wollte (die Namen der ins Auge gefaßten Begünstigten verschweige ich lieber). Wir mußten in den siebziger Jahren mehrfach Gutachten ins Kanzleramt schicken, die darlegten, daß wir die Währungsreserven besonders angesichts der großen kurzfristigen Verschuldung der deutschen Wirtschaft recht gut gebrauchen konnten, und zwar vor allem als Absicherung gegen eine unerwartete Umkehr unserer Devisenbilanz. Wir hatten schon Ende 1969 erlebt, daß bei einer solchen plötzlichen Umkehr unsere liquiden Währungsreserven gar nicht ausreichten. Erst recht wurde der Nutzen unserer Währungsreserven offenbar, als die Bundesrepublik von 1979 bis 1981 in hohe Devisendefizite von zusammen rund 35 Mrd. DM hineingeriet. Schmidts Einstellung zu den Währungsreserven ist aus einem Interview ersichtlich, das er im Juli 1986 der »Zeit« gab. Er sagte dabei: »Diese berühmten deutschen Währungsreserven, die heute größer sind als die irgendeines anderen Landes auf der Welt, sind zwar ein sehr schöner Fafner-Schatz in den laienhaften Vorstellungen einiger – aber produktiv ist das angesammelte Dispositionsvermögen überhaupt nicht. Es ist eher höchst fragwürdig gewesen, daß wir die bei uns angesammelten großen Reserven wirtschafts- und währungspolitisch bisher völlig ungenutzt ließen.« Man wird verstehen, daß mich diese Einstellung Schmidts veranlaßte, bei den Verhandlungen über das EWS im Jahre 1978 auf Zusicherungen der Bundesregierung zu drängen, daß wir nicht plötzlich durch bloße Regierungsabkommen zu einer definitiven Reserve-Abgabe an das EWS gezwungen werden konnten.

Spätere Legenden um den Übergang zum Floaten

Die Konferenz der erweiterten Zehner-Gruppe am 16. März 1973 in Paris setzte nur noch den formellen Schlußstempel unter den Tagungsmarathon. Im abschließenden Kommuniqué der Pariser Tagung wurde der EG-Beschluß zum Block-Floaten vom 11. März offiziell zur Kenntnis genommen. Dabei wurde erneut erwähnt, daß Italien und Großbritannien die Absicht ausgesprochen hätten, dem Block-Floaten sobald wie möglich beizutreten. Im übrigen versicherte man sich in vagen Formeln der gegenseitigen Zusammenarbeit, sei es zur besseren Stabilisierung des Wechselkurssystems, sei es hinsichtlich der bereits in Washington laufenden Verhandlungen der Zwanziger-Gruppe über die Reform des Weltwährungssystems. Die einzige Abmachung, die vielleicht praktische Bedeutung erhalten konnte, war ein Passus über Interventionen am Devisenmarkt: »Die Minister und Notenbankgouverneure stimmten grundsätzlich überein, daß offizielle Interventionen auf den Devisenmärkten je nach Lage nützlich sein können, um die Ordnung auf diesen Märkten aufrechtzuerhalten *(to facilitate the maintenance of orderly conditions)*.« Zur Finanzierung solcher Interventionen sollten einige der bestehenden Swap-Fazilitäten zwischen den Notenbanken aufgestockt werden (was auch geschah). Aber die Amerikaner machten bald klar, daß dies für sie keinerlei Verpflichtung zur Intervention darstelle. Es war also voreilig, die Pariser Vereinbarung vom 16. März 1973 schon als endgültige Aufgabe des amerikanischen *benign neglect* zu interpretieren, wie dies verschiedentlich geschah.[21]

Ich schildere den Ablauf dieser Verhandlungen und Beschlüsse vor allem deswegen etwas genauer, um irreführende Geschichtslegenden über den Untergang des Bretton-Woods-Systems auszuräumen. So hat zum Beispiel Helmut Schmidt, der 1973 als Bundesfinanzminister an den Ministertagungen teilgenommen hatte, 1983 in einem Zeitungsaufsatz folgendes ausgeführt: »Valéry Giscard d'Estaing, George Shultz und ich waren neben anderen die Urheber der Entschlüsse im Jahre 1973 zum Übergang zum Floaten ... Falls jemand von uns damit längerfristige Hoffnungen verbunden haben sollte, so sind diese jedenfalls enttäuscht worden.« Von amerikanischen Freunden habe ich öfters gehört, daß auch George Shultz, der damalige Finanzminister der Vereinigten Staaten, sich lange Zeit hindurch gerühmt hatte, er sei einer der Haupturheber des Übergangs zum Floaten gewesen. Im Gegensatz zu Helmut Schmidt sieht George Shultz jedoch diesen Übergang auch heute noch als eine durchaus positive Entscheidung an.

In diesen Behauptungen stecken in Wirklichkeit mehrere Ungenauigkeiten. *Erstens* waren die von Helmut Schmidt zitierten Minister (und ihre Kollegen), die sich bei der Tagung der Zehner-Gruppe am 16. März 1973 trafen, nicht die Urheber des Beschlusses, zum Floaten gegenüber dem Dollar überzugehen. Sie hatten diesen Beschluß nur hinterher in der Pariser Sitzung vom 16. März mit einer Girlande von wohllautenden Absichten zur Zusammenarbeit umkränzt. Genauer besehen aber war der Übergang zum Floaten bereits besiegelt, als die Bundesbank am 1. März beschloß, die Dollar-Stützung zum Festkurs einzustellen und als am gleichen Tag die ersten Schritte getan wurden, um ein gemeinsames Floaten der EG-Länder zu organisieren. Damals gab es kein Zurück mehr. Daß der endgültige Beschluß zum Block-Floaten bereits in der EG-Sitzung am 11. März 1973 gefaßt wurde – also ohne die Beteiligung des Amerikaners George Shultz –, wird auch vom Internationalen Währungsfonds in seinem Jahresbericht von 1973 bestätigt; dort wird bei der Schilderung des Übergangs zum Floaten nur der EG-Beschluß vom 11. März, nicht aber die Pariser Sitzung der erweiterten Zehner-Gruppe vom 16. März erwähnt. Übrigens hatte auch Helmut Schmidt selbst seinerzeit in einer Rede am 12. März 1973 ausdrücklich den Brüsseler EG-Beschluß als »das Ende von Bretton Woods« bezeichnet.

Wichtig ist auch eine *zweite* Klarstellung: Die Entscheidung über das Floaten gegenüber dem Dollar konnte gar nicht von den Amerikanern getroffen werden. Nach Aufhebung der Dollar-Konvertierbarkeit im August 1971 standen die Amerikaner dem Dollar-Wechselkurs über viele Jahre grundsätzlich passiv gegenüber; sie hatten es stets abgelehnt, eine Verantwortung für einen bestimmten Dollar-Kurs zu übernehmen und entsprechend zu intervenieren. Es bleibt also immer den anderen Ländern überlassen zu entscheiden, ob sie einen fixen Dollar-Kurs verteidigen wollen oder nicht. Die Amerikaner können dies nur zur Kenntnis nehmen und dabei je nachdem eine mehr oder weniger gute Miene machen.

Ganz entscheidend ist aber, daß noch *ein Drittes* zurechtgerückt wird: Die Äußerung des ehemaligen Bundeskanzlers Helmut Schmidt erweckt den Eindruck, als ob die von ihm aufgeführten Minister den Entschluß zum Floaten auf Grund von Überlegungen und Erwartungen hinsichtlich der mehr oder weniger positiven Eigenschaften des Floatens gefaßt hätten – er spricht ja von »enttäuschten Hoffnungen«. *In Wirklichkeit war uns der Übergang zum Floaten einfach durch die Ereignisse aufgezwungen worden,* was immer für rationale Erwägungen und Erwartungen wir hinsichtlich des Floatens hatten. Es war einfach ein Akt der Notwehr.

Wir sahen, daß wir unsere gesetzliche Aufgabe der Geldsteuerung mit dem Ziel der Stabilität überhaupt nicht mehr erfüllen konnten, wenn wir nicht durch Aufgabe der Dollar-Stützung eine bessere Abschirmung nach außen bekamen. Das oben erwähnte Memorandum des Bundesbankdirektoriums vom 9. Februar 1973 bringt dies sehr klar zum Ausdruck. Übrigens hat der damalige Vizepräsident und spätere Präsident der Schweizerischen Nationalbank, Fritz Leutwiler, der schon einige Wochen früher zum Floaten übergegangen war, hinterher mehrfach in Reden und Interviews beinahe wörtlich dasselbe gesagt, was wir in Frankfurt gesagt haben, nämlich, daß wir keine andere Wahl hatten und daß uns das Floaten durch die Ereignisse aufgezwungen war.

Wie ich schon sehr nachdrücklich in einem Beitrag im Jahre 1975 dargelegt habe[22], unternahmen wir diesen Schritt nicht, weil wir uns irgendwelche Illusionen gemacht hatten. Wir wußten vielmehr von Anfang an, daß das Floaten keineswegs alle Probleme lösen würde und waren daher – anders als offenbar Helmut Schmidt – auch nicht sehr enttäuscht von dem weiteren Fortgang. Eine solche Klarstellung ist auch deswegen notwendig, weil die oben zitierte Äußerung von Helmut Schmidt den Eindruck erwecken könnte, als ob es nur eines internationalen Beschlusses auf höherer politischer Ebene bedürfe, um über das Wechselkurssystem so oder so zu entscheiden, also vielleicht den seinerzeitigen Beschluß von 1973 wieder zu korrigieren. Hier sind aber nach meiner Überzeugung die realen Zwänge stärker als die Vorstellungen von Politikern und als deren Entscheidungsmöglichkeiten. Ich werde im 11. Kapitel noch darauf zurückkommen.

8. Kapitel

Abbau des Geldüberhangs und erste Erfolge an der Inflationsfront 1973/74

Wir koppeln uns vom Inflationsgeleitzug ab

Der Übergang zum Floaten der wichtigsten Währungen gegenüber dem Dollar, zu dem der Schritt der Deutschen Bundesbank von Anfang März 1973 einen so starken Anstoß gegeben hatte, erwies sich tatsächlich als der bisher tiefste Einschnitt in der Währungsentwicklung der Nachkriegszeit. Die Entbindung der Bundesbank von der Verpflichtung zur Dollar-Stützung war im Frühjahr 1973 unausweichlich geworden. Trotz mehrerer Wechselkursanpassungen, die nach menschlichem Ermessen die preismäßige »Überbewertung« des Dollars gegenüber der D-Mark beseitigt hatten, war unter dem System der festen Paritäten das Ausmaß des Inflationsimports unerträglich geworden. Die Bundesbank konnte ihre gesetzliche Aufgabe, den Geldumlauf stabilitätsgerecht zu regeln, nicht mehr erfüllen. Die Expansion der Geldmenge war schon 1971 und 1972 übers Ziel hinausgeschossen. Ihren Höhepunkt erreichte die zwangsweise Schaffung von Notenbankgeld als Folge der Verpflichtung zur Dollar-Stützung in der Zeit von Anfang Februar bis Anfang März 1973, als die Bundesbank innerhalb von vier Wochen Devisen im Gegenwert von über 20 Mrd. DM hereinnehmen und dafür Notenbankgeld herausgeben mußte. So war es kein Wunder, daß in den drei Monaten von Ende Dezember 1972 bis Ende März 1973 die Geldbestände saisonbereinigt und auf Jahresrate umgerechnet nach der Definition M_1 um 17,5 Prozent, nach der Definition M_2 (Geld und Quasigeld) sogar um 28 Prozent stiegen.

Im Jahre 1975 stellte ich in einer rückschauenden Betrachtung fest, »daß der Übergang zum Block-Floaten gegenüber dem Dollar zwei Jahre zu spät kam. Wäre es schon im Mai 1971 dazu gekommen – was der Widerstand einiger EG-Länder und die politische Rücksichtnahme der Bundesregierung auf diese Länder verhindert hatten –, so wäre dem Weltwährungssystem und der deutschen Währungspolitik manches an Krisen und Inflation erspart geblieben.«[1]

Ab März 1973 konnte unsere Geldpolitik sich mit Hilfe eines flexiblen Wechselkurses weitgehend – wenn auch keineswegs vollständig – gegen äußere Störungen und vor allem gegen den Inflationsimport von außen abschirmen. Das bedeutete für die Stabilitätspolitik eine »kopernikanische Wende«. Ich hoffe, man wird mir nachfühlen können, daß ich diese Wende geradezu als Befreiung empfand, nachdem ich – vielleicht mehr als jeder andere Währungsfachmann in unserem Lande – fast zwanzig Jahre hindurch ständig angekämpft hatte gegen störende Einflüsse von außen (und die Uneinsichtigkeit im Inneren), die unsere Bemühungen um die innere Geldwertstabilität immer wieder unterliefen und die Bundesbank oft zur völligen Ohnmacht verdammten.

Als das »Handelsblatt« in seiner Ausgabe vom 19. März 1973 mein Interview vom September 1970 (»Emmingers Zukunftsmusik: Wir hängen uns vom Dollar ab«) teilweise wieder abdruckte und mit der Überschrift versah: »Emmingers Visionen sind ab heute Praxis«, schrieb es einleitend: »Wenn an diesem Montag die Devisenbörsen wieder geöffnet werden, beginnt ... das große währungspolitische Abenteuer des Block-Floating. Es wird Neuland betreten, denn dieses Modell ist in diesem großen Maßstab noch nie praktiziert worden. Dr. Otmar Emminger, Vizepräsident der Deutschen Bundesbank, war vor zweieinhalb Jahren der erste Währungspolitiker der Welt, der seine im stillen Kämmerlein gehegten Vorstellungen von einem europäischen Währungsblock für die Öffentlichkeit artikulierte, ... zur damaligen Zeit eine absolute Sensation.« Und es fuhr fort: »Der Vizepräsident kann es sicher auch als einen persönlichen Erfolg auffassen, daß seine Ideen nun währungspolitische Wirklichkeit werden, wenn auch in etwas modifizierter Form.«

Wie umwälzend sich der Übergang zum Floaten auf die deutsche Geld- und Währungspolitik auswirkte, läßt sich an einigen der unmittelbaren Konsequenzen erkennen:

1. Von Mitte 1973 bis Ende 1975 hörten die inflationären Devisenzuflüsse *per saldo* völlig auf (vgl. Tabelle S. 310); ja, unsere

Dollar-Bestände gingen in diesen zweieinhalb Jahren sogar um 3,7 Mrd. Dollar zurück.

2. Im Laufe des Jahres 1973 gelang es uns, durch eine allerdings fast brutale Restriktionspolitik die Geldschwemme in der Binnenwirtschaft aus den vorangegangenen Dollar-Krisen zu beseitigen. Dadurch konnten wir uns bereits ab Mitte 1973 vom internationalen Inflationsgeleitzug deutlich abkoppeln, trotz der erneuten Belastung, die Ende 1973 durch die Ölpreisexplosion von außen kam (vgl. Tabelle S. 267).

3. Der Übergang zum Floaten eröffnete uns nach Beseitigung der Geldschwemme endlich auch die Möglichkeit, ab Ende 1974 zu einer echten, im voraus programmierten Geldmengensteuerung überzugehen. Die ersten Versuche einer strafferen Geldmengensteuerung, die in der Europäischen Gemeinschaft schon im Herbst 1972 vereinbart wurden, waren in der Geldüberschwemmung durch die Dollar-Krise untergegangen.

4. Schließlich konnten wir im Laufe der Jahre 1973/74 auch die in den vorangegangenen Jahren zur Abwehr gegen unerwünschte Devisenzuflüsse eingeführten – ich möchte fast sagen: aus Verzweiflung eingeführten – Kapital*einfuhr*-Kontrollen abbauen. Selbst die jahrelang bestehenden besonderen Mindestreservesätze und das Verzinsungsverbot auf Bankeinlagen von Ausländern konnten im weiteren Verlauf beseitigt werden. Dem entsprach auf der anderen Seite, daß mit dem Übergang zum Dollar-Floaten auch die Amerikaner ihre zum Teil seit 1963/64 bestehenden Beschränkungen der Kapital*ausfuhr* abbauen konnten.

5. Der Vollständigkeit halber sei vermerkt, daß wir mit dem Übergang zum Floaten auch unsere jahrelangen Bemühungen um eine Verbesserung des Notenbank-Instrumentariums (Mindestreserve auf Bankkredite usw.) zu den Akten legen konnten. Sie hatten schon zu einer Regierungsvorlage geführt. Aber nun gewannen unsere bereits vorhandenen Instrumente ihre Wirksamkeit zurück; wir konnten auf neue verzichten.

Stabilitätsprogramm der Bundesregierung

Den Abbau des Geldüberhangs trieben wir nach Befreiung von der Interventionspflicht gegenüber dem Dollar sofort zügig voran. Ich erwähnte schon im 7. Kapitel, daß wir bereits am Abend des 1. März 1973, nach meiner Rückkehr von der historischen Besprechung beim Bundeskanzler, die Mindestreserven erneut kräftig erhöhten. Die schon seit längerer Zeit bestehende fast 100prozentige Mindestreserve auf den Zuwachs der Auslandsverbindlichkeiten der Banken hatte schon laufend einen erheblichen Teil der Liquiditätsüberschwemmung aufgesogen. Außerdem wurden die den Banken eingeräumten Rediskontkontingente verringert.
Besonders bemerkenswert aber war die Anwendung eines völlig neuen Instruments, nämlich der Verkauf von *»Stabilitätsanleihen«* der Bundesregierung, deren Erlös bei der Bundesbank stillgelegt wurde. Ich war in Vertretung des erkrankten Präsidenten Klasen im Februar 1973 im Bundeskabinett, als diese Maßnahme auf unseren Antrag im Rahmen eines größeren Stabilitätspakets beschlossen wurde. Damals hatte nur ein einziger Minister einige Bedenken dagegen geäußert (»und für dieses stillgelegte Geld soll dann die Regierung noch Zinsen aus dem Haushalt zahlen?«). Am 7. März wurde vom Bundesanleihekonsortium unter meinem Vorsitz und in Anwesenheit des damaligen Staatssekretärs Karl Otto Pöhl die bis dahin größte Bundesanleihe von 1,5 Mrd. DM als »Stabilitätsanleihe zur Abschöpfung von Liquidität und Kaufkraft« aufgelegt. Ich kann mich noch gut erinnern, wie stolz Pöhl und ich auf diese einmalige Maßnahme waren. Etwas später wurde dann noch eine zweite »Stabilitätsanleihe« von 500 Mio. DM aufgelegt.
Der Sinn dieser Maßnahme war vor allem, überschüssiges Geld von den *Nichtbanken* einzuziehen. Die der Bundesrepublik zugeflossenen Auslandsgelder hatten ja nicht nur die Bankenliquidität stark erhöht, sondern auch unmittelbar zu einer starken Aufblähung des Geldvolumens in Händen der Wirtschaft geführt. Dieses konnte durch die Liquiditätsmaßnahmen der Bundesbank nicht unmittelbar absorbiert werden. Hier griffen nun die an das Nichtbanken-Publikum verkauften Stabilitätsanleihen ein. Aber auch auf andere Weise wurde Geld von den Nichtbanken abgezogen und stillgelegt: im Rahmen der beiden Stabilitätsprogramme, die von der Bundes-

regierung im Februar und im Mai 1973 verabschiedet worden waren, wurde der Erlös aus der sogenannten Stabilitätsabgabe (auf Grund des Stabilitätsgesetzes), aus einigen anderen steuerlichen Maßnahmen, sowie erhebliche Überschüsse der Sozialversicherungen bei der Bundesbank stillgelegt. Insgesamt wurden durch diese verschiedenen Maßnahmen dem privaten Sektor, und damit auch den Banken, nicht weniger als rund 9 Mrd. DM an liquiden Mitteln entzogen – eine restriktive Offenmarktpolitik der öffentlichen Hand oder ein zweiter »Juliusturm« also. Es wurde also einerseits die weitere Kreditexpansion der Banken durch Liquiditätsentzug gebremst, andererseits überschüssige Kaufkraft der Nichtbanken unmittelbar stillgelegt.

Zu einer weiteren Verschärfung der Geldpolitik kam es Ende Mai 1973. Wir erhöhten nicht nur in zwei Schritten den Diskontsatz auf 7 und den Lombardsatz auf 9 Prozent, sondern beschlossen gleichzeitig, den Kreditinstituten bis auf weiteres keinen Lombardkredit mehr zur Verfügung zu stellen. Diese Verschärfung und ebenso das zweite Stabilitätsprogramm der Bundesregierung vom Mai 1973 waren mitbestimmt durch die weitere Verschlechterung an der Inflationsfront. Anfang Mai wurde bekannt, daß die Inflationsrate, gemessen an der Erhöhung der Verbraucherpreise über die letzten zwölf Monate, im April auf die alarmierende Zahl von 7,5 Prozent hinaufgeschnellt war (gegen noch 6,5 Prozent im Januar 1973). Das löste allenthalben »Inflationsalarm« aus. Die Zeitungen schrieben von der Gefahr einer baldigen Teuerungsrate von 10 Prozent. Dieses Inflationsklima schlug sich natürlich in den Lohn- und Preisentscheidungen der Tarifpartner und der Wirtschaft unheilvoll nieder.

Unter dem Eindruck dieses »Donnerschlags von der Preisfront« rang sich die Bundesregierung im Mai 1973 zu einem massiven Stabilitätsprogramm durch. Es war sicher das massivste Bremsprogramm, das eine Bundesregierung in der Nachkriegszeit auf die Beine gestellt hat. Das entsprach auch durchaus dem besonderen Ernst der damaligen Lage. In der Einleitung zu dem Programm hieß es denn auch: »Die geradezu boomartige Expansion der Nachfrage, die sowohl Ausdruck einer konjunkturzyklischen Eigendynamik als auch eine Konsequenz zunehmender Preissteigerungserwartungen ist, schafft neue Spielräume für eine gefährliche

Beschleunigung der Kosten- und Preisentwicklung. Um eine weitere Eskalation des Preisanstiegs mit allen sich daraus ergebenden wirtschafts-, finanz- und gesellschaftspolitischen Gefahren zu verhindern und die notwendige Tendenzwende in der Preisentwicklung zu erreichen, sind deshalb harte Maßnahmen zur Reduzierung der gesamtwirtschaftlichen Maßnahme unerläßlich.« Hier nur in aller Kürze einige Stichworte über den Inhalt dieses Kraftaktes. Zunächst wurde noch einmal betont, daß der bereits im Februar 1973 beschlossene Katalog von Maßnahmen unverzüglich verwirklicht werden müsse. Das betraf unter anderem:

- Auflegung einer Stabilitätsanleihe (mit Stillegung des Erlöses bei der Bundesbank),
- Erhebung einer Stabilitätsabgabe nach dem Stabilitätsgesetz,
- Erhöhung der Mineralölsteuer,
- Aufhebung der degressiven Abschreibung auf Neubauprojekte,
- Abschaffung der Abzugsfähigkeit von Schuldzinsen im Rahmen der Sonderausgaben (ab 1974),
- Stillegung von Steuermehreinnahmen bei der Bundesbank.

Hinzu traten in dem Mai-Programm noch: Auflegung einer zweiten Stabilitätsanleihe, befristete Investitionsabgabe von 11 Prozent, Abschaffung der degressiven Abschreibung auf bewegliche Wirtschaftsgüter, Einschränkung der Gebäudeabschreibungen, Aussetzung der Abschreibungen auf Wohnungsbauten nach § 7b EStG, Kürzung von Haushaltsausgaben sowie Reduzierung der Netto-Kreditaufnahme der öffentlichen Hand um 5,5 Mrd. DM durch einen »Schuldendeckel« nach dem Stabilitätsgesetz. Ferner sollten die Liquiditätsreserven der Rentenversicherungen sowie gewisse Steuermehreinnahmen bei der Bundesbank stillgelegt werden.

Dieses Programm war im wesentlichen vom damaligen Bundeswirtschaftsminister Friderichs ausgearbeitet worden; es enthielt ebenso wie das Februar-Programm einige Punkte, die im November 1972 in einem vertraulichen Gutachten der Bundesbank über Subventionsabbau vorgeschlagen worden waren; zu diesen Punkten gehörte auch die Abschaffung der steuerlichen Abzugsfähigkeit von Schuldzinsen. Auch der damalige Bundesfinanzminister Helmut

Schmidt, der zuvor die Tatsache und den Ernst der Inflation etwas heruntergespielt hatte – vergleiche seine umstrittene Aussage vom Mai 1972: »Fünf Prozent Preissteigerung sind eher zu ertragen als fünf Prozent Arbeitslosigkeit« –, war sich unter dem Eindruck der Zuspitzung der Inflation mit dem Wirtschaftsminister darin einig geworden, daß nur noch eine Vollbremsung helfen konnte. Der »Aufschwung nach Maß« aus der zweiten Hälfte der sechziger Jahre war in einen unerträglichen Inflationsboom ausgeartet, weil der Inflationsimport von außen nicht rechtzeitig abgewehrt worden war. So mußte nun ein »Abschwung nach Maß« programmiert werden. Mit Recht wurde damals festgestellt, daß dieses massive Stabilitätsprogramm *de facto* eine Absage an die so oft beschworene »Vollbeschäftigungsgarantie« von Bundeskanzler Brandt war. Es war auch eine freilich nur vorübergehende Abwendung von der von der damaligen Regierung offiziell proklamierten (!) »Erweiterung des öffentlichen Korridors«, das heißt einer geplanten Erhöhung der Staatsquote.

Als Friderichs 1977 bei seinem Ausscheiden aus dem Bundeswirtschaftsministerium gefragt wurde, was er als seinen größten Erfolg betrachte, antwortete er: das harte Stabilisierungsprogramm vom Frühjahr 1973.

Bundesbank wieder Herr im eigenen Haus – eine restriktive Schocktherapie

Ein Teil dieser Maßnahmen wurde freilich Ende 1973 wieder suspendiert, als die Finanzpolitik wegen der sich anbahnenden Konjunkturabschwächung wieder auf einen vorsichtig expansiven Kurs überging. Die übrigen fiskalpolitischen Einschränkungen konnten sich überwiegend erst im Laufe des Jahres 1974 richtig auswirken. Für die Bekämpfung der akuten Inflation blieb daher die Hauptverantwortung bei der Bundesbank – wie es sich ja auch gehörte. Aber die Bundesbank konnte zwar den Liquiditätsüberhang ziemlich rasch abbauen, nicht aber die im Gang befindliche Inflationswelle bei Löhnen und Preisen sofort zum Stillstand bringen. Der damalige Wirtschaftsboom wurde überdies auch von außen immer wieder angeheizt. Denn 1973 erreichte die weltweite Nachfrage- und Preisinflation ihren Höhepunkt. In allen wichtigen Ländern

herrschte Hochkonjunktur. Dieser konjunkturelle Gleichschritt, diese »Synchronisation« des Booms, bewirkte die bisher schlimmste weltweite Überhitzung der Nachkriegszeit.
Die Weltrohstoffpreise waren auf Dollar-Basis im September 1973, also noch *vor* der ersten Ölpreisexplosion, um 66 Prozent höher als im entsprechenden Vorjahreszeitraum. Gegen eine solche internationale Preisinflation half auch die sehr kräftige DM-Aufwertung nur teilweise. Gegenüber dem Dollar war die D-Mark von Anfang 1973 bis zu ihrem vorläufigen Höhepunkt im Juli 1973 um mehr als 40 Prozent gestiegen. Das kompensierte ungefähr zwei Drittel der Preisinflation auf den Weltmärkten. Aber es blieb im September 1973 immer noch eine Erhöhung der deutschen Einfuhrpreise (in D-Mark gerechnet) um gut 18 Prozent gegenüber dem Vorjahr. Ebenso dauerte der Sog der überhitzten Auslandsnachfrage auf die deutsche Ausfuhrwirtschaft trotz der enormen DM-Aufwertung weiter an, und zwar nicht nur im Aufwertungsjahr 1973, sondern auch noch Anfang 1974. Die deutsche Ausfuhr stieg in DM-Werten von 1972 bis 1974 um nicht weniger als 55 Prozent. Der Überschuß der deutschen Handelsbilanz schnellte von 26 Mrd. DM im Jahre 1972 auf über 56 Mrd. DM im Jahre 1974 hinauf (trotz der Ölverteuerung im Jahre 1974!). Darin drückte sich auch ein gewaltiger Sog der inflatorischen Auslandsnachfrage aus.
All dies führte uns recht deutlich vor Augen, daß auch ein flexibler Wechselkurs, selbst wenn er zu einer sehr kräftigen Höherbewertung der eigenen Währung führt, kein hundertprozentig wirksames Mittel zur Abschirmung gegen starke ausländische Inflationstendenzen ist. Ein so stark mit der Weltwirtschaft verbundenes Land wie die Bundesrepublik kann sich gegen so massive Inflationstendenzen des Auslands nicht völlig abschirmen.
Kein Wunder, daß in der damaligen Zeit immer wieder, auch von führenden Politikern, gesagt wurde, die Bundesrepublik könne in einem Meer von Inflation nicht als Insel der Stabilität existieren. Aber die Entwicklung seit Mitte 1973 hat diesen Spruch dennoch schlagend widerlegt. Denn die Bundesrepublik hat sich tatsächlich durch ihren Übergang zum Floaten gegenüber dem Dollar seit Mitte 1973 sichtbar vom internationalen Inflationskonvoi abgehängt. Ab Herbst 1973 blieb die Bundesrepublik das Land mit der niedrigsten Inflationsrate unter allen Industrieländern, und zwar bis

in die achtziger Jahre hinein. Die deutsche Teuerungsrate war in dieser Zeit nur ungefähr halb so hoch wie die durchschnittliche Inflationsrate der anderen Industrieländer (vgl. Tabelle S. 267).
Welch ein Gegensatz zu unseren Erfahrungen in der letzten Phase des Regimes der festen Wechselkurse! Damals, in der Periode von 1970 bis Frühjahr 1973, waren wir voll im internationalen Inflationstrend. Ja, in dieser Zeit war der Preis- und vor allem der Lohnkostenanstieg in unserem Lande sogar stärker als in den Vereinigten Staaten, die doch damals als Hauptquelle der weltweiten Inflation galten![2] Ab Mitte 1973 trat hier eine drastische Umkehr ein und die Bundesrepublik begann ihren – allerdings mehrere Jahre dauernden und mehrfach gestörten – Rückmarsch zur inneren Stabilität.
Das war aber nicht ohne einen oft als »brutal« bezeichneten Abbau des Geldüberhangs zu schaffen. Wie vollzog sich nun dieser Abbau im einzelnen? Erstens mußte der Liquiditätsüberhang im Bankensystem beseitigt werden. Dies ging dank der bereits im Frühjahr 1973 eingeleiteten Maßnahmen relativ rasch vor sich. Die vorher stark überhöhten »freien« Liquiditätsreserven der Banken (über 20 Mrd. DM) wurden in kurzer Zeit auf annähernd Null zurückgeführt. Wir taten auch alles, um sie im weiteren Verlauf nahe bei Null zu halten. Denn ein solcher Abbau der »freien« Liquiditätsreserven der Banken war die unerläßliche Voraussetzung dafür, daß die Bundesbank das Geldvolumen direkter als bisher steuern konnte – also die Voraussetzung für den damals bereits in Aussicht genommenen Übergang zu einer programmierten stabilitätsgerechten Geldmengensteuerung (Näheres hierzu im 14. Kapitel).
Als Folge der scharfen Liquiditätsverknappung stiegen natürlich auch die Zinsen steil an. Die Ende Mai 1973 beschlossenen Leitzinsen von 7 Prozent für den Diskont- und 9 Prozent für den Lombardkredit waren die bis dahin höchsten Leitzinsen der Bundesbank in der Nachkriegszeit, höher als die im Zuge der Korea-Inflation von 1950/51 erreichten. Die gleichzeitig angeordnete Einstellung des Lombardkredits brachte die Banken überdies in eine akute Liquiditätsklemme.
Diese Periode der streng restriktiven Geldpolitik beurteilte der damalige Vorsitzende des Sachverständigenrats, Norbert Kloten, in einem Rückblick wie folgt: »Die Rigorosität, mit der seit der Entscheidung zugunsten des gemeinsamen Floatens im März 1973 die

freien Liquiditätsreserven der Kreditbanken abgeschöpft wurden, ist ohne Beispiel. Die Finanzpolitik konnte mit ihren Maßnahmen da nicht konkurrieren.«[3] Kurt Richebächer, damals noch Generalbevollmächtigter der Dresdner Bank, meinte in seinem Monatsbrief vom Juli 1973 (»Währungen und Kreditmärkte«): »Die deutsche Restriktionspolitik hat in ihrer Brutalität keine Parallele.«

Um so erstaunlicher war, daß sich fast zur gleichen Zeit einige Stimmen erhoben, die uns Laxheit und Untätigkeit in der Stabilitätspolitik vorwarfen. Eine dieser kritischen Stimmen verdient es, genauer zitiert zu werden. Denn ich glaube, daß dies die schärfste Kritik war, welche die Bundesbank jemals zu verzeichnen hatte, jedenfalls an einer so herausragenden Stätte wie dem Bundestag. Sie stammte von dem früheren Parlamentarischen Staatssekretär im Bundeswirtschaftsministerium, Klaus Dieter Arndt (SPD). Er war – als Präsident des Deutschen Instituts für Wirtschaftsforschung in Berlin – an sich ein hochrangiger Experte. In bezug auf außenwirtschaftliche Absicherung der Stabilitätspolitik hatte er früher geschwankt. Im September 1968 hatte er zu dem Kreis um Wirtschaftsminister Schiller gehört, der unseren damaligen Vorstoß auf DM-Aufwertung zwecks außenwirtschaftlicher Absicherung abgeblockt hatte (zusammen mit Bundesfinanzminister Strauß). Nun aber schwenkte er auf das entgegengesetzte Extrem um. In einer Rede im Bundestag am 19. Juni 1973 führte er unter anderem folgendes aus:

»Seit dem 11. März brauchen die Notenbanken nicht mehr gegenüber dem Dollar zu intervenieren ... Von diesem außenwirtschaftlichen Schirm sollte die Bundesbank m. E. stärker Gebrauch machen. Die Bundesbank ist immer leicht in Versuchung, sich selbst arbeitsentlastet zu fühlen und dem Bund etwas zu viel an Last zu überlassen. Das gilt auch hier. Seit März hat die Bundesbank die Chance, den Geldumlauf rigoros von weiterer Inflationierung abzusperren. Diese Chance ist im April und Mai, wenn wir die Daten aus dem jüngsten Bundesbank-Bericht nehmen, nicht voll wahrgenommen worden ... Der Sinn des Stabilitätsprogramms der Bundesregierung ist aber nicht, daß die Herren Geldpolitiker sich arbeitsentlastet fühlen. Der Sinn des Stabilitätsprogramms und der wechselkurspolitischen Absicherung ist, daß die Bundesbank voll zugreifen kann. Voll zugreifen! Denn solange die Geldzuwachsrate wie im April bei Bargeld und Sichteinlagen plus 10 Prozent Jahreswachstum ausmacht – und unter Einbeziehung der Termineinlagen sogar 20 Prozent – solange ist nicht daran zu denken, daß man von den Preissteigerungsraten von 7 bis 8 Prozent wegkommt ... Die Geldpolitik täte gut daran, zu einem totalen Stopp in der Geldvermehrung überzugehen, denn Geldstopp ersetzt auch die Diskussionen über andere Arten von Stopps, zum Beispiel über Preis- und Lohnstopp.«

Diese heftige Kritik an den »Herren Geldpolitikern«, die angeblich die Hände in den Schoß legten, ging völlig an der Wirklichkeit vorbei. Denn erstens konnte man ja nicht erwarten, daß die Ergebnisse der im März 1973 eingeleiteten restriktiven Geldpolitik sich bereits in den statistischen Zahlen für April und Mai 1973 voll niederschlagen würden. Zweitens aber war, entgegen der Ansicht Arndts, die Zunahme der Geldmenge in Wirklichkeit bereits im zweiten Vierteljahr 1973 völlig gestoppt, mindestens gemessen an der engeren Gelddefinition M_1, auf die sich Arndt ja auch berufen hatte. Ja, es kam hier sogar zu einem absoluten Rückgang. In der von Arndt zitierten Geldausweitung von 10 Prozent kam das nur deswegen nicht zum Ausdruck, weil er für seine Kritik die Wachstumsrate der Geldmenge über die vergangenen zwölf Monate bis April beziehungsweise Mai 1973 heranzog. Darin war natürlich die ganze Aufblähung während der vergangenen Dollar-Krisen bis März 1973 mitenthalten. Es war schwer verständlich, daß einem an sich ausgezeichneten Nationalökonomen ein solcher Anfänger-Lapsus passieren konnte.

Tatsächlich wurde die Geldmenge in der engeren Definition so stark zurückgeführt, daß sie im Herbst 1973 auf das Niveau des entsprechenden Vorjahres zurückgefallen war. Freilich galt das zunächst nur für die Geldmenge im engeren Sinne. Bei der Geldausweitung, gemessen an den erweiterten Definitionen, dauerte das Abbremsen erheblich länger.[4] Immerhin nahm das Zentralbankgeld, das zu den erweiterten Gelddefinitionen zählt, von Mai 1973 bis Ende 1973 saisonbereinigt nur noch mit einer Jahresrate von 5,7 Prozent zu, gegen 12,4 Prozent in den ersten vier Monaten des Jahres 1973! Man kann also feststellen, daß es der Geldpolitik relativ rasch gelang, den aus der Zeit der Dollar-Krisen stammenden Geldüberhang abzubauen und das Expansionstempo der weiteren Kreditausweitung abzubremsen.

In Wirklichkeit war die restriktive Wirkung unserer Maßnahmen auf die Banken und auch darüber hinaus so stark, daß zur gleichen Zeit, als Arndt die Bundesbank der Untätigkeit zieh, von anderen Seiten bereits heftige Kritik und Proteste wegen Übersteigerung der Restriktionen laut wurden. Tatsächlich stiegen die kurzfristigen Zinssätze scharf an. Schon Anfang April hatte der Tagesgeldsatz unter Banken vorübergehend eine Höhe von über 20 Prozent erreicht. Im Juli 1973 schoß er unter dem Eindruck der weiteren Liquiditätsverknappung – insbesondere nach Einstellung des Lombardkredits an die Banken – in der Spitze sogar bis auf 38 Prozent herauf, den absoluten Höchstsatz der gesamten Nachkriegszeit!

Das waren natürlich nur zeitweilige Zuspitzungen des besonders hektisch reagierenden Tagesgeldsatzes. Aber auch die nicht so stark schwankenden Zinsen für Dreimonatsgeld, die zu Beginn des Jahres 1973 noch bei 8,5 Prozent gestanden hatten, schnellten nun auf über 14 Prozent im August 1973 hinauf. Die Zinssätze für langfristiges Geld, gemessen an den Renditen für festverzinsliche Regierungsschuldverschreibungen, stiegen immerhin von 8 Prozent zu Beginn des Jahres 1973 auf über 10 Prozent an. Wir hielten dies für unvermeidlich, insbesondere bei der damaligen Inflationsrate von über 7½ Prozent. Wir vertraten überhaupt in der ganzen Periode der Inflationsbekämpfung den Grundsatz, daß gerade in einer solchen Periode die Nominalzinsen höher als die Inflationsraten liegen müßten, das heißt daß der reale, inflationsbereinigte Zinssatz positiv sein müsse. In den darauffolgenden Jahren haben wir hierüber des öfteren in Basel bei den monatlichen Zusammenkünften der führenden Notenbanken diskutiert, zumal dort häufig vergleichende Unterlagen über die Geld- und Zinsentwicklung der wichtigsten Länder vorgelegt wurden. Die Bundesrepublik war das einzige unter den größeren Ländern, das während der ganzen siebziger Jahre durchweg einen positiven Realzinssatz aufzuweisen hatte, und zwar einen bemerkenswert konstanten (zwischen 2,5 und knapp 4 Prozent).

Die scharfe Anspannung der Liquiditätslage im Bankenbereich führte zu entsprechenden Beschwerden von seiten der Banken. Ich erinnere mich an zahlreiche Unterredungen im Sommer und

Herbst 1973 mit den Spitzen des Bankgewerbes, sowohl mit den Vertretern der verschiedenen Bankenverbände als auch mit Vertretern einzelner führender Banken. Sie unterstützten im allgemeinen unsere Restriktionspolitik als unvermeidlichen Weg zur Wiederherstellung der Stabilität; aber immer größer wurden ihre Besorgnisse wegen der möglichen Auswirkungen der »Liquiditätskrise«, wegen der Gefahr des Zusammenbruchs kleinerer Banken und einzelner Spezialinstitute. Die Überschrift eines Artikels im »Handelsblatt« vom 27./28. Juli 1973 wies unmißverständlich auf deren prekäre Lage hin: »Ohne Liquiditätshilfe droht Banken der Kollaps«.

Wir mußten dennoch unbeirrt an unserer harten Linie festhalten. Angesichts der herrschenden Inflationsmentalität bestand nur die Wahl zwischen einer sich lang hinziehenden Stagflation (das heißt Stagnation mit weiter fortschreitender Inflation) oder einer Schocktherapie, die das Übel so rasch wie möglich an der Wurzel packte. Hierzu hatte schon Keynes einmal gesagt: »Ein sich lang hinziehender Inflationsabbau kann teurer zu stehen kommen als ein scharfer.« Längere Zeit – fast bis zum Ende des Jahres 1973 – wurde der rigorose Kurs der Bundesbank auch von der Regierung unterstützt. In dem Stabilitätsprogramm der Regierung vom Mai 1973 lautete der erste von zwölf Punkten des Maßnahmenkatalogs: »Trotz der bereits deutlich gewordenen Liquiditätsengpässe im Bankenbereich und der zeitweilig extremen Zinsentwicklung sollte die Deutsche Bundesbank ihre restriktive Linie fortsetzen.«

Aber insbesondere nach Einstellung des Lombardkredits mußten wir doch verschiedentlich eingreifen, um besonders zugespitzte Liquiditätsanspannungen etwas zu mildern und Dauerschäden von der Kreditwirtschaft abzuwenden. So gab die Bundesbank gelegentlich, zum Beispiel ab 24. Juli 1973, eine Erleichterung, indem sie den Banken Zehntagesgeld zu einem Zinssatz von 13 oder 15 Prozent anbot, oder indem sie (im Herbst 1973) mit einem allerdings eng begrenzten Sonder-Lombardkredit den Banken über kritische Liquiditätsengpässe hinweghalf. Die Fortsetzung unserer restriktiven Linie bis in den Spätherbst 1973 hinein rief allerdings manchmal Widerspruch und Widerstand auch von Spitzenvertretern der Banken hervor. So ließ sich etwa der Vorstandssprecher der Commerzbank, Paul Lichtenberg, zu der öffentlichen Bemerkung hinreißen:

»Der Zentralbankrat hat den sachlichen Raum verlassen und die Kreditpolitik überzogen.« Ähnlich, wenn auch etwas verhaltener, äußerte sich der Vorstandssprecher der Dresdner Bank, Jürgen Ponto. Das »Handelsblatt« vom 18. Oktober 1973 überschrieb einen Leitartikel mit »Radikalkur der Bundesbank stößt auf wachsende Kritik« und »Grenzen der Geldpolitik erreicht«.
Der bekannte Wirtschaftskommentator Rudolf Herlt versah im Oktober 1973 einen Leitartikel in der »Zeit« mit der dramatischen Überschrift »Banken auf dem Kriegspfad – die Kreditpolitik der Bundesbank wird immer härter kritisiert«. Er sprach von einer »unheiligen Allianz« des DGB mit Ponto und Lichtenberg in der Kritik an der Bundesbank. Er fügte hinzu: »Auf der Seite der Durchhalter stehen, nicht wankend und nicht weichend, fast alle Mitglieder des Zentralbankrats und fast alle Bonner ›Offiziellen‹: Helmut Schmidt, Friderichs, Genscher und, wie glaubhaft versichert wird, auch der Bundeskanzler.« Rudolf Herlt fügte seinem Artikel hinzu: »Das vorläufig letzte Wort im Streit um den kreditpolitischen Kurs hat Bundesbankvizepräsident Emminger gesprochen, indem er das Frankfurter *Ceterum censeo* wiederholte: Weitermachen.« … »Wenn die kreditpolitischen Zügel zu früh gelockert werden«, meinte er, »würde man sich vielleicht um die Früchte aller bisherigen Mühen und Anstrengungen bringen.« Herlt schloß seine Betrachtung mit dem Satz: »Kein Zweifel, das Einvernehmen zwischen Bundesbank und Geschäftsbanken ist gründlich gestört.« Aber in Wirklichkeit war es doch nicht ganz so schlimm mit der »Störung«. Denn der kurz darauf veröffentlichte Jahresbericht des Bundesverbandes deutscher Banken stellte fest: »Außer Zweifel sollte stehen, daß die kreditpolitischen Restriktionen beibehalten werden müssen, um den Stabilitätsbemühungen zum Erfolg zu verhelfen.«

Silberstreifen am Horizont der Inflationsfront

Tatsächlich wurden die ersten Erfolge der Anti-Inflationspolitik früher sichtbar, als wir erwartet hatten. Im Frühjahr 1973 hieß es allgemein, daß die Anti-Inflationsmaßnahmen keine Chance hätten, noch im Jahre 1973 wirksam zu werden. Aber tatsächlich war nicht nur die Überliquidität sehr bald restlos ausgemerzt und das Wachstum der Geldmenge gebremst; es wurden sogar erste Erfolge an der Front der Preisinflation sichtbar. Im August 1973 schrieb ein Kommentator in der »Deutschen Zeitung«: »Die Bundesbank, jahrelang ein ziemlich hilfloser Segler im Strom der Geldentwertung, meldet jetzt Land in Sicht. Ihr Vizepräsident verkündet selbstsicher: ›Einige hundert Meter vor dem Ziel werden wir unseren Kurs nicht aufgeben.‹« (So hatte ich in einer Pressekonferenz im August 1973 formuliert.) Sehr überraschend schwächte sich bereits im September 1973 die Jahresteuerungsrate auf 6,4 Prozent ab (6,2 Prozent auf der neuen Basis 1970 = 100), nachdem sie im Juni ihren Höhepunkt mit 7,9 Prozent erreicht und in den darauffolgenden Monaten bei 7,2 Prozent gelegen hatte. In einem Vortrag am 20. Oktober 1973 bemerkte ich, daß diese Besserung früher eingetreten sei, als wir sie im besten Fall erwartet hatten, fügte aber sofort hinzu: das Stabilitätsziel, nämlich eine länger anhaltende Verringerung der Inflationsrate, sei damit »noch lange nicht erreicht«. Immerhin aber hatte sich die Bundesrepublik mit der Abschwächung im September 1973 endgültig an das Ende des internationalen Inflationsgeleitzugs plaziert. Umgekehrt schnellte in den Vereinigten Staaten die Inflationsrate, die im Juli noch bei 5,7 Prozent gelegen hatte, im September auf 7,5 Prozent hinauf. Dies war also genau der historische Wendepunkt im Inflationsgefälle zwischen unserem Land und den Vereinigten Staaten. Denn vom Herbst 1973 ab lag die deutsche Teuerungsrate zehn Jahre lang unter der amerikanischen: In den Jahren 1973 bis 1982 stiegen die deutschen Verbraucherpreise im Jahresdurchschnitt um 5,5 Prozent, die amerikanischen aber um 8,8 Prozent und diejenigen der sechs größeren Industrieländer ohne Bundesrepublik im gewogenen Durchschnitt sogar um über 11 Prozent. Für uns zeigte sich im Herbst 1973 der erste Silberstreifen am Horizont im Kampf gegen die Inflation.

Aber schon zog das nächste Unwetter am Himmel der Weltwirtschaft herauf. Fast zur gleichen Zeit, als wir die ersten Anzeichen einer Tendenzwende in unserer Inflationsentwicklung mit großer Erleichterung festgestellt hatten, kamen düstere Nachrichten aus dem Vorderen Orient über die Auswirkungen des israelisch-ägyptischen Krieges auf den Ölpreis. Die *Ölpreisexplosion*, die in zwei Etappen Ende Oktober und Ende Dezember 1973 über die Weltwirtschaft hereinbrach, führte zu einer Vervierfachung des Ölpreises. Das machte zunächst die Hoffnung auf weitere Fortschritte in der Preisstabilisierung zuschanden.

Abkoppelung vom Inflationsgeleitzug ab 1973
(Jährliche bzw.
jahresdurchschnittliche Veränderungen
der Verbraucherpreise in Prozent)

	1961 bis 1965	1966 bis 1970	1971	1972	1973	1974	1975 bis 1979
Bundesrepublik Deutschland	2,8	2,4	5,2	5,5	7,0	7,0	4,2
USA	1,3	4,3	4,3	3,3	6,2	11,0	8,1
Industrieländer gesamt (einschl. Bundesrepublik)	2,5	4,1	5,2	4,6	7,6	13,3	8,8

Die Ölkrise warf uns mindestens ein bis zwei Jahre in dem mühsamen Kampf um die Wiedergewinnung der Stabilität zurück. Denn es stiegen ja unter dem Einfluß der plötzlich enorm gewachsenen Energiekosten nicht nur die Güterpreise wieder an. Es kam vor allem zu einem abermaligen Emporschnellen der Lohninflation. Die übertriebenen Erwartungen und Voraussagen eines erneuten Inflationsanstiegs hatten einen unheilvollen Einfluß auf die Lohnforderungen der Gewerkschaften; die ÖTV zum Beispiel trieb ihre Forderungen für 1974 bis auf 15 Prozent Lohnsteigerung (plus zusätzliches Urlaubsgeld) hinauf. Wie übertrieben die damaligen Erwartungen waren, zeigt sich unter anderem darin, daß im Jahreswirtschaftsbericht der Bundesregierung vom Januar 1974 die Teuerungsrate für 1974 auf 8 bis 9 Prozent geschätzt wurde (was natürlich allgemein als Untergrenze angesehen wurde), und daß Anfang 1974 selbst der Bundeswirtschaftsminister von möglichen Teuerungsraten von über 10 Prozent sprach. Kein Wunder, wenn auf solche Vorgaben die Gewerkschaften mit Lohnforderungen von 14 bis 15 Prozent reagierten. Der öffentliche Dienst setzte im Februar 1974 mit tariflichen Aufbesserungen von insgesamt 12½ Prozent ein entscheidendes Signal für die Tarifrunde (»Kluncker-Effekt«).

Ich sagte damals zu diesem Tarifabschluß, er zeige »in eklatanter Form ein Auseinanderfallen von Einfluß und Verantwortung«. Nach Abschluß der Lohnrunde lagen die tariflichen Stundenverdienste in der Industrie um nicht weniger als 13 Prozent über ihrem Vorjahresniveau. Von besonderer Bedeutung war, daß die Lohnstückkosten, das heißt Lohnsteigerungen abzüglich der Produktivitätserhöhung, 1974 in der Industrie um über 12 Prozent anstiegen. Das war nicht mehr weit entfernt von dem Rekordsatz der Verteuerung der Arbeitskosten von Ende 1969 bis Ende 1970, der weitgehend auf die schuldhafte Verzögerung der DM-Aufwertung in den Jahren 1968/69 zurückzuführen war. Die Unternehmungen gerieten in eine scharfe Ertragsklemme. Mit der völlig unverantwortlichen Lohnwelle von Anfang 1974 und der dadurch bewirkten untragbaren Erhöhung der realen Lohnkosten wurde der Prozeß fortgeführt, der 1969/70 begonnen worden war. Es kam zu einer lang anhaltenden Periode unzureichender Investitionen, zu der »Investitionslücke« der siebziger Jahre. Dies war eine von mehreren Ursachen für die bis heute anhaltende strukturelle Arbeitslosigkeit in der Bundesrepublik Deutschland. Vor allem aber wurden die überhöhten Löhne und Lohn-Nebenkosten zur Rationalisierungspeitsche; das heißt es wurde immer stärker investiert, um Arbeitsplätze einzusparen, nicht um Arbeitsplätze zu schaffen. Diese mißlichen Entwicklungen führten mich etwas später zu der Feststellung: »Irgend etwas stimmt nicht mit unserem System der Lohnfindung, wenn die Verhandlungspartner die Folgen ihrer Abmachungen für diejenigen, die als Arbeitslose draußen vor der Tür stehen, überhaupt nicht in ihr Kalkül zu ziehen brauchen.«[5]

Das mangelnde Vertrauen in die monetäre Inflationsbekämpfung, wie es sich nicht zuletzt in den weit übertriebenen Inflationsvoraussagen für 1974 manifestierte, hatte also schlimme Folgen für die Lohnkostenentwicklung. Diese Erfahrung bestärkte uns in der schon seit längerer Zeit erwogenen Absicht, ab Ende 1974 durch ein weithin sichtbares Geldmengenziel die Stabilitätspolitik der Bundesbank der Öffentlichkeit eindringlich vor Augen zu führen. Ich zog auch für mich persönlich daraus einen Schluß: Ab Frühjahr 1974 begann ich, jedem, der mitmachen wollte, vor allem einer Reihe von skeptischen Bankleuten, Wetten über die Inflationsrate der nächsten zwölf Monate anzubieten. Ich war nämlich optimistisch genug zu glauben, daß wir die Dinge nun genügend unter Kontrolle hatten, so daß wir selbst bei einem Wiederanstieg der Konjunktur – der allerdings erst ab Mitte 1975 eintrat – mit weiterhin sinkenden Inflationsraten rechnen konnten. Ich schloß diese Wetten (die ich dann alle gewann) hauptsächlich ab, um den ungesunden, übertriebenen Inflationserwartungen entgegenzutreten. Wie sehr diese übertriebenen Inflationserwartungen Ende 1973 und Anfang 1974 das Feld beherrschten, zeigt die Tatsache, daß Zweifel aufkamen, ob das Geld seine Funktion als Wertaufbewahrungsmittel überhaupt noch voll aufrechterhalten könne, ob wir uns nicht mit der Flucht in die Sachwerte, insbesondere in das »Beton-Gold«, abfinden müßten. Symptomatisch für den damaligen Geldwert-Pessimismus war auch ein Passus in der Wochenzeitschrift »Wirtschaftswoche« vom 15. 3. 1974, wo es schlichtweg hieß, der Kampf der Bundesbank zum Schutz des Sparers sei »in Wahrheit längst verloren«. Zur gleichen Zeit schrieb der Sparkassen- und Giroverband in seinem Jahresbericht 1973: »Das Ziel der Bundesregierung, die Steigerung der Lebenshaltungskosten unter 10 Prozent zu halten, ist sehr ehrgeizig angesichts der vorhandenen Vorbelastungen.«

Beinahe tragisch an dieser Entwicklung war, daß die Inflationserwartungen, die erheblich zu den unvernünftigen Lohnerhöhungen beitrugen, völlig danebenlagen. Statt der Anfang 1974 von vielen erwarteten Teuerungsrate von 10 bis 12 Prozent wurden es im Durchschnitt des Jahres 1974 tatsächlich »nur« 7 Prozent, also nicht mehr als im Durchschnitt des Jahres 1973. Ihren Höhepunkt erreichte die Teuerungsrate nach der Ölpreisexplosion bereits im Dezember 1973 mit 7,8 Prozent (gegenüber Vorjahr). Bis Ende 1974 aber war sie bereits wieder auf 5,9 Prozent zurückgeführt. Dies war um so beachtlicher, als die Einfuhrpreise im Durchschnitt des Jahres 1974 um nicht weniger als 29 Prozent gegenüber dem Vorjahr hinaufgeschnellt waren.

Die Bundesrepublik war das einzige größere Industrieland, in dem trotz der Ölpreisexplosion von Ende 1973 die Inflationsrate bereits 1974 eine deutliche Wende nach unten anzeigte. An dieser Entwicklung zeigt sich sehr deutlich, wie entscheidend wichtig es gewesen war, daß die Bundesbank sofort nach dem Übergang zum Floaten im März 1973 die Inflationsbekämpfung mit größter Energie aufnahm. Bis zum Eintritt der Ölpreisexplosion Ende 1973 war bereits ein erheblicher Teil der monetären Inflationseinflüsse beseitigt. Das verhinderte, daß sich die von außen hereinkommende Ölpreisexplosion noch stärker in eine innere sekundäre Inflation umsetzen konnte. Dies wurde auch in einem Dokument des IWF vom August 1977 ausdrücklich hervorgehoben und der entgegengesetzten Entwicklung in Frankreich gegenübergestellt, das erst im 2. Halbjahr 1974, also mehr als ein Jahr später, mit einer anti-inflatorischen Restriktionspolitik begonnen hatte.

In unserem Land hat die Aufregung über diese – hinterher so voll gerechtfertigte – Restriktionspolitik von 1973 oft zu sonderbaren Fehlurteilen geführt. Bis in die heutige Zeit hält sich die Legende, dieser »übersteuerte Bremskurs« sei die direkte Ursache der Rezession von 1975 gewesen. Dabei war es eher umgekehrt. Die rechtzeitige Bremspolitik ermöglichte schon im Laufe des Jahres 1974, als die Abschwächung der Weltkonjunktur sich abzeichnete, wieder eine Lockerung, und zwar von seiten der Haushaltspolitik wie auch der Geldpolitik. In Wirklichkeit beruhte der Wirtschaftsrückgang im Jahr 1975 – das reale Sozialprodukt sank mit minus 1,7 Prozent schärfer als in jedem anderen Rezessionsjahr der Nachkriegszeit – hauptsächlich auf dem Einbruch beim Export. Dieser fiel 1975 preisbereinigt um über 10 Prozent, teilweise als Folge der schweren Rezession in den Vereinigten Staaten, welche zu einem bis dahin einmaligen Rückgang des Welthandels führte. Die inländische Nachfrage ging jedoch 1975 real überhaupt nicht zurück, sondern nahm um mehr als 1 Prozent zu, stützte also die Konjunktur. Das Ifo-Institut für Wirtschaftsforschung kam daher in einer späteren Untersuchung[6] zu dem Schluß: »In den Jahren 1974 und 1975 haben die öffentlichen Haushalte, unterstützt von der Geldpolitik, ganz entscheidend dazu beigetragen, daß die Rezession nicht noch schärfer ausfiel.«

Außenwirtschaftliche Stolpersteine

Die scharfe deutsche Restriktionspolitik und die zeitweise recht hohen deutschen Zinssätze hatten auch beträchtliche Auswirkungen nach außen. Sie trugen mindestens teilweise dazu bei, daß es von Mitte Mai bis Juli 1973 zu einer erneuten Dollar-Schwäche kam, mit leichter Übertreibung oft als neue »Dollar-Krise« bezeichnet. Diese führte im Juli 1973 zum ersten Mal seit Beginn des Floatens zu international abgestimmten Interventionen am Dollar-Markt. Bis dahin hatten wir praktisch überhaupt nicht interveniert (außer gelegentlichen kleinen Hilfen beim Kurs-Fixing), also ein »sauberes« Floaten betrieben. (Über diesen ersten Versuch einer international abgestimmten Intervention werde ich im 10. Kapitel Näheres berichten.) Ende Juni 1973 kam es auch zu einer scharfen Anspannung im europäischen Währungsverbund, der sogenannten »Währungsschlange«. Diese Anspannung führte zu der ersten Wechselkurskorrektur in diesem Verbund seit Beginn des gemeinsamen Gruppenfloatens. Schließlich geriet im Juli 1973 vorübergehend auch das im Alleingang floatende englische Pfund in einige Bedrängnis, was zu einer britischen Beschwerde gegen die deutsche Kreditpolitik auf höchster Ebene führte.

Wechselkursanpassung im europäischen Währungsverbund

Unmittelbar nach dem 19. März 1973 war die D-Mark eine Zeitlang im europäischen Währungsverbund eher schwach gewesen, zeitweilig sogar die schwächste Währung im Block. Offenbar flossen zunächst wieder spekulative Gelder zurück. Etwas später aber machten sich sowohl die deutsche Ausfuhrstärke als auch die hohen deutschen Zinsen immer stärker bemerkbar. Es kam zu erheblichen Geldzuflüssen in die D-Mark. Ab Mitte Juni hatten wir in kurzer Zeit insgesamt über 4 Mrd. DM am Devisenmarkt aufzunehmen, um die vereinbarten Bandbreiten einzuhalten, davon allein 2 Mrd. DM am Donnerstag, den 28. Juni 1973 (einschließlich der von den Partner-Notenbanken getätigten Interventionen, die wir kurzfristig zu finanzieren hatten).

An diesem Donnerstag fand eine EG-Ministertagung in Luxemburg statt, an der für die deutsche Seite Bundeswirtschaftsminister Friderichs und für die Bundesbank Karl Klasen teilnahmen. Dort kam es zu einer sehr lebhaften Diskussion über die Schwierigkeiten im Währungsverbund. Mehrere der anderen Notenbankgouverneure, vor allem der französische und holländische, kritisierten, daß die deutsche Restriktionspolitik viel zu weit gegangen sei. Bei der

Frage, was zur Entspannung getan werden könnte, sprach sich dann freilich nur ein einziger der anderen Notenbankgouverneure für eine DM-Aufwertung aus. Aber die anderen, ebenso auch einige der in Frage kommenden Minister, ließen immerhin erkennen, daß sie gegen eine etwaige DM-Aufwertung keine Einwendung erheben würden, sofern sie nicht zu stark ausfallen würde. Ich erwähne diese Besprechung, weil sie die einzige Vorauskonsultation darstellte für die kurz darauf getroffene deutsche Entscheidung einer DM-Aufwertung im Währungsverbund. Dies war insofern bemerkenswert, als ja seit Mitte der sechziger Jahre eine feste Abmachung in der EG bestand, daß Wechselkursänderungen wegen ihrer starken Auswirkungen auf die Partnerländer (und insbesondere auf die Agrarregelung) nur nach vorausgegangenen offiziellen Konsultationen vorgenommen werden sollten.

Bereits am Abend des 28. Juni kam es zu einer Blitzaktion in Bonn. Kurz vor Mitternacht versammelten sich die Hauptbeteiligten einschließlich Klasens zu einer Nachtsitzung beim Bundeskanzler. Es wurde eine Aufwertung der D-Mark um 5,5 Prozent beschlossen und am nächsten Morgen, Freitag, 29. Juni 1973, bekanntgegeben.

Diese erste Wechselkursanpassung seit dem Übergang zum Gruppen-Floaten ist bemerkenswert in mehrfacher Hinsicht: zum einen wegen der bereits erwähnten nur inoffiziellen und vagen Vorauskonsultation der Partnerländer, zum andern, weil sie ohne Schließung der Devisenmärkte durchgeführt wurde. Sie fiel also völlig aus dem üblichen Ritual der Wechselkursanpassungen im europäischen Währungsverbund.

Allerdings liefen noch in der Nacht des 28. Juni und am frühen Morgen des 29. Juni die Telefondrähte heiß, um sowohl die EG-Kommission als auch die anderen Mitgliedsstaaten von dem deutschen Beschluß zu unterrichten. Interessanterweise nahm auch die EG-Kommission dieses Verfahren, bei dem sie praktisch völlig ausgeschlossen war, als im Interesse der Sache liegend ausdrücklich hin. Sie erkannte an, daß die DM-Aufwertung für das Überleben des Gruppen-Floatens nützlich sei.

Ganz offensichtlich hatten sowohl die Kommission als auch einige der anderen Mitglieder befürchtet, daß bei weiterer Fortdauer der störenden Devisenströme die deutsche Seite sich gedrängt fühlen könnte, aus der Gruppe auszuscheiden und zu einem isolierten Floaten auch gegenüber den anderen EG-Partnern überzugehen. Das bestätigte nur meine schon zu Beginn des Jahres 1973 immer wieder gegenüber Bonn vertretene Meinung, daß damals ein sofortiger Übergang der Bundesrepublik zum Floaten gegenüber dem Dollar genügt hätte, um die anderen EG-Länder zum Einschwenken auf ein Gruppen-Floaten zu bringen, freilich ohne England. Die vor allem vom damaligen Bundesfinanzminister Helmut Schmidt aus taktischen Gründen betriebene Verzögerung unseres Übergangs zum Floaten, die in jeder Hinsicht überaus kostspielig war, war also völlig überflüssig.

Die Aufwertung der D-Mark vom 29. Juni 1973 brachte zwar die Devisenzuflüsse aus den anderen EG-Partnerländern nicht sofort zum Stillstand, und außerdem folgte im September eine erneute Unruhe um den französischen Franc, welche die Bundesbank dazu zwang, nochmal erhebliche Beträge von den anderen Partnerländern aufzunehmen. (Insgesamt waren es von Juni bis Dezember 1973 über 6 Mrd. DM, die von der Bundesbank entweder aufgenommen oder kurzfristig finanziert werden mußten.) Trotz alledem genügte aber die Wechselkurskorrektur der D-Mark von Ende Juni 1973, um die »Währungsschlange« einigermaßen in Ordnung zu halten. Erst die Ölpreisexplosion von Ende 1973 brachte neue Turbulenzen und Belastungen, die zum vorübergehenden Ausscheiden Frankreichs aus dem Gruppen-Floaten von Januar 1974 bis Juli 1975 führten.

Das bedrängte Pfund

Das englische Pfund kam im Juni und Juli 1973 in Bedrängnis. Daran waren freilich nicht nur die hohen deutschen Zinsen schuld. Inflation und Außenhandelsschwäche trugen ihr Teil dazu bei. Der Pfund-Kurs sackte ab Anfang Juni stark ab; gegenüber der D-Mark von Anfang Juni bis zum 27. Juli um nicht weniger als 16 Prozent.

Am 27. Juli entschloß sich die Bank von England zu einem Kraftakt: Sie setzte ihren Diskontsatz (ihre *minimum lending rate*) um nicht weniger als 2½ Prozentpunkte auf den Rekordsatz von 11½ Prozent herauf. Das war der höchste englische Diskontsatz seit August 1914. Auf deutscher Seite kam es tatsächlich in der zweiten Julihälfte, wie oben schon erwähnt, zu einer äußerst scharfen Liquiditätsanspannung. Das war die Zeit, in der der Tagesgeldsatz unter Banken vorübergehend bis auf 38 Prozent sprang. Das lag natürlich nicht in unserer Absicht. So hatten wir bereits am 24. Juli beschlossen, um die Lage am Geldmarkt zu entkrampfen, den Banken Zehn-Tage-Geld zu 15 Prozent zur Verfügung zu stellen (durch Ankauf von Wechseln auf zehn Tage). Aber trotzdem kam in der letzten Woche des Juli 1973 in internationalen Finanzkreisen das Schlagwort von einem »Zinskrieg«, einem *interest rate war*, auf.

Zu allem Überfluß fand am 30./31. Juli 1973 in Washington ein zweitägiges Ministertreffen des Zwanziger-Ausschusses statt. Ich hatte diese Sitzung anstelle von Präsident Klasen, der im Urlaub weilte, wahrzunehmen. Man kann sich vorstellen, daß ich von allen Seiten bedrängt und befragt wurde, wie wir uns denn den weiteren Fortgang vorstellten. Dabei hörte ich von englischen Kollegen, daß wahrscheinlich zur selben Zeit ein Beschwerdebrief des englischen Premierministers Heath über die deutsche Kreditpolitik an den deutschen Bundeskanzler abgesandt würde.

Dieser Beschwerdebrief traf tatsächlich am 30. Juli beim Bundeskanzler ein. Darin gab Heath zwar zu, daß die bedrohliche Pfund-Schwäche auch durch andere Faktoren verursacht worden sei. Er meinte aber, daß die äußerst hohen deutschen Zinsen doch stark mitgewirkt hätten. Der Rekord-Diskontsatz der Bank von England von 11½ Prozent könne erhebliche Schäden anrichten und habe große Unruhe hervorgerufen. Er begrüßte, daß eine Woche zuvor seitens der Bundesbank eine gewisse Erleichterung gegeben worden sei, bat aber um weitere Rücksichtnahme. Wir halfen dem Bundeskanzleramt bei der Ausfertigung einer Antwort. Darin wurde dargelegt, warum man in der Bundesrepublik immer noch an einer restriktiven Politik festhalten müsse (was ja um diese Zeit immer wieder auch von Regierungsseite unterstrichen worden war). Das langfristige Zinsniveau in Deutschland liege kaum viel höher als in England. Der deutsche Diskontsatz sei sogar um 4½ Prozentpunkte niedriger als in London. Man könne zuversichtlich sein, daß sich die kurzfristigen Kapitalbewegungen zwischen den beiden Ländern wieder beruhigen würden. Es wurde aber auch eingeräumt, daß die vorübergehende scharfe Anspannung am Tagesgeldmarkt einen »Ausrutscher« darstelle, der nun durch das Eingreifen der Bundesbank wieder beseitigt sei.

Tatsächlich lockerten sich die Verhältnisse sehr bald wieder. Daß die Liquiditätsanspannung, die vorübergehend bis zu Tagesgeldsätzen in die Nähe von 40 Prozent geführt hatte, nicht von der Bundesbank beabsichtigt gewesen sei, erklärte ich auch sofort nach meiner Rückkehr von der Washingtoner Konferenz in der deutschen Öffentlichkeit. Ich wies auch darauf hin, daß diese Bewegung der Tagesgeldsätze nur die Liquiditätsanspannung der Banken widergespiegelt habe; die übrigen Zinssätze hätten sich in der gleichen Zeit nur geringfügig um etwa ¼ Prozent verändert. Etwas später führten wir den Sonderlombard-Kredit an die Banken mit beweglich angepaßten Zinssätzen ein, um ähnliche Ausrutscher zu vermeiden.

Im Frühjahr 1974 konnten wir schließlich öffentlich erklären, daß wir unsere restriktive Geldpolitik nicht weiter verschärfen wollten. Die erste Phase der monetären Stabilitätspolitik lag hinter uns: die Geld- und Kreditentwicklung war wieder einigermaßen unter Kontrolle. Die Flucht aus dem Gold in die Sachwerte war gebannt.

Wenn ich die gesamte Periode von 1973/74, in der wir sofort nach dem Übergang zum Floaten den Kampf gegen die Inflation energisch aufnahmen, an meinem Auge vorüberziehen lasse, so glaube ich feststellen zu können: Wir hatten zwar anfangs mit enormen Schwierigkeiten zu kämpfen. Unsere damaligen kompromißlosen Anti-Inflations-Maßnahmen erregten im Inland wie im Ausland oft Anstoß. Aber sie haben sich gelohnt. Als einige Jahre später bei einer der monatlichen Zusammenkünfte der Notenbankpräsidenten bei der BIZ in Basel die Frage besprochen wurde: Was war eigentlich die Ursache dafür, daß in den letzten Jahren einige Länder soviel bessere Erfolge gehabt haben als andere, sagte der unparteiische Teilnehmer an dieser Diskussion, der (französische) Generaldirektor der BIZ, René J. Larre: »Das kann ich Ihnen genau sagen, warum die Bundesrepublik heute besser dasteht: weil sie im Jahre 1973 viel eher und viel energischer die Inflation bekämpft hat.«[7]

Die positive Bilanz gilt aber nicht nur für unser Land. Ohne die energische, wenn auch anfänglich anstößige deutsche Stabilitätspolitik wäre mindestens ein erheblicher Teil Europas ab 1974 in einem inflationistischen Sumpf versunken. Die positive internationale Rolle der deutschen Stabilitätspolitik ist uns oft in internationalen Gremien attestiert worden. Ich habe im 1. Kapitel (S. 41) bei der allgemeinen Übersicht eine englische Stimme aus dem Jahre 1979 zitiert. Sie zeigt, daß auch in England, wo unsere Geldpolitik anfänglich großen Anstoß bis in die Regierungsspitze hinauf erregt hatte, sie im Endeffekt als positiver Beitrag für Europa gewürdigt wurde.

Die Entwicklung des Wechselkurses von der »sakrosankten« Parität zum flexiblen Instrument der Währungspolitik

Die drei Entwicklungsphasen des Wechselkurssystems nach dem Kriege

Im 7. Kapitel habe ich im einzelnen geschildert, wie von der Weigerung der Deutschen Bundesbank, nach der Dollar-Sturzflut vom 1. März 1973 den Dollar noch weiter zu einem festen Kurs zu stützen, in der internationalen Währungslandschaft eine Lawine ins Rollen gebracht wurde. Sie führte zum Zusammenbruch des Bretton-Woods-Systems der fixen Paritäten und zum Einstieg in das Mischsystem von freiem Floaten und europäischem Währungsverbund.

Zunächst eine Klarstellung: Auch ohne den dramatischen Schritt der Deutschen Bundesbank vom 1. März 1973 wäre der Zusammenbruch des Paritätensystems nicht aufzuhalten gewesen. Denn dieses befand sich schon seit Ende der sechziger Jahre in einer Phase der »Degeneration« oder der »Agonie« (wie ich es gelegentlich nannte) und des schrittweisen Zerfalls.[1] Symptomatisch dafür waren die heftigen Dollar-Krisen zu Beginn der siebziger Jahre, sowie die verzweifelten, am Ende aber vergeblichen Versuche einiger »Stabilitätsländer«, an der Spitze die Bundesrepublik, sich gegen die inflatorischen Dollar-Überschwemmungen abzuschirmen. Symptomatisch war aber auch die seit Ende der sechziger Jahre immer weiter um sich greifende internationale Diskussion über die Notwendigkeit eines flexibleren Wechselkurssystems.

Selbst wenn die Dollar-Krise des Frühjahres 1973 auf andere Weise überwunden worden wäre, so hätte das System der festen Paritäten mit Sicherheit gegenüber späteren weltwirtschaftlichen Schocks kapitulieren müssen, zum Beispiel gegenüber dem Ölschock von

Ende 1973 und seinen Auswirkungen auf das internationale Zahlungsbilanzgefüge und die Inflation. Das bezeugte kein Geringerer als der Geschäftsführende Direktor des Internationalen Währungsfonds, J. Witteveen, als er in einer programmatischen Rede in London im Januar 1974 erklärte, »unter den neuen Umständen ist ein erhebliches Maß an Floaten nicht nur unvermeidbar, sondern sogar erwünscht«.

Bei der Entwicklung des Wechselkurssystems in den letzten vierzig Jahren können wir *drei Phasen* unterscheiden: In einer ersten Phase nach dem Zweiten Weltkrieg wurden die Währungsparitäten noch fast als tabu oder »sakrosankt« behandelt, und zwar mehr, als es nach den Bretton-Woods-Regeln notwendig und angezeigt gewesen wäre. Darauf folgte, besonders unter dem Eindruck der Währungsspannungen und -krisen der sechziger und beginnenden siebziger Jahre eine Periode der fallweisen, aber stets verspäteten und oft unzureichenden Paritätsanpassungen. Diese Periode wurde 1973 abgelöst durch das neue System des Gruppen-Floatens gegenüber dem Dollar, was einerseits freie Beweglichkeit gegenüber einer Reihe wichtiger Währungen, andererseits ein System von festen, aber anpassungsfähigen Kursen innerhalb einer regionalen Gruppe in Europa bedeutete. Dieses Mischsystem hat seinerseits wieder eine Reihe von Entwicklungsetappen seit 1973 durchgemacht.

All dies war von so einschneidender Bedeutung sowohl für die Weltwirtschaft als auch für die deutsche Stabilitätspolitik, daß es eine zusammenfassende Übersicht über die ganze Nachkriegszeit rechtfertigt. Ich fühle mich dazu auch deswegen veranlaßt, weil ich alle diese Entwicklungen und Wandlungen seit 1949 aktiv, oft als Mithandelnder, miterlebt habe. Außerdem habe ich den Eindruck, daß man das Wesen und die Existenzbedingungen des gegenwärtigen Mischsystems von freiem Floaten und regionalem Währungsverbund nur richtig verstehen kann, wenn man die Entstehungsgeschichte genauer kennt.

Wechselkursparität als »Tabu« – ein Rückblick auf die ferne Vergangenheit

Ich möchte bei meinem Rückblick über die Entwicklung des Wechselkurssystems bis in die Vorkriegszeit zurückgreifen, und zwar aufgrund eigener Erfahrungen. In Deutschland befaßte ich mich wohl als einer der ersten mit dem Phänomen des Floatens, denn meine Dissertation, die im wesentlichen bei einem England-Aufenthalt in den Jahren 1932/33 entstand, behandelte das Thema »Diskontpolitik oder gleitende Währung als Mittel zum Zahlungsbilanzausgleich«. Ich erörterte darin sowohl die verfehlte Pfund-Aufwertung von 1925 als auch das Abgehen Englands von der Goldparität und den Übergang zum Floaten im September 1931. Dabei kam ich zu einem ziemlich positiven Urteil über diesen Übergang zum Floaten; ich verstand ihn in der Hauptsache als wirksame Abwehrmaßnahme gegen die damaligen, hauptsächlich von Amerika ausgehenden deflationistischen Tendenzen.[2]

Der im »Weltwirtschaftlichen Archiv« veröffentlichte Teil meiner Doktorarbeit hatte damals einiges Aufsehen erregt. Er wurde an verschiedenen Universitäten in Seminaren behandelt. Ich selbst erhielt sofort nach der Veröffentlichung eine Einladung des als Währungsfachmann bekannten Ministerialrats Lautenbach zu einer längeren Aussprache mit ihm und seinen Mitarbeitern im Reichswirtschaftsministerium. Lautenbach hatte große Sympathie für mein Eintreten für eine Wechselkursanpassung und größere Wechselkursflexibilität. Das entsprach seinem Standpunkt, den er aber, wie bekannt, nicht gegen Schacht durchsetzen konnte. Aufgrund der Veröffentlichung erhielt ich auch eine Einladung, in die internationale Abteilung des Berliner Instituts für Konjunkturforschung einzutreten, die ich dann im Frühjahr 1935 annahm. Vom Präsidenten dieses Instituts, Ernst Wagemann, erhielt ich 1936 den Auftrag, ein Gutachten gegen das damals herrschende »Schachtsche System« auszuarbeiten. Es bestand bekanntlich aus einem weit überbewerteten offiziellen Reichsmark-Kurs, *de facto* aber aus einer Vielzahl verschiedener Wechselkurse (»Sperrmark« usw.), verschieden nach Art der Transaktionen und auch oft von Land zu Land – das Ganze gepaart mit zahlreichen Zahlungs- und Handelsbeschränkungen. Die Reichsmark hatte als einzige Währung ihre Goldparität aufrechterhalten, auch als Anfang 1934 der Dollar gegenüber dem Gold um rund 40 Prozent abgewertet wurde und einige Zeit später die europäischen Goldblockländer ihre Parität aufgaben. 1937 betrug die Überbewertung der Reichsmark gegenüber dem Durchschnitt anderer wichtiger Währungen nicht weniger als 51 Prozent. Ich schlug damals eine einmalige kräftige Abwertung der offiziellen Reichsmark-Parität (deren erforderliches Ausmaß ich auch abschätzte) und die Beseitigung der vielen Einzelkurse vor. Ich glaube nicht, daß mein Gutachten den von Ernst Wagemann beabsichtigten Adressaten, den damaligen Reichsbankpräsidenten Hjalmar Schacht, tatsächlich erreichte; angesichts der wohlbekannten Einstellung nicht nur Schachts, sondern praktisch der gesamten Reichsbank, hätte es sicherlich auch nicht viel bewirkt. (Ich möchte hier einfügen, daß ich Schacht in den fünfziger Jahren mehrfach persönlich traf und dabei einmal eine ziemlich heftige Auseinandersetzung mit ihm vor einem größeren Kreis hatte, als er die damalige Währungspolitik der Notenbank mit sehr unsachlichen Argumenten kritisierte – was er übrigens auch in einigen Artikeln in obskuren Zeitschriften tat. Schacht war vor allem deswegen böse auf die Bank deutscher Länder und spätere Bundesbank, weil wir beschlossen hatten, nie Ausführungen von Schacht – als einem der »Steigbügelhalter Hitlers« – in unseren Presseauszügen zu veröffentlichen.[3] Er konnte es auch nie begreifen, daß wir so hohe Devisenüberschüsse hatten, während er als Reichsbankchef ständig unter dem Trauma der Devisenknappheit gelitten hatte.

Einige der heutigen Wirtschaftshistoriker sind der Ansicht – zu Recht oder zu Unrecht –, daß Brüning und Luther in den Jahren 1931/32 nicht nur wegen der damals in Deutschland herrschenden irrationalen Inflationsangst, sondern auch wegen der völkerrechtlichen Bindungen durch den Young-Plan nicht anders konnten, als an der überhöhten Reichsmark-Parität festzuhalten und eine entsprechende Deflationspolitik zu betreiben. Aber diese Bindung rechtfertigt nach meiner Ansicht nicht die damalige, politisch so unheilvolle Deflationspolitik von 1931/32. Außerdem galt sie sicher nicht mehr für Schacht, der 1933 das Ruder der Reichsbank übernommen hatte.[4]

Wie tief verwurzelt das ideologische Dogma von der Unveränderlichkeit der Währungsparität war, möchte ich an einem anderen

Beispiel zeigen. In den Jahren 1930 bis 1932 gab es in Berlin ein Dreigestirn von Experten, die als die ideologischen Hauptstützen des Deflationskurses von Brüning und Luther bekannt waren, nämlich Gustav Stolper, Moritz Julius Bonn und Melchior Palyi. Bonn wanderte 1933 nach England, Stolper und Palyi wanderten nach Amerika aus (wo Palyi später Professor in Chicago wurde). Sowohl Bonn als auch Palyi besuchten uns in den fünfziger Jahren mehrmals in der Bank deutscher Länder, und beide waren unverändert der Meinung, daß der Deflationskurs von Brüning und Luther der einzig richtige war. Wie »sakrosankt« für Palyi der feste Wechselkurs auch noch 1961 war, geht aus einem Gutachten hervor, das er an das Institut für Bankwirtschaft und Bankrecht in Köln erstattete. Es hieß darin unter anderem: »Vor dem Zeitalter der Weltkriege ... herrschte Einigkeit unter den Nationalökonomen gleich welcher Schule, daß die feste Parität gegenüber dem Gold für alle Zeiten gültig sei ... Selbst die ›Staatliche Theorie des Geldes‹ von G. F. Knapp (1905), das Standardwerk der Anti-Metallisten (Goldstandard-Gegner), gipfelte in dem Satz, daß ›der feste Kurs das letzte Ziel der Währungspolitik‹ sei ... Es gehört wissenschaftliche Traditionslosigkeit dazu, ein von allen nennenswerten Nationalökonomen der letzten Jahrhunderte akzeptiertes Prinzip über Bord zu werfen.« Moritz Julius Bonn hatte eine ähnliche Einstellung zur Währungsparität. So nimmt es nicht wunder, daß er in einem Vortrag, den wir für ihn in Frankfurt organisierten, das Abgehen Englands von der Goldparität im September 1931 sehr kategorisch als großen Fehler verurteilte. Das stand in scharfem Gegensatz zu der Beurteilung in meiner 1934 veröffentlichten Doktorarbeit, wo ich unter anderem schrieb: »Der Sinn des englischen Experiments von 1931 war das Ausweichen vor dem Deflationszwang. Der ganze Unterschied zwischen England und Amerika in der Krise läßt sich so zusammenfassen, daß Amerika aktiver Deflationsherd war, während England von außen her zur Deflation gezwungen wurde ... Freilich wäre der Erfolg noch viel sicherer und größer gewesen, wenn England sich schon früher, etwa Ende 1930, von der Deflation der Goldländer losgelöst hätte. Auf alle Fälle war durch diesen Schritt die englische Zahlungsbilanzkrise gelöst, die Unabhängigkeit der englischen Kreditpolitik war wiederhergestellt.«

Hier möchte ich noch eine allgemeine Bemerkung einschalten. Es

wird immer wieder behauptet, daß das Weltwährungssystem der dreißiger Jahre durch »Abwertungen aus Wettbewerbsgründen« *(competitive devaluations)* gekennzeichnet gewesen sei. Bei genauer Betrachtung war das Gegenteil der Fall, nämlich überwiegend ein Festhalten an überbewerteten Paritäten. Dies gilt nicht nur für die Reichsmark, sondern auch für die Währungen des europäischen Goldblocks, die sich erst 1936 von der Überbewertung etwas loslösten. Das Floaten des englischen Pfundes ab September 1931 führte nicht zu einer gegenüber dem Gleichgewichtskurs übertriebenen Abwertung. Die Abwertung des amerikanischen Dollars 1934 geschah nicht aus Wettbewerbsgründen.
Wenn ich auch den Übergang Englands zum Floaten im Jahre 1931 unter den damaligen Umständen als richtig empfand, und wenn ich auch in den dreißiger Jahren zu dem kleinen Kreis jener jüngeren Nationalökonomen zählte, welche die Überbewertung der Reichsmark kritisierten, so gehörte ich doch nicht zu jenen Dogmatikern, die das Floaten um jeden Preis und in jeder Lage, sozusagen als die allein gültige Heilslehre vertraten. Ich war vielmehr in der äußeren Währungspolitik immer pragmatisch eingestellt. Selbstverständlich verfolgte ich in der Nachkriegszeit die akademische Diskussion über flexible Wechselkurse von Anfang an sehr aufmerksam, von Milton Friedman bis zu dem bekannten deutschen Befürworter des Floatens, Egon Sohmen, den wir – er lehrte damals in Heidelberg – in den sechziger Jahren mehrfach zu Diskussionen in die Bundesbank einluden.

Wechselkursanpassungen von Fall zu Fall (1961–1973)

In den fünfziger und sechziger Jahren trat ich nicht für ein Floaten der D-Mark ein – mit der einen Ausnahme, daß ich Ende 1956 in einem Gutachten zur DM-Aufwertung eine stark erweiterte Bandbreite und ein Aufwärtsfloaten bis zur möglichen oberen Grenze vorschlug. Aber damals sah es noch so aus, als ob man das immer wieder auftretende Inflationsgefälle zwischen der Bundesrepublik und anderen wichtigen europäischen Ländern durch einmalige Wechselkursanpassungen kompensieren und so die DM-Stabilität außenwirtschaftlich absichern könnte. Ich setzte mich seit 1956, wie ich bereits im 3. und 4. Kapitel geschildert habe, mehrfach leidenschaftlich für eine rechtzeitige Wechselkursanpassung der D-Mark ein und kann wohl sagen, daß ich unter den Währungspraktikern zu den ersten gehörte, die überhaupt den Standpunkt vertraten, daß unsere Stabilitätspolitik nur mit einer Abschirmung nach außen auf die Dauer eine Chance habe.

Daß ich mit meinen Vorschlägen von 1956/57 bei dem damaligen Präsidenten Vocke keinen Erfolg hatte, nahm ich gelassen als unvermeidlich hin. Vocke hielt zwar wunderbare Reden gegen die Inflation, war aber außerstande, die neuartige Gefährdung der DM-Stabilität von außen zu begreifen. Er war zu sehr von seiner Vorkriegserfahrung geprägt, die ja unter dem Trauma ständiger Devisenknappheit stand, während wir seit Mitte der fünfziger Jahre unter unerwünschten Devisenzuflüssen litten. Er leugnete bis zum Schluß die Existenz eines Währungsdilemmas als Folge unserer Stabilitätspolitik inmitten eines inflatorischen Europas. So wiederholte er gegen Ende seiner Amtszeit immer wieder – zuletzt in einer Rede im Mai 1957 – die widerspruchsvolle Formel: »Wir wollen keine Aufwertung der D-Mark, und wir wollen kein Einschwenken in die inflationistische Linie mancher anderer Länder.« Daß die schleichende Inflation der beginnenden sechziger Jahre sich gerade aus der langen Verzögerung der Aufwertung ergab, wollte er nicht wahrhaben. Ich hatte Vocke schon einige Zeit vorher innerlich abgeschrieben; denn mir kam es nicht auf schöne Worte, sondern auf richtige Taten an. Wie sehr er seiner Vorkriegsideologie verhaftet blieb, offenbarte ein Aufsatz im Jahre 1972, in dem er als Heilmittel gegen die Währungswirren geradezu leidenschaftlich die allgemeine Rückkehr zur Goldkonvertibilität und hierzu eine große internationale »Goldanleihe«(!) an die USA vorschlug.[5] Vocke nahm mir mein frühzeitiges Eintreten für eine DM-Aufwertung, aber auch einige andere Zusammenstöße, bis an sein Lebensende übel, was ich als unvermeidlich hinnahm.

Echtes Bedauern empfand ich aber darüber, daß ich in den Jahren 1959 bis 1961 in der Wechselkursfrage grundsätzliche Meinungsverschiedenheiten auch mit dem hochverdienten und menschlich überaus sympathischen Präsidenten Blessing hatte. Er war, zusammen mit der von ihm stark beeinflußten Zentralbankratsmehrheit, mitverantwortlich dafür, daß wir die Aufwertung der D-Mark, die zur Abwehr der importierten Inflation spätestens Anfang 1960 fällig gewesen wäre, bis zum März 1961 verschieben mußten. Für seine ablehnende Haltung waren zwei Überzeugungen maßgebend: Einerseits hatte er, nicht zuletzt unter dem Einfluß von Per Jacobsson, dem Geschäftsführenden IWF-Direktor, fest daran geglaubt, daß in der Weltwirtschaft die Inflationsgefahr überwunden und ein neues Zeitalter der Stabilität angebrochen sei, also keine Inflationsgefahr von außen mehr drohe.[6] Andererseits aber hatte er aus seiner Vorkriegstätigkeit in der Reichsbank ähnlich wie Vocke den ideologischen Glauben an die Unantastbarkeit der Währungsparität in die Nachkriegszeit mit hinübergenommen. So sagte Blessing in einer Pressekonferenz am 5. März 1961 anläßlich der Bekanntgabe der verspäteten und viel zu geringen 5prozentigen DM-Aufwertung: »Die Bundesbank hat sich lange gegen eine Wechselkursanpassung gesträubt. Für eine Notenbank ist nun einmal die Währungsparität eine sakrosankte Sache, die man nur verändern darf, wenn alle anderen Mittel nicht zum Erfolg führen.«

Die Verzögerung der außenwirtschaftlichen Absicherung war mit daran schuld, daß die Bundesrepublik von 1960 bis 1962 in einen inflatorischen Lohnkostenschub hineingeriet, der nur mühsam wieder zu bändigen war. Manche Kritiker der DM-Aufwertung von 1961 haben hinterher mit Ironie darauf hingewiesen, daß die Preissteigerungsrate *nach* der Aufwertung eine Zeitlang höher war als *vor* der Aufwertung, und haben daraus auf die Wirkungslosigkeit einer außenwirtschaftlichen Abschirmung durch den Wechselkurs geschlossen. Abgesehen davon, daß natürlich die 5 Prozent vom März 1961 völlig unzureichend waren, übersahen diese Kritiker vor allem, daß eine einmal in Gang gesetzte Lohninflation ein Phänomen war, das sich auf Jahre hinaus fortschleppen konnte, besonders wenn die Geldpolitik in Wechselkursfesseln lag.

Aus ständigem engstem Kontakt mit Blessing – mit dem mich eine echte Freundschaft verband – wußte ich, wie schwer ihm im Februar 1961 das Umschwenken auf die DM-Aufwertung gefallen war; er hatte damals sogar mit dem Gedanken eines Rücktritts gespielt. Um so höher rechnete ich es ihm an, daß er die richtige Lehre aus der Erfahrung von 1960/61 zog und daß er sich im Herbst 1968, als die innere Stabilität erneut von außen bedroht war, sofort und mit vollem Einsatz auf die Seite derjenigen schlug, die für eine baldige DM-Aufwertung eintraten, und daß er diesen Standpunkt gegenüber der Bundesregierung konsequent durchhielt (vgl. 5. Kapitel). Im übrigen faßte derselbe Blessing, der sich 1960/61 erst nach langem Zögern zu einer 5prozentigen Änderung der DM-Parität hatte durchringen können, Anfang 1971 (ein Jahr nach seinem Rücktritt) für den Fall eines fortdauernden Stabilitätsvorsprungs der Bundesrepublik sogar kontinuierliche Anpassungen des Wechselkurses ins Auge: »Wenn ein fundamentales Ungleichgewicht alle zwei oder drei Jahre vorliegt, muß man entsprechend den DM-Wechselkurs ändern«[7] – was in der Praxis zu einem flexiblen Wechselkurs führen mußte.

Ich selbst hatte in der Zeit vor dem Übergang zum Floaten oft am meisten mit dem Problem zu kämpfen, daß ich nach außen jede Absicht einer Veränderung des DM-Kurses dementieren mußte – oft sehr gegen meine eigene Überzeugung und Absicht –, um größeren Schaden durch Zufluß von unerwünschten Spekulationsgeldern zu vermeiden. Es ging mir dabei ebenso, wie es Blessing in einem Interview kurz vor seinem Tod im Jahr 1971 beschrieb. Er beklagte sich sehr darüber, daß er im November 1968 gegen seine eigene Überzeugung und diejenige der Mehrheit des Zentralbankrats nach außen gegen die DM-Aufwertung hatte sprechen müssen, um angesichts der Regierungsentscheidung gegen die Aufwertung nicht größeren Schaden anzurichten. Ähnliches gilt für viele öffentliche Äußerungen von Bundesbankseite in der Periode von 1957 bis 1973.

Es gab aber auch Gelegenheiten, wo ich mich in der Öffentlichkeit nicht aus Rücksicht auf eine angespannte Währungssituation gegen Wechselkursanpassung und flexiblere Wechselkurse aussprach, sondern weil die Situation tatsächlich keinerlei Wechselkursmaßnahme erforderte. Dies war zum Beispiel der Fall, als der »Sachverständigenrat zur Begutachtung der gesamtwirtschaftlichen Entwicklung« in seinem ersten Jahresgutachten Ende 1964 und auch in der Folgezeit für etwas flexiblere Wechselkurse eintrat und diese Stellungnahme durch ein beigefügtes Gutachten der Professoren F. A. Lutz und E. Sohmen untermauerte. Es gab einige Zeit darauf auch andere Gutachten ähnlichen Inhalts von seiten einer Gruppe von Professoren. Ich lehnte damals in Interviews und Vorträgen diese Vorschläge ab (ebenso wie die damalige Bundesregierung unter Erhard) und führte dabei die üblichen Gegengründe an, darunter nicht zuletzt, daß wir die eben erst anlaufende Währungszusammenarbeit in der Europäischen Gemeinschaft nicht ohne Not in Schwierigkeiten bringen sollten. Der für mich weit wichtigere Grund war, daß gerade in jenen Jahren ausnahmsweise keine Notwendigkeit zur außenwirtschaftlichen Absicherung über Wechselkursmaßnahmen bestand. Denn wir hatten von Mitte 1964 bis Mitte 1966 ein für damalige Verhältnisse hohes Defizit in der Leistungsbilanz (über 9 Mrd. DM), das auch durch Kapitalzuflüsse nicht völlig ausgeglichen wurde, so daß auch die Gesamtbilanz defizitär war und wir *per saldo* Devisen abgeben mußten. Unsere Einfuhrpreise gingen von Mitte 1965 bis Mitte 1968 um 3 Prozent zurück. Aus dem allem ergab sich, daß dies eine der wenigen längeren Perioden vor dem Übergang zum Floaten im Jahre 1973 war, in der die Geldpolitik der Bundesbank vom Alpdruck der importierten Inflation befreit war, was wir auch in unseren Geschäftsberichten offiziell erklärten. Die Vorschläge des Sachverständigenrats und der übrigen Professoren stießen also damals ins Leere, waren inaktuell.

Meine Einstellung zur damaligen DM-Parität bedeutete jedoch beileibe kein Umschwenken auf eine Tabu-Haltung gegenüber der festen Wechselkursparität. Ich war mir stets darüber im klaren, daß immer wieder Situationen auftreten würden, in denen man den Wechselkurs in möglichst flexibler Weise anpassen mußte. Es ist mir auch stets in Erinnerung geblieben, was der kanadische Notenbankgouverneur Rasminsky, der 1944 als Ausschußsekretär am Bretton-Woods-Abkommen mitgewirkt hatte, in einer internen Besprechung in Washington gegen Ende der fünfziger Jahre einmal gesagt hatte (dem Sinn nach): »Wir hatten uns auf der Bretton-Woods-Konferenz von 1944 niemals vorgestellt, daß das Wechselkurssystem unter den Fonds-Regeln so erstarren würde, wie dies tatsächlich eingetreten ist. Ich betrachte es als großes Manko, daß wir seinerzeit in den IWF-Statuten dem Währungsfonds nicht in aller Form die Ermächtigung eingeräumt haben, in bestimmten Fällen eine größere Wechselkursflexibilität zuzulassen.« Schließlich war ich aus meiner früheren Nebentätigkeit im IWF-Exekutivrat von 1953 bis 1959 sehr genau darüber unterrichtet, daß der IWF selbst sich 1951 bereit erklärt hatte, in besonderen Fällen einen flexibleren Wechselkurs auch *praeter legem* ausdrücklich zuzulassen, wenn die Umstände dies rechtfertigten.[8]

Auch in jener Zeitspanne, als wir von dem Dilemma zwischen festem Wechselkurs und innerer Geldstabilität ziemlich unbehelligt blieben, bejahte ich das System der festen Wechselkurse vor allem gegenüber dem Dollar nur bedingt. Dies brachte ich in der Mitte der sechziger Jahre in mehreren Reden und Aufsätzen zum Ausdruck. In einer sehr grundsätzlichen Weise tat ich dies in einem Referat auf der Jahrestagung des »Vereins für Socialpolitik« im September 1964.[9] Dort legte ich dar, daß ein System fester, aber anpassungsfähiger Wechselkurse nur funktionieren könne,

»– wenn das *Leitwährungsland* durch seine *innere Stabilität* – das heißt Geldwert- und Konjunkturstabilität – es den übrigen Mitgliedsländern erleichtert, feste Wechselkurse ohne allzu große Spannungen hinsichtlich der eigenen inneren Stabilität aufrechtzuerhalten;

– wenn die möglichen Spannungen zwischen festen Wechselkursen und binnenwirtschaftlichen Zielen durch eine *enge Kooperation* und durch *gemeinsame Spielregeln für die Zahlungsbilanzpolitik* mit Erfolg verringert werden;

– wenn für ausreichende (aber wiederum nicht exzessive) *Elastizität in der finanziellen Überbrückung* temporärer Ungleichgewichte gesorgt ist, wobei freilich auch den Mißbräuchen einer derartigen Elastizität vorgebeugt werden muß.«

Diese Leitsätze aus dem Jahr 1964 enthielten freilich noch nicht den nach späteren Erfahrungen unerläßlichen Vorbehalt, daß gegenüber dem Dollar *erratische Kapitalbewegungen* ein besonderer Störfaktor eigenen Ranges sein können, der feste Kurse unmöglich macht. Die destabilisierende Rolle der kurzfristigen Dollarbewegungen war 1964 noch nicht so sichtbar.

Wandel im Charakter der Währungskrisen

Bis einschließlich 1968 hatten wir es überwiegend mit Währungskrisen zu tun, die auf europäische Spannungen zurückzuführen waren. Dies gilt vor allem für die Pfund- und Franc-Krisen der fünfziger und sechziger Jahre. Der letzte Schritt in diesem europäischen Krisentheater war die DM-Krise vom September/Oktober 1969. Sie war zwar hauptsächlich eine Nachhol-Krise: Was im November

1968 trotz des starken Drängens der Bundesbank unerledigt gelassen wurde, mußte jetzt durch eine allgemeine und kräftigere DM-Aufwertung nachgeholt werden. Die DM-Krise vom Oktober 1969 war aber, anders als noch die Krise vom November 1968, nicht mehr eine ausschließlich europäisch bestimmte Krise. Nun mischten sich schon einige Spannungen gegenüber dem Dollar hinein, hauptsächlich als Folge von störenden kurzfristigen Kapitalbewegungen zwischen D-Mark und Dollar, und zwar hintereinander in beiden Richtungen. Ab Ende 1969 vollzog sich dann eine fundamentale Änderung im Charakter der Währungskrisen, und zwar in zweierlei Hinsicht:

– Erstens löste der *Dollar* die innereuropäischen Währungsspannungen als Hauptkrisenfaktor ab.

– Zweitens traten nun *destabilisierende Kapitalbewegungen* als Krisenursache in den Vordergrund und drängten das Preis- und Nachfragegefälle ins zweite Glied ab.

Der Kapitalverkehr war im Bretton-Woods-Abkommen recht stiefmütterlich behandelt worden: Bei der Liberalisierung des Zahlungsverkehrs sollte er hinter dem Waren- und Dienstleistungsverkehr zurückstehen. Nun schien sich das Verhältnis fast umzukehren. Heute besteht manchmal die Gefahr, daß die durch unangemessene Zinsrelationen oder andere Störungen hervorgerufenen Kapitalströme die Zahlungsbilanzen und Wechselkurse so verzerren, daß der Waren- und Dienstleistungsverkehr darunter leiden muß. So ist der Kapitalverkehr seit den siebziger Jahren nicht nur ein Antriebsfaktor der Weltwirtschaft geworden, sondern auch ein potentieller Störfaktor ersten Ranges. Jedenfalls hat, mindestens im Verhältnis zum Dollar, *das Übergewicht der internationalen Kapitalbewegungen gegenüber dem Handels- und Dienstleistungsverkehr den Charakter unseres Währungssystems von Grund auf verändert.*

Es war kein Zufall, daß seit Beginn der siebziger Jahre das Zinsgefälle und spekulative Geldströme immer mehr die währungspolitische Bühne beherrschten. Denn ab Anfang der siebziger Jahre nahmen die internationalen Finanzströme und die gegenseitige Interdependenz der Finanzmärkte enorm zu, wobei der Dollar im Mittelpunkt stand. Auch die fortschreitende Liberalisierung des internationalen Kapitalverkehrs sowie die erhöhte Mobilität des Kapitals durch die moderne Kommunikationstechnik spielten für die zunehmende Bedeutung des Kapitalverkehrs eine Rolle.

Natürlich waren die Vertrauensstörungen gegenüber dem Dollar, die seit Ende der sechziger Jahre immer wieder zu destabilisierenden Kapitalbewegungen führten, nicht unbeeinflußt von der Verschlechterung der amerikanischen Handels- und Leistungsbilanz, besonders in den Jahren 1971 und 1972, und das Vertrauen in den Dollar war auch durch die laxe Budgetpolitik und die beginnende Inflationierung in den USA – teilweise eine Folge des Vietnam-Kriegs – untergraben. Aber wenn wir uns die Größenverhältnisse in der Krisenperiode von 1970 bis Frühjahr 1973 ansehen, so wurden in dieser Zeit die Defizite der amerikanischen Leistungsbilanz bei weitem in den Schatten gestellt durch die Ungleichgewichte in der amerikanischen Kapitalbilanz. In diesen 3¼ Jahren wies die amerikanische Devisenbilanz (offizielle Reservetransaktionen) ein Defizit von insgesamt rund 62 Mrd. Dollar auf. Davon entfielen auf die Leistungsbilanz (einschließlich militärischer Ausgaben und Auslandshilfe) rund 20 Mrd. Dollar, alles übrige waren Kapitalbewegungen (einschließlich des nicht aufgliederbaren Restpostens).

Noch einseitiger sah es auf der Gegenseite aus. Hier war spätestens ab 1969 die D-Mark – sehr unfreiwillig – zum hauptsächlichen Gegenspieler des Dollars geworden. Die riesigen Überschüsse in der westdeutschen Devisenbilanz in der Zeit von Anfang 1970 bis März 1973 (74 Mrd. DM) beruhten nur zu einem Siebtel (10,7 Mrd. DM) auf Überschüssen der deutschen Leistungsbilanz, dagegen zu sechs Siebteln auf zins- und vertrauensbedingten Geld- und Kapitalzuflüssen – und das, obgleich in jenen Jahren auf deutscher Seite aus purer Verzweiflung immer wieder versucht wurde, die Kapitalzuflüsse durch administrative oder preismäßige Hemmungen (zum Beispiel »Bardepot«) einzudämmen. Wie sehr die Welt in jener Zeit von Dollars überschwemmt wurde, läßt sich wenigstens ungefähr aus der Aufblähung der Welt-Devisenreserven ersehen. Diese explodierten förmlich von Anfang 1970 bis März 1973, nämlich von 33 auf 117 Mrd. Dollar. Das bedeutete ungefähr eine Verdoppelung der gesamten Weltwährungsreserven. In der gleichen Zeit stiegen die Devisenreserven der Deutschen Bundesbank auf mehr als das Sechsfache (von 11,7 auf 73,4 Mrd. DM), was mehr als eine Verdreifachung der deutschen Gesamtreserven bedeutete.

Der Wandel im Charakter der Währungskrisen von den sechziger zu den siebziger Jahren wurde frühzeitig erkannt. Ich selbst sagte schon im November 1969, also kurz nach der verspäteten DM-Aufwertung vom Oktober 1969, in einem Interview[10]: Nach den nun hinter uns liegenden Paritätsanpassungen von Pfund, Franc und D-Mark hätten wir es nun mit einem Dollar-Problem zu tun, das die Weltwährungsordnung künftig belasten werde. Ich zitierte dabei freilich noch hauptsächlich das Defizit in der amerikanischen »Grundbilanz«, das heißt in der Leistungsbilanz plus Bilanz der längerfristigen Kapitalbewegungen. Erst 1970/71 ließ sich erkennen, welch riesiges Störungspotential auch in den hin- und herfließenden kurzfristigen Geldern aller Art (»vagabundierende Dollar«) liegen konnte. Ich verwies in Vorträgen und Aufsätzen immer wieder darauf. In einem Vortrag vor einer italienischen Bankenkonferenz im Juni 1971 über »Kurzfristige Kapitalbewegungen als Krisenursache«[11] sagte ich: »Zur Abwehr brauchen wir nolens volens eine größere Flexibilität des Wechselkurses. Eine erweiterte Bandbreite wird für solche Fälle nicht viel nützen ... Für besondere Notfälle sollte daher unter allen Umständen der IWF die Möglichkeit erhalten, einem Land, dessen Geldsystem ernsthaft bedroht ist, die Erlaubnis zur Freigabe des Wechselkurses zu geben.«

Größere Wechselkursflexibilität wird internationales Diskussionsthema

Die Währungskrisen von 1967 bis 1969 hatten gezeigt, wie sehr die *ad hoc*-Anpassung einzelner Währungsparitäten auf politische und psychologische Hindernisse stieß, und wie groß die Schäden sein können, die aus einer Verzögerung der Wechselkursanpassung entstehen können. Aufgrund der neuen Erfahrungen kam es auch international zu einer immer stärkeren Diskussion über eine Verbesserung des Währungssystems durch größere Flexibilität der Wechselkurse. Diese Diskussion wurde nun nicht mehr nur im akademischen Bereich geführt. Spätestens seit 1969 befaßten sich auch der IWF, die EG, die OECD mit den Problemen einer größeren Flexibilität des Wechselkurssystems. Dabei wurde in der Regel an eine erhebliche Erweiterung der Bandbreiten um einen festen Paritätskurs sowie an eine Förderung rechtzeitiger Paritätsanpassungen durch Lockerung der Regeln oder auch durch ein System von laufenden schrittweisen Anpassungen (»gleitenden Paritäten«) gedacht.

Ich selbst beteiligte mich nicht nur an den diesbezüglichen Beratungen in den verschiedenen offiziellen und nichtoffiziellen internationalen Gremien, denen ich angehörte. Nachdem ich an unserem eigenen deutschen Fall im November 1968 und im Mai 1969 erlebt hatte, wie sehr eine rechtzeitige Anpassung durch politische und ideologische Vorurteile, aber auch durch Gruppeninteressen behindert wurde, unternahm ich auch in unserem Lande eine Reihe von Vorstößen in Richtung auf größere Wechselkursflexibilität.[12] Wenn meine Vorschläge auch noch nicht auf völlige Freiheit der Wechselkurse abzielten, sondern nur darauf, daß der Internationale Währungsfonds einem Land in besonderen Fällen eine größere Flexibilität offiziell genehmigen sollte, so wurde ich doch in unserem Lande immer öfter als ein Vorkämpfer für Wechselkursflexibilität angesehen.[13]

Einen Schritt weiter ging ich in dem bereits (S. 223) erwähnten Interview mit dem »Handelsblatt« im September 1970. Nicht für sofort, aber für eine nicht allzu ferne Zukunft kündigte ich an: »Wir werden uns vom Dollar lösen.« Die erste praktische Möglichkeit hierzu wäre die Dollar-Krise vom Mai 1971 gewesen. Das von Minister Schiller und mir angestrebte Block-Floaten gegenüber dem Dollar kam aber nicht zustande, weil Frankreich und Italien nicht zum Mitmachen zu bewegen waren. Das war auch für mich eine halbe Niederlage, hatte ich mich doch – entgegen der Ansicht von Klasen und der Mehrheit des Zentralbankrats – energisch für das Block-Floaten eingesetzt. Im übrigen bot die Mai-Krise 1971 einen guten Anschauungsunterricht, daß man eine ziemlich lange Zwischenzeit, nämlich diesmal von Mai bis Dezember 1971, durch das Floaten überbrücken und dabei selbst den »Nixon-Schock« vom August 1971 relativ störungsfrei überstehen konnte. Während dieser Zeit des Floatens konnten wir mehrere Milliarden der vorher unfreiwillig aufgenommenen Interventions-Dollars wieder abstoßen, während diejenigen Staaten, die im Sommer 1971 zunächst noch ihre feste Parität gegenüber dem Dollar aufrechterhielten (zum Beispiel Japan und Frankreich) hohe Dollar-Beträge zu überhöhten Kursen aufnehmen mußten.

Die Washingtoner Wechselkurs-Neuordnung vom Dezember 1971 erwies sich nicht, wie Nixon damals meinte, als Jahrhundertwerk, sondern nur als Zwischenstation auf dem Weg zum Dollar-Floaten. Bereits im Juni 1972 warf England das Handtuch und ließ das Pfund abwärts floaten – und es floatet seitdem noch bis heute (Anfang 1986) isoliert.

Als ich im Frühjahr 1972 sah, daß die Wechselkurs-Neuordnung vom Dezember 1971 wegen mangelnder amerikanischer Kooperation immer wieder auf Klippen auflief und daß sie von unserer Seite nur durch eine einseitig auf die Zahlungsbilanz abgestellte Geldpolitik zusammen mit erneuten Kapitaleinfuhrbeschränkungen gehalten werden konnte, wurde ich mir ziemlich sicher, daß eher früher als später der Absprung zum Floaten gegenüber dem Dollar kommen müsse. Eine Zeitlang trat ich freilich noch für die Verteidigung der im Dezember 1971 nach so mühsamen monatelangen Verhandlungen neu geordneten Wechselkursrelationen ein. Dies erwies sich als Versuch am untauglichen Objekt.

Ein interessantes und amüsantes Erlebnis hatte ich zu jener Zeit bei einem Zusammentreffen mit dem späteren Nobelpreisträger Milton Friedman. Wir nahmen beide an einer Podiumsdiskussion auf einer Internationalen Bankenkonferenz in Montreal im Mai 1972 teil – ohne nennenswerten Dissens. In der nachfolgenden Pressekonferenz wurde Friedman von einem Pressemann gefragt: »Professor Friedman, Sie sind doch seit langem für ein allgemeines Floaten der Währungen eingetreten. Wann, glauben Sie, wird dieses kommen?« Friedman antwortete: »Es wird wahrscheinlich nie kommen, und zwar aus einem einfachen Grund: Dadurch würden die Notenbanken ihre Geschäftsgrundlagen verlieren *(it would put the world's central banks out of business)*. Durch fixe Wechselkurse entstehen immer wieder Währungskrisen und Krisentagungen; dabei können sich die Notenbankchefs wichtigmachen und profilieren.«

Ein knappes Jahr später waren es dann gerade einige Notenbanken – die schweizerische und die deutsche –, die den Anstoß zum Floaten (beziehungsweise Block-Floaten) gaben. Und zufällig, oder vielleicht auch nicht zufällig, waren es in beiden Fällen die damals amtierenden Vizepräsidenten, die im Februar und März 1973 den entscheidenden Schritt taten. Dies wurde im einzelnen im 7. Kapitel dargelegt.

Der lange Weg bis zur Legalisierung des Floatens

Es dauerte recht lange, bis das neue System des Floatens endgültig akzeptiert und legalisiert wurde, nämlich bis zum Januar 1976.[14] Als wir am 1. März 1973 die Notbremse zogen und als zehn Tage später der EG-Ministerrat auf deutsches Betreiben den Beschluß faßte, mit der Mehrzahl der Mitglieder gegenüber dem Dollar als Block zu floaten, dachten viele, das sei nur eine Übergangslösung, eine Notlösung auf Zeit. Denn zur gleichen Zeit war ja die Diskussion über das künftige Wechselkurssystem in dem Reform-Ausschuß des IWF, im sogenannten Zwanziger-Ausschuß *(Committee of Twenty)* in vollem Gang; dort dachte man noch nicht an einen generellen Übergang zum Floaten.

Ich hatte in der sogenannten Stellvertreter-Gruppe[15] des Reformausschusses am 23. März 1973 über die vergangene Währungskrise und unseren Übergang zum Floaten zu berichten. Mit Nachdruck betonte ich, daß destabilisierende Kapitalbewegungen der hauptsächliche Störfaktor *(»the villain of the piece«)* gewesen seien, und daß die riesigen Devisenzuflüsse in die D-Mark (über 7,6 Mrd. Dollar, das heißt über 20 Mrd. DM) so gut wie nichts mit einem deutschen Leistungsbilanzüberschuß zu tun gehabt hätten. Auch Zinsdifferenzen hätten kaum eine Rolle gespielt, da auf dem Höhepunkt der Krise für kürzerfristige DM-Anlagen sogar negative Zinsen zu zahlen waren. Ich kam zu dem Schluß, daß, solange es die Kombination von Dollar-Schwäche und riesigen liquiden Dollar-Beständen gäbe, wahrscheinlich eine größere Wechselkursflexibilität nicht nur vorübergehend, sondern auf längere Zeit unausweichlich sei. Dies wurde nicht bestritten, aber bei den weiteren Beratungen des Ausschusses zu wenig berücksichtigt. Auch der Zwanziger-Ausschuß tat zunächst so, als wäre die Dollar/DM-Krise vom Frühjahr 1973 nur eine wenn auch starke Windbö gewesen, die sich legen werde. Die Wunschformel für das künftige reformierte System, die von den Ministern und Notenbankgouverneuren Ende März 1973 akzeptiert wurde, lautete wie folgt: »Das Wechselkursregime sollte auch in Zukunft auf stabilen, wenn auch anpassungsfähigen Paritäten beruhen. Gleichzeitig wird anerkannt, daß frei schwankende Wechselkurse eine nützliche Technik in besonderen Situationen sein könnten.«

Wenige Wochen darauf ironisierte ich in einem Vortrag in Amsterdam vor einer internationalen Finanzkonferenz[16] diese Wunschformel als nostalgische Rückkehr zu der althergebrachten Bretton-Woods-Formel. Ich fügte hinzu, daß es durchaus möglich sei, daß die »besonderen Umstände« recht häufig sein würden und daß unter dieser Formel das künftige System ein solches der »kontrollierten Flexibilität« oder der »Flexibilität, wenn auch im allgemeinen Rahmen von Paritäten« sein könnte.

Für mich selbst zog ich ziemlich rasch die Konsequenz aus der völlig veränderten Währungslandschaft und gab die Mitarbeit im Zwanziger-Ausschuß, vor allem in seinen verschiedenen Arbeitsgruppen weitgehend auf; ich versprach mir keine konkreten Ergebnisse mehr.[17] Freilich gebrauchte ich selbst noch eine Zeitlang in verschiedenen Gremien die Wunschformel von den stabilen, wenn auch korrekturfähigen Wechselkursen, betonte aber nach Möglichkeit immer das »Floaten unter besonderen Umständen«.

Schon im Spätherbst 1973 zeichnete sich ab, daß die Arbeiten des Reform-Ausschusses in allen wichtigen Punkten in einer Sackgasse enden würden. Das Zentralstück der Reform, die »festen, wenn auch korrekturfähigen Paritäten«, schien durch die Erfahrungen seit dem März 1973 in ziemlich weite Ferne gerückt. Dies wurde noch viel deutlicher, als gegen Ende 1973 die erste Ölkrise ausbrach. Nun erklärte, wie schon erwähnt, selbst der Geschäftsführende IWF-Direktor, daß unter den neuen Umständen ein weitgehendes Floaten nicht nur unausweichlich, sondern sogar erwünscht sei. Aber auch andere Teilstücke der angestrebten Generalreform waren von vornherein zu ambitiös und realitätsfern. Sie wären auch unter günstigeren Umständen kaum realisierbar gewesen. Als Beispiel hierfür erwähne ich die angestrebte Konsolidierung des sogenannten Dollar-Überhangs durch ein Substitutionskonto beim IWF oder die Beseitigung der sogenannten Asymmetrie des früheren Devisen-Interventions-Systems durch ein weltweites System von Interventionen in allen wichtigen Teilnehmerwährungen nach Art der europäischen »Währungsschlange«. Oder strikte Regeln für die Zahlungsbilanzdisziplin, insbesondere einen »symmetrischen« Anpassungszwang für Defizit- und Überschußländer. (Dabei dachten die Amerikaner an einen Korrekturzwang aufgrund der Zu- oder Abnahme der Währungsreserven – des sogenannten »Reserve-Indikators« –, wofür sich besonders Paul Volcker als ihr Sprecher stark machte. Andererseits verlangten manche Europäer, die Amerikaner müßten in Zukunft ihre Defizite in konvertiblen Reserven abdekken, also praktisch zur Dollar-Konvertierbarkeit zurückkehren.) Alle diese theoretischen Reißbrettarbeiten wurden schließlich von den Realitäten, insbesondere der unausweichlich gewordenen Wechselkursflexibilität gegenüber dem Dollar, eingeholt und überholt. Aus der vorübergehenden wurde eine *dauerhafte Notlösung*.

Was konkret übrigblieb, war ein kleines Minimalprogramm. Dazu gehörte zum Beispiel die Einsetzung des Interims-Ausschusses im IWF als ministerielle Beratungs- und Lenkungsgruppe. Oder die im Sommer 1974 verabschiedeten Richtlinien für die Handhabung schwankender Wechselkurse; diese wurden teilweise in das novellierte IWF-Statut übernommen.

Der Reform-Ausschuß des IWF wurde aufgelöst, nachdem er im Juni 1974 seinen letzten Bericht erstattet hatte. Aber das war noch lange nicht das Ende der Diskussion über das künftige Weltwährungssystem. Denn das System des weitgehenden Floatens wurde noch lange nicht von allen als endgültig akzeptiert. Selbst zwischen Deutschen und Amerikanern, die seit März 1973 in der Wechselkursfrage fast immer die gleiche Position bezogen hatten, gab es noch unterschiedliche Nuancen. Ein Beispiel ist die Diskussion, die auf einer Internationalen Bankenkonferenz in Williamsburg im Juli 1974 stattfand.[18] Ich hatte in meinem Vortrag über »Die Entwicklung des internationalen Währungssystems« dargelegt, daß das Floaten oder wenigstens eine viel größere Flexibilität der Wechselkurse wahrscheinlich auf unabsehbare Zeit das dominierende Element im Wechselkurssystem bleiben werde. Dieser Vortrag war mein Abschiedsgruß an den Reform-Ausschuß des IWF. Mein Freund Paul Volcker sagte auf der gleichen Tagung auf einer Pressekonferenz, er sei »optimistischer als Dr. Emminger hinsichtlich der Möglichkeit, sich in Richtung auf das erklärte Ziel der Reformarbeiten zu bewegen, nämlich zu festen aber korrekturfähigen Paritäten« und vielleicht sogar zu einer gewissen Konvertibilität wichtiger Währungen in Reserve-Aktiva, besonders in Sonderziehungsrechte, zu kommen. Freilich würde das eine Reduzierung der Weltinflation und eine »vernünftige innere Stabilität« in den wichtigsten Ländern voraussetzen. Auch Jeremy Morse, der Vorsitzende der

Stellvertreter des Zwanziger-Ausschusses, hatte noch gewisse Illusionen hinsichtlich der Währungsreform. Er sagte auf der gleichen Veranstaltung: »Wenn die Weltinflation zurückgeht und das Ölpreisproblem schrittweise überwunden wird, so können wir ein Ausmaß an kooperativer Kontrolle des Floatens erreichen, von dem wir später den Schritt zu stabilen, wenn auch korrekturfähigen Paritäten machen könnten.«
Auch mit der Beendigung der Arbeiten des Zwanziger-Ausschusses waren die Meinungsverschiedenheiten über das künftige Wechselkurs-System keineswegs schon beigelegt. In den verschiedenen Gremien wurde darüber weiter diskutiert. Denn es mußten ja noch die Statuten des Währungsfonds der neuen Lage angepaßt werden. Dabei spitzte sich die Diskussion immer mehr auf einen scheinbar unüberwindlichen Gegensatz zwischen dem amerikanischen und französischen Standpunkt zu. Die Amerikaner unter ihrem neuen Finanzminister William Simon wollten ein möglichst freies Wechselkurssystem. Die Franzosen hingegen bestanden auf der schrittweisen Rückkehr zu einem System von festen, wenn auch korrekturfähigen Paritäten, wenigstens als Endziel. Nach ihrer damaligen Ansicht sollte auch die europäische »Währungsschlange« nur ein Übergangssystem zu einem allgemeinen weltweiten Paritätensystem sein. Auch über die künftige Behandlung des Goldes im IWF gab es langanhaltende Meinungsverschiedenheiten mit den Franzosen.

Der Wirtschaftsgipfel von Rambouillet 1975

Im Sommer 1975 wurde schließlich beschlossen, beide Fragen auf der für Januar 1976 anberaumten Konferenz des Interims-Ausschusses des IWF auf Jamaika zu behandeln. Angestrebt war, dabei eine endgültige Einigung über die längst fällige Novellierung der IWF-Regeln zu erreichen. Wir hatten darüber unendliche Diskussionen, sei es im Währungsausschuß der EG oder in der OECD oder im IWF. Immer wieder stießen die amerikanischen und französischen Standpunkte unversöhnlich aufeinander. Die starre französische Haltung wurde von manchen als »Maginot-Doktrin« bezeichnet.

Ich konnte mithelfen, den schwierigen Einigungsprozeß voranzubringen. Anfang November 1975 tagte unter meinem Vorsitz der Währungsausschuß (Arbeitsgruppe III) der OECD in Paris.[19] Ich hatte es zu einer festen Tradition gemacht, daß während der Sitzungstage die Delegationsleiter zu einem Abendessen im engsten Kreise zusammenkamen, um möglichst frei und ungehemmt über alle akuten Probleme zu sprechen. Bei dem Abendessen während dieser Tagung warf ich in bewußt provozierender Weise die Frage auf, wie wir denn bei der kommenden IWF-Konferenz in Jamaika mit den anstehenden Problemen fertig werden sollten, wenn weiterhin ein unversöhnlicher Gegensatz zwischen den Amerikanern und Franzosen fortbestehe. Ich schloß: »Wenn Sie beide sich nicht bald auf eine gemeinsame Linie einigen können, dann lohnt es sich für uns überhaupt nicht, nach Jamaika zu fahren, weil wir dann nur wieder die alten Litaneien anhören müssen.« Ich fügte hinzu: »Wenn Sie beide sich aber auf einen Kompromiß einigen sollten, dann versprechen wir Ihnen, daß wir diesen Kompromiß auch für uns als Grundlage anerkennen wollen.« Dieser Appell, der von anderen Mitgliedern unterstützt wurde, hatte erstaunliche Folgen. Die beiden angesprochenen Mitglieder unseres Ausschusses, der Franzose Jacques de Larosière, *Directeur du Trésor* im französischen, und der Amerikaner Ed Yeo III, Staatssekretär für Währungsfragen im amerikanischen Finanzministerium, beschlossen daraufhin, sich in den kommenden Wochen so oft und so lange zu treffen, bis eine Einigung erzielt sei. Nach mehreren bilateralen Gesprächen einigten sie sich schließlich am 15. November 1975 auf ein gemeinsames Memorandum (*»Memorandum of Understanding«*).

Die französisch-amerikanische Einigung kam gerade noch rechtzeitig vor Beginn der vom 15. bis 17. November 1975 tagenden Gipfelkonferenz in Rambouillet zustande. Dieses Gipfeltreffen wurde auf Einladung des französischen Präsidenten Giscard d'Estaing Ende August 1975 beschlossen.[20] Es ist jedoch falsch, wenn immer wieder behauptet wird[21], daß der Rambouillet-Gipfel nur oder in der Hauptsache zwecks Regelung der offenen Wechselkursfragen einberufen worden sei. Vielmehr waren von Anfang an eine ganze Reihe von allgemeinen Fragen, beispielsweise zur damaligen Wirtschaftsrezession und ihrer Überwindung, ins Beratungsprogramm aufgenommen worden. Das Kommuniqué des Rambouillet-Gip-

fels macht dies deutlich. Dort rangieren die Währungsprobleme unter Ziffer 11 von insgesamt 15 Punkten.
Über Währungsprobleme wurde auf der Gipfelkonferenz gar nicht im einzelnen verhandelt, man nahm vielmehr einfach das amerikanisch-französische »*Memorandum of Understanding*« von de Larosière und Yeo zustimmend zur Kenntnis. Nach Berichten von Teilnehmern soll dafür weniger als eine Stunde aufgewendet worden sein. Jedenfalls blieb der Vorschlag zunächst ein strikt bilaterales französisch-amerikanisches Dokument und wurde noch bis zur endgültigen Einigung im Dezember 1975 als solches behandelt. Der endgültige Wortlaut lag in Rambouillet noch gar nicht vor. Es wurde erst hinterher von den beiden Partnern ausgefertigt und dann den anderen Ländern zur weiteren Verhandlung zugeleitet.
Yeo und de Larosière besuchten unmittelbar nach dem Rambouillet-Gipfeltreffen die wichtigsten anderen Länder (auch die Bundesrepublik), um sie mit den Einzelheiten ihres Memorandums vertraut zu machen. Verständlicherweise gab es seitens einiger Länder Einwendungen gegen die Art des Zustandekommens der Übereinkunft durch eine rein bilaterale Verhandlung zwischen Amerikanern und Franzosen. Aber de Larosière und Yeo beriefen sich darauf, sie hätten hierzu ein »Mandat« erhalten, was sich offenbar auf unsere Gespräche in Paris am Rande der OECD-Sitzung bezog.
In dem Kommuniqué der Gipfelkonferenz kommt auch ganz konkret zum Ausdruck, daß es hinsichtlich des künftigen Wechselkurssystems keine in Rambouillet ausgehandelte Vereinbarung aller Beteiligten gab, sondern nur einen der Konferenz vorgelegten bilateralen französisch-amerikanischen Kompromiß. Es heißt in Ziffer 11: »Wir begrüßen die auf Ersuchen zahlreicher anderer Länder zustande gekommene Einigung zwischen den Ansichten der Vereinigten Staaten und Frankreichs über die Notwendigkeit einer Stabilität, die durch die Reform des Internationalen Währungsfonds gefördert werden muß. Diese Annäherung wird eine Einigung im IWF über die noch offenen Fragen einer Währungsreform auf der nächsten Sitzung des Interims-Ausschusses in Jamaika erleichtern.« Dies tat sie dann auch.
Worin bestand nun die französisch-amerikanische Einigung? Sie setzte sich aus zwei Teilen zusammen. Der eine Teil behandelte die Grundsätze des künftigen Wechselkurssystems, die dann – durch

EG-Währungsausschuß, Zehner-Gruppe und IWF noch etwas umformuliert – im novellierten Artikel IV des IWF-Statuts ihren Niederschlag fanden. Der Hauptpunkt war, daß alle Länder ihr Wechselkurssystem frei wählen können; sie haben nur die Verpflichtung, ihre Wahl dem IWF zu notifizieren und sich einer allgemeinen Überwachung ihrer Wechselkurspolitik durch den IWF zu unterwerfen. Außerdem ist in Artikel IV des IWF-Statuts klar formuliert (ähnlich wie schon im Kommuniqué von Rambouillet), daß eine Stabilität des Wechselkurssystems voraussetzt, daß die Mitgliedsländer im Inneren eine gesunde Politik betreiben. Zu diesem Zweck soll jedes Mitgliedsland versuchen, »seine Wirtschafts- und Finanzpolitik auszurichten auf die Förderung eines ordnungsgemäßen Wirtschaftswachstums zusammen mit vernünftiger Preisstabilität«. Das ist, nebenbei bemerkt, die Standardformel, die noch bis zum heutigen Tag durch alle internationalen Währungs-Kommuniqués geistert (»gesundes, nichtinflatorisches Wirtschaftswachstum«) und die auch im Kommuniqué des Wirtschaftsgipfels von 1986 in Tokio wieder auftaucht. Schließlich wird in Artikel IV des neuen IWF-Statuts den Mitgliedsländern auferlegt, »die Wechselkurse oder das internationale Währungssystem nicht so zu manipulieren, daß eine wirksame Zahlungsbilanzanpassung verhindert wird oder daß Mitglieder einen unfairen Wettbewerbsvorteil gegenüber anderen Mitgliedsländern erlangen.« All dies, und vor allem die freie Wahl des Wechselkurssystems, entsprach in jeder Hinsicht unserem deutschen Standpunkt. Es sah auch sehr nach einem »Sieg« der amerikanischen über die französische Haltung zum Wechselkurssystem aus.

Zum Ausgleich kamen die Amerikaner den Franzosen im anderen Teil der Übereinkunft etwas entgegen, nämlich bei den Maßnahmen zur Verminderung von »erratischen« Wechselkursbewegungen. Es hieß dazu im gleichen Punkt 11 des Rambouillet-Kommuniqués: »Bezüglich der währungspolitischen Probleme erklären wir unsere Absicht, größere Stabilität anzustreben ... Gleichzeitig werden unsere Währungsbehörden Maßnahmen ergreifen, um ordnungswidrigen oder erratischen Wechselkursschwankungen entgegenzuwirken.« Im einzelnen sollten hierzu die täglichen Konsultationen unter den beteiligten Notenbanken, die bereits bestanden, verbessert werden, ebenso eine regelmäßige Konsultation zwischen den Finanzministern der wichtigsten Länder stattfinden. Auch dies letztere wurde elf Jahre später auf der Konferenz in Tokio wieder aufgegriffen.

Unmittelbar nach Rambouillet gab es, wie nicht anders zu erwarten, unterschiedliche Auslegungen von amerikanischer und französischer Seite über die erreichte Kompromißlösung. Das war damals nicht anders als sieben Jahre später nach der zweiten Gipfelkonferenz in Frankreich, der Konferenz von Versailles 1982. Der französische Finanzminister sah in den amerikanisch-französischen Abmachungen einen Dreistufenplan zur Errichtung fester Wechselkurse und glaubte, daß am Ende des Weges, »wenn die Bedingungen dafür reif sind«, die in der Abmachung (und später auch in Artikel IV des IWF-Statuts) vorgesehene Mehrheit von 85 Prozent erreicht würde, um ein allgemeines System von festen, aber korrekturfähigen Paritäten einzuführen. Hinsichtlich der Deviseninterventionen hofften die Franzosen auf eine permanente Beteiligung der Amerikaner an der Kurspflege für den Dollar, wenigstens im Falle von »erratischen« Kursschwankungen; denn darauf seien nun auch die Amerikaner festgelegt, ebenso wie auf eine ständige Konsultation über die Devisenmärkte (die ja unter den Notenbanken, einschließlich der amerikanischen, in Wirklichkeit schon längst bestand). Die Amerikaner betonten ihrerseits die allgemeine Freiheit, das Wechselkurssystem auszuwählen; hinsichtlich der Interventionen erklärten sie zwar ihren guten Willen, aber gleichzeitig auch ihre völlige Entscheidungsfreiheit.

Eine gewisse Rolle spielte dabei die Definition der in der amerikanisch-französischen Abmachung und im Gipfel-Kommuniqué erwähnten *»erratischen« Wechselkursschwankungen.* Diese Definition wurde als eine Erweiterung gegenüber dem vorher üblichen Begriff der Marktstörungen (*disorderly markets*) verstanden. Als der amerikanische Staatssekretär Ed Yeo III Ende November 1975 den amerikanisch-französischen Kompromiß uns näher erläuterte, definierte er die »erratischen« Wechselkursschwankungen als »solche Bewegungen, die keine Erklärung in den zugrunde liegenden wirtschaftlichen Gegebenheiten finden«. Das erinnert sehr an einen Passus in der Abmachung der Fünfer-Gruppe vom 22. September 1985. Nach zehn Jahren sind die Amerikaner also wieder zurückgekehrt zu der Einsicht, daß man einer anhaltenden großen Abweichung

des Dollar-Kurses von den grundlegenden Wirtschaftsdaten nicht einfach tatenlos, mit *benign neglect*, zusehen kann. In Wirklichkeit waren sie dieser Idee schon 1978/79 sehr nahe gekommen. Ich werde darauf noch im 13. Kapitel zurückkommen.
Daß es überhaupt zu einer französisch-amerikanischen Einigung und damit zu dem Abkommen von Jamaika über das neue Fonds-Statut kam, war in erster Linie dem französischen Verhandlungspartner de Larosière zu verdanken. Schon damals zeigte sich, daß er in Währungsfragen nicht dem starren ideologischen Standpunkt der meisten französischen Finanzpolitiker verhaftet war, sondern für eine pragmatische Flexibilität eintrat. Das zeigte sich auch, als im März 1976 Frankreich erneut aus der Schlange ausschied und auf mehrere Jahre zum freien Floaten überging. Wir waren damals bei einer Sondersitzung des EG-Ministerrats zusammen. Ich hatte während der ganzen abendlichen Sitzung Gelegenheit, de Larosières pragmatische Haltung zu beobachten, und auch zu sehen, mit welcher Erleichterung er die endgültige Entscheidung von höchster Stelle in Paris für die Rückkehr des Franc zum Floaten entgegennahm. So ist es keineswegs verwunderlich, daß er später (ab 1978) im Amt des Geschäftsführenden Direktors des IWF als Vorkämpfer für realistische Wechselkurse und ausreichende Flexibilität in Erscheinung trat.

Neuregelung des Wechselkurssystems auf der Jamaika-Konferenz vom Januar 1976

Im Januar 1976 kam es dann in Jamaika auf der Tagung des Interims-Ausschusses des IWF zu einer raschen Einigung über den künftigen Artikel IV des IWF-Statuts betreffend das internationale Wechselkurssystem. Ebenso wurde man sich über die Gold-Frage einig (die auf der Gipfelkonferenz in Rambouillet kaum berührt und auch im Kommuniqué nicht erwähnt war). Das Gold wurde nun in aller Form demonetisiert, das heißt im IWF als Wertmesser für die Währungsparitäten und als Recheneinheit für die Transaktionen des Fonds abgeschafft. Es wurde in dieser letzteren Funktion durch die (von mir 1967 mitgeschaffene) SZR-Einheit ersetzt; auch alle sonstigen Attrappen des Gold-Devisen-Standards waren damit beseitigt. Im übrigen wurde ein Teil des vom IWF gehaltenen Goldbestands verteilt. Ein Sechstel wurde am freien Markt verkauft; aus dem Überschuß des Verkaufswertes gegenüber dem ursprünglichen Buchwert in der IWF-Bilanz wurde ein besonderer Fonds für zinsgünstige Hilfskredite an besonders bedürftige Entwicklungsländer gespeist. Ein anderes Sechstel des Goldbestandes wurde den Mitgliedern des IWF zum Originalpreis zurückerstattet, und zwar im Verhältnis ihrer seinerzeitigen Goldeinzahlungen an den Fonds auf ihre Mitgliedsquote. Dabei erhielt die Bundesbank immerhin 1,37 Millionen Unzen Gold (heutiger Wert ca. 450 bis 480 Millionen Dollar). Den Vorschlag, einen Teil des IWF-Goldes in dieser Weise zu verteilen, hatte ich selbst bei der Sitzung einer kleinen Gruppe von »Stellvertretern« der Zehner-Gruppe in Paris im Juli 1975 gemacht.

Das Hauptergebnis der Jamaika-Tagung aber war die Einigung auf den neuen Artikel IV des IWF-Statuts, das heißt auf die oben kurz dargestellten neuen Regeln für das Wechselkurssystem und dessen Überwachung durch den IWF. Formell traten diese Regeln freilich erst im April 1978 in Kraft, nachdem die in Jamaika neugefaßten Artikel des IWF-Statuts durch die erforderliche qualifizierte Mehrheit der Mitgliedsländer ratifiziert waren.

Ich vertrat die Bundesbank auf dieser historischen IWF-Konferenz von Jamaika, da der damalige Präsident Klasen verhindert war. Das Ergebnis dieser Konferenz bezeichnete ich in einer Pressekonferenz als »Legalisierung der Realitäten« und als »Schlußpunkt unter eine dreijährige Periode der Unsicherheit«. Für uns war das Ergebnis der Konferenz hinsichtlich der künftigen Wechselkurs-Regeln eine Bestätigung der von uns seit einigen Jahren eingeschlagenen Politik, wie wir in unserem Geschäftsbericht für 1975 (S. 52) feststellten. Ebenso wie in den ersten Jahren nach 1973, so dürfte auch in Zukunft die Entwicklung des internationalen Währungssystems weniger durch geschriebene Regeln, als durch die Kraft des Faktischen bestimmt werden.

10. Kapitel

Devisen-Interventionen – Erfahrungen eines Praktikers

Wechselnde Einstellungen zur Dollar-Intervention seit 1973

Es gibt kaum ein Teilgebiet der Währungspolitik, das seit dem Übergang zum Floaten so umstritten ist wie die Interventionen der Währungsbehörden auf dem Devisenmarkt. Man hätte ja meinen können – und viele, vor allem viele Währungstheoretiker, nahmen das auch an, daß durch den Übergang zum Floaten die Interventionen am Devisenmarkt endgültig *ad acta* gelegt seien, wenigstens gegenüber frei schwankenden Währungen. War es nicht der Hauptzweck dieser Maßnahme, sich von der Verpflichtung zur Kursstützung zu befreien und die Devisenkurse dem freien Markt zu überlassen? Das drückte man damals mit dem Schlagwort vom »sauberen Floaten« aus, das heißt einer Wechselkurspolitik ohne jegliche Intervention. Ein Floaten mit Interventionen wurde anfänglich mit dem abträglichen Ausdruck »schmutziges Floaten« belegt. Aber in Wirklichkeit stand ja schon am Eingang zum Floaten ein Ministerbeschluß der erweiterten Zehner-Gruppe vom 16. März 1973, in dem Devisen-Interventionen im Interesse geordneter Marktverhältnisse angekündigt wurden.

Tatsächlich ist die Periode des Floatens seit 1973 durchzogen von immer wiederkehrenden Interventionen. Aber die Einstellung der Währungsbehörden zu diesem technischen Instrument der Währungspolitik hat erhebliche Wandlungen – manchmal auch Schwankungen – durchgemacht. Das hing nicht nur mit den wechselnden Umständen und Rahmenbedingungen zusammen. Mitunter spiegelte sich darin auch eine Veränderung der grundsätzlichen Einstellung zum Wechselkurs und seinen Schwankungen wider. Ich werde anhand meiner praktischen Erfahrungen einen Überblick über die wichtigsten Etappen dieser Entwicklung zu geben versuchen. Dabei werde ich mich auf die *Interventionen am Dollarmarkt* beschränken; denn diese beherrschen ja die ganze internationale Diskussion. Die vertraglich geregelten Interventionen im europäischen Währungsverbund sind ein Kapitel für sich.

Dabei lasse ich Nebenaspekte, wie etwa die Einstellung der Franzosen, beiseite: Diese drängten fast ununterbrochen auf Dollar-Intervention, sei es gegen einen (nach ihrer Ansicht) zu niedrigen oder zu hohen Dollar-Kurs. Sie brachten auch immer wieder den Vorschlag gemeinsamer Dollar-Interventionen durch die EG-Länder auf den Tisch, was praktisch ganz überwiegend zu Lasten der Bundesbank gegangen wäre.

Es erleichtert vielleicht den Überblick, wenn ich die wichtigsten Phasen auf dem ereignisreichen Gebiet der Devisenintervention in zeitlicher Reihenfolge aufzähle:

1. Unmittelbar nach dem Übergang zum Floaten gab es von März bis Juli 1973 eine kurze Phase fast völliger Abstinenz (»sauberes Floaten«).

2. Dem folgte von Juli 1973 bis Mitte 1977 eine Periode von fallweisen Interventionen zur Behebung von Marktstörungen (*disorderly market conditions*) oder vorübergehenden Überreaktionen, wobei die Interventionen gelegentlich auch international vereinbart oder abgestimmt wurden. Das Gipfeltreffen von Rambouillet vom November 1975 schien den Interventionsbereich etwas zu erweitern, indem außer von Eingriffen bei akuten Marktstörungen auch von Interventionen bei »erratischen Kursbewegungen« die Rede war; darunter verstand man meist glättende Eingriffe bei eindeutigen Überreaktionen oder Ausreißern (*overshooting*) auch auf mittlere Fristen.

3. Dem folgte dann eine Periode des offiziell verkündeten »kontrollierten Floatens« (*managed floating*), und zwar von 1978 bis 1980. Proklamiert wurde dieses kontrollierte Floaten bemerkenswerterweise von Amerika aus. Amerika wurde mindestens in den Jahren 1978 und 1979 wegen der übertriebenen Dollar-Schwäche zum Hauptinteressenten an Dollar-Interventionen, während zum Beispiel die Bundesbank dem nur mit Zurückhaltung folgte und im Sommer und Herbst 1979 sich sogar widersetzte, sofern hierdurch

die Einhaltung ihres Geldmengenziels gefährdet erschien. Dabei wurde von amerikanischer Seite als Ziel der Intervention sowohl im Oktober 1978 als auch im September 1979 vorübergehend sogar die Verteidigung eines vereinbarten Mindestkurses für den Dollar ins Auge gefaßt (was wir nicht mitmachen wollten).

4. Von 1981 bis 1984 übten die amerikanischen Behörden unter der Reagan-Regierung weitgehende Abstinenz (*benign neglect*) gegenüber dem Wechselkurs, außer Lippenbekenntnissen auf Gipfel-Konferenzen, wonach bei »ungeordneten Marktverhältnissen« und »wenn es Nutzen versprach« interveniert würde. Dies wurde 1981 von offizieller amerikanischer Seite als »Rückkehr zu den Interventionsgrundsätzen von vor 1978« deklariert. Die Interventionen während der Jahre 1978 bis 1980 wurden als Mißerfolge abgetan, vorübergehend sogar ein Verkauf der rund 6 Mrd. Dollar angesammelter Devisenreserven (»als unnötig«) erwogen. In Europa und Japan wurde in dieser Zeit weiterhin von Fall zu Fall interveniert, und zwar sowohl bei akuten Marktstörungen als auch bei eindeutigen Überreaktionen des Dollar-Kurses. Nur in wenigen Fällen kam es zu einer amerikanischen Beteiligung.

5. Das Jahr 1985 brachte eine entscheidende Wende in der amerikanischen Einstellung zum Dollar-Kurs. Plötzlich wurde dieser wieder entdeckt als ein wichtiger Faktor nicht nur der Zahlungsbilanzanpassung, sondern darüber hinaus für die inneramerikanische Wirtschaftsentwicklung, und vor allem als Ursache von gefährlichen protektionistischen Auswüchsen. Nun wurde es offizielle Politik der amerikanischen Regierung, zusammen mit einigen wichtigen Partnerländern den Dollar-Kurs nach unten auf ein »normaleres« Niveau zu drücken und hierzu auch Interventionen am Dollar-Markt einzusetzen. Dabei wurde – nach der Verlautbarung der *Fünfer-Gruppe* vom September 1985 – ein Niveau angestrebt, das »die grundlegenden Wirtschaftsbedingungen besser reflektiert«. Damit wurde anerkannt, daß der bisherige (überhöhte) Dollar-Kurs falsch und korrekturbedürftig war. Welch ein Gegensatz zur vorherigen Einstellung, als man stolz auf den hohen Dollar war (Präsident Reagan: »Er ist ein Zeichen unserer Stärke!«) und als man dem Grundsatz huldigte: »*The market knows best.*« Ein solcher Einsatz der Interventionen zu einer fundamentalen Korrektur des Dollar-Niveaus geht noch einen Schritt weiter als das »aktivistische

manipulierte Floaten« der Amerikaner von Ende 1978 (siehe 13. Kapitel). Auch in anderer Hinsicht greift die Wende vom Herbst 1985 weiter: Sie ist der Versuch einer international koordinierten Wechselkurspolitik, die nicht nur durch Interventionen, sondern auch – auf die Dauer sogar hauptsächlich – durch entsprechende Beeinflussung der grundlegenden Faktoren dauerhaften Einfluß auf den Dollar-Kurs nehmen möchte.

Diese mehrfachen Wandlungen in der Einstellung zu Deviseninterventionen waren teilweise eine Reaktion auf die wechselnden *Rahmenbedingungen* für die Interventionen, insbesondere auf die wechselnden Verzerrungen des Dollar-Kurses. Der Dollar-Kurs gegenüber der D-Mark, und ebenso gegenüber einem gewogenen Durchschnitt wichtiger Währungen, hat seit Beginn des Floatens vier ganz unterschiedliche Phasen durchgemacht:

– In der ersten Phase von Frühjahr 1973 bis etwa Ende 1976 schwankte der Dollar zwar teilweise sehr stark. Der reale, das heißt preisbereinigte Dollar-Kurs pendelte dabei aber um ein *Gleichgewichtsniveau*, das nicht sehr verschieden von dem Niveau von 1973 war. Das war deswegen sehr beachtlich, weil in diese Periode des annähernden »Dollar-Gleichgewichts« die erste Ölpreisexplosion mit ihren Störungen fiel. Ich würde das Dollar-Gleichgewicht in dieser Periode freilich als ein »labiles« Gleichgewicht bezeichnen.

– In der zweiten Phase, die ungefähr von Mitte 1977 bis Mitte 1980 dauerte, sank der Dollar unter starken Schwankungen auf ein Niveau, das man mindestens bei einem Vergleich mit den Kaufkraft- und Kostenparitäten als *»unterbewertet«* bezeichnen muß.

– In einer dritten Phase, die etwa Mitte 1980 begann und im Frühjahr 1985 endete, schnellte der Dollar unter starken Schwankungen auf ein Niveau hinauf, das jede Beziehung zu den Kaufkraftparitäten verloren hatte und seit 1983 auch in schärfstem Gegensatz zur amerikanischen Leistungsbilanz-Entwicklung stand.

– Seit Frühjahr 1985 ist nun offenbar eine *Trendwende des Dollar-Kurses* zu beobachten, die seit September 1985 von dem erwähnten grundsätzlichen Übergang zu einer aktiveren amerikanischen Einstellung zum Dollar-Kurs begleitet wird. Es ist nicht auszuschließen, daß darauf eine Phase folgen wird, in der ein wieder schwächer gewordener Dollar gegen eine Überreaktion (»Überschießen«) nach unten gestützt werden muß.

Zwei erfolgreiche Experimente koordinierter Dollar-Interventionen in den Jahren 1973 und 1975

Erste gemeinsame Intervention am Dollar-Markt Juli 1973

Der Dollar hatte sich nach der Wiedereröffnung der Devisenmärkte am 19. März 1973 zunächst recht gut gehalten und pendelte gegenüber der D-Mark um die offizielle Paritätsrelation, die nach der 3prozentigen DM-Aufwertung vom März 1973 bei 2,82 DM lag. Ab Mai 1973 aber begann der Dollar langsam abzutrudeln. Dies war insofern bemerkenswert, als sich die fundamentalen Daten für den Dollar verbessert hatten; im zweiten Vierteljahr 1973 wies die amerikanische Handelsbilanz zum ersten Mal seit zwei Jahren wieder einen leichten Überschuß auf. Erst jetzt, mit eineinhalb Jahren Verzögerung, begann sich also die Dollar-Abwertung vom Dezember 1971 langsam auf die Handelsbilanz auszuwirken. Aber andere Faktoren waren stärker. Am 23. Juni 1973 lag der Dollar noch bei 2,53 DM. Dann aber setzte eine rasende Talfahrt ein, die ihn innerhalb von zwei Wochen, nämlich bis zum 6. Juli, auf 2,28 DM und vorübergehend am Markt sogar darunter abstürzen ließ. Das waren immerhin fast 10 Prozent innerhalb von zwei Wochen! Noch wichtiger aber war, daß am Freitag, den 6. Juli 1973, zum ersten Mal ganz eindeutig eine chaotische Unordnung auf dem Dollar-Markt um sich griff. Es gab an diesem Freitagnachmittag nur noch Verkäufer, aber keine Käufer von Dollar. Es war ein geradezu klassisches Beispiel eines *»disorderly market«*, eines ungeordneten oder chaotischen Marktes, und es bereitete Mühe, einen offiziellen Kassakurs festzulegen. Am selben Nachmittag war ich unterwegs nach Heidelberg, wo ich einen Vortrag zu halten hatte. Ich ließ mir im Auto von unserer Devisenabteilung laufend die neueste Entwicklung durchgeben und kam zu dem Schluß: Nun ist wirklich der Zeitpunkt für einen ordnenden Eingriff der Notenbanken gekommen. Von Heidelberg aus fuhr ich nach Basel weiter, denn es traf sich, daß an dem darauffolgenden Wochenende das übliche Monatstreffen der wichtigsten Notenbanken bei der BIZ in Basel stattfand (damals jeweils am Sonntag und Montag). Nach Basel kam auch, von Hamburg aus, unser Präsident Klasen.

Die chaotischen Verhältnisse am Dollar-Markt hatten nicht nur mich, sondern auch andere Notenbankexperten bekehrt. Denn bis dahin hatten wir uns bemüht, uns nicht den Vorwurf eines »schmutzigen« Floatens zuzuziehen, wie der abträgliche Ausdruck lautete. Ich selbst hatte mich noch Anfang Juni 1973, als von französischer Seite wegen der »Dollar-Krise« immer lauter nach einer Dollar-Stützung durch die Amerikaner gerufen wurde, in Interviews und in Ausführungen auf einer Internationalen Bankentagung in Paris sehr betont gegen eine Intervention der Notenbanken ausgesprochen. Mein Argument war, daß der Dollar am Markt bereits unterbewertet sei und voraussichtlich in Kürze von den Marktkräften selbst gestützt werden würde. Bereits am 18. Juni hatten die Notenbanken der am Gruppen-Floaten beteiligten Länder über die Lage beraten, waren aber ebenfalls zu dem Schluß gekommen, daß offizielle Interventionen nicht am Platze seien. Aber die chaotischen Zustände in der Woche zum 6. Juli änderten dies. In Basel herrschte sofort Einigkeit darüber, daß nun ordnend eingegriffen werden müßte. So wurde bereits am Sonntag, 8. Juli 1973, ein gemeinsames Pressekommuniqué der wichtigsten Notenbanken, einschließlich der amerikanischen, herausgegeben, das die erste gemeinsame Intervention im Regime des Floatens ankündigte und insofern von historischem Interesse ist. Es lautete:

»Die in Basel zusammengetretenen Notenbankgouverneure erinnern an das Kommuniqué der Ministertagung der Zehner-Gruppe vom 16. 3. 1973 in Paris, worin es hieß: ›Die Minister und Gouverneure stimmten grundsätzlich überein, daß offizielle Interventionen am Devisenmarkt zu geeigneten Zeitpunkten nützlich sein können, um die Aufrechterhaltung geordneter Marktverhältnisse zu erleichtern und auch den Rückfluß von spekulativen Geldern zu fördern.‹ Die Gouverneure kamen zu dem Schluß, daß dies weiterhin gültig sei und stellten fest, daß die erforderlichen technischen Vorkehrungen zur Durchführung vorhanden seien.«

Gleichzeitig wurden die bestehenden Swap-Abmachungen zwischen der *Federal Reserve* und anderen Notenbanken neu gefaßt und teilweise die Beträge erhöht. In unserem Fall wurde der Höchstbetrag von 1 auf 2 Mrd. Dollar verdoppelt. Irgendein unterer Stützkurs für den Dollar wurde nicht vereinbart; es ging nur um die Beseitigung der *disorderly conditions*. In Basel wurde nichts über Beginn, Ausmaß und Ziel der Interventionen gesagt. Ich war freilich der Meinung, daß es in der damaligen unsicheren Situation nützlich sein und uns Deviseneingriffe ersparen würde, wenn wir mit dem Interventionsbeschluß ostentativ an die Öffentlichkeit gehen würden. So erläuterte ich sofort nach meiner Rückkehr aus Basel das Notenbank-Kommuniqué im deutschen Rundfunk. Ich traf auch noch am 9. Juli von Basel aus Vorkehrungen, damit bei Wiederkehr ähnlicher ungeordneter Marktverhältnisse wie am 6. Juli sofort von unserer Seite interveniert werden konnte. In einer Pressekonferenz nach einer Zentralbankratssitzung vom 12. Juli 1973 erläuterte Klasen auf Befragen den Baseler Beschluß und stellte klar, daß kein besonderes Dollar-Niveau gehalten oder angestrebt werden solle, sondern nur »ordentliche Marktkonditionen«. Man werde sich der Grundtendenz nicht entgegenstemmen, selbst wenn die Leute etwa weiterhin große Mengen an Dollar zu niedrigen Kursen abstoßen wollten.

Der Dollar-Markt war so spekulativ verzerrt, daß die Wirkung der Interventionen spektakulär war. Der am 6. Juli ins Bodenlose absakkende Dollar erholte sich sofort wieder. Der Dollar-Kurs vom 9. Juli (der beim Kurs-Fixing mit 2,2835 noch etwas unter dem offiziellen Kurs vom 6. Juli lag) blieb der tiefste Dollar-Kurs des ganzen Jahres 1973, ja bis zum Frühjahr 1975. Unter Schwankungen ging es mit dem Dollar wieder aufwärts, bis er Anfang Januar 1974 2,87 DM erreicht hatte, also sogar etwas höher lag als zu Beginn des Floatens am 19. März 1973. Die für die Intervention eingesetzten Beträge waren *per saldo* geringfügig. Zwar wurden in den ersten Wochen einige hundert Millionen Dollar von der Bundesbank aufgekauft, überwiegend bei den täglichen Kurs-Fixings. Im weiteren Verlauf aber konnte der größte Teil dieser Dollars wieder zur Glättung von Schwankungen abgestoßen werden. Bei der ganzen Aktion blieben bis Ende August 1973 ganze 40 bis 50 Millionen Dollar als Netto-Aufnahme der Bundesbank übrig. Für den gesamten Zeitraum von April bis Dezember 1973 war unsere Dollar-Position *per saldo* ausgeglichen (vgl. Tabelle S. 310). Auch auf amerikanischer Seite wurde mit einigen hundert Millionen D-Mark interveniert, die aber innerhalb von knapp zwei Monaten wieder zurückgekauft werden konnten. Wir hatten, da die *Federal Reserve* für den Einsatz der D-Mark in New York unsere Swap-Linie in Anspruch nahm, ein Mitspracherecht hinsichtlich der Grenze, bis zu der sie ihrerseits die Kreditlinie in Anspruch nehmen durfte. Ich benutzte dies ein paarmal, um den Eifer der *Federal Reserve* zu bremsen. Ich

Zu- und Abflüsse an Devisen 1973 bis 1980
(gemessen an den Veränderungen der Netto-Auslandsposition der Bundesbank [a]) – Mrd. DM –

	Insgesamt	davon Interventionen in der »Schlange« bzw. EWS [b]	davon Sonstige Devisenbewegungen
Januar–März 1973 (letzte Krisenperiode unter dem Fixkurssystem)	+ 19,9	− 0,6	+ 20,5
1. Periode: *Zahlungsgleichgewicht gegenüber Dollarraum*			
April–Dezember 1973	+ 6,5	+ 7,4	− 0,8
1974	− 1,9	+ 0,2	− 2,1
1975	− 2,2	− 1,8	− 0,4
1976	+ 8,8	+ 11,5	− 2,7
1977 Januar–Juni	− 0,8	− 1,5	+ 0,7
April 1973–Juni 1977 gesamt	+ 10,4	+ 15,8	− 5,3
2. Periode: *Dollarschwäche*			
Juli 1977–Dezember 1978	+ 31,4	+ 10,9	+ 20,5
3. Periode: *(Dollar erholt sich)* 1979–1980			
1979	− 7,8	+ 8,2	− 13,2
1980	− 25,4	− 10,5	− 15,0

a) Ohne Buchwertberichtigungen der Reversebestände in der Jahresbilanz.
b) Einschließlich intramarginaler Interventionen.

erwähne dies, weil vor allem in der amerikanischen Literatur fast durchweg die Meinung vorherrscht, daß die europäische beziehungsweise deutsche Seite stets weit mehr als die Amerikaner an den Interventionen zur Dollar-Stützung interessiert gewesen sei. Dieses erste Experiment in »konzertierter Intervention« war ein sichtbarer Erfolg, weil mit ganz geringen Mitteln eine funktions-

lose spekulative Übertreibung am Dollar-Markt »geglättet«, das heißt beendet wurde.
Die Devisenposition der Bundesbank gegenüber dem Dollar-Raum, das heißt gegenüber dem gesamten Raum außerhalb des europäischen Währungsverbunds, war in den vier Jahren von Frühjahr 1973 bis Frühjahr 1977 ziemlich ausgeglichen und zeigte *per saldo* mäßige Dollar-Defizite (vgl. nebenstehende Tabelle). Trotzdem schwankte der Dollar-Kurs in dieser Zeit sehr stark. So fiel er, wie schon erwähnt, von März bis Juli 1973, das heißt bis zum gemeinsamen Eingreifen der Notenbanken, gegenüber der D-Mark um 19 Prozent. Dann stieg er wieder bis Anfang Januar 1974 um 26 Prozent, um dann bis Mai 1974 wieder um 17 Prozent zu fallen, und so fort. Das waren Dollar-Schwankungen, die in ihrer Größenordnung durchaus mit denen der achtziger Jahre vergleichbar sind. Im Unterschied zu den letzteren handelte es sich jedoch im wesentlichen um Schwankungen des Gleichgewichtsniveaus. Gegenüber einer Gruppe von wichtigen Währungen machte der gewogene Dollar-Kurs ähnliche Schwankungen durch wie gegenüber der D-Mark, nur mit geringeren Ausschlägen.

Zweite koordinierte Aktion Februar 1975

Obgleich der Dollar bis in das Jahr 1976 hinein im wesentlichen um ein Gleichgewichtsniveau hin und her pendelte, kam es in dieser Periode doch noch zu einer zweiten international verabredeten Stützungsaktion. Der Dollar-Kurs, der im September 1974 ziemlich hoch lag, sackte in den darauffolgenden Monaten plötzlich ab und verlor gegenüber der D-Mark bis Ende Februar 1975 annähernd 15 Prozent. Noch stärker fiel er gegenüber dem Schweizer Franken ab. Dies schreckte den Präsidenten der Schweizerischen Notenbank, Fritz Leutwiler, auf, weil er bei weiterem Anstieg des Schweizer Franken erhebliche Schwierigkeiten für die schweizerische Exportindustrie befürchtete. Er stimmte daher sofort zu, als von Charles A. Coombs, dem Senior Vicepresident der *Federal Reserve Bank of New York* , eine gemeinsame Aktion und ein Zusammentreffen der Leiter der amerikanischen, deutschen und schweizerischen Notenbank angeregt wurde. Dieses Treffen fand Anfang Februar 1975 in einem Hotel beim Londoner Flughafen Heathrow statt. Heathrow war als Treffpunkt gewählt worden, weil sich der Vorsitzende des *Federal Reserve Board*, Arthur Burns, gerade bei einer Konferenz der *Ditchley Foundation* in der Nähe von London aufhielt. Die deutsche Seite vertraten Karl Klasen und ich, die amerikanische Arthur Burns und Charles A. Coombs, für die Schweiz nahm Fritz Leutwiler teil.

Mr. Coombs, der für seine Vorliebe für kräftige Deviseninterventionen bekannt war [1], plädierte – von Leutwiler unterstützt – leidenschaftlich für eine energische gemeinsame Aktion zur Dollar-Stützung. Er hatte, wie er in seinen Memoiren schrieb, auf Burns schon vorher sehr stark in dieser Richtung eingewirkt [2]. Der einzige, der bremste, war ich. Aus den neuesten Unterlagen und Meldungen wußte ich, daß die amerikanische Handels- und Zahlungsbilanz im Begriff war, sich geradezu sprunghaft zu verbessern. Tatsächlich erreichte die amerikanische Leistungsbilanz 1975 mit einem Überschuß von 18 Mrd. Dollar den besten Stand der ganzen Nachkriegszeit. Wieder vertraute ich darauf, daß solche »fundamentalen« Wirtschaftsfaktoren sich früher oder später auch im Wechselkurs niederschlagen würden. Ich setzte daher – wie im Juni 1973 – auf eine Dollar-Besserung auch ohne Intervention. Nach einiger Diskussion erreichte ich wenigstens, daß wir unseren Beitrag zu der Aktion auf maximal eine Milliarde Dollar begrenzten. Außerdem versprach ich mir eine Entlastung auf unserer Seite, wenn die Amerikaner ihre Bereitschaft zur Dollar-Stützung öffentlich erklären würden. Auf dieser Basis einigten wir uns. Was geschah nun? Der Dollar fiel zwar noch ein wenig zurück und erreichte am 3. März 1975 seinen Tiefpunkt mit 2,2785 DM (der gerade eine Winzigkeit unter dem früheren Tiefpunkt vom 9. Juli 1973 lag). Danach begann er wieder anzusteigen und erreichte bis zum Jahresende 1975 ein Niveau von 2,62 DM. Das war real, das heißt unter Berücksichtigung der Inflationsdifferenz, fast ein ebenso hoher Dollar-Kurs wie zu Beginn des Floatens im März 1973. Wir hatten also mit den unter den drei Notenbanken verabredeten Interventionen wirklich nur eine vorübergehende Schwächeperiode des Dollars geglättet und die dabei eingenommenen Dollar noch im gleichen Jahr zu einem höheren Kurs wieder abstoßen können. Insofern kann also auch dieser koordinierte Interventionsversuch als erfolgreich angesehen werden.

Diese koordinierte Dollar-Intervention von 1975 ist in zweierlei Hinsicht bemerkenswert: Erstens glichen sich die Dollar-An- und -Verkäufe im Laufe des Jahres 1975 völlig aus, im gesamten Zahlungsverkehr mit dem Dollar-Raum ergab sich sogar ein leichtes Defizit (vgl. Tabelle S. 310). Zweitens wurde der scharfe Dollar-Verfall von Oktober 1974 bis Februar 1975 – der unsere amerikanischen und Schweizer Kollegen zu dem Drängen auf eine gemeinsame Intervention bewogen hatte – im Laufe des Jahres 1975 wieder fast gänzlich aufgeholt; real, das heißt unter Berücksichtigung der Inflationsdifferenz, stand der Dollar gegenüber der D-Mark und erst recht im gewogenen Außenwert gegenüber einer Gruppe von wichtigen Währungen sogar wieder stärker da als vor dem Kursverfall ab Oktober 1974. Überhaupt schien es im Herbst 1975, als ob der Dollar wieder zu einer »starken« Währung geworden sei, nicht zuletzt wegen des Rekordüberschusses der amerikanischen Leistungsbilanz von 18 Mrd. Dollar im Jahre 1975 – des höchsten der ganzen Nachkriegszeit! Man sprach im Herbst 1975 auf internationalen Konferenzen von einem »Stabilitätsviereck« der starken Währungen – und meinte damit Dollar, D-Mark, Yen und Schweizer Franken. Diese »Dollarstärke« sollte allerdings nicht lange vorhalten.

Meine Erwartung beim Londoner Treffen im Februar 1975, die rasante Verbesserung der amerikanischen Leistungsbilanz seit dem zweiten Halbjahr 1974 müsse sich von selbst im Dollar-Kurs auswirken, hat sich aber doch nicht ganz erfüllt. Schon einige Monate später schrieb ich in unserem Geschäftsbericht für 1974 (S. 62): »Bei einer Währung wie dem Dollar wird der Außenwert über weite Strecken weniger durch die Leistungsbilanz und das Kosten- und Preisgefälle als vielmehr durch die Kapitalbilanz beeinflußt. Dauerhafte Veränderungen in den Kapitalströmen ... sind ebensosehr ein fundamentaler Faktor für den Außenwert einer Währung wie Veränderungen der Leistungsbilanz.« Diese Erkenntnis wurde durch die weitere Entwicklung des Dollar-Kurses, vor allem in den achtziger Jahren, reichlich bestätigt.

Schlußfolgerungen aus den Interventionsexperimenten der Jahre 1973 und 1975

Bei der ersten koordinierten Intervention im Sommer 1973 handelte es sich ganz zweifelsfrei um eine Aktion zur Beseitigung einer »akuten Marktstörung« am Dollar-Markt. Diese Störung wurde erfolgreich beseitigt, ohne daß *per saldo* ein nennenswerter Ankauf von Dollar erforderlich war. Bei der zweiten koordinierten Intervention vom Frühjahr 1975 konnte man kaum von einer »akuten Marktstörung« sprechen. Wohl aber gab es hier einen recht starken Verfall des Dollar-Kurses um rund 15 Prozent gegenüber der D-Mark. Dieser war angesichts der sichtbaren Verbesserung der fundamentalen Daten für den Dollar, vor allem der frappierenden Aktivierung des Außenhandels, nicht leicht zu erklären (außer durch das rezessionsbedingte Absinken der amerikanischen Zinssätze). Man konnte hier also von einer *Überreaktion des Dollar-Kurses* sprechen, die voraussichtlich bald wieder von einer Gegenbewegung abgelöst werden würde. Ich persönlich glaubte so fest an die baldige Gegenreaktion, daß ich diese zweite Dollar-Aktion nicht für derart dringend hielt wie die erste im Sommer 1973. Aber hinterher konnte man auf alle Fälle feststellen, daß auch bei diesem zweiten Experiment ein klarer Erfolg eintrat: Die übermäßige Kursfluktuation wurde immerhin gebremst und die erwartete Gegenbewegung rascher herbeigeführt, ohne daß im Endeffekt eine Netto-Aufnahme von Dollar erforderlich war. Im übrigen hatte die Bundesbank auch schon während des Jahres 1974 von sich aus nach beiden Seiten glättend eingegriffen, wobei sich die An- und Verkäufe praktisch die Waage hielten.

Per saldo verblieb in den beiden Jahren 1974 und 1975 trotz nicht unerheblicher Interventionen ein leichter Devisenabgang. Wir kommentierten dies in unserem Geschäftsbericht für 1975 (S. 52) mit einiger Befriedigung wie folgt: »Dies kann, auch nach den Kriterien des Internationalen Währungsfonds[3], als Maßstab dafür gelten, daß auf mittlere Sicht – hier über eine Periode von zwei Jahren – die Deviseninterventionen der Bundesbank die fundamentale Markttendenz der D-Mark nicht verfälscht haben.«

Besonders wichtig aber ist folgende Schlußfolgerung: Unsere an den binnenwirtschaftlichen Erfordernissen ausgerichtete Stabilisierungspolitik konnte vom Frühjahr 1973 bis 1976 im großen und ganzen ohne monetäre Störungen von außen verfolgt werden.

Bei den meisten größeren Interventionen von Juli 1973 bis Ende 1975 konnte die Bundesbank auch *Kursgewinne* verzeichnen, da sie die zu niedrigem Kurs eingekauften Dollar überwiegend zu einem höheren Kurs wieder verkaufen konnte. Die Interventionen erfüllten also großenteils den von manchen Theoretikern, vor allem von Milton Friedman, geforderten »Rentabilitätstest«. Um so unbegreiflicher war es mir, daß wir einige Zeit danach von seiten jener Theoretiker angegriffen wurden mit dem Argument, unsere Dollar-Interventionen seien nicht nur wirkungslos gewesen, sondern stellten auch eine Verschleuderung von öffentlichen Geldern dar.

Milton Friedman griff in dieser Weise in einem Artikel, der auch in einer deutschen Zeitung (»Welt am Sonntag« vom 11. 12. 1977) veröffentlicht wurde, die Bundesbankpolitik scharf an. Ich nahm eine spätere Gelegenheit wahr, um Milton Friedman (den ich schon seit 1969 sehr gut kannte) entgegenzuhalten, daß bei unseren Interventionen auch sein Rentabilitätstest (*profit test*) im wesentlichen eingehalten wurde. Allerdings, so erklärte ich ihm, müsse man hier unterscheiden: Bei unseren größeren Interventionen gegen mittelfristige Überreaktionen des Dollar-Kurses hätten wir überwiegend Gewinne erzielen können. Interventionen zur Behebung akuter Marktstörungen (*disorderly markets*) könnten hingegen manchmal auch zu glättenden Dollar-Ankäufen auf einem relativ hohen Kursniveau zwingen, so daß hier keine Garantie für einen Nettogewinn bestehe. Im übrigen warnte ich ihn, sich nicht durch die hohen buchmäßigen Verluste irreführen zu lassen, die wir jedes Jahr auf unsere Währungsreserven abschreiben mußten; denn diese seien im wesentlichen auf die umfangreichen Währungsreserven zurückzuführen, die wir *bis März 1973* zu überhöhten Zwangskursen hätten ankaufen müssen.

Grundsätze der Bundesbank für Devisen-Interventionen

Die Bundesbank hat in den Jahren 1973/74 Grundsätze für ihre Interventionen am Devisenmarkt aufgestellt. Sie sind in dem von mir verfaßten internationalen Teil des Geschäftsberichts 1974 niedergelegt.[4] Es heißt dort:

»Für die Deutsche Bundesbank hat sich seit Beginn des Floatens die Frage gestellt, inwieweit durch gezielte Devisenoperationen die Kursausschläge am Devisenmarkt gegenüber dem US-Dollar (und damit indirekt gegenüber einer Reihe anderer Währungen) geglättet werden sollen und können. Grundsätzlich läßt sich die Bundesbank bei ihrer Interventionspolitik von der Überlegung leiten, daß nur interveniert werden sollte, um ›geordnete Marktverhältnisse‹ (orderly market conditions) aufrechtzuerhalten, daß aber grundlegenden Markttendenzen nicht entgegengewirkt werden soll (und kann). Dabei wurde allerdings nicht nur interveniert, um geordnete Marktbedingungen von Tag zu Tag aufrechtzuerhalten und hektische Ausschläge des Kurses zu vermeiden. Vielmehr wurde versucht, auch über längere Zeiträume hinweg zu starke Ausschläge des DM-Kurses gegenüber dem US-Dollar etwas zu glätten. Dies geschah nicht zuletzt auch im Interesse der anderen Mitglieder des europäischen Währungsverbunds und mit deren voller Zustimmung.«

Diese Grundsätze, die wir 1974 nach unseren ersten Erfahrungen mit Interventionen unter dem Regime des Floatens festlegten, sind praktisch heute noch gültig.[5] Interventionen zur Aufrechterhaltung »geordneter Marktverhältnisse« – das ist eine Formel, die seit 1973 in unzähligen Beschlüssen und Kommuniqués wiederholt worden ist, von der Gipfelkonferenz in Rambouillet 1975 bis zum Bericht der Zehner-Gruppe vom Juni 1985 über »Das Funktionieren des Weltwährungssystems«.

In der Praxis hängt sehr viel davon ab, was man unter Marktstörungen versteht und unter welchen Umständen man einen Einsatz der Notenbank für hilfreich ansieht. Die Bundesbank hat in ihren Grundsätzen von 1974 ausdrücklich hinzugefügt, daß sie unter Umständen auch interveniere, um zu versuchen, »auch über längere Zeiträume hinweg zu starke Ausschläge der D-Mark gegenüber dem Dollar etwas zu glätten«. Hier handelt es sich also um Interventionen bei eindeutigen Überreaktionen auch mittlerer Dauer – international oft als *overshooting* bezeichnet. Eine solche erweiterte Auslegung ist in der internationalen Diskussion oft umstritten gewesen, vor allem in Amerika. Im Herbst 1985 sind jedoch die Amerikaner selbst weit über diese Interventionsregel hinausgegangen, nämlich in dem von ihnen selbst angeregten Beschluß der Fünfer-Gruppe vom September 1985, den ich zu Beginn des Kapitels erwähnt habe.

In den siebziger Jahren hatte es verschiedene Versuche gegeben, den Begriff »ungeordnete Marktverhältnisse« näher zu definieren. Ein solcher Versuch wurde von den Mitgliedsländern der europäischen Währungsschlange unternommen. Dies war verständlich, da übermäßige Dollar-Schwankungen natürlich auch die Aufrechterhaltung der Wechselkursrelationen in der »Schlange« erschweren können. Im Januar 1975 wurde im EG-Ausschuß der Notenbankpräsidenten beschlossen, man wolle sich »versuchsweise bemühen, die Dollar-Märkte teilweise unter Kontrolle zu bringen, ohne freilich den Grundtendenzen entgegenzuwirken«. Danach sollten die Mitglieder normalerweise intervenieren, »um zu verhindern, daß die tägliche Abweichung des Dollar-Kurses (gegenüber dem Vortageskurs) 1 Prozent übersteigt«. Aber diese Faustregel stellte keine bindende Verpflichtung dar. »In Fällen eines starken grundlegenden Markttrends oder außergewöhnlicher Umstände« war eine Notenbank nicht gehalten, die tägliche Änderung des Dollar-Kurses innerhalb der Grenze von 1 Prozent zu halten. Wichtig war allerdings, daß eine wesentlich intensivere gegenseitige Information und Konsultation hinsichtlich der täglichen Interventionen und ihrer Begründung vereinbart wurde. Auch wurde der tägliche Kontakt mit der amerikanischen Notenbank intensiviert.

Auch auf amerikanischer Seite versuchte man etwas später, den Begriff »ungeordnete Marktverhältnisse« näher zu definieren. Das fiel allerdings schon in die Zeit, als die Amerikaner immer mehr einem kontrollierten Floaten (*managed floating*) zuneigten. 1978 präsentierte der damalige Staatssekretär für Währungsfragen im amerikanischen Finanzministerium, Anthony Solomon[6], folgende Definition der ungeordneten Marktverhältnisse:

- große Disparitäten zwischen Kauf- und Verkaufskurs,
- ein Markt, der fast ausschließlich in eine Richtung geht,
- oder beträchtliche Kursschwankungen bei geringem Marktvolumen.

Aber diese Definition ist ebenso wie die EG-Faustregel einer Begrenzung der täglichen Schwankungen auf 1 Prozent in den späteren Turbulenzen des Dollar-Marktes untergegangen. Inzwischen haben wir tägliche Kurssprünge des Dollars gegenüber der D-Mark und anderen europäischen Währungen bis zu 5 Prozent erlebt.

Riesige Dollar-Interventionen 1977/78 – Bundesbank nur mäßig beteiligt

Die Schwächeperiode des Dollars, die 1977 einsetzte, brachte uns völlig neue Interventionsprobleme ins Haus. Es gab viele Einzelperioden, in denen das *Vertrauen in den Dollar* so angeknackst oder völlig verlorengegangen war, daß am Dollar-Markt chaotische oder panikartige Zustände drohten, wenn nicht stützend eingegriffen worden wäre. Eine nachhaltige Besserung trat selbstverständlich erst ein, als die wirtschaftspolitische Grundlinie in den Vereinigten Staaten korrigiert wurde. Dies erfolgte in zwei Etappen, einmal durch das amerikanische Notstandsprogramm vom 1. November 1978 (wobei das wichtigste die restriktivere Geldpolitik war), zum andern durch die völlige Umkehr der amerikanischen Geldpolitik im Oktober 1979. Im 13. Kapitel schildere ich den Ablauf dieser Entwicklung im einzelnen und auch unsere Beteiligung an der Korrektur der amerikanischen Geldpolitik. In der Periode von Mitte 1977 bis Ende 1978 entstanden aus den Devisen-Interventionen sehr schwierige Probleme für unsere Geldmengensteuerung. Diese stelle ich im 14. Kapitel in einem größeren Zusammenhang dar.

Die Veränderungen ab 1977 gegenüber den vorangegangenen vier Jahren werden aus drei Zahlenvergleichen deutlich: In den vier Jahren von April 1973 bis Juni 1977 machte der Netto-Devisenzugang bei der Bundesbank den Gegenwert von etwas über 10 Mrd. DM aus. Das war leicht zu verkraften. In den eineinhalb Jahren von Mitte 1977 bis Ende 1978 betrug er dagegen über 30 Mrd. DM oder das Dreifache in wesentlich kürzerer Zeit. Damit wurde über Devisen-Ankäufe weit mehr Zentralbankgeld geschaffen, als in dieser Zeit für die Geldmarktsteuerung insgesamt erforderlich war. Außerdem: In der ersten Periode von Frühjahr 1973 bis Mitte 1977 stammte der Devisenzugang *per saldo* nur aus dem europäischen Währungsverbund, während der Zahlungsverkehr mit der übrigen Welt, vor allem mit dem Dollar-Raum, ein Netto-Defizit aufwies. In der zweiten, weit kürzeren Periode stammten rund ein Drittel des Devisenzuflusses aus dem Währungsverbund, dagegen zwei Drittel aus dem Dollar-Raum. Schließlich stieg in der ersten Periode der DM-Kurs gegenüber dem Dollar innerhalb von 4 Jahren um rund 20 Prozent, was nicht sehr weit über der gleichzeitigen Inflationsdifferenz lag. In den eineinhalb Jahren von Mitte 1977 bis Ende Oktober 1978 stieg dagegen die D-Mark gegenüber dem Dollar um 36 Prozent, was eine recht beachtliche reale Überbewertung (vor allem gemessen an den Lohnstückkosten) bedeutete.

Für die Beurteilung der Dollar-Interventionen in dieser Periode sind einige Fakten von Interesse: Insgesamt haben nichtamerikanische Notenbanken in den beiden Jahren 1977 und 1978 durch Interventionen aller Art Dollar-Anlagen in Höhe von rund 66 Mrd. Dollar erworben. Sie haben damit praktisch das Defizit der amerikanischen Grundbilanz (Leistungsbilanz und nachhaltige Kapitalströme) finanziert, das ungefähr dieselbe Höhe hatte. Die direkten Dollar-Interventionen der Bundesbank machten davon weniger als ein Sechstel aus. Es ist also einfach nicht richtig – was selbst in Berichten der OECD und des IWF behauptet wurde –, daß die damaligen Dollar-Interventionen »vor allem von der Bundesbank« getätigt wurden. Die Bank von England und die Bank von Japan intervenierten 1977/78 viel mehr. Freilich konnte die Bundesbank nicht verhindern, daß die deutsche Zentralbankgeldmenge darüber hinaus auch durch Interventionen der amerikanischen Notenbank in D-Mark aufgebläht wurde, nämlich soweit die DM-Beträge aus amerikanischen DM-Ziehungen im IWF oder auf die Swap-Kreditlinie bei der Bundesbank stammten. Vor allem in der zweiten Hälfte von 1979, als die Bundesbank sich bei der Dollar-Intervention mit Rücksicht auf das Geldmengenziel zurückhielt, wurde der ganz überwiegende Teil der DM/Dollar-Interventionen von der *Federal*

Reserve und nicht von der Bundesbank getätigt. Aber auch diese amerikanischen Interventionen blähten teilweise den Bestand der Bundesbank an Devisenforderungen auf.

Haben die riesigen Interventionen von 1977/78 genützt?

Die Dollar-Interventionen der Notenbanken in den Jahren 1977 und 1978 waren von ähnlichen Größenordnungen wie in den Ausgangsjahren des Bretton-Woods-Systems der festen Paritäten. Dies wirft die Frage auf, ob das Sinn gehabt und Nutzen gebracht hat. Oder war es, wie Milton Friedman und seine Schüler – einschließlich des Staatssekretärs für Währungsfragen im amerikanischen Schatzamt, Beryl Sprinkel (1981–1984) – immer wieder behaupteten, eine »Verschleuderung von Steuergeldern« und ein »Faktor der Instabilität«?

Diese Frage beantwortet sich zum Teil von selbst, wenn man auf die weitere Entwicklung des Dollar-Kurses schaut, der gegenüber der D-Mark von 1980 bis Februar 1985 in schwindelnde Höhen stieg. Selbst wenn man nur Jahres-Durchschnittskurse vergleicht, betrug die Steigerung von 1980 bis 1985 rund 62 Prozent. Vom niedrigsten Dollar-Kurs im Dezember 1979 zum höchsten Ende Februar 1985 waren es 100 Prozent. Dollar-Beträge aus Interventionen in den Jahren 1977 bis 1979, die beim späteren Höhenflug des Dollars wieder verkauft wurden, bestehen meist den *Gewinn-Test* der Friedman-Schule. Das weist darauf hin, daß sie ausgleichend gewirkt haben. Hier komme ich zu einem wichtigen Punkt: Häufig werden Berechnungen über Gewinn oder Verlust aus Interventionen so angestellt, daß mit dem Devisenkurs am Ende des gleichen Geschäftsjahres oder bestenfalls des nächsten Jahres verglichen wird. Eine Notenbank ist aber nicht auf solche kurzen Fristen angewiesen. Sie wird häufig die durch Interventionen erworbenen Dollar erst wieder verkaufen, wenn sie einem übersteigerten Dollar-Kurs entgegenwirken will. In der Zwischenzeit bekommt sie außerdem Zinsen – und das waren in den letzten Jahren beim Dollar recht gute, höhere als die Notenbank für entsprechende inländische Anlagen bekommen hätte.

Die andere Frage ist: Haben diese massiven Dollar-Interventionen auch stabilisierend, das heißt glättend auf den Dollar-Kurs gewirkt? Mr. Beryl Sprinkel, der ehemalige für Währungsfragen zuständige Staatssekretär im amerikanischen Finanzministerium, behauptete in einem Interview im April 1985[7] schlankweg, Untersuchungen hätten bewiesen, daß die massiven Interventionen der Jahre 1977 bis 1980 »die Währungen nicht stabilisiert« hätten. Das erinnert sehr an die oberflächlichen Urteile in Devisenmarktkreisen und Zeitungen, die sofort von »Mißerfolg« einer Interventionsaktion sprechen, wenn der – sagen wir »zu hohe« Dollar-Kurs – nicht sofort und dauerhaft in die gewünschte Richtung geht. Aber das heißt ja noch lange nicht, daß die Intervention erfolglos war; sie hat ja vielleicht die Fortsetzung einer spekulativen Einbahnstraße und die panikartige Zuspitzung der Kursverzerrung verhindert.

Natürlich haben die Interventionen der Jahre 1977 bis 1980 den Dollar-Kurs nicht auf einem stabilen Niveau gehalten. Das war auch gar nicht ihr Zweck. Interventionen im System des Floatens sind etwas grundsätzlich anderes als Interventionen im System fester Paritäten. Sie zielen normalerweise gar nicht auf die Aufrechterhaltung fester Kurse, sondern bezwecken entweder eine Überwindung von akuten Marktstörungen oder eine Glättung von eindeutigen Überreaktionen des Marktes. Geradezu entscheidend war, daß wir uns mit den Interventionen keinesfalls den fundamentalen Markttendenzen entgegenstellten. Wir nahmen in der Zeit von Mitte 1977 bis Ende 1979 eine DM-Aufwertung gegenüber dem Dollar von rund 35 Prozent *bewußt* in Kauf. *Das war ein wichtiger Ausgleichsfaktor in unserer »zweidimensionalen« Stabilitätspolitik.*

Denn mit den Devisenankäufen der Jahre 1977/78 ging unvermeidlich eine Geldaufblähung einher – unvermeidlich, weil mindestens bis November 1978 der deutschen Geldpolitik durch die fortwährenden Dollar-Krisen die Hände gebunden waren. Der »desinflatorische« Effekt der DM-Überbewertung – als Preisbremse und Nachfragedämpfung – war ein Gegengewicht gegen potentielle Inflationsgefahren aus der Geldaufblähung (soweit diese echt und nicht bloß statistisch überzeichnet war). Es kommt also hier sehr auf die richtige Balance zwischen Intervention und Wechselkursänderung an. Wie ich im April 1979 in einer Rede[8] ausführte: »Es bleibt die Kernfrage: Ist es der Bundesbank gelungen, eine vertretbare Balance zwischen der Geldexpansion aus den Devisenankäufen einerseits und der preis- und nachfragedämpfenden DM-Aufwertung andererseits zu halten?« Ich werde im 14. Kapitel, S 434f., näher darstellen, daß die Balance zwischen den zwei Faktoren überraschend gut gelang. Als wir ab Anfang 1979 nicht mehr mit einem ebenso starken Gegengewicht aus einer weiteren DM-Aufwertung rechnen konnten, im Gegenteil wegen der Ölkrise und sonstigen exogenen Faktoren einen Inflationsimport von draußen zu gewärtigen hatten, war das für mich ein Hauptargument, nun mit weiteren Devisen-Interventionen kürzer zu treten. Ich erklärte dies auch ganz ausdrücklich, sowohl in Pressekonferenzen und Reden im Januar 1979 als auch in meiner Ansprache vor dem Deutschen Bankentag im März 1979. Daher auch mein *ceterum censeo*: Devisenankäufe gepaart mit einem kräftig steigenden DM-Kurs sind etwas völlig anderes als Devisenankäufe bei festen oder künstlich festgehaltenen Wechselkursen.[9] Es hat mich etwas gewundert, daß so wichtige Unterscheidungen in der internationalen Interventions-Studie von 1983 (Jurgensen Report) überhaupt keine Erwähnung fanden.

Was erreichten wir dann überhaupt mit den Dollar-Ankäufen in den Jahren 1977/78? In der ersten Periode, die gekennzeichnet war von wiederkehrenden Vertrauensstörungen und zeitweiser »Flucht aus dem Dollar«, gelang es, die oft auftretenden chaotischen Zustände am Dollar-Markt unter Kontrolle zu halten. Außerdem wurde verhindert, daß eine noch stärkere Überreaktion des Dollar-Kurses durch sich selbst verstärkende spekulative Bewegungen eintrat. Vergessen wir nicht, daß damals, als der Dollar-Kurs unter 2 DM sank, vielfach schon von einem künftigen Dollar-Kurs von 1,50 DM geredet wurde! Im Jahre 1979, als wir per saldo einen nicht unbeträchtlichen Dollar-Abgang hatten, konnten wir durch glättende Interventionen die enormen Zu- und Abflüsse von kurzfristigen Auslandsgeldern, die »Liquiditäts-Wechselbäder« aus dem Ausland in der Größenordnung von 20 Mrd. DM und mehr innerhalb weniger Monate, soweit ausgleichen, daß größere Marktstörungen vermieden wurden und die Einhaltung des Geldmengenziels nicht gestört wurde. Die glättende, ausgleichende Wirkung unserer und der erheblich verstärkten amerikanischen Interventionen zeigte sich auch darin, daß 1979 die kurzfristigen Schwankun-

gen des Dollar-Kurses trotz der erwähnten »Wechselbäder« erheblich geringer als 1978 waren. Wäre es sinnvoll gewesen, diese Dollar-Wechselbäder sich in heftigen Wechselkursschwankungen austoben zu lassen?
Wie aus der Tabelle auf Seite 310 ersichtlich, reichte der Nettozufluß an Devisen von Mitte 1977 bis Ende 1978 gerade knapp aus, um unsere hohen Devisendefizite der Jahre 1979/80 zu decken. Wenn das nicht ein vernünftiger mittelfristiger Ausgleich, eine »Glättung« zwischen der Periode der Dollar-Krisen und der Periode der Dollar-Erholung war!
Außerdem haben die Dollar-Interventionen der Notenbanken der Zehner-Gruppe von über 60 Mrd. Dollar in den Jahren 1977 und 1978 praktisch das Defizit der amerikanischen Grundbilanz finanziert. Wo wäre der Dollar ohne diese Finanzierungshilfe gelandet! Merkwürdigerweise wird von modernen Theoretikern diese *Finanzierungsfunktion* von Deviseninterventionen oft völlig übersehen. Vor allem in Amerika, aber auch in Untersuchungen internationaler Gremien, wird meist völlig vernachlässigt, daß offizielle Käufe oder Verkäufe am Devisenmarkt oft auch das Mittel darstellen, um ein temporäres Defizit in der Grundbilanz (Leistungsbilanz und nachhaltige Kapitalströme) mit Hilfe der Währungsreserven zu überbrücken, bis die für den Zahlungsbilanzausgleich ergriffenen Anpassungsmaßnahmen ihre Wirkung entfaltet haben. Dies ist doch die klassische Funktion der Währungsreserven! Ein gutes Beispiel ist das hohe, aber nur vorübergehende Defizit in der deutschen Leistungsbilanz von 1980, überwiegend durch die plötzliche Belastung infolge der zweiten Ölpreisexplosion, aber auch durch andere Einflüsse hervorgerufen. Es betrug 28,5 Mrd. DM. Dazu kam noch ein erheblicher Minussaldo im langfristigen privaten Kapitalverkehr. Wäre es sinnvoll gewesen, den Ausgleich allein dem Wechselkurs, ohne jeden Einsatz der Währungsreserven, zu überlassen? Das hätte nicht nur ein Chaos am Devisenmarkt ergeben, sondern auch ein so starkes Absinken des DM-Kurses, daß zu den preistreibenden Wirkungen der Ölhausse noch ein mindestens ebenso starker preistreibender Faktor über den Wechselkurs hinzugetreten wäre. Also wurden vernünftigerweise rund 29 Mrd. DM an offiziellen Reserven eingesetzt – *in Form von Interventionen der Bundesbank am Devisenmarkt!* – und außerdem von der öffentlichen Hand 23 Mrd. DM

im Ausland (vor allem in einigen arabischen Ländern) aufgenommen, die ebenfalls die Zahlungsbilanz entlasteten.
Schließlich, um hier nur einen kurzen Seitenblick auf den *europäischen Währungsverbund* zu tun, werden die Salden der Grundbilanz zwischen den Mitgliedsländern dieses Verbunds laufend durch Interventionen am Devisenmarkt ausgeglichen. Und dieses System des Devisenausgleichs funktioniert doch nach alter (klassischer) Weise ganz gut, außer vielleicht, wenn es durch Erwartungen von Wechselkursänderungen vorübergehend spekulativ etwas verzerrt wird.
Es hat mich immer gewundert, daß in den letzten Jahren bei den internationalen Untersuchungen zum Problem der Interventionen der durchaus berechtigte Einsatz von offiziellen Devisenreserven zur Überbrückung plötzlicher oder temporärer Zahlungsbilanzdefizite (Finanzierungsfunktion) so sehr in den Hintergrund gedrängt wurde. So auch in der vom Versailler Wirtschaftsgipfel von 1982 angeregten »Interventions-Studie« der sieben Mitgliedsländer vom April 1983 (sogenannter Jurgensen Report). Man hätte erwartet, daß in einem solchen Bericht genauer herausgearbeitet würde, warum die obligatorischen Interventionen im europäischen Währungsverbund völlig anders zu beurteilen sind als Interventionen im Dollar-Markt.

Weiß der Markt wirklich alles besser?

Wie steht es aber mit dem Argument: Der Markt weiß es allemal besser als die »Bürokraten« in einer Notenbank? Ein Argument, das vor allem in Amerika jahrelang von den Interventionsgegnern vorgebracht wurde (*the market knows best*). Nun könnte man kurzerhand sagen, die Amerikaner haben durch die von ihnen angeregte Übereinkunft der *Fünfer-Gruppe* vom September 1985 ja selbst dieses Argument aufgegeben und die Devisenintervention wieder international hoffähig gemacht. Denn sie haben offiziell eingeräumt, daß der frühere Dollar-Kurs falsch war und die grundlegenden Tatsachen nicht richtig widergespiegelt hat.
Ich möchte aber noch einige weitere Argumente gegen die These *the market knows best* vorbringen. *Erstens* ist der Wechselkurs kein Preis wie irgendein Preis auf dem Gemüsemarkt. Er ist in viel höhe-

rem Grade von Entscheidungen und Maßnahmen der Wirtschaftspolitik, insbesondere der Geldpolitik, abhängig. Man könnte daher sagen: diejenigen, die näher an den Entscheidungszentren über solche Einflußfaktoren sitzen, können vielleicht diese künftigen Einflüsse besser voraussehen. *Zweitens* ist der Wechselkurs auch in seiner Bedeutung für die Volkswirtschaft ungleich wichtiger als die meisten anderen Preise. Er ist sozusagen das Scharnier zwischen nationalen Märkten und der Weltwirtschaft. Es können daher Situationen auftreten, in denen die Währungsbehörden aus übergeordneten Interessen, zum Beispiel im Interesse der inneren Geldwertstabilität, eingreifen müssen. Dieser Fall trat besonders sichtbar ein, als die Überbewertung des Dollars in den Jahren ab 1981 zeitweise zu einem stabilitätsgefährdenden Anstieg der deutschen Einfuhrpreise (in DM) führte. Man kann es allgemeiner etwa so ausdrükken: Auch Regierungen und Notenbanken können nicht sagen, was der »richtige« Wechselkurs sein sollte. Aber sie können manchmal sagen, wie der Wechselkurs unter keinen Umständen sein sollte. *Drittens* ist beim Vergleich zwischen Notenbank und Marktspekulation noch ein weiterer Gesichtspunkt von Bedeutung: Die Notenbank hat einen viel längeren Atem als die Devisenhändler oder Devisenspekulanten. Sie kauft bei einem Interventionskauf eine offene (ungedeckte) Dollar-Position, und zwar vielleicht auf mehrere Jahre. Sie kann also darauf »spekulieren«, wie der Dollar vielleicht in zwei oder drei Jahren liegen wird, ohne sich im vorhinein auf eine genaue Zeit festlegen zu müssen. Devisenhändler oder -spekulanten können im allgemeinen keine *offene*, also nichtabgesicherte, Devisenposition über mehrere Jahre eingehen, jedenfalls nicht in großen Beträgen. Meist begnügen sie sich mit viel kürzeren Fristen. Das führt dazu, daß Devisenspekulanten normalerweise nicht auf die längerfristigen Fundamentfaktoren schauen; sie versuchen vielmehr, die Stimmung des Marktes in einigen Wochen oder Monaten vorauszusehen und vorwegzunehmen.

Devisenmärkte sind kurzfristig vielfach Stimmungs-Märkte, auf denen Mitläufer eine große Rolle spielen (*bandwagon effect*). Daher gibt es seit Beginn des Dollar-Floatens so starke kurz- und mittelfristige Ausschläge und Übertreibungen. Viele Untersuchungen haben gezeigt, daß *Devisenmärkte keine sehr effizienten Märkte* sind.[10] Der einfachste Beweis ist die Tatsache, daß die Devisen-Terminkurse, etwa ein 3-Monats- oder 6-Monatskurs, erwiesenermaßen die künftigen Kassakurse meist schlecht voraussagen. Die Terminkurse spiegeln überwiegend einfach die Zinsdifferenzen zwischen den Märkten der beteiligten Währungen, also gar keine selbständige *offene* Voraus-Spekulation wider; sie sind weniger durch offene Spekulationsgeschäfte als durch bankmäßige Absicherungsgeschäfte für den Außenhandel bestimmt. Daher der Einfluß der Zinsdifferenzen. Das zeigt aber auch, daß die offene ungedeckte Devisenspekulation schon auf Termine von nur drei oder sechs Monaten sehr schwach sein muß.

Die Wirksamkeit von Dollar-Interventionen wird oft mit dem Argument bezweifelt, daß nach neueren Feststellungen auf den wichtigsten Dollar-Märkten *pro Tag durchschnittlich mehr als 150 Mrd. Dollar* umgesetzt werden. Was sind schon 5 oder 10 Mrd. Interventions-Dollar dagegen! Aber die Berufung auf die Gesamtumsätze ist barer Unsinn. Diese Zahl ist enorm aufgebläht durch Interbankgeschäfte, durch Geschäfte zwischen den Devisenhändlern. Was zählt, ist aber nur der Nettosaldo der ungedeckten, das heißt nicht durch Gegentransaktionen abgesicherten Devisengeschäfte. Bei den Banken und sonstigen Devisenhändlern ist die Veränderung der »offenen«, das heißt nicht durch Gegengeschäfte abgedeckten oder abgesicherten, Devisenpositionen meisten beschränkt. Auch der Saldo der von außen an den Devisenmarkt herangetragenen Devisenaufträge ist in der Regel nicht übermäßig groß. Er wird im wesentlichen durch den Saldo der Leistungsbilanz und der autonomen Kapitalbewegungen bestimmt. Freilich können hier erhebliche einseitige Salden auftreten, wenn sich zum Beispiel infolge von starken Vertrauensschwankungen eine allgemeine Verschiebung in den Zahlungsmodalitäten für Importe und Exporte (*terms of payments*) ergibt. Eine generelle Verschiebung der Zahlungsfristen bei der Ausfuhr um vier Wochen könnten beim amerikanischen Außenhandel immerhin einen einseitigen Dollar-Saldo von über 15 Mrd. Dollar hervorrufen. Man denke an die umfangreichen ausländischen Vorauszahlungen auf deutsche Exporte im Jahre 1978, als alle Welt eine weitere Kurssteigerung der D-Mark erwartete!

Es gäbe noch manche Einzelpunkte der Interventionspolitik zu diskutieren, etwa die Frage: Sollen Interventionsabsichten öffentlich angekündigt werden, oder sollen sie den Markt unangekündigt überraschen? Das hängt sicher von den Umständen ab. Im Juli 1973, Februar 1975 und November 1978 wurde die Interventionsabsicht einiger Notenbanken mit Nutzen öffentlich kundgetan. Dasselbe geschah im Septemer 1985 durch die Bekanntmachung der Fünfer-Gruppe. Eine international abgestimmte Aktion kann durch öffentliche Ankündigung wirksamer werden, weil sie den Märkten Orientierungshilfen geben kann.

Eine andere öfters diskutierte Frage ist, ob eine Intervention sich grundsätzlich *gegen* eine unerwünschte Markttendenz richten soll (*leaning against the wind*) oder ob sie mehr Erfolg hat, wenn sie eine bereits erfolgte Tendenzumkehr noch verstärkt. Die Erfolge der konzertierten Dollar-Interventionen vom Februar/März und September/Oktober 1985 werden oft dem Umstand zugeschrieben, daß die Dollar-Verkäufe zum großen Teil eine bereits herrschende Tendenz zum Absinken des Dollar-Kurses noch verstärkten. In diesen Fällen verstärken die Interventionen die Markt*tendenz*, richten sich aber *gegen* das noch herrschende Marktniveau.

Grundsätzliche Gegner von Devisen-Interventionen wenden oft auch ein, daß durch die Interventionen die Devisenmärkte nicht stabilisiert, sondern eher verunsichert werden. Vom Standpunkt der Märkte aus gesehen mag das oft stimmen, und deswegen sind die Devisenhändler oft sehr kritisch gegenüber offiziellen Interventionen eingestellt. Es kann ja manchmal gerade das Ziel der offiziellen Interventionen sein, durch eine solche Verunsicherung eine sehr spekulative Markttendenz zu erschüttern. Denn eine solche einseitige Marktstimmung kann zu einem sich selbst verstärkenden Element werden. Beispiel: eine relativ kleine Zinsdifferenz zwischen Dollar und D-Mark kann zu erheblichen Kapitalabflüssen in den Dollar – und damit zu weiterer Dollar-Verstärkung – führen, wenn alle Welt an eine weitere Aufwärtsbewegung des Dollar-Kurses glaubt. Eine »Verunsicherung« durch offizielle Interventionen kann dagegen das Kurs-Risiko wieder stärker ins Bewußtsein rükken. Dies war zweifellos eine der Auswirkungen der aufeinander abgestimmten Dollar-Interventionen im Jahre 1985.

Wirken nur die nichtneutralisierten Interventionen?

Es würde den Rahmen dieses Buches sprengen, wenn ich versuchen wollte, einen vollständigen – und kritischen – Bericht über alle Erfahrungen mit Devisen-Interventionen seit dem Übergang zum Floaten zu geben. Aber vielleicht ist es nützlich, wenn ich in aller Kürze noch auf zwei häufig übersehene Fakten hinweise.

1. Eine weitverbreitete These besagt, daß Interventionen in der Regel nur erfolgreich sind, wenn das intervenierende Land den Devisenzu- oder -abgang sich voll auf die innere Geldbasis auswirken läßt, also diese Wirkung nicht neutralisiert (sogenannte *unsterilized intervention*). Ein Land, das zur Stützung des Dollar-Kurses Dollar ankauft, müßte danach also bewußt seine Geldbasis stärker expandieren lassen. Umgekehrt müßte es bei Dollar-Verkäufen zur Stützung der eigenen Währung die restriktive Wirkung des Dollar-Abgangs durchschlagen lassen. Nun zeigen zwei der erfolgreichsten Dollar-Interventionen der letzten Jahre genau das entgegengesetzte Bild: Als im Februar / März 1985 die Bundesbank im Rahmen einer gemeinsamen Notenbankaktion fast 4 Mrd. Dollar verkaufte, um den exzessiven Höhenflug des Dollars zu bremsen, hatte die Aktion einen sofortigen – und dauerhaften – Erfolg. Ähnlich war es, als unmittelbar nach dem Treffen der Fünfer-Gruppe im September 1985 wiederum eine international abgestimmte Dollar-Intervention stattfand. In beiden Fällen dachte die Bundesbank gar nicht daran, den Liquiditätsentzug durch den Dollar-Abgang hinzunehmen; die Bankenliquidität wurde vielmehr durch entsprechende Maßnahmen voll aufrechterhalten (*sterilized intervention*).
Es kommt eben sehr darauf an, unter welchen Umständen interveniert wird. Wenn ein Land Dollar verkauft (oder verkaufen muß), weil es eine schwache Zahlungsbilanz hat, und wenn die Zahlungsbilanzschwäche überdies durch eine zu starke Binnenexpansion mitverursacht ist, dann ist es sicher richtig, wenn es den Liquiditätsentzug durch den Dollar-Abgang auf sein Geldsystem durchschlagen läßt. Wenn aber ein Land mit starker Leistungsbilanz und stabilem Binnenmarkt Dollar verkauft, weil spekulative Kräfte den Dollar-Kurs zu hoch hinauftreiben, dann wäre es sinnlos, wenn dieses Land sein inneres stabiles Gleichgewicht durch eine restriktive Liquiditätspolitik stören würde. Die erwähnte These der Theoretiker,

wonach Interventionen nur wirken, wenn man sie auf die innere Geldbasis durchschlagen läßt, gilt also keineswegs unter allen Umständen. Erst recht geht sie ins Leere, wenn es sich nur um Interventionen zur Behebung von kurzfristigen Marktstörungen handelt. Einige Monate, nachdem ich diese Quintessenz meiner Erfahrungen mit der »sterilisierten« oder »nichtsterilisierten« Devisen-Intervention niedergeschrieben hatte, kam mir eine Äußerung Paul Volckers[11] zu Gesicht, die in genau dieselbe Richtung geht, nämlich: »Auch eine sterilisierte Intervention kann manchmal eine nützliche Rolle bei der Stabilisierung der Wechselkurse spielen und vielleicht sogar bei der Korrektur einer starken Kursverzerrung (*serious misalignment*).« Ein klarer Fall: Hier stehen die Praktiker gegen die Theoretiker.

2. Ein zweiter Punkt wird gerade bei Interventionen der Deutschen Bundesbank oft übersehen. Diese hat aus normalen Transaktionen – Zinseinnahmen, Transaktionen der öffentlichen Hand und solche mit den amerikanischen Truppen – normalerweise im Laufe eines Jahres beträchtliche Dollar-Einnahmen (im Gegenwert von bis zu 15 Mrd. DM oder mehr). Da es keinen Sinn hätte, diese Deviseneinnahmen ständig zu akkumulieren, müssen sie wieder in den Markt zurückgeschleust werden. Was liegt näher, als dies zu einer Zeit zu tun, in der die D-Mark übermäßig schwach, der Dollar übermäßig stark ist! Das glättet die übertriebenen Kursausschläge etwas und verspricht gleichzeitig einen Kursgewinn. Selbst die massiven Dollar-Interventionen des Jahres 1985 konnte die Bundesbank fast gänzlich durch ihre laufenden Deviseneinnahmen ausgleichen. In ihrer Devisenbilanz verblieb für das ganze Jahr 1985 nur ein geringer Defizitsaldo von 1,3 Mrd. DM, der in den ersten Monaten des Jahres 1986 wieder ausgeglichen wurde. Ich meine, auch dogmatische Gegner von Devisen-Interventionen können gegen eine solche nützliche Form der Devisen-Intervention zum Ausgleich von kommerziellen Dollar-Einnahmen kaum etwas einwenden.

Fazit

Aus all diesen Erfahrungen und Eindrücken – die bei weitem nicht alles erfassen und erschöpfen, was ich in vielen Jahren in der Praxis miterlebt habe – möchte ich ein kurzes Fazit ziehen:

1. Mit Devisen-Interventionen kann man keinen dauerhaften Erfolg gegen entgegengesetzte wirtschaftliche Grundtendenzen erzielen. Sie sind nur sinnvoll als flankierende Ergänzung oder Unterstützung von grundlegenden wirtschaftspolitischen Aktionen.

2. Man kann aber mit Interventionen nicht nur »extremen Marktstörungen« (*disorderly markets*) entgegenwirken, sondern auch andere, etwas längerfristige Übertreibungen (»erratische Überreaktionen«) mindestens dämpfen. Dies wird vor allem dann möglich sein, wenn solche Übertreibungen des Marktes eindeutig auf sehr einseitigen, sich selbst verstärkenden Mitläufereffekten beruhen. Denn dann kann ein Gegenhalten mit offiziellen Interventionen dem spekulativ verzerrten Markt das Wechselkursrisiko wieder ins Bewußtsein zurückrufen.

3. Größere Devisen-Interventionen können wegen ihrer Auswirkung auf Bankenliquidität und Geldmenge zu Konflikten mit der Geldmengensteuerung führen. Dies kann vor allem bei Devisen*ankäufen* zu einem Problem werden, weniger bei Devisen*verkäufen*. Wie unsere Erfahrungen aus der Zeit der Dollar-Schwäche von 1977–1979 gezeigt haben, muß hier versucht werden, eine stabilitätspolitische Balance zu finden, indem als Gegengewicht eine ausreichende Aufwertung der eigenen Währung zugelassen wird. Wegen dieser Möglichkeit eines stabilitätspolitischen Gleichgewichts ist eine Devisen-Intervention bei flexiblen Wechselkursen grundsätzlich anders zu beurteilen als eine solche bei fixen.

4. Es darf auch nicht übersehen werden, daß der Einsatz von offiziellen Devisenreserven in Form von Interventionen am Markt ein legitimes Mittel des *Zahlungsbilanzausgleichs* sein kann. Dies kann vor allem bei einer plötzlichen Gleichgewichtsstörung nützlich – ja unerläßlich – sein, wenn man die Zeit zu überbrücken hat, bis grundlegende Anpassungsmaßnahmen sich auswirken können.

5. Die Erfahrung hat auch gezeigt, daß Devisen-Interventionen am Dollar-Markt eigenen Gesetzen unterliegen und nicht verglichen werden können mit Devisen-Interventionen im europäi-

schen Währungsverbund oder zwecks Anbindung kleinerer Satellitenwährungen an größere Währungseinheiten. Dies rührt vor allem daher, daß der Dollar-Markt sehr stark von Kapitalbewegungen beeinflußt wird, während die Zahlungsbeziehungen im europäischen Währungsverbund oder zwischen kleineren Ländern und einer Leitwährung meist – wenn auch nicht immer – stärker vom Waren- und Dienstleistungsverkehr beherrscht werden.

6. Es gibt keine allgemeingültige Regel, daß nur »nichtsterilisierte« Devisen-Interventionen wirksam sind, das heißt, nur wenn man ihre kontraktiven oder expansiven Effekte auf die Geldbasis durchschlagen läßt. Es kommt hier völlig auf die Umstände an.

11. Kapitel

Allgemeine Bemerkungen zum Floaten

Floaten – enttäuschte Hoffnungen?

Wie ich im 8. Kapitel näher ausgeführt habe, bedeutete der Übergang zum Floaten gegenüber dem Dollar im Frühjahr 1973 für unsere Geldpolitik eine kopernikanische Wende. Wir gewannen dadurch – und nur dadurch – wieder die Kontrolle über unsere eigene Geldversorgung weitgehend zurück und damit die wichtigste Voraussetzung für eine Rückkehr zur Stabilitätspolitik. Wir konnten uns dadurch ganz sichtbar vom internationalen Inflationszug abkoppeln (vgl. Tabelle S. 267). Schon ab Herbst 1973 übernahmen wir wieder die Führungsrolle in der Anti-Inflationspolitik, die uns in den Jahren 1970 bis 1972 durch die von außen importierte Inflation etwas entglitten war.

Wir haben diese positive Rolle des Floatens als äußere Abschirmung unserer Stabilitätspolitik auch mehrfach in unseren damaligen Geschäftsberichten betont. Auch in meinem Beitrag zum Jubiläumsband der Bundesbank »Währung und Wirtschaft in Deutschland 1876–1975« habe ich dies eingehend dargestellt.[1] Wenn in einem sonst ausgezeichneten Überblick des Internationalen Währungsfonds über die bisherigen Erfahrungen mit dem Floaten[2] davon die Rede ist, daß die Abschirmung der nationalen Geldpolitik durch das Floaten »übertrieben eingeschätzt wurde« (*»was oversold«*), so mag das auf Illusionen von dogmatischen Anhängern des Floatens zutreffen, keinesfalls aber auf die deutsche Erfahrung von 1973. Die damalige Befreiung von der inflationsträchtigen Dollar-Ankaufspflicht kann gar nicht hoch genug eingeschätzt weden. Allerdings war uns von Anfang an klar, daß unsere Geldpolitik dadurch nicht völlig autonom geworden war. Ich selbst betonte dies schon einige Monate nach dem Übergang zum Floaten sehr nachdrücklich.

Es ist vielleicht nützlich, wenn ich hier einige Tatsachen klarstelle:

– Wir gingen nicht zum Floaten über, weil wir uns etwa Illusionen machten über die Wunderdinge, die angeblich durch das Floaten zu erreichen waren; wir konnten daher in der Folgezeit auch nicht so enttäuscht sein, wie dies heute viele Währungstheoretiker und Währungspolitiker offenbar sind.

– Wir wußten von Anfang an, daß zur äußeren Abschirmung unserer Stabilitätspolitik nur das Floaten gegenüber dem Dollar unerläßlich war, während gegenüber einer Gruppe europäischer Währungen ein engerer Währungsverbund wünschenswert war und nicht unbedingt störend wirken mußte.

– Der fundamentale Unterschied zwischen dem Dollar und anderen Währungen liegt nicht nur in der Schlüsselrolle des Dollars als weltweiter Reserve-, Interventions- und Handelswährung, sondern ganz wesentlich darin, daß im Verhältnis zum Dollar häufig die Kapitalbewegungen dominieren; die Beziehung zwischen den meisten übrigen Währungen werden jedoch immer noch überwiegend durch Inflationsdifferenzen und Leistungsbilanzentwicklungen bestimmt.

– Wenn störende Entwicklungen unter der Herrschaft des Floatens auftraten, wie zum Beispiel die anhaltende Verzerrung des Dollar-Kurses in den Jahren 1982 bis 1985, so muß zuallererst geprüft werden, ob diese Störung wirklich dem Floaten anzulasten ist oder ob nicht ganz andere Ursachen dahinterstecken. Im Falle der Verzerrung des Dollar-Wechselkurses trifft ganz sicher dies letztere zu. Hier wird also zu Unrecht der Schwarze Peter dem Floaten zugeschoben.

Es ist nicht uninteressant, daß vor einiger Zeit der ehemalige Bundeskanzler Helmut Schmidt von »enttäuschten Hoffnungen« sprach und den Eindruck erweckte, als sei der seinerzeitige Übergang zum Floaten doch vielleicht ein Fehler gewesen. In einem seiner Aufsätze vom Jahr 1983 über weltwirtschaftliche Probleme vermerkte er: »Valéry Giscard d'Estaing, George Shultz und ich waren neben anderen die Urheber der Entschlüsse im Jahre 1973 zum Übergang zum Floaten. Falls jemand von uns damit längerfristige Hoffnungen verbunden haben sollte, so sind diese jedenfalls enttäuscht worden.« Dies erweckt den Eindruck, als ob das Floaten durch einen Beschluß auf hoher Ebene eingeführt worden wäre – und wohl auch durch einen ebensolchen Beschluß wieder abgeschafft werden könnte.

Aber *erstens* waren die von Schmidt erwähnten drei Minister und ihre Kollegen gar nicht die eigentlichen Urheber des Übergangs zum Floaten. Ich habe bereits im 7. Kapitel dargelegt, daß die Entscheidung über das Block-Floaten in Wirklichkeit in einer EG-Sitzung am 11. März 1973 gefallen ist und daß auch den EG-Ministern angesichts der Lage, die durch die Einstellung der Dollar-Stützung durch die Bundesbank geschaffen war, gar nichts anderes übrigblieb als zu entscheiden, ob sie entweder ein gemeinsames Block-Floaten oder ein isoliertes Floaten der europäischen Länder haben wollten. *Zweitens* aber kann ich nur wiederholen: Der Übergang zum Floaten war nicht das Ergebnis einer freien Wahl, bei der man sorgfältig alles Für und Wider abwägen könnte. Es war ganz einfach ein *Akt der Notwehr,* um unsere innere Geldversorgung gegen die übermächtigen Störungen aus dem Dollar-Raum abzuschirmen und sie wieder unter unsere Kontrolle zu bringen. Die Gründe für diesen Entschluß sind bis heute bestehen geblieben.

Erinnern wir uns, daß Helmut Schmidt als Bundesfinanzminister im Februar 1973 den dringenden Wunsch der Bundesbank, von der Pflicht zur Dollar-Stützung zum Fixkurs entbunden zu werden, aus taktischen Gründen zunächst abgewiesen hatte. Aus dem Saulus ist dann freilich nach der Einstellung der Dollar-Stützung durch die Bundesbank sehr rasch ein Paulus geworden und hat kurz danach bei einer EG-Ministersitzung sogar mit einem isolierten Floaten der Bundesrepublik gedroht, falls es nicht zum Block-Floaten komme. Ein Jahr später, im Mai 1974, schrieb Schmidt in einem Memorandum über aktuelle Wirtschaftsprobleme[3]: »In den letzten Monaten hat die Bundesrepublik inzwischen bezüglich der Preisstabilität eine absolute Bestleistung unter allen in der Weltwirtschaft beteiligten Staaten erreicht. Diese herausragende Leistung wäre 1973 und ebenso 1974 nicht denkbar gewesen ohne die währungspolitischen Entscheidungen der Bundesregierung. Erst unsere beiden Aufwertungen im Rahmen der ›Schlange‹, vor allem aber die von uns(!) herbeigeführte allseitige Freigabe aller Wechselkurse außerhalb der ›Schlange‹ (sog. Floating) haben die Bundesbank in die Lage versetzt, die Expansion der Geld- und Kreditmenge wieder unter Kontrolle zu bekommen.« Elf Jahre später beurteilt Schmidt das Floaten freilich völlig anders. Nun schreibt er in seinem neuesten Buch: Durch den Zusammenbruch des Bretton-Woods-Systems »wurden viele Regierungen die Verpflichtung los, in ihrem finanz- und geldpolitischen Verhalten Wechselkurs- und Zahlungsbilanzdisziplin zu halten ... So brachen die Dämme gegen die Inflation«. Auch in verschiedenen Vorträgen der letzten Jahre führt er immer wieder die weltweite Inflation und die riesige Expansion der internationalen Liquidität in den siebziger Jahren auf den Übergang zum Floaten im Jahre 1973 zurück. Das stellt aber die historischen Zusammenhänge auf den Kopf. In meiner Per Jacobsson Lecture vom Juni 1973, noch frisch unter dem Eindruck des Zusammenbruchs des Fixkurs-Systems, hatte ich festgestellt: Das System der festen Wechselkurse brach zusammen wegen seiner nicht mehr erträglichen inflatorischen Auswirkungen. Und die Explosion der internationalen Liquidität hatte nicht *nach* dem März 1973, sondern in der Zeit von 1970 bis März 1973 stattgefunden (siehe oben S. 289). Dem wären vielleicht noch zwei Fragen anzufügen: Glaubt Helmut Schmidt etwa, daß wir auf längere Sicht weiterhin eine Stabilitätspolitik verfolgen könnten, wenn wir uns wieder in aller Form enger an den Dollar-Wechselkurs binden würden? Und fürchtet er nicht, daß wir in diesem Fall viel stärker als gegenwärtig an den überhöhten *Dollar-Zins* gebunden wären (den er ja bekanntlich als eines der Hauptübel der Weltwirtschaft ansieht)?

Was meint man nun, wenn man von den enttäuschten Hoffnungen – oder Illusionen – der Befürworter des Floatens spricht? Ich bin einmal in einer akademischen Diskussion mit einer ganzen Liste derartiger Illusionen konfrontiert worden. Dabei unterstellte man, daß dies nicht nur die Erwartungen von dogmatischen Anhängern des Floatens waren, sondern daß auch die verantwortlichen Währungspolitiker beim Übergang zum Floaten sich von solchen Illusionen hätten leiten lassen. Als solche angeblichen Erwartungen wurden aufgezählt:

– daß flexible Wechselkurse eine völlig autonome Geld- und insbesondere Zinspolitik gestatten;
– daß ein Land sich durch flexible Wechselkurse völlig gegen internationale Inflation oder sonstige äußere Störungen abschirmen könne;

- daß mit dem Übergang zum Floaten die vorher so störende Über- und Unterbewertung wichtiger Währungen automatisch verschwinden würde;
- daß flexible Wechselkurse automatisch zum Ausgleich der Zahlungsbilanz führen;
- daß freie Wechselkurse eine größere Stabilität für die Weltwirtschaft gewährleisten würden;
- und daß schließlich in einem System des Floatens Währungsreserven weitgehend entbehrlich seien.

Mit der Behauptung, daß sich die Währungspolitik beim Übergang zum Floaten von solchen Erwartungen hätte leiten lassen, wird eine Legende aufgebaut, die ebenso irreführend ist wie die kürzlich von einem angesehenen deutschen Nationalökonomen verbreitete, nach der die Notenbanken 1973 zum Floaten übergegangen seien, weil damals die Währungstheoretiker zu über 90 Prozent dafür eingetreten seien. Nein – wir haben damals nicht unter dem Druck einer modisch gewordenen wissenschaftlichen Theorie, sondern unter dem Druck der Realitäten gehandelt und handeln müssen, um uns gegen die inflationäre Dollar-Flut abschirmen zu können. Wir haben aber selbst sehr frühzeitig auf die Grenzen dieser Abschirmung hingewiesen. Ich darf hierzu auf einige meiner eigenen Äußerungen verweisen.

In einem Vortrag im Oktober 1973, also wenige Monate nach dem Übergang zum Floaten, führte ich aus[4]: »Auch ein flexibler Wechselkurs entläßt uns nicht grundsätzlich aus dem internationalen Zinsverbund, wenn er diesen auch im Vergleich zum Fixkurs-System gelockert hat. *Diskrepanzen in der Liquiditäts- und Zinsentwicklung können sich in Wechselkurs-Entwicklungen niederschlagen, die ein Land vielleicht aus wichtigen Gründen für unerwünscht hält.*« Genau dieser Fall trat in besonders eklatanter Form zu Beginn der achtziger Jahre ein, als Amerika zu einer extremen Hochzinspolitik überging, der Dollar-Kurs kletterte und die dadurch stark steigenden Einfuhrpreise in D-Mark unsere inländische Teuerungsrate nach oben trieben. Hier mußte im Interesse der inneren Stabilität ein paar Jahre lang die deutsche Geld- und insbesondere Zinspolitik sich teilweise auch am Dollar-Kurs – oder richtiger: am Inflationsimport über die DM-Einfuhrpreise – orientieren.

Ebenso wiesen wir in unserem Geschäftsbericht für 1973 nach-

drücklich darauf hin, daß die deutsche Geld- und Währungspolitik durch das Floaten gegenüber dem Dollar keine völlige Autonomie erlangt habe. Es wurde dort ausgeführt: »Freie Wechselkurse sind kein Freibrief für die innere Wirtschaftspolitik. Auch die Zahlungsbilanz wird durch Wechselkursänderung allein nicht ins Lot gebracht werden.« Wie ich verschiedentlich in Vorträgen darlegte[5], müssen »Wechselkursänderungen von einer angemessenen inneren Wirtschaftspolitik begleitet sein, um ein Zahlungsbilanzungleichgewicht zu kurieren, ja in den meisten Fällen kommt dabei der inneren Wirtschaftspolitik die Priorität vor der Wechselkursänderung zu«. Genau dies zeigten in den darauffolgenden Jahren zwei besonders auffällige Beispiele, nämlich die starke Verschlechterung der Zahlungsbilanzen Großbritanniens und Italiens in den Jahren 1974 bis 1976 – trotz starker Abwertung der beiden Währungen. In beiden Fällen war eine übermäßige Geld- und Nachfrageexpansion der Hauptschuldige für die Verschlechterung sowohl der Wechselkurse als auch der Handels- und Leistungsbilanzen.
Schließlich verweise ich auf meinen bereits erwähnten Beitrag zum Jubiläumsband der Bundesbank von 1975. Dort widmete ich den »Grenzen der Abschirmung durch Wechselkursfreigabe« sogar einen eigenen Abschnitt. Dabei legte ich dar, daß ein so eng mit der Weltwirtschaft verflochtenes Land wie die Bundesrepublik »sich durch keinerlei Mittel völlig von den Schwankungen und Störungen der Weltwirtschaft isolieren kann«. Dies gelte sowohl für internationale Preissteigerungen als auch für starke Nachfrageschwankungen im Ausland und erst recht für die Zinspolitik. In diesen Hinsichten hatten wir also keine Illusionen.
Im übrigen sorgten auch wichtige Ereignisse unmittelbar nach dem Übergang zum Floaten für einen Anschauungsunterricht darüber, was das Floaten leisten kann und was nicht. Die Ende 1973 ausbrechende erste Ölkrise verursachte solche Verzerrungen in manchen Zahlungsbilanzen und solche Inflationstendenzen, daß dadurch ein etwa noch weltweit bestehendes Festkurssystem mit Sicherheit über den Haufen geworfen worden wäre (wie der Geschäftsführende IWF-Direktor ausdrücklich anerkannte). Aber sie zeigte auch die Grenzen der Wirksamkeit flexibler Wechselkurse. Mindestens im Verhältnis zu den Opec-Ländern konnte niemand erwarten, daß das Öldefizit etwa durch eine allgemeine Abwertung gegenüber

diesen Ländern hätte aus der Welt geschafft werden können. Hier war mindestens für eine längere Übergangszeit, bis sonstige Anpassungsprozesse Erleichterung gebracht hatten, bei manchen Ländern eine Abdeckung der Zahlungbilanzdefizite mit Hilfe von Dollar-Reserven (oder Aufnahme von Währungkrediten) unerläßlich. Auch in einem System flexibler Wechselkurse braucht man also für politische Schocks von außen unter Umständen eine Währungsreserve (oder Währungskredite) zur zeitlichen Überbrückung. Währungsreserven können auch durchaus nützlich sein, um im Bedarfsfall (zum Beispiel bei »erratischen« Kursbewegungen) am Devisenmarkt intervenieren zu können. In diesem Zusammenhang ist es nicht ohne Reiz zu sehen, daß im Oktober 1985 ausgerechnet Großbritanien, ein Land mit einer seit vierzehn Jahren frei schwankenden Währung, sich auf dem internationalen Finanzmarkt 2,5 Mrd. Dollar beschaffte, um seine Währungsreserven aufzustocken. Der englische Finanzminster begründete dies unter anderem damit, daß dadurch die britische Geldpolitik größere Autonomie erlangen werde. Die extreme Gegenposition wurde 1981 von dem damaligen Staatssekretär im amerikanischen Finanzministerium Beryl Sprinkel vertreten, als er vorschlug, die amerikanischen Devisenreserven, weil überflüssig, abzustoßen.

Viele der akademischen Befürworter flexibler Wechselkurse hatten tatsächlich an den »automatischen Zahlungsbilanzausgleich« durch flexible Wechselkurse geglaubt, so zum Beispiel auch Milton Friedman[6]. Das Institut für Weltwirtschaft Kiel hatte sich in einer Untersuchung über »Internationale Währungspolitik« vom September 1969 dieser Illusion angeschlossen und sie wie folgt begründet: »Bei frei beweglichen Wechselkursen kann ein Zahlungsbilanzungleichgewicht gar nicht erst entstehen, denn der Wechselkurs kann Divergenzen zwischen internem und externem Preis- und Lohnniveau *pari passu* wieder ausgleichen ... Die Anpassungslast braucht nicht auf die internen Zielsetzungen verlegt zu werden.«[7] Also völlige Autonomie der inneren Wirtschaftspolitik durch das Wundermittel Floaten! Dies baute auf der längst überholten Illusion auf, als ob Wechselkurse auch kurzfristig nur von den Kaufkraftparitäten bestimmt seien.

Lockerung der Währungsdisziplin durch Floaten?

Ich will jedoch hier nicht den Eindruck erwecken, als hätten wir schon 1973 alles vorausgesehen, was sich im weiteren Verlauf unter dem Regime des Floatens ereignet hat. So hatten wir zwar durchaus mit einer gewissen Unstabilität des Dollar-Kurses gerechnet und dies als Preis für die größere Freiheit unserer nationalen Stabilitätspolitik hingenommen. Aber wir hatten weder die außerordentlich starken Schwankungen des Dollar-Kurses über mittlere Fristen (drei bis neun Monate) noch die jahrelange einseitige Verzerrung des Dollar-Kurses durch anhaltende riesige Kapitalbewegungen ahnen können. Um aus einem Bundesbankbericht von 1975 zu zitieren: Wir waren 1973 der festen Hoffnung, »daß mit der Aufhebung der Dollar-Ankaufspflicht und dem dadurch bewirkten Abkoppeln von den unerschöpflichen Dollar-Quellen ... die außenwirtschaftliche Flanke unserer Stabilitätspolitik weitgehend abgesichert und die Herrschaft über die innere Geldversorgung wieder – wie im Bundesbankgesetz vorgeschrieben – in die Hand der Bundesbank gelegt war.«

Gegen flexible Wechselkurse werden immer wieder zwei Haupteinwände erhoben:

– daß sie zu sehr starken – vielfach funktionslosen – Schwankungen der Wechselkurse und damit zu tiefgehenden Störungen im Außenhandel und in der ganzen Weltwirtschaft geführt haben;

– daß sie die Zahlungsbilanzdisziplin untergraben und inflationsfördernd sind.

Mit diesem zweiten Einwand läßt sich leichter fertig werden als mit dem ersten. Ich erinnere mich sehr gut, daß zu Beginn der siebziger Jahre der französische Notenbankchef Wormser mir bei den Baseler Notenbanktreffen immer wieder sagte: »Wenn wir zum Floaten übergehen, dann gibt es in unserem Land für Gewerkschaften und Arbeitgeber überhaupt kein Halten mehr, die Löhne und Preise hinaufzutreiben. Die einzige Bremse, die wir haben, ist die Rücksicht auf die äußere Wettbewerbsposition und die Zahlungsbilanz.«

In grotesker Überspitzung hat dies einmal ein anderer Franzose formuliert, nämlich Jean-François Deniau, ein Nationalökonom und ehemaliger französischer Außenhandelsminister, der 1982 schrieb: »Inflation und Arbeitslosigkeit wurden gemeinsam geboren in dem

Augenblick, in dem der Westen das Bretton-Woods-System der flexiblen Wechselkurse im August 1971 [sic!] fallen ließ. Das System der festen Wechselkurse ist ein unmoralisches System ... eine sanfte Droge mit allen damit verbundenen Vorteilen und Gefahren.«[8]

Auch der französische Präsident Mitterrand sagte einmal in einer Rede (Genf 1982) kurzerhand: Die gegenwärtige hohe Arbeitslosigkeit sei vor allem »der einseitigen Aufkündigung von Bretton Woods im Jahre 1971« zuzuschreiben. Übrigens hat jüngst auch das »Wall Street Journal«[9] in die gleiche Kerbe gehauen und in einem Leitartikel ausgeführt: »Der Kollaps des Bretton-Woods-Systems hat eine Periode der Inflation, der OPEC-Preiserhöhungen und des Weltschuldenproblems eingeläutet.«

Welch ein extremer Gegensatz! Von Deutschland aus gesehen *mußte* das Bretton-Woods-System der festen Wechselkurse aufgegeben werden, gerade weil es sich in seiner Endphase zu einem Transmissionsriemen der Inflation entwickelt und die internationale Liquiditäts-Explosion begünstigt hatte. Selbst der frühere Bundesbankpräsident Karl Blessing, der zu Beginn seiner Amtszeit die Währungsparität noch als »sakrosankt« ansah, bezeichnete 1971 das Bretton-Woods-System der festen Wechselkurse als »perfekte Inflationsmaschine«. Wir hatten 1973 den Übergang zum Floaten begründet als Akt der Notwehr gegen die von außen importierte Inflation und als unerläßliche Abschirmung für die Wiedergewinnung der Herrschaft über die eigene Geldversorgung und die Rückkehr zu einer Stabilitätspolitik. Die andere Seite sieht dagegen in der Abwehr von festen Wechselkursen einen Freibrief für Inflation und im Übergang zum Floaten gegenüber dem Dollar geradezu die Hauptursache für die weltweite Inflation der siebziger Jahre!

Nun ist nicht zu leugnen, daß in den zehn Jahren nach 1973 die Inflationsraten in der Welt höher und das Inflationsgefälle zwischen den einzelnen Ländern größer waren als jemals zur Zeit der festen Wechselkurse. Man kann aber nicht einfach mit einem *post hoc ergo propter hoc* argumentieren. Die große Inflationswelle der siebziger Jahre hatte bereits vor dem Übergang zum Floaten begonnen. In meiner Per Jacobsson Lecture vom Juni 1973 habe ich ausführlich dargelegt, daß in der Endphase des Fixkurs-Systems von Bretton Woods die fixen Wechselkurse nicht nur als Transmissionsriemen der Inflation von einem Land zum anderen dienten, sondern daß das

System in dieser Phase auch eigenständige Inflationsimpulse hervorrief. In der Endzeit des Fixkurssystems, nämlich von 1970 bis Frühjahr 1973, hatte die Geldmenge in Europa um nicht weniger als 54 Prozent zugenommen – eine Zuwachsrate, die in der nachfolgenden Zeit des Floatens nie mehr erreicht wurde. Dies war mindestens teilweise eine direkte Folge des Zwangs zum Ankauf riesiger Dollar-Zuflüsse zu Fixkursen sowie des Zwangs zur Anpassung an die internationale Inflation. Diese Hinterlassenschaften des dahinsiechenden Fixkurssystems erklären, zusammen mit der Vervierfachung des Ölpreises und anderen äußeren »Schocks«, weitgehend die Inflation in Europa in der Periode nach 1973[10]. Die Ursachen der amerikanischen Inflation, besonders im Jahre 1973, lassen sich freilich nicht ganz so einfach benennen; sie war, vom Ölschock abgesehen, überwiegend hausgemacht. Zweifellos haben aber manche Länder die größere Beweglichkeit der Wechselkurse seit 1973 zunächst auch als Weg des geringsten Widerstandes benützt, um ihre Inflationspolitik fortzuführen und sich eine Zeitlang der Härte des inneren Anpassungsprozesses zu entziehen.

In Wirklichkeit hat der Übergang zum Floaten größere Freiheit von außenwirtschaftlichen Zwängen nach beiden Seiten hin gebracht: Für die inflationistischen Länder schien er die außenwirtschaftlichen Zwänge und Bremsen zu lockern und die Fortsetzung der Inflation zu erleichtern. Den stabilitätsorientierten Ländern gab er die Kontrolle über ihre eigene Geldversorgung mindestens weitgehend wieder zurück. Diese letztere Gruppe hat von dieser Abschirmung nach außen durch das Floaten mit Erfolg Gebrauch gemacht: Tatsächlich gelang es einer Reihe dieser Länder, nämlich Deutschland, Schweiz, Österreich, den Benelux-Staaten und Japan, bis 1978 zu einer niedrigeren Inflationsrate zurückzukehren, als sie in der Endphase des Fixkurssystems hinnehmen mußten. Die Bundesrepublik hatte zum Beispiel 1978, vor der zweiten Ölpreisexplosion, eine Inflationsrate (gemessen an den Verbraucherpreisen) von nur 2,7 Prozent gegenüber 5,4 Prozent im Durchschnitt der Jahre 1971 und 1972, der letzten Jahre unter dem Fixkurssystem.

Noch etwas verdient hervorgehoben zu werden. Es gab in der Bundesrepublik in den drei Jahren 1976 bis 1978 ein reales Wirtschaftswachstum von durchschnittlich gut 3½ Prozent; gleichzeitig ging von 1975–1978 die Inflationsrate, gemessen an den Verbraucherpreisen, von 6,0 auf 2,7 Prozent zurück. Ähnliches ereignete sich in einigen anderen Stabilitätsländern. Das widerlegt eine Feststellung, welche die »Fünfer-Gruppe« in dem Kommuniqué über ihre Tagung in New York am 22. September 1985 getroffen hat. Es heißt dort: »Die gegenwärtige nachhaltige Wirtschaftsexpansion vollzieht sich in einem Rahmen rückläufiger Inflation, ein Phänomen, das in den letzten drei Jahrzehnten einmalig ist [sic!].« Das offenbart eine ausgesprochene Gedächtnislücke und erklärt sich wahrscheinlich allein daraus, daß dieser Teil des Kommuniqués aus einer rein amerikanischen Perspektive geschrieben wurde.

Den inflationistischen Ländern brachte die Lockerung der außenwirtschaftlichen Bremsen durch das Floaten in Wirklichkeit nur eine vorübergehende Erleichterung. Denn hier stellte sich rasch ein *circulus vitiosus* ein: Anhaltende Inflation drückt den Wechselkurs nach unten, dies wiederum erhöht die Einfuhrpreise in nationaler Währung und gibt dadurch der inneren Inflation, nicht zuletzt der Lohninflation, zusätzlichen Auftrieb usw. Umgekehrt haben die stabilitätsorientierten Länder die Chance eines »tugendhaften« Kreislaufs (*virtuous circle*): Innere Stabilitätspolitik führt in einer inflationistischen Umwelt in der Regel zu einem Anstieg des Wechselkurses; dies wiederum wirkt über die verringerten Einfuhrpreise auf eine Senkung der inländischen Teuerungsrate usw. Das hat der deutschen Stabilitätspolitik in den Jahren der DM-Überbewertung von 1977 bis 1979 zweifellos geholfen. In jenen Jahren galt die Bundesrepublik weltweit als Musterbeispiel eines *virtuous circle*. In den Jahren 1982 bis 1985 wirkte dieser *virtuous circle* freilich nicht zugunsten der D-Mark, weil in dieser Periode die Wechselkurse gegenüber dem Dollar durch andere Faktoren als das Inflationsgefälle verzerrt waren.

Übrigens hat sich mehrfach herausgestellt, daß in einer Zeit der weltweiten Inflation ein absinkender Wechselkurs oft als kräftiger Ansporn für eine bessere Anti-Inflationspolitik gewirkt hat. So hat zum Beispiel die Talfahrt des englischen Pfundes im Jahre 1976 gerade wegen ihrer unangenehmen inflatorischen Rückwirkung zu einer Kehrtwendung der englischen Wirtschafts- und Finanzpolitik beigetragen – was sich kurz darauf in einem nachhaltigen Anstieg des Pfund-Kurses ausgewirkt hat. Aufmerksame Beobachter der englischen Szene sagten damals, daß die Talfahrt des Pfundes wahrscheinlich die Regierung und die öffentliche Meinung stärker aufgerüttelt habe, als es bei festen Wechselkursen ein Verlust an Währungsreserven oder die Aufnahme von Hilfskrediten im Ausland vermocht hätte.[11]

Aber noch viel deutlicher konnten wir die disziplinierende Wirkung des flexiblen Wechselkurses beim Dollar beobachten. Die Amerikaner hatten fast immer gemeint, sie seien in ihrer Wirtschaftspolitik autonom und könnten diese ausschließlich an inländischen Erfordernissen ausrichten. Schon seit Ende der sechziger Jahre machte dort das Schlagwort vom *benign neglect,* das heißt der wohlwollenden Vernachlässigung (oder Ignorierung) der Außenbilanz und des Wechselkurses, die Runde. Nach dem Übergang zum Floaten zeigte sich aber, daß selbst die Vereinigten Staaten nicht jede Verzerrung (*misalignment*) des freischwankenden Wechselkurses ohne Gegenwehr hinnehmen konnten.

Im 13. Kapitel habe ich im einzelnen dargestellt, daß sowohl das außenwirtschaftliche Notstandsprogramm der USA vom 1. November 1978 – das die Wende in der Schwächeperiode des Dollars einleitete – als auch die bedeutsame Umkehr in der amerikanischen Geldpolitik im Oktober 1979 in erster Linie von der Rücksicht auf den Wechselkurs des Dollars diktiert waren. Dies ist auch von Paul Volcker zugegeben worden. Ähnlich urteilte hierüber der frühere Schweizer Notenbankpräsident Fritz Leutwiler, der in einem Vortrag in Frankfurt [12] zum Disziplinierungszwang des Wechselkurssystems sagte: »Zum einen hat dieser in der Bretton-Woods-Zeit nur mangelhaft funktioniert, und zum anderen haben auch flexible Wechselkurse einen stark disziplinierenden Effekt: Der rasche Zerfall des Dollars war ein unmißverständliches Signal für die Notwendigkeit geldpolitischer Restriktion.« In den Jahren 1978/79 führte der unerwünschte Tiefstand des Dollar-Kurses zunächst zu einem »kontrollierten Floaten« des Dollars und dann zu einer fundamentalen Wendung der amerikanischen Geldpolitik mit entsprechenden Folgen. Sechs Jahre später, im Herbst 1985, war es umgekehrt: Jetzt waren es der übertrieben hohe Dollar-Kurs und seine Auswirkungen auf Wirtschaft und Kongreß der USA, der die Amerikaner erneut zur Aufgabe ihres *benign neglect* gegenüber Dollar-Kurs und Außenbilanz zwang. Der stark schwankende Dollar-Kurs hatte sichtlich eine stärkere disziplinierende Wirkung als der bis 1973 herrschende fixe Dollar-Kurs.

Freilich bleiben hier Fragen offen: Warum haben die langanhaltenden Kursverzerrungen und Zahlungsbilanzungleichgewichte von 1983 bis 1985 nicht rascher zu einem Anpassungsprozeß geführt?[13] Die Frage, wie solche Verzerrungen in Zukunft vermieden oder wenigstens zeitlich verkürzt werden können, liegt gegenwärtig auf dem Tisch der internationalen Währungsgremien. Ich kann hier nicht im einzelnen darauf eingehen. Sicher ist jedoch, daß die bewußte Vernachlässigung des Dollar-Kurses und der Außenbilanz durch die Amerikaner nun wieder für längere Zeit vorbei sein wird. Vor 15 Jahren hatte der damalige amerikanische Finanzminister Connally zu den Europäern und Japanern gesagt: »*The dollar is our currency, but your problem.*« Jetzt ist das Dollar-Problem wieder nach Hause zurückgekehrt – aber natürlich immer noch ein großes Problem auch für die anderen geblieben.

In den ersten Jahren nach dem Übergang zum Floaten waren jedenfalls die positiven Auswirkungen ganz unverkennbar. Nicht nur wir haben dies damals in unseren Geschäftsberichten festgestellt. Auch der Internationale Währungsfonds urteilte in seinem Jahresbericht 1975 über das neu eingeführte Wechselkurssystem wie folgt: »Im ganzen gesehen haben die flexibleren Wechselkurse es der Weltwirtschaft offenbar ermöglicht, eine Reihe von aufeinanderfolgenden Störungen zu überwinden sowie divergierende nationale Kosten- und Preistrends mit weniger ungünstigen Wirkungen auf Handel und Zahlungsverkehr aufzufangen, als es in einem Paritäten-System möglich gewesen wäre.«

Die Unstabilität flexibler Wechselkurse

Inzwischen ist allerdings die Unstabilität der flexiblen Wechselkurse sehr viel stärker als Nachteil des Systems in Erscheinung getreten. In den bisherigen zwölf Jahren des Floatens waren die kurzfristigen Schwankungen der wichtigsten Währungen insbesondere gegenüber dem Dollar um ein Vielfaches größer gewesen als vorher. Im 9. Kapitel habe ich anhand der Periode 1973 bis 1976 gezeigt, daß es auch immer wieder sehr erhebliche mittelfristige Schwankungen des Dollar-Kurses um einen annähernden Gleichgewichtstrend über Perioden von vier bis neun Monaten gegeben hat.

Diese kurz- und mittelfristigen Schwankungen und erst recht die immer wieder auftretenden akuten Marktstörungen (*disorderly markets*) zeigen, daß der Devisenmarkt bei flexiblen Wechselkursen kein sehr effizienter Markt ist. Wir hatten beim Übergang zum Floaten, ebenso wie die meisten anderen Beobachter, eine gewisse stabilisierende Rolle der Devisenspekulation erhofft, mindestens nach einer Anlauf- oder Lernperiode. Die Spekulation hat aber im Gegenteil auf den Devisenmärkten überwiegend eine destabilisierende Rolle gespielt, in Form von offensichtlichen Übertreibungen, Mitläufer-Effekten usw. Diese Art von Unstabilität kann manchmal recht unbequem werden, wenn sie auch durch offizielle Interventionen etwas gemildert oder »geglättet« werden kann. Sie muß jedoch hingenommen werden als Preis für die unerläßliche Elastizität mindestens gegenüber dem Dollar. Eine Reihe von Untersuchungen hat gezeigt, daß durch solche Schwankungen für den Außenhandel zwar zusätzliche Kosten für Risiko-Abdeckung (durch Devisentermingeschäfte und dergleichen) entstehen, aber keine untragbare Behinderung des Welthandels. Dies gilt auch für die etwas längerfristigen Dollar-Schwankungen um einen Gleichgewichtstrend, wie sie zum Beispiel in den Jahren 1973 bis 1976 aufgetreten sind. Im übrigen hat es Kosten für Devisenkurssicherung auch schon im System der festen Wechselkurse gegeben, besonders in dessen letzten Jahren, als die festen Paritäten immer anfälliger wurden.[14]

Ein völlig anderes Kapitel und eine ungleich schwerer wiegende Belastung der Weltwirtschaft war hingegen – und ist in ihren Folgen noch immer – die langanhaltende einseitige »Verzerrung« des Dollar-Kurses in den Jahren 1983 bis 1985 (im angelsachsischen Bereich als *misalignment* bezeichnet). Sie hat zu bedrohlichen Verzerrungen im Welthandel (man denke nur an das Verhältnis USA–Japan!), zu falschen Signalen für Investitionen, zu gefährlichen protektionistischen Bewegungen und zu einer äußerst labilen Position der Weltwährung Dollar geführt. Der Dollar hatte in der Zeit von 1982 bis 1985 in der Tat durch seine mehrjährige Aufwärtsbewegung gegenüber allen anderen wichtigen Währungen sozusagen jede Beziehung zu den grundlegenden Preis- und Kostenparitäten und erst recht zu der Entwicklung der amerikanischen Leistungsbilanz verloren. Wenn der Wechselkurs des Dollars zu einer anderen wichtigen Währung, nämlich der D-Mark, sich innerhalb von fünf Jahren in einer Spannweite von 1,71 DM bis 3,47 DM bewegt, ohne daß in dieser Zeit zwischen den beiden Staaten ein nennenswertes Inflationsgefälle geherrscht hat oder größere politische Umwälzungen stattgefunden haben, dann kann doch mit dem Wechselkurssystem etwas nicht stimmen! Ein Kritiker hat das wie folgt kommentiert: »Wenn ein System flexibler Wechselkurse sowohl auf Leistungsbilanzen als auch auf Inflationsdifferenzen völlig pervers reagiert, dann hat es seine wirtschaftspolitische Ratio verloren.«[15] So sieht es wenigstens auf den ersten, etwas oberflächlichen Blick aus. Aber bei genauerem Hinsehen zeigt sich, daß bei solchen langanhaltenden Wechselkursverzerrungen die eigentlichen Ursachen nicht im Wechselkurssystem selbst liegen, sondern in tiefsitzenden strukturellen Fehlentwicklungen. Der verzerrte Dollar-Kurs entsprang bekanntlich zum Teil vertrauensbedingten Zuflüssen (*safe haven*), zum Teil dem starken Abflauen der amerikanischen Bankkredite ans Ausland und zu einem erheblichen Teil den großen Zinsdifferenzen zwischen den Vereinigten Staaten und einigen anderen Industrieländern. Diese Zinsdifferenzen wiederum waren – und sind – überwiegend die Folge der gegensätzlichen Haushaltspolitik auf beiden Seiten, oder allgemeiner: des Gegensatzes zwischen der strukturell geringen Sparrate in den Vereinigten Staaten und ungewöhnlich hohen Kapitalüberschüssen in anderen Industrieländern, hauptsächlich in Japan. Außerdem sind die Vereinigten Staaten auch durch ihre weitreichenden Steuerbegünstigungen für Schuldzinsen und Investitionen ein strukturelles Hochzinsland geworden.

Man stelle sich einmal vor, was bei solchen strukturellen Gegensätzen in einem System fester, wenn auch anpassungsfähiger Wechselkurse passieren würde! Würden in einem solchen System die strukturellen Zahlungsbilanz-Ungleichgewichte zwischen Amerika und anderen Industriestaaten etwa durch *ad hoc*-Anpassungen der festen Wechselkurse ausgeglichen werden können? Das würde wohl nicht lange vorhalten. Überdies hätten solche Anpassungen an die strukturellen Ungleichgewichte zu erheblichen *ad hoc*-Aufwertungen des Dollars führen müssen, das heißt in eine Richtung, die dem Riesendefizit der amerikanischen Leistungsbilanz stracks zuwiderlief. Ein System von gebundenen Wechselkursen gegenüber dem Dollar wäre in einer solchen Lage sehr rasch zusammengebrochen und hätte zwangsläufig einem Floaten Platz machen müssen. In einer solchen strukturell verzerrten Lage kann also nicht durch eine Änderung des Wechselkurssystems geholfen werden, sondern nur durch Korrektur der strukturellen Verzerrungen selbst.

Eines muß auf alle Fälle festgehalten werden: Man darf die kurz- und mittelfristigen Schwankungen des flexiblen Dollar-Kurses (die ich im 10. Kapitel kurz dargestellt habe) nicht mit den strukturbedingten längerfristigen Verzerrungen des Dollar-Kurses in einen Topf werfen, wie dies meistens geschieht, indem man beides unter dem Titel »Unstabilität der flexiblen Wechselkurse« zusammenfaßt.

Früher war es allgemein üblich zu sagen: Die Wechselkurse werden stabiler werden, wenn die beteiligten Länder zu größerer innerer Stabilität zurückkehren. So lautete noch die Formel im Kommuniqué der Gipfelkonferenz von Williamsburg vom Mai 1983. Dieses Rezept gilt sicher noch heute für die Mitgliedsstaaten des Europäischen Währungssystems. Denn die Zahlungsbeziehungen zwischen ihnen werden überwiegend noch vom Handels- und Dienstleistungsverkehr und damit auch von den Inflationsdifferenzen geprägt; dies wird durch die Erfahrungen der letzten sieben Jahre bestätigt. Aber das gilt längst nicht mehr für den Dollar. Die Vereinigten Staaten hatten in den Jahren von 1980 bis 1983 überraschende Fortschritte in Richtung auf innere Stabilität zwischen den USA, Japan und der Bundesrepublik. Trotzdem wurden sowohl die Schwankungen als auch die einseitige Verzerrung des Dollar-Kurses gegenüber den anderen Stabilitätsländern nicht schwächer, sondern bis zum Frühjahr 1985 immer stärker.

Ich hatte seit mehreren Jahren immer wieder darauf hingewiesen, daß im Verhältnis zum Dollar die bloße Konvergenz in Richtung auf größere Preisstabilität nicht ausreicht, um die strukturbedingten Verzerrungen des Dollar-Kurses zu beseitigen.[16] Hier geht es vielmehr darum, diese strukturellen Fehlentwicklungen auszuräumen, zum Beispiel durch eine bessere Koordinierung des *policy mix*, das heißt der Kombination von Fiskal- und Geldpolitik zwischen den wichtigeren Industriestaaten. Neuerdings wird nun tatsächlich weniger von der *Konvergenz* der Wirtschaftspolitik der beteiligten Länder, als vielmehr von der Notwendigkeit einer *»Konsistenz«*, das heißt der »Vereinbarkeit« der Wirtschaftspolitik der beteiligten

Länder gesprochen. So heißt es im Kommuniqué der Fünfer-Gruppe vom 22. September 1985 unter der Überschrift «Wirtschaftspolitische Absichten«: »Zu unserer besonderen Verantwortung gehört es auch, die gegenseitige *Vereinbarkeit* unserer einzelstaatlichen Wirtschaftspolitik zu sichern.« Es wird hier auch klar gesagt, daß hierzu gehört, daß »in Ländern, wo das Budgetdefizit zu hoch ist, eine beträchtliche Verringerung des Defizits dringend erforderlich ist«.

Ein Absinken des Dollar-Kurses kann freilich auch ohne Verringerung des amerikanischen Budgetdefizits eintreten, und zwar unfreiwillig. Dies könnte zum Beispiel bei einem Niedergang der amerikanischen Wirtschaft in eine Rezession geschehen. Eine weitere Möglichkeit ist, daß aus irgendwelchen Vertrauensgründen die Kapitalzufuhr nach Amerika zurückgeht und damit der Dollar vielleicht ganz abrupt und unerwartet stark absinken würde. Je länger die amerikanischen Leistungsbilanzdefizite zu einer immer größeren Anhäufung von Auslandsschulden mit entsprechend steigendem Schuldendienst führen, um so mehr verstärken sich die Aussichten für diese letztere Alternative. Die Propheten eines *crash landing* des Dollars stützen ihre Voraussage vor allem auf diesen letzteren Zusammenhang.

All dies bestätigt nur, wie sehr unser internationales Währungssystem fundamental verändert ist, seitdem in wichtigen internationalen Zahlungsbeziehungen, vor allem gegenüber dem Dollar und Yen, die Kapitalbewegungen immer mehr die Oberhand über den Waren- und Dienstleistungsverkehr gewonnen haben. Was hier als »Verzerrung« oder langfristige »Überbewertung« des Dollar-Kurses erscheint, ist in Wirklichkeit seine Ausrichtung an einer anderen Kombination von fundamentalen Marktfaktoren, nämlich Leistungsbilanz und nachhaltigen Kapitalbewegungen.

Da die langanhaltende Verzerrung des Dollar-Kurses mit ihren schädlichen Folgen nicht dem Floaten als solchem angerechnet werden kann, vielmehr die unvermeidliche Folge der erwähnten strukturellen Fehlentwicklungen war, würde ich der abschließenden Gesamtbeurteilung des Floatens zustimmen, die in der bereits erwähnten ausgezeichneten Studie des Internationalen Währungsfonds enthalten ist: »Die Gesamtleistung des Systems kann man vielleicht am besten charakterisieren als bemerkenswert gut, wenn man die

schwierigen weltwirtschaftlichen Umstände dieser Periode berücksichtigt; aber es bleibt noch viel zu tun für Verbesserungen.«
Oder auch dem Urteil der Minister und Notenbankgouverneure der Zehner-Gruppe in ihrem Kommuniqué vom 21. Juni 1985: »Wir sind unverändert der Auffassung, daß eine Rückkehr zu einem allgemeinen System fester Wechselkurse gegenwärtig unrealistisch ist. Das gegenwärtige Wechselkurssystem, das auf dem Floaten wichtiger Währungen beruht, hat unseres Erachtens für die unerläßliche Flexibilität in einer schwierigen globalen Umwelt gesorgt.«

Die Sonderstellung des Dollars

Der erwähnte Bericht der Zehner-Gruppe vom Juni 1985 über unser Währungssystem weist allerdings einen Mangel auf, der auch in anderen internationalen Untersuchungen des Wechselkurssystems immer wieder zu finden ist: Der fundamentale Unterschied zwischen dem Dollar und allen übrigen Währungen wird nicht genügend klar herausgestellt. Was hat es für einen Sinn, allgemeine Überlegungen über die Wirksamkeit oder Zweckmäßigkeit von Devisenintervention anzustellen, ohne von vornherein klar zu unterscheiden zwischen Interventionen im Dollar-Bereich und in Währungen zweiter Kategorie, zum Beispiel im europäischen Währungsverbund, oder aber Interventionen von kleinen Ländern, die sich wechselkursmäßig an größere Währungseinheiten – Beispiel Österreich / Europäisches Währungssystem – anlehnen.
Warum ist der Dollar im Wechselkurssystem ein absoluter Sonderfall, eine Klasse für sich? Zunächst springt die Stellung des Dollars als überragende weltweite Reserve- und Interventionswährung in die Augen, oder die dominierende Stellung des Dollars auf den internationalen Finanzmärkten oder auch die Verwendung des Dollars als Transaktionswährung für über die Hälfte des Welthandels. Was den Dollar aber vor allem als einmaligen Sonderfall im Wechselkurssystem abstempelt, ist, wie ich oben schon erwähnte, das einseitige Übergewicht der Kapitalbewegungen über die Handels- und Dienstleistungsbilanz im amerikanischen Zahlungsverkehr. Dieses Übergewicht steht natürlich auch im Zusammenhang mit der überragenden Stellung des Dollars als *Anlagewährung*. Damit

werden beim Dollar die herkömmlichen Fundamentalfaktoren der Wechselkursbestimmung, nämlich Inflationsdifferenzen und Leistungsbilanztrend, häufig in den Hintergrund geschoben.
Das hat sich nicht erst in den achtziger Jahren gezeigt. Schon in den sechziger Jahren gab es längere Perioden, in denen die Vereinigten Staaten die größte Preisstabilität unter allen Industriestaaten und daneben auch Leistungsbilanzüberschüsse aufwiesen. Aber dennoch stand der Dollar wegen anhaltender Kapitalabflüsse so unter Druck, daß der Kapitalexport durch Kapitalexportkontrollen oder Sonderbelastungen gebremst werden mußte (so in den Jahren ab 1963/64 – aufgehoben erst 1973 nach dem Übergang zum Floaten!). Während der Jahrestagung des Währungsfonds und der Weltbank in Tokio im September 1964 warf der damalige französische Finanzminister Giscard d'Estaing den Amerikanern vor, sie exportierten Inflation. Der amerikanische Finanzminister konterte entrüstet: »Wir haben doch in unserem Land gar keine Inflation, wie können wir sie da exportieren?« Nun, des Rätsels Lösung war ganz einfach: Amerika war damals das *Niedrigzinsland* unter den Industrieländern; aus diesem und anderen Gründen hatten die USA einen hohen Kapitalexport, zusätzlich zu ihrer Entwicklungs- und Militärhilfe. Das ergab einen ständigen Dollar-Abfluß in die übrige Welt, der den Dollar-Kurs nach unten drückte und die internationale Liquidität zu sehr aufblähte. Von 1970 bis Frühjahr 1973, als die Dollar-Überschwemmung der übrigen Welt noch ungleich größer war, ging dies wiederum ganz überwiegend auf das Konto der Kapitalbewegungen, wie ich im 7. Kapitel näher dargestellt habe.
Die Prädominanz der Kapitalbewegungen ist in den letzten Jahren, etwa ab 1983, deswegen besonders auffällig gewesen, weil die Bewegung nun in die umgekehrte Richtung ging: Amerika zog als *Hochzinsland*, oder als *safe haven,* aus aller Welt Kapital heran. Dies war wiederum ein entscheidender Faktor für den Dollar-Kurs[17]; nur war es diesmal, anders als in den sechziger Jahren, ein Kurs*auftrieb*, trotz ständig wachsender amerikanischer Handels- und Leistungsbilanzdefizite.
Dieses Übergewicht der Kapitalbewegungen in der Dollar-Bilanz hat dazu beigetragen, daß in Amerika eine sehr einseitige Theorie des Wechselkurses Mode geworden ist, nämlich der *asset market approach* oder die »Portfolio-Theorie des Wechselkurses«. Danach

werden die Währung in der Hauptsache unter dem Gesichtspunkt der Kapitalanlage betrachtet und die Wechselkurse als Spiegelung der jeweiligen Anlagepräferenzen. Außerdem wird den Erwartungen ein sehr großer Einfluß auf die Devisenkurse eingeräumt, ähnlich wie bei Aktienkursen und anderen Anlagemärkten. Dies wird manchmal als *allgemeine* Wechselkurstheorie angeboten, obgleich es doch bestenfalls für einen Teilbereich der Dollar-Bilanz gilt. Aber auch der Dollar-Kurs wird durch sämtliche Komponenten der Zahlungsbilanz, einschließlich des Handels- und Dienstleistungsverkehrs bestimmt. Denn auch für den Marktpreis des Dollars gilt immer noch das Gesetz von Angebot und Nachfrage. Nur spielt beim Dollar eben die Kapitalkomponente meist eine viel größere Rolle als bei anderen Währungen. Aber selbst im Dollar-Kapitalverkehr gilt die Portfolio-Theorie nur teilweise; denn die Anlagepapiere in verschiedenen Währungen sind gegenseitig nicht voll austauschbar (substituierbar).

Zielzonen für den Dollar?

Die Kapitalabhängigkeit des Dollar-Kurses hat mich schon seit langem zu der Überzeugung geführt, daß der Dollar in einer Welt mit einigermaßen mobilem Kapitalverkehr nur als freischwankende Währung funktionieren kann. Er ist die einzige Währung, von der man dies mit Sicherheit behaupten kann. Wer sich mit dem floatenden Dollar nicht abfinden will, muß für Kapitalkontrollen eintreten. Auch die seit mehr als zehn Jahren immer wieder (vor allem von den Franzosen) geforderten »Zielzonen« (*target zones*) für den Dollar sind praktisch kaum durchführbar, da sie immer wieder von nicht zu bändigenden Kapitalbewegungen überrannt werden würden. Sie wären nur machbar, wenn sie mit großen Bandbreiten versehen und in ihrem Gesamtniveau leicht verschiebbar wären. Welche Bedeutung hätten sie dann noch?

Ein weiteres kommt hinzu. Ich habe schon in den siebziger Jahren an unzähligen Debatten und Verhandlungen über »Zielzonen« für den Dollar teilgenommen und zwar meist in EG-Gremien. Dabei sind stets eine Reihe wichtiger Voraussetzungen und Probleme ungelöst geblieben, darunter folgende: Gegenüber welchen Währungen sollen die Zielzonen gelten? Wie soll zu Beginn einer solchen Einrichtung über das Niveau und die Bandbreite einer Zielzone entschieden werden, besonders wenn sehr unterschiedliche Auffassungen über den richtigen Dollarkurs bestehen? Wer soll gegebenenfalls die Verteidigung einer Zielzone – oder eines Referenzpunktes – gegen spekulative Angriffe übernehmen, die Amerikaner oder die andere Seite und in welchem relativen Umfang? Wie soll über notwendige Änderungen der inneren Wirtschafts-, Finanz- und Geldpolitik entschieden werden, und wer bestimmt, welches Land zu handeln hat? Wer entscheidet über etwaige Verschiebungen oder Suspensionen der Zielzone und nach welchen Grundsätzen? Und schließlich: Haben die in Frage kommenden nichtamerikanischen Länder heute wirklich ein Interesse an obligatorischen Zielzonen gegenüber dem Dollar? Würde sie dies nicht in ihrer geld- und zinspolitischen Autonomie noch unangenehmer einschränken als beim gegenwärtigen Floaten gegenüber dem Dollar?

Ich könnte mir freilich vorstellen, daß sich in besonderen Krisenlagen die beiden Seiten – Amerikaner und einige wichtige andere Länder – vorübergehend auf Referenz-Punkte für den Mindest-Dollar-Kurs verständigen und auch über die beiderseitige Interventionstechnik. In einer chaotischen Devisenmarktlage könnte dies sogar unumgänglich sein. Im übrigen hat es kurzfristige Absprachen gelegentlich auch schon in der Vergangenheit gegeben. So einigte ich mich im Juni 1979 mit den Amerikanern (auf deren Drängen!) darauf, daß wir versuchen wollten, während der Woche der Gipfelkonferenz in Tokio den Dollar-Kurs innerhalb einer Bandbreite von 1,80 bis 1,85 DM zu halten, um eine plötzliche Beunruhigung von dieser Seite her möglichst auszuschalten. Aber es war stets klar, daß dies nicht ein unwiderruflicher Mindestkurs sein könne. Man könnte sich natürlich eine solche Einigung auf Referenzzonen in besondern Fällen auch auf etwas längere Fristen vorstellen. Etwas Ähnliches hat Paul Volcker verschiedentlich vorgeschlagen. So zum ersten Mal in einem Vortrag im November 1978 in England[18], wo er ausführte: »Was ich mir vorstelle, ist mehr eine nichtöffentliche gegenseitige Notstandsplanung. Das heißt, eine gegenseitige Verständigung einiger führender Länder über das Höchstmaß an Kursfluktuation, das sie jeweils erträglich finden und von wo ab Widerstand geleistet werden sollte. Das würde sowohl der Wirksamkeit der inneren Wirtschaftspolitik als auch der Stabilität der internationalen Märkte zugute kommen. Schließlich mußte sogar das größte Land, die USA, sich um seinen Wechselkurs kümmern (*had to care*), als extreme Kursbewegungen seine innere Wirtschaftspolitik unterminierten. Widerstand gegen extreme Kursbewegungen könnte auch die Markterwartungen stabilisieren.« Das basiert auf der Grundphilosophie, daß man bei einer so kapitalabhängigen Währung wie dem Dollar unmöglich den »richtigen« Wechselkurs feststellen kann, wohl aber sich vielleicht darauf einigen könnte, von wann ab eine Kursverzerrung unerträglich (und auf längere Sicht unhaltbar) ist.

Die Sonderstellung des Dollars war zu Beginn der siebziger Jahre schon ziemlich klar erkennbar. Das war einer der Gründe, warum ich schon sehr frühzeitig die Ansicht vertreten hatte, daß gegenüber dem Dollar ein Floaten der D-Mark unausweichlich sein würde, daß dies aber nicht notwendig gegenüber anderen europäischen Währungen gilt. Daher mein frühes Eintreten für das *Block-Floaten* gegenüber dem Dollar, so schon in einem Interview vom September 1970 mit dem »Handelsblatt« und erneut bei den Dollar-Krisen von Mai 1971 und Frühjahr 1973.

Als die D-Mark im März 1973 zum Floaten gegenüber dem Dollar überging, war der unmittelbare Grund nicht eine große Inflationsdifferenz, wie dies heute oft als geschichtliche Legende aufgetischt wird. Wie ich schon im 8. Kapitel dargelegt habe, stiegen in den drei Jahren von Anfang 1970 bis Anfang 1973 die Preise und vor allem die Lohnstückkosten in den Vereinigten Staaten eindeutig langsamer als in der Bundesrepublik. Rechnet man dann noch die Auswirkungen der Wechselkurskorrektur vom Dezember 1971 – Aufwertung der D-Mark gegenüber dem Dollar um fast 14 Prozent – hinzu, so stiegen die wechselkursbereinigten deutschen Preise in diesen drei Jahren um über 20 Prozent stärker als die amerikanischen. Freilich war in dieser Zeit die amerikanische Geldpolitik zu expansiv, und die amerikanische Leistungsbilanz verschlechterte sich. Hinzu kam, als Wichtigstes, ein starker Vertrauensverlust. Dafür gab es eine Reihe von Gründen, von denen die Verschlechterung der Leistungsbilanz nur einer war. Jedenfalls gaben den letzten Anstoß zum Zusammenbruch des Paritätensystems von Bretton

Woods die riesigen Geld- und Kapitalströme aus dem Dollar in andere Währungen, vor allem in die D-Mark.
Seitdem ist die internationale Kapitalverflechtung noch viel intensiver geworden, mit dem Dollar als Zentrum der internationalen Finanzmärkte. Die Mobilität des Finanzkapitals hat sich vergrößert. All dies macht das Floaten gegenüber dem Dollar noch unausweichlicher.

Fazit

Zusammenfassend möchte ich sagen:

1. Der Übergang zum Floaten war, wenigstens gegenüber dem Dollar, Anfang der siebziger Jahre unausweichlich. Es wäre besser gewesen, wenn die Europäer schon im Mai 1971 zum Block-Floaten übergegangen wären.

2. Das System des Floatens hat zwar nicht die überspannten Erwartungen der akademischen Befürworter dieses Systems erfüllt. Es hat aber den stabilitätsorientierten Ländern eindeutig geholfen, sich von der weltweiten Inflation der siebziger Jahre und beginnenden achtziger Jahre abzukoppeln, wenngleich es nicht eine volle Freiheit der inneren Wirtschaftspolitik brachte. Es hat auch geholfen, weltwirtschaftliche Schocks, wie die zwei Ölpreisexplosionen, leichter zu überwinden.

3. Nicht der Übergang zum Floaten gegenüber dem Dollar ist schuld an der Inflationswelle der siebziger Jahre, sondern andere Ursachen, wie die enorme Geldaufblähung in den letzten drei Jahren des Fixkurssystems, die verspätete Abkoppelung vom Dollar, die Ölschocks usw. Flexible Wechselkurse haben nur in einigen Fällen und vorübergehend die Währungsdisziplin gelockert. In anderen, sehr wichtigen Fällen hat der Kursverfall der Währung einen entscheidenden Disziplinierungseffekt ausgelöst, so vor allem beim Dollar im November 1978 und Oktober 1979, aber auch beim Pfund Sterling.

4. Die längerfristigen Verzerrungen des Dollar-Kurses in den Jahren 1982 bis 1985 sind nicht dem Wechselkurssystem als solchem zur Last zu legen. Sie waren vielmehr hauptsächlich die Folge von strukturellen Gegensätzen und Fehlentwicklungen, die in jedem Wechselkurssystem große Schwierigkeiten hervorgerufen hätten.

Hier spielen Gegensätze zwischen den Vereinigten Staaten und Japan eine Schlüsselrolle. Daraus folgt: Nicht das Wechselkurssystem, sondern die strukturellen Fehlentwicklungen gilt es zu korrigieren. Dabei könnte ein gut funktionierendes System laufender Konsultationen zwischen den wichtigsten Ländern, möglichst unter Teilnahme des IWF, gute Dienste leisten.

5. Die Abhängigkeit des Dollar-Wechselkurses von wechselnden Finanzströmen ist heute noch größer als vor zehn Jahren. Das bedeutet, daß gegenüber dem Dollar auch in Zukunft das Floaten unausweichlich sein wird, jedenfalls sofern die Freiheit des Kapitalverkehrs zwischen den führenden Ländern weiterbesteht. Kurz- und mittelfristige Überreaktionen der flexiblen Wechselkurse könnten vielleicht durch ein »kontrolliertes Floaten« (*managed floating*) verringert werden.

6. Alles spricht dafür, daß wir auch längerfristig ein Mischsystem haben werden: Kontrolliertes Floaten gegenüber dem Dollar, engeren Währungsverbund in Europa.

7. Der Wechselkurs ist ein zu wichtiger Preis – das Scharnier zwischen Binnenwirtschaft und Weltwirtschaft –, als daß man ihn seitens der Wirtschaftspolitik vernachlässigen könnte; zumal er zu einem erheblichen Teil selber von der Wirtschafts-, Finanz- und Geldpolitik abhängig ist, also auch ohne Interventionen am Devisenmarkt ein öffentlich beeinflußter Preis ist. Ein Land kann nicht umhin, eine »Wechselkurspolitik« zu haben, zumindest in dem Sinn, daß es bei seiner Geld- und Finanzpolitik auch die möglichen Rückwirkungen auf Außenbilanz und Wechselkurs im Auge behält, aber auch die Auswirkungen von Wechselkursverschiebungen auf seine Binnen- und Außenwirtschaft beachtet. Der Wechselkurs ist vor allem für ein international so eng verflochtenes Land wie die Bundesrepublik eine überaus wichtige Rahmenbedingung für die Wirtschaft.

12. Kapitel

Die Bundesbank und das Europäische Währungssystem (EWS)

Der Übergang von der Währungsschlange zum EWS

Der Übergang der D-Mark zum Floaten gegenüber dem Dollar im März 1973 hatte zu einem gemeinsamen Floaten der in der »Währungsschlange« vereinigten EG-Länder geführt. Untereinander behielten sie die Wechselkursbindung an Leitkurse mit Schwankungsbreiten von ±2¼ Prozent bei. Ich habe bereits im 7. Kapitel, Seite 223 geschildert, daß dieses Block-Floaten, diese Differenzierung zwischen Dollar und europäischen Währungsbeziehungen, meinen langgehegten Vorstellungen entsprach. Schon im September 1970 hatte ich dies in einem Interview als Zukunftsvision dargestellt. So hatte ich mich auch darum bemüht, daß am gleichen Tag, als wir uns der Interventionspflicht gegenüber dem Dollar entledigten (1. März 1973), Vorbereitungen für eine europäische Sonderlösung in Gang gesetzt wurden.
Wie bereits früher erwähnt, schlossen sich damals Großbritannien und Italien von der Teilnahme am Währungsblock aus. Sie waren schon früher (Großbritannien Juni 1972, Italien Februar 1973) zum isolierten Floaten übergegangen, und zwar aus Währungsschwäche, und blieben auch nach dem März 1973 beim isolierten Floaten. Auf die dem Block angeschlossenen EG-Mitglieder – Frankreich, die Niederlande, Belgien, Luxemburg, Dänemark – entfielen immerhin über 35 Prozent des deutschen Außenhandels. Außerdem schlossen sich 1973 Norwegen und Schweden diesem Währungsblock als assoziierte Mitglieder an. Österreich orientierte im Zuge seiner »Hartwährungspolitik« ohne formelle Assoziation den Wechselkurs des Schilling an der D-Mark. Rechnet man diese drei Länder hinzu, so entfielen auf diese europäische Zone relativer

Wechselkursstabilität immerhin etwa 44 Prozent des deutschen Außenhandels. Dies war also ein nicht unbedeutendes Experiment der regionalen Stabilitätspolitik inmitten eines weltweiten Systems des überwiegenden Floatens.

Freilich schieden Norwegen und Schweden 1977 wieder aus der »Schlange« aus, um ihre Wechselkurse an speziell zugeschneiderten Währungskörben zu orientieren. Vor allem aber verlor die »Schlange« an Gewicht, als im März 1976 Frankreich zum zweitenmal wegen Währungsschwäche aus dem Verbund ausschied. Von da ab war die D-Mark die einzige wichtigere Mitgliedswährung. Es war also praktisch ein regionaler DM-Block geworden, den ich von da ab stets die »Mini-Schlange« nannte. Aber es war doch mehr als ein bloßer Erinnerungsposten; es blieb ein weithin sichtbares Experiment der regionalen Wechselkurs-Stabilisierung (mit ad hoc-Anpassungen der Wechselkurse). Obgleich ich vom Beginn bis zum Ende der »Währungs-Schlange« sehr stark – und oft sehr zeitraubend – mit ihr beschäftigt war, will ich hier von weiteren Einzelheiten über die Entwicklung dieses Experiments absehen.

Als Frankreich 1976 zum zweitenmal ausschied, war uns klar, daß es sich kaum dazu entschließen würde, der »Schlange« wieder ein drittes Mal beizutreten. Es lag in der Luft, daß hierzu etwas anderes geschaffen werden müßte. Der Anstoß kam dann aus einer persönlichen Absprache zwischen dem deutschen und dem französischen Regierungschef, zwischen Helmut Schmidt und Giscard d'Estaing. Sie hatten sich schon vor dem April 1978 in dieser Richtung abgesprochen, wenn auch nur vage. Aber Schmidt sagte öfters, er habe erst die – in ihrem Ausgang sehr ungewisse – französische Präsidentenwahl vom April 1978 abwarten wollen, um sicher zu gehen, daß wir einen starken und zuverlässigen französischen Partner haben würden. Sofort nach der Wiederwahl von Giscard d'Estaing begannen – zunächst inoffiziell und geheim – die deutsch-französischen Gespräche in konkreterer Form.

Es ist richtig, daß die Bundesbank erst unterrichtet wurde, nachdem Schmidt und Giscard d'Estaing sich über einige Grundsätze für das neue System verständigt hatten. Das erregte damals einiges Aufsehen. Allerdings war schon vorher der damalige französische Notenbankgouverneur Clappier auf Wunsch von Giscard zu mir nach Frankfurt gekommen, um mit mir über die Voraussetzungen und Probleme einer engeren Währungszusammenarbeit in der EG zu sprechen. Er hatte damals allerdings genausowenig wie ich eine genauere Kenntnis von den Plänen unserer beiden Regierungschefs. Später rief er mich aber aus Paris an, um mir mitzuteilen, daß einige unserer vorläufigen Ergebnisse durch neue Gespräche zwischen Giscard und Schmidt überholt seien.

Als ich Ende Mai 1978 Genaueres über die Initiative der beiden Regierungschefs erfuhr, war meine Hauptsorge, zu verhindern, daß unsere geldpolitische Autonomie und unsere Stabilitätspolitik durch den neuen Plan beeinträchtigt würden. Wir waren (Herr Pöhl und ich) bis dahin nur telefonisch über einige Grundzüge der bisherigen deutsch-französischen Absprachen informiert worden. So schrieb ich im Juni 1978 an den Bundeskanzler, daß die Bundesbank sich durch etwaige neue Währungsabsprachen in ihren wesentlichen Interessen tangiert fühle, und bat um Gelegenheit zu einer Aussprache mit dem Regierungschef über den ganzen Komplex. Von da ab wurden wir nicht nur voll informiert; ich wurde auch zu allen in Frage kommenden Besprechungen über das neue Projekt, sei es im Kabinett, sei es in engerem Kreis, eingeladen. Dabei konnte ich manche Verbesserungen durchsetzen und Sicherungen einbauen. Bundeskanzler Schmidt erkannte dies auch öffentlich an. In einem Interview im Juli 1978 sagte er: »Herr Emminger hat – und ich war dafür dankbar – die Gelegenheit dieser Aussprache benutzt, um auf eine Reihe von sehr wichtigen Bedingungen im Detail hinzuweisen, die nun bei der Ausarbeitung erfüllt werden müssen.«[1]

Die Verhandlungen mit den anderen Partnerländern über die konkrete Durchführung zogen sich von Juli bis Dezember 1978 hin, in zahlreichen Sitzungen und in allen möglichen Gremien. Hier ist nicht der Platz, dies in allen Einzelheiten darzustellen. Ich will nur einige wichtigere Punkte anführen.

Im September 1978, kurz vor einer wichtigen Verhandlungsstufe über das EWS in Brüssel, faßte ich in einer mündlichen Verhandlung im Kanzler-Bungalow die Ansichten der Bundesbank über Grundsatzfragen in fünf Punkten zusammen, die ich anschließend auch schriftlich einreichte.[2] Sie enthielten – verkürzt – folgendes:

a) Um das Stabilitätsrisiko zu begrenzen, sollte man mit dem neuen System vorsichtig und schrittweise beginnen, das heißt nur solche Länder aufnehmen, bei denen Aussicht auf eine Konvergenz auf stabiler Basis besteht.

b) Gelegentliche Wechselkurskorrekturen werden unvermeidlich sein. Es müßte gesichert sein, daß diese rechtzeitig und möglichst geräuschlos vor sich gehen, weil sonst das System immer wieder von Devisenunruhen und -krisen heimgesucht würde.

c) Keine übermäßige Ausweitung von Kreditfazilitäten, damit reale Divergenzen zwischen Mitgliedsstaaten nicht durch Hilfskredite überkleistert und Inflation sowie unrichtig gewordene Wechselkurse zu lange fortgeschleppt werden.

d) Die Interventionsverpflichtungen der Bundesbank, die zu einer von außen erzwungenen Geldschöpfung führen, dürfen nicht die Geldpolitik unterlaufen und müssen daher durch Sicherheitsvorkehrungen auf ein stabilitätspolitisch tragbares Maß begrenzt werden.

e) Es muß ein klares Interventionssystem geschaffen werden, das nicht einseitig zu Lasten der starken Währungen geht.

Unsere Vorstellungen hinsichtlich der vertraglichen Abmachungen mit den anderen Partnerländern – über die Kreditverpflichtungen, die Art des Interventionssystems, die Rolle des »Divergenz-Indikators«, usw. – konnten wir im wesentlichen durchsetzen. Einzige Ausnahme war die Laufzeit der »ganz kurzfristigen Notenbankkredite« zur Finanzierung der Interventionen in Gemeinschaftswährungen; diese Laufzeit wurde etwas länger festgesetzt, als wir vorgeschlagen hatten. Besonders hinsichtlich der Kreditverpflichtungen der Bundesbank gegenüber den Partner-Notenbanken, sowie hinsichtlich der Bedeutung des sogenannten »Divergenz-Indikators« gab es sehr schwierige und langwierige Verhandlungen. Erfreulicherweise brauchten im bisherigen Ablauf des EWS außer den ganz kurzfristigen Krediten keine anderen Kreditarten in Anspruch genommen zu werden. Dies spricht für das neue System und für die Partnerländer; denn ursprünglich hatten einige der Mitgliedsländer gerade in der Erweiterung der Kreditfazilitäten einen der Hauptvorzüge des EWS gegenüber der »Schlange« gesehen.

Ein weiterer wichtiger Punkt betraf die *Bandbreite um die Leitkurse* innerhalb des EWS. Diese Bandbreite beträgt normalerweise ± 2¼ Prozent, kann aber in Sonderfällen bis auf ± 6 Prozent erweitert werden. Die Italiener, die im März 1979 mit einer zweistelligen Inflationsrate von über 13 Prozent in das EWS eintraten, hatten Ende 1978 im EG-Ausschuß der Notenbankpräsidenten eine Erweiterung der Bandbreite auf ±6 Prozent beantragt, damit sie nicht gleich von Beginn an alle paar Monate gezwungen waren, ihren Wechselkurs zu ändern (was fast sicher mit einer fortlaufenden Kette von spekulativen Devisenkrisen und der Gefahr des baldigen Ausscheidens Italiens verbunden gewesen wäre). Nach einiger Überlegung stimmte ich dieser Sonder-Bandbreite von 6 Prozent zu. Mir schien es gerade zu Beginn des EWS wichtiger zu sein, zu häufige ruf- und stabilitätsschädigende Devisenkrisen zu vermeiden. Außerdem erhoffte ich mir von dieser Sonderregelung für Italien einen Anreiz für England, eventuell später mit einer ähnlich erweiterten Bandbreite dem EWS beizutreten. Ich wußte, daß Bundeskanzler Schmidt höchstens bis ±4 Prozent gehen wollte. Ich erfuhr allerdings erst später, wie wichtig ihm dieser doch mehr währungstechnische Punkt war. Ich bin heute noch fest davon überzeugt, daß die Entscheidung für ±6 Prozent mindestens für die ersten Jahre des neuen Systems das einzig richtige war. Eine andere Frage ist es, ob die Dinge sich nicht inzwischen soweit fortentwikkelt haben, daß Italien auf diese Sonderregelung verzichten könnte und sollte. Im Zweifel wäre ich aber eher für Vorsicht, um eine Schädigung des Systems durch zu viele kleine Devisenkrisen zu vermeiden.

Im Spätherbst 1978 verlagerte sich der Schwerpunkt der Verhandlungen nach Brüssel und in den EG-Ausschuß der Notenbankgouverneure. Diese hatten eine ziemlich starke Position bei den Verhandlungen, da der ganze Plan nur durchführbar war, wenn die Notenbanken der Mitgliedsländer sich über die Interventionsverpflichtungen und gegenseitigen Kreditmöglichkeiten einig wurden. Das Notenbankabkommen über das EWS, das in den letzten Monaten von 1978 ausgehandelt und am 13. März 1979 unterzeichnet wurde, war daher ein wesentlicher Bestandteil. Von deutscher Seite wurde es vom damaligen Vizepräsidenten Pöhl und mir unterzeichnet, da das Bundesbankgesetz für das Eingehen von Verpflichtungen der Bundesbank *zwei* Unterschriften verlangt.

Absicherung der geldpolitischen Autonomie der Bundesbank

Von besonderer Bedeutung waren für uns die Abmachungen zwischen Regierung und Bundesbank, die sich speziell auf die Absicherung der Autonomie der Bundesbank und ihrer Geldpolitik bezogen. Sie sind zusammengefaßt in einem Brief, den ich im November 1978 an die Bundesregierung richtete. Der Inhalt war im wesentlichen:

a) Es besteht Übereinstimmung zwischen Bundesregierung und Bundesbank, daß eine definitive Regelung für das EWS, das heißt die in Aussicht genommene zweite Stufe, nur nach Artikel 236 EWG-Vertrag (das heißt durch einen ratifizierungsbedürftigen internationalen Vertrag) in Betracht kommen kann. Dies betrifft insbesondere auch die Errichtung eines Europäischen Währungsfonds und eine etwaige endgültige Übertragung von Währungsreserven auf diesen.

b) Die Deutsche Bundesbank hat eine Zusicherung der Bundesregierung erhalten, wonach diese nur solchen Regelungen nach Artikel 235 EWG-Vertrag zustimmen wird, die die Autonomie der Deutschen Bundesbank gewährleisten.

c) Die geldpolitische Autonomie der Bundesbank würde besonders gefährdet werden, wenn sich bei starken Ungleichgewichten im künftigen EWS übermäßige Interventionsverpflichtungen ergäben, durch welche die Geldwertstabilität bedroht wird. Dies würde die Erfüllung der gesetzlichen Aufgabe der Bundesbank unmöglich machen. Die Bundesbank geht, unter Hinweis auf mehrfache Zusicherungen des Herrn Bundeskanzlers und des Herrn Bundesfinanzministers davon aus, daß die Bundesregierung in einem solchen Fall die Bundesbank vor einer derartigen Zwangslage bewahrt, entweder durch eine Wechselkurskorrektur im EWS oder erforderlichenfalls auch durch eine vorübergehende Entbindung von der Interventionspflicht.

Der für die Stabilitätspolitik entscheidende Punkt war zweifellos die *Begrenzung der Interventionsverpflichtungen* der Bundesbank auf ein tragbares Maß. In der Bundestagsdebatte über das neugegründete Europäische Währungssystem am 6. Dezember 1978 bekräftigte der damalige Bundeswirtschaftsminister Graf Lambsdorff die Zusage der Bundesregierung, indem er ausführte: »Die Anpassung der Wechselkurse ist immer in der Zuständigkeit der Bundesregierung und nicht der Bundesbank gewesen. In der Zuständigkeit der Bundesbank sind die Interventionsverpflichtungen und die Möglichkeit, Interventionen nicht mehr auszuüben, wenn sie glaubt, mit Rücksicht auf Geldmengenpolitik und anderes das nicht tun zu können.« Im übrigen hatte auch Bundesfinanzminister Matthöfer schon im Oktober 1978 auf die Frage nach dem EWS erklärt: »Es kommt darauf an, daß die Bundesbank die Kontrolle über die deutsche Geldmenge behält.«

Erst nachdem wir hinsichtlich der Interventionsverpflichtungen durch die Verhandlungen mit Bonn ausreichend abgesichert waren, konnte ein zustimmendes Mehrheitsvotum im Zentralbankrat erreicht werden. Unser Standpunkt hinsichtlich der Absicherung gegen stabilitätsschädigende Interventionen wurde übrigens dadurch unterstützt, daß in einem Bericht des Währungsausschusses der EG über das EWS diese Möglichkeit als »letzte Zuflucht« ausdrücklich erwähnt war. Es hieß dort: »Die zeitweilige Aussetzung der Verteidigung der Margen muß als ›letzte Zuflucht‹ für den Notfall angesehen werden. Ein Land sollte darauf nur zurückgreifen, wenn Anlaß zu der Annahme gegeben ist, daß die auslösenden Faktoren vorübergehender Natur sind. Jedoch könnte eine Situation eintreten, in der sich diese Faktoren nicht umkehren. In diesem Fall würde das betreffende Land mit einem anderen Leitkurs zurückkehren.«

Ich habe auf den zentralen Punkt der Interventionsverpflichtung auch in der Öffentlichkeit hingewiesen. In einem programmatischen Artikel im Handelsblatt[3] im März 1979 schrieb ich unter anderem: »Die Bundesbank kann im äußersten Notfall auch die Interventionen am Devisenmarkt vorübergehend suspendieren, bis eine Entscheidung über den Wechselkurs getroffen wird.« Ich wartete aus guten Gründen mit einer solchen öffentlichen Erklärung zur Interventionsverpflichtung, bis durch die Äußerung des Bundeswirtschaftsministers im Bundestag eine entsprechende öffentliche Stellungnahme der Regierung vorlag. Einige Kommentatoren glaubten aus dieser von mir erst *nach* Inkrafttreten des EWS abgegebenen Erklärung den Schluß ziehen zu können, die Bundesbank habe »die Beschränkung ihres Handlungsspielraums durch das EWS wohl lange unterschätzt.«[4] Genau umgekehrt! Wir stimmten erst zu, als diese Punkte in unserem Sinne geklärt waren.[5]

Es ist nicht ohne Interesse, daß diese seinerzeitigen Vereinbarungen in einer Rede des Bundesfinanzministers Stoltenberg über den EG-Gipfel von Luxemburg im Bundestag am 5.12.1985 sehr zustimmend erwähnt wurden. Er sagte hierzu: »Das Europäische Währungssystem ist eine zusätzliche wichtige Vereinbarung von Regierungen und Notenbanken außerhalb des EG-Vertrages. Die Zwischenbilanz ist positiv, in sechs Jahren aufs Ganze bewährt. Aber sie ist nach meiner Erfahrung von drei Jahren jetzt auch deshalb positiv, weil der Vollzug sehr weitgehend den Notenbanken überlassen worden ist und in ihrer geräuschlosen, effektiven Zusammenarbeit eine Zone relativer Stabilität Wirklichkeit geworden ist. Insofern sage ich offen, daß ich es für gut gehalten habe, daß die Bundesbank damals vor sechs Jahren gewisse anderslautende Überlegungen und Vorstellungen ihrer Regierung auch korrigiert hat. Das hat sich als richtig erwiesen.«
Hinsichtlich des Verhältnisses zwischen Regierung und Bundesbank bei den Verhandlungen über das EWS ist vielleicht folgende Anekdote nicht uninteressant: Helmut Schmidt wollte im Herbst 1978 einmal den Zentralbankrat besuchen, um diesem die tieferen politischen Gründe und Hintergründe für das neue System zu erläutern. Ich erinnerte Schmidt an unsere Unterhaltung von Ende 1975 (siehe Seite 13) und warnte ihn, in den Zentralbankrat zu kommen, bevor alle erforderlichen Beschlüsse der Bundesbank zum EWS gefaßt waren. Ich meinte, daß alles, was nach Druck seitens der Regierung aussehen könnte, im Zweifel nur kontraproduktiv wirken und bei einzelnen Mitgliedern zu negativen »jetzt erst recht nicht«-Reaktionen führen könnte.
So kam es, daß Schmidt den Zentralbankrat zur Diskussion über das EWS erst Ende November 1978 besuchte, als ich ihm mitgeteilt hatte, daß alle erforderlichen Beschlüsse unter Dach und Fach waren. In seinen einleitenden Bemerkungen vor dem Zentralbankrat betonte er ausdrücklich, daß er aufgrund meiner Warnung seinen Besuch so lange aufgeschoben hatte, damit nicht der geringste Verdacht entstehen könne, die Regierung wolle den Zentralbankrat unter Druck setzen. Es gab eine sehr interessante Diskussion über die wirtschaftlichen und politischen Gründe für die europäische Währungsinitiative, seitens der ZBR-Mitglieder auch manche kritischen Fragen, die Schmidt mit großer Geduld zu beantworten ver-

suchte. Ich glaube aber nicht, daß aufgrund dieser Unterhaltung irgendein Mitglied des Zentralbankrats seine – positive oder negative – Einstellung geändert hat.

Nach den vielen Gesprächen, die ich im zweiten Halbjahr 1978 mit Helmut Schmidt in kleinerem oder größerem Kreis hatte, glaube ich folgendes über seine Beweggründe für die EWS-Initiative sagen zu können: Zu Beginn waren zwei Hauptgründe vorherrschend. Einmal die Idee, durch ein revidiertes System den Franzosen den Beitritt zum Währungsverbund ohne Gesichtsverlust zu ermöglichen, nachdem sie die »Währungsschlange« zweimal hatten verlassen müssen. Mit dem ebenfalls angestrebten Beitritt Italiens und Englands erhoffte sich Schmidt einen starken Währungsblock als Gegengewicht zum Dollar. Zum anderen aber brach bei Helmut Schmidt immer wieder die Vorstellung durch, die Verbindung der D-Mark mit einigen schwächeren Währungen – französischer Franc, italienische Lira, eventuell Pfund Sterling – würde den Aufwärtsdruck auf die D-Mark gegenüber dem Dollar abschwächen, weil er sich auf eine ganze Gruppe von Währungen verteilen würde. Dies war Schmidts Reaktion auf den starken Kursauftrieb der D-Mark gegenüber dem Dollar im Winterhalbjahr 1977/78, den Schmidt für eine verhängnisvolle Sache hielt. Ich hielt von diesem zweiten Grund nicht viel. Denn solange die D-Mark eine harte Währung und der Dollar eine anfällige Währung blieben, mußte der Kursauftrieb auf die D-Mark gegenüber dem Dollar anhalten. Die Tatsache, daß die D-Mark Mitglied in einem europäischen Währungsverbund wurde, änderte nichts an dieser bilateralen Polarität – es sei denn, Schmidt hätte angenommen, daß diese Mitgliedschaft die innere Stärke der D-Mark selbst schwächen würde.

Kein Zweifel aber, daß bei Schmidt das Interesse an dem neuen Währungsverbund sich bald stark erweiterte. Er begann das EWS als seine persönliche Mission für Europa anzusehen. Er war dabei stark beeinflußt durch den »Europa-Vorkämpfer« Jean Monnet, für dessen Memoiren er damals soeben ein Vorwort geschrieben hatte. Heute besteht angesichts der fast emotionalen Appelle Helmut Schmidts zugunsten einer rascheren Weiterentwicklung des EWS kein Zweifel, daß sein Motiv, einen Beitrag für die Einheit und Stärkung Europas zu leisten, vorherrschend geworden ist.

EWS hat nur Zukunft als Stabilitätsgemeinschaft

Für das gute Funktionieren des EWS, überhaupt für seine weitere Existenz, war und ist die Frage nach seiner Auswirkung auf die Geldwertstabilität entscheidend. Als wir 1973 zum Block-Floaten gegenüber dem Dollar übergingen, meinten manche deutschen Politiker, man müsse den Währungsverbund in der Europäischen Gemeinschaft aus rein politischen Gründen akzeptieren, sozusagen als ersten Schritt in Richtung auf eine künftige europäische Währungsunion. Hierfür müsse man notfalls auch Opfer hinsichtlich der eigenen Stabilitätspolitik bringen. Ein Vertreter dieser Richtung war Klaus Dieter Arndt, Präsident des Deutschen Instituts für Wirtschaftsförderung und von 1968 bis 1970 Parlamentarischer Staatssekretär bei Minister Schiller im Bundeswirtschaftsministerium. Er hat dies mehrfach, vor allem in Reden im Europäischen Parlament, auf die Formel gebracht: »Wir müssen Stabilitätsopfer für Europa bringen.«

Wir haben dies aus guten Gründen nie akzeptiert. Im Juli 1978, als wir mitten in den Verhandlungen über das neue Europäische Währungssystem standen, wurde mir in einem Interview die Frage gestellt:[6] »Glauben Sie, daß die Bundesrepublik von anderen Partnerländern gedrängt werden könnte, den erforderlichen Gleichschritt der Währungs- und Wirtschaftspolitik auf einer mittleren Linie der Inflation zu erreichen?« Meine Antwort lautete: »Das würde ich für die schlechteste Lösung halten, und die Bundesbank würde sich dem widersetzen. Eine solche Entwicklung würde auch, jedenfalls auf die Dauer gesehen, den eigentlichen Sinn und Zweck des ganzen Währungsplans vereiteln. Denn das würde nicht zu der geplanten europäischen Zone größerer Stabilität, vielmehr am Ende zu größerer Instabilität mit Devisenkrisen und der Gefahr des Auseinanderbrechens führen.«

Bundeskanzler Schmidt hatte im Dezember 1978, unmittelbar nach Abschluß der Brüsseler Verhandlungen über das EWS, gesagt: »Dieses Experiment eines Währungsverbundes, das natürlich mit Risiken behaftet ist, durfte und konnte man nur eingehen, nachdem man klar gesehen hat, daß alle Regierungen ... wirklich den Willen haben, ihre Währungen zu stabilisieren, das heißt nach innen die Inflation zu bekämpfen. Wenn das geschieht, dann kann man diese

Währungen auch untereinander im Wechselkursverhältnis stabilisieren, sonst könnte man es nicht.«
Ich habe diese Erklärung sowie ähnliche Erklärungen von Regierungsvertretern im Bundestag mehrfach schriftlich und in Vorträgen als »*Geschäftsgrundlage für den deutschen Beitritt zum EWS*« bezeichnet. In einem Vortrag im Januar 1979[7] fügte ich dem hinzu: »Wenn wir auf unserer Politik der Geldwertstabilisierung beharren und eine Harmonisierung auf einer mittleren Linie der Inflation in der Europäischen Gemeinschaft ablehnen, so entspringt dies nicht einer nationalen Kirchturmpolitik oder einem Rückfall in währungspolitischen Protektionismus. Das neue EWS kann überhaupt nur als *Stabilitätsgemeinschaft*, das heißt bei einer Harmonisierung in Richtung auf innere Stabilität in allen Mitgliedsländern, *dauerhaft funktionieren*. Wir sind ferner davon überzeugt, daß der Fortbestand einer relativen Geldwertstabilität in unserem Land auch für unsere Partnerländer eine gute Stütze im Kampf gegen die Inflation sein wird; denn ohne einen solchen *Anker der Stabilität* würde ganz Westeuropa noch stärker in die Inflation abdriften.«

EWS unerwartet erfolgreich

Ich selbst war anfangs etwas skeptisch hinsichtlich des ganzen Projekts, und zwar vor allem, weil nun zwei neue Mitglieder in den Währungsverbund eintreten sollten – Italien und Frankreich –, deren Inflationsraten 1979 turmhoch über der deutschen lagen, nämlich bei 15 Prozent in Italien und 11 Prozent in Frankreich – gegenüber 4 Prozent bei uns. Wir hatten mehrmals Besprechungen in der Bundesbank mit den italienischen Währungsverantwortlichen, darunter auch mit dem italienischen Finanzminister Filippo Pandolfi und seinen Experten, um die Aussichten für eine baldige Verringerung des enormen Inflationsgefälles zu erkunden. Das Ergebnis war nicht sehr ermutigend. So rechnete ich mit erheblichen Währungskrisen im künftigen EWS, stärkeren als tatsächlich eintraten.
In einer anderen Hinsicht freilich erschien gegen Ende 1978 die Ausgangsposition für das EWS nicht ungünstig: Die Leistungsbilanzen Frankreichs, Italiens und Großbritanniens waren 1978 aus-

geglichen, die Leistungsbilanzüberschüsse der Bundesrepublik im Begriff zu verschwinden. Ich betonte schon damals mehrfach, daß deutsche Leistungsbilanzdefizite das Funktionieren des EWS erleichtern würden. Freilich fügte ich stets hinzu, daß ein solcher Währungsverbund sich nicht auf solche Zufallskonstellationen verlassen dürfe, sondern über längere Zeit und auch unter anderen Konstellationen krisenfest sein müsse, um wirklich seinen Beitrag für eine fortschreitende Währungsintegration Europas zu leisten.[8]
Nun, es hat in den letzten sieben Jahren einige kritische Zuspitzungen und bisher neun Wechselkurs-Anpassungen im EWS gegeben. Aber die Konvergenz zwischen den Mitgliedsländern in Richtung auf Stabilität war stärker, als ich anfangs zu hoffen wagte. Alle Mitgliedsländer haben die Geldwertstabilität als vordringliches Ziel akzeptiert. Sie schätzen inzwischen die Mitgliedschaft im EWS nicht nur wirtschaftlich, sondern auch politisch so hoch ein, daß sie sich der Disziplin des Wechselkurses und der Zahlungsbilanz unterwerfen. Wer hätte vor sieben Jahren zu hoffen gewagt, daß Frankreich sich in Richtung auf eine Teuerungsrate von 3 Prozent oder darunter bewegen würde!
Im Platow-Brief vom 5. November 1979 stand zu meinem Abschied von der Bundesbank eine recht schmeichelhafte Würdigung, die mir aber den Beitritt zum EWS als Minusposten ankreidete.
Es hieß dort: »Mit einer fast schlafwandlerischen Sicherheit steuerte Emminger das deutsche Währungsschiff in den letzten Jahren durch alle Klippen. In dieser erfolgreichen Bilanz gibt es nur einen Minusposten. Ich meine das Eintreten von Dr. Emminger für das EWS, das die Bundesrepublik an die internationale Inflationsmaschine koppelt.« Nun, genau dies ist nicht eingetreten. Vielmehr wurde umgekehrt die deutsche Stabilitätspolitik zu einem Anker der Stabilität für die anderen Mitgliedstaaten und zu einem Ansporn und Schrittmacher in diese Richtung. Ich möchte hierzu eine Äußerung des früheren Präsidenten des französischen Unternehmerverbandes CNPF, François Ceyrac, aus einem Interview zitieren: »Die Bundesrepublik Deutschland hat Europa einen großen Dienst erwiesen, indem sie Frankreich ihre Anti-Inflationsmoral aufdrängte.«[9] Eine Äußerung in der »Financial Times« sagt dies noch klarer: »Ohne die monetäre und fiskalische Disziplin in Westdeutschland wäre das EWS chaotisch.«[10]

Es handelt sich hier nicht um eine »missionarische« Einstellung, so als ob »am deutschen Wesen die Welt genesen« sollte. Nein, es ist die nüchterne Einsicht, daß wir in Europa zu einer dauerhaften Gemeinschaft – und auch zu größerem politischen Einfluß in der Welt – nur auf der Grundlage einer *Stabilitätsgemeinschaft* kommen können.

Der fundamentale Unterschied zwischen EWS und den Währungsrelationen zum Dollar

Die vergangenen Jahre haben auch sehr drastisch den fundamentalen Unterschied zwischen den Zahlungsbeziehungen zum Dollar und dem innereuropäischen Zahlungsverkehr vor Augen geführt – seit vielen Jahren ein Lieblingsthema von mir.

Der Dollar hat sich gegenüber der D-Mark (und anderen Währungen) von 1981 bis 1985 völlig entgegengesetzt zur Kaufkraft- oder Kostenparität entwickelt, wie immer man diese berechnen mag. Zwischen 1980 und dem 1. Vierteljahr 1985 war der reale, das heißt inflationsbereinigte Dollar-Kurs zum Beispiel gegenüber der D-Mark um fast 80 Prozent gestiegen. Der Höhenrausch des Dollars stand, mindestens in der Zeit von 1983 bis 1985, auch völlig im Widerspruch zum Trend der beiderseitigen Leistungsbilanzen. Nicht Kaufkraftparitäten oder die Handelsbilanz, sondern Finanzströme beherrschten über lange Strecken den Dollar-Kurs; sie werden auch in Zukunft eine starke Rolle spielen.

Sehen wir uns dagegen die Erfahrungen im EWS an: Hier spielten – und spielen nach wie vor – *Inflationsdifferenzen* und unterschiedliche *Leistungsbilanztrends* die Hauptrolle. Es ist hier ja ein festes Ritual geworden, sobald eine größere Inflationsdifferenz zwischen Mitgliedsländern sichtbar wird, sofort über die Notwendigkeit einer Wechselkurskorrektur zu reden[11] – gelegentlich, wie im Herbst 1985, für das Verhältnis D-Mark / Franc zu einseitig und zu früh. Denn es gibt auch hier manchmal noch andere Einflußfaktoren. So kommt es auch im EWS von Zeit zu Zeit zu einer Abweichung der Wechselkurse von den Kaufkraftparitäten. Aber diese Abweichungen betrugen im Falle der D-Mark gegenüber dem Durchschnitt der übrigen EWS-Währungen seit 1979 höchstens bis zu 9 oder 10 Prozent. Und solche Abweichungen sind stets durch Wechselkursanpassungen wieder korrigiert worden, manchmal zwar mit einiger Verzögerung, aber nie ungebührlich spät. Vor allem sind sämtliche Wechselkursveränderungen innerhalb des EWS bisher in die Richtung gegangen, daß damit ein Inflations- oder Leistungsbilanzgefälle korrigiert werden sollte – also genau das klassische Muster des früheren Bretton-Woods-Systems und genau das Gegenteil der Dollar-Kursentwicklung von 1982 bis 1985.

Das EWS ist eine Art Mini-Bretton-Woods. Allerdings sind im EWS die gegenseitigen Kooperations- und Konsultationsverpflichtungen nicht nur in Wechselkursfragen, sondern in der Wirtschaftspolitik überhaupt, wesentlich umfassender und strenger als im früheren Wechselkurssystem von Bretton Woods. Außerdem erfordert im EWS jede Wechselkursanpassung eines Mitglieds eine Verhandlung zwischen *allen* Mitgliedsländern und deren Zustimmung – ein völlig anderes Verfahren als im früheren Bretton-Woods-System. Übrigens erschwert dieses Verfahren auch den Mißbrauch des Wechselkurses zur Erlangung von Wettbewerbsvorteilen.

Wenn man all dies bedenkt – die starke gegenseitige Handelsverflechtung der EWS-Mitgliedsländer, ihre besondere Verbundenheit in der gesamten Wirtschafts- und Währungspolitik, das Verfahren bei Wechselkursänderungen und schließlich die Sonderstellung des Dollars wegen der Vorherrschaft der Kapitalströme – so kommt man zwangsläufig zu dem Schluß, daß das EWS bis auf weiteres nicht als Modell für die Währungsbeziehungen zum Dollar, aber auch nicht zu anderen außereuropäischen Währungen dienen kann. Es hat mich daher etwas überrascht, als Karl Klasen, mein Vorgänger als Bundesbankpräsident, im Jahre 1983 in einem Aufsatz vorschlug, nach dem Vorbild des EWS einen weltweiten Währungsverbund der stabilitätsorientierten Länder unter Einschluß Japans und der USA zu schaffen.

Wie steht es aber mit den *Kapitalbewegungen* innerhalb des Europäischen Währungsverbundes? Natürlich gibt es auch Kapitalströme innerhalb Europas und gelegentlich störende spekulative Geldbewegungen, besonders wenn Wechselkursanpassungen im Währungsverbund erwartet werden. Aber bis heute sind solche störenden Kapitalbewegungen in einem »erträglichen« Rahmen geblieben. »Erträglich«, das heißt, daß sie nie eine Dauer und ein Ausmaß angenommen haben, das zum Beispiel unsere deutsche Geldpolitik ernsthaft an der Verfolgung ihrer Stabilitätspolitik gehindert hätte. Gewiß waren manche spekulativen Geldbewegungen recht unbequem, insbesondere wenn sie mit einer gleichzeitigen Belastung unserer Devisenbilanz im Dollar-Bereich zusammenfielen wie 1978 und 1979. Sie haben die Bundesbank mehr als einmal zu besonderen ausgleichenden Liquiditätsmaßnahmen gezwungen, so auch im Februar 1976. Aber nach unserer übereinstimmenden Meinung in der Bundesbank waren diese innereuropäischen Kapitalbewegungen bisher stets ohne großen Schaden für die Stabilitätspolitik zu bewältigen.

Dogmatische Anhänger des Floatens predigen manchmal noch heute, die Nachteile von fixen Wechselkursen seien auch innerhalb Europas so groß, daß man lieber heute als morgen zum Floaten aller gegen alle übergehen sollte.[12] Sie befürchten vor allem einen Inflationsimport über den direkten Preiszusammenhang und über die Verpflichtung zur Intervention. Aber der Inflationsimport über das EWS war relativ sehr gering im Vergleich zu demjenigen über den freischwankenden Dollar bis Anfang 1985. Und es wäre kaum vorstellbar, was für ein außenwirtschaftliches Chaos bei völlig frei schwankenden Kursen aller Länder in Europa entstehen würde. Wie sollte es innerhalb des europäischen Wirtschaftsraumes zu rationalen, grenzüberschreitenden Investitionsentscheidungen kommen, wenn man ständig mit starken Verschiebungen in den gegenseitigen realen Wechselkursen von europäischen Einzelgebieten rechnen müßte!

Außerdem wissen diese Dogmatiker des Floatens wahrscheinlich nicht, daß sie damit weit über die Forderungen des Altmeisters des Monetarismus und des freien Floatens, Milton Friedman, hinausgehen. Denn dieser vertritt die Ansicht, daß »kleine Länder sich keine unabhängige Geldpolitik leisten können und sich besser an eine größere Währungseinheit anschließen und deren Geldpolitik mitmachen sollten.« Was hier für »kleine Länder« angeraten wird, gilt für die große Mehrzahl der Partnerländer des EWS. Es gilt sogar für alle, sofern die Mitglieder im EWS der Disziplin des Wechselkurses Folge leisten. Tatsächlich haben sich in den letzten Jahren selbst Länder wie Frankreich und Italien in einem überraschenden Maße dieser Disziplin des Währungsverbunds unterworfen.

Jedenfalls kann das Europäische Währungssystem, sofern es sich weiter in Richtung auf eine »Zone der Stabilität« entwickelt, ein wichtiger Baustein für eine engere Wirtschaftsintegration in Europa werden. Schon heute ist es im internationalen Währungssystem ein nützlicher Gegenpol gegen die Unstabilität des (unvermeidlich) freischwankenden Dollars. Im Rahmen des relativ stabileren EWS wickelt sich immerhin mehr als die Hälfte des Außenhandels der Mitgliedstaaten ab. Die Konsolidierung der bisher erreichten Stabilitätserfolge im EWS wird darüber entscheiden, ob und wie weit man Fortschritte in der währungspolitischen Integration Europas wagen kann.

Heute ist die Zeit noch nicht reif für die Errichtung einer gemeinsamen übernationalen Währungsbehörde. Nach den bisherigen Erfahrungen würde ich aber nicht ausschließen, daß wir einmal eine gemeinsame europäische Währung haben könnten. Wie so schön gesagt wird: Die Utopien von heute können die Realitäten von morgen sein. Dieses »morgen« wird aber sicher noch einige Jahrzehnte dauern. Ich denke dabei immer an unsere zurückliegenden deutschen Erfahrungen: Wie viele Jahrzehnte hat es doch gedauert, bis wir im vorigen Jahrhundert in Deutschland eine gemeinsame Währung bekamen! Innerhalb Europas sind die Unterschiede und Probleme sicher wesentlich größer als zwischen den damaligen deutschen Ländern. Dafür leben wir freilich heute in einer schnelllebigeren Zeit. Und der wirtschaftliche Integrationszwang innerhalb Europas könnte heute und in Zukunft stärker sein als er im 19. Jahrhundert in den deutschen Ländern war. Man wird aber trotzdem für eine gemeinsame Europa-Währung viel Geduld und einen langen Atem brauchen.

Die Dollar-Krise 1977 bis 1979 führt zur Wende in der amerikanischen Geldpolitik

Gleichgewichtsphase wird 1977 durch eine Periode akuter Dollar-Schwäche abgelöst

Vom Beginn des Floatens im Frühjahr 1973 bis etwa Mitte 1977 war die deutsche Devisenbilanz insgesamt weitgehend ausgeglichen, wie aus der Tabelle auf Seite 310 zu ersehen ist. Dies ist sehr beachtlich, wenn man bedenkt, daß in diese Zeit die erste Ölpreisexplosion mit ihren enormen Auswirkungen auf die Zahlungsbilanzen der Öleinfuhrländer fiel. Es gab erhebliche Schwankungen in der deutschen Leistungsbilanz, obgleich diese während der ganzen Zeit mit Überschüssen abschloß. Aber diese Schwankungen der Leistungsbilanz wurden durch Kapitalbewegungen aller Art ziemlich ausgeglichen. Das einzige wirklich störende Ungleichgewicht trat während dieser Periode im Jahre 1976 ein, und zwar innerhalb des Europäischen Währungsverbundes. Hier kam es im Februar/März 1976 zum ersten Mal seit Beginn des Block-Floatens zu einer ernsthaften Krise, vor allem durch einen Schwächeanfall des französischen Franc, der schließlich zum erneuten Ausscheiden des Franc aus dem Währungsverbund führte. Eine zweite Anspannung in der »Währungsschlange« von Ende Juli bis Mitte Oktober 1976 löste wiederum hohe spekulative Devisenzuflüsse in die Bundesrepublik aus. Diese Krise wurde Mitte Oktober 1976 durch eine allgemeine Wechselkursanpassung in der »Schlange«, in der Hauptsache eine DM-Aufwertung, beendet. Als Netto-Ergebnis für das ganze Jahr verblieb ein Devisenzufluß aus den Partnerländern der »Schlange« in Höhe von 11,5 Mrd. DM. Unsere Geldpolitik wurde dadurch zwar zu ausgleichenden Maßnahmen der Liquiditätspolitik gezwungen; eine ernsthafte Gefährdung unserer geldpolitischen Linie ergab sich daraus jedoch nicht.

Im übrigen Währungsbereich, der hauptsächlich den Dollar-Zahlungsverkehr umfaßte, war hingegen die Devisenbilanz über die ganzen vier Jahre von Frühjahr 1973 bis Mitte 1979 erstaunlich ausgeglichen (vgl. Tabelle S. 310). Wir wiesen in den Geschäftsberichten jener Jahre verschiedentlich mit Befriedigung darauf hin, daß dies *per saldo* die ausgeglichenste Zahlungsbilanzentwicklung gegenüber dem Dollar-Raum seit Mitte der sechziger Jahre war. Wir schrieben dies damals nicht zuletzt der ausgleichenden Wirkung der Wechselkursflexibilität zu.

Das änderte sich aber gewaltig, als der Dollar im Jahre 1977 in eine ausgeprägte Schwächephase eintrat. Die amerikanische Leistungsbilanz hatte 1975 mit einem Aktivsaldo von 18 Mrd. Dollar ihren besten Stand in der ganzen Nachkriegszeit erreicht. Nun schlug sie plötzlich um. In den Jahren 1977 und 1978 schloß sie mit Passivsalden von 14,5 und 15,5 Mrd. Dollar ab. Das war ein Umschwung von 1975 bis 1977, also innerhalb von zwei Jahren, um rund 32 Mrd. Dollar. Dazu kamen noch erhebliche Passivsalden in der Kapitalbilanz, die nicht zuletzt auf eine tiefgehende Störung des Vertrauens in den Dollar, aber auch auf einen meist sehr niedrigen amerikanischen Realzins zurückgingen.

Leistungs- und Kapitalbilanz zusammen schlossen in den beiden Jahren 1977 und 1978 mit jährlichen Passivsalden zwischen 33 und 44 Mrd. Dollar ab – für die damaligen Verhältnisse enorme Summen (während wir heute durch die Entwicklung der letzten Jahre an noch weit höhere gewöhnt sind). Und nun passierte etwas Erstaunliches: Diese ungewöhnlich hohen amerikanischen Zahlungsbilanzdefizite wurden im wesentlichen durch Dollar-Ankäufe der Notenbanken anderer Länder, überwiegend Industrieländer der Zehner-Gruppe, finanziert. Diese Ankäufe betrugen in den beiden Jahren jeweils zwischen 31 und 35 Mrd. Dollar. Und hierzu noch ein weiteres erstaunliches Faktum: An diesen riesigen Dollar-Ankäufen der Notenbanken der Industrieländer waren die Dollar-Interventionen der Bundesbank mit weniger als einem Sechstel beteiligt – im Jahre 1977 waren es netto rund 4 Mrd. Dollar, im Jahre 1978 rund 6,5 Mrd. Dollar. Warum bezeichne ich dies als erstaunlich? Nun, weil die D-Mark gerade in jener Phase der Dollar-Schwäche zum hauptsächlichen Gegenspieler des Dollars geworden war – sehr gegen unseren Willen. Es war die Zeit, als viele Länder aus dem Dollar ausstiegen und einen Teil ihrer Währungsreserven in die D-Mark verlagerten. Die D-Mark wurde zur zweitwichtigsten Reservewährung (was sie bis heute noch ist); ihr Anteil an den Devisenreserven der westlichen Welt stieg von 6½ Prozent im Jahre 1975 auf rund 11½ Prozent im Jahre 1980.

Der Dollar erlitt seinen ersten Schwächeanfall im Juli 1977. Er wurde verstärkt durch unvorsichtige Äußerungen des damaligen amerikanischen Finanzministers M. Blumenthal. Diese erweckten den Anschein, als sähen die Amerikaner aus Wettbewerbsgründen ein Absinken des Dollar-Kurses ganz gern. Dieses »Herunterreden des Dollars« (*»talking the dollar down«*) wurde stark kritisiert. Wir trafen Blumenthal im August 1977 anläßlich einer kurzfristig einberufenen Tagung der wichtigsten IWF-Mitglieder in Paris zwecks Beratung über eine Erweiterung der Ölfazilität des Währungsfonds. Natürlich sprachen wir Blumenthal auf seine Äußerungen an. Er bestritt vehement jegliche Absicht, den Dollar aus Wettbewerbsgründen herunterzureden. Dies wiederholte er nochmals in einem Vortrag in Bonn Anfang November 1977. Ich hatte jedoch von Anfang an vermutet, daß dahinter in Wirklichkeit eine andere Taktik stand: Die Amerikaner hatten schon seit Anfang 1977 mit Antritt der Carter-Regierung immer wieder versucht, die Bundesrepublik zu einer stärkeren Wirtschaftsexpansion und zu niedrigeren Zinssätzen zu bewegen, und übten in dieser Richtung sowohl in internationalen Gremien als auch in persönlichen Gesprächen (auch mir gegenüber) Druck aus. Vermutlich hatte nun ein besonders schlauer Experte in der Carter-Regierung sich ausgedacht, daß ein stärker sinkender Dollar den Deutschen so unangenehm werden könnte, daß sie zur Abwehr *nolens volens* die gewünschten Expansions-Maßnahmen ergreifen würden, so ähnlich wie im Juni 1986 der amerikanische Finanzminister Baker ziemlich offen aussprach: Wenn Japan und die Bundesrepublik nicht ihre Wirtschaft stärker ankurbelten, so müßten sich die USA in noch stärkerem Maß auf Wechselkursveränderungen stützen, um das Handelsbilanzdefizit abzubauen – also ein niedrigerer Dollar-Kurs als Druckmittel! Eine englische Zeitung zitierte den Ausspruch eines Finanzministers aus einem EG-Land: »Deutsche und Amerikaner treiben ein gefährliches Spiel: Die Amerikaner probieren aus, wie tief der Dollar-Kurs sinken müsse, damit die Deutschen zur Reflation gezwungen würden. Andererseits wollen die Deutschen abwarten, wie weit er fallen muß, bevor die Amerikaner etwas dagegen täten.« Zunächst freilich störte uns die Dollar-Schwäche nicht sehr. Wir mußten im Juli 1977 zwar vorübergehend intervenieren, um »ungeordneten Marktverhältnissen« am Dollar-Markt entgegenzuwirken; es war dafür aber nur ein Ankauf von etwa 600 Millionen Dollar erforderlich. Dann kehrte im August und September wieder Ruhe ein. Es ist vielleicht nicht uninteressant, daß im März 1978 Henry Reuß, damals international bekannt als Vorsitzender des Bankenausschusses des Kongresses, sich heftig gegen den Vorwurf wehrte, die Amerikaner hätten den Dollar absichtlich heruntergeredet. Er kehrte den Spieß um und griff Graf Lambsdorff an, der tatsächlich im März 1978 einmal öffentlich von einem möglichen Dollar-Verfall bis zu 1,50 DM gesprochen hatte.

Die eigentliche Dollar-Krise brach erst im Oktober 1977 aus. Für diesen Zeitpunkt gab es einen interessanten Grund. Die Bank von England hatte nämlich bis zum Oktober 1977 in ungewöhnlich hohem Umfang Dollar aufgekauft, um die Aufwärtsbewegung des Pfund-Kurses über ein bestimmtes Niveau hinaus zu bremsen; aber auch, um ihre während der Pfund-Krise von 1976 stark zusammengeschmolzenen Währungsreserven wieder aufzustocken. Diese hohen britischen Dollar-Käufe – insgesamt rund 17 Mrd. Dollar – nahmen eine Zeitlang den Druck vom Dollar-Markt weg. Noch während der Washingtoner Jahrestagung des Währungsfonds und der Weltbank im September 1977 hatte der Geschäftsführende IWF-Direktor ein relativ optimistisches Bild der internationalen Zahlungssituation gezeichnet und vorausgesagt, das Defizit der Vereinigten Staaten werde wohl ohne große Schwierigkeiten durch Kapitalbewegungen ausgeglichen werden. Ich hatte hingegen in einigen Besprechungen in Washington schon meine Sorge wegen der weiteren Entwicklung ausgedrückt. Als die Engländer ihre massiven Dollar-Käufe einstellten, brach der Dollar-Sturm los. Zunächst zielte er auf den japanischen Yen, kurz darauf griff die Unruhe auch auf unseren und den schweizerischen Devisenmarkt über. So mußten wir in den letzten drei Monaten von 1977 noch Dollar im Gegenwert von über 9 Mrd. DM am Devisenmarkt aufnehmen[1], um den Niedergang des Dollar-Kurses wenigstens in geordneten Bahnen zu halten. Ende Dezember war der Dollar immerhin bereits um 13 Prozent unter den Stand von Februar 1977 abgesunken – und das war noch lange nicht das Ende, denn die Talfahrt des Dollars ging im Jahre 1978 noch weiter.

Die Dollar-Krise von 1978

In den letzten Monaten des Jahres 1977 und zu Beginn des Jahres 1978 wurden die Devisenmärkte von der Dollar-Krise geschüttelt. Um einen Dollar-Kollaps zu verhindern, nahmen ausländische Notenbanken in den sechs Monaten von Oktober 1977 bis März 1978 nicht weniger als rund 30 Mrd. Dollar auf. Auch wir mußten manchmal in erheblichem Umfang intervenieren, obgleich unser Anteil an den gesamten Interventionen nach wie vor relativ bescheiden war. Sorge bereitete uns dabei vor allem die sich immer mehr ausbreitende Krisenstimmung um den Dollar, der in ein ausgesprochenes Vertrauenstief geriet. In einem Anfang April 1978 in der »Frankfurter Allgemeinen Zeitung« veröffentlichten Artikel[2] schrieb ich: »Wir intervenieren, um hektische Kursausschläge und chaotische Zustände am Devisenmarkt zu verhindern (wozu wir übrigens durch die internationalen Spielregeln des IWF verpflichtet sind); angesichts der Hunderte von Milliarden Dollar, die in aller Welt von Währungsbehörden, Unternehmungen und Privaten gehalten werden, könnte ein hemmungsloses Abtrudeln des Dollars zu riesigen Geldverlagerungen und panikartiker Selbstverstärkung des Kursverfalls führen. Aber den grundlegenden Markttendenzen am Devisenmarkt haben wir nicht entgegengewirkt. Wir haben nicht verhindert, auch gar nicht verhindern können, daß seit Mitte 1977 die D-Mark um fast 17 Prozent gegenüber dem Dollar aufgewertet worden ist, obgleich sie vorher keineswegs unterbewertet erschien.«

Um die Jahreswende 1977/78 breitete sich auch in Amerika die Sorge um die Dollar-Entwicklung aus. Präsident Carter nahm am 21. Dezember 1977 in einer öffentlichen Erklärung zur Lage der amerikanischen Handels- und Zahlungsbilanz Stellung. Er führte

deren starke Verschlechterung im Jahre 1977 teilweise auf die erhöhten Ölimporte, teils auf »das relativ langsame Wirtschaftswachstum in Japan, Deutschland und anderen Ländern« zurück. Wie sehr erinnert dies letztere aus heutiger Sicht an manche offizielle amerikanische Begründung für das Zahlungsbilanzdefizit im Jahre 1986! Der amerikanische Präsident kündigte ein umfangreiches Programm zur Verbesserung der Handelsbilanz, einschließlich der Energiebilanz, an. Aber er nahm auch zu den hektischen Verhältnissen am Dollar-Markt Stellung. Dabei sagte er: »Wir haben eine Verantwortung, die Integrität des Dollars zu schützen« – eine Formulierung, die er offensichtlich vom Vorsitzenden des *Federal Reserve Board*, Arthur Burns, übernommen hatte, da dieser sie schon mehrfach als eines seiner wichtigsten Ziele bezeichnet hatte. Präsident Carter betonte auch: »Während eine gewisse Korrektur des Dollar-Kurses gegenüber der deutschen und japanischen Währung nach den Umständen verständlich ist, sind doch die jüngsten Marktverzerrungen nicht gerechtfertigt. Wir werden in enger Zusammenarbeit mit unseren ausländischen Freunden insoweit intervenieren, als es zur Beseitigung der Marktstörungen notwendig ist.« Im Dezember 1977 verabschiedete der Kongreß unter dem Druck des Dollar-Verfalls ein »außenwirtschaftliches Notgesetz« (*»international emergency economic power act«*), das dem Präsidenten bei Verkündung eines internationalen Wirtschaftsnotstandes die Vollmacht zu umfassenden Kontrollen und Einschränkungen des auswärtigen Handels- und Zahlungsverkehrs gab. Ein Regierungsvertreter sagte damals vor der Presse, vorläufig werde das Notgesetz nicht angewendet, solange noch keine Flucht der amerikanischen Staatsbürger aus dem Dollar sichtbar sei (!).
Ungefähr zur gleichen Zeit kam auch Burns, der kurz vor dem Ende seiner Amtszeit als Notenbankchef stand, mit einer Erklärung heraus, in der er dringend eine Stärkung des Dollars durch Verbesserung der grundlegenden Rahmenbedingungen forderte. Im Januar 1978 gelang es Burns, wenn auch – wie ich hörte – nur mit großer Mühe, im *Federal Reserve Board* eine knappe Mehrheit für eine Diskonterhöhung von 6 auf 6½ Prozent zu gewinnen. Dieser geldpolitische Schritt war rein außenwirtschaftlich motiviert. Burns kam im Januar 1978 zum letzten Mal als Notenbankchef zu den monatlichen Treffen nach Basel. Er beeindruckte uns sehr

durch seine Ausführungen über den Dollar, die seine tiefe Sorge um das binnen- und außenwirtschaftliche Gleichgewicht seines Landes erkennen ließen. Diese Ausführungen sowie die dollarmotivierte Diskonterhöhung waren sozusagen das Vermächtnis, das er als Notenbankchef seinen ausländischen Kollegen hinterließ.
Aber der Druck auf den Dollar ließ nicht völlig nach. Am 1. März 1978 unterschritt der amtliche Dollar-Kurs mit 1,99 DM zum ersten Mal die 2-DM-Schwelle. Für manche Marktteilnehmer wurde damit eine »magische Schwelle« unterschritten, trotz unserer ständigen Versicherung, daß es für die Bundesbank so etwas nicht gäbe. Tatsächlich war dieser Dollar-Kurs vom 1. März 1978 der tiefste Punkt bis zu einer erneuten Verschlechterung im Herbst 1978.
Noch stärker als gegenüber der D-Mark trat die Dollar-Schwäche gegenüber dem Schweizer Franken in Erscheinung. Der Kurs des Schweizer Franken gegenüber dem Dollar stieg noch viel stärker an als der DM-Kurs. Ende Februar 1978 warf die Schweiz im Abwehrkampf gegen die Dollar-Flut das Handtuch. In einem Referat von Fritz Leutwiler hieß es dazu:

»Angesichts der beängstigenden Aufwärtsbewegung des Franken-Kurses sahen sich Bundesrat und Nationalbank Ende Februar zu einer Verschärfung des Abwehrdispositives gegen den Geld- und Kapitalzufluß aus dem Ausland gezwungen, nachdem bereits zuvor die Geldpolitik vermehrt zur Dämpfung der Wechselkursschwankungen eingesetzt worden war. Gleichzeitig mit der Senkung des Diskont- und Lombardsatzes auf das historisch tiefste Niveau von 1 Prozent bzw. 2 Prozent wurden Vorkehrungen getroffen, die nunmehr auch auf einen Abbau von ausländischen Franken-Guthaben abzielen und Ausländern den Erwerb inländischer Wertpapiere verwehren.«

Als Folge der Schweizer Abwehrmaßnahmen kamen Anrufe von deutschen Journalisten, ob etwa bei uns ähnliche Maßnahmen zu erwarten seien. Ich erwiderte sofort und ohne jedes Zögern, daß wir überhaupt nicht an solche Maßnahmen dächten; anders als in den Jahren 1972 und 1973 seien wir ja nun durch das Floaten gegenüber dem Dollar etwas besser abgeschirmt. Als ich mich zwei Tage später zu einer Besprechung der Lage im engsten Kreis bei Bundeskanzler Schmidt einfand, hielt er mir gleich eine solche Zeitungsmeldung unter die Nase mit der Frage: »Wie kommen Sie zu einer solchen Erklärung? Das ist doch letztlich eine Sache der Bundesregierung!« Meine Entgegnung war ganz einfach: »Wenn ich mit der Antwort auf die Frage der Journalisten gezögert hätte, um vorher in Bonn rückzufragen, so wären an diesem Tag sicher Hunderte von Millionen Dollar zusätzlich zu uns hereingeflossen.« Aus den weiteren Bemerkungen Helmut Schmidts war ziemlich deutlich zu erkennen, daß er im Notfall eine solche dirigistische Abwehrmaßnahme nicht ausgeschlossen hätte.

Es gab in der Zwischenzeit ununterbrochen Verhandlungen mit den Amerikanern. Diese führten am 13. März 1978 zu einer gemeinsamen Erklärung der amerikanischen und der deutschen Regierung. In dieser Erklärung betonten beide Regierungen erneut ihren festen Willen, ungeordneten Verhältnissen an den Devisenmärkten entgegenzuwirken. Zur Unterstützung dieser Bemühungen beschlossen die beiderseitigen Notenbanken, ihre bestehende gegenseitige Kreditlinie (Swap-Fazilität) von 2 auf 4 Mrd. Dollar zu erhöhen. Außerdem beabsichtigte das amerikanische Finanzministerium, Sonderziehungsrechte (SZR) aus dem amerikanischen Eigenbestand an die Bundesbank zu verkaufen und sich dadurch D-Mark für Interventionszwecke zu beschaffen. Die Vereinigten Staaten erklärten sich ferner bereit, bei Bedarf auch ihre automatisch verfügbaren Ziehungslinien beim Internationalen Währungsfonds (etwa 5 Mrd. Dollar) zur Beschaffung von Devisen für Interventionen zu benützen. Diese letzteren Maßnahmen wurden deswegen besonders begrüßt, weil sie den amerikanischen Willen dokumentierten, sich nicht nur auf die anderen Partner zu verlassen, sondern durch Einsatz eigener Währungsreserven zur Stabilisierung des Dollar-Marktes beizutragen. Im übrigen hatte schon einige Wochen zuvor die Bundesbank dem US-Schatzamt für Interventionszwecke eine Swap-Fazilität erheblichen Umfangs eingeräumt, zusätzlich zu den bereits bestehenden Fazilitäten zwischen den beiden Notenbanken.

Ich erwähne diese verschiedenen technischen Abmachungen vor allem deshalb, weil sie zeigen, daß seit Anfang 1978 die Amerikaner unter dem Druck der Dollar-Schwäche und der manchmal chaotischen Zustände am Devisenmarkt sich mehr und mehr zu einer aktiveren Interventionspolitik gezwungen sahen. Für das ganze Jahr 1978 waren ihre dollarstützenden Interventionen wesentlich höher als diejenigen der Bundesbank. Freilich finanzierten sie einen erheblichen Teil davon dadurch – und mußten ihn mangels eigener Devisenreserven so finanzieren –, daß sie auf bestehende Kreditlinien bei anderen Notenbanken, und nicht zuletzt bei der Bundesbank, zurückgriffen. Derart finanzierte amerikanische Deviseninterventionen aber hatten ganz ähnliche Auswirkungen auf die innerdeutsche Geldausweitung wie die eigenen Interventionen der Bundesbank. Wir hatten daher großes Interesse daran, daß die Amerikaner auch andere Möglichkeiten der Finanzierung ihres Zahlungsbilanzdefizits anwandten. Ein Weg hierzu war die Ausgabe von amerikanischen Schuldverschreibungen in der benötigten Interventionswährung auf den ausländischen Kapitalmärkten. Ich drängte daher seit Ende 1977, als die Dollar-Misere in ihrem ganzen Umfang deutlicher wurde, immer darauf, daß die Amerikaner eine solche Finanzierungsmethode erproben sollten. Hier traf ich mich mit der Ansicht des amerikanischen Notenbankpräsidenten Burns; auch er drängte in den letzten Wochen seiner Amtszeit seine Regierung, diese weniger inflationsträchtige Finanzierung zu benützen. Daraus entstanden dann die sogenannten *Carter Notes* und *Carter Bonds*, mittel- und längerfristige amerikanische Regierungsschuldverschreibungen, die auf D-Mark (und auch Schweizer Franken) lauteten. Insgesamt wurden davon auf dem deutschen Kapitalmarkt in den Jahren 1978 und 1979 7,5 Mrd. DM ausgegeben.

Ab April 1978 hatte sich der Dollar-Markt zunächst wieder etwas beruhigt. So konnten wir im zweiten Vierteljahr 1978 einen Teil der vorher hereingenommenen Devisen wieder abstoßen. Aber die hohen Devisenzuflüsse vor allem des vierten Vierteljahres 1977 hatten bereits erheblichen Flurschaden in unserem Geldumlauf angerichtet. Im Juni 1978 mußten wir bei der üblichen halbjährlichen Überprüfung unseres Geldmengenziels feststellen, daß wir wegen der bis dahin bereits vorliegenden Aufblähung unseres Geldumlaufs keine Chance mehr hatten, das für das ganze Jahr 1978 gesetzte Geldmengenziel einer durchschnittlichen Ausweitung um 8 Prozent (gegenüber dem Vorjahresdurchschnitt) einzuhalten (im einzelnen berichte ich hierüber im 14. Kapitel). Die Erfahrung mit den Auswirkungen der Interventionen auf den Geldumlauf bestärkten uns sehr in der Absicht, uns mit weiteren geldaufblähenden Interventionen möglichst zurückzuhalten.

Wendepunkt in der Dollar-Entwicklung: Oktober 1978

Ab Juli 1978 begann sich die Situation auf den Devisenmärkten wieder kritisch zuzuspitzen. Zunächst war es weniger der erneut beginnende Druck auf den Dollar-Kurs, der Unruhe schuf. Vielmehr veränderte sich nun vor allem die Lage in der »Währungsschlange« bedrohlich, und zwar derart, daß wir von Juli bis Mitte Oktober 1978 zu obligatorischen Stüzungskäufen in der »Schlange« im Gegenwert von über 10 Mrd. DM gezwungen wurden. Der Hauptgrund war, daß alle Welt vor der Inkraftsetzung des EWS eine DM-Aufwertung im europäischen Währungsverbund erwartete. Diese Krise wurde durch eine Aufwertung der D-Mark in der »Währungsschlange« am 15. Oktober 1978 fürs erste beigelegt. Im Gefolge davon flossen einige der spekulativen Gelder wieder zurück in die Partnerländer.

Zur Währungskrise in der »Schlange« gesellte sich nach einiger Zeit eine Zuspitzung auf dem Dollar-Markt. Der Dollar-Kurs sackte von seinem Stand von 2,11 DM im Mai 1978 bis auf 1,73 DM Ende Oktober 1978 ab; das waren immerhin 18 Prozent. Seit Beginn der Talfahrt im Frühjahr 1977 betrug der Wertverlust sogar gut 28 Prozent. Wir hielten uns trotz dieses Kursverfalles ganz bewußt mit Interventionen zurück, außer an Tagen, an denen chaotische Zustände am Devisenmarkt herrschten. Unsere Interventionen am Dollar-Markt beschränkten sich in der Krisenzeit von Juli bis Mitte Oktober 1978 auf die relativ bescheidene Summe von 1,8 Mrd. DM. Nach der starken Geldaufblähung als Folge der früheren Deviseninterventionen mußten wir nun unbedingt der inneren Stabilität den Vorrang geben.

Ab Frühsommer 1978 betonte ich gegenüber unseren Kollegen in der amerikanischen Notenbank immer wieder, daß es nun an der Zeit sei, die Stellung des Dollars durch grundsätzliche Maßnahmen der amerikanischen Wirtschafts- und Geldpolitik zu verbessern. Ich hatte darüber laufend Gespräche mit dem damaligen Vorsitzenden des *Federal Reserve Board*, William Miller. Ich zitiere aus meinen Notizen über ein Gespräch mit ihm im August 1978. Ich sagte: »Von Europa und besonders von Deutschland aus gesehen ist das Kernproblem die Inflation in den Vereinigten Staaten. 7 bis 8 Prozent Inflation im Vergleich zu 3 bis 4 Prozent in einer Reihe europäischer Länder ist auf die Dauer mit der Stellung des Dollars in der Welt unvereinbar ... Wir glauben nicht an Interventionen gegenüber fundamentalen Markttrends. Interventionen größeren Stils haben nur dann Sinn, wenn sie durch überzeugende Maßnahmen hinsichtlich der *›fundamentals‹* gestützt sind.« Miller stimmte zu: »Es hat keinen Sinn, durch übermäßige Interventionen die Spekulation zu honorieren.« Er betonte, daß bis vor kurzem der Durchschnittsamerikaner und auch die meisten Politiker das Problem des Dollars nicht ernstgenommen hätten. Das habe sich aber neuestens gewandelt. Meinungsumfragen hätten ergeben, daß nun 80 Prozent der Amerikaner »besorgt über den Dollar« sind. Er hoffe nur, daß auch 80 Prozent der maßgebenden Politiker besorgt seien – dann werde man es schon schaffen. Außerdem erläuterte er mir die amerikanischen Absichten hinsichtlich der Inflationsbekämpfung. Die Diskonterhöhung von 7¼ auf 7¾ Prozent am 18. August sei ein erster Schritt. Bemerkenswert sei, daß diese Maßnahme, die noch vor einigen Wochen schwer kritisiert worden wäre, nun glatt über die Bühne gegangen sei und auch den Segen des Weißen Hauses erhalten habe. Weitere Maßnahmen seien in Erwägung, auch hinsichtlich des Energieprogramms (für das Präsident Carter auf dem Bonner Gipfel im Juli 1978 Zusagen gemacht hatte).

Am 24. Oktober 1978 verkündete Präsident Carter ein sogenanntes Anti-Inflationsprogramm. Es hatte aber keinerlei Wirkung auf den Dollar-Markt. Der Dollar rutschte immer tiefer in den Keller. Der anhaltende Kursverfall des Dollars trieb die Amerikaner in die Enge – insofern hatte unsere Zurückhaltung bei den Interventionen zur Dollar-Stützung einen durchaus heilsamen Effekt. Nun wurde in Washington in hektischer Eile ein umfassendes *Notstandsprogramm zur Dollar-Stützung* ausgearbeitet. Ich war um diese Zeit in täglichem telefonischem Kontakt mit Notenbankchef Miller, manchmal auch mehrmals am Tage. Dabei sagte ich ihm mit aller Deutlichkeit: Auf die Bundesbank könne er für eine größere Dollar-Stützung nur rechnen, wenn überzeugende amerikanische Maßnahmen zur Verbesserung der »fundamentalen Position« getroffen würden und wenn außerdem ein solches Programm die volle Unterstützung des Präsidenten auch in der Öffentlichkeit haben würde. Dies letztere fügte ich hinzu, weil damals in der amerikanischen Presse immer wieder

Zweifel geäußert wurden, ob das Weiße Haus einen schärferen Kurs wirklich decken würde.

Die Dollar-Lage spitzte sich weiter zu. Wir ersahen aus einzelnen größeren Devisengeschäften, daß in immer höherem Maße auch von ausländischen Notenbanken Dollar verkauft wurden, um ihre Währungsreserven teilweise in die D-Mark zu verlagern. Zwischen dem 24. und 26. Oktober mußte die amerikanische Notenbank fast 2 Mrd. DM einsetzen, um einen Dollar-Kollaps zu verhindern. William Miller am Telefon: »Jetzt ist aber wirklich eine ernste Marktstörung (*a serious disorderly condition*) da.« Unter diesem Druck wurde innerhalb weniger Tage ein Notstandsprogramm zur Dollar-Stärkung beschlossen, das im wesentlichen folgende Maßnahmen enthielt:

– Anhebung des Diskontsatzes der *Federal Reserve* von 8½ Prozent auf den Rekordstand von 9½ Prozent; dazu Erhöhung der Mindestreserven der Banken für bestimmte Termineinlagen um 2 Prozentpunkte.

– Aufstockung der Swap-Fazilitäten mit den Notenbanken der Bundesrepublik, Japans und der Schweiz um 7,6 Mrd. auf insgesamt 15 Mrd. US-Dollar;

– Aufnahme von Fremdwährungsmitteln auf den Kapitalmärkten der genannten Länder bis zum Gegenwert von 10 Mrd. Dollar;

– Inanspruchnahme der unkonditionierten Ziehungsrechte beim Internationalen Währungsfonds in Höhe von rund 3 Mrd. Dollar und Abgabe von Sonderziehungsrechten im Gegenwert von 2 Mrd. Dollar;

– Verdoppelung der bei den monatlichen Goldauktionen der amerikanischen Regierung angebotenen Goldmenge auf 1,5 Mio. Unzen.

Bei der Bekanntgabe des Programms am 1. November wurde das verfügbare Finanzierungspaket für eventuell nötige Dollar-Stützungen auf insgesamt 30 Mrd. Dollar beziffert. Offenbar wollte man mit dieser Riesensumme vor allem psychologisch auf die Märkte einwirken. Es konnte ja nie damit gerechnet werden, daß sich alle diese Eventualmöglichkeiten gleichzeitig aktivieren ließen. In einer Presseerklärung stellte sich Präsident Carter ausdrücklich hinter das Programm. In dieser Erklärung hieß es unter anderem: »Zur Unterstützung des bereits eine Woche früher verkündeten inneren Anti-Inflationsprogramms ist eine Stärkung des Dollars unerläßlich. Der gegenwärtige Verfall des Dollar-Kurses ist durch die grundlegende Wirtschaftssituation nicht gerechtfertigt, denn die fundamentalen Faktoren sind bereits auf dem Wege der Besserung.« Dieser letzte Satz hat große Ähnlichkeit mit dem entscheidenden Satz im Pressekommuniqué der »Fünfer-Gruppe« vom September 1985. Also nichts Neues unter der Sonne! Übrigens sagte mir Notenbankchef William Miller, das Notstandsprogramm sei ein »Risiko-Programm«, das heißt man sei bereit, notfalls das Risiko einer Konjunkturabschwächung hinzunehmen.

Vor der Verkündung des Maßnahmepakets gab es noch eine dramatische Zuspitzung zwischen den Amerikanern und uns. Wir hatten einige Tage vorher schon inoffiziell aus Washington gehört, daß dort überlegt wurde, unmittelbar nach Verkündung des Notstandsprogramms eine *gemeinsame Wechselkurspolitik* der wichtigsten Länder – USA, Bundesrepublik, Japan und Schweiz – zu proklamieren, und zwar unter Verkündung von Zielzonen (*target zones*) für den Dollar mit Festlegung eines Mindestkurses, bei dem interveniert werden müßte. Tatsächlich wurden wir am 30. Oktober 1978 mit einem amerikanischen Vorschlag einer gemeinsamen Erklärung konfrontiert, wonach die Notenbanken der erwähnten Länder sich verpflichten sollten, durch Interventionen zu verhindern, daß der Dollar gegenüber den anderen drei Währungen noch weiter absinke. Wir protestierten sofort durch Fernschreiben an die Bonner Regierung gegen diese Zumutung, gegen die aus unserer Sicht »schwerste Bedenken« bestünden. Denn die in dem Entwurf genannten Regierungen und Notenbanken würden damit eine direkte Verantwortung für einen bestimmten Dollar-Kurs übernehmen, was unzumutbar sei. Insbesondere sei für die Bundesbank eine unlimitierte Verpflichtung zur Dollar-Intervention nicht akzeptabel. Wir schlugen statt dessen eine einseitige deutsche Erklärung von Bundesregierung und Bundesbank vor, in der die amerikanischen Sanierungsmaßnahmen begrüßt würden, ohne jeden Hinweis auf eine bestimmte Interventionsverpflichtung. Diese deutsche Zustimmungserklärung wurde auch am 1. November veröffentlicht.[3] Zuvor mußten wir freilich noch die Zustimmung des Zentralbankrats zur Erhöhung unserer Swap-Kreditlinie mit der *Federal Reserve* von 4 auf 6 Mrd. Dollar auf dem Wege einer fernschriftlichen Abstimmung einholen.

Die Tatsache, daß wir die uns angetragene Verpflichtung ablehnten, einen Mindestkurs für den Dollar zu garantieren, machte – wie ich aus verschiedenen Quellen hörte – in Washington bei den verantwortlichen Stellen vorübergehend böses Blut. Der Zorn richtete sich dabei gegen mich persönlich. Am 4. November hörte bei der üblichen täglichen Konsultation über die Devisenmärkte unser Devisenexperte von seinem Kollegen in der *Federal Reserve*: »Die Leute in Washington sind wütend auf Dr. Emminger, weil er gegenüber den USA dieselbe Rolle gespielt hat, wie vor einigen Jahren Mr. Yeo gegenüber den Engländern. Kein Ausländer hat die amerikanische Seite so gedrängt, die ›*fundamentals*‹ anzupacken, wie Dr. Emminger. Nun tun wir etwas in dieser Richtung, und die Bundesbank läßt uns im Stich.« Der Bundesbankmann schrieb sich Wort für Wort dieser Mitteilung auf und sandte sie mir zu.[4]

Ich mußte am Mittwoch, 1. November 1978, nach Berlin fliegen, da dort am Abend eine Eröffnungsveranstaltung für eine Berliner Sitzung des Zentralbankrats am 2. November stattfand. Noch auf dem Wege zum Frankfurter Flughafen mußte ich vom Auto aus mit Bonn verhandeln, um die gemeinsame Presseerklärung von Bundesregierung und Bundesbank in die richtige Form zu bringen.

Nach der Zentralbankratssitzung am 2. November hielt ich die übliche Pressekonferenz ab. Dabei erklärte ich zu dem amerikanischen Programm und unserer Mitwirkung folgendes (etwas gekürzt):

»Es gibt mehrere ganz entscheidende Punkte, die uns veranlaßt haben, dieses Programm zu begrüßen und flankierend durch eine Erhöhung unserer Kreditfazilitäten für die amerikanische Notenbank zu unterstützen. Wesentlich ist, daß von den Amerikanern erkannt und anerkannt ist, daß es in erster Linie auf eine Bekämpfung der grundlegenden Ursachen der Dollar-Schwäche ankommt; das ist auch darin dokumentiert, daß eine sehr beachtliche Verstärkung der geldpolitischen Maßnahmen in den USA stattgefunden hat. Das Geld ist knapper und teurer gemacht worden. Die Diskonterhöhung von 8½ auf 9½ Prozent hat den amerikanischen Diskont nun auf den höchsten bisher verzeichneten Stand gebracht. Man hat anerkannt, daß die Inflationsbekämpfung absolute Priorität haben muß, wenn man den äußeren Wert des Dollars stabilisieren will ...

Ein zweiter wichtiger Faktor kommt hinzu, nämlich daß diese Maßnahmen des amerikanischen Notenbanksystems, ja das ganze

Programm überhaupt, ausdrücklich von Präsident Carter nicht nur gebilligt worden ist, sondern daß er selbst den Vorsitzenden des Fed-Board und den Finanzminister gebeten hat, ein schlagkräftiges Programm in Gang zu setzen. Es handelt sich hier also nicht etwa nur um eine Sache des Federal Reserve, sondern es ist eine Sache des US-Präsidenten; die gesamte Regierung steht hinter dieser wichtigen Maßnahme ...

Es kommt ein dritter Punkt hinzu, der diesem Programm eine besondere Qualität verleiht. Es sind nicht nur die Kreditfazilitäten erhöht worden, sondern es sollen eigene Reserven eingesetzt werden, d. h. die Amerikaner sehen die Aufgabe, für die Übergangszeit, bis es zu einer nachhaltigen Besserung in der Zahlungsbilanz kommt, selbst für die Finanzierung zu sorgen, und zwar auf mehreren Wegen ...

Außerdem haben die Vereinigten Staaten insofern einen neuen Weg angekündigt, als sie sich nun bereit erklärt haben, Fremdwährungsanleihen im Ausland aufzunehmen bis zu einem Maximalbetrag von 10 Mrd. Dollar; es ist ganz klar, daß dabei auch an die Bundesrepublik gedacht worden ist, aber auch an andere Länder mit starken Währungen, wie die Schweiz oder Japan. Auch dies zeigt, daß man nun gesehen hat, es muß ein völlig neuer Weg beschritten werden ...

Dazu kommt dann eine Ziehung der Vereinigten Staaten beim Internationalen Währungsfonds, und zwar im Rahmen der sogenannten Reservetranche, die den Amerikanern ohne jede Bedingung auf Anforderung sofort zur Verfügung steht. Sie beläuft sich auf über 4 Mrd. Dollar, nun werden die USA im Rahmen dieser Tranche 3 Mrd. Dollar ziehen ...

Und zum Schluß, ich führe dies absichtlich zum Schluß an, kommt die Erhöhung der Swap-Fazilitäten hinzu. Für die Bundesbank bedeutet dies eine Erhöhung unserer Swap-Fazilität mit der Federal Reserve von 4 auf 6 Mrd. Dollar; Japan erhöht auf 5 Mrd., die Schweiz auf 4 Mrd., macht zusammen 15 Mrd. Dollar – eine glatte Verdoppelung gegenüber dem bisherigen Stand ...

Ich habe das absichtlich zum Schluß aufgezählt, nicht weil das ein geringer Beitrag wäre, sondern weil wir darin nicht den eigentlichen Kern des Programms sehen, sondern nur eine flankierende Stützmaßnahme, falls es notwendig sein sollte, trotz des übrigen Programms noch gelegentlich den Dollar zu stützen. Dann allerdings

soll, das geht auch aus dem Kommuniqué hervor, kräftig, energisch und gut koordiniert auf den Devisenmärkten eingegriffen werden, um diese gefährlichen Entwicklungen, wie wir sie in den letzten Wochen gehabt haben, nicht wieder zum Entstehen kommen zu lassen. Ich hoffe aber sehr, daß gerade diese flankierenden Kreditfazilitäten im Grunde genommen gar nicht in großem Umfang gebraucht werden; denn erstens sind ja nun fundamentale Maßnahmen getroffen worden und zweitens haben die Amerikaner aus eigenen Mitteln und dann auch aus Fremdwährungsanleihen voraussichtlich so viele Mittel, daß sie nicht immer auf die Swap-Kredite zurückzugreifen brauchen. Diese Hoffnung spreche ich auch deswegen aus, weil, wie Sie wissen, zu starke Inanspruchnahmen dieser Swap-Fazilitäten bei der Bundesbank ja einhergehen mit einer DM-Schaffung, die unsere Geldpolitik im Inneren kompliziert ...
Wir sind sehr daran interessiert, daß das jetzige Programm ein dauerhafter Erfolg wird, weil es wirklich nicht abzusehen gewesen wäre, welcher Schaden entstanden wäre, wenn es am Dollar-Markt so weitergegangen wäre wie in den letzten zwei Wochen, und zwar Schaden sowohl für unsere Wirtschaft, für unsere nun sich langsam belebende Konjunktur, aber auch weltwirtschaftlicher Schaden. Es ist wirklich an der Zeit gewesen, daß man durch eine energische und international koordinierte Aktion nun versucht, hier wieder Ordnung zu schaffen.«

Der 1. November 1978 brachte eine tiefgreifende Wende in mehrfacher Hinsicht:

– Von diesem Zeitpunkt ab erholte sich der Dollar-Kurs wieder, wenn auch mit gelegentlichen Rückfällen.

– Mit dem Sanierungsprogramm war der Tiefpunkt der Vertrauenskrise überwunden, so daß die Verfassung des Dollars insgesamt gefestigter und stabiler wurde; an die Stelle der starken Schwankungen in den Jahren 1977 und 1978, die bis über 15 Prozent innerhalb weniger Monate gingen, beschränkten sich die Kursschwankungen im Jahre 1979 auf eine Bandbreite von nur noch etwa 6 Prozent.

– Die relativ größere Stabilität des Dollar-Kurses wurde unterstützt durch eine aktivere Interventionspolitik der Amerikaner; hier hatte die Dollar-Krise eine entscheidende Wende verursacht.

– Die größere innere Festigkeit des Dollars wurde auch dadurch unterstützt, daß nach den hohen Leistungsbilanzdefiziten der Jahre 1977 und 1978 nunmehr ein ungefähres Gleichgewicht in der amerikanischen Leistungsbilanz im Jahre 1979 eintrat, dem 1980 sogar ein leichter Überschuß folgte.

– Dollarstützend wirkte auch die 1978 eingeleitete Verschärfung in der amerikanischen Geldpolitik; nun gab es wieder eindeutig positive Realzinsen (das heißt über der Inflationsrate liegende Zinsen).

– Schließlich ermöglichte die Umkehr in der Grundverfassung des Dollars auch eine entscheidende Wende in unserer deutschen Geldpolitik, da diese nun von der Rücksicht auf den Dollar zwar nicht ganz, aber doch weitgehend befreit war.

Der Dollar-Kurs vom 30. Oktober 1978, unmittelbar vor Verkündung des Sanierungsprogramms, kann als Tiefpunkt der bisherigen Nachkriegsentwicklung angesehen werden. Jedenfalls war es der Tiefpunkt, wenn man den Außenwert des Dollars gegenüber allen wichtigen Währungen im gewogenen Durchschnitt betrachtet. Gegenüber der D-Mark wurde der Dollar-Tiefkurs von 1,7285 DM vom 30. Oktober 1978 freilich unter dem Eindruck der Iran-Krise einmal noch leicht, wenn auch nur ganz vorübergehend, unterschritten (Anfang Januar 1980). Aber das waren kleinere »erratische Schwankungen«, die nicht mit dem Dollar-Verfall während der Oktober-Krise 1978 zu vergleichen sind, vor allem nicht hinsichtlich der damals herrschenden Krisenstimmung. Übrigens hat auch der Internationale Währungsfonds in seinem Jahresbericht 1979 den Oktober 1978 als Wendepunkt der Dollar-Entwicklung bezeichnet.

Wie sehr die Oktober-Krise des Dollars auch einen Wendepunkt in der amerikanischen Einstellung zur Interventionspolitik auslöste, ergibt sich aus folgendem: Unmittelbar nach der Verkündung des Sanierungsprogramms vom 1. November 1978 erklärte der damals für die Devisenpolitik verantwortliche Staatssekretär im US-Finanzministerium, Anthony Solomon, die neue Einstellung wie folgt: »Die Vereinigten Staaten glauben immer noch an flexible Wechselkurse. Unsere Aktion vom 1. November 1978 ist einfach eine extreme Version des Gegenwirkens gegen eine Marktstörung…, weil der Dollar-Kurs ein Opfer einer ›*doom and gloom psychology‹* geworden ist.« Und etwas später fügte er hinzu: »Wir sind zu einer sehr aktivistischen Definition der Bekämpfung von ungeordneten Märkten übergegangen; unter den gegenwärtigen Bedingungen könnte tatsächlich der Ausdruck ›ungeordnete Märkte‹ (*disorderly markets*) unpassend sein, weil wir entschlossen sind, auf den Devisenmärkten Stabilität zu sichern.« Im übrigen hieß es schon in der Bekanntmachung des amerikanischen Dollar-Sanierungsprogramms, daß die Währungsbehörden intervenieren würden, »um die jüngsten übermäßigen Wechselkursbewegungen zu korrigieren«. Diese Formulierung geht erheblich über eine bloße Glättung von erratischen Marktbewegungen hinaus. Daß damals eine effektive *Kurskorrektur* beabsichtigt war, erinnert sehr an entsprechende amerikanische Formulierungen nach dem Treffen der Fünfer-Gruppe im September 1985: Nur sollte 1978 ein zu tief abgesunkener Dollar korrigiert werden, 1985 aber ein zu hoher Dollar.

Wie schon erwähnt, trat Ende 1978 auch eine bemerkenswerte Verbesserung in der amerikanischen Handels- und Leistungsbilanz ein. Darin wirkte sich nun – mit dem üblichen Zeitverzug – die Unterbewertung des Dollars in den vorangegangenen Jahren aus. Aber daneben half auch die Verbesserung der Konjunktur in den übrigen Industrieländern. Bis 1978 war die Wachstumsrate in den Vereinigten Staaten höher als in den anderen Ländern; ab 1979 sank sie unter den Durchschnitt dieser Länder. Noch stärker wirkte sich diese Wende in der deutschen Außenbilanz aus. Vom zweiten Vierteljahr 1979 ab begann die deutsche Leistungsbilanz Defizite aufzuweisen. Auch in der gesamten deutschen Devisenbilanz hörte die lange Periode der Überschüsse auf; sie schloß im Jahre 1979 mit einem Defizit von rund 11 Mrd. DM ab.

Diese außenwirtschaftliche Wende erleichterte es uns sehr, unsere Geldpolitik wieder stärker auf die inneren Stabilitätsbedürfnisse auszurichten; wir hatten auf diesen Augenblick schon seit dem Spätsommer 1978 gewartet, da wir möglichst bald die Aufblähung des Geldumlaufs wieder unter Kontrolle bringen wollten. Wir nahmen die ersten Schritte sofort nach Überwindung des Dollar-Verfalls vor (Näheres dazu im 14. Kapitel).

Letztlich ist der Vollständigkeit halber anzuführen, daß die Dollar-Krise von 1978 und die zum Teil heftigen Kursschwankungen auf den Devisenmärkten dazu beitrugen, die Errichtung eines erweiterten europäischen Währungsverbundes in der Form des Europäischen Währungssystems für viele besonders attraktiv erscheinen zu lassen. Die Verhandlungen darüber begannen im April 1978 und wurden im Dezember 1978 abgeschlossen. Das System trat im März 1979 in Kraft.

Insgesamt war 1978 also ein schicksalsträchtiges Jahr, vor allem wegen der Dollar-Entwicklung, aber auch wegen der davon ausgehenden Folgen für die innere Wirtschaftspolitik sowohl des Überschußlandes Bundesrepublik als auch des Defizitlandes USA. Was die Geldpolitik der USA betrifft, so sollten die Sanierungsmaßnahmen vom November 1978 freilich weit übertroffen werden durch die Wende in der Geldpolitik im Oktober 1979.

Das Hamburger Treffen – Ausgangspunkt für die Wende in der amerikanischen Geldpolitik im Oktober 1979

Im Jahre 1979 waren die Wechselkursbewegungen viel weniger spektakulär als 1978. Die kurzfristigen Schwankungen des Dollar-Kurses waren wesentlich geringer als im Vorjahr und bewegten sich im Grunde nur um eine Art Gleichgewichtsniveau. Gegenüber der D-Mark verlor der Dollar zwar – nach einem anfänglichen Auftrieb in der ersten Jahreshälfte – in der zweiten Jahreshälfte noch einmal beträchtlich an Wert und erreichte Anfang Januar 1980 seinen bisherigen Tiefstand mit 1,7062 DM – also noch geringfügig (1 Prozent) unter dem Tiefstand vom 30. Oktober 1978. Die Dollar-Schwäche um die Jahreswende 1979/80 war hauptsächlich eine Folge des damals ausgebrochenen Iran-Konflikts. Der durchschnittliche Außenwert des Dollars gegenüber allen wichtigen Währungen nahm 1979 bereits wieder leicht zu. Die bilaterale Entwicklung zwischen Dollar und D-Mark im Jahre 1979 war also mehr eine isolierte Stärke der D-Mark als eine Schwäche des Dollars. Diese isolierte Festigkeit der D-Mark sollte im Herbst 1979 eine unerwartete Bedeutung für die amerikanische Geldpolitik gewinnen.

Die beginnende Stabilisierung des Dollars stützte sich nicht nur auf eine wesentlich aktivere Interventionspolitik der Amerikaner. Auch bei den fundamentalen Rahmenbedingungen zeichnete sich eine er-

ste Besserung ab. Dies gilt vor allem, wie schon erwähnt, für die amerikanische Leistungsbilanz und war insofern überraschend, als die Inflationsrate in den Vereinigten Staaten wesentlich höher war als in der Bundesrepublik und einigen anderen europäischen Staaten. Gemessen an den Verbraucherpreisen lag die Inflationsrate in den USA im Jahresdurchschnitt 1979 bei gut 11 Prozent, in der Bundesrepublik dagegen bei etwas über 4 Prozent. Die so gemessene Inflationsdifferenz zwischen den USA und der Bundesrepublik kletterte von 5 Prozent im Jahre 1978 auf über 7 Prozent im Jahre 1979. Die Leistungsbilanzen der beiden Länder entwickelten sich jedoch entgegengesetzt zur Inflationsdifferenz: Der überraschend starken Besserung der amerikanischen Leistungsbilanz stand eine ebenso überraschend starke Verschlechterung der deutschen Leistungsbilanz gegenüber. Offensichtlich wirkten sich die erwähnten anderen Faktoren – Wachstumsunterschiede und Wechselkursverschiebung – stärker aus als die Inflationsdifferenz. Daß die Überbewertung der D-Mark und die Unterbewertung des Dollars dabei eine Rolle spielten, läßt sich daraus erkennen, daß ab 1978 der deutsche Export Marktanteile auf den Exportmärkten verlor, während der amerikanische Export erhebliche Anteile gewann. Nicht zuletzt wirkte sich die Überbewertung der D-Mark darin aus, daß 1978 – wie auch schon 1978 – die reale Wareneinfuhr gut doppelt so stark stieg wie das reale Sozialprodukt.
Der Verlauf der deutschen Devisenbilanz und ebenso die Wechselkursbewegungen wurden 1979 durch stark wechselnde Kapitalbewegungen bestimmt. In den ersten fünf Monaten 1979 ergab sich infolge massiver Kapitalabflüsse aus der Bundesrepublik ein Devisendefizit von gut 22 Mrd. DM. Dieses wurde in den darauffolgenden vier Monaten von Juni bis Anfang Oktober 1979 abgelöst durch einen Devisenüberschuß von rund 20 Mrd. DM, der ausschließlich auf Kapitalzuflüsse zurückzuführen war. Ich sprach damals verschiedentlich in der Öffentlichkeit von den »Liquiditätswechselbädern«, denen die deutsche Geldwirtschaft 1979 ausgesetzt war und die wir seitens der Bundesbank durch entsprechende Offenmarktpolitik abzumildern versuchten, was auch gelang. Ein großer Teil dieser Wellenbewegungen im Kapitalverkehr spiegelte sich in einem kräftigen Auf und Ab der Auslandsverbindlichkeiten der deutschen Banken wider – ein Hinweis darauf, daß dieses Devi-

senkarussell stark spekulativ bedingt war. Aber auch Zinsdifferenzen spielten eine Rolle. Denn durch die Wende in unserer Geldpolitik seit November 1978 kletterten auch unsere kurzfristigen Zinssätze im Laufe des Jahres 1979 kräftig nach oben, was uns heftige Proteste aus dem Ausland, vor allem aus Amerika, eintrug (Näheres hierüber im 14. Kapitel).

Jedenfalls begann ab Juni 1979 der Dollar-Kurs, der sich bis dahin recht gut gehalten hatte, wieder seine Talfahrt. Sie dauerte bis zum Jahresende und wäre noch ungleich steiler ausgefallen, wenn sie nicht durch offizielle Interventionen gebremst worden wäre. Aber das Entscheidende an diesem Vorgang war: Nicht die Bundesbank, sondern die Amerikaner wurden hier aktiv. Von den gesamten Interventionen auf dem Dollar / DM-Markt entfielen in den vier Monaten von Juni bis September 1979 über drei Viertel auf die amerikanische Seite und nur der Rest auf die Bundesbank. Für das ganze Jahr 1979 verhielten sich die deutschen zu den amerikanischen Interventionen am Dollar / DM-Markt sogar wie 1 : 5! Wir intervenierten nur, wenn es zur Überbrückung von Marktschwierigkeiten unbedingt notwendig war. Allerdings führten die Amerikaner einen erheblichen Teil ihrer DM-Interventionen mit Hilfe von DM-Beständen aus, die sie durch Ziehungen auf D-Mark im Währungsfonds, durch Umtausch von amerikanischen SZR-Beständen oder auch durch Ziehung auf die Kreditlinie bei der Bundesbank erhalten hatten. In all diesen Fällen spiegelten sich die amerikanischen Interventionen in der Bilanz der Bundesbank als Erhöhung der Auslandsforderungen oder der Währungsreserven wider. Dies führte dazu, daß zum Beispiel in den damaligen Berichten des Internationalen Währungsfonds und der OECD bei der Analyse der Währungsentwicklung irrigerweise immer von ungewöhnlich hohen Interventionen der Deutschen Bundesbank die Rede war – in Wirklichkeit lag aber die Initiative ganz überwiegend bei den Amerikanern. Selbst der deutsche Sachverständigenrat ließ sich durch die statistische Entwicklung der Außenposition der Bundesbank im Jahre 1979 täuschen und glaubte, wir hätten massiv durch eigene Interventionen eingegriffen.

Die deutsche Zurückhaltung bei Dollar-Interventionen hatte weittragende Konsequenzen. Sie führte nämlich Ende September 1979 zu Verhandlungen mit einer amerikanischen Spitzendelegation in der Bundesrepublik, die sich in der Hauptsache über die mangelnde Mitwirkung der Bundesbank bei der Dollar-Stützung beschweren wollte. Der äußere Anlaß war die Reise der amerikanischen Abordnung zur Jahrestagung des Währungsfonds und der Weltbank, die vom 2. bis 4. Oktober 1979 in Belgrad stattfand. An der Spitze dieser Delegation – die am Morgen des 29. September, einem Samstag, mit der Präsidentenmaschine Air Force 1 in Hamburg ankam und am Spätnachmittag des gleichen Tages nach Belgrad weiterflog – standen Finanzminister W. Miller und der im Juli 1979 neu ernannte Notenbankchef Paul Volcker.[5]

Auf deutscher Seite nahmen an dem Treffen im Hamburger Überseeclub Bundeskanzler Schmidt, Finanzminister Matthöfer, ich als Präsident und Karl Otto Pöhl als Vizepräsident der Bundesbank teil, ferner Staatssekretär Lahnstein und Ministerialdirektor Schulmann. Es war uns angekündigt worden, daß die Amerikaner über eine bessere deutsch-amerikanische Zusammenarbeit in der Dollar-Politik zu sprechen wünschten. Da wir in der Bundesbank fast täglich mit unseren amerikanischen Kollegen in telefonischem Kontakt standen, wußten wir aus Bemerkungen der anderen Seite schon, daß es den Amerikanern in der Hauptsache darum ging, eine aktivere Mitwirkung der Bundesbank bei den Interventionen, eventuell sogar die Vereinbarung von Referenzpunkten für die Dollar-Stützung zu erreichen. Ich sorgte dafür, daß das Bundeskanzleramt rechtzeitig vor dem Treffen alle erforderlichen Unterlagen über unsere Interventions- und sonstige Währungspolitik erhielt. Das erwies sich als sehr nützlich, denn Bundeskanzler Schmidt war über alles, selbst unsere statistischen Daten, ausgezeichnet informiert und vertrat hundertprozentig die Interessen und den Standpunkt der Bundesbank; dies verfehlte natürlich seinen Eindruck auf die Amerikaner nicht. Ich selbst war von der Bedeutung dieses Treffens so überzeugt, daß ich während des Gesprächs alle wichtigen Ausführungen im Wortlaut festhielt.

Die *amerikanische Seite* fing gleich damit an, daß in letzter Zeit die Interventionspolitik auf beiden Seiten schlecht koordiniert gewesen sei. Die Zurückhaltung der Bundesbank sei von den Devisenmärkten durchaus bemerkt worden und habe sich nachteilig auf die Wirkung der Interventionen überhaupt ausgewirkt. Es sei, auch in der Presse, der Eindruck aufgekommen, daß die deutsche Seite sich auch deshalb so zurückhalte, weil sie wegen der Ölpreishausse in Wirklichkeit an einem billigen Dollar interessiert sei. Von amerikanischer Seite sei schon viel getan worden, um die fundamentalen Daten zu verbessern, und zwar sowohl in der Geld- als auch in der Fiskalpolitik, und ebenso durch den Versuch, auf die Lohnentwicklung mäßigend einzuwirken. Auch das (auf der Bonner Gipfelkonferenz) versprochene Energieprogramm mache einige Fortschritte. In der Restriktionspolitik sei man bereits so weit gegangen, daß man als Folge davon eine leichte Rezession nicht mehr ausschließen könne – was man aber gegebenenfalls in Kauf nähme. Für die hohe amerikanische Inflationsrate seien eine Reihe besonderer Gründe, wie die hohen Öl- oder Nahrungsmittelpreise, ausschlaggebend. Aber auch hier sei eine Besserung in Sicht. Der einzige wirklich negative Punkt sei die fortdauernde Dollar-Schwäche. Diese habe bereits seitens der OPEC-Länder als Vorwand für die Ölpreissteigerung gedient. Die Dollar-Schwäche stehe aber durchaus im Widerspruch zu der einwandfreien Besserung der fundamentalen Daten, insbesondere zur Aktivierung der amerikanischen Leistungsbilanz, zur Haushaltslage und auch zur starken Erhöhung des amerikanischen Zinsniveaus. Offenbar liege hier eine rein spekulative Übersteigerung des Abwärtstrends des Dollars vor. Dies sei aber ganz überwiegend eine rein bilaterale Angelegenheit, nämlich ein *DM/Dollar-Problem*. Denn gegenüber anderen Währungen sei der Dollar im Durchschnitt bereits wieder stärker geworden. Tatsächlich stand im zweiten Halbjahr 1979 die D-Mark als einzige »starke« Währung dem immer noch anfälligen Dollar gegenüber. Der japanische Yen und der Schweizer Franken, die sich 1978 mit der D-Mark in diese Rolle geteilt hatten, waren vorübergehend zur Seite getreten.

Damit war man beim springenden Punkt: Zur Überwindung dieses DM/Dollar-Problems sollte zwischen der amerikanischen und deutschen Seite eine engere Zusammenarbeit bei den Interventionen erreicht und auch nach außen sichtbar gemacht werden, um vor allem das Vertrauen in den Dollar zu heben. Dabei wurde auch zur Diskussion gestellt, gemeinsam eine Untergrenze für den Dollar-Kurs festzusetzen, die dann von beiden Seiten, mit verabredeten Anteilen, unter allen Umständen verteidigt werden sollte, ohne freilich völlig unbeweglich zu sein. Paul Volcker neigte von vornherein einer solchen inoffiziellen Abmachung über einen zu verteidigenden Dollar-Mindestkurs zu – entsprach sie doch ziemlich genau dem, was er ein Jahr zuvor in einem sehr bekannt gewordenen Vortrag[6] vorgeschlagen hatte: »Eine stillschweigende gemeinsame Notstandsplanung; d. h. eine Absprache unter einigen führenden Notenbanken darüber, welche extremen Wechselkursausschläge noch akzeptabel sind und welchen energisch entgegengewirkt werden soll.«

Von *deutscher Seite* wurde klargemacht – vom Bundeskanzler und vom Bundesfinanzminister stark unterstützt –, daß wir eine erneute Überschreitung unseres Geldmengenziels infolge verstärkter Interventionen unter keinen Umständen akzeptieren könnten; die inflatorische Gefahr sei zu groß. Ich selbst lehnte vor allem jegliche feste Untergrenze für den Dollar-Kurs mit unbegrenzter Interventionsverpflichtung kategorisch ab, und auch hierbei pflichtete mir der Bundeskanzler bei (während ein anderer Teilnehmer aus Bonn eine Art inoffizieller »Zielzone« akzeptabel gefunden hätte). Im Verlauf dieser Debatte sagte der Bundeskanzler: »Ich bin zwar nicht hundertprozentig mit der Bundesbankpolitik einig, aber fünfundneunzigprozentig. Ich hätte es lieber gehabt, wenn die Geldpolitik etwas weniger restriktiv gewesen wäre.« Aber er fügte hinzu: Wenn die Bundesbank mehr intervenieren müßte, dann sei sie wahrscheinlich gezwungen, auf andere Weise die Geldmärkte um so stärker einzuschränken. Und vor allem: Man könne durch Devisenintervention nicht gegen ein politisch bedingtes Mißtrauen gegenüber dem Dollar ankämpfen.

Im weiteren Verlauf wies ich auch nachdrücklich auf die immer größer werdende Inflationsdifferenz zwischen den beiden Ländern hin, die sicher eine der Ursachen für das mangelnde Vertrauen in den Dollar sei. Dann kam es zu einem entscheidenden Punkt in der Diskussion: Als nämlich die Frage erörtert wurde, ob nicht die amerikanische Geldpolitik noch mehr zur Stärkung des Dollars beitragen könnte, fragte Volcker: »Sind Sie etwa der Meinung, daß die amerikanischen Zinssätze noch nicht hoch genug sind?« Er spielte darauf an, daß einige Jahre zuvor der Bundeskanzler sich einmal in Washington sehr über die zu hohen amerikanischen Zinsen beklagt hatte. Hier griff ich ein und erklärte, ich hätte immer wieder von Vertretern der amerikanischen Wirtschaft gehört, daß »das Geld zwar teuer, aber reichlich sei«. Führende amerikanische Bankiers hätten mir mehrfach gesagt: »Die hohen Zinssätze stören uns nicht sehr, solange wir wissen, daß wir uns jederzeit mit Leichtigkeit refinanzieren können; dann geben wir diese hohen Zinssätze einfach an unsere Kreditkunden weiter.« Ich fügte hinzu, es komme also bei dem gegenwärtigen inflatorischen Klima offensichtlich nicht primär auf die Zinssätze an, sondern auf die zur Verfügung gestellte Geldmenge. Und hier geschah etwas Unerwartetes: Volcker stimmte mir sofort zu und wiederholte: »Jawohl, das wirklich Entscheidende ist die Geldmenge.«

Das Ergebnis der ganzen Unterhaltung war: Wir wiesen jegliche Festlegung hinsichtlich der künftigen Dollar-Interventionen zurück. Wir hatten eindeutig klargemacht, daß eine Wiedererstarkung des Dollars ausschließlich von entsprechenden amerikanischen Anstrengungen abhänge. Dieses Ergebnis wurde von der amerikanischen Seite eindeutig als Scheitern ihrer Bemühungen um stärkere deutsche Mitwirkung angesehen. Das abschließende Kommuniqué enthielt zu dem Hauptpunkt unserer Diskussion nur den unverbindlichen Satz: »Wir stimmen überein, daß wir einen starken und stabilen Dollar brauchen und werden in diesem Sinn zusammenarbeiten.«

Das Wichtigste an dem ganzen Treffen war das *Nachspiel*. Am Montag, den 1. Oktober, war ich inzwischen ebenfalls in Belgrad zur Jahrestagung des Währungsfonds eingetroffen. Montag abend setzten wir uns nochmal im kleinen Kreis – Volcker und Solomon einerseits, Pöhl und ich andererseits – zu einer eingehenden Beratung zusammen. Da beschloß Volcker, die ganze Jahrestagung fahrenzulassen und am nächsten Morgen sofort nach Washington zurückzufliegen. Er hatte aus unseren Beratungen in Hamburg und Belgrad den Schluß gezogen, daß es jetzt Sache der amerikanischen Geldpolitik sei, stärker als bisher für eine Kräftigung des Dollars zu wirken. Er wollte versuchen, sofort eine Umstellung von der bisherigen Zinssteuerung auf eine direkte Geldmengensteuerung zu erreichen. Ich gab ihm zu bedenken, daß es hierbei recht wichtig sein könne, von vornherein die Unterstützung des Weißen Hauses zu haben; sonst würden an den Märkten gleich wieder Zweifel am Durchhaltevermögen der *Federal Reserve* laut werden. Volcker veranschlagte für die Beratungen mit seinen Notenbankkollegen und dem Weißen Haus eine Woche, und genauso traf es dann auch ein: Am Samstag, 6. Oktober 1979, konnte er die Umstellung der amerikanischen Geldpolitik der Öffentlichkeit ankündigen. Ich selbst war nach Beendigung der Belgrader Jahrestagung noch einige Tage zu einer Konferenz der Dreißiger-Gruppe[7] nach Opatija, einem bekannten Ferienort an der jugoslawischen Küste, gefahren. In der Nacht vom Samstag zum Sonntag weckte mich ziemlich genau um Mitternacht ein Telefonanruf aus dem Schlaf. Am Telefon war Paul Volcker und sagte: »Ich habe es geschafft« (es war sechs Uhr abends in Washington), »und wollte dir als erstem davon Mitteilung machen.« In kurzen Zügen erläuterte er mir den Beschluß der *Federal Reserve*, der darauf hinauslief, die »monetäre Basis« der Kreditschöpfung unter strikter Kontrolle zu halten, ohne Rücksicht der Auswirkungen auf die Zinsen. Dieser Beschluß vom 6. Oktober 1979 hat Wirtschaftsgeschichte gemacht, nicht nur für die Vereinigten Staaten selbst, sondern für die ganze Welt: Denn mit ihm begann die *amerikanische Desinflationspolitik*, welche die ganze Weltwirtschaft umgekrempelt hat.

Ich habe keinen Zweifel, daß Paul Volcker schon seit einiger Zeit selbst den Gedanken an eine Umstellung der Geldpolitik auf eine striktere Geldmengenregulierung bei sich erwogen hatte. Darauf ließ auch seine rasche Reaktion auf meine Anregung in Hamburg schließen. Aber der äußere Anstoß, diese Umstellung *hic et nunc* durchzuführen, kam zweifellos von dem Hamburger Treffen und seinem Nachspiel in Belgrad. Außerdem bekam Volcker mit der deutschen Ablehnung einer weiteren Beteiligung an größeren Stützungsaktionen für den Dollar ein ausgezeichnetes Argument in die Hand, um zu Hause für eine restriktivere Geldpolitik zu werben. Diese historische Wende der amerikanischen Geldpolitik vom Oktober 1979 war also in erster Linie außenwirtschaftlich orientiert und wurde durch eine kritische Dollar-Schwäche ausgelöst.

Paul Volcker selbst bestätigte dies etwas später, in dem er schrieb[8]: »Wechselkursbewegungen können eine nützliche Botschaft enthalten, und wir sollten bereit sein, darauf zu hören, da die Disziplin der Wechselkurse uns manchmal bei dem Streben nach innerer Stabilität Beistand leisten kann. Ich erwähne als Beispiel aus unserer amerikanischen Erfahrung: Die Verschärfung unserer inneren Geldpolitik im Spätherbst 1978 und erneut im Jahre 1979 hatte einen wichtigen internationalen Beweggrund, lag aber sicher auch in der Richtung unserer inländischen Erfordernisse.«

Paul Volcker hat mit der am 6. Oktober 1979 begonnenen erfolgreichen Geldpolitik ironischerweise eine Grundthese über die Notenbankpolitik schlagend widerlegt, die Arthur Burns, sein Vor-Vorgänger als Chef des *Federal Reserve Board*, noch wenige Tage zuvor in Belgrad aufgestellt hatte. Burns hatte es nämlich übernommen, zwei Tage vor Beginn der Jahrestagung der Weltbank und des Währungsfonds die alljährlich stattfindende »Per Jacobsson Lecture« in Belgrad zu geben. Sein Thema lautete: *»The Anguish of Central Banking«* (etwa: »Die tiefen Sorgen eines Notenbankmannes«). Darin war er zu dem Schluß gekommen: »Es ist illusorisch, von den Notenbanken eine Überwindung der Inflation zu erwarten. Wie auch immer die Stärken oder Schwächen der Notenbanken beschaffen sein mögen, die Tatsache bleibt, daß sie für sich allein nur mit marginalem Erfolg gegen die Inflation unserer Zeit ankämpfen können. Die chronische Inflation, unter der unsere industriellen Demokratien leiden, wird nicht zu überwinden – oder auch nur wesentlich zu verringern – sein, bis durch neue Anschauungen ein *politisches Klima* geschaffen wird, das die für Beendigung der Inflation erforderlichen Umstellungen ermöglicht.«[9]

Ich kam zu spät nach Belgrad, um an der Per Jacobsson Lecture von Burns persönlich teilnehmen zu können. Als ich hinterher den Text des an sich brillant formulierten Vortrags las, war ich ganz froh über meine Verspätung, denn ich hätte diese zentrale These meines langjährigen Freundes Burns nicht unwidersprochen hinnehmen können. Für mich war der wichtigste Hemmschuh für die Stabilitätspolitik der deutschen Notenbank weniger das allgemeine politische Klima, als vielmehr die von außen importierte Inflation gewesen.

14. Kapitel

Erfahrungen mit der Geldmengensteuerung 1973 bis 1979

»Kontrolle der Geldmenge ist eine notwendige,
aber nicht ausreichende Bedingung für eine erfolgreiche
Stabilitätspolitik. Ich habe in 30 Jahren
praktizierter Geld- und Währungspolitik gelernt,
daß mehr dazu gehört, als nur an den Kontrollrädchen
der Geldvolumina zu drehen (was für sich
übrigens schon schwierig genug ist).«[1]

Deutsche Geldmengensteuerung weniger sprunghaft und erfolgreicher als in anderen Ländern

Der Übergang zur Geldmengensteuerung mit einem vorprogrammierten Ziel war ein wichtiger Einschnitt – und Fortschritt – in der deutschen Geldpolitik. Dieser Schritt war erst möglich geworden, nachdem die Bundesbank 1973 durch den Übergang zum Floaten von der Interventionspflicht gegenüber dem Dollar und der damit verbundenen unfreiwilligen Geldschöpfung befreit worden war. Bis 1973 wurde ja der größte Teil des neugeschaffenen Notenbankgeldes durch Umtausch von Devisen bei der Notenbank in die Welt gesetzt; dieser Prozeß war im Regime der festen Wechselkurse oft schwer kontrollierbar. In der Zeit von 1951 bis 1973 machte der Nettozugang von Devisen bei der Notenbank die enorme Summe von 112 Mrd. DM aus,[2] davon 74 Mrd. DM allein in der Krisenzeit von 1970 bis März 1973.

Der Übergang zu einem öffentlich angekündigten Geldmengenziel als »Zwischenziel« der Geldpolitik erfolgte im Dezember 1974 durch einen Beschluß des Zentralbankrats. Darin setzte sich die Bundesbank für den Zuwachs der Zentralbankgeldmenge von Dezember 1974 bis Dezember 1975 ein fixes Punktziel von 8 Prozent. Die Bundesbank war die erste Zentralbank, die ein solches Geldmengenziel nach außen publizierte und dadurch eine gewisse Bindung gegenüber der Öffentlichkeit einging. Erst einige Monate später folgte die amerikanische Notenbank unter dem Druck des Kongresses mit der Veröffentlichung eines Geldmengenziels nach. Freilich hatte die amerikanische Notenbank schon längere Zeit vorher sich intern gewisse Geldmengenziele gesetzt; sie war ja nicht, wie die Bundesbank bis 1973, durch die Verpflichtung zur Devisenintervention in ihrer eigenständigen Geldmengenpolitik eingeengt gewesen. Inzwischen haben sich eine ganze Reihe anderer Notenbanken der Geldmengensteuerung mit veröffentlichten Geldmengenzielen verschrieben.[3]

Wir betrachteten in den ersten Jahren nach 1974 die Bekanntgabe eines solchen festen Zieles allerdings ganz offiziell als »Experiment«, betonten auch nach außen, daß die Zielvorgabe nur vorläufig sei – »aus heutiger Sicht« – und daß sie bei unvorhergesehenen Einflüssen, vor allem von außen, unter Umständen auch mitten in der Zielperiode revidiert werden müsse. Tatsächlich aber hat die Bundesbank viel weniger revidieren müssen als manche anderen Notenbanken mit langjähriger Praxis in Geldmengenzielen. Wir mußten das Ziel nur einmal als unerreichbar aufgeben, nämlich Mitte 1978. In Amerika sind Zielrevisionen mitten im Jahr häufig gewesen – die letzte im Sommer 1985 umfaßte sowohl den Übergang auf eine höhere Ausgangsbasis als auch eine Erweiterung der Zuwachsrate für die Geldmenge M_1. Andere Notenbanken haben gelegentlich den für die Geldmengensteuerung benutzten Zielindikator gewechselt oder sind zu einer Mehrzahl von Indikatoren übergegangen. Die amerikanische und die englische Notenbank, die ich hier als wichtigste herausgreife, haben neuerdings das Geldmengenziel in die zweite Linie zurückgestellt und orientieren sich überwiegend an anderen Indikatoren, wie der Wirtschaftsentwicklung, der Inflationstendenz oder dem Wechselkurs. Die Bundesbank ist unter den größeren Notenbanken wohl die einzige, die noch heute den gleichen Zielindikator benutzt wie zu Beginn vor 12 Jahren, nämlich die Zentralbankgeldmenge. Sie ist wahrscheinlich auch die einzige, die das Geldmengenziel als Hilfsziel oder Indikator heute noch ebenso ernst nimmt wie zu Beginn des Experiments.

Gewiß hat es bei uns in den ersten Jahren des Geldmengen-Experiments Schwierigkeiten mit der Einhaltung des Zieles gegeben, besonders in dem Problemjahr 1978. Gewiß hatten wir auch Anfangsfehler zu korrigieren. So ersetzten wir ab Ende 1978 die praktisch unerreichbaren fixen Punktziele durch Zielkorridore. Aber diese Zielkorridore waren nie so unglaublich weit, wie etwa der Mitte 1985 eingeführte amerikanische Zielkorridor für M_1, der 3 bis 8 Prozent beträgt, was ihn als Orientierungsziel diskreditiert. Auch unsere seltenen Zielüberschreitungen – die einzig nennenswerte gab es 1978 mit 3 Prozentpunkten – waren im Vergleich zu den englischen und amerikanischen gering, sogar sehr gering im Vergleich zu der (einmaligen) Zielüberschreitung der Schweiz im Jahre 1978. Vor allem hat sich in unserem Fall bei späterer Überprüfung herausgestellt, daß das viel wichtigere Zwischenziel, nämlich der von der Bundesbank angesteuerte Zuwachs der monetären Gesamtnachfrage, weder 1978 noch in den Folgejahren nennenswert überschritten wurde. Für die gesamte Aufschwungsperiode von 1976 bis 1979 wurde es sogar unterschritten.

Vor allem aber hatten wir beim Endziel der Geldpolitik, der Preisentwicklung, bei weitem die günstigsten Ergebnisse. Die deutsche Inflationsrate betrug – gemessen an den Verbraucherpreisen – ab 1974 nur ungefähr die Hälfte des durchschnittlichen Preisauftriebs in den anderen größeren Industrieländern. Sie lag durchweg weit unter der englischen und amerikanischen Rate, und dies, obgleich zum Beispiel die amerikanische Geldmengensteuerung von einer günstigeren Ausgangsbasis startete; denn 1972/73 lag die amerikanische Inflationsrate bei Preisen und Lohnkosten noch unter der deutschen (vgl. Tabelle S. 267).

Wenn die Bundesbank mindestens vergleichsweise einen Erfolg bei der Geldmengensteuerung verbuchen konnte, so hatte dies verschiedene Gründe. Ein nicht unwichtiger war, daß wir an die Geldmengensteuerung von Anfang an mit einer pragmatischen oder besser gesagt: realistischen Einstellung herangegangen sind. Wir haben die Geldmengensteuerung nie als Wunderwaffe betrachtet, die Fehlentwicklungen auf anderen Gebieten, etwa in der Budget- oder Lohnpolitik, ohne weiteres ausgleichen kann. Wir haben sie nie so verabsolutiert wie jener führende Monetarist in der amerikanischen Regierungsmannschaft, der 1981 sagte: *»Control the money supply, and everything else will fall into place.«*[4] Als Beispiel für unsere Einstellung zitiere ich aus der Pressenotiz der Bundesbank vom November 1979 zum Geldmengenziel für 1980: »Die Deutsche Bundesbank ist sich bewußt, daß eine auf Inflationsbekämpfung und Verstetigung des Wachstums gerichtete Politik nur erfolgreich sein kann, wenn die öffentlichen Haushalte sowie Unternehmungen und Gewerkschaften ihre Politik und ihr Verhalten an gleichen Zielen orientieren.« Es war daher nicht unwichtig, daß von Beginn

an die Bundesregierung den neuen monetären Wachstumsrahmen begrüßte und – zum Beispiel in ihrem Jahreswirtschaftsbericht von Januar 1975 – alle am Wirtschaftsprozeß Beteiligten nachdrücklich auf die Beachtung dieses monetären Rahmens hinwies.[5]
Wir haben uns auch nie eingebildet, wir könnten die irgendwie definierte Geldmenge von Monat zu Monat, oder auch nur von Vierteljahr zu Vierteljahr, völlig zielgenau steuern. Nach unserer Überzeugung ist dies zur Erreichung des stabilitätspolitischen Zieles auch gar nicht erforderlich. Es kommt vielmehr auf die richtige mittel- und längerfristige Weichenstellung an. Ich habe dies schon Ende 1975, nach dem ersten Jahr der Geldmengensteuerung, in einem Vortrag in London[6] als eine unserer Erfahrungen ganz klar herausgestellt. Das kurzatmige Hinterherlaufen der amerikanischen Geldpolitik hinter den kurzfristigen Schwankungen der Geldmenge in den Jahren 1980 und 1981, das zu dem hektischen Auf und Ab der kurzfristigen Zinssätze zwischen 10 und 21 Prozent führte, war in meinen Augen immer eine unnötige und schädliche Überstrapazierung der Geldmengensteuerung, schädlich vor allem durch seine internationalen Auswirkungen auf Wechselkurse usw. Ich erlebte es 1979 bei einer Diskussion in Chicago, daß Milton Friedman, einer der Päpste des Monetarismus, zu Vertretern der amerikanischen Notenbank sagte: »Laßt mich einmal auf ein paar Monate das Geldsteuerungsreferat der *New York Federal Reserve* übernehmen; dann werde ich euch zeigen, wie man das Geldmengenziel Monat für Monat genau einhalten kann!« Er übersah völlig, daß die umlaufende Geldmenge zu einem großen Teil durch die Kreditgewährung der Banken und durch die wechselnden Liquiditätspräferenzen des Publikums und der Wirtschaft bestimmt wird; die Notenbank kann (und muß) die Kreditgewährung der Banken zwar beeinflussen, kann dies aber niemals so kurzfristig und präzise tun, daß das Geldmengenziel, auch das auf die enge Definition M_1 ausgerichtete, von Monat zu Monat oder selbst von Vierteljahr zu Vierteljahr genau eingehalten werden kann. Eine so mechanische Ausrichtung am Geldmengenziel könnte auch zu schweren Fehlentwicklungen führen, wenn das Verhalten des Publikums und der Wirtschaft in der Geldverwendung und Geldanlage kurzfristig variiert. Ein abschrekkendes Beispiel ist die von der amerikanischen Notenbank zu spät erkannte abrupte Änderung der Umschlaghäufigkeit im Jahre 1982.

Schließlich haben wir das Geldmengenziel immer nur als Zwischen- oder Hilfsziel zur Steuerung der monetären Gesamtnachfrage aufgefaßt. *Endziel ist stets die Geldwertstabilität* sowie eine befriedigende Wirtschaftsentwicklung. Wir haben daher immer auch andere Indikatoren, wie den Wechselkurs, die Zahlungsbilanz oder die allgemeine Konjunkturtendenz, ergänzend im Visier gehabt. So durfte nicht vernachlässigt werden, daß eine starke Erhöhung des realen DM-Kurses, zum Beispiel in den Jahren 1977 bis 1979, als eigenständige Nachfrage- beziehungsweise Preisbremse, sowie durch erhöhte Importe zugleich als Angebotsverstärkung gewirkt hat. Die umgekehrte Wirkung hatte ein starker Kursrückgang der D-Mark (1981/83), der wegen seiner preissteigernden Impulse auf der Einfuhrseite von der Geldpolitik ebenfalls beachtet werden mußte. Die allgemeine Konjunkturtendenz und die Zinsentwicklung sind unter anderem auch deswegen wichtig, weil sie großen Einfluß auf die Umschlaghäufigkeit des Geldes haben können.

Pragmatische Handhabung der Geldmengensteuerung, die ich von Anfang an förderte, ist heute in den meisten wichtigen Ländern mit Geldmengensteuerung anerkannter Grundsatz. Dogmatische Monetaristen, zum Beispiel Karl Brunner, sahen in einer solchen pragmatischen Handhabung oft einen »Verrat an der reinen Lehre«. Wir nahmen diese Kritik gelassen hin, nach dem Grundsatz: Der Erfolg entscheidet.

Nebenbei wäre noch zu erwähnen, daß wir mit der Auswahl der Gelddefinition für den Zielindikator von Anfang an eine glückliche Hand gehabt hatten. Wir ließen vor der Festsetzung des Geldmengenziels umfangreiche Untersuchungen durchführen, um diejenige Definition zu ermitteln, die am ehesten, und zwar auch kurzfristig, mit der Entwicklung der Gesamtnachfrage, das heißt des nominalen Sozialprodukts, parallel lief, die also die stabilste »Umschlaghäufigkeit« aufwies. Es hat sich auch bei nachträglicher Rückschau gezeigt, daß die *Zentralbankgeldmenge* noch am ehesten den Bedürfnissen einer Geldmengensteuerung entspricht[7]. Freilich gibt es auch hier noch Verbesserungsmöglichkeiten. So hat sich bei der jetzigen Definition der Zentralbankgeldmenge das zu große Gewicht des Bargeldumlaufs nicht nur 1978, sondern auch später gelegentlich als irreführend erwiesen. Man könnte auch an eine verbesserte

M_3-Definition denken. Aber wichtig erscheint mir folgendes: Die ständige Kritik einer etwas einseitigen monetaristischen Schule, daß allein die enge Geldmengendefinition M_1 (Bargeld und Sichtguthaben) als Hilfsziel für die Geldmengenpolitik brauchbar sei, geht einfach an den Realitäten vorbei. Es hat sich herausgestellt, daß der Verlauf der Geldmenge M_1 mindestens auf kürzere Fristen außerordentlich variabel und unstet sein kann, nicht zuletzt, weil er sehr stark von den – oft nicht voraussehbaren – Schwankungen der kurzfristigen Zinsen beeinflußt ist.[8] Diese Definition zu verwenden, hieße daher auch den Grundsätzen des Nobelpreisträgers Milton Friedman widersprechen, der ausdrücklich vorschlug, man solle die »am besten passende« Gelddefinition zugrunde legen (*»that fits best«*). Im übrigen verwendet Friedman manchmal für seine häufigen Kritiken an der Geldpolitik der *Federal Reserve* selbst die weitere Geldmengendefinition M_2.

Geldmengensteuerung war lange vor 1974 im Blickfeld der Bundesbank

Aus meiner intimen Kenntnis der Vorgeschichte fühle ich mich verpflichtet, einigen in der Literatur verbreiteten Legenden über die Entstehung unserer Geldmengensteuerung entgegenzutreten. So wird manchmal behauptet, die Notenbank habe sich einfach dem Anfang der siebziger Jahre in Mode gekommenen »Monetarismus« angeschlossen, um sich fortschrittlich zu zeigen. In Wirklichkeit reichte unsere Sorge um eine angemessene Kontrolle des Geldumlaufs viel weiter zurück. Der Übergang zur deklarierten Geldmengensteuerung Ende 1974 war nicht ein Einschwenken auf theoretische Moderichtungen, sondern die Reaktion erstens auf die Geldaufblähung der Jahre 1971 bis 1973 und zweitens auf die Befreiung der Geldpolitik durch den Übergang zum Floaten im Jahr 1973.

Völlig an den Realitäten vorbei geht eine kürzlich aufgestellte Behauptung[9], wonach die Geldmengensteuerung in den Vereinigten Staaten eingeführt worden sei, nachdem diese 1971 die letzte Bindung an das Gold aufgegeben hatten; bis zu diesem Zeitpunkt habe das Gold (über die Gold/Dollar-Parität) »immer noch seinen jahrhundertealten Einfluß auf die umlaufende Geldmenge gehabt«. Die

USA hätten durch das neue Geldmengenziel der »permanenten Inflationierung des Dollars infolge permanenten *deficit spendings* ein Ende setzen« wollen. Angeblich hätten wir uns dieser amerikanischen Erfindung angeschlossen, obgleich es bei uns eine solche Inflationierung durch *deficit spending* gar nicht gegeben habe.
Nun ist es schon ein starkes Stück, die These aufzustellen, in der Nachkriegszeit sei der Geldumlauf in Amerika bis 1971 in irgendeiner Weise ans Gold, oder an die Verteidigung der Gold/Dollar-Parität, gebunden gewesen. Das Gegenteil war der Fall: Die USA waren ja das Musterbeispiel für das Fehlen einer solchen Bindung – siehe *benign neglect*, oder den Vorwurf General de Gaulles über das »exorbitante Privileg« des Dollars, sich durch selbstgemachte Noten nach außen verteidigen zu können! Es war nicht das Gold, das den Wert des Dollars bestimmte, sondern umgekehrt der Warenwert des Dollars, der den Wert des Goldes bestimmte (wenigstens solange die Amerikaner die Dollars zu einem festen Preis in Gold umtauschten, das heißt bis 1968). Ebenso schief ist die Behauptung, wir hätten nach dem Wegfall der Paritätsbindung an den Dollar eine neue Richtschnur für die Geldschöpfung gebraucht. Die vorherige Bindung an die feste Dollar-Parität war ja für uns – trotz der Abschirmung durch gelegentliche Paritätsänderungen – alles andere als eine akzeptierte Richtschnur für die Geldschöpfung, vielmehr eine fast ständige Inflationsquelle gewesen (mit Ausnahme der ersten Hälfte der sechziger Jahre), und wir warteten nur darauf, durch Loslösung vom Dollar die Kontrolle über unsere Geldversorgung wieder zurückzugewinnen – wie unser Gesetz es befahl!
In Wirklichkeit war die Aufmerksamkeit der Bundesbank schon sehr viel früher auf die Geldmenge gerichtet, wenn auch noch kein festes Geldmengenziel deklariert worden war. Bereits bei ihrer Gründung im Jahre 1948 war es ja die erste Aufgabe der deutschen Notenbank gewesen, bei der Beseitung einer viel zu hohen Geldmenge mitzuwirken. Vor allem aber war der Gedanke der Geldmengensteuerung in der amtlichen Begründung zum Bundesbankgesetz von 1957 verankert, wo es zu Artikel 3 des Gesetzes heißt:

»Die Sicherung der Währung wird, soweit es sich um die Aufgabe der Notenbank handelt, durch die *richtige Dosierung der Menge des umlaufenden Geldes* unter Vermeidung einerseits eines

Geldüberhangs und andererseits eines Geldmangels der Wirtschaft gewährleistet.«

Tatsächlich hat die Bundesbank schon in den fünfziger und sechziger Jahren die Entwicklung der Geldmenge immer als wichtigen Hilfs-Indikator betrachtet, auch wenn damals die Zinspolitik und die Entwicklung der Bankenliquidität als Hauptinstrumente der Geldpolitik im Vordergrund standen. Schließlich muß sich ja noch heute die Geldmengensteuerung ebenfalls der Zins- und Liquiditätspolitik als ihrer Hauptinstrumente bedienen. Die Befassung mit der Geldmenge trat zunehmend in den Vordergrund, als seit Ende der sechziger Jahre infolge der Interventionspflicht gegenüber dem Dollar immer häufiger eine stabilitätswidrige Aufblähung der Geldmenge auftrat. Das fand auch seinen Ausdruck in den Monats- und Geschäftsberichten der Bundesbank spätestens ab 1970. Auf einer Pressekonferenz nach einer Zentralbankratssitzung vom 27. April 1972 sagte ich: »Wir sind natürlich bestrebt, die immer noch zu hohe Expansion des Geldvolumens möglichst bald auf ein vernünftiges Maß zurückzuführen, und dazu gehört auch, daß nicht übermäßig viel Geldschöpfung auf dem Umweg über die Banken erfolgt.« Aber auch schon in den fünfziger und sechziger Jahren gab es häufig geldpolitische Beratungen im Zentralbankrat, bei denen die Geldmengenentwicklung als Orientierungshilfe herangezogen wurde. Ab 1970 wurden mehrere Zentralbankratssitzungen speziell der Frage des Geldvolumens und den Möglichkeiten seiner Kontrolle gewidmet. Daß dabei auch die Lehren der monetaristischen Schule diskutiert wurden, versteht sich von selbst. Vor allem Rolf Gocht, früher Leiter der Grundsatzabteilung im Bundeswirtschaftsministerium und von 1967 bis 1975 Mitglied des Direktoriums der Bundesbank, machte sich damals für eine ziemlich extreme Version des Monetarismus stark.[10] Schon lange vor dem März 1973 wurde die Verpflichtung der Bundesbank zur Devisenintervention gegenüber dem Dollar als eine Hauptursache der uns aufgezwungenen übermäßigen Geldaufblähung und auch als Beeinträchtigung unserer Unabhängigkeit beklagt.

Im übrigen gab es schon 1972 einen ersten Anlauf zu einer Geldmengenkontrolle, der offenbar von der Wissenschaft weitgehend ignoriert oder übersehen wurde. Die zunehmende Aufblähung der Geldmenge in ganz Europa rief nämlich im Sommer 1972 die Organe der Europäischen Gemeinschaft auf den Plan. Es wurden Vorschläge für eine koordinierte Rückführung der übermäßigen Geldexpansion erörtert. Der Ausschuß der Notenbankpräsidenten der EG beschäftigte sich im Sommer 1972 sehr aktiv und initiativ mit diesem Problem. In diesem Rahmen war auch ich mit der Vorbereitung von Geldmengenzielen befaßt; ich machte Vorschläge für die gemeinsame Stellungnahme der Notenbankpräsidenten zu den EG-Geldmengenzielen. Im September wurde über diese EG-Ziele im Zentralbankrat, übrigens in Anwesenheit des damaligen Bundesfinanzministers Helmut Schmidt, beraten. Es wurde damals festgestellt, »daß die deutsche Initiative, den besorgniserregenden Preisauftrieb in Europa durch eine gemeinsame Stabilitätspolitik aller EG-Länder einzudämmen, vor allem auf eine Begrenzung der Kreditmenge zur Verlangsamung der Zuwachsraten des Geldvolumens« hinzielte (aus dem Protokoll). Helmut Schmidt erwärmte sich bei den Beratungen in der EG sehr für die Einführung von Geldmengenbeschränkungen; er stand daher der Einführung eines deutschen Geldmengenziels Ende 1974 sehr positiv gegenüber. Die Erörterungen führten schließlich zu einer Entschließung des EG-Ministerrats vom 5. Dezember 1972 »über Maßnahmen zur Inflationsbekämpfung«. Artikel IV dieser Entschließung lautete:

»Die Mitgliedsstaaten führen die Wachstumsrate der Geldversorgung (Geldvolumen und Quasigeldbestände) schrittweise auf diejenige des realen Bruttosozialprodukts – erhöht um den im Rahmen der gesamtwirtschaftspolitischen Ziele festgelegten normativen Preisanstieg – unter Berücksichtigung der strukturellen Entwicklung des Verhältnisses zwischen Geldversorgung und Sozialprodukt zurück. Dieses Ziel muß spätestens Ende 1974 erreicht sein.«

Von der Presse hinterher befragt, was sich aus dieser EG-Entschließung für die Bundesrepublik konkret ergäbe, sagte ich: Man müsse die Geldzuwachsrate, die augenblicklich bei ungefähr 15 Prozent liege, im ersten Stadium, das heißt bis Ende 1973, auf eine Jahresrate von etwa 9 Prozent zurückführen. Ich fügte aber sofort hinzu, daß dies bis auf weiteres – nämlich bis zu einer besseren außenwirtschaftlichen Abschirmung – »papierene Beschlüsse« bleiben würden. Denn in der Praxis hatten wir ja zunächst überhaupt keine Chance, dies zu verwirklichen. Die Währungskrisen vom Februar und März 1973 schwemmten uns zwangsweise Geldmengen ins Haus, die weit über der nach der EG-Entschließung zulässigen Menge lagen. Die EG unternahm übrigens auch in den folgenden Jahren immer wieder Anläufe, um zu gemeinsam abgestimmten Geldmengenzielen zu kommen.

Mit dem Hinweis auf diesen Versuch von 1972, eine Rückführung der Geldmenge im Rahmen der EG zu erreichen, möchte ich belegen, daß wir uns schon lange vor dem Jahre 1974 mit der Kontrolle der Geldmenge befaßt hatten. Wir hatten auch bereits im Juli 1971 einen Monatsbericht der Darstellung der verschiedenen Gelddefinitionen gewidmet. Tatsächlich war ja schon die vorübergehende Aufhebung der Interventionspflicht im Mai 1971 von der Absicht getragen gewesen, unsere Geldpolitik gegen die von außen hereingetragene Geldaufblähung abzuschirmen (siehe hierzu 6. Kapitel). Übrigens enthielt auch das Stabilisierungsprogramm der Bundesregierung vom Oktober 1972 in Punkt 1 einen interessanten Satz, nämlich: »Die Bundesregierung hält es im Einklang mit der Bundesbank stabilitätspolitisch für angebracht, die Zunahme der Geldmenge auf die für 1973 zu erwartende Zuwachsrate des nominalen Bruttosozialprodukts zu reduzieren.«

Jedenfalls war in den Jahren von 1971 bis 1973 die extreme Expansion der Geldmenge ein ständiger Diskussionspunkt, wie aus unseren Veröffentlichungen entnommen werden kann. Als wir endlich im März 1973 die Aufhebung der Interventionspflicht erzwungen hatten, gingen wir daher sofort daran, mit allen verfügbaren Mitteln die Geldmenge wieder auf einen normalen Stand zurückzuführen. Daß es hierzu notwendig war, auch die Aufblähung der freien Liquiditätsreserven der Banken zu beseitigen, versteht sich von selbst. Der Ablauf dieses Sanierungsprozesses ist aus den laufenden Veröffentlichungen der Bundesbank, insbesondere den Geschäftsberichten, zu entnehmen. Einige wesentliche Stationen habe ich im 8. Kapitel geschildert. Praktisch begann der Übergang zu einer eigenständigen Geldmengensteuerung also ab März 1973, war allerdings nicht sofort auf ein festes, nach außen publiziertes Geldmengenziel gerichtet.

Übergang zum Floaten macht das Feld für Geldmengenziel frei

Es gab drei Gründe dafür, daß die Bundesbank gerade Ende 1974 mit der Verkündung eines Geldmengenziels an die Öffentlichkeit trat: *Erstens* war durch die uns aufgezwungene Aufblähung des Geldvolumens und die daraus entspringende Inflation die Geldmenge in den beginnenden siebziger Jahren besonders stark in den Mittelpunkt aller unserer Überlegungen und Diskussionen gerückt worden. *Zweitens* war für den Zeitpunkt entscheidend, daß 1973 mit dem Übergang zum Floaten die Dollar-Ankaufspflicht zu festen Kursen und damit die unfreiwillige Zentralbankgeldschöpfung über den Devisenankauf beseitigt wurde. Die Bundesbank hatte die Herrschaft über die innere Geldversorgung wieder zurückgewonnen. Ein *dritter* Grund speziell für die öffentliche Bekanntgabe des Ziels war die Annahme, daß wir hierdurch den übertriebenen Inflationserwartungen besser entgegenwirken könnten.

Es gab 1974 im Zentralbankrat nur wenig Meinungsverschiedenheiten über die Aufstellung eines Geldmengenziels überhaupt. Wohl aber bestanden vielfach Zweifel, ob es zweckmäßig sei, ein solches Geldmengenziel gleich an die öffentliche Glocke zu hängen. Manche meinten, darunter anfangs auch ich, es sei vielleicht richtiger, zunächst einmal im stillen damit Erfahrungen zu sammeln (ähnlich wie es der *Federal Reserve Board* jahrelang getan hatte). Den Ausschlag für den sofortigen Gang an die Öffentlichkeit gab die Erfahrung des Jahres 1974, daß trotz unserer restriktiven Politik die maßlosen Lohnerhöhungen fortgesetzt wurden. Das war weitgehend eine Folge der übertriebenen Inflationserwartungen für 1974, die nicht zuletzt von der Ölpreisexplosion von Ende 1973 und der sonstigen Rohstoffpreisinflation beeinflußt waren. Die Gewerkschaften glaubten, die exogenen, das heißt von außen hochgetriebenen Preissteigerungen voll durch entsprechende Lohnsteigerungen ausgleichen zu können (und dazu noch die üblichen Zuschläge durchsetzen zu müssen). Die Arbeitgeber – besonders die öffentlichen – folgten diesem Druck in erschreckender Nachgiebigkeit. Alle standen eben unter der Vorstellung weiter steigender Inflationsraten. Wie schon 1973, so hielten wir auch 1974 mit der Geldpolitik stark dagegen, so daß die allseits erwartete stärkere Preissteigerung nicht mehr durchsetzbar war. Das bedeutete aber auch, daß die starke Einfuhrverteuerung in der Hauptsache zu Lasten der Unternehmenserträge ging. Dies führte zu einem weiteren Absinken der Investitionsquote der Wirtschaft und setzte damit die schon mit der Lohnexplosion von 1969/70 begonnene Entwicklung zu einer *strukturellen Arbeitslosigkeit* fort (vgl. hierzu auch 8. Kapitel).

Nach diesen Erfahrungen von 1974 schien es wichtig, daß der Öffentlichkeit in deutlich sichtbarer Weise klargemacht wurde, daß die Notenbank nicht bereit war, eine Fortsetzung dieser Lohninflation zu finanzieren. Die Verkündung eines Geldmengenziels, mit entsprechend deutlichen Kommentaren, schien dazu eine geeignete Methode zu sein. Auch das im November 1974 veröffentlichte Jahresgutachten des Sachverständigenrates sprach sich für eine bessere öffentliche Klarstellung der Bundespolitik aus.

Ob das verkündete Geldmengenziel als solches die Lohnabschlüsse ab 1975 wirklich beeinflußt hat, lasse ich dahingestellt. Wichtiger als die einzelnen Zielzahlen war sicher die Tatsache, daß die Öffentlichkeit immer mehr davon überzeugt wurde, daß die Bundesbank es nun, nach erfolgter außenwirtschaftlicher Abschirmung, wirklich ernst meinte und nicht länger gewillt war, Fehlentwicklungen in der Lohn- und Preispolitik mit dem Mantel einer inflatorischen Geldpolitik zuzudecken. Dies hat sicher entscheidend zu einer Dämpfung der ungesunden Inflationserwartungen beigetragen. Wie auch die amerikanische Entwicklung der letzten Jahre bestätigt hat, werden die Erwartungen der Öffentlichkeit viel stärker durch praktische Erfahrungen als durch deklarierte Geldmengenziele beeinflußt. Die in langen Jahren erworbene *Glaubwürdigkeit der Stabilisierungspolitik* ist wichtiger als der psychologische Effekt einzelner punktueller Geldmengenziele. Es ist interessant, daß sich im Frühjahr 1982 Milton Friedman dem Sinn nach ähnlich äußerte. Paul Volcker hatte bei einer Anhörung vor einem Kongreß-Ausschuß die Kritik in den USA an den starken kurzfristigen Geldmengenschwankungen durch Hinweis auf die noch stärkeren Geldmengenschwankungen in Westdeutschland, der Schweiz und Japan abzuwehren gesucht. Darauf schrieb Friedman: »Diese drei Länder haben über Jahre hinweg die Glaubwürdigkeit ihrer langfristigen Geldpolitik etabliert. Man kann wilde Schwankungen über kürzere

Fristen tolerieren, wenn alle das Zutrauen haben, daß langfristig das Ziel erreicht wird.« Diese Ansicht Friedmans hätten sich auch die deutschen Kritiker vor Augen halten sollen, die die vorübergehende starke Aufblähung des deutschen Geldumlaufs in der ersten Hälfte des Jahres 1983 mit unnötiger Heftigkeit kritisierten.

Das Problemjahr 1978 – Fehlinterpretationen der Zielüberschreitungen

Das verkündete Geldmengenziel einzuhalten, war in den ersten vier Jahren schwieriger, als wir erwartet hatten. Das lag an verschiedenen Umständen, namentlich

– an unserer etwas naiven Vorgabe eines fixen Punktziels statt eines Ziels mit einer gewissen Bandbreite;

– an völlig unerwarteten Schwankungen der Umschlaghäufigkeit des Geldes;

– an dem besonders 1977/78 stark steigenden Abfluß von DM-Banknoten in Nachbarländer der Bundesrepublik;

– an dem Dollar-Verfall von 1977 bis 1979 mit seinen spekulativen Rückwirkungen auf die D-Mark als hauptsächlichen Gegenspieler des Dollars.

Punktziel oder Bandbreite?

Daß wir anfangs ein fixes Punktziel aufstellten – im ersten Jahr ein Wachstum der Zentralbankgeldmenge um 8 Prozent von Dezember 1974 bis Dezember 1975, in den Jahren 1976 bis 1978 eine Wachstumsrate von 8 Prozent im Jahresdurchschnitt von einem Jahr zum anderen –, kann nur mit unserem Mangel an Erfahrung mit Geldmengenzielen erklärt werden. Selbst wenn wir einige Monate vor Ablauf der Zielfrist klar sahen, daß das Ziel nur eingehalten werden konnte, wenn wir die umlaufende Geldmenge in der einen oder anderen Richtung stark korrigierten, hatten wir es gar nicht in der Hand, innerhalb weniger Monate den Geldumlauf entsprechend zu verändern.

Manche Laien meinten – anfangs übrigens auch in Bonn –, gerade bei dem von der Bundesbank selbst geschaffenen Zentralbankgeld könne doch die Notenbank den Hahn beliebig mehr oder weniger aufdrehen, um die gewünschte Menge in die Wirtschaft fließen zu lassen. So hatte 1969 ein deutscher Nationalökonom etwas ironisch gemeint, die Bundesbank werde schon deswegen nicht zur Geldmengensteuerung übergehen, weil sie dann einen Teil ihres qualifizierten Personals als nicht mehr benötigt entlassen müßte. Zu meiner Überraschung hat sogar mein Vorgänger Karl Klasen in einem Aufsatz im Oktober 1983[11] ähnlich argumentiert: »Man hat mit Recht gesagt, der Monetarismus mache – in letzter Konsequenz – die Zentralbanken arbeitslos, weil sie, ist das Geldmengenziel einmal festgelegt, lediglich noch konstatierend tätig sein würden.« Das ähnelt – in einer fast beklemmenden Weise – einer Ansicht, die von dem Theoretiker Milton Friedman öfters vertreten wurde.

In Wirklichkeit kann diese angeblich nur »konstatierende« Tätigkeit sehr schwierig sein. Erstens können sich die Rahmenbedingungen, besonders die außenwirtschaftlichen, oder auch die Umlaufgeschwindigkeit, gegenüber den ursprünglichen Annahmen stark verändern, so daß eine Anpassung des Hilfsziels mitten im Jahr unumgänglich erscheint – bzw. daß statt der unteren die obere Hälfte des Zielkorridors anzupeilen ist oder umgekehrt. Zweitens ist es oft gar nicht einfach – und sicher nicht nur »konstatierend« –, die richtigen Notenbankmaßnahmen und ihre Stärke auszuwählen, um die Banken von einem stabilitätswidrigen Kredittrend abzubringen; und dies kann ziemlich lange dauern. Drittens kann man den Zugang der Banken zur Notenbank – und zum Zentralbankgeld – oft nicht so kurzfristig umsteuern, es sei denn mit Gewalt-Maßnahmen, die wirtschaftspolitisch keinen Sinn ergeben. So hätten wir ausgerechnet im Rezessionsjahr 1975 in der zweiten Jahreshälfte auf eine stark restriktive Politik umschalten müssen, um mit der Zentralbankgeldmenge innerhalb des Zielrahmens zu bleiben. Dabei war die Zielüberschreitung von 1975 ausschließlich auf eine ungewöhnlich starke Verlangsamung des Geldumschlags zurückzuführen, wie sich hinterher – aber eben erst hinterher! – herausstellte (vgl. Tabelle S. 417). Unsere Politik, im Jahre 1975 eine Überschreitung des Geldmengenziels hinzunehmen, erwies sich also hinterher als voll gerechtfertigt. Denn die Zunahme der Gesamtnachfrage blieb sogar erheblich hinter unserer Projektion bei der Zielaufstellung zurück.

Wir hatten natürlich schon bald eingesehen, daß man die Geldmenge unmöglich mit mathematischer Präzision steuern kann, und daß während eines Jahresverlaufs auch unerwartete Entwicklungen nichtmonetärer Art auftreten konnten. Aus beiden Gründen wäre ein Zielkorridor von Anfang an besser gewesen (wie ihn die Amerikaner schon seit längerem in ziemlicher Breite anwandten). Ich hätte gern das Achtprozentziel durch einen Korridor von 7 bis 9 Prozent ersetzt. Aber dem stand der Einwand gegenüber, daß die »Neun« doch schrecklich hoch aussah, und daß dann die Öffentlichkeit, besonders die Gewerkschaften, eine übertriebene Vorstellung von den von der Bundesbank geduldeten Preis- und Lohnsteigerungen bekommen hätten. Damit überschätzten wir wohl die Signalwirkung des Geldzieles. Als wir dann aber Ende 1978 endlich auf einen Zielkorridor von 3 Prozent Bandbreite – zunächst für 1979 von 6 bis 9 Prozent, für die folgenden Jahre schrittweise heruntergehend – übergingen, kam von dogmatischen Monetaristen prompt der nicht unerwartete Einwand, nun sei der »Hauptzweck« nicht mehr erfüllt, nämlich der Wirtschaft und den Tarifpartnern ein eindeutiges Signal des zu erwartenden Notenbankkurses zu geben. In Wirklichkeit ist aber, wie schon erwähnt, für die Überwindung ungesunder Inflationserwartungen viel wichtiger die allgemeine Erkenntnis, daß die Notenbank nicht bereit ist, die bestehende Inflationstendenz mit einem zu weiten Geldmantel zuzudecken. Wichtig ist auch, daß die Notenbank nicht durch ständige Zielüberschreitung an Glaubwürdigkeit verliert. Auch dies spricht eindeutig gegen ein praktisch kaum einhaltbares Punktziel sowie in Ausnahmefällen für eine öffentlich begründete Revision des Zieles.

Umschlaghäufigkeit als Achillesferse

Einen Streich spielte uns bis 1978 auch die Umschlaghäufigkeit des Geldes. Das Geldmengenziel wurde in den ersten Jahren auf der Grundlage von vier Eckwerten aufgestellt: Wachstum des Produktionspotentials, mögliche (oder erwünschte) bessere Auslastung der Kapazitäten, »unvermeidlicher« Preisanstieg sowie eventuell eine vorausgeschätzte Änderung der Umschlaghäufigkeit (oder »Umlaufgeschwindigkeit«) des Geldes.[12]

Die Umschlaghäufigkeit des Geldes könnte man korrekter als Relation des Geldvolumens zum nominalen Sozialprodukt, also zu den Gesamtumsätzen, bezeichnen. In den ersten Jahren glaubten wir von der Erfahrung ausgehen zu können, daß diese Umschlaghäufigkeit in Stagnations- oder Rezessionszeiten rückläufig ist, im Aufschwung aber wieder ansteigt. Ferner sagten uns unsere volkswirtschaftlichen Experten, man könne aus zurückliegenden Erfahrungen den Schluß ziehen, daß bei stärkerer Auslastung der Kapazitäten, also bei lebhafterer Konjunktur, das Tempo des Geldumschlags ziemlich parallel dazu zunehme. Danach brauchte man bei Aufstellung der Eckwerte diese beiden Größen bei einem Aufschwung eigentlich gar nicht zu berücksichtigen, da sie sich in ihrer Wirkung auf den Geldumlauf gegenseitig ungefähr ausgleichen würden.
Die tatsächliche Entwicklung hielt sich jedoch in keiner Weise an diese Regeln, sondern brachte immer neue Varianten zutage. So stimmte es zwar, daß im Rezessionsjahr 1975 die Umschlaghäufigkeit des Geldes zurückging, sogar stärker als wir erwartet und dem Geldmengenziel zugrunde gelegt hatten (so daß dieses trotz der damaligen Rezession prompt erheblich überschritten wurde). Aber in der darauffolgenden Wirtschaftserholung der Jahre 1976 bis 1978 nahm das Umschlagtempo nicht etwa wieder zu, sondern ging weiter zurück, wenn auch in wechselndem Umfang. So wurde zum Beispiel 1977 das Geldmengenziel zwar um einen Prozentpunkt überschritten; aber die monetäre Gesamtnachfrage blieb um 2½ Prozentpunkte unter der Zielprojektion, die wir dem Geldmengenziel zugrunde gelegt hatten (vgl. Tabelle S. 417). Wir waren, entsprechend den uns vorgelegten Erfahrungsregeln, für alle diese Jahre davon ausgegangen, daß die Geldmenge weniger stark zu steigen brauche als das angesteuerte nominale Sozialprodukt. Es stellte sich heraus, daß das Gegenteil der Fall war, weil die Umschlaghäufigkeit entgegen diesen Regeln zurückging.
Hierfür gibt es verschiedene Erklärungen. Zum einen war es bis Ende 1978 eine sehr wechselvolle Wirtschaftserholung mit vorübergehenden Stagnationsperioden und einem langanhaltenden »Investitions-Stau«, obgleich das durchschnittliche reale Wachstum der drei Jahre 1976 bis 1978 bei über 3½ Prozent lag. Zum andern hatten wir sowohl den Zinsrückgang von 1975 bis 1978 als auch dessen verlangsamende Wirkung auf die Umlaufgeschwindigkeit

des Geldes unterschätzt. Schließlich brachte der Höhenflug der D-Mark ganz neue, bei der Festlegung der jährlichen Geldmengenziele nicht voraussehbare Faktoren ins Spiel.
Hierzu gehörte eine kräftige Verschiebung der Zahlungsmodalitäten *(terms of payment)* im Außenhandel. So ist allgemein bekannt, daß 1977/78, als alle Welt einen weiteren DM-Anstieg erwartete, ausländische Abnehmer deutscher Exportgüter häufig Vorauszahlungen auf spätere Lieferungen leisteten. Die deutschen Unternehmungen beließen solche außerplanmäßigen Geldzuflüsse wohl meist auf Terminkonten. Der Chef einer deutschen Werft mit starkem Exportanteil sagte mir damals, er verdiene zur Zeit mehr an den Zinsen für solche Vorauszahlungen als an den eigentlichen Exportaufträgen.

Bargeldumlauf statistisch verzerrt

Ein Faktor, der das statistische Bild der im Inland umlaufenden Geldmenge seinerzeit erheblich verzerrte, war der Abfluß von deutschen Banknoten ins Ausland, besonders in den Jahren 1977 und 1978. In diesen beiden Jahren stieg der Bargeldumlauf jahresdurchschnittlich um 9 beziehungsweise 12 Prozent. Gleichzeitig stieg das Sozialprodukt (oder die Gesamtnachfrage) nominal nur um 6,7 beziehungsweise 7,5 Prozent (vgl. Tabelle S. 417). Es ist seinerzeit viel darüber gerätselt worden, aus welchen Gründen sich der Bargeldumlauf so überproportional erhöht, das heißt seine Umlaufgeschwindigkeit sich in einem beginnenden Aufschwung so stark vermindert haben sollte. Man vermutete eine plötzliche Ausdehnung der »grauen Zone«, das heißt der Schwarzarbeit, oder eine überproportionale Zunahme der kleinen Rentnereinkommen. Aber beides war keine zureichende Erklärung. Man suchte die Ursache auch in einem »konjunkturellen Spreizeffekt« und meinte damit das Nebeneinander von Wirtschaftszweigen mit günstiger und ungünstiger Entwicklung.[13] Aber dies konnte nur die Aufblähung der Unternehmensgeldbestände, also der Sicht- und Terminguthaben erklären, nicht die des Bargeldumlaufs.
Bei der plötzlichen Aufblähung des Bargeldumlaufs spielte sicher ein kräftiger Abfluß von DM-Noten ins Ausland die Hauptrolle. Dieser Abfluß kann statistisch nicht erfaßt werden. Die ins Aus-

land abgeflossenen Banknoten erscheinen also statistisch als Zunahme des inländischen Bargeldumlaufs. Der Abfluß ins Ausland war 1977/78 mit Händen zu greifen beziehungsweise mit offenen Augen zu sehen. Damals nahm der Umlauf oder die Hortung der »Westmark«, als allseits gesuchtes Sesam-öffne-dich, besonders in der DDR, aber auch in anderen osteuropäischen Ländern sichtbar zu. Aber auch in den westeuropäischen Touristen-Zielländern der reiselustigen Bundesbürger (Österreich, Italien, Jugoslawien, Spanien usw.) wurde die aufwertungsverdächtige D-Mark kräftig gehortet. Die statistische Aufblähung des DM-Notenumlaufs war besonders ab Mitte 1977 ausgeprägt, als die Dollar-Schwäche einerseits, die DM-Stärke andererseits in die Augen sprangen.

Für diese Erklärung spricht auch, daß in den darauffolgenden Jahren 1979/80, als die DM-Stärke nachließ, der statistisch ausgewiesene Bargeldumlauf wieder langsamer zunahm als das Volkseinkommen. 1981, im Jahr der DM-Schwäche (auch im europäischen Währungsverbund) nahm der Bargeldumlauf nur noch geringfügig zu, jedenfalls erheblich weniger als das Volkseinkommen. Dies läßt sich gewiß nicht durch einen gleichzeitigen Rückgang der Schwarzarbeit erklären, sondern wohl hauptsächlich durch einen Rückfluß von DM-Noten aus dem Ausland. War in den Jahren 1977/78 der Bargeldumlauf statistisch überzeichnet, so war er 1980/81 unterzeichnet. Dies hatte eine beträchtliche Wirkung auch auf die Zentralbankgeldmenge, da dort der Bargeldumlauf mit gut 50 Prozent Anteil stärker repräsentiert ist, als seiner wirklichen Zahlungsfunktion entspricht.

Die von Verzerrungen bereinigte monetäre Entwicklung

Für die statistisch ausgewiesene Aufblähung des Geldumlaufs im Jahre 1978 – plus 11,4 Prozent Zunahme bei einem Geldmengenziel von 8 Prozent – gibt es also genügend Erklärungen: Verlangsamung des Umlaufs wegen Zinstiefstand und sehr labiler Konjunktur im ersten Halbjahr 1978, Abfluß von DM-Noten ins Ausland, Auswirkung des DM-Höhenflugs auf ausländische Vorauszahlungen für deutsche Exportlieferungen und auf sonstige Zahlungsmodalitäten. So nimmt es nicht wunder, daß die monetäre Gesamtnachfrage im Jahre 1978 nur um 7½ Prozent stieg, also bedeutend weniger als der statistisch ausgewiesene Geldumlauf. Diese mäßige Zunahme der monetären Nachfrage im Jahre 1978 blieb sogar hinter den Annahmen unserer Zielprojektion für das Geldmengenziel für 1978 zurück.

Monetäre Entwicklung 1975 bis 1981
(Veränderungsraten in Prozent)

	1975	1976	1977	1978	1979	1980	1981
Geldmengenziel[1]	8	8	8	8	6–9	5–8	4–7
Tatsächliche Zunahme der Zentralbankgeldmenge[1]	9,8	9,2	9,0	11,4	6,4	4,8	3,5
Monetäre Gesamtnachfrage[2]							
a) Zielprojektion	(8–9)	9	9	8,5	8	7	6–6,5
b) Tatsächl. Entwicklung	4,8	8,5	6,7	7,5	8,1	6,5	3,9

1 1975: Jahresverlauf von Dezember 1974 bis Dezember 1975
1976–1978: Jahresdurchschnitte
1979 und folgende Jahre: vom Durchschnitt des 4. Quartals des Vorjahres zum Durchschnitt des 4. Quartals des Zieljahres.
2 Veränderungen des nominalen Sozialprodukts.

Ein Blick auf die Tabelle über die »Monetäre Entwicklung 1975 bis 1981« zeigt folgendes: Nimmt man die drei Jahre des beginnenden Aufschwungs 1976 bis 1978 zusammen, so wurden zwar die jeweiligen Geldmengenziele etwas überschritten, aber das nominale Sozialprodukt (oder die monetäre Gesamtnachfrage) stieg weniger als es unserer Zielprojektion entsprochen hätte. Also gemessen an diesen Zielwerten keinerlei monetäre Übernachfrage! Welches Zwischenziel ist nun das wichtigere, das Wachstum der Geldmenge oder der monetären Gesamtnachfrage? Ganz sicher das letztere. Denn darauf kommt es für die Geldwertstabilität entscheidend an.
Die gleiche Rangfolge sieht auch die *Federal Reserve Bank of St. Louis,* die einem strengen Monetarismus zuneigt, wenn sie ausführt: »Die Kausalitätskette geht von den geldpolitischen Instru-

menten zum monetären Zwischenziel und von dort zum Endziel *(final goal),* dem nominalen Sozialprodukt.«[14]
Noch wichtiger ist freilich, wie weit das eigentliche Ziel der Geldpolitik, das heißt die angestrebte Stabilisierung des Geldwertes, erreicht oder verfehlt wurde. Hier stehen wir vor einem erstaunlichen Phänomen: In der Zeit von 1975 bis 1978 war die tatsächliche Preissteigerung nicht höher, sondern oft sogar geringer als die Rate, die bei der Zielfestlegung für das kommende Jahr als »unvermeidbar« angesehen worden war. Von der Öffentlichkeit waren diese Stabilisierungsziele der Bundesbank meist als »ehrgeizig« eingestuft worden. Von 1974 bis 1978 ging die Teuerungsrate stärker zurück, als vom Großteil der Bevölkerung erwartet worden war.[15] Gemessen an den Verbraucherpreisen ging sie von 7,0 auf 2,7 Prozent zurück; gemessen am Preisindex des ganzen Sozialprodukts von 6,9 auf 3,6 Prozent. Also ein ständiger Preisrückgang, auch in den Jahren der Wirtschaftserholung von 1976 bis 1978, als das reale Sozialprodukt immerhin um durchschnittlich 3½ Prozent stieg. Wie bereits im 12. Kapitel erwähnt, ist diese Erfahrung – die damals auch von einigen anderen stabilitätsorientierten Ländern gemacht wurde – in der Verlautbarung der Fünfer-Gruppe vom September 1985 völlig ignoriert worden.

Gab es Fernwirkungen der Zielüberschreitung von 1978?

Dogmatische Monetaristen stellen die rein statistische Zielüberschreitung von 1978 hartnäckig als abschreckendes Beispiel für eine fehlgeleitete Geldpolitik hin. Aber sie tun dies in einer sehr oberflächlichen Weise, indem sie wesentliche Faktoren vernachlässigen. Dazu gehört in erster Linie der Einfluß der verringerten Umschlaghäufigkeit des Geldes. Diese Verlangsamung war bei der Aufstellung unseres Geldmengenziels im Dezember 1977 nicht voraussehbar. Wir hatten unserem Geldmengenziel im Gegenteil sogar eine Beschleunigung des Umlaufs zugrunde gelegt. Hinterher läßt sich freilich die Umlaufgeschwindigkeit durch Gegenüberstellung der Entwicklung von Geldmenge und monetärer Gesamtnachfrage eindeutig ermitteln. Hinterher gab es auch eine Reihe plausibler Erklärungen für die Verringerung der Umlaufgeschwindigkeit. Hätten wir sie einigermaßen voraussehen können, so hätten wir sicher auf Be-

kanntgabe eines entsprechenden Zieles für 1978 verzichten müssen; denn die Zielgröße wäre unverständlich hoch ausgefallen.
Nun kann natürlich gesagt werden: Die übermäßige Geldliquidität, die 1978 aufgehäuft wurde, stellte ein Inflationspotential dar, das sich erst später in entsprechender Übernachfrage niederschlagen werde. Die monetaristische Schule verweist – an sich zu Recht – darauf, daß zwischen der Geldmengenentwicklung und ihrer Wirkung auf das Preisniveau in der Regel eine längere Frist, ein *time lag*, verstreicht. Die monetaristische Faustregel besagt, daß die Geldmenge ihren Einfluß auf die Gesamtnachfrage mit einer Verzögerung von 6 bis 9 Monaten, auf die Preise mit einer solchen von 12 bis 18 Monaten ausübt. Nun ist schon bei den – allerdings geringfügigen – Zielüberschreitungen der Jahre 1975 und 1976 nicht die leiseste Auswirkung auf die Gesamtnachfrage und Preise der folgenden Jahre feststellbar. Wie aber steht es bei der Überschreitung des Geldmengenziels im Jahre 1978, wo dem ursprünglichen Ziel von 8 Prozent immerhin eine statistisch ausgewiesene Zunahme der Geldmenge um 11,4 Prozent gegenüberstand? Hat sich dies im weiteren Verlauf in einer monetären Übernachfrage und noch später als Preiserhöhungseffekt ausgewirkt?
Hier wird seitens der Kritiker natürlich sofort auf den bereits 1979 wieder ansteigenden Preistrend hingewiesen, (vgl. Tabelle S. 420). Aber zunächst ein Blick auf die monetäre Nachfrage, deren Aufblähung ja der Wirkung auf die Preise vorhergehen müßte. Von einer nennenswerten Aufblähung der Nachfrage als Folge der Geldzielüberschreitung kann nicht die Rede sein. Im Jahre 1978 selbst blieb, wie schon erwähnt, die Zunahme der Gesamtnachfrage mit 7,5 Prozent sogar hinter unserer Zielprojektion zurück; 1979 hielt sie sich mit 8,1 Prozent erstaunlich genau im Rahmen der von der Bundesbank zugrunde gelegten Zielprojektion. Es kam zwar 1979 fast zu einer Vollauslastung der Kapazitäten in der deutschen Wirtschaft, aber nicht zu einer Übernachfrage. In den darauffolgenden Jahren 1980 und 1981 blieb das Wachstum der monetären Gesamtnachfrage mit 6,5 und 4 Prozent sogar hinter der Zielsetzung der Bundesbank zurück; es gab also keine Über-, sondern eine Unternachfrage. Im übrigen stand in den Jahren 1978 und 1979 der Nachfrage ein zusätzliches Angebot dadurch gegenüber, daß teilweise infolge der Überbewertung der D-Mark das reale Volumen der Einfuhr in diesen Jah-

ren jeweils mehr als doppelt so stark stieg wie das Sozialprodukt und sehr viel stärker als das reale Exportvolumen. Daraus ergab sich bei realer Betrachtung nicht nur ein preisdämpfender, sondern ein echt kontraktiver Effekt von beachtlichem Umfang, der als Gegenposten zur Geldausweitung eingestellt werden muß.

Und die *Preisentwicklung?* Sie stand ab Anfang 1979 und fortlaufend bis zum Jahre 1981 sehr stark unter dem Einfluß exogener Einflüsse, hauptsächlich der zweiten Ölpreisexplosion und ab Ende 1980 des Dollar-Anstiegs. Daraus ergaben sich in den drei Jahren von 1979 bis 1981 Steigerungen der Einfuhrpreise von jährlich 12 bis 15 Prozent (vgl. die folgende Tabelle). Zu glauben, daß eine strengere Geldmengensteuerung jeglichen Einfluß einer solchen internationalen Preishausse auf die innerdeutschen Preise von vornherein hätte abwenden können, grenzt an Naivität. Die Geldpolitik kann nur die Sekundärwirkungen der importierten Inflation auf die Binnenwirtschaft verhindern und dafür sorgen, daß die außenwirtschaftlich bestimmte Teuerung ein Einmaleffekt bleibt.

Bereinigt man das deutsche Preisniveau von diesen exogenen Einflüssen, so zeigen die inlandbestimmten Preise in den Jahren 1979

Deutsche Preisentwicklung – Inlands- und Auslandseinflüsse
(jährliche Veränderungen in Prozent)

	1974	1977	1978	1979	1980	1981	1982
Verbraucherpreise	6,9	3,6	2,7	4,2	5,4	6,3	5,3
Einfuhrpreise	28,5	1,5	−3,7	11,6	15,0	13,6	2,3
Preisindex des Sozialprodukts[1]	6,9	3,8	3,8	4,0	4,5	4,2	4,4
Inlandsbestimmte Teuerungsrate[2]	5,4	3,0	3,1	2,8	(3,1)	(3,0)	(3,3)

1 Spiegelt in der Hauptsache die inlandbestimmten Preise wieder.

2 Hausgemachte Teuerungsrate bezogen auf die Endnachfrage. Berechnung des Deutschen Instituts für Wirtschaftsforschung, Wochenbericht 7/80 vom 14. 2. 1980. Für die Jahre 1980 bis 1982 nach ähnlichen Berechnungen der OECD, die aber nicht in allen Einzelheiten mit der ersteren Berechnung konform gehen.

bis 1981 nur eine geringe Erhöhung der Teuerungsrate (vgl. nebenstehende Tabelle). Das ist erstaunlich, weil 1979 auch eine Erhöhung der Mehrwertsteuer vom Inland her auf die Verbraucherpreise wirkte. Vor allem aber hätte man annehmen können, daß die von außen hereinflutende Preisinflation stärkere Sekundärwirkungen auf die Inlandspreise auslösen würde. Es ist um so überraschender, weil die Ölpreisverteuerung nicht ohne Einfluß auf die unvertretbar hohen Lohnsteigerungen im Frühjahr 1980 war. Diese waren in der Hauptsache durch den vom Ölpreis hochgetriebenen Verbraucherpreisindex bestimmt und nicht von der Geldmenge, die ja bereits 1979 wieder unter fester Kontrolle war und Ende 1979 den unteren Rand des Zielkorridors erreichte. Ende 1979 warnten alle – auch ich –, die Gewerkschaften dürften bei ihren Lohnforderungen nicht von dem exogen bestimmten Preisauftrieb (sowie den noch erwarteten weiteren Preissteigerungen) ausgehen und ihre üblichen Zuschläge draufsatteln – aber vergebens. Es kam 1980 zu einem übersteigerten Lohnauftrieb. Er brachte zwar den Arbeitnehmern einen vollen Ausgleich der Ölverteuerung – und mehr! –, aber gleichzeitig die befürchteten negativen Auswirkungen auf die Unternehmenserträge und die Beschäftigung. Wiederum, wie nach der ersten Ölpreisexplosion von 1974, ging der Ölschock in erster Linie zu Lasten der Erträge. Nun könnten Kritiker sagen, der Lohnschub vom Frühjahr 1980 sei noch eine Fernwirkung der Zielüberschreitung von 1978 gewesen. Aber in Wirklichkeit war diese Zielüberschreitung, wie wir gesehen haben, zu einem erheblichen Teil eine statistische Fehlmeldung (Bargeld), zum Teil wurde sie ganz offensichtlich bereits 1979 absorbiert, ohne zu einer monetären Übernachfrage zu führen. In diesem Zusammenhang ist es hochinteressant, daß wir 1979 gerade von zahlreichen Monetaristen aufgefordert wurden, weniger restriktiv in der Geldversorgung zu sein. Das hätte den Lohnschub von 1980 erst richtig angetrieben.

Beim Vergleich der Periode vor und nach der zweiten Ölpreisexplosion zeigt sich ein auf den ersten Blick merkwürdiges Paradox: In den Jahren *vor* der zweiten Ölpreisexplosion, also 1975 bis 1978, war die Geldversorgung – wenigstens an unseren (fehlerhaften!) Geldmengenzielen gemessen – relativ reichlich. Aber die monetäre Gesamtnachfrage blieb hinter den Zielprojektionen zurück, und der angestrebte Stabilisierungseffekt, also das Hauptziel, wurde er-

reicht; die Bundesrepublik wies weniger als die Hälfte der durchschnittlichen Inflationsrate der übrigen Industrieländer auf. In der Periode einer knapperen Geldversorgung, nämlich von 1979 bis 1981, stiegen dagegen die Verbraucherpreise stärker als bei der Festlegung des Geldmengenziels unterstellt worden war.
Nichts könnte deutlicher zeigen als diese Beispiele, daß neben der Geldversorgung und der Umschlaghäufigkeit des Geldes auch andere Faktoren auf die Preisentwicklung einwirken, wenigstens auf kürzere Fristen von ein bis drei Jahren, selbst wenn man bei der Geldversorgung die *time lags* angemessen berücksichtigt. Diese exogenen Faktoren liegen für die betrachtete Periode auf der Hand: die Ölpreisexplosion der Jahre 1979/80, die Überbewertung der D-Mark in den Jahren 1977/78 und ihre Umkehrung ab 1981/82, sowie 1980 auch die fehlerhafte Lohnpolitik.
Der starke Einfluß der Öl- und sonstigen Rohstoffverteuerung auf die statistisch ausgewiesene »Inflationsrate« (gemessen an den Verbraucherpreisen) in den Jahren 1979 bis 1981 wird wahrscheinlich heute eher verständlich und plausibel, weil man nun sieht, wie stark heute die umgekehrten Einflüsse – Ölpreis- und Dollar-Verfall – als Stabilisierungsfaktoren auf unsere inländischen Preisindizes wirken. Denn bereits jetzt – im März 1986 – sind diese Indizes durch die preisdrückenden Einflüsse von außen um gut 2 Prozent nach unten gedrückt worden, also um ähnliche Beträge, wie sie in den Jahren 1979 bis 1981 stiegen.

Quasi-Suspendierung des Geldmengenziels Mitte 1978

Daß wir 1978 mit dem Geldmengenziel in große Schwierigkeiten geraten würden, hatten wir schon Ende 1977 klar erkannt. Es gab im Zentralbankrat eine erhebliche Diskussion darüber, ob es unter den äußerst verworrenen Verhältnissen am Devisenmarkt überhaupt möglich und sinnvoll sei, in der nächsten Zukunft mit einem Geldmengenziel der bisherigen Art weiter zu arbeiten. Es wurde daran erinnert, daß wir dies Ende 1974 ausdrücklich als »Experiment« begonnen hatten. Schließlich wurde beschlossen, als Ziel für 1978, wie im Vorjahr, eine Zuwachsrate von 8 Prozent im Jahresdurchschnitt festzulegen. Gleichzeitig sollte aber ausdrücklich der

Öffentlichkeit mitgeteilt werden, daß es »bei den äußerst unübersichtlichen Verhältnissen vor allem in der Außenwirtschaft nicht sicher sei, ob wir das Geldmengenziel noch im alten Stil weiterführen können wie bisher«. Dies wurde von mir auch in der Pressekonferenz über das Geldmengenziel im Dezember 1977 betont. Ich wies dabei darauf hin, daß wir selbst sehr große Zweifel hätten, ob das Ziel unter den obwaltenden Umständen eingehalten werden könne.

In einer Zentralbankratssitzung am 1. Juni 1978 in Hannover wurde die übliche halbjährliche Überprüfung der Geldmengenpolitik vorgenommen. Daß die Jahresdurchschnittszahl von 8 Prozent eingehalten werden könnte, war völlig ausgeschlossen, da schon die ersten Monate des Jahres viel zu hoch lagen. Es hätte dazu einer absoluten Rückführung der Geldmenge ab Juni 1978 bedurft. Das wäre ein sinnwidriges Manöver gewesen. Denn der dazu erforderliche restriktive Kraftakt hätte sowohl der inneren Wirtschaftslage – die sich nur mühsam und langsam von der Stagnation in den ersten Monaten des Jahres erholte – als auch der internationalen Währungslage mit der schweren Dollar-Krise glatt ins Gesicht geschlagen. Aus verschiedenen sachlichen und taktischen Gründen wurde beschlossen, »für das Jahr 1978 das Geldmengenziel weder zu suspendieren noch zu ändern«, wohl aber der Öffentlichkeit jetzt schon zu sagen, daß wir das ursprüngliche Ziel nicht ganz einhalten könnten. In der auf die Sitzung folgenden Pressekonferenz legte ich dar, daß wir überlegt hätten, ob wir nicht für die zweite Hälfte 1978 oder für die 12 Monate von Mitte 1978 bis Mitte 1979 ein neues Ziel festsetzen sollten (dies wäre in einem solchen Fall amerikanische Praxis gewesen), daß wir dies aber aus guten Gründen abgelehnt hätten. Wir wollten aber »im Interesse der Redlichkeit und der Glaubwürdigkeit unserer Geldmengenpolitik die Gründe erläutern, warum wir diese Überschreitung guten Gewissens toleriert haben«: Erstens sei mit der bisherigen Geldaufblähung kein Anzeichen einer übermäßigen Nachfrageausweitung verbunden gewesen. Vor allem aber wirke der starke Kursauftrieb der D-Mark als Gegengewicht, und zwar nicht nur nachfrage- und konjunkturdämpfend, sondern auch preisdämpfend und angebotserhöhend. Natürlich erwähnte ich einige Sonderumstände, wie den seit Mitte 1977 aufgeblähten Bargeldumlauf; auch, daß einige Umstände für

eine teilweise Selbstkorrektur durch Umkehr der Devisenströme sprächen. Jedenfalls wollten wir versuchen, im weiteren Verlauf dem Geldmengenziel wieder wenigstens näherzukommen.
Schließlich erwähnte ich auch, daß einige Wochen vorher die Schweizerische Nationalbank unter dem Druck der Dollar-Krise und der daraus folgenden Devisen-Interventionen ähnlich reagiert habe und ihr Geldmengenziel sogar offiziell suspendiert habe. Im Endeffekt übertraf 1978 die Geldmengenexpansion in der Schweiz das dortige Geldmengenziel um das Dreifache (17 gegen 5 Prozent), also um ein Vielfaches unserer mäßigen Überschreitung.
Diese Erklärungen, die nach der Sitzung des Zentralbankrats vom 1. Juni 1978 noch durch meine Ausführungen beim abendlichen Empfang der niedersächsischen Landesregierung ergänzt wurden, regten keine große öffentliche Diskussion an. Ich hatte an sich vorgehabt, meine Erklärungen zum Geldmengenziel nochmal in Frankfurt vor der dortigen Presse zu wiederholen, kam aber in der Fülle von Terminen nicht mehr dazu. Ich war zu sehr mit Verhandlungen über den Ausbau des europäischen Währungsverbunds und ähnlichen Dingen zugedeckt.

Expansivere Haushaltspolitik als Folge der Gipfelkonferenz von 1978 – die wirklichen Fakten

Ein anderer Teil meiner Pressekonferenz vom 1. Juni 1978 in Hannover interessierte die Medien offenbar viel mehr, nämlich die Ansicht der Bundesbank zur weiteren Wirtschaftsentwicklung. Denn nach der Stagnation zu Beginn des Jahres schien noch im Mai 1978 die Konjunktur auf sehr unsicheren Füßen zu stehen. Die Bundesregierung hatte für das Jahr 1978 ursprünglich ein Wirtschaftswachstum von real 3½ Prozent vorausgeschätzt, nach 2,8 Prozent im Jahre 1977. Aber nachdem die offiziellen Vorausschätzungen im Jahre 1977 so völlig danebengegangen waren – noch im Mai 1977 war auf dem Londoner Wirtschaftsgipfel von Bundeskanzler Schmidt ein Wachstum von 4,5 bis 5 Prozent angekündigt worden, es wurden dann knapp 3 Prozent! –, glaubte bis zum Mai 1978 niemand an diese offizielle Voraussage für 1978. Die Bonner Gipfelkonferenz vom Juli 1978 warf ihre Schatten voraus. Jeder wußte, daß die Amerikaner dort stark auf ein höheres Wachstum der deutschen und japanischen Wirtschaft, auf deren Lokomotivenfunktion, zur Entlastung der amerikanischen Wirtschaft und des Dollars drängen würden. Dem spielte eine übertrieben pessimistische Beurteilung der deutschen Wirtschaftslage durch die meisten deutschen Experten in die Hände. Als Reaktion auf die Stagnation im ersten Vierteljahr 1978 war die Stimmung so pessimistisch, daß manche Konjunkturbeobachter noch im Mai 1978 meinten, wir stünden am Rande einer Rezession. Die wirtschaftswissenschaftlichen Institute hatten Ende April 1978 empfohlen, »der Staat sollte angesichts der fortdauernden Investitions- und Wachstumsschwäche eine Finanzpolitik betreiben, durch die das gesamtwirtschaftliche Wachstum nachhaltig gefördert würde«, insbesondere »leistungshemmende Steuerbelastungen beseitigen, auch wenn das zunächst zu erhöhten Haushaltsdefiziten führen würde.« Selbst die »Frankfurter Allgemeine Zeitung« schrieb noch am 20.Juni 1978: »Einerseits erfüllt die bedrohlich wachsende Verschuldung zu Recht mit Sorge. Anderserseits ist gegenwärtig kein anderer Weg zu sehen, wie die Konjunktur stärker in Schwung gebracht werden soll.« Man kann diese übertrieben pessimistische Stimmung nur verstehen als Nachwirkung des völlig unerwarteten Konjunktureinbruchs im Sommer 1977. Der Pessimismus wirkte so lange nach, daß zum Beispiel das Kieler Institut für Weltwirtschaft noch Ende 1978, trotz des inzwischen eingetretenen Aufschwungs, ein baldiges Wiederabflauen schon im Laufe des Jahres 1979 erwartete, weil angeblich die Voraussetzungen für einen nachhaltigen Aufschwung noch immer nicht da seien.

Ich wußte, daß im Sommer 1978 auch im Bundeswirtschaftsministerium eine ähnlich pessimistische Beurteilung vorherrschte, wobei auch dort sicher die große Enttäuschung des Jahres 1977 nachwirkte. Sprecher des Ministeriums traten in der Öffentlichkeit für eine »expansive Haushaltspolitik« ein. Minister Graf Lambsdorff hatte sich zwar in den ersten Monaten des Jahres mehrfach, auch in Amerika, scharf gegen die »Lokomotiven-Theorie« ausgesprochen. Er war dann aber durch die schwache Wirtschaftsentwicklung so beeindruckt, daß er in einem Schreiben an den Bundeskanzler vom 5.Juli 1978, also kurz vor der Gipfelkonferenz, für einen

»zusätzlichen finanzpolitischen Impuls zu Beginn des Jahres 1979 in Höhe von etwa 10 bis 15 Mrd. DM« plädierte. Aber nicht wegen des ausländischen Drucks, sondern aus eigenem deutschen Interesse. Schon vorher hatte Graf Lambsdorff begonnen, zwar die »Lokomotiven-Theorie« als erledigt zu bezeichnen, aber gleichzeitig von der Gipfelkonferenz eine »konzertierte Aktion« zu verlangen, zu der jeder seinen Beitrag beisteuern müsse.

Ich hatte mich gegenüber der Bundesregierung stets gegen eine weitere Auflockerung der Fiskalpolitik ausgesprochen. In einem Fernseh-Interview vom 31. Mai 1978, einen Tag vor der Zentralbankratssitzung in Hannover, sagte ich u. a.: »Die von der öffentlichen Hand in diesem Jahr geplante Nettoverschuldung ist zwar noch finanzierbar; man kann aber nicht mehr nennenswert darüber hinausgehen. Die Bundesbank ist nach ernsthafter Prüfung zu dem Schluß gekommen, daß das von der öffentlichen Hand geplante Verschuldungsvolumen schon sehr an der Grenze dessen ist, was man ohne Gefährdung der Geld- und Kapitalmärkte und ohne Gefährdung des Geldwertes noch finanzieren kann.«[16] Mir lag daher sehr daran, den in Bonn noch herrschenden Pessimismus hinsichtlich der deutschen Wirtschaftsaussichten zu korrigieren. Wir hatten unmittelbar vor der Zentralbankratsitzung in Hannover einen Bericht des Statistischen Bundesamtes erhalten, wonach einige frühere Monatsergebnisse nach oben korrigiert wurden. So konnte ich in der Pressekonferenz am 1. Juni 1978 optimistische Konjunkturaussichten verkünden: »Es besteht jetzt eine besser Chance, daß wir 1978 mindestens die 3 Prozent der Regierungs-Schätzung erreichen werden« – was allerdings für das zweite Halbjahr eine erheblich über 3 Prozent liegende Zuwachsrate voraussetzte. Ich erklärte sehr betont, daß dies »ohne zusätzliches Programm« erreichbar sei und ohne »zusätzliche Maßnahmen im Zusammenhang mit dem Bonner Gipfel«. Ich fügte hinzu: Es sei wichtig im Hinblick auf den kommenden Wirtschaftsgipfel, »daß wir dort nicht antreten mit einer stagnierenden Wirtschaft, sondern mit einer, die jetzt wieder Tritt faßt«. Auf Fragen erwähnte ich als mögliche deutsche Zugeständnisse an die Amerikaner beim Wirtschaftsgipfel: eine Fortsetzung der glättenden Devaseninterventionen in Zusammenarbeit mit der amerikanischen Notenbank sowie die Hinnahme einer weiteren »realen« DM-Aufwertung.

Wie ich schon in anderem Zusammenhang erwähnte, hatte ich im Mai 1978 einen Besuch beim Bundeskanzler zusammen mit Arthur Burns, dem früheren amerikanischen Notenbankchef, dazu benützt, um den Bundeskanzler für die Ablehnung der amerikanischen Forderung auf expansivere Fiskalpolitik zu gewinnen. Es war vergebens. Dabei hatte sich Schmidt über die amerikanische Vorstellung von der Bundesrepublik als »Welt-Konjunkturlokomotive« stets lustig gemacht, und zwar sowohl vor als auch nach der Gipfelkonferenz, so in einem Interview in der amerikanischen Zeitschrift »Newsweek« vom 29. Mai 1978 und in einem späteren in der Zeitschrift »The Economist« vom 28. September 1978. In einem Aufsatz vom 16. Mai 1978 in der Gewerkschafts-Wochenzeitung »Welt der Arbeit« hatte er geschrieben: »Die Arbeitslosigkeit läßt sich nicht durch Knopfdruck beseitigen ... Die Bundesregierung ist bis an die gerade noch vertretbare Grenze der Staatsverschuldung gegangen, um Mittel für die Konjunkturbelebung bereitzustellen.« Warum gab Schmidt dann trotzdem dem internationalen – und nationalen! – Druck nach und sagte auf dem Wirtschaftsgipfel ein Ankurbelungsprogramm in ungefährer Höhe von 1 Prozent des Sozialprodukts, also etwa 13 Mrd. DM, zu? In Gesprächen führte Schmidt vor allem politische Gründe an (von der Stellung der Stadt Berlin bis zu den nachwirkenden psychologischen Belastungen aus der Kriegszeit); aber vor allem fühlte er sich unter dem Zwang zu einer »konzertierten Aktion« auf der Gipfelkonferenz, bei der das gastgebende Land auch Zugeständnisse machen mußte, zum Beispiel als Gegenleistung zu Präsident Carters Versprechungen in der Energiepolitik. Tatsächlich wurden noch im August 1978 entsprechende deutsche Ankurbelungsmaßnahmen beschlossen.
Nun bin ich weit davon entfernt, diese Ankurbelung als solche zu verteidigen; ich hielt sie ja für unnötig und ihre Auswirkungen auf die Staatsverschuldung für schlecht. Auch Helmut Schmidt hat 1981 in einem Interview mit einer amerikanischen Zeitschrift[17] eingeräumt, daß sein Zugeständnis im Juli 1978 keine gute Sache war, allerdings hauptsächlich wegen des Zusammentreffens mit der nicht voraussehbaren zweiten Ölpreisexplosion, die als Folge der Iran-Krise Anfang 1979 begann. Auf der anderen Seite aber möchte ich um der geschichtlichen Wahrheit willen darauf hinweisen, daß manche der späteren Kritiker mit den Fakten sehr großzügig um-

gingen. So ist es nicht richtig, daß das deutsche Zugeständnis auf dem Bonner Gipfel der Ausgangspunkt für ein großes Arbeitsbeschaffungsprogramm gewesen wäre, oder gar für das mehrjährige ZIP-Programm (Programm für Zukunftsinvestitionen), wie es gelegentlich in kritischen Rückblicken behauptet wird.[18] Das ZIP-Programm stammte von Anfang 1977 und war ein Kind der Rezession von 1975. Es ist auch nicht ganz richtig, daß – wie erst kürzlich wieder in einer führenden Zeitung bei einem Rückblick behauptet wurde[19] – »Bonn damals ein Prozent des Bruttosozialprodukts in die deutsche Wirtschaft pumpte«. Das erweckt den Eindruck eines defizitfinanzierten Arbeitsbeschaffungsprogramms.
Das 1978 ausgearbeitete Programm betraf hauptsächlich Senkungen der direkten Steuern, darunter auch die Abschaffung der beschäftigungsfeindlichen Lohnsummensteuer (ab 1980) sowie eine steuerliche Begünstigung der Forschungsarbeiten in gewerblichen Betrieben. Graf Lambsdorff sah darin einen Beitrag zur Verbesserung der Rahmenbedingungen der Wirtschaft und begrüßte die Steuersenkungen als Teil einer »angebotsorientierten Politik«. Ein Teil der steuerlichen Einbußen wurde durch eine Erhöhung der Mehrwertsteuer ab Juli 1979 um 1 beziehungsweise ½ Prozent kompensiert. Lambsdorffs Beurteilung der Haushaltsmaßnahmen als »angebotsorientiert« war nicht nur durch die Art der getroffenen Maßnahmen gerechtfertigt, sondern könnte vielleicht auch dadurch gerechtfertigt erscheinen, daß tatsächlich die »Staatsquote«, das heißt die gesamten Staatsausgaben in Prozent des Bruttosozialprodukts, von 47,1 Prozent im Jahre 1978 auf 46,8 Prozent im Jahre 1979 zurückging. Dank der teilweisen Kompensation durch die Mehrwertsteuererhöhung, aber auch als Folge der Konjunkturerholung, erhöhte sich das Finanzierungsdefizit der öffentlichen Hand von 1978 auf 1979 nur um 6½ Mrd. DM, also nur um ein halbes Prozent des Sozialprodukts.
Ich hatte im Sommer 1978 auf Befragen erklärt, daß die Finanzierung der erhöhten Budgetlücke in der damaligen Lage finanztechnisch wohl kaum Schwierigkeiten bereiten werde. Wir betonten jedoch stets, daß dies nur deswegen zutreffe, weil die Wirtschaft infolge der flauen Konjunktur einen relativ geringen Kreditbedarf habe. Mit dem Programm für 1979 sei die Grenze der stabilitätspolitisch erträglichen Neuverschuldung erreicht. Denn an sich war die

Zunahme des Staatsdefizits in einem Jahr der Hochkonjunktur – zu dem das Jahr 1979 entgegen allen Erwartungen wurde – irregulär. Das öffentliche Defizit von 1979 widersprach mit 2,9 Prozent des Sozialprodukts den Spielregeln, die wir früher mit dem Bundesfinanzministerium vereinbart hatten; danach hätte das Defizit in einem guten Wirtschaftsjahr eher unter 2 Prozent des Sozialprodukts liegen sollen. Als sich im Herbst 1978 herausstellte, daß die Konjunktur doch wieder stärker aufwärtsging, ließ ich daher keine Gelegenheit aus, sowohl in internen Sitzungen in Bonn als auch in der Öffentlichkeit auf die Fortsetzung der Konsolidierungspolitik zu drängen. So sagte ich in einer Rede in Hamburg im Oktober 1978[20] sehr betont: »Man kann sich nicht gut vorstellen, daß die öffentliche Hand auch über 1979 hinaus Jahr für Jahr ein *deficit spending* zur Stützung der Wirtschaft in den Größenordnungen der Jahre 1978 und 1979 fortsetzen könnte ... Dies würde ein untragbares Verschuldungsproblem schaffen. Wir müssen – und das ist unverändert die Ansicht der Bundesbank – an dem mittelfristigen Ziel der schrittweisen Konsolidierung der öffentlichen Haushalte festhalten, und zwar so, daß das staatliche Gesamtdefizit bis etwa 1982 auf eine normale Höhe von ungefähr 2 Prozent des Sozialprodukts zurückgeführt ist.«

Zusammenstoß mit Strauß wegen meiner Konjunkturbeurteilung

Meine optimistischere Darstellung der deutschen Konjunkturaussichten in der Pressekonferenz von Anfang Juni 1978 – die doch helfen sollte, die amerikanische Forderung auf einen neuen deutschen Expansionsbeitrag abzuwehren – hatte ein merkwürdiges Nachspiel in unserem Lande. Einige Tage später warf der CSU-Vorsitzende Franz Josef Strauß in einer Erklärung gegenüber der »Welt am Sonntag« mir vor, ich hätte in den niedersächsischen Wahlkampf eingegriffen, was unter der großen Überschrift erschien: »Strauß greift Chef der Bundesbank an«. Strauß erklärte: »Es ist ein eigenartiger Vorgang, daß der Zentralbankrat sich drei Tage vor der Wahl ausgerechnet in Hannover getroffen hat, während er sich sonst regelmäßig am Sitz des Bundesbank einfindet, nämlich in Frankfurt. Das hätte vermieden werden müssen, weil sonst der Eindruck entsteht, daß man durch eine krampfhafte Schönwetter-Prognose auf die Landtagswahlen Einfluß nimmt, und zwar zugunsten der SPD.«

Ich gab darauf eine Erklärung ab, in der ich unter anderem auf folgendes hinwies: »Offenbar ist es Herrn Strauß nicht bekannt, daß der Zentralbankrat jedes Jahr eine auswärtige Sitzung reihum in einem Bundesland abhält. Diese Tradition wurde vor fast 30 Jahren von der bayerischen Landeszentralbank begründet, nicht zuletzt um den föderalistischen Charakter des Zentralbankrats zu unterstreichen. Nach dem regulären Turnus war dieses Jahr Niedersachsen an der Reihe. Der Termin wurde auf Einladung der Landeszentralbank in Niedersachsen schon vor über einem Jahr festgelegt.«

Zu der Kritik an der »Schönwetter-Prognose« bemerkte ich: Ich hätte der Presse die vom Statistischen Bundesamt gerade nach oben korrigierten Wirtschaftszahlen für den März sowie eine Reihe anderer Daten bekanntgegeben und daraus den Schluß gezogen, daß der vorher undurchsichtige Konjunkturhorizont sich »etwas aufzuhellen scheint«. Die Aussicht auf ein reales Wachstum von 3 Prozent für 1978 habe sich verbessert. Dies könne man nicht gut als »Schönwetter-Prognose« bezeichnen, denn es bleibe ja immer noch hinter dem ursprünglichen Ziel der Bundesregierung von 3,5 Prozent Wachstum zurück.

Ich übersandte meine Erklärung natürlich auch Herrn Strauß. In seiner Antwort beharrte er darauf, man hätte die auswärtige Sitzung des Zentralbankrats nicht gerade einige Tage vor einer wichtigen Landtagswahl in die betreffende Landeshauptstadt legen sollen (warum nicht, ließ er offen). Zu meiner Wirtschaftsprognose bemerkte er, er halte daran fest, »daß derzeit die Aussichten für ein reales Wachstum von 3 Prozent in 1978 nicht berechtigt sind.« Nun – es wurden in Wirklichkeit sogar 3,5 Prozent reales Wachstum. Über Vorausschätzungen läßt sich immer streiten. Nicht ganz verständlich war mir jedoch, warum Strauß unmittelbar vor der Bonner Gipfelkonferenz in das pessimistische Horn stieß und damit Wasser auf die amerikanischen Mühlen lenkte. Es wäre freilich so oder so zu dem hauptsächlich politisch bedingten Zugeständnis Helmut Schmidts an die Amerikaner gekommen.

Einige allgemeine Erfahrungen aus der Geldmengenentwicklung von 1978

Wie sehr sich unter dem Einfluß einer einseitigen monetaristischen Schule die oberflächliche Beurteilung der Geldziel-Überschreitung von 1978 bei uns festgesetzt hat, zeigt folgender Vorfall: Als 1983 in den ersten vier Monaten das Geldmengenziel erheblich überschritten wurde, und zwar so sehr, daß sich eine Überschreitung für das ganze Jahr 1983 abzuzeichnen schien, wurde allseits von Inflationsgefahr geredet und geschrieben (und offenbar eine Verschärfung der Kreditpolitik erwartet). Dabei erschienen zahlreiche Kommentare mit dem Hinweis: »Die Geldpolitik wiederholt den Fehler von 1978.«[21] Der Hinweis der Bundesbank, daß die Geldaufblähung in den ersten Monaten 1983 durch Sonderfaktoren verursacht und nur vorübergehender Natur sei, wurde beiseite gewischt. Als ich selbst in einem Aufsatz[22] versuchte, beruhigend zu wirken und sogar die Wahrscheinlichkeit einer weiteren Verringerung der Inflationsrate voraussagte, erhielt ich von dogmatischen Monetaristen kritische Briefe, die mir sozusagen einen »Abfall vom rechten Glauben« unterstellten. Und was geschah? Zum Jahresende 1983 war die Geldmenge wieder in den Zielkorridor zurückgekehrt, und es ergab sich keinerlei inflatorische Wirkung auf die spätere Nachfrage- und Preisentwicklung. Im Gegenteil, die Teuerungsrate ging 1984 und 1985 weiter zurück. Die sogenannte »Parallele« von 1983 ging also ähnlich aus wie das Vorbild von 1977/78 (wenn man bei letzterem die damals entgegengesetzte Entwicklung der Einfuhrpreise berücksichtigt).

Dies erinnert sehr an amerikanische Erfahrungen der letzten Jahre. Dort hat vor allem die Geldmenge in der engeren Definition M_1 – die von den Finanzmärkten entgegen allen Erfahrungen immer noch als maßgebend angesehen wird – zum Teil wilde Sprünge gemacht. Am verhängnisvollsten war wohl das plötzliche – und ganz unerwartete – Absinken der Umschlaghäufigkeit im 1. Halbjahr 1982. Da es nicht sofort erkennbar war, steuerte die *Federal Reserve* die Geldpolitik nach der völlig irreführenden Mengenentwicklung von M_1 und trug dadurch nach Meinung vieler Beobachter zur Verschärfung und Verlängerung der damaligen Rezession in den USA und weltweit bei. Daraufhin suspendierte die *Fed* im Oktober 1982 offiziell die M_1-Definition eine Zeitlang als Indikator. Als die Geldmenge M_1 von Herbst 1982 bis Mitte 1983 das Ziel wieder stark überschritt, prophezeiten die amerikanischen Monetaristen unter Führung von Milton Friedman für Ende 1984 ein starkes Wiederaufleben der Inflation, nämlich eine Rate von 8 bis 10 Prozent. Die amerikanische Geldpolitik war aber nun durch die Erfahrung gewitzigt und berücksichtigte neben der Geldmengenentwicklung auch andere Indikatoren. Die immer wieder vorausgesagte Inflation blieb sowohl Ende 1984 als auch im ganzen Jahr 1985 aus[23], obgleich die amerikanische Notenbank eine relativ lockere Geldpolitik betrieb und eine Zeitlang die sehr expansive Geldmengenentwicklung unberücksichtigt ließ. Sie orientierte sich statt dessen mehr am – schwachen – Wirtschaftswachstum sowie am Dollar-Kurs.

Für den unerwarteten Rückgang der Umlaufgeschwindigkeit des Geldes im Jahre 1982 gab Milton Friedman hinterher (!)[24] eine präzise zahlenmäßige Begründung. Aber was hilft dies der Geldpolitik, die ein oder zwei Jahre zuvor bei der Festsetzung des Geldmengenziels nicht die geringste Möglichkeit hatte, diese Gründe vorherzusehen – die Notenbank hatte bei ihrem Geldmengenziel für 1982 sogar eine *Zunahme der Umlaufgeschwindigkeit* in Rechnung gestellt! Die Lehre, die daraus zu ziehen ist, besagt: Die Entwicklung der Geldmenge ist zwar wichtig und muß sorgfältig beobachtet werden. Aber es müssen auch andere wichtige Wirtschaftsfaktoren berücksichtigt werden, und gelegentlich können diese sogar wichtiger sein als die – womöglich durch Sonderumstände verzerrte – Geldmengenentwicklung.

Für ein mittelgroßes Land wie die Bundesrepublik, die überdies außerordentlich stark mit der Weltwirtschaft verflochten ist[25], sind es besonders die außenwirtschaftlichen Faktoren, die eine große Rolle auch für die Geldpolitik spielen können. Ich werde dies am Beispiel der Wechselkurs-Entwicklung von 1977 bis 1979 kurz darstellen.

Zweidimensionale Geld- und Währungspolitik

In der Rückschau läßt sich verhältnismäßig sicher nachweisen, daß die Überschreitung des Geldzieles im Jahre 1978 teils durch eine Verlangsamung des Geldumschlags, teils durch die irreführende

Statistik des Bargeldumlaufs bedingt war; auch, daß der effektive Geldüberschuß schon im Laufe des Jahres 1979 wieder absorbiert wurde und deshalb nicht zu der befürchteten monetären Übernachfrage führte. Aber als wir im Laufe des Jahres 1978 mit dieser statistischen Geldaufblähung konfrontiert waren, mußten wir durchaus mit dem darin liegenden Risiko eines latenten Inflationspotentials, das heißt eines Spielraums für ein Wiederaufleben der Preisinflation, rechnen. Wir waren uns dieses Risikos auch bewußt.[26]

Es gab aber einen wichtigen Umstand, der diese Gefahr wesentlich verringerte, nämlich die starke Höherbewertung der D-Mark seit Mitte 1977. In einem programmatischen Zeitungsartikel vom April 1978[27] erläuterte ich unsere Geldpolitik wie folgt: »Die Bundesbank kann eine vorübergehende Überschreitung des Geldmengenziels tolerieren, weil erstens keinerlei Anzeichen einer starken allgemeinen Nachfrageausweitung sichtbar sind und weil zweitens in der Gegenwart *der überhöhte DM-Wechselkurs nicht nur konjunkturdämpfend, sondern auch als Preisbremse wirkt* (Hervorhebung im Original). Es genügt ein Blick auf die neueste Entwicklung der Ein- fuhr- und Ausfuhrpreise, um zu ermessen, welcher Druck von der erzwungenen ›realen‹ Aufwertung der D-Mark auf Preise und Erträge weiter Teile der deutschen Wirtschaft ausgeht.« Hier wurden beide Wirkungen einer starken Aufwertung angesprochen: Sie vermindert den Nachfragesog aus dem Ausland, was tatsächlich 1978 und 1979 sichtbar eintrat – und sie wirkt als Preisbremse, was vor allem 1978 sehr deutlich wurde, 1979 allerdings wegen der Ölpreishausse und sonstiger ausländischer Inflationsentwicklungen entfiel. Hinzu trat, wie oben bereits erwähnt, das verstärkte Mengenangebot aus dem Ausland infolge der Überbewertung der D-Mark.

Ich befaßte mich in dem besagten Artikel vom April 1978 mit der grundsätzlichen Frage: »Wiederholt sich hier das Dilemma aus der Zeit der fixen Wechselkurse zu Beginn der siebziger Jahre, als uns die obligatorische Dollar-Stützung zu festen Kursen den internationalen Inflationsbazillus ins Haus geschleppt hatte?« Ich verneinte dies aus mehreren Gründen: Vor allem verteidigten wir keinen festen Dollar-Kurs und hatten uns den grundlegenden Markttendenzen nicht entgegegestellt; wir hatten nicht verhindert, auch gar nicht verhindern können, daß die D-Mark von Mitte 1977 bis April 1978 um fast 17 Prozent gegenüber dem Dollar aufgewertet worden war (bis Ende Oktober 1978 wurden es 36 Prozent). »Wir intervenierten seit Oktober 1977 vielmehr nur, um hektische Kursausschläge und chaotische Zustände am Devisenmarkt zu verhindern (wozu wir durch die internationalen Spielregeln des IWF verpflichtet sind). Ein hemmungsloses Abtrudeln des Dollars könnte zu riesigen Geldverlagerungen und panikartiger Selbstverstärkung des Kursverfalls führen.« Wir hätten auch einen erheblichen Teil der Überliquidität neutralisiert, was freilich die bereits eingetretene Aufblähung der Geldmenge nicht ohne weiteres absorbiere. Schließlich verwies ich auf die anti-inflationistischen Wirkungen des starken DM-Auftriebs, die einen grundsätzlichen Unterschied gegenüber der Zeit der fixen Wechselkurse darstellten. Aber natürlich verdiene die Überschreitung unseres Geldmengenziels unter mittelfristigen Gesichtspunkten besondere Aufmerksamkeit und Wachsamkeit.

Ich kam zu dem wichtigen Schluß: »Devisen-Interventionen bei flexiblen Wechselkursen müssen also anders beurteilt werden als solche in einem System fester Wechselkurse«, und zwar vor allem dann, wenn sie von einem beträchtlichen Kursauftrieb der eigenen Währung mit seinem anti-inflationistischen Gegengewicht begleitet werden.

Als zweite wichtige Schlußfolgerung hielt ich fest: »Die Geldpolitik, einschließlich der Geldmengenpolitik, kann in der heutigen Lage nicht isoliert betrachtet und behandelt werden, sondern nur im Zusammenhang mit der Wechselkursentwicklung. Der flexible Wechselkurs muß mit seinen Wirkungen auf Nachfrage und Preise als zusätzliche Dimension der Geld- und Währungspolitik berücksichtigt werden.« Diese These von der *»zweidimensionalen Geldpolitik«* bei flexiblen Wechselkursen habe ich auch anderweitig betont. Ich kann mit einiger Befriedigung feststellen, daß diese These sich auch international immer mehr durchgesetzt hat. Der Internationale Währungsfonds empfahl in späteren Jahren verschiedentlich in seinen Jahresberichten, die Wechselkursentwicklung wenigstens als wichtigen Hilfsindikator zur Interpretation der monetären Lage heranzuziehen. In manchen Ländern, zum Beispiel seit einiger Zeit in Großbritannien, wird zeitweise neben der Geldmenge der Wechselkurs als gleichwichtiger Indikator für die Geldpolitik herangezogen. Selbst in den Vereinigten Staaten, dem Land des *benign neglect*, der wohlwollenden Vernachlässigung des Wechselkurses, wird seit einiger Zeit (etwa seit 1984) von Mitgliedern des *Federal Reserve Board* (wie Henry Wallich) anerkannt, daß der Dollar-Kurs immer größeren Einfluß auf die Geldpolitik gewonnen hat. So in aller Form bei der amerikanischen Diskontsenkung vom Mai 1985. Erst recht ist der Dollar-Kurs als wichtiger Hilfsindikator für die Geldpolitik in den Vordergrund getreten seit dem historischen Treffen der Fünfer-Gruppe im September 1985 in New York.

Wenn ich davon spreche, daß stärkere Verschiebungen im Wechselkurs wegen ihrer Nachfrage- und Preiswirkungen in der Geldpolitik berücksichtigt werden müssen, so meine ich dabei natürlich nur *reale* Wechselkursverschiebungen, das heißt solche, die nicht nur durch Inflationsunterschiede bedingt sind. Außerdem – und das möchte ich besonders betonen – heißt Berücksichtigung des Wechselkurses in der Geldpolitik nicht Aufstellung eines Wechselkurs*ziels* für die Geldpolitik. Vielmehr müssen bei der Geldmengensteuerung die Angebots-, Nachfrage- und Preiseffekte von größeren Wechselkursverschiebungen mitberücksichtigt werden. Außerdem kann eine starke reale Wechselkursverschiebung als Hilfsindikator für die Beurteilung der monetären Lage dienen. Neuerdings wird auch in der Geld- und Währungstheorie immer häufiger auf den Zusammenhang zwischen Geldmengenziel und Wechselkursindikator verwiesen. Interessant ist dabei, daß sich damit hauptsächlich *amerikanische* Geld- und Währungstheoretiker beschäftigten.[28] Interessant ist dies deswegen, weil die Wirkung von Wechselkursverschiebungen auf Nachfrage und Preise in einer so stark mit dem Ausland verflochtenen Wirtschaft wie der deutschen ungleich stärker ist als etwa in der amerikanischen Wirtschaft. Das wird aber offenbar dadurch aufgewogen, daß die reale Kursverschiebung des Dollars in den letzten Jahren so ungleich größer war als diejenige der D-Mark.

Im übrigen haben wir in der Bundesrepublik die zweidimensionale Geldpolitik nach beiden Richtungen erlebt: In den Jahren 1977/78 im Zusammenhang mit der Überbewertung der D-Mark, in den Jahren 1981 bis 1983 in umgekehrter Richtung wegen der beträchtlichen Unterbewertung der D-Mark. Während die Überbewertung *Preisdruck und Nachfrageausfall* bewirkte, ergab sich aus dem starken

Absinken der D-Mark gegenüber dem Dollar in den beginnenden achtziger Jahren die Gefahr eines *Inflationsimports*. Der ansteigende Dollar-Kurs zusammen mit dem bis 1981 anhaltenden Ölpreisanstieg führte eine Zeitlang zu einer sehr starken Erhöhung der Einfuhrpreise in D-Mark. Die Gefahr war groß, daß die nicht abwendbare Wirkung auf die inländischen Verbraucherpreise eine Lohninflation als Sekundärwirkung hervorrufen würde. Wiederum wurde die Frage akut: Wieweit soll die Geldpolitik sich am Wechselkurs orientieren? Wiederum verhielt sich die Bundesbank pragmatisch: Sie intervenierte gelegentlich ziemlich kräftig am Dollar-Markt, um hektische Übertreibungen des DM-Falls zu verhindern, und sie führte eine Geldmengenpolitik, die weniger expansiv war als von den meisten monetaristischen Geldtheoretikern, und auch von den wirtschaftswissenschaftlichen Instituten, gefordert worden war.
Mit dem seit März 1985 wieder sinkenden Dollar und den fallenden Rohstoff-, besonders Ölpreisen ist die Deutsche Bundesbank von all diesen exogenen Inflationszwängen befreit.
Nur am Rande möchte ich anmerken, daß ich mir 1977/78 immer wieder Gedanken machte, mit welchen Instrumenten wir auf längere Sicht die Versorgung mit Zentralbankgeld am besten steuern könnten, unter der selbstverständlichen Annahme, daß wir per Saldo keine Zentralbankgeldschöpfung durch Devisenankauf mehr vornehmen würden. In einem meiner internen Memoranda zu dieser Frage legte ich dar: »Auf längere Sicht sollten wir uns Gedanken machen, wie wir das ›Abwandern‹ des internationalen Geldgeschäfts der deutschen Banken nach Luxemburg, London usw. bremsen, eventuell sogar diese Tendenz wieder umkehren können. Bei Fortsetzung der jetzigen Tendenzen wird das ›Großhandelsgeschäft‹ im Geld- und Kreditverkehr immer mehr auf die Europlätze abwandern, wo es keine Mindestreservepflicht und keine Kreditlinien (›Grundsätze‹) gibt. Dies kann uns nicht gleichgültig sein. Nicht nur, weil dies eine unnötige Verlagerung von wichtigen Geldgeschäften ins Ausland bedeutet, sondern auch, weil diese ›verlagerten‹ Geld- und Kreditgeschäfte sich weitgehend unserer Kontrolle entziehen, keineswegs aber völlig aus unserer Verantwortung herausfallen. Ein möglicher Ausweg wäre, daß wir in den nächsten Jahren systematisch die erforderlichen Freigaben von Zentralbankgeld durch Reduzierung der Mindestreservesätze praktizieren, bis

die Mindestreserven auf den Stand der für den Zahlungsverkehr erforderlichen Mindestbeträge herabgesunken sind. Dann wäre dieser wichtige Vorteil der Luxemburg / Londoner Tochterbanken weg, oder wenigstens nur noch sehr gering. Eine andere Möglichkeit sehe ich darin, daß wir die übertriebenen Anforderungen an die Befreiung von Mindestreserven bei Arbitrage-Geschäften abbauen, und auch sonst Hindernisse abbauen, die der allmählichen Eingliederung der heimischen Banken in den internationalen Geldverkehr im Wege stehen. Mit dem Übergang zum Floating sind die geldpolitischen Motive dieser Vorschriften mindestens teilweise entfallen.« Einen allerdings ganz vorsichtigen Hinweis auf solche Möglichkeiten gab ich in meiner Ansprache auf dem IV. Bankentag im März 1979. Es hat viele Jahre gedauert, bis dieser Hinweis ernsthaft aufgegriffen wurde.

Fazit zum Problemjahr 1978

Ich möchte aus all diesen rückschauenden Überlegungen zu dem geldpolitischen Dilemma von 1978 ein Fazit ziehen:

1. Die statistisch ausgewiesene Überschreitung des Geldmengenziels im Jahre 1978 – 11,4 Prozent gegenüber dem Ziel von 8 Prozent – war dadurch überzeichnet, daß der damals beträchtliche Abfluß von DM-Banknoten ins Ausland statistisch als Zunahme des inländischen Bargeldumlaufs ausgewiesen wurde.

2. Die verbleibende Überexpansion der Geldbestände spiegelte eine Verlangsamung der Umschlaghäufigkeit des Geldes wider, die auf den Zinstiefstand, die unsichere Konjunktur und nicht zuletzt auf den Kursauftrieb der D-Mark, das heißt auf die Dollar-Krise, zurückzuführen war. Die Aufwertungserwartungen für die D-Mark führten zu einer Verschiebung der Zahlungstermine im Außenhandel (Vorauszahlungen an deutsche Exporteure usw.) mit der Wirkung, daß sich die liquiden Bankguthaben der Firmen überplanmäßig erhöhten.

3. Die verbliebene Geldaufblähung wurde bereits im Laufe des Jahres 1979 wieder absorbiert.

4. Entscheidend ist, daß die vorübergehende Anhäufung von liquiden Geldbeständen weder 1978 noch im weiteren Verlauf eine

monetäre Übernachfrage oder eine nennenswerte Erhöhung des inlandbestimmten Preisniveaus hervorrief. 1980 und 1981 kam es sogar zu einer monetären Unternachfrage.

5. Die potentielle Gefahr einer Übernachfrage mit entsprechenden Preiswirkungen wurde dadurch verringert beziehungsweise neutralisiert, daß der starke Kursauftrieb der D-Mark seit Mitte 1977 erstens die Auslandsnachfrage nach deutschen Waren sichtbar dämpfte, zweitens als direkte Preis- und Ertragsbremse wirkte, sowie schließlich das ausländische Warenangebot auf dem deutschen Markt erhöhte. Das wirkte als kontraktives Gegengewicht.

6. Die Interventionen der Bundesbank zur Stützung des Dollars wurden von Anfang an auf das Maß beschränkt, das erforderlich war, um chaotische Zustände am Devisenmarkt und sich selbst verstärkende spekulative Übertreibungen zu verhindern. Wichtig war, daß der grundlegenden Tendenz zur DM-Aufwertung nicht entgegengewirkt wurde. Die D-Mark wertete sich von Mitte 1977 bis Ende Oktober 1978 gegenüber dem Dollar um 36 Prozent auf. Wie sich herausstellte, war das ein ausreichendes Gegengewicht gegen etwaige Inflationsimpulse aus der vorübergehenden Geldaufblähung (soweit diese nicht nur statistisch überzeichnet war).

7. Gleichzeitig drängte die Bundesbank und ich persönlich die amerikanischen Währungsbehörden sehr stark, die Dollar-Position durch eigene grundlegende Maßnahmen zu verbessern (vgl. 11. Kapitel). Erst als sich hierdurch Ende Oktober 1978 die kritische Dollar-Situation entspannte, bekam die Bundesbank wieder mehr Freiheit für die stabilitätspolitisch erforderlichen Maßnahmen. Bis dahin mußte sie aus einer internationalen Verantwortung heraus – D-Mark als damals stärkste und international zweitwichtigste Währung – ein gewisses Risiko eingehen. Dieses Risiko erwies sich dank der nachfrage- und preisdämpfenden Wirkung der starken DM-Aufwertung als tragbar. Die Bundesbank verfolgte 1978 nicht aus konjunkturpolitischen Gründen – und schon gar nicht wegen der Gipfelkonferenz – eine expansive Liquiditätspolitik (wie ihr später manchmal unterstellt wurde). Sie nahm die Geldexpansion als Folge der Devisenzuflüsse notgedrungen solange hin, bis die sehr kritische Dollar-Flanke im November 1978 abgesichert war.

8. Wenn auch die Geldpolitik der Bundesbank gelegentlich von seiten einiger Monetaristen ziemlich scharf kritisiert wurde und ich diese Kritik als einseitig oder oberflächlich empfand, so fühlte ich mich trotzdem weiterhin der monetaristischen Grundphilosophie verbunden. Vor allem stimmte ich stets mit der monetaristischen Grundüberzeugung überein, daß Inflation in erster Linie ein monetäres Phänomen ist, das heißt auf mittlere Sicht mit einer entsprechenden Ausweitung der Geldmenge einhergeht und daher nicht stattfinden kann ohne Mitwirkung der Notenbank, auch daß zur Erhaltung oder Wiederherstellung der Geldwertstabilität die Geldmenge angemessen, und zwar möglichst stetig, gesteuert werden muß.[29] So habe ich die Geldmengensteuerung stets als zentrales Anliegen der Notenbank betrachtet, war allerdings von Beginn an gegen eine Verabsolutierung (oder Vergötzung) des Geldmengenziels. Dieses Ziel ist keine göttliche Offenbarung, sondern unvollkommenes Menschenwerk. Die Geldmengenentwicklung ist ein wichtiger Hilfsindikator, aber ich habe sehr rasch gelernt – aus unseren eigenen Erfahrungen der Jahre 1975 und 1976 sowie aus ausländischen Erfahrungen –, daß das Verhältnis von Geldmenge zu Gesamtnachfrage auch von Jahr zu Jahr unstabil, ja sogar verzerrt sein kann. Manchmal versagt also der Hilfsindikator kurzfristig, und das heißt auch von Jahr zu Jahr, gänzlich. Es müssen also andere Hilfsindikatoren mitbeachtet werden, um nicht irregeleitet zu werden. Wer glaubt, man könne die ganze Geldpolitik auf die kurzfristige Beachtung einer einzigen statistischen Größe reduzieren, macht sich das Leben zu leicht. Er ist sich auch nicht darüber im klaren, welche Risiken einer fehlerhaften Politik er dabei läuft. Trotzdem empfand ich selbst die dogmatischen Monetaristen oft als wertvolle Unterstützung, besonders wenn es galt, die Geldpolitik der breiten Öffentlichkeit leichter verständlich zu machen.

15. Kapitel

1979 – nach abgesicherter Dollar-Flanke Geldpolitik wieder auf Stabilitätskurs

Wende der Geldpolitik ab Dezember 1978

Die äußerst labile Situation des Dollars und die wiederkehrenden Dollar-Krisen hatten uns 1978 also geldpolitisch in eine »Wartestellung« gedrängt. Der Konflikt zwischen außenwirtschaftlichen Rücksichten und innerer Stabilitätspolitik war wieder aufgebrochen. Wir standen aber Gewehr bei Fuß, um die erste nachhaltige Beruhigung der Dollar-Situation sofort zu nützen, um die geldpolitischen Zügel wieder anzuziehen. Die Sorge um die ungehemmte Geldexpansion war einer der Gründe für unsere große Anstrengung, die Dollar-Krise im September und Oktober 1978 unter Kontrolle zu bringen – vorzugsweise durch eine härtere Geld- und Fiskalpolitik in Amerika, hilfsweise auch durch eine vertrauenspendende Überbrückungsaktion. (Näheres hierzu im 13. Kapitel).
Die Wende in der Dollar-Krise am 1. November 1978 verschaffte uns endlich die notwendige Handlungsfreiheit. Es war Geschichtsklitterung, wenn der Bundesbank später manchmal vorgehalten wurde, sie habe die geldpolitischen Zügel 1978 deswegen absichtlich so locker gelassen, weil sie damit die schwache Konjunktur ankurbeln wollte. Es ist wohl richtig, daß die schwache Konjunktur zusammen mit der Überbewertung der D-Mark das Überschießen der Geldmenge im Jahre 1978 weniger riskant erscheinen ließ. Aber wir hätten im Jahre 1978 gewiß schon etwas früher die Zügel wieder angezogen – vor allem um die Überliquidität zu reduzieren –, wäre uns nicht die gefährliche Zuspitzung der Dollar-Krise in die Quere gekommen. Die Zügel mitten in der Dollar-Krise anzuziehen, hätte nicht nur die Krise

enorm verschärft, sondern auch sonst höchstwahrscheinlich kontraproduktiv gewirkt.

Die erste restriktive Maßnahme, eine kräftige Heraufsetzung der Mindestreserven, war schon am 19. Oktober beschlossen worden und trat gerade rechtzeitig am 1. November 1978 in Kraft. Die eigentliche Wende in der Geldpolitik begann am 14. Dezember 1978. Zusammen mit der Bekanntgabe des Geldmengenziels für 1979 wurden die Rediskontkontingente der Kreditinstitute gekürzt. Für das Geldmengenziel wurde nun zum ersten Mal eine Bandbreite, nämlich 6 bis 9 Prozent, festgelegt, sowie anstelle der Zunahme im Jahresdurchschnitt ein sogenanntes »Verlaufsziel« angewandt, das heißt das Ziel sollte vom vierten Vierteljahr 1978 zum vierten Vierteljahr 1979 erreicht werden.[1] Ich erklärte dazu bei der Bekanntgabe des neuen Zieles, daß wir die Bandbreite nicht als »Willkür-Ziel« oder reinen Ermessensfreiraum ansahen, vielmehr je nach Wechselkurs- und Konjunkturentwicklung die obere oder untere Grenze des Zielbandes ansteuern würden. Mitte 1979 beschlossen wir denn auch, daß wir unter den gegebenen Umständen die untere Grenze, also eine Zunahme von nur 6 Prozent, ansteuern wollten. Bei der Bekanntgabe des Geldmengenziels sagte ich auch ganz klar, daß eine erneute Überschreitung der Zielvorgabe für 1979 nicht hingenommen würde; die Umstände, die dies 1978 noch hatten vertretbar erscheinen lassen – starke Verringerung der Umlaufgeschwindigkeit beziehungsweise Bargeldabflüsse ins Ausland, starker Kursauftrieb der D-Mark als »desinflatorischer« Gegeneinfluß – würden im Jahre 1979 voraussichtlich nicht mehr wirksam sein. Daß zusammen mit dem Geldmengenziel eine Restriktionsmaßnahme beschlossen wurde, sollte unter anderem nach außen demonstrieren, daß wir auch im Europäischen Währungssystem unsere Stabilitätspolitik fortsetzen wollten. Der feste Vorsatz, es im Jahre 1979 nicht zu einer Überschreitung der Zielvorgabe kommen zu lassen, bewog uns auch, ab Mitte 1979, als der Dollar wieder schwächer wurde, nur noch minimale Interventionen am Dollar-Markt vorzunehmen – was uns in einen Gegensatz zu den Amerikanern brachte und historisch bedeutsame Folgen hatte (vgl. 13. Kapitel).

Tatsächlich betrug die Zunahme der Zentralbankgeldmenge vom vierten Vierteljahr 1978 zum vierten Vierteljahr 1979 ganze 6,4 Prozent, vom Dezember 1978 zum Dezember 1979 sogar nur 5,3 Prozent. Wir erreichten also praktisch die untere Grenze des Zielbandes. Ende November 1979 konnten wir das Geldmengenziel für 1980 – das letzte unter meinem Vorsitz beschlossene – bereits auf eine Bandbreite von 5 bis 8 Prozent herabsetzen. Dieses Ziel wurde 1980 mit einer tatsächlichen Zunahme von nur 4,8 Prozent sogar unterschritten, desgleichen das zugrunde gelegte Wachstum der Gesamtnachfrage (vgl. Tabelle S. 417). Die Geld- und Nachfrageentwicklung in den Jahren 1979 und 1980 bestätigte, daß die vorübergehende Geldaufblähung des Jahres 1978 – soweit sie nicht einfach eine statistische Überzeichnung war – recht rasch wieder eingefangen wurde, und zwar ohne zu nennenswerter Übernachfrage geführt zu haben.

Der Weg zu diesem angestrebten Ziel war 1979 mit einer ganzen Serie von restriktiven Einzelmaßnahmen gepflastert. Der Bestand der Banken an freien Liquiditätsreserven wurde durch liquiditätspolitische Maßnahmen weitgehend absorbiert. Dabei kamen uns bis zur Jahresmitte auch starke Devisenabflüsse mit ihrer liquiditätsvermindernden Wirkung zu Hilfe. In der Zinspolitik waren wir auf eine schrittweise Aufwärtsbewegung bedacht, die bereits im Januar 1979 begann. Von Ende 1978 bis Ende 1979 wurde der Diskontsatz schrittweise von 3 auf 6 Prozent, der Lombardsatz von 3½ auf 7 Prozent erhöht; der Satz für Dreimonatsgeld stieg von 4,1 auf 9,6 Prozent.

Auch die von der Notenbankpolitik weniger abhängigen Zinssätze für langfristiges Kapital stiegen von Ende 1978 bis Ende 1979 beachtlich, nämlich bei der Umlaufrendite der inländischen Rentenpapiere von 6,2 auf über 8 Prozent. Doch hatte hier die Aufwärtsbewegung bereits im April 1978 begonnen, ausgehend von dem damaligen historischen Tiefpunkt von 5,5 Prozent Mitte April 1978. Diese Umkehr des Zinstrends leitete eine längere Periode der Zinssteigerung ein, die ihren Höhepunkt erst 1981 erreichte. Der Zeitpunkt der Umkehr im April 1978 war von kurzfristigen Veränderungen in den Kapitalzuflüssen vom Ausland beeinflußt. Im weiteren Verlauf sah ich darin hauptsächlich ein Marktsignal, das anzeigte, daß der zunehmende Kapitalbedarf, vor allem des wieder übersteigerten Wohnungsbaus, aber auch der übrigen Wirtschaft und der öffentlichen Hand, den Kapitalmarkt zu überfordern begann. Ich betonte dies in mehreren öffentlichen Äußerungen[2].

Wir versuchten ab Ende 1978 mit allen Mitteln, die öffentliche Hand zur *zeitlichen Streckung staatlicher Investitionen* zu bewegen. Auf unser mehrmaliges Drängen kam es im Mai 1979 im Finanzplanungsrat, in dem Bund, Länder und die Bundesbank vertreten sind, zu einer gemeinsamen Empfehlung, die staatlichen Investitionen zu strecken, um die Nachfrage im Investitionsbereich zu verstetigen. Außerdem sollten etwaige Steuermehreinnahmen vorrangig zur Verminderung der Kreditaufnahme verwendet werden. Aufgrund eines Beschlusses des Bundeskabinetts vom 28. Mai 1979 wies der Bundesfinanzminister die Bundesbehörden an, »die Bewirtschaftung der Ausgaben und Verpflichtungsermächtigungen für Investitionen so zu gestalten und die Vergabe und Ausführung öffentlicher Bauvorhaben ... so zu strecken, daß die angestrebte Verstetigung gefördert wird«.

Die gleiche Aufforderung wurde durch ein gemeinsames Schreiben des Bundesfinanz- und des Bundeswirtschaftsministers den Finanz- und Wirtschaftsministern der Länder zugeleitet. Ebenso sprach sich am 21. Juni 1979 der »Konjunkturrat für die öffentliche Hand« für zeitliche Streckung der öffentlichen Baunachfrage aus. Das praktische Ergebnis war enttäuschend: Die Bauleistungen für staatliche Rechnung stiegen 1979 real um etwa 5 Prozent, wertmäßig aber sogar um 16 Prozent. Dies trug natürlich zu der beginnenden Überhitzung und vor allem der Preisübersteigerung in Teilen der Bauwirtschaft bei. Die öffentlichen Investitionsprogramme, vor allem das 1977 begonnene Programm für Zukunftsinvestitionen (ZIP), wirkten also nicht antizyklisch, sondern prozyklisch.

Widerstände gegen die straffere Geldpolitik

Bei der Durchführung der neuen stabilitätspolitischen Linie im Jahre 1979 stießen wir auf einige Schwierigkeiten und Widerstände, und zwar seitens der Bundesregierung, seitens der Banken und seitens des Auslands.

Konflikt mit der Bundesregierung

Gleich zu Beginn, bei den Beschlüssen des Zentralbankrats vom 18. Januar 1979, kam es zu einem offenen Konflikt mit der Bundesregierung. Diese Beschlüsse waren im Grunde sehr mäßig: Eine Erhöhung des Lombardsatzes von 3½ auf 4 Prozent, dazu eine Absaugung von Bankenliquidität durch eine fünfprozentige Erhöhung der Mindestreserven. Wir wollten anfangs »behutsam« vorgehen, vor allem, um nicht neue Spannungen im Verhältnis zum Dollar hervorzurufen. Bei der Bekanntgabe vor der Presse ging ich auch auf die Unterschiede zwischen unserer Lage und derjenigen der Schweiz ein: Diese hatte nach der dreifachen Überschreitung ihres Geldmengenziels im Vorjahr zunächst darauf verzichtet, für 1979 ein neues Ziel zu veröffentlichen; denn wegen des noch viel stärkeren Kursauftriebs des Franken stand dort die Wechselkurspolitik so sehr im Vordergrund, daß man zu weiteren Deviseninterventionen ohne Rücksicht auf die Geldmenge bereit war. Der schweizerische Notenbankpräsident Leutwiler hatte dies auch damit gerechtfertigt, daß in der Schweiz noch keine mit der deutschen vergleichbare Konjunkturerholung sichtbar sei. Ich betonte an Hand dieses Gegenbeispiels erneut, daß wir wegen unseres nun wieder recht kräftigen Aufschwungs nicht mehr wie im Vorjahr mit einem Rückgang der Umlaufgeschwindigkeit rechnen könnten und daher allen Anlaß hätten, das neue Geldmengenziel genau einzuhalten. Wir würden deswegen auch bei etwaigen Devisen-Interventionen äußerst zurückhaltend sein (was wir tatsächlich 1979 eingehalten haben, außer bei den obligatorischen Interventionen im Europäischen Währungsverbund). Ich erläuterte dabei nochmal unsere Interventionsgrundsätze auf den freien Devisenmärkten: Interventionen nur bei »ungeordneten Marktverhältnissen« oder zur Dämpfung von »erratischen Kursbewegungen«, das heißt von Überreaktionen, die »in keiner Weise durch die fundamentalen Marktbedingungen gerechtfertigt sind«. Das letztere entspricht ziemlich genau dem Wortlaut des entsprechenden Beschlusses der Fünfer-Gruppe vom September 1985. Dieser ist also nur die Rückkehr zu den Grundsätzen für Interventionen, wie wir sie schon in den siebziger Jahren immer vertreten hatten.

An der Zentralbankratssitzung vom 18. Januar 1979 hatte als Vertreter des verhinderten Bundesfinanzministers dessen Staatssekretär Lahnstein teilgenommen. Dieser hatte in der Sitzung gegen die Beschlüsse Einwendungen vorgebracht, die aber keine große Wirkung gehabt hatten. In der anschließenden Pressekonferenz in der Bundesbank zog er nun, nachdem ich meine einleitenden Ausführungen beendet hatte, zu meiner Überraschung einen Zettel heraus und verlas seine wohlvorbereiteten Einwendungen, und zwar ausdrücklich »im Namen des Bundesministers der Finanzen«. Der Haupteinwand war, daß die Bundesregierung im Unterschied zur Bundesbank »keinen Zwang zum Handeln im gegenwärtigen Zeitpunkt« sehe, die Maßnahmen also als verfrüht betrachte. Als Gründe für diese Einwendung gab er an:

1. Eine geldpolitische Restriktionspolitik könnte die deutschen Zinssätze und damit den DM-Kurs hochtreiben. Beides sei angesichts der immer noch sehr unterschiedlichen Aussichten in den verschiedenen Wirtschaftszweigen bedenklich.

2. Eine Zinsanhebung erschwere die Finanzierungsbedingungen vor allem der kleinen und mittleren Unternehmungen. Aber auch die Finanzierungskosten der öffentlichen Hand würden dadurch erhöht, wenngleich der öffentliche Nettokreditbedarf wahrscheinlich nicht unerheblich unter dem Mitte 1978 vorausgeschätzten Betrag liegen werde (was tatsächlich eintrat).

3. Auch die internationalen Auswirkungen einer restriktiveren Geldpolitik »bedürften einer außerordentlich sorgfältigen Beachtung.«

Der Bonner Widerspruch wurde auch im Fernsehen vorgetragen und im Bundestag aufgegriffen. In der Presse wurde teilweise von einem »Eklat« gesprochen[3]. Mir war es ganz recht, daß einmal ein solcher Konflikt mit der Regierung an die Öffentlichkeit kam und nicht, wie sonst üblich, nur abseits der Öffentlichkeit ausgetragen wurde. Der Widerspruch aus Bonn hielt uns nicht davon ab, in unserer vorgeplanten schrittweisen Eindämmung der Geldexpansion fortzufahren. Im März 1979 wurden Diskont- und Lombardsatz um einen weiteren Prozentpunkt angehoben. Am Rande einer Kabinettssitzung in Bonn im Mai kam es dann praktisch zu einem Widerruf der Bonner Einwendungen. Bundeskanzler Schmidt, offenbar beeindruckt durch die sichtbare Stärke des Aufschwungs, sagte mir, er sähe ein, daß wir mit unserer Restriktionspolitik doch recht gehabt hätten. Er bedauere jetzt, daß Lahnstein seinerzeit mit den Bonner Bedenken gleich an die Öffentlichkeit gegangen sei. Worauf ich nur sagte: »Schade, daß Sie diesen Widerruf nicht vor der Öffentlichkeit aussprechen.« Im weiteren Verlauf des Jahres reagierte Helmut Schmidt besonders empfindlich auf den weiteren Zinsanstieg. Fast bei jedem Treffen sagte er mit Nachdruck: »Sie werden doch nicht schon wieder die Zinsen erhöhen!« Diese Empfindlichkeit gegenüber höheren Zinsen ist ein charakteristischer Zug Helmut Schmidts bis heute geblieben. In der damaligen Situation stammte sein Widerwille gegen höhere Zinsen aus zwei Erwägungen: einmal aus der ständigen Befürchtung, dies würde den Konjunkturaufschwung vorzeitig abwürgen, zum anderen aus der Besorgnis über die internationalen Auswirkungen, und zwar nicht nur wegen der vielfachen ausländischen Proteste, sondern vor allem wegen der Furcht vor einem erneuten Kursauftrieb der D-Mark. Wir blieben aber bei unserem Kurs.

Im Sommer 1979 begann eine erneute Diskussion über die »Konsolidierung der öffentlichen Haushalte«, das heißt über die schrittweise Verringerung der öffentlichen Neuverschuldung, besonders im Bund. Es ging dabei vor allem darum, ob die schon vor längerer Zeit für spätestens 1981 versprochenen Steuersenkungen auf das Jahr 1980 vorgezogen werden sollten. Die Bundesbank drängte statt dessen auf eine Begrenzung der Defizite. Schon in meiner Ansprache vor dem Deutschen Bankentag am 26. März 1979 forderte ich die Bundesregierung auf, »Steuermehreinnahmen zum Abbau der Haushaltsdefizite zu verwenden. Auf keinen Fall sollten Mehreinnahmen zur Finanzierung zusätzlicher Ausgaben verwendet werden.« In einem Fernsehinterview sagte ich hierzu am 10. August 1979[4]: »In der heutigen Situation und auch noch im Jahre 1980 muß nach unserer Ansicht der Vorrang eindeutig bei der Verringerung der staatlichen Defizite liegen. Denn im Zuge des Wirtschaftsaufschwungs nimmt die private Kreditnachfrage stark zu, und da muß der Staat sich zurückhalten, damit der Kapitalmarkt nicht überlastet wird, und damit die Zinsen nicht wieder hochgetrieben werden. Ich frage: Wann soll überhaupt die Neuverschuldung der öffentlichen Hand wieder auf einen Normalzustand zurückgeführt werden, wenn nicht in Zeiten einer günstigen Konjunktur? Und wenn Steuermehreinnahmen anfallen sollten, weil die Konjunktur gut läuft oder auch weil die Preise stärker steigen als ursprünglich angenommen, dann ist es doppelt angezeigt, daß solche Mehreinnahmen vorzugsweise ... zum Abbau der staatlichen Verschuldung verwendet werden. Denn dies trägt dann nicht nur zur Konsolidierung der Staatsfinanzen, sondern auch zur Bekämpfung der Inflationsgefahren bei.« Worauf der Moderator sagte: »Eine recht klare Antwort also auf das Gerangel um Steuersenkungen ab 1980 oder 1981.«

Ich hatte diesen Standpunkt auch mehrfach in Sitzungen des Bundeskabinetts vertreten.[5] Als kurz darauf Bundeskanzler Schmidt in der Öffentlichkeit sich ebenfalls gegen eine Steuersenkung schon 1980 aussprach[6], bezog er sich ausdrücklich auf den Standpunkt der Bundesbank. Trotzdem wurden dann doch einige Steuersenkungen schon ab Anfang 1980 in Kraft gesetzt, offenbar auch in Reaktion auf die steuerlichen Mehreinnahmen durch die gute Konjunktur.

Ich muß hier noch erwähnen, daß wir schon seit 1977 ein *Gentlemen's Agreement* mit der Regierung bzw. dem Bundesfinanzminister betreffend die mittelfristige Defizitplanung hatten. Nach einem sorgfältigen Gutachten unserer Volkswirtschaftlichen Abteilung konnte man annehmen, daß das mit der Stabilität noch zu vereinbarende Nettodefizit der öffentlichen Hand, das heißt aller Gebietskörperschaften, im mittelfristigen Durchschnitt bei etwa 2 Prozent des Sozialprodukts liege. Das bedeutete: weniger als 2 Prozent in konjunkturgünstigen Jahren, notgedrungen etwas darüber in konjunkturell schlechten Jahren. Der Bundesfinanzminister sagte im Interesse der langfristigen Stabilität zu, er wolle sich an diese Linie halten. Diese Abmachung wurde gelegentlich vom Bundesfinanzminister auch öffentlich erwähnt. Einige Jahre später zitierte der damalige Ministerialdirektor im Bundesfinanzministerium Wesselkock sie sogar mit einem vereinbarten Durchschnittssatz von 1,5 bis 2 Prozent des Sozialprodukts.[7] Die mittelfristige Finanzplanung der Bundesregierung hielt sich auch eine Zeitlang an diese Vereinbarung, doch leider wurde sie in der Praxis so gut wie nie eingehalten. So lag das öffentliche Defizit des guten Wirtschaftsjahres 1979 in Höhe von 2,7 Prozent des Bruttosozialprodukts zwar beträchtlich unter den 5,7 Prozent des Rezessionsjahres 1975, war aber damals ein klarer Verstoß gegen die Abmachung, denn danach hätte es unter 2 Prozent liegen müssen.

Proteste des Auslands

Scharfe Proteste gegen unsere härtere Geld- und Kreditpolitik kamen aus dem Ausland, und zwar besonders, nachdem wir am 12. Juli 1979 den Diskontsatz von 4 auf 5 Prozent und den Lombardsatz von 5½ auf 6 Prozent erhöht hatten. Die Proteste kamen einerseits von Partnerstaaten des am 1. März 1979 in Kraft getretenen Europäischen Währungssystems (EWS). Sie wurden teils mündlich in den Sitzungen des EG-Ausschusses der Notenbankpräsidenten in Basel vorgebracht. Einige Partnerländer beschwerten sich auch schriftlich bei mir oder brachten ihre Beschwerden aus Anlaß von Besuchen ihrer Regierungsspitzen in Bonn vor. Ein Briefwechsel mit dem belgischen Notenbankgouverneur ist mir in besonderer Erinnerung. Er warf uns vor, das Gleichgewicht innerhalb des EWS zu erschüttern und das ganze Wechselkurssystem zu gefährden. Hier war es relativ leicht, darzulegen, daß die Zinsdifferenz nicht der entscheidende Grund für die belgischen Devisenschwierigkeiten sein könne; denn trotz unserer Zinserhöhung – die nur eine Anpassung an die Marktzinsen gewesen sei – lägen die belgischen Diskont- und Lombardsätze immer noch um 4 bis 6 Prozent über den deutschen Sätzen. Hier, wie auch in den Sitzungen der EG-Gouverneure, konnten wir klarmachen, daß die Partnerländer in Wirklichkeit durch die außerordentliche Dynamik der deutschen Einfuhr sehr begünstigt seien – diese stieg 1979 aus den EG-Staaten um 18 Prozent gegenüber dem Vorjahr. Außerdem werde die deutsche Stabilitätspolitik unseren Partnerländern in Europa, und besonders im EWS, helfen, sich ihrerseits besser gegenüber den internationalen Inflationstendenzen zu verteidigen. Die Belgier (und andere) gingen mit ihren Protesten gegen die deutsche Kreditpolitik bis vor den Europarat.

Besonders heftige Proteste kamen aus den Vereinigten Staaten. Gelegentlich wurde dort der Vorwurf erhoben, die Politik der Bundesbank führe zu einer internationalen Zins-Eskalation, ja zu einem »Zinskrieg«. Im Herbst 1979 behauptete der frühere Vorsitzende des amerikanischen Sachverständigenrats, Shultz, vor einem Kongreß-Ausschuß: »Die Politik der *Federal Reserve* wird heute wahrscheinlich mehr in Frankfurt als in Washington gemacht.« Das erinnerte mich lebhaft an eine Podiumsdiskussion, die ich 1970 mit dem späteren Nobelpreisträger Milton Friedman geführt hatte, bei der dieser genau umgekehrt behauptete: Bei fixen Wechselkursen werde die Geldpolitik der Bundesbank *de facto* nicht in Frankfurt, sondern in Washington gemacht. Beide Behauptungen waren Übertreibungen.

In den Vereinigten Staaten machte sich vor allem der amerikanische Abgeordnete Henry Reuß, Vorsitzender von wichtigen Ausschüssen, zum Sprecher der Kritiker der deutschen Geld- und insbesondere der Zinspolitik. Er griff unsere Politik nicht nur in Reden an. Er schrieb Briefe an den amerikanischen Präsidenten und verlangte, daß dieser bei der deutschen Regierung gegen die Politik der Bundesbank protestieren solle. Zur damaligen Zeit war unser Diskontsatz 5 Prozent, der amerikanische dagegen 10½ Prozent! Die Angelegenheit wurde auf einer Sitzung der (damals schon bestehenden, aber meist ganz vertraulich tagenden) Fünfer-Gruppe zwischen dem damaligen amerikanischen Finanzminister William Miller und mir relativ leicht beigelegt.

Bei dem im Dezember 1979 zu meiner Verabschiedung vom Bundeskanzler gegebenen Festessen, an dem auch mein Freund Paul Volcker teilnahm, griff ich diese Erfahrungen auf und fügte hinzu: »Wir müssen Mr. Volcker dafür dankbar sein, daß er vor einigen Wochen vor einem Kongreß-Ausschuß klargestellt hat, daß die Zinsbewegungen in den größeren Ländern in der Regel nicht ein internationaler Wettlauf zum Hinauftreiben der Wechselkurse, sondern die unvermeidliche Reaktion auf den Inflationsdruck im eigenen Land waren. Wir hatten eben leider eine Eskalation der Inflation.«

Schwierigkeiten mit deutschen Banken und mit einigen Monetaristen

Die Umschaltung unserer Geldpolitik »auf einen niedrigeren Gang« ab Dezember 1978 stieß anfangs auch auf Schwierigkeiten und teilweise auf Mangel an Verständnis bei unseren Banken. Sie waren aus den vorangegangenen Jahren an eine lockere Geldpolitik und ständige Expansion gewöhnt. Nun wurden ihre Liquidität scharf reduziert und ihre Refinanzierungskosten erhöht. Das drückte auf die Erträge. Außerdem mußten wegen der Wahrscheinlichkeit eines weiteren Zinsanstiegs Aktiv- und Passivgeschäft besser aufeinander abgestimmt werden, um »Schieflagen« zu vermeiden. All dies konnte nicht gerade populär sein – wie ich schon auf dem Deutschen Bankentag im März 1979 vorausgesagt hatte.

Wir bemühten uns sehr, bei den regelmäßigen Zusammenkünften des Direktoriums mit den Spitzenvertretern der verschiedenen Bankenverbände wie auch in Einzelgesprächen Verständnis dafür zu wecken, daß nun eine völlig neue Phase der Geldpolitik angebrochen sei. Bei den meisten Bankenvertretern fanden wir Verständnis, bei manchen stießen wir aber auf heftige Kritik. Aus Gesprächen mit führenden Bankleuten konnte ich schon im Frühjahr oder Frühsommer 1979 ziemlich klar erkennen, welche der größeren Banken durch rechtzeitige Umstellung spätere »Schieflagen« vermeiden würden und welche nicht. Die spätere Entwicklung der einzelnen größeren Banken in den Jahren 1980 bis 1982 bestätigte genau meine damaligen Eindrücke. Ich bemühte mich in meinen öffentlichen wie auch privaten Äußerungen, immer wieder klarzumachen, daß die härtere Gangart der Geldpolitik kein vorübergehendes Gewitter, sondern ein Dauerzustand sein werde. Ich benutzte auch die Gelegenheit meiner Ansprache auf dem 13. Deutschen Bankentag am 26. März 1979 und schlug Alarm.[8] Ich schilderte die grundlegende Veränderung der Lage, nämlich: Hochkonjunktur im Innern mit besserer Gelegenheit zur Kostenüberwälzung auf die Preise, neue Ölpreis- und sonstige Rohstoff-Hausse mit Rückwirkungen auf das inländische Preis- und Lohnklima, sowie geringere Wahrscheinlichkeit eines weiteren preisdämpfenden DM-Anstiegs. Dann betonte ich, warum wir gleich zu Beginn energisch gegenhalten müßten: »Inflationen muß man, ebenso wie Diktaturen, bekämpfen, bevor sie sich etabliert haben.« Die Kreditexpansion der Banken habe auf die Umschaltung in der Geldpolitik noch gar nicht reagiert. Dies, zusammen mit dem Kostenstoß vom Ausland, könne eine ernste Gefahr für die Geldwertstabilität bringen. Das bedeute für die Geldpolitik *Alarmstufe 1.* »Je rascher die Banken auf die neuen Signale reagieren, um so weniger drückend wird der Umstellungsprozeß für sie sein.«

Einige Monate später kam es zu einem interessanten Geplänkel mit einem Vertreten der Bonner Regierung: Bei einer Podiumsdiskussion anläßlich der Jahresversammlung des Ifo-Instituts München am 26. Juni 1979 führte Staatssekretär Schlecht vom Bundeswirtschaftsministerium aus: Die Bundesbank liege zwar mit ihren Maßnahmen auf der richtigen Linie, aber die sie begleitenden verbalen Töne seien übertrieben und zu schrill.[9] Meine Antwort war: »Als wir seit Dezember 1978 auf einen Bremskurs übergingen, mußten wir feststellen, daß das monatelang überhaupt keine Resonanz im Kreditwesen und in dessen Kreditaktivität gefunden hat. Da habe ich mir gesagt, jetzt muß auf den Tisch gehauen werden, damit überhaupt die Ohren gespitzt werden. Wir haben gesehen, daß man manchmal in den Maßnahmen relativ kräftig sein muß, damit das Ergebnis überhaupt in die richtige Richtung geht. Das ist so wie bei einem riesigen Tankschiff; wenn man da das Ruder herumlegt, dann dauert es noch fünf bis zehn Kilometer, bis tatsächlich die Richtung geändert ist ... Ich habe mir sehr genau überlegt, ob ich das Wort ›Alarmstufe‹ benützen darf; aber jetzt hinterher sagen mir immer mehr Leute: Sie haben ja vollkommen recht gehabt, wenn man sieht, wie es läuft.« Tatsächlich waren die Kredite des Bankensystems an inländische Nicht-Banken in den ersten 4 Monaten 1979 um über 27 Mrd. DM gestiegen, gegenüber 14,5 Mrd. DM in der gleichen Vorjahreszeit.

Ab Mitte 1979 nahm auch die Kritik von anderen Seiten ständig zu. Einzelne wirtschaftswissenschaftliche Institute kritisierten unsere Maßnahmen als »Hektik« oder »Überreaktion«. Es wurde vor geldpolitischer »Vollbremsung« und sogar vor einer zu scharfen Konsolidierung der Staatsfinanzen gewarnt (!)[10] Selbst der sehr vorsichtige Präsident des Ifo-Instituts, Arthur Krumper, meinte Anfang 1980, die Bundesbank hätte vielleicht doch eine stärkere Expansion der Geldmenge zulassen sollen.[11]

Ich hatte in öffentlichen Verlautbarungen immer wieder auf den vorsichtigen, schrittweisen Charakter unserer Bremspolitik hingewiesen. Trotzdem wurde mir des öfteren die Verfolgung einer übertriebenen Schocktherapie vorgeworfen, und zwar nicht zuletzt von Anhängern eines dogmatischen (oder simplifizierenden) Monetarismus. Dies geschah zum Beispiel auf einem vom Kieler Weltwirtschaftsinstitut im Dezember 1979 unter dem Vorsitz von Professor Giersch veranstalteten Symposium[12]. Die monetaristischen Simplifikateure schauten, wie gewohnt, nur auf die statistischen Geldmengenzahlen, die eine starke Verlangsamung der Geldexpansion, vor allem im zweiten Halbjahr 1979, anzeigten. Sie bedachten nicht, daß einige der 1978 stillgelegten Geldguthaben im Zuge des Wirtschaftsaufschwungs von 1979 aktiviert werden konnten. So stieg die monetäre Gesamtnachfrage 1979 um 8,1 Prozent, das heißt etwas stärker als 1978, aber sehr genau im Einklang mit unserer Zielprojektion (vgl. Tabelle S. 417).

Das Ergebnis der geldpolitischen Wende

Im Oktober 1979 schrieb die Londoner »Financial Times« in einer Sonderbeilage über die Bundesrepublik: »Wenn die Gabe, sich unpopulär zu machen, eine erfolgreiche Notenbank kennzeichnet, dann hat die Bundesbank zweifellos eine ausgezeichnete Arbeit geleistet.« Dies drückt nur die alte Erfahrung aus, daß eine Notenbank im Dienste der Geldwertstabilität oft auch unpopuläre Maßnahmen auf sich nehmen muß. Oder wie der Nobelpreisträger Milton Friedman einmal sagte: »Die Unabhängigkeit einer Notenbank läßt sich nur dann rechtfertigen, wenn diese bereit ist, sie zu unpopulären Maßnahmen zu nutzen.«

Insgesamt war 1979 ein geld- und währungspolitisch sehr bewegtes Jahr: Von außen kamen die erneute Ölpreisexplosion, die verstärkten sonstigen Inflationstendenzen im Ausland, sowie die riesigen Wechselbäder an Liquidität (meist infolge von Vertrauens- und Zinsschwankungen um den Dollar) auf uns zu. In der inneren Geldpolitik gab es drei Diskonterhöhungen, fünf Erhöhungen des Lombardsatzes, neue Offenmarktoperationen (Einführung der Wertpapierpensionsgeschäfte) sowie eine Beschränkung des Zugangs der Banken zum Lombardkredit; das heißt Übergang zu einer Politik, die sich stärker als früher auf eine direkte Begrenzung des Geldangebots ausrichtete. Was waren nun die konkreten Ergebnisse dieser Politik unter so schwierigen Rahmenbedingungen?

– Das Geldmengenziel wurde mit einer Zuwachsrate von 6,4 Prozent nicht nur eingehalten, sondern es wurde sogar, wie Mitte 1979 vom Zentralbankrat beschlossen, fast die untere Bandgrenze der Zielvorgabe von 6 bis 9 Prozent erreicht (was bei Aufstellung des Ziels im Dezember 1978 noch als »unrealistisches Wunschziel« bezeichnet worden war).

– Das Wachstum der monetären Gesamtnachfrage im

Durchschnitt des Jahres 1979 gegenüber dem Vorjahr entsprach mit 8,1 Prozent ebenfalls recht genau der von der Bundesbank bei der Zielaufstellung zugrunde gelegten Größenordnung. Die weitere Entwicklung der Geldmenge und monetären Gesamtnachfrage in den folgenden Jahren 1980/81 zeigt, daß von der – statistisch überzeichneten – Geldaufblähung von 1978 kein Liqiditätspotential übriggeblieben war (vgl. Tabelle S. 417). Die Geldmenge war vielmehr schon 1979 wieder auf einen »normalen« Stand gebracht.

– Die Preise stiegen zwar empfindlich an, vor allem wenn man nicht die Durchschnittsziffern für das Jahr 1979, sondern die Verlaufsziffern von Ende 1978 bis Ende 1979 betrachtet. Aber das war ganz überwiegend durch die im Januar 1979 einsetzende Ölpreis-Hausse und sonstige Verteuerungen der Auslandskosten bedingt. Außerdem brachte Mitte 1979 die Erhöhung der Mehrwertsteuer eine weitere Verteuerung um 0,5 bis 0,7 Prozent ins Spiel. Die inlandbestimmten Preise – Preisindex des Sozialprodukts oder gesondert berechnete inländische Teuerungsrate – zeigen für 1979/80 einen überraschend mäßigen Anstieg (vgl. Tabelle S. 420). Selbst wenn man die nicht von Auslandseinflüssen bereinigte Zahl von 4,1 Prozent für die Erhöhung der Lebenshaltungskosten im Jahre 1979 zugrunde legt, so war das weit weniger als die Hälfte des durchschnittlichen Preisanstiegs in anderen Industrieländern im gleichen Jahr.

Dieser relativ mäßige Preisanstieg ist überraschend, wenn man etwa an die hausgemachte Verteuerung in der Bauwirtschaft denkt, und vor allem angesichts des allgemein recht kräftigen Konjunkturaufschwungs. Das Sozialprodukt wuchs 1979 real um gut 4 Prozent, wie es Bundesregierung und Bundesbank vorausgeschätzt hatten. Die Beschäftigung stieg von Ende 1978 bis Ende 1979 um 400000, das beste Jahresergebnis der siebziger Jahre. Trotz dieses Wirtschaftswachstums stieg der Preisindex des Sozialprodukts mit 4,0 Prozent kaum stärker als im Jahr zuvor. Es gab 1979 zwar fast eine Vollauslastung der Wirtschaft, aber keine Übernachfrage (außer im Bau). Das Ifo-Institut berichtete im November 1979, daß die Kapazitätsauslastung der Industrie mit 84,5 Prozent immer noch um etwa 2½ Prozentpunkte unter jenem Niveau liege, das nach dem Urteil der Unternehmer als normal anzusehen sei.

Es kann kaum verwundern, daß die Bundesbank in ihrem Geschäftsbericht 1979 (der ohne meine Mitwirkung mehrere Monate nach meinem Ausscheiden Ende 1979 verfaßt wurde) dem Jahr 1979 ein überwiegend positives Zeugnis ausstellt,[13] und dies teilweise der »strikten Politik des knappen Geldes« zuschreibt.
Nicht uninteressant ist das Urteil des informierten Auslands, wie es in der Aussprache im Exekutivdirektorium des Internationalen Währungsfonds vom August 1979 über die Deutschland-Konsultation 1979 zum Ausdruck kam. In dem Bericht hierüber hieß es unter anderem: »Alle Exekutivdirektoren würdigten, zum Teil in nahezu überschwenglicher Form, die Erfolge der deutschen Wirtschaftspolitik, wobei sie besonders die niedrige Preissteigerungsrate, den Anstieg der Wachstumsrate und die im ersten Halbjahr 1979 eingetretene Rückbildung des Leistungsbilanzüberschusses herausstellten ... Einige Direktoren – so insbesondere die der USA, Großbritanniens, Frankreichs und der Niederlande – stellten freilich die Frage, ob die Geldpolitik im Augenblick nicht zu restriktiv geführt werde.«

Kritik an der strafferen Geldpolitik durch die Ereignisse widerlegt

Auch im Inland wuchs die Kritik an der angeblich zu straffen Geldpolitik. Wie notwendig diese jedoch war, sollte sich vor allem im späteren Verlauf erweisen. Unter dem Einfluß der neuen Ölpreisexplosion von 1979 und 1980 (Zusatzbelastung 1980 gegenüber 1978 rund 30 Mrd. DM), aber auch aus anderen Gründen (Überbewertung der D-Mark, Wachstumsdifferenzen) verschlechterte sich unsere Leistungsbilanz von Mitte 1979 ab erheblich; dies führte zu hohen Defiziten in den Jahren 1980/81. Was hätte das für ein Desaster für unsere Außenbilanz gegeben, wenn wir nicht schon ab Dezember 1978, also sofort nach Absicherung der Dollar-Flanke, zu einem zwar schrittweisen, aber am Ende ganz kräftigen Bremskurs übergegangen wären! Und um wieviel mehr hätten Anfang 1980 die Lohnabmachungen über die Stränge geschlagen, wenn wir 1979 den Expansionsvorschlägen mancher Monetaristen gefolgt wären!

Ich hatte im September 1979 in einem Interview[14] auf eine Frage nach der Berechtigung unserer geldpolitischen »Wende« im Dezember 1978 gesagt: »Die seinerzeitige Kritik, wir hätten ›zu früh und zu hart‹ auf die Bremse getreten, ist durch die seitherige Entwicklung überzeugend widerlegt worden. Rückschauend könnte man eher sagen – zum Beispiel angesichts der Überhitzungserscheinungen in der Bauwirtschaft – daß die Bundesbank noch früher mit dem Gegensteuern hätte anfangen sollen. Aber wir konnten damals nicht mitten in der großen Dollar-Krise vom Oktober / November 1978 auf eine restriktive Politik umschalten. Wir taten dies sofort, nachdem die Dollar-Flanke durch das amerikanische Sanierungsprogramm einigermaßen abgesichert erschien.«
Kurze Zeit später beschäftigte sich das Jahresgutachten 1979 / 80 des Sachverständigenrats ebenfalls mit der Frage: zu früh und zu stark gebremst? In bewußtem Gegensatz zu der Kritik der Bundesregierung von Anfang 1979 und zu den Kritiken mancher Institute im Sommer und Herbst 1979 lobten die Sachverständigen die geldpolitische Wende und sagten genau wie ich: »Der Wechsel im Kurs der Bundesbank ... in diesem Jahr kam ganz gewiß nicht zu früh. Zumindest im nachhinein dürfte das Urteil eher sein: er kam spät. Immerhin ... setzte die Geldpolitik frühzeitig das Signal, daß die jüngste, vornehmlich außenwirtschaftlich bestimmte Teuerung bei zahlreichen Waren in ihrer Wirkung auf das Preisniveau ein Einmaleffekt bleiben muß.«
Als Ende 1979 meine Amtszeit ablief, schied ich aus der Bundesbank mit dem Gefühl, das Richtige nicht nur gewollt, sondern auch getan zu haben. Die Dollar-Krise von 1977 bis 1979 schien überwunden, ohne bei uns allzu großen Schaden angerichtet zu haben. Sie hatte sogar – nicht ohne unser Zutun – zu einer Wende der amerikanischen Geldpolitik geführt, die eine grundlegende Besserung versprach. Die Anfang 1979 eingeleitete Ölpreisverteuerung ging zwar 1980 noch weiter, aber wir hatten wenigstens begonnen, die inlandbestimmten Teuerungselemente dagegen abzuschirmen. Die öffentlichen Haushalte lagen nicht ganz auf der mittelfristigen Linie, die zwischen Bundesbank und Bundesfinanzministerium vereinbart war. Aber in der zweiten Jahreshälfte 1979 bestand wenigstens verbal in der Regierung der Wille, die Konsolidierung des Bundeshaushalts fortzuführen. Die mittelfristige Finanzplanung

von Mitte 1979 sah eine Rückführung des staatlichen Defizits von 49 Mrd. DM 1979 auf 26 Mrd. DM 1983 (das heißt weniger als 2 Prozent des Sozialprodukts) vor. Die deutsche Inflationsrate lag zwar erheblich über der Toleranzgrenze – sofern es eine solche bei einer Inflationsrate überhaupt gibt. Aber sie war weniger als halb so hoch wie im Durchschnitt der übrigen Industrieländer, und besonders im Vergleich zu Amerika.

Im Juli 1979 las ich in der »Basler Zeitung« ein Interview des Schweizerischen Notenbankpräsidenten Fritz Leutwiler. Auf die Frage, wie er sich denn angesichts der für die Notenbank sehr schwierigen Situation persönlich fühle, antwortete er: »Präsident der Nationalbank und Wohlbefinden sind zwei unvereinbare Begriffe.« Das gab mir einen Schlag. Denn es widersprach völlig meiner Lebens- und Berufsauffassung. Ich war mit Fritz Leutwiler befreundet, schon seit der Zeit, als wir beide im Frühjahr 1973 als Vizepräsidenten entscheidende Schritte zur Loslösung von der Dollar-Inflation unternahmen (ich nannte dies »die Stunde der Vizepräsidenten«). So schrieb ich Leutwiler, daß mich seine pessimistische Auffassung sehr überrascht habe, und daß ich hoffte, es war nicht ganz so ernst gemeint. Dann fuhr ich fort: »Ich selbst habe mich offen gestanden auch durch große Sorgen, wie sie bei unserer Stellung unvermeidlich sind, nicht ernsthaft in meinem persönlichen Befinden stören lassen. Ich habe gegenwärtig auch Angelegenheiten, die mich erheblich stören könnten. Eine davon sind die Auswirkungen der von der Bundesbank verfolgten Bremspolitik, die mir Unwillen, ja oft schieren Haß bei manchen der Betroffenen eingebracht haben. Natürlich wäre es besser gewesen, wir hätten im zweiten Halbjahr 1978 nicht so viel Auslandsgeld hereingelassen und hätten schon damals gegen den übertriebenen Bauboom mit Zinspolitik vorsichtig gegengesteuert. Aber das Steuer herumzulegen mitten in der Dollar-Krise vom September/Oktober 1978 wäre wohl von den meisten als »lichter Wahnsinn« betrachtet worden. Nun, ich habe das gute Gewissen, daß ich nicht nur das Richtige gewollt habe, sondern daß – wie sich immer mehr herausstellt – es bis jetzt auch wohl das Richtige war.«

Nachwort

Der Brief, den ich im Juli 1979 meinem Freund Fritz Leutwiler schrieb, drückt meine Einstellung nicht nur zum letzten Jahr, sondern zu meiner gesamten Tätigkeit bei der Notenbank von 1950 bis 1979 aus. Ich war im Spätherbst 1950 auf der Welle einer Zahlungsbilanzkrise in die Notenbank gekommen, und da ich von Anfang an für die internationale Seite der Währungspolitik tätig war, war es mein Los, über Jahrzehnte hinweg alle Währungskrisen aktiv mitzuerleben.

Besonders in den siebziger Jahren, als ich an der Spitze – als Vizepräsident und Präsident – mitwirken konnte, waren die Umstände, unter denen ich arbeiten mußte, denkbar schwierig. Sie umfaßten zwei Ölpreisexplosionen, die den Preis von 1973 bis 1980 verzwölffachten, zwei schwere Dollar-Krisen, eine internationale Inflationswelle sondergleichen, den Zusammenbruch des Fixkurssystems von Bretton Woods, sowie als Erbschaft der von mir heftig bekämpften Währungspolitik von 1968/69 eine langanhaltende Lohnkosteninflation. Aber ich empfand gerade diese Schwierigkeiten als Herausforderung, die mich oft faszinierte[1].

Was mich außerdem an meiner Tätigkeit befriedigte, war die Tatsache, daß ich nicht nur mit allen geld- und währungspolitischen Entwicklungen von fast drei Jahrzehnten intensiv befaßt war – dabei auch hinter die Kulissen schauen konnte –, sondern die Chance hatte, unerhört viele interessante und einflußreiche Persönlichkeiten kennenzulernen.

Ein besonderes Erlebnis war für mich die enge internationale Zusammenarbeit der Notenbanken in der Nachkriegszeit, da ich persönlich noch erlebt hatte, wie sehr es daran in der Zeit zwischen den beiden Weltkriegen gehapert hatte. In den ersten Nachkriegsjahren konnte ich in München viele Abende mit dem früheren Reichsbankpräsidenten Hans Luther verbringen, der 1923/24 als Reichsfinanzminister mit meinem Vater im selben Reichskabinett gewesen war. Da konnte man hören, wie sehr die deutsche Banken- und Devisenkrise von 1931 sich auch deswegen verschärft hatte, weil es damals international keine ständige vertrauensvolle Zusammenarbeit und gegenseitige Hilfe unter den Notenbanken gab. Verglich ich damit meine Nachkriegserfahrungen in der Notenbank-Kooperation, so hatte ich mit gutem Grund das Gefühl, in einer anderen – und besseren – Welt zu leben, trotz aller Schwierigkeiten, die es auch in den letzten Jahrzehnten noch gab.

Faszinierend war für mich auch die Begegnung mit ausländischen Persönlichkeiten aus dem Finanz- und Währungsgebiet. Um hier nur einige Beispiele zu nennen: So lernte ich alle Chefs des Internationalen Währungsfonds ab 1952 kennen, und zwar sehr intensiv, da ich mit jedem von ihnen jahrelang zusammenzuarbeiten hatte; von 1953 bis 1959 als deutscher Exekutivdirektor im Währungsfonds (als Nebenbeschäftigung) und im übrigen als deutscher Vertreter in vielen internationalen Gremien. Die Herren Per Jacobsson, Pierre-Paul Schweitzer, Hendrikus Johannes Witteveen und Jacques de Larosière kannte ich schon viele Jahre aus der internationalen Zusammenarbeit, ehe sie an die Spitze des Währungsfonds gelangten. Ebenso konnte ich schon ab Mitte der fünfziger Jahre alle Notenbankpräsidenten und die meisten Finanzminister der größeren Länder nicht nur näher kennenlernen, sondern ihre Ansichten und Stellungnahmen in zahllosen Sitzungen, aber auch in persönlichen Unterhaltungen, hören. Ich glaube sagen zu können, daß ich mit den vier amerikanischen Notenbankchefs seit 1951 – William McChesney Martin, Arthur Burns, William Miller und Paul Volcker – befreundet war oder noch bin, mit Paul Volcker seit Mitte der sechziger Jahre.

Schließlich nahm ich an allen Wechselfällen der wichtigsten Währungen als »Insider« teil, nicht nur als Zuschauer, sondern oft auch als aktiv Handelnder. Das gilt vor allem für den Dollar als die Schlüsselwährung der Weltwirtschaft. Als erster und einziger Deutscher war ich 1949 noch in dem Pariser Ausschuß tätig, der die Marshallplanhilfe zu verteilen und die Sanierungsprogramme der europäischen Länder, das *European Recovery Program* (ERP), zu überwachen hatte; dort lernte ich auch noch Averell Harriman kennen. Ich erlebte die Wende von der »Dollar-Lücke« zur »Dollar-Schwemme« 1958 sehr persönlich in Unterhaltungen mit dem amerikanischen Notenbankchef William Martin. Schon Ende 1945 lernte ich auch Ludwig Erhard kennen, kurz bevor er bayerischer Wirtschaftsminister wurde; und der spätere Bundesfinanzminister Fritz Schäffer war ein Freund meines Vaters seit Beginn der dreißiger Jahre. Die Schilderung dieser und zahlreicher anderer Begegnungen ließe sich fortsetzen.

Man wird vielleicht verstehen, daß ich diese und viele andere internationale Erfahrungen gerne näher geschildert hätte, auch die Erfahrungen, die ich in der innerdeutschen Geld- und Finanzpolitik machen konnte. Ursprünglich wollte ich ausführliche Kapitel über den Dollar, über das englische Pfund und andere europäische Währungen, über die vielfachen Verhandlungen zur Reform des internationalen Währungssystems und über die Entwicklung des Verhältnisses zwischen Bundesregierung und Bundesbank schreiben, aber dann wäre dieses Buch zu umfangreich geworden. Der Zeitmangel und die notwendige Beschränkung des Textumfangs setzten hier Grenzen.

Vielleicht verdeutlichen diese kurzen Hinweise dem Leser, wie faszinierend es sein kann, jahrzehntelang in der Geld- und Währungspolitik aktiv tätig zu sein. Für mich kommt hinzu, daß ich mich schon ab 1931 als Student und dann im Zusammenhang mit meiner Doktorarbeit besonders intensiv mit Währungsfragen befaßt hatte. Das führte dazu, daß ich mich 1938 bei der Reichsbank als »Währungsexperte« bewarb – und ziemlich rüde abgewiesen wurde. War ich doch so naiv gewesen, der Bewerbung einige meiner Arbeiten beizulegen, die im Widerspruch zur damaligen Reichsbankideologie standen. Damals hatte ich mir fest vorgenommen, mich nie wieder irgendwo zu bewerben. Und siehe da – 1950 wurde ich ohne Bewerbung gebeten, in die Notenbank einzutreten.

Sommer 1986 Otmar Emminger

Anmerkungen

1. Überblick über die Entwicklung der D-Mark 1948 bis 1980 »Vom Besatzungskind zum Weltstar«

1 Rede von Tommaso Padoa-Schioppa, Stellvertretender Generaldirektor der Banca d'Italia in Florenz, Februar 1985, abgedruckt in »Economic Bulletin« der Banca d'Italia, Februar 1986, Nr. 2.

2 Dabei stand die Bundesrepublik nicht nur in der Gesamtsumme der Leistungsbilanzüberschüsse bis 1978 an der Spitze, sondern schlägt auch hinsichtlich der Kontinuität dieser Überschüsse alle Rekorde, mit nur fünf Defizitjahren in den 35 Jahren von 1951 bis 1985.

3 In einem Urteil des Bundesverfassungsgerichts über die Fortwirkung des Militärregierungsgesetzes über die Bank deutscher Länder hinsichtlich des Zahlungsverkehrs mit der DDR findet sich tatsächlich ein Hinweis auf die »verfassungsrechtlich geschützte Unabhängigkeit der Bundesbank«.

4 Vgl. »Die Zeit« vom 17.5.1974.

5 O. Emminger, »Deutschlands Stellung in der Weltwirtschaft«, Kieler Vorträge, N. F., 1953.

6 Das Jahr 1986 dürfte wieder ein Jahr der Mengenkonjunktur werden.

7 In einer sehr verkürzten Form habe ich die Geschichte dieser Spannungen und Konflikte in dem von der Bundesbank herausgegebenen Jubiläumsband »Währung und Wirtschaft in Deutschland 1876–1975« beschrieben unter dem Titel »Deutsche Geld- und Währungspolitik im Spannungsfeld zwischen innerem und äußerem Gleichgewicht 1948–1975«.

8 Geschäftsbericht der Deutschen Bundesbank für 1964, S. 23.

9 Dabei sind spätere Bewertungsänderungen der Auslandsaktiva der Bundesbank nicht berücksichtigt.

10 W. Kasper, Stabilization Policies in a Dependent Economy. Paris 1971.

11 O. Emminger, »Deutschlands Stellung...«, Kieler Vorträge, N. F., 1953.

12 Vgl. sein Interview in der amerikanischen Zeitschrift »Fortune« vom 20.4.1981. Er gab dem deutschen Nachgeben auf dem Bonner Wirtschaftsgipfel – seinem Nachgeben! – auch die Mitschuld daran, daß die Bundesrepublik die zweite Ölkrise soviel schlechter als die erste überstand.

13 »Newsweek« vom 19.9.1977, S. 94.
14 »Financial Times« vom 14.11.1985.
15 Vgl. »Die Welt« vom 28.1.1980.
16 Vgl. O. Emminger, Die Verteidigung der D-Mark. Frankfurt 1980, S. 40.
17 O. Emminger, »Die D-Mark im Wandel der Zeit«, in: Hamburger Jahrbuch für Wirtschafts- und Gesellschaftspolitik 1981.
18 Insofern nahm ich damals schon die spätere Stellungnahme (1984/85) der Bundesbankleitung zur Reserve-Rolle der D-Mark vorweg.

2. Vom extremen Defizitland zum permanenten Überschußland (1950–1957)

1 Vgl. »Report by the Managing Board of the E. P. U. on the Position of Germany« (MBC [50] 14) vom 5.11.1950.
2 Bezeichnenderweise warnte bei der Diskussion des deutschen Sanierungsprogramms in der OEEC der englische Delegierte nachdrücklich vor einer deflatorischen Übersteigerung des deutschen Programms.
3 Auch diese spektakuläre Maßnahme ist weitgehend in Vergessenheit geraten. In einem Sammelband der Bank für Internationalen Zahlungsausgleich (BIZ) über »Quantitative Credit Restrictions« (1971) wird behauptet, daß in der Bundesrepublik niemals quantitative Kreditbeschränkungen angeordnet worden seien.
4 H. C. Wallich, Triebkräfte des deutschen Wiederaufstiegs, Frankfurt 1955, S. 13.
5 Näheres in meinem Beitrag zum Symposium XV der Ludwig-Erhard-Stiftung vom 7.11.1984: »Ordnungs- und währungspolitische Probleme der Korea-Krise«, in: Die Korea-Krise als ordnungspolitische Herausforderung der deutschen Wirtschaftspolitik. Stuttgart 1986.
6 »Frankfurter Allgemeine Zeitung« vom 1.5.1951.
7 W. Roepke, »Die Eingliederung der westdeutschen Wirtschaft in die Weltwirtschaft«, in: »Humanitas« VI, 1951.
8 So H. Ehrenberg, Zwischen Marx und Macht. Frankfurt 1973, S. 20.
9 H. C. Wallich (Triebkräfte des deutschen Wiederaufstiegs. Frankfurt 1955) kommt daher zu dem Schluß, daß der Kurs der D-Mark 1949 »mit glücklicher Hand festgesetzt worden war«.
10 »Der Weg der westdeutschen Wirtschaft«, eine Zwischenbilanz vorgelegt vom Bundesminister für den Marshallplan. Bonn, April 1951.
11 »Lebensfähigkeit und Vollbeschäftigung«. Ein Beitrag zur Frage des wirtschaftlichen Wiederaufbaus in Westdeutschland. Bonn, April 1950.
12 O. Emminger, »Deutschlands Stellung ...«, Kieler Vorträge, N. F., 1953.
13 Günther Schleiminger war später längere Zeit deutscher Exekutivdirektor im IWF und anschließend bis 1985 in der Bank für Internationalen Zahlungsausgleich (BIZ) tätig, zum Schluß als Generaldirektor.

14 Dies beruhte nicht zuletzt darauf, daß die in den Haushaltsplänen eingesetzten Ausgaben jahrelang nicht voll ausgegeben wurden. Die Kassenreserven des Bundes betrugen im September 1956 über 7 Mrd. DM, schmolzen dann freilich ziemlich rasch dahin, nicht zuletzt, weil die hohen Kassenüberschüsse die Begehrlichkeit der Politiker zu sehr gereizt hatten (»Kuchenausschuß« des Bundestags 1956).

3. Das DM-Dilemma der fünfziger Jahre: Europäische Inflationsdiskrepanzen

1 O. Emminger, Deutschlands Stellung in der Weltwirtschaft, Kieler Vorträge, N. F., 1953, S. 25.
2 Monatsbericht der Bank deutscher Länder, Januar 1957, S. 6.
3 P. A. (Presseartikel) der Bank deutscher Länder, Nr. 58, vom 28. 5. 1956.
4 Interessanterweise beklagte sich der von 1958 bis 1969 amtierende Präsident der Deutschen Bundesbank, Karl Blessing, in einem Interview kurz vor seinem Tode im Jahre 1971 sehr darüber, daß er im November 1968 gegen seine eigene Überzeugung (und diejenige der Mehrheit des ZBR) nach außen gegen die DM-Aufwertung hatte sprechen müssen, um angesichts der Regierungsentscheidung gegen die Aufwertung nicht noch größeren Schaden anzurichten. Ähnliches gilt für viele öffentliche Äußerungen von Mitgliedern des Zentralbankrats in den Jahren 1957 bis 1973.
5 W. Vocke, Ansprache bei der 7. Kreditpolitischen Tagung der »Zeitschrift für das gesamte Kreditwesen« am 23. 5. 1957.
6 Da hierüber kein Protokoll geführt wurde, greife ich auf eigene Notizen zurück.
7 Dies schlug etwas später auch der Wissenschaftliche Beirat beim Bundeswirtschaftsministerium in einem vertraulichen Gutachten vom April 1957 vor.
8 Schon der Geschäftsbericht der Bank deutscher Länder für 1955 spricht vom »Eintritt in die Vollbeschäftigung«.
9 Ansprache bei der 7. Kreditpolitischen Tagung der »Zeitschrift für das gesamte Kreditwesen« am 23. 5. 1957.
10 W. Vocke, Memoiren. Stuttgart 1973, S. 158.
11 Vgl. »International Financial News Survey«, Nr. 26, vom 10. 1. 1958.
12 Ähnliches empfahl er noch deutlicher während der Aufwertungsdiskussion von 1960.
13 Vgl. z. B. »Deutsche Zeitung und Wirtschaftszeitung« vom 26. 2. 1958: »Per Jacobsson über die D-Mark – keine moralische Stütze durch den Währungsfonds«.
14 P. A. der Bank deutscher Länder, Nr. 66, vom 3. 7. 1957.
15 Durch eine allgemeine Einfuhrabgabe und Exportvergünstigung von je 20 Prozent.
16 Für die Zeit zwischen dem Inkrafttreten des neuen Bundesbankgesetzes und

dem Übergang auf den nunmehr einzigen Präsidenten war im Gesetz eigens eine Übergangsregelung (Artikel 39) vorgesehen.

17 W. Vocke, Memoiren, S. 153f.

18 Adenauers böses Wort über Vocke, »ein überständiger Eisschrank«, machte schon Jahre vorher die Runde.

19 Blessing sagte damals: »Die jüngste Entwicklung hat bewiesen, daß es ein Fehler gewesen wäre, eine Aufwertung der D-Mark vorzunehmen ... Bundesregierung und Bundesbank haben mit aller Klarheit erklärt, daß die gegenwärtige Parität nicht geändert wird. Dabei bleibt es.« (P. A. Deutsche Bundesbank, Nr. 4, vom 15. 1. 1958).

20 Zu der Kandidatur Troegers als Vizepräsident kam es auf folgende Weise: Als die Legislaturperiode des Bundestags im Sommer 1957 dem Ende zuging, war das neue Gesetz über die Deutsche Bundesbank noch nicht verabschiedet. Adenauer wollte unter allen Umständen eine Verabschiedung noch im alten Parlament, da er sehr fürchtete, in der bevorstehenden Wahl die Bundestagsmehrheit zu verlieren und dann den neuen Bundesbankpräsidenten nicht mehr selbst nominieren zu können. So brachte er einen Kompromiß mit der SPD zustande: Verkürzung der Termine für die Behandlung des Bundesbankgesetzes im Parlament, dafür als Gegengabe die Benennung eines SPD-Kandidaten zum Vizepräsidenten. Uns hatte diese »Politisierung« der Wahl der Bundesbankspitze sehr aufgebracht, obgleich wir nichts gegen die Person von Troeger einzuwenden hatten. Die Ironie des ganzen Vorgangs lag darin, daß Adenauer entgegen seinen Befürchtungen (und einigen Umfrageergebnissen) 1957 für die CDU / CSU die absolute Mehrheit errang – das einzige Mal in seiner Amtszeit!

21 P. A. der Deutschen Bundesbank, Nr. 4, vom 15. 1. 1958.

22 Der praktische Teil dieser Arbeit erschien in Form von zwei Aufsätzen im »Weltwirtschaftlichen Archiv« im September und November 1934 unter den Titeln: »Die englischen Währungsexperimente der Nachkriegszeit« und »Währungsentwertung und Krisenüberwindung in England«.

23 Diese Arbeit sollte vom Institut dem damaligen Reichsbankpräsidenten Schacht unmittelbar übermittelt werden, ist aber, soviel ich weiß, nicht bis zu seinem Schreibtisch gelangt.

24 W. Vocke, Memoiren, S. 156f.

25 Die BIZ war nur Abrechnungsagent für die EZU, ohne irgendwie mit eigenen Mitteln beteiligt zu sein.

26 Vortrag in Hannover, Oktober 1963.

4. Die dramatische DM-Aufwertung von 1961 – ein Bann wurde gebrochen

1 Die Gold- und Dollar-Reserven der EZU-Länder nahmen 1958 um insgesamt rund 3,7 Milliarden Dollar zu; davon entfielen auf die Bundesrepublik rund 700 Millionen Dollar.

2 Ich gehörte der fünfköpfigen Sachverständigenkommission an, die dieses Abkommen ausarbeitete.
3 Bulletin des Presse- und Informationsamts der Bundesregierung, Nr. 140, vom 15. 8. 1957.
4 Zum Beispiel mit Schreiben von Präsident Blessing im Namen des Zentralbankrats an die Bundesregierung vom August 1959.
5 Monatsbericht August 1956, S. 3ff. (»Der Wandel der Zahlungsbilanzsituation«).
6 Geschäftsbericht der Deutschen Bundesbank für 1960, S. 5.
7 Vgl. hierzu: O. Emminger, 20 Jahre deutsche Geldpolitik. Stuttgart 1968, S. 20.
8 Abgedruckt in: P. A. der Deutschen Bundesbank, Nr. 15, vom 24. 2. 1961.
9 Daß chronische Leistungsbilanzüberschüsse durch permanente Netto-Kapitalexporte kompensiert werden sollten, blieb auf Jahre hinaus eine Lieblingsthese der amerikanischen Regierungsverantwortlichen. So schrieb der damalige Staatssekretär im amerikanischen Schatzamt, Robert V. Roosa, 1964: »Man sollte die Gewißheit haben, daß die industrialisierten Länder ihre Ausfuhrüberschüsse durch echten Kapitalexport kompensieren ... Man muß in das Arsenal des Zahlungsbilanzausgleichs auch Methoden zur Beeinflussung der langfristigen Kapitalbewegungen aufnehmen« (»Movement of Long-Term Capital and the Adjustment Process«, in: »Review of Economics and Statistics«, Bd. XLVI, Mai 1964, S. 164).
10 Vgl. Blessings Rede vor dem Raiffeisentag am 27. 6. 1962 (P. A. der Deutschen Bundesbank, 1962, Nr. 44)
11 Zwei Jahre später, im September 1962, warnte er sogar vor der Gefahr einer möglichen Deflation (vgl. »Newsweek«, New York, vom 24. 9. 1962, S. 75).
12 Siehe zum Beispiel eine Rede im April 1979 (»Die Welt« von 4. 4. 1979), wonach er alle deutschen Aufwertungen seit 1961 »für unnötig« hielt.
13 H. J. Abs, »Der Wechselkurs« (»Frankfurter Allgemeine Zeitung« vom 11. 6. 1960) und andere Veröffentlichungen.
14 Geschäftsbericht der Deutschen Bundesbank für 1960, S. 4f. In diesem Geschäftsbericht, veröffentlicht im Mai 1961, wird mehrfach von einem unbestreitbaren fundamentalen Ungleichgewicht gesprochen. Welche Wende gegenüber früheren Veröffentlichungen, einschließlich des Geschäftsberichts 1959!
15 Das Flugzeug mußte telefonisch noch eine gute halbe Stunde aufgehalten werden, damit ich den Flug erreichen konnte.
16 Abgedruckt in: P. A. der Deutschen Bundesbank, Nr. 19, vom 8. 3. 1961.
17 Erklärung des holländischen Finanzministers J. Zijlstra (später Präsident der holländischen Zentralbank) vom 7. März 1961 vor dem holländischen Parlament (vgl. »Auszüge aus Presseartikeln« der Deutschen Bundesbank, Nr. 20, vom 10. 3. 1961).

18 Geschäftsbericht der Deutschen Bundesbank für 1961, S. 76.

19 Vgl. E. Spitäller, »The 1961 Revaluations and Exports of Manufactures«, in: »International Monetary Fund, Staff Papers«, Bd. XVII, Nr. 1. Washington 1970; ferner: M. C. Deppler, »Some Evidence on the Effects of Exchange Rate Changes on Trade«, in: »International Monetary Fund, Staff Papers«, Bd. XXI, Nr. 3. Washington 1974.

5. Die DM-Krise von 1968/69 trägt zum Sturz der Regierung Kiesinger bei

1 Geschäftsbericht der Deutschen Bundesbank für 1964, S. 23.

2 Geschäftsbericht der Deutschen Bundesbank für 1965, S. 2.

3 Dem Jahresgutachten 1964/65 des Sachverständigenrats war ein Gutachten zweier bekannter Nationalökonomen beigefügt: F. A. Lutz und E. Sohmen: »Wie kann sich ein Land der importierten Inflation entziehen?«

4 Siehe hierzu auch: W. Hankel, »DM-Aufwertung – ein untaugliches Konzept«, in: »Der Volkswirt«, 1960, Nr. 27. Noch ungleich schärfer verurteilte Wilhelm Hankel die DM-Aufwertung vom Oktober 1969 (als Unglück für das ganze Währungssystem) im Rückblick in einem späteren VWD-Interview vom 26./28. November 1983, worin er die Anti-Aufwertungshaltung von F. J. Strauß über den grünen Klee lobte.

5 Der Vorsitz in der Zehner-Gruppe wechselte damals jedes Jahr.

6 Karl Schiller verteidigte nach der Bonner Währungskonferenz die Nicht-Aufwertung im Bundestag hauptsächlich mit dem Argument der Unsicherheit der Verhältnisse: In einer unsicheren Zeit, in der man nicht wisse, was die neue amerikanische Regierung tue, was in Großbritannien geschehe und wie schnell und mit welchen Methoden sich Frankreich von den Mai-Unruhen erhole, hätte die Bundesregierung mit einer Aufwertung wie ein Bergsteiger gehandelt, der sich »bei ungünstigem Wetter anschickt, eine gefährliche Wand ohne Absicherung zu besteigen«. Etwas später meinte er sogar, die steuerliche Ersatzaufwertung stelle »auch einen Hebel dar, um andere Länder zu ermuntern, währungspolitisch zusammenzukommen und über eine Reform des Weltwährungssystems von Bretton Woods zu sprechen« (»Die Zeit« vom 3. 1. 1969).

7 »Neue Zürcher Zeitung« vom 24. 11. 1968.

8 Ich hatte umgekehrt schon 1960 (!) eine rechtzeitige Aufwertung unter anderem deswegen gefordert, um die Überhitzung am Arbeitsmarkt zu dämpfen und den Zuzug von Gastarbeitern zu bremsen.

9 Hier zeigte sich, welch großer Vorteil in einer solchen Lage ein Lohnsystem wie das japanische – mit seinen Bonuszuschlägen je nach Gewinnentwicklung – gewesen wäre.

10 Vocke hatte zur gleichen Zeit in einem umfangreichen Artikel im »Handelsblatt« geradezu vehement gegen die Aufwertung plädiert.

11 Vgl. A. Baring, Machtwechsel: Die Ära Brandt-Scheel. Stuttgart 1982, S. 147.
12 Ebenda, S. 139–147.
13 »Der Spiegel«, vom 20. 10. 1969, S. 31.
14 Siehe hierzu im einzelnen O. Emminger, »Deutsche Währungspolitik nach der DM-Aufwertung«, Vortrag am 18. 3. 1970 (P. A. der Deutschen Bundesbank, 1970, Nr. 22).
15 »Der Spiegel« vom 3. 11. 1969, S. 31.
16 A. Baring, Machtwechsel, S. 145.
17 Regierungssprecher Conrad Ahlers Anfang Mai 1969: Der Satz Kiesingers, die Mark werde nicht aufgewertet, »gilt noch, bis er durch die Realitäten geändert werden sollte«.
18 Henry Kissinger hatte damals hierzu bemerkt: Kiesinger hätte entweder weniger – oder aber mehr – NPD-Stimmen gebraucht.
19 W. Lamberts, »Neuland für die Forschung« in: »Wirtschaftswoche« vom 20. 10. 1978, Nr. 43, S. 105.

6. D-Mark wird Gegenspieler des Dollars – Währungskrise 1971

1 Verbraucherpreise 1959 bis 1966: Bundesrepublik + 22 Prozent, USA + 12 Prozent; Lohnstückkosten in der Industrie: Bundesrepublik + 31 Prozent, USA + 6 1/2 Prozent (jeweils in Landeswährung). In Dollar gerechnet, stiegen die deutschen Verbraucherpreise um 28 Prozent, die deutschen Lohnstückkosten um 37 1/2 Prozent.
2 Es liegt eine gewisse Ironie darin, daß in dem Jahresbericht des amerikanischen Präsidenten an den Kongreß vom Januar 1971 ausgeführt wurde: Die Kombination von Geld- und Fiskalpolitik (der *policy mix*) sollte so gestaltet werden, daß »die Geldpolitik stärker auf das internationale Gleichgewicht ausgerichtet sein soll, während die Fiskalpolitik mehr zur Durchsetzung binnenwirtschaftlicher Ziele eingesetzt werden könnte«. Tatsächlich war von 1970 bis 1972 gerade die amerikanische Geldpolitik ein außenwirtschaftlicher Störfaktor ersten Ranges.
3 Vgl. O. Emminger: »Zur Problematik der internationalen Geld- und Kapitalbewegungen«, Ausführungen auf der 16. Kreditpolitischen Tagung, in: »Zeitschrift für das gesamte Kreditwesen«, November 1970: »Die ausländischen Geldmärkte haben nicht nur teilweise die Rolle der deutschen Banken als Kreditgeber übernommen, sondern sind auch eine Art »Ersatz-Notenbank« geworden ... Der Euromarkt ist de facto eine exterritoriale Quelle von Primärliquidität, eine *monetäre Nebenregierung* geworden.«
4 Ein Neffe Albert Schweitzers, der bis 1963 eine leitende Stellung im französischen Finanzministerium innehatte, und mit dem ich aus jener Zeit befreundet war.

5 Davon wurden einige Milliarden Dollar durch Termingeschäfte wieder ins Ausland zurückgeschleust, kamen aber drei Monate später wieder zurück.

6 Es war an sich eine feste Übung, bei Abstimmungen im Zentralbankrat das genaue Abstimmungsergebnis nicht nach außen bekanntzumachen. In diesem Fall aber war durch Indiskretionen das genaue Stimmenverhältnis einschließlich der Namen der Hauptvertreter sehr bald in der Öffentlichkeit bekannt (siehe z. B. »Der Spiegel« vom 10. 5. 1971) Einen ziemlich ausführlichen Bericht über die Gegensätze zwischen Klasen einerseits, Schiller und Emminger andererseits brachte auch die amerikanische Fachzeitung »American Banker« vom 7. 7. 1971.

7 Siehe hierzu auch Seite 223. Ich hatte schon vor diesem Interview vom September 1970 in kleineren Gremien für eine solche Lösung des Abkoppelns von dem unstabilen Dollar plädiert. So zitierte mich Jacques Léon Rueff schon im Februar 1970 als den hauptsächlichen Vertreter dieser Ansicht (vgl. »Times« vom 13. 2. 1970, »Untying our money from the dollar«).

8 O. Emminger, »Die internationale Währungslage und die Währungskrise«, Ausführungen auf der International Banking Conference, München, 25. Mai 1971 (P. A. der Deutschen Bundesbank, Nr. 43, vom 3. 6. 1971, S. 2ff.).

9 Das heißt den in Gold eingezahlten und bei Bedarf jederzeit verfügbaren Teil der Mitgliedsquote.

10 W. Vocke: »Bemerkungen zur Währungskrise«, in: »Neue Zürcher Zeitung« vom 22. 9. 1972.

11 Aber auch in der Bundesrepublik trifft man immer wieder auf diese Fehldeutung. Ein eklatantes Beispiel, mit besonders vielen Mißverständnissen behaftet, ist ein Aufsatz in der »Frankfurter Allgemeinen Zeitung« vom 15. 8. 1981 (»Der Tag, an dem das Bretton-Woods-System starb«).

12 Sie hatten es damals offensichtlich bereut, daß sie im Oktober 1969 nicht der DM-Aufwertung wenigstens teilweise gefolgt waren, und so verspürten sie einen Nachholbedarf an Aufwertung.

13 Henry Wallich (damals noch nicht Mitglied des *Federal Reserve Board*) erklärte noch am 7. Oktober 1971 in Kiel, daß eine Abwertung des Dollars in der vorgegebenen Situation »unsinnig« sei (und wurde dabei von E. Sohmen unterstützt). Etwas später (»Wirtschaftswoche« vom November 1971) erklärte Wallich dann freilich: Eine Erhöhung des Goldpreises, das heißt eine formelle Abwertung des Dollars gegenüber der bisherigen Goldparität, sei zwar eine sinnlose und schädliche Maßnahme, zu der man sich aber entschließen könnte, wenn die andere Seite genügend dafür biete.

14 So in einem Vortrag noch am 28. 10. 1971.

15 Inzwischen ist die Schweiz offizielles Mitglied dieser Gruppe geworden.

16 Als weiteres Beispiel für viele: John Williamson, »The Choice of a Pivot for Parities« (Princeton Essays, Nr. 90, November 1971): »It is virtually impossible to arrange concerted parity changes under the adjustable peg.«

17 So in einem vielbeachteten Artikel F. C. Bergsten in »New York Times« vom 12. 12. 1973 (»Mr. Kissinger, no Economic Superstar«).

7. Von der Wechselkurs-Neuordnung 1971 zum Zusammenbruch des Bretton-Woods-Systems der fixen Paritäten im März 1973

1 Vortrag vor Richtern des Bundessozialgerichts, Oktober 1972 (siehe O. Emminger, Die Verteidigung der D-Mark. Frankfurt 1980, S. 134).

2 Die in dem Washingtoner Abkommen vereinbarten neuen Wechselkursrelationen wurden aus hier nicht näher interessierenden Gründen nicht als formale »Paritäten« im Sinne der damaligen IWF-Statuten festgelegt, sondern als sogenannte *»central rates«* oder zentrale Leitkurse. Wirtschaftlich und stabilitätspolitisch gesehen, wirkten sie aber ebenso wie die althergebrachten »Währungsparitäten«.

3 Dies gilt auch für einen absoluten Kaufkraftvergleich zwischen dem Dollar und der D-Mark. Nach den Berechnungen des Statistischen Bundesamts über die Verbraucherkaufkraft der wichtigsten Währungen ist 1972 das Jahr, in dem zum ersten Mal in der Nachkriegszeit infolge der DM-Aufwertung vom Dezember 1971 der Verbraucherwert des Dollars und der D-Mark fast gleichauf lagen.

4 R. Roosa, »What is ahead for the Dollar?« (American Bankers' Association, New York, 7.2.1972).

5 Ende März 1972 bezeichnete Paul Volcker bei einer von mir geleiteten Sitzung des Währungsausschusses der OECD in Paris die Lage als gekennzeichnet durch *»creeping confidence«* – was ich hier mit »mühsam aufrechterhaltenes Vertrauen« übersetzen würde. – Im übrigen hatte er selbst schon im Frühjahr 1972 vor einem Senatsausschuß in Washington die Bemerkung gemacht, es wäre vielleicht nützlich, wenn der Kongreß der amerikanischen Regierung noch im Jahre 1972 eine Vollmacht zu einer ergänzenden Dollar-Abwertung, vielleicht im Rahmen von 10 Prozent erteilen würde; diese Bemerkung förderte natürlich die spekulativen Erwartungen zu Lasten des Dollars.

6 So ein Leitartikel der »Frankfurter Allgemeinen Zeitung« vom 14.3.1972.

7 Vgl. F. Leutwiler, P. A. der Deutschen Bundesbank, 1982, Nr. 100.

8 Siehe z. B. »The Economist« vom 17.2.1973, S. 71.

9 »Bild« vom 2.7.1972.

10 »Neue Bildpost« vom 27.8.1972.

11 In der »Zeit« vom 4.8.1972. Wie sehr die Auseinandersetzung zwischen Klasen und Schiller die Stellung der Bundesbank gegenüber der Regierung tangierte, mag man daraus ersehen, daß die Bundesbank aus diesem Anlaß in ihrem Monatsbericht für August 1972 einen besonderen Artikel über »Bundesregierung – Bundesbank« veröffentlichte.

12 »Welt am Sonntag« vom 23.7.1972.

13 Interview im »Stern« vom 16.7.1972.

14 »Handelsblatt« vom 15.9.1970: »Emmingers Zukunftsmusik: Wir hängen uns vom Dollar ab«.

15 Siehe »Neue Zürcher Zeitung« vom 7.2.1973: »Amtlichen Erklärungen gemäß betreibe die Schweiz jedoch ›kein Floating im eigentlichen Sinn des Wortes‹, sondern es werde durch ›temporäre Nichtintervention‹ die Kursbildung für den Dollar dem Markt überlassen ...«
16 Siehe »Der Spiegel« vom 10.2.1973, S.21: »O. Emminger verlangte von Bonn, die Devisenbörsen sofort zu schließen.«
17 In wörtlicher Übersetzung (nach »Frankfurter Allgemeine Zeitung« vom 27.1.1973): »Wenn ein Land der Gemeinschaft eine geringere Inflationsrate als die anderen erreicht, kann das zu einem von außen kommenden Aufwertungsdruck auf seine Währung führen. Weil wir in Deutschland unseren Wechselkurs nicht erneut ändern möchten, wollen wir nicht aus dem allgemeinen Inflationstempo der Europäischen Gemeinschaft ausscheren. Wir möchten gerne am Schwanz des Geleitzugs sein, uns aber nicht völlig abhängen.«
18 »IWF Survey« vom 26.2.1973, S.51f.
19 »VWD Finanzen« vom 28.3.1973.
20 Die »Frankfurter Neue Presse« vom 12.2.1973 charakterisierte Schmidts Haltung wie folgt: »Seine Parole, bis zur letzten Devisenmark in stolzer Isolierung den Schützengraben zu halten.«
21 Vgl. R. Herlt, »Die Welt« vom 23.3.1973.
22 O. Emminger, »Deutsche Geld- und Währungspolitik im Spannungsfeld zwischen innerem und äußerem Gleichgewicht 1948–1975«, in: Währung und Wirtschaft in Deutschland 1876 bis 1975, hrsg. von der Deutschen Bundesbank. Frankfurt 1975.

8. Abbau des Geldüberhangs und erste Erfolge an der Inflationsfront 1973/74

1 O. Emminger, »Deutsche Geld- und Währungspolitik im Spannungsfeld zwischen innerem und äußerem Gleichgewicht 1948–1975«, in: Währung und Wirtschaft in Deutschland 1876 bis 1975, hrsg. von der Deutschen Bundesbank. Frankfurt 1975, S.532.
2 Lohnstückkosten in der Industrie 1. Vj. 1970 bis 1. Vj. 1973: Bundesrepublik + 21 Prozent, USA + 13 Prozent; Verbraucherpreise: Bundesrepublik + 17 Prozent, USA + 13 Prozent (jeweils in Landeswährung). Steigerungen in der Bundesrepublik in Dollar gerechnet: Lohnstückkosten + 37 Prozent, Lebenshaltungskosten + 33 Prozent.
3 In einer Rede auf der Jahresversammlung des Ifo-Instituts im Juni 1974. Kloten wurde später Präsident der Landeszentralbank in Baden-Württemberg.
4 Es gab damals als Folge der starken Zinserhöhungen eine Verlagerung von Geldern aus dem Bereich von M_1 zu den zinstragenden Guthaben, insbeson-

dere zu den Termingeldern, die in den erweiterten Gelddefinitionen enthalten sind.

5 Zitiert in »Die Welt« vom 30./31.12.1978.

6 »Ifo-Schnelldienst« Nr. 8/1979, S. 7.

7 Siehe hierzu mein Fernseh-Interview vom 26.4.79 (P.A. der Deutschen Bundesbank, 1979, Nr. 30).

9. Die Entwicklung des Wechselkurses von der »sankrosankten« Parität zum flexiblen Instrument der Währungspolitik

1 So in meiner »Per Jacobsson Lecture« vom 16.6.1973 (»Inflation and the International Monetary System«).

2 Der theoretische Teil meiner Doktorarbeit wurde aus Gründen, deren Schilderung hier zu weit ginge, nie veröffentlicht, und das Manuskript ging in den Kriegswirren unter. Der praktische Teil, die Untersuchung der englischen Währungspolitik von 1920 bis 1933, wurde in zwei Aufsätzen im »Weltwirtschaftlichen Archiv« im September und November 1934 veröffentlicht.

3 Schacht rächte sich unter anderem damit, daß er den damaligen Bundesbankpräsidenten Blessing – den er selbst 1933 von der BIZ in Basel in die Reichsbank zurückgeholt hatte und der dort eine Zeitlang als seine »rechte Hand« galt – gegen Ende der fünfziger Jahre in höchst unfairer Weise als Nazi-Mitläufer angriff, was Blessing zutiefst verletzte, da es völlig unbegründet war.

4 Das andere Argument, daß nämlich durch eine offizielle Abwertung die meist auf Dollar lautenden deutschen Auslandsschulden in Reichsmark entsprechend erhöht würden, war zumindest nach der Dollar-Abwertung von 1934 unhaltbar.

5 W. Vocke, »Bemerkungen zur Währungskrise«, in: »Neue Zürcher Zeitung« vom 22.9.1972.

6 Siehe hierzu 4. Kapitel in diesem Band.

7 Zitiert nach L. Brawand, Wohin steuert die deutsche Wirtschaft? München 1971, S. 59.

8 Darüber schrieb ich 1957 einen ausführlichen Aufsatz (»Internationaler Währungsfonds und Wechselkurspolitik«, in: »Zeitschrift für das gesamte Kreditwesen«, 10. Jg. H. 18, 13.9.1957). Mir kam die genaue Kenntnis dieser IWF-Haltung zugute, als ich Ende September 1969, am Tage vor der damaligen Bundestagswahl, einen Blitzbesuch bei der Leitung des IWF machte, um mich zu vergewissern, daß der Fonds keinen Widerspruch gegen das nach meiner Ansicht unvermeidliche temporäre Floaten der D-Mark nach der Wahl einlegen würde. Die Kenntnis dieser Dinge war aber so wenig verbreitet (trotz meiner Aufklärungsversuche), daß in den späteren Währungswirren von 1971 bis 1973 einige der deutschen Verantwortli-

chen (zum Beispiel Klasen, Mai 1971) sich nicht davon abhalten ließen, sich für ihren Widerstand gegen das Floaten auch auf »bindende Verpflichtungen« gegenüber dem IWF zu berufen.

9 O. Emminger, »Grundprobleme der internationalen Währungsordnung«, Vortrag auf der Jahrestagung 1964 des Vereins für Socialpolitik in Travemünde.

10 »Industriekurier« vom 15. 11. 1969.

11 O. Emminger, »Kurzfristige Kapitalbewegungen als Krisenursache«, Vortrag vor einem italienischen Bankenkollegium auf Einladung der italienischen Notenbank, Juni 1971.

12 Zum Beispiel: a) »Die Stellung der D-Mark im internationalen Währungssystem«, Vortrag in Köln, Juni 1969; (P. A. der Deutschen Bundesbank, 1969, Nr. 44).
b) Aufsatz in der Zeitschrift »Euromoney«, London, August 1969, unter dem Titel: »The Emminger plan« (auf deutsch im »Österreichischen Bankarchiv«, Wien).
c) »Auflockerung des Wechselkurs-Systems« (»Frankfurter Allgemeine Zeitung« vom 11. 9. 1970; P. A. der Deutschen Bundesbank, 1970, Nr. 66).

13 Siehe z. B. »Industriekurier« vom 15. 11. 1969, S. 13: »Auf sein Lieblingsthema ›begrenzte Beweglichkeit der Wechselkurse‹ angesprochen, meinte Dr. Emminger ...«.

14 Nimmt man die offizielle Inkraftsetzung der novellierten IWF-Statuten als Zeitpunkt der Legalisierung, so dauerte es sogar bis April 1978.

15 Diese Stellvertretergruppe unter dem Vorsitz des Engländers Jeremy Morse (damals noch Bank von England) leistete die eigentliche Arbeit; der Ministerausschuß trat nur selten zusammen.

16 O. Emminger, »Recent Events and the International Monetary System«, Amsterdam, 11. April 1973.

17 Man kann sich vorstellen, wie erleichtert ich war, daß ich im Sommer 1972 wegen zu starker anderweitiger Verpflichtungen es abgelehnt hatte, den Vorsitz in der »Stellvertretergruppe« dieses Ausschusses zu übernehmen.

18 Siehe »New York Times« vom 2. 7. 1974.

19 Ich führte in diesem nicht unwichtigen OECD-Ausschuß den Vorsitz von 1969 bis 1977.

20 Das Gipfeltreffen war ursprünglich ausgerichtet auf fünf Staaten, deren Finanzminister sich seit etwa 1972 ziemlich regelmäßig in den inoffiziellen und anfänglich geheimgehaltenen Sitzungen der sogenannten »Library-Group« getroffen hatten (benannt nach dem Ort des ersten Treffens, der Bibliothek des State Department in Washington). Nachdem zwei der Mitglieder, nämlich Giscard d' Estaing und Schmidt an die Spitze ihrer Regierungen vorgerückt waren, hoben sie den Gedanken eines Spitzentreffens der Fünf auf die Ebene der Regierungschefs. Allerdings wurde es – kurz vor dem ersten Gipfeltreffen in Rambouillet – als unvermeidlich angesehen,

auch den japanischen und italienischen Regierungschef einzuladen, woraus sich die heutige Zusammensetzung der sieben Gipfel-Mitglieder ergab.

21 So z. B. R. Hellmann in: »VWD Finanz- und Wirtschaftsspiegel« vom 6.5.1985.

10. Devisen-Interventionen – Erfahrungen eines Praktikers

1 Er war in den sechziger Jahren auch der Hauptbefürworter, ja einer der Initiatoren des Systems der Swap-Kreditlinien zwischen der Federal Reserve und wichtigen anderen Notenbanken gewesen, deren Volumen anfänglich 900 Mio. Dollar betrug und bis 1980 auf nicht weniger als 30 Milliarden Dollar ausgeweitet wurde.

2 Ch. A. Coombs, The Arena of International Finance. New York 1976, S. 236. Coombs schied wenige Wochen nach dem Londoner Treffen aus dem Amt.

3 Niedergelegt in den sogenannten »Richtlinien für die Handhabung schwankender Wechselkurse« (Guidelines for the Management of Floating Exchange Rates) vom Juni 1974.

4 Ich war von 1954 bis 1977 für die Vorbereitung des Abschnitts »Internationale Währungsentwicklung und Währungspolitik« unseres Geschäftsberichts verantwortlich.

5 Ich wiederholte sie in ähnlicher Form Ende 1978 vor der Presse bei der Bekanntgabe unseres Geldmengenziels für 1979.

6 Solomon war später, nämlich von Ende 1979 bis Ende 1984, Präsident der Federal Reserve Bank von New York.

7 »International Herald Tribune« vom 3.4.1985.

8 P. A. der Deutschen Bundesbank, 1979, Nr. 26 vom 12.4.1979.

9 Vgl. O. Emminger, »Dollar-Interventionen und Geldpolitik«, in: »Frankfurter Allgemeine Zeitung« vom 4.4.1978.

10 So auch der oben erwähnte »Jurgensen Report« über Devisen-Interventionen von 1983 (S. 28f.)

11 »The Banker«, London, Mai 1986, S. 38.

11. Allgemeine Bemerkungen zum Floaten

1 O. Emminger, »Deutsche Geld- und Währungspolitik im Spannungsfeld zwischen innerem und äußerem Gleichgewicht 1948–1952«, in: Währung und Wirtschaft in Deutschland 1876–1975, hrsg. von der Deutschen Bundesbank. Frankfurt 1975, S. 447–554.

2 IWF Occasional Paper Nr. 30: »The Exchange Rate System: Lessons of the Past and Options for the Future«. Washington, Juli 1984, S. 23.
3 Dieses Memorandum galt zunächst als vertraulich, wurde dann aber in wesentlichen Teilen in der Presse (»Die Zeit« vom 17. 5. 1974) veröffentlicht.
4 O. Emminger, »Entwicklung der Geld- und Kapitalmärkte im Lichte der internationalen Währungszusammenhänge«, P. A. der Deutschen Bundesbank, 1973, Nr. 79.
5 O. Emminger, »The Evolving International Monetary System«, International Monetary Conference at Williamsburg, Juni 1974.
6 M. Friedman, »Exchange rates – How flexible should they be?« in: Readings in Money and Banking, hrsg. von H. A. Wolf und R. C. Doenges. New York 1967.
7 Kieler Diskussionsbeiträge Nr. 1, »Internationale Währungspolitik«. Kiel, September 1969, S. 9.
8 »Journal of Commerce«, International Edition vom 4. 1. 1982.
9 »The Wall Street Journal Europe« vom 12. 11. 1985.
10 Daß der erste Ölpreisschock von 1973 nur eine Reaktion auf die weltweite Inflation in jener Zeit gewesen sei, hält einer genaueren Überprüfung kaum stand (obgleich dieses Argument gelegentlich von OPEC-Sprechern zur Rechtfertigung benützt wurde); erst recht nicht, daß der Übergang zum Floaten der Anlaß zur Ölpreisexplosion gewesen sei, wie manchmal behauptet wird.
11 Bereits in unserem Geschäftsbericht für 1976 stellten wir fest: »Von einem tatsächlichen oder drohenden Verfall des Außenwerts einer Währung ist oft ein wirksamerer Druck zur Einleitung von Anpassungsmaßnahmen ausgegangen als von Reserveverlusten, die angesichts der häufig leichten Verfügbarkeit von privaten Krediten und offiziellen Währungshilfen nicht immer einen genügend wirksamen Anpassungszwang ausüben.«
12 »Zeitschrift für das gesamte Kreditwesen« vom 1. 11. 1984, S. 973.
13 Diese Frage wurde auf einer Tagung der List-Gesellschaft im April 1984 aufgeworfen, ohne ausreichend beantwortet zu werden. Siehe »Frankfurter Allgemeine Zeitung« vom 9. April 1984.
14 Vgl. International Monetary Fund, Occasional Paper, No. 28, »Exchange Rate Volatility and World Trade«. Washington, Juli 1984, oder: Group of Thirty, »The Foreign Exchange Markets under Floating Rates«. New York 1980.
15 Siehe »Wirtschaftswoche« vom 8. 3. 1985.
16 So in einem Vortrag in London im Januar 1984 vor der European-Atlantic Group (»Interest Rates and Exchange Rates«), abgedruckt in: »European-Atlantic Journal«. London, Oktober 1984; oder in einem Vortrag auf einer Internationalen Konferenz in Bretton Woods im Mai 1984 (»Adjustments in World Payments; an Evaluation«), abgedruckt in: The International Monetary System, Forty Years after Bretton Woods, hrsg. von der Federal Reserve Bank of Boston, Mai 1984.

17 Ich verweise auf meine Darstellung in: »The Dollar's Borrowed Strength«, »Occasional Paper«, Nr. 19 der Group of Thirty. New York, April 1985.

18 »Fred Hirsch Lecture«, Coventry / England am 9. 11. 1978.

12. Die Bundesbank und das Europäische Währungssystem (EWS)

1 Siehe »Die Zeit« vom 7. 7. 1978.

2 Ich legte Wert darauf, die Vorschläge und Forderungen der Bundesbank auch an die Öffentlichkeit zu bringen (vgl. P. A. der Deutschen Bundesbank, 1978, 24. Oktober 1978, auch abgedruckt in: O. Emminger, »Die Verteidigung der DM«. Frankfurt 1980, S. 199).

3 »Handelsblatt« vom 26. 3. 1979, Sonderbeilage »Banken International«. Siehe hierzu auch H. Stadlmann, »Emmingers Mahnung«, in: »Frankfurter Allgemeine Zeitung«, Nr. 79, vom 3. 4. 1979.

4 R. Caesar/D. Dickertmann, »Einige kritische Anmerkungen zum Europäischen Währungssystem«, in: »Kredit und Kapital«, 12. Jg., 1979, H. 3, S. 305.

5 In Wirklichkeit hatte ich bereits in einer Fernsehsendung vom 29. November 1978 (ZDF »Bilanz«) auf die kritische Bedeutung der Interventionsverpflichtung hingewiesen und auch eine entsprechende Vereinbarung mit der Bundesregierung zur Begrenzung dieses Risikos erwähnt.

6 Siehe O. Emminger, »Die Verteidigung der DM«, Frankfurt 1980, S. 198.

7 Ebenda, S. 203, 214.

8 Ebenda, S. 200.

9 Vgl. »Die Welt« vom 18. 7. 1984

10 Vgl. »Financial Times« vom 16. 9. 1985.

11 Um nur ein Beispiel unter vielen zu zitieren: In einem Artikel eines Vorstandsmitgliedes einer deutschen Großbank über das EWS hieß es kürzlich: »Natürlich sind weiterhin von Zeit zu Zeit Wechselkursanpassungen erforderlich, um *Differenzen in den Inflationsraten zu korrigieren.*« (»Handelsblatt« vom 24. 4. 1986).

12 So z. B. die Aktionsgemeinschaft Soziale Marktwirtschaft, aber auch einige akademische Nationalökonomen.

13. Die Dollar-Krise 1977 bis 1979 führt zur Wende in der amerikanischen Geldpolitik

1 Einschließlich der Interventionen der *Federal Reserve,* die mit Hilfe unseres Swap-Kredits finanziert wurden.

2 O. Emminger, »Dollar-Interventionen und Geldpolitik«, in: »Frankfurter Allgemeine Zeitung« vom 4. 4. 1978.

3 Siehe P. A. der Deutschen Bundesbank, 1978, Nr. 84.
4 Ed Yeo III war im Jahre 1976 Staatssekretär für Währungsfragen im amerikanischen Finanzministerium; er hatte daran mitgewirkt, daß damals die Engländer gezwungen wurden, zur Überbrückung ihrer Währungskrise beim Währungsfonds um Kredit zu bitten, und zwar unter ziemlich harten Bedingungen.
5 Außer Miller und Volcker waren noch beteiligt: der Staatssekretär im Finanzministerium A. Solomon und der Chef des Ausschusses der Wirtschaftsberater (*Council of Economic Advisors*) Charles Schultz; auch der amerikanische Botschafter in der Bundesrepublik, Stoessel, war anwesend.
6 P. Volcker, »Fred Hirsch Lecture«, Oxford, Oktober 1978. Teilabdruck in: »Handelsblatt« vom 29. 10. 1978.
7 Group of Thirty, Consultative Group on International Economic and Monetary Affairs (gegründet 1978).
8 P. Volcker, »Stability possible within Floating Rate System«, in: »Journal of Commerce«, New York vom 2. 5. 1983.
9 A. Burns, »The Anguish of Central Banking«, in: »Per Jacobsson Lecture«, September 1979, S. 35.

14. Erfahrungen mit der Geldmengensteuerung 1973 bis 1979

1 Aus einer Rede des Verfassers im Jahre 1979.
2 Ohne Berücksichtigung der Wertminderung der Auslandsaktiva durch spätere DM-Aufwertungen.
3 Unter den größeren Ländern hat nur Japan auf die Veröffentlichungen von Jahreszielen verzichtet. Die japanische Notenbank gibt nur vor Beginn eines jeden Vierteljahres das von ihr für dieses Vierteljahr geschätzte Geldmengenwachstum bekannt.
4 Oder wie ein Spötter einmal sagte: Was für den Freudianer der Sex, ist für den Monetaristen die Geldmenge, nämlich eine Erklärung für alles.
5 Näheres siehe O. Emminger, »Deutsche Geldpolitik im Zeichen des Monetarismus«, in: »Friedman contra Keynes«, Akademiebeiträge zur Politischen Bildung. München 1984.
6 O. Emminger, »The Role of the Central Banker«, P. A. der Deutschen Bundesbank, 1975, Nr. 86 vom 19. 12. 1975.
7 Über sonstige Vorzüge der Zentralbankgeldmenge s. Geschäftsbericht der Deutschen Bundesbank für 1974, S. 26ff. u. Monatsbericht Januar 1979.
8 So stellte das Jahresgutachten des Sachverständigenrates von Ende 1976 fest: »Der starke Anstieg von M_1 im Rezessionsjahr 1975 in der Bundesrepublik zeigt beispielhaft, wie sehr die Geldpolitik in die Irre geleitet worden wäre, wenn sie sich an M_1 orientiert hätte. Eine auf Verstetigung von M_1 ausgerichtete Politik hätte 1975 restriktive Maßnahmen erfordert, also prozyklische Impulse ausgelöst.«

9 J. Willink, »Problematische Steuerung«, in: »Zeitschrift für das gesamte Kreditwesen«, 39. Jahrgang (1986), Heft 1.
10 Siehe auch R. Gocht, Kritische Betrachtungen zur nationalen und internationalen Geldordnung. Berlin 1975.
11 »Die Welt« vom 3.10.1983.
12 Neuerdings werden der erste und dritte dieser Eckwerte dadurch ersetzt, daß bei Aufstellung des Geldmengenziels vom »Wachstum des Produktionspotentials in jeweiligen Preisen« ausgegangen wird.
13 Siehe Geschäftsbericht der Deutschen Bundesbank für 1978, S. 37.
14 »Federal Reserve Bank of St. Louis Review«, Juni/Juli 1983, Band 65, Nr. 6, S. 37.
15 Übrigens sagte mir auch Herr Klasen ein oder zwei Jahre nach seinem Ausscheiden, er hätte nie für möglich gehalten, daß wir die Inflationsrate so rasch würden herabdrücken können.
16 O. Emminger, »Verschuldung der öffentlichen Hand nähert sich der Obergrenze«, P. A. der Deutschen Bundesbank, 1978, Nr. 43.
17 »Fortune« vom 20.4.1981.
18 So z. B. »Frankfurter Allgemeine Zeitung« vom 29.6.1984 (»Lambsdorffs lange Schatten«).
19 »Die Welt« vom 28.4.1986.
20 O. Emminger, »Aktuelle Probleme der Geld- und Währungspolitik«, P. A. der Deutschen Bundesbank, 1978, Nr. 85.
21 Als Beispiele seien erwähnt: »Neue Zürcher Zeitung« vom 14.4.1983, unter dem Titel »Deutsche Geldpolitik auf einem alten Irrweg?«; »Welt am Sonntag« vom 4.9.1983: »Inflation – wieder programmiert? – Gefährliche Parallelen der Geldmengen-Politik von 1977 und heute« (von N. Walter).
22 O. Emminger, »Gegen Inflations- und Zinspessimismus«, »Frankfurter Allgemeine Zeitung« vom 6.7.1983, S. 12.
23 Ich hatte im Herbst 1983 gegen führende amerikanische Monetaristen Wetten über die Preisentwicklung bis Ende 1984 abgeschlossen; ich gewann sie leicht. Die Inflationsrate lag nicht nur unter 8 Prozent, sondern sogar unter 5 Prozent.
24 Vgl. M. Friedman, »Why a Surge of U.S. Inflation is likely Next Year«, in: »The Wall Street Journal« vom 5.9.1982 (teilweise abgedruckt in »Welt am Sonntag« vom 18.9.1983).
25 Die Ausfuhr von Waren und Dienstleistungen macht rund 35 Prozent des westdeutschen Sozialprodukts aus. Die Auslandsabhängigkeit der deutschen Wirtschaft ist fast doppelt so stark wie diejenige der japanischen und dreimal so stark wie diejenige der amerikanischen Wirtschaft.
26 Vgl. Geschäftsbericht der Deutschen Bundesbank für 1978, S. 38, sowie verschiedene öffentliche Äußerungen.
27 O. Emminger, »Dollar-Interventionen und Geldpolitik«, in: »Frankfurter Allgemeine Zeitung« vom 4.4.1978.
28 Mit am bekanntesten (aber auch einseitigsten): R. J. Mc Kinnon, »An inter-

national Standard for Monetary Stabilization«, Institute for International Economics, März 1984. Eine sehr interessante Studie über die relativen Auswirkungen von Geldmenge, Zinsen und Wechselkursen auf Gesamtnachfrage und Preise findet sich in: »New England Economic Review« der Federal Reserve Bank of Boston vom Nov./Dez. 1985.

29 Näheres siehe O. Emminger, »Deutsche Geldpolitik im Zeichen des Monetarismus«, in: »Friedman contra Keynes«. München, 1984.

15. 1979 – nach abgesicherter Dollar-Flanke Geldpolitik wieder auf Stabilitätskurs

1 Die nähere Begründung für die Bandbreite und den Übergang zum Verlaufsziel findet sich im Monatsbericht Januar 1979.

2 Zum Beispiel O. Emminger, »Stabilitätspolitik – heute«, Vortrag vor dem Deutschen Sparkassentag München, Mai 1979.

3 Vgl. »Die Welt« vom 28.1.1979.

4 Abgedruckt in: O. Emminger, »Die Verteidigung der D-Mark«. Frankfurt 1980, S. 96–98.

5 Vgl. »Wirtschaftswoche« vom 4.6.1979, S. 12 (»Das Gerangel geht los«).

6 Vgl. »Frankfurter Rundschau« vom 30.8.1979.

7 K. Wesselkock, »Staatsverschuldung und Kapitalmarktpolitik«, Vortrag Juni 1982.

8 Abgedruckt in: O. Emminger, »Verteidigung der D-Mark«. Frankfurt 1980, S. 70–74.

9 Siehe hierzu auch den Brief von Staatssekretär Schlecht an die »Frankfurter Allgemeine Zeitung« (abgedruckt am 4.7.1979).

10 Vgl. H.J. Schmahl, in: »Konjunktur von morgen« vom 19.7.1979; ferner N. Walter, »Wir sparen falsch«, in: »Welt am Sonntag« vom 3.6.1979.

11 A. Krumper, Interview in: »Die Zeit« vom 4.1.1980.

12 Vgl. »Wirtschaftswoche« vom 24.12.1979, S. 15.

13 »Die wirtschaftliche Bilanz des abgelaufenen Jahres ist für die Bundesrepublik Deutschland im großen und ganzen positiv ausgefallen.« In: Geschäftsbericht der Deutschen Bundesbank für 1979, S. 1.

14 »Osnabrücker Zeitung« vom 22.9.1979.

Nachwort

1 Auch hier ein Gegensatz zu Leutwiler, der in einem späteren Interview (»International Herald Tribune« vom 29.11.1983) gesagt hatte: »Wissen Sie, es war für mich eine sehr langweilige Berufstätigkeit, sehr langweilig und gar nicht faszinierend.«

Personenregister